Florian Staffel
Zwischen Konkurrenz und Kooperation

Schriftenreihe zur Zeitschrift für Unternehmensgeschichte

Band 39

Florian Staffel

Zwischen Konkurrenz und Kooperation

Die ›Japanische Herausforderung‹ und die deutsche Unterhaltungselektronikindustrie 1950–1987

DE GRUYTER
OLDENBOURG

Zugleich Dissertation Universität Paderborn 2023.

ISBN 978-3-11-169830-4
e-ISBN (PDF) 978-3-11-169896-0
e-ISBN (EPUB) 978-3-11-169958-5
ISSN 2509-291X

Library of Congress Control Number: 2025940076

Bibliografische Information der Deutschen Nationalbibliothek
Die Deutsche Nationalbibliothek verzeichnet diese Publikation in der Deutschen Nationalbibliografie; detaillierte bibliografische Daten sind im Internet über http://dnb.dnb.de abrufbar.

www.degruyterbrill.com
Fragen zur allgemeinen Produktsicherheit:
productsafety@degruyterbrill.com

Vorwort

Das vorliegende Buch ist eine für den Druck überarbeitete Fassung meiner Dissertation, die 2023 an der Fakultät für Kulturwissenschaften der Universität Paderborn eingereicht und verteidigt wurde.

Besonders danken möchte ich Prof. Dr. Peter E. Fäßler für seine Unterstützung, die guten Ratschläge, die Freiheiten im Forschungsprozess und die anregenden Diskussionen „schwieriger“ Themen. Für das Zweitgutachten danke ich Prof. Dr. Christian Kleinschmidt, in dessen Kolloquium ich zahlreiche Anregungen bekommen habe. Für die Übernahme des Kommissionsvorsitzes danke ich zudem Prof. Dr. Korinna Schönhärl. Mein herzlicher Dank gilt der Jury des Preises für Unternehmensgeschichte der GUG und dem Herausgebergremium dieser Reihe für die Auszeichnung und die Hinweise zum Manuskript. Dem Verlag Walter De Gruyter, in Person von Claudia Heyer und Georg Bucher, sei für die sehr gute Unterstützung bei der Veröffentlichung gedankt.

Diese Arbeit hat von zahlreichen Diskussionen mit KollegInnen profitiert. Das Historische Institut und der Arbeitsbereich Zeitgeschichte der Universität Paderborn boten ein anregendes Umfeld. Auf die erste externe Vorstellung des Projekts im Arbeitskreis „Familienunternehmen“ der GUG folgten u. a. Vorträge in den Kolloquien in Marburg, Bochum und am Leibniz-Zentrum für Zeithistorische Forschung in Potsdam sowie auf den Tagungen des Arbeitskreises für kritische Unternehmens- und Industriegeschichte und der Gesellschaft für Sozial- und Wirtschaftsgeschichte. Allen Beteiligten sei für die Anregungen gedankt.

Mein herzlicher Dank gilt den zahlreichen ArchivarInnen und Mitarbeitenden der besuchten Archive, die teils erstmalig ihre Türen für mich öffneten und trotz der widrigen Umstände der Corona-Pandemie die umfassenden Recherchen ermöglicht haben.

Einen besonderen Dank möchte ich an Dr. Johanna Sackel richten, die die Arbeit von Beginn an in zahlreichen Bürogesprächen begleitet hat. Ihr und Carolin Hellmuth danke ich ebenfalls für das Korrekturlesen.

Für die unermüdliche Unterstützung danke ich zuletzt meiner Familie, Christina, Thea, Matilda und Maja. Ohne sie wäre dieses Projekt nicht möglich gewesen. Ihnen ist dieses Buch gewidmet.

https://doi.org/10.1515/9783111698960-001

Inhalt

1 Einleitung

1.1 Einstieg: „Fünf Sekunden vor Zwölf“ – das Zusammenschlussvorhaben Grundig und Telefunken

Am 30.07.1982 verkündete die AEG-Telefunken, dass die Grundig AG sich an der Tochtergesellschaft Telefunken Fernseh und Rundfunk GmbH (TFR) beteiligen und die unternehmerische Führung übernehmen wolle.[1] Das Presseecho war enorm, verkündeten hiermit nämlich zwei der schillerndsten Namen der deutschen Unterhaltungselektronikindustrie ihre Fusion.[2] Während Telefunken als Innovator die Branche insbesondere durch die Entwicklung der PAL-Fernsehnorm prägte, entwickelte sich Grundig nach 1945 mit einem rasanten Wachstum zum Marktführer mit besonderen Qualitäten in der tayloristisch-fordistischen Massenproduktion.[3] Von einer „Elefantenhochzeit“ konnte jedoch keine Rede mehr sein. Die einstmals von Ludwig Erhard als des „Wirtschaftswunders liebstes Kind“[4] bezeichnete Branche steckte zu diesem Zeitpunkt tief in der Strukturkrise.[5] Heinz Dürr, Vorstandsvorsitzender der AEG-Telefunken, sah in dem Zusammenschluss vielmehr die „Zukunftssicherung der deutschen Unterhaltungselektronik“ in Anbetracht der internationalen Wettbewerbskonstellation. Diese erfordere nämlich

---

1 AEG-Telefunken Pressemitteilung, 30. Juli 1982, in: DTMB/AEG, Nr. 0875.

2 Zum Medienecho: Kurzinformationen Presse, 02.08.1982, in: ebd. versus „Made in Germany“. Politische Kulturgeschichte der Technik am Beispiel der PAL-SECAM-Kontroverse, München 2007 (=Pariser historische Studien, Bd. 78). Zur Charakterisierung der Unternehmen siehe aus soziologischer Perspektive: Wittke, Volker: Wie entstand industrielle Massenproduktion? Die diskontinuierliche Entwicklung der deutschen Elektroindustrie von den Anfängen der „großen Industrie“ bis zur Entfaltung des Fordismus (1880–1975), Berlin 1996.

3 Zur Entwicklung von PAL vgl. Fickers, Andreas: „Politique de la grandeur“

4 Vgl. Reindl, Josef: Wachstum und Wettbewerb in den Wirtschaftswunderjahren. Die elektrotechnische Industrie in der Bundesrepublik Deutschland und in Großbritannien 1945–1967, Paderborn 2001, S. 234 (=Veröffentlichungen des Deutschen Historischen Instituts in London, Bd. 49).

5 Vgl. jüngst als Einblick: Bauer, Reinhold: Vom Fordismus zur „Industrie 4.0“. Massenproduktion und Konsum im 20. Jahrhundert, in: Kleinschmidt, Christian/Logemann, Jan (Hrsg.): Konsum im 19. und 20. Jahrhundert, München, Wien 2021 (=Handbücher zur Wirtschaftsgeschichte); Teupe, Sebastian: Die Schaffung eines Marktes. Preispolitik, Wettbewerb und Fernsehgerätehandel in der BRD und den USA 1945–1985, Berlin, Bosten 2016, S. 75–87 (=Schriftenreihe zur Zeitschrift für Unternehmensgeschichte, Band 29). Zur Krisenkonstellation im Allgemeinen prägnant: Plumpe, Werner: „Ölkrise“ und wirtschaftlicher Strukturwandel. Die bundesdeutsche Wirtschaft im Zeichen von Normalisierung und Globalisierung während der 1970er Jahre, in: Gallus, Alexander/Schildt, Axel/Siegfried, Detlef (Hrsg.): Deutsche Zeitgeschichte – transnational, Göttingen 2015 (=Hamburger Beiträge zur Sozial- und Zeitgeschichte, Bd. 53).

https://doi.org/10.1515/9783111698960-002

„beste Technik zu Wettbewerbs-Preisen“, die wiederum entsprechende Stückzahlen zur Deckung der Kosten in Forschung, Entwicklung und Vertrieb voraussetze.[6] Folglich sei die Kooperation unumgänglich. Die Dringlichkeit des Zusammenschlusses stellte Max Grundig gegenüber dem Handelsblatt ikonisch heraus. Es sei „[...] nicht fünf Minuten, sondern fünf Sekunden vor Zwölf“.[7] In dem Zusammenschluss mit Telefunken sah er einen ersten Schritt zur Errichtung eines „Bollwerk[s] gegen [die] „Japan-Konkurrenz“.[8] Diese Planungen konkretisierte er in einem Flugblatt, das sich an die eigene Belegschaft, andere Unternehmen und politische Vertreter richtete. Unter dem Titel „Die europäische Antwort auf die japanische Herausforderung“ listete er weitere Kooperationspartner wie Thomson-Brandt, Saba, Nordmende und Dual auf und warf den japanischen Unternehmen „unfairen Wettbewerb“ vor.[9] Er benannte damit den Beweggrund für den Zusammenschluss und gleichzeitig den aus seiner Perspektive Verantwortlichen für die Krise.

Mit diesen Gedanken war Max Grundig nicht allein. Neben der Unterhaltungselektronik- beklagte insbesondere die Automobilindustrie die sprunghafte Zunahme japanischer Exporte auf den Heimatmarkt und die potentiellen Exportmärkte. Bereits zeitgenössisch stellte der Bundesverband der Deutschen Industrie (BDI) in einem Memorandum treffend fest, dass durch die Krisen in den konsumnahen Industrien eine breite, auch öffentlich geführte Debatte zur sogenannten „Japanischen Herausforderung“ entstanden sei, die, verbunden mit Gefühlen von „Bedrohung“ und „Ohnmacht“, sich im Kern um die internationale Wettbewerbsfähigkeit der deutschen Unternehmen drehe.[10] Daher verwundert es zunächst nicht, dass die Resonanz auf das Zusammenschlussvorhaben grundsätzlich positiv ausfiel, sollte hiermit doch die Wettbewerbsposition gestärkt werden. Der Fachhandel, partiell wahrnehmbare Stimmen der Konsumenten und insbesondere die Europäische Kommission begrüßten die Fusion explizit.[11] Die Industriegewerkschaft Metall (IG Metall) befürchtete zwar einen weiteren Abbau von Ar-

6 AEG-Telefunken Pressemitteilung, 30. Juli 1982, in: DTMB/AEG, Nr. 0875.

7 Gespräch mit Dr. Max Grundig: Getrennt produzieren – Japaner vereint schlagen, in: Handelsblatt, 23.08.1982.

8 Bollwerk gegen Japan-Konkurrenz, in: Handelsblatt, 29.07.1982.

9 Vgl. Grundig-Report, Sonderausgabe 1982, in: DTMB/AEG, 0872 (Ü2).

10 BDI: Die Japan-Konkurrenz, 07.10.1980, in: HAEU, INV 1/2018 1355. Sowie aus geschichtswissenschaftlicher Perspektive: Kleinschmidt, Christian: Der produktive Blick. Wahrnehmung amerikanischer und japanischer Management- und Produktionsmethoden durch deutsche Unternehmer 1950–1985, Berlin 2002, S. 355–372 (=Jahrbuch für Wirtschaftsgeschichte : Beiheft, Bd. 1).

11 Mit Hinweisen zum Handel und der Kommission: Grundig träumt von einer „europäischen Lösung“, in: FAZ, 29.07.1982. Vgl. zudem Einsendungen von Konsumenten an das Bundesministerium für Wirtschaft, in: BArch, B102/258554.

beitsplätzen, befürwortete jedoch ebenfalls das Zusammenwachsen der Branche, obgleich sie sich eine stärkere strukturpolitische Mitbestimmung wünschte.[12] Im Falle einer kartellrechtlichen Ablehnung galt selbst eine nachträgliche Genehmigung durch eine Ministererlaubnis von Otto Graf Lambsdorff als wahrscheinlich, die damit die volkswirtschaftlich-strukturelle Bedeutung unterstrichen hätte.[13]

Kritik erreichte Heinz Dürr jedoch von der Japan Victor Company (JVC). Bereits am 29.07.1982, dem Veröffentlichungstag der Pressemitteilung, äußerte Herr Kosuda von JVC Deutschland telefonisch seine Bedenken zur weiteren Zusammenarbeit der beiden Unternehmen. Er attestierte Max Grundig eine „anti-japanische Einstellung“ und stellte in diesem Zusammenhang das gemeinsame Joint Venture, J2T, das in Berlin Videorekorder produzierte und als Vorzeigeprojekt europäisch-japanischer Zusammenarbeit galt, zur Disposition.[14] Das Joint Venture blieb bestehen, da das Zusammenschlussvorhaben scheiterte. Dies war jedoch nicht auf Kosudas (versuchte) Einflussnahme zurückzuführen, wie in dieser Arbeit noch zu zeigen sein wird. Seine Intervention verdeutlicht hingegen, dass Grundig und Telefunken bis zu diesem Zeitpunkt – und darüber hinaus – unterschiedliche Strategien im Umgang mit den japanischen Wettbewerbern verfolgten, die in dieser Arbeit analysiert werden sollen.

1.2 Wettbewerb und Narrativ: Methodik und Konzeption der Untersuchung

Allgemeiner gefasst untersucht die Studie die Leitfrage, wie die deutsche Unterhaltungselektronikindustrie auf die zeitgenössisch sogenannte „Japanische Herausforderung“ reagierte. Den Schwerpunkt bilden hierbei die Unternehmen Grundig und Telefunken.[15] Das Einstiegszenario hat dabei die entscheidende Prä-

---

12 Heinz Schade an Eugen Loderer: Einladung zu einer Sitzung „Wirtschaftliche Lage im Bereich Unterhaltungselektronik“, Anlass Grundig Übernahme Telefunken, 25.08.1982, in: AdsD, 5/IG-MA170772. Sowie Wirtschaftsabteilung IG Metall: Unterhaltungselektronik, 3.12.1982, in: AdsD, 5/IGMZ220116.

13 Vgl. Ministervorlage: Zusammenschlußvorhaben Grundig/Telefunken, 27.8.1982, in: BArch, B102/23221. Sowie: Enger zusammen. Die AEG-Tochter-Telefunken soll einen potenten neuen Partner bekommen, in: Der Spiegel, 31/1982.

14 Notiz: Grundig-TFR Kooperation; JVC, 29.7.1982, in: DTMB/AEG, 0872 (Ü2). Zur Bedeutung vgl. bspw. mit Hinweisen zu den Eröffnungsreden: Vermerk: Einweihung der J2T Video GmbH, 30.05. 1983 in Berlin, in: BArch, B102/285151.

15 Im Folgenden ist bei der Verwendung der Bezeichnung „Grundig“ jeweils das gesamte Unternehmen gemeint. Zum Wandel der Rechtsformen mit den verschiedenen Angleichungen siehe Kapitel 3. Unter „Telefunken“ soll, falls nicht explizit anders erwähnt, jeweils der Bereich ver-

misse aufgezeigt, die in Kapitel 2 empirisch ausgestaltet wird. Die „Japanische Herausforderung“ ist durch zwei korrelierende, in Teilen verschränkte, analytisch aber zunächst zu trennende Dimensionen zu charakterisieren. Zum einen beschreibt sie eine „realökonomische“ internationale Wettbewerbskonstellation, die durch das Vordringen japanischer Unternehmen auf den deutschen und europäischen Markt als Hauptabsatzgebiete der deutschen Unterhaltungselektronikindustrie gekennzeichnet war. Zum anderen war sie ein Narrativ in einer intensiven, auch öffentlich geführten Debatte über die Wettbewerbsfähigkeit in Relation zu den japanischen Unternehmen.[16] Auf den ersten Blick erscheint eine solche Unterscheidung artifiziell, insbesondere wenn man erkenntnistheoretisch beispielsweise von einer reinen diskursiven Konstruktion der „Wirklichkeit“ ausgeht.[17] In dieser Studie werden sich aber Diskrepanzen zwischen der „realökonomischen“ und „diskursiven“ Entwicklung zeigen, die u. a. auf widerstreitende Wahrnehmungen sowie Wissens- und Wirklichkeitskonstruktionen, Prognosen oder machtbewusste Kommunikationsstrategien zurückzuführen sind.[18] Um folglich die konkreten Reaktionen in dieser Studie angemessen analysieren zu können, muss auch die damit verbundene diskursive Praxis berücksichtigt werden. Die Leitfrage wird schwerpunktmäßig für den Zeitraum von den späten 1950er Jahren bis in die Mitte der 1980er Jahre untersucht, da – wie ebenfalls in Kapitel 2 veranschaulicht wird – in diesem Zeitraum die Importquoten japanischer Unterhaltungselektronikprodukte massiv anstiegen, die Debatte zur „Japanischen Herausforderung“ ihre Höhepunkte erreichte und die Industrie ihren umfassendsten Strukturwandel durchlebte. Als zweites wichtiges Anliegen dieser Studie wird in der Auseinandersetzung mit den Reaktionen auf die japanischen Wettbewerber das Agieren der Industrie in der Strukturkrise rekonstruiert.

standen werden, der die Unterhaltungselektronik innerhalb des AEG(-Telefunken) Konzerns umfasste. Der Bereich hatte im Verlauf des Untersuchungszeitraums verschiedene Rechtsformen und war jeweils unterschiedlich in den Konzern integriert. Vgl. im Detail Kapitel 4. Kurz skizziert: Bis 1963 war der Bereich ein Teil der Telefunken GmbH als Tochter der AEG, bis 1967 der Telefunken AG und schließlich der Allgemeinen Elektricitäts-Gesellschaft AEG-TELEFUNKEN. 1972 folgte die Ausgliederung in die eigenständige Tochtergesellschaft Telefunken Fernseh und Rundfunk GmbH. In der letzten Rechtsphase stand Telefunken in der Konzernkommunikation explizit nur noch für den Unterhaltungselektronikbereich.

16 Zum Begriffspaar: Kleinschmidt: Der produktive Blick, S. 355–357.

17 Zu den Grenzen des Konstruktivismus vgl. Boghossian, Paul Artin: Angst vor der Wahrheit. Ein Plädoyer gegen Relativismus und Konstruktivismus, Berlin (Dt. Erstausg., 2. Aufl.) 2013 (=Suhrkamp-Taschenbuch Wissenschaft, Bd. 2059).

18 Vgl. als Anknüpfungspunkt in der Geschichtswissenschaft zur Krisenkommunikation: Klammer, Kristoffer: Wirtschaftskrisen. Effekt und Faktor politischer Kommunikation: Deutschland 1929–1976, Göttingen (1. Auflage) 2019 (=Historische Semantik, Band 28).

In diesem Teilkapitel wird nun das Forschungsanliegen in drei ineinandergreifenden Schritten analytisch geschärft, konzeptionalisiert und operationalisiert. Hierzu werden theoretische Ansätze aus der Wirtschaftswissenschaft, der Wirtschaftssoziologie und Geschichtswissenschaft zurate gezogen, da sich diese Disziplinen schwerpunktmäßig mit dem Untersuchungsgegenstand auseinandersetzen.[19] Diese sind als Hilfsmittel der Analyse, bzw. im Schumpeterschen Sinne als „Zangen" zu verstehen. In den empirischen Kapiteln wird ihnen nicht dogmatisch gefolgt.[20] Zunächst wird die „industry history" als Rahmen zur Untersuchung der Wettbewerbskonstellation vorgestellt. In einem Zwischenschritt wird der Wettbewerb mit entsprechenden Handlungsmodi konkretisiert, bevor die Verbindung zwischen dem Wettbewerbshandeln und Narrativen skizziert wird. Abschließend wird der Gang der Untersuchung kurz vorgestellt.

1.2.1 Industry History

Zur Analyse der Reaktionen in der internationalen Wettbewerbskonstellation lehnt sich die Untersuchung an das heuristische Konzept der „industry history" an, das Bram Bouwens, Pierre-Yves Donzé und Takafumi Kurosawa entwickelt haben.[21] Industrie wird dabei nicht nur als eine additive Ansammlung von Unternehmen verstanden, sondern berücksichtigt insbesondere deren Zusammenspiel mit der sogenannten „location".[22] Übersetzen lässt sich dieser Begriff mit Blick auf

19 Die Internationale Politische Ökonomie als junge Schnittstelle der Politik- und Wirtschaftswissenschaften wird in diesem Buch ebenfalls eine Rolle spielen, wenn das Verhalten der Unternehmen im Rahmen der politischen Ausrichtung der japanisch-europäischen Wirtschaftsbeziehungen untersucht wird. In diesem Kapitel sind die Theorieansätze noch nicht relevant, da sie primär einen systemischen Charakter aufweisen. Vgl. Schirm, Stefan A.: Internationale Politische Ökonomie, Baden-Baden (4. Auflage) 2019 (=Studienkurs Politikwissenschaft). Bieling, Hans-Jürgen: Internationale Politische Ökonomie. Eine Einführung, Wiesbaden (2., aktualisierte Auflage) 2011.

20 Vgl. jüngst zum Verhältnis von Theorie und Wirtschaftsgeschichtsschreibung: Köster, Roman: Einführung in die Wirtschaftsgeschichte. Theorien, Methoden, Themen, Paderborn 2020, S. 158 (=UTB Geschichtswissenschaft).

21 Bouwens, Bram/Donzé, Pierre-Yves/Kurosawa, Takafumi (Hrsg.): Industries and Global Competition. A History of Business Beyond Borders, Milton (1. Aufl.) 2017 (=Routledge international studies in business history).

22 Hier und im Folgenden: Kurosawa, Takafumi: Introduction. Industry History: Its Conepts and Methods, in: Bouwens, Bram/Donzé, Pierre-Yves/Kurosawa, Takafumi (Hrsg.): Industries and Global Competition. A History of Business Beyond Borders, Milton (1. Aufl.) 2017, S. 3–20 (=Routledge international studies in business history).

die entsprechenden Diskurse seit den 1970er Jahren als „Standort".[23] Damit rücken die Beziehungen der Unternehmen zu den Stakeholdern in das Forschungsinteresse.[24] Konkret werden die Akteure des handels- und industriepolitischen Ordnungsrahmens sowie der Distributionskette berücksichtigt.[25] Hierzu zählen bei diesem Untersuchungsgegenstand die deutsche und europäische Politik, die Industrieverbände, Zuliefererunternehmen, Arbeitnehmer und Gewerkschaften, der Handel und die Konsumenten.[26] Die Industrie wird somit als ein standortgebundenes, relationales Konzept verstanden, das die verschiedenen Akteursgruppen in einem mehrdimensionalen System miteinander verbindet und gleichzeitig die spezifischen Ressourcen, die aus diesen Beziehungen entstehen, beispielsweise Wissensbestände in Form von Patenten, staatlichen Förderungen, Tarifregelungen oder evozierte Produktimages bei Kunden, einschließt. Dieses Beziehungsgeflecht prägt nun nicht nur den Wettbewerb der Unternehmen mit einem geteilten Standort, sondern fungiert vor allem als Vor- oder Nachteil im Wettbewerb mit Unternehmen anderer Standorte.[27] Diesen Wettbewerb charakterisieren die Au-

---

23 Vgl. aus historischer Perspektive zur Standortdebatte: Meteling, Wencke: Internationale Konkurrenz als nationale Bedrohung – Zur politischen Maxime der Standortsicherung in den neunziger Jahren, in: Jessen, Ralph (Hrsg.): Konkurrenz in der Geschichte. Praktiken – Werte – Institutionalisierungen, Frankfurt 2014; Meteling, Wencke: Nationale Standortseminatiken seit den 1970er Jahren, in: Leendertz, Ariane/Meteling, Wencke (Hrsg.): Die neue Wirklichkeit. Semantische Neuvermessungen und Politik seit den 1970er-Jahren, Frankfurt / New York 2016 (=Schriften aus dem Max-Planck-Institut für Gesellschaftsforschung Köln).

24 Vgl. zur Theorie der Stakeholder prägnant: Franklin, Aimee L.: Stakeholder Engagement, Cham 2020.

25 Zur Distributionskette und den Marktstrukturen der Unterhaltungselektronik siehe: Teupe: Die Schaffung eines Marktes, S. 6 – 9.

26 Aufgrund der besseren Lesbarkeit wird das generische Maskulinum verwendet. Es sind jedoch alle Geschlechter gemeint.

27 Das Modell knüpft an die wirtschaftswissenschaftlich immer noch einflussreichen Vorarbeiten von Michael Porter an, der *„location"* vor allem als nationalstaatlichen Rahmen dachte, wobei gerade Japan ihm häufig als Anschauungsobjekt diente. In seinem „Diamanten-Modell" speiste sich die internationale Wettbewerbsfähigkeit aus Nachfrage- und Faktorbedingungen, Unternehmensstrategien, -strukturen und -wettbewerb, unterstützenden Branchen, dem Staat und dem Zufall. Vgl. Porter, Michael E.: Cases in competitive strategy, New York, NY 1983; Porter, Michael E.: Nationale Wettbewerbsvorteile. Erfolgreich konkurrieren auf dem Weltmarkt, Wien 1993. Verweise in aktuellen Lehrbüchern: Hoppen, Dieter: Internationale Wirtschaft. Theorie und Praxis der internationalen Wirtschaftsbeziehungen, Stuttgart 2014, S. 124. Rübel, Gerhard: Außenwirtschaft. Grundlagen der realen und monetären Theorie, München 2013, S. 133 – 135. In der unternehmensgeschichtlichen Forschungstradition folgt diese Untersuchung den Ansätzen, die Unternehmen in ihren Kontakten mit der Umwelt analysieren, ohne dabei jedoch den „ökonomischen Kern" zu vernachlässigen. Vgl. zur Debatte: Triebel, Florian/Seidl, Jürgen: Ein Analyserahmen für das Fach Unternehmensgeschichte, in: Zeitschrift für Unternehmensgeschichte /

toren als Triebkraft der Globalisierung.[28] Damit deuten sich aber auch schon die zu beachtenden Grenzen und Ambivalenzen des Konzeptes an, die in dieser Studie anhand einer Industrie im Globalisierungsschub seit den 1970er Jahren auszuleuchten sind.[29] Durch eine globalisierungsbedingte zunehmende Netzwerkverdichtung mit entsprechender Reziprozität zwischen den Wirtschaftsregionen kann die Bedeutung des einzelnen Standortes für den Wettbewerb gemindert werden.[30] Beispielsweise wird sich dies in den umfassenden Direktinvestitionen japanischer Unternehmen in Europa, mit denen handelspolitische Beschränkungen umgangen und der Zugriff auf Subventionen gesichert wurden, oder auch im intensivierten Austausch von Produkt- und Produktionswissen wie bei J2T zeigen.[31]

Bezieht man dieses Analysemodell nun auf die Leitfrage, werden nicht nur die Reaktionen der Unternehmen Grundig und Telefunken, sondern in den Auseinandersetzungen und Beziehungen mit den Stakeholdern auch deren Perzeptionen und Reaktionen herausgearbeitet. Diese integrative Perspektive bietet vier Vorteile. Erstens wird durch die Berücksichtigung der verschiedenen Akteure wirtschaftlicher Wandel in gesamtgesellschaftlicher Tragweite rekonstruierbar. Damit können zweitens die Unternehmensreaktionen besser verstanden werden, indem das gesamte Handlungstableau vom Lobbying über den Arbeitskampf bis zur Absatzpolitik berücksichtigt wird.[32] Drittens wird der exogene Globalisierungsschock „Japanische Herausforderung“ in seinen vielfältigen Wirkungen auf verschiedene Akteure erkennbar, sodass der häufig abstrakte Megaprozess der Globalisierung in einzelnen akteursbezogenen Teilprozessen – Jürgen Osterhammel spricht in die-

Journal of Business History 46 (2001), H. 1; Borscheid, Peter: Der ökonomische Kern der Unternehmensgeschichte, in: Zeitschrift für Unternehmensgeschichte / Journal of Business History 46 (2001), H. 1; Pierenkemper, Toni: Was kann eine moderne Unternehmensgeschichtsschreibung leisten? Und was sollte sie tunlichst vermeiden, in: Zeitschrift für Unternehmensgeschichte / Journal of Business History 44 (1999), H. 1.

28 Kurosawa: Introduction, S. 10.

29 Fergusson, Niall u. a. (Hrsg.): The shock of the global. The 1970s in perspective, Cambridge, Mass. 2010.

30 Vgl. aus globalisierungsgeschichtlicher Perspektive: Fäßler, Peter E.: Globalisierung. Ein historisches Kompendium, Köln 2007, S. 30 (=UTB, 2865: Geschichte, Politikwissenschaft).

31 Vgl. als ersten Einblick: Bloom, Martin D. H.: The Consumer Electronic Industry, in: Sachwald, Frédérique (Hrsg.): European integration and competiveness. Acquisitions and alliances in industry, Aldershot 1994 (=New horizons in international business). Sowie Strange, Roger: Japanese manufacturing investment in Europe. Its impact on the UK economy, London (repr) 1998 (=Routledge series in international business).

32 In der integrativen Perspektive ist der Ansatz vergleichbar mit dem des Konsumtionsregimes, geht aber von den Unternehmen und nicht vom Konsum(produkt) aus. Vgl. Kleinschmidt, Christian/Logemann, Jan: Einleitung, in: Kleinschmidt, Christian/Logemann, Jan (Hrsg.): Konsum im 19. und 20. Jahrhundert, München, Wien 2021, S. 4 (=Handbücher zur Wirtschaftsgeschichte).

sem Zusammenhang von „Globalisierungen“ – analytisch greifbar wird.[33] Viertens und abschließend bleibt somit der komplexe Wandel textlich darstellbar, indem dieser, wie in den Kapiteln 3 und 4, von den Unternehmen ausgehend erzählt wird.[34]

Unter der Industrie wurde bislang eine Ansammlung von Unternehmen in ihren Beziehungen zu den Stakeholdern und Wettbewerbern an einem bestimmten Standort verstanden. Wie sich jedoch diese Ansammlung von Unternehmen als Kern des Industriekonzeptes konstituiert, ist offen geblieben. Um die Zugehörigkeit eines Unternehmens zu einer Industrie festzustellen, macht Kurosawa vier Kriterien aus: Produkte, Technologie und Wissen, Position in der Wertschöpfungskette und den Markt. Er betont dabei, dass nicht immer alle vier Kriterien erfüllt seien, sondern häufig graduell miteinander kombiniert würden.[35] Wer allerdings die Zugehörigkeit durch entsprechende Attribuierungen festlegt, lässt er dabei unbeantwortet. Raymond Stokes und Ralf Banken konstatieren diesbezüglich, dass bei der häufig voraussetzungslosen Verwendung des Industriebegriffs in der Wirtschaftsgeschichte zu wenig beachtet werde, dass die Zugehörigkeit in vielen Fällen einem zeitlichen Wandel unterliege und abhängig von eben jenem Personenkreis sei, der eine Industrie „konstruiere“.[36] Als Beispiele nennen die Autoren hierzu den Industrieverband oder auch Statistikämter. Zieht man die Verbandsgeschichte des Zentralverbandes der deutschen elektrotechnischen Industrie (ZVEI) zu Rate, so erkennt man, dass sich die Industrie zunächst als Funk-, dann als Rundfunk- und schließlich als Unterhaltungselektronikindustrie, dabei aber immer als Teil der Elektroindustrie verstand.[37] Deutlich wird hierbei schon eine primäre Selbstdefi-

---

33 Vgl. als Grundsatzüberlegung zum Zusammenhang von „Schocks“ und ihrer Rolle in der Entwicklung der Globalisierung: James, Harold: Schockmomente. Eine Weltgeschichte von Inflation und Globalisierung 1850 bis heute, München (1. Auflage) 2022. Zum Konzept der Globalisierungen siehe Osterhammel, Jürgen: Globalisierungen, in: Osterhammel, Jürgen (Hrsg.): Die Flughöhe der Adler. Historische Essays zur globalen Gegenwart, München 2017.

34 Die industry history kann als eine metahistorische Konzeptionalisierung charakterisiert werden. Beispielsweise werden die Akteursbeziehungen im Rahmen der location nicht näher erläutert. Einem wirtschaftshistorischen Eklektizismus folgend werden in den empirischen Analysen konkretisierende, fallbezogene Theoriekonzepte einbezogen.

35 Kurosawa: Introduction, S. 6.

36 Stokes, Ray/Banken, Ralf: Constructing an ‘industry’: the case of industrial gases, 1886–2006, in: Business History 57 (2015), H. 5.

37 Zur Geschichte des ZVEI vor 1945 vgl.: Bähr, Johannes: Verbandspolitik in Demokratie und Diktatur. Der Spitzenverband der elektrotechnischen Industrie 1918–1950, Frankfurt a. M. 2019. Für die Zeit nach 1945 liegen laut dieser Studie und einer eigenen Anfrage keine Quellen vor. Die Unterhaltungselektronik wurde als Fachverband „Rundfunk und Fernsehen“ im ZVEI geführt, dessen Hauptaufgabe wirtschaftspolitische Belange waren. Parallel dazu existierte seit 1923 der „Verband der Radio-Industrie e.V. bzw. „Verband der Funkindustrie e.V.“. Seit 1934 wurde dieser

nition über die hergestellten Produkte, die sich auch in der externen Zuschreibung durch das Statistische Bundesamt niederschlug.[38] Dieser Definition der Industrie folgt ebenfalls Kilian Steiner in Anlehnung an Alfred D. Chandler in seiner Studie zur Geschichte des Unternehmens Loewe. Dabei versteht er unter Unterhaltungselektronik „[...] Produkte, die elektronische Bauteile aufweisen und vorwiegend der Unterhaltung, Information und Bildung dienen."[39] Hierzu zählen kategorial Tonwiedergabegeräte, wie Radio, Kassettenrecorder und CD-Player, das Fernsehen mit den entsprechenden Endgeräten und Ergänzungen wie Videorekordern und DVD-Playern oder auch Spielekonsolen. Das kennzeichnende Merkmal dieser Produkte bestand neben schnellen Innovationszyklen in der Abhängigkeit von Software bzw. Sendeinfrastrukturen, die folglich bei der Analyse zu beachten sind.[40]

Die Unternehmen Grundig und Telefunken verstanden sich selbst als Teil der Unterhaltungselektronikindustrie. Die Auswahl dieser beiden Unternehmen kann aus verschiedenen Gründen als repräsentativ angesehen werden. Die Unterhaltungselektronikindustrie in der Bundesrepublik hatte zu Beginn des Untersuchungszeitraums bereits eine erste Konsolidierungsphase abgeschlossen, sodass sie hauptsächlich durch große, auf die Unterhaltungselektronik spezialisierte Familienunternehmen, wie den Marktführer Grundig, oder entsprechende Tochtergesellschaften bzw. integrierte Abteilungen von Elektrokonzernen, wie Telefunken, geprägt war.[41] Telefunken bestach dabei vor allem durch Basisinnovationen für Fernseh-, Video- und Ton-Technik. Die zu Beginn der 1950er Jahre weit verbreiteten kleinen und mittelständischen Unternehmen mussten in der Regel ihr Geschäft aufgeben bzw. wurden übernommen, da sie nicht über das notwendige Kapital zur Rationalisierung der Produktion verfügten und damit dem Preisdruck nicht ge-

---

„Interessengemeinschaft für Rundfunkschutzrechte IGR e.V." genannt und diente als Vereinigung der primär geräteherstellenden Unternehmen zur Dokumentation von Patenten, deren ggf. notwendiger Klärung und der Verhandlung zur Lizenznahme. Vgl. hierzu insbesondere als Selbstzeugnis Lucae, Gustav: 40 Jahre Rundfunkwirtschaft in Deutschland 1923–1963, Düsseldorf 1963. Zur Beschreibung als Fachverband Unterhaltungselektronik siehe die Überlieferung der Gespräche mit dem BMWi, in: BArch, B102/232213.

38 Vgl. hierzu Dussel, Konrad: Die Radio- und Fernsehgeräteproduktion in der BRD und der Außenhandel, in: Vierteljahrschrift für Sozial- und Wirtschaftsgeschichte 96 (2009), S. 210–211.

39 Steiner, Kilian J. L.: Ortsempfänger, Volksfernseher und Optaphone. Die Entwicklung der deutschen Radio- und Fernsehindustrie und das Unternehmen Loewe 1923–1962, Essen 2005, S. 10; Chandler, Alfred Dupont: Inventing the electronic century. The epic story of the consumer electronics and computer industries, Cambridge, Mass 2005 (=Harvard studies in business history, Bd. 47).

40 Cawson, Alan: Innovation and Consumer Electronics, in: Dodgson, Mark/Rothwell, Roy (Hrsg.): The handbook of industrial innovation, Cheltenham, Northampton 1995, S. 145–148.

41 Vgl. Wittke: Wie entstand industrielle Massenproduktion?, S. 104–118.

wachsen waren.[42] Grundig war einer der wenigen Markteinsteiger der Zeit nach 1945, der sich etablieren konnte. Telefunken war eines der Traditionsunternehmen aus der Vorkriegszeit.[43] Dass sich die Unterhaltungselektronikunternehmen als elementarer Bestandteil der Elektroindustrie verstanden, ist nicht nur auf die partiellen kapitalmäßigen Verflechtungen zurückzuführen. Sie waren auch die größten Abnehmer elektronischer Bauelemente, wie die Definition von Steiner bereits andeutet. Daraus resultierten enge Lieferbeziehungen, die insbesondere für den Technologiewettbewerb in der Mikroelektronik relevant waren, da vielfach erst die Nachfrage der Unterhaltungselektronikindustrie eine kostendeckende Produktion der Bauteile ermöglichte.[44] Hieraus ergibt sich eine weitere elementare Differenzierungsmöglichkeit. Telefunken wird stellvertretend für diejenigen Unternehmen untersucht, die ihre Bauelemente selbst produzierten bzw. im Konzerngeflecht produzieren ließen. Grundig hingegen bezog die benötigten Bauelemente größtenteils von Siemens und Philips. Die daraus resultierenden Unternehmensbeziehungen, Pfadabhängigkeiten, aber auch das politische Kapital im Ringen um Subventionen oder anderweitige Förderungen spielten im Wettbewerb eine elementare Rolle.

1.2.2 Wettbewerb

Der Wettbewerb und die damit verbundene Wettbewerbsfähigkeit sind der zentrale Untersuchungsgegenstand der „industry history". Der Wettbewerb wird als Organisationsprinzip kapitalistischer Märkte angesehen.[45] Diese Annahme deckt sich mit den Erkenntnissen aus den Wirtschaftswissenschaften und der Wirt-

---

42 Speidel, Markus: Netzwerke, Kooperationen und Management-Buy-Out. Die Geschichte des Unternehmens Loewe zwischen 1962 und 1985, Essen (1. Aufl.) 2012, S. 49–60. und Steiner: Ortsempfänger, Volksfernseher und Optaphone, S. 271–322.

43 Vgl. zeitzeugenhaft und vielfach anekdotisch: Buschbek, Werner: Erinnerungen zur Telefunken-Geschichte des Rundfunks, in: Technikgeschichte 40 (1973), H. 3; Thiele, Erdmann (Hrsg.): Telefunken nach 100 Jahren. Das Erbe einer deutschen Weltmarke, Berlin 2003.

44 Vgl. allgemein Bloom: The Consumer Electronic Industry, S. 202. Breitenacher, Michael u. a.: Elektrotechnische Industrie, Berlin 1974, S. 196–197 (=Struktur und Wachstum Reihe Industrie, Bd. 21). Für den Transistor: Fickers, Andreas: Der „Transistor" als technisches und kulturelles Phänomen. Die Transistorisierung der Radio- und Fernsehempfänger in der deutschen Rundfunkindustrie 1955 bis 1965, Bassum 1998 (=Aachener Beiträge zur Wissenschafts- und Technikgeschichte des 20. Jahrhunderts, Bd. 1). Als (politisches) Argument aus den Branchen: Memorandum des europäischen Verbandes der elektrischen Bauelementeindustrie (EECA), Oktober 1978, in: BArch, B102/196041.

45 Kurosawa: Introduction, S. 2.

schaftssoziologie. Eine klare Definition fehlt jedoch, wie in vielen anderen Untersuchungsansätzen, vermutlich aufgrund der Vielschichtigkeit des Phänomens.[46] Einen Minimalkonsens spiegelt die Definition von Rainer Olten wider, der unter Wettbewerb das „rivalisierende Streben mehrerer Wirtschaftssubjekte (Unternehmen, Haushalte) als Anbieter oder Nachfrager auf konkreten Märkten" versteht, um „[...] durch bestimmte Aktivitäten einen größeren Erfolg (meßbar an Umsatz, Gewinn, Rentabilität, Einkommen, Ausgaben, Nutzen) als die Rivalen zu erzielen."[47] Übertragen auf diese Studie stehen die „Aktivitäten" von Grundig und Telefunken in Relation zu den japanischen Unternehmen um den Absatz auf dem deutschen aber auch europäischen Märkten und damit letztendlich um die Käufer im Mittelpunkt. Die entscheidenden Parameter sind dabei der Preis der Produkte, die Qualität, das Image sowie entsprechende Produktdifferenzierungen verbunden mit Innovationen und dem Service.[48]

Die fachlichen Ansätze zur Analyse dieser „Aktivitäten" unterscheiden sich grundlegend. Die Wirtschaftswissenschaft, insbesondere in der (noch) dominanten neoklassischen Ausrichtung, versucht – zugespitzt formuliert – diese durch Theorie- und Modellbildung in allgemeingültigen Gesetzen zu verallgemeinern.[49]

---

46 Für die Wirtschaftswissenschaft: Schmidt, Ingo/Haucap, Justus: Wettbewerbspolitik und Kartellrecht. Eine interdisziplinäre Einführung, München (10., überarbeitete und aktualisierte Auflage) 2013, S. 3–4. ebd., S. 3. Siehe auch aus geschichtswissenschaftlicher Perspektive: Erker, Paul: Vom nationalen zum globalen Wettbewerb. Die deutsche und die amerikanische Reifenindustrie im 19. und 20. Jahrhundert, Paderborn 2005, S. 11. Zur Vielfalt des Begriffs der Wettbewerbsfähigkeit siehe Sum, Ngai-Ling: Towards a Cultural Political Economy. Putting Culture in its Place in Political Economy, Cheltenham 2014, S. 267.

47 Olten, Rainer: Wettbewerbstheorie und Wettbewerbspolitik, Berlin, Boston (2. Aufl.) 1998, S. 14. Siehe auch Schmidt/Haucap: Wettbewerbspolitik und Kartellrecht, S. 3–4. Häufig als frühe Referenz: Borchardt, Knut/Fikentscher, Wolfgang: Wettbewerb, Wettbewerbsbeschränkung, Marktbeherrschung, Stuttgart 1957, S. 15. Einordnend: Werron, Tobias: Wettbewerb als historischer Begriff, in: Jessen, Ralph (Hrsg.): Konkurrenz in der Geschichte. Praktiken – Werte – Institutionalisierungen, Frankfurt 2014.

48 Münter, Markus Thomas: Mikroökonomie, Wettbewerb und strategisches Verhalten, Stuttgart (2. überarbeitete und erweiterte Auflage) 2021, S. 57–108.

49 Vgl. bspw. zur Betriebswirtschaftslehre: Weber, Wolfgang/Kabst, Rüdiger/Baum, Matthias: Einführung in die Betriebswirtschaftslehre, Wiesbaden (10. Aufl. 2018) 2018, S. 30–31. Sowie Obermaier, Robert/Saliger, Edgar: Betriebswirtschaftliche Entscheidungstheorie. Einführung in die Logik individueller und kollektiver Entscheidungen, München (6., grundlegend überarbeitete Auflage) 2013. Zur Volkswirtschaftslehre siehe Engelkamp, Paul/Sell, Friedrich L./Sauer, Beate: Einführung in die Volkswirtschaftslehre, Berlin, Heidelberg (8. Aufl. 2020) 2020, S. 6–12. Aus mikroökonomischer Perspektive anwendungsorientiert: Münter: Mikroökonomie, Wettbewerb und strategisches Verhalten, S. 18–26. Zur Disziplinengeschichte und Rezeption in der Geschichtswissenschaft Spoerer, Mark/Streb, Jochen: Neue deutsche Wirtschaftsgeschichte des 20. Jahrhunderts, München 2013, S. 4–13.

Aus der Sicht der Neuen Wirtschaftssoziologie (New Economic Sociology) werden diese Erklärungen als unzureichend und realitätsfern kritisiert, da die sozialen Strukturen als Rahmen der Märkte vernachlässigt würden. Sie geht stattdessen von der sozialen Einbettung der Akteure aus und untersucht daher wirtschaftliches Handeln als soziales Handeln, indem beispielsweise Motive, Konventionen, Normen, Netzwerke oder Machtverhältnisse zur Erörterung einbezogen werden.[50] In der Unternehmensgeschichte herrscht eine Theorienvielfalt zur Erklärung dieser „Aktivitäten“ vor.[51] Dennoch ist eine gewisse Dominanz der Neuen Institutionenökonomie zu konstatieren. Ihre begrenzte Erklärungskraft bei einzelnen Unternehmensentscheidungen und damit auch der Fortentwicklung von Unternehmen wird jedoch aufgrund des inhärenten „effizienzorientierten Reduktionismus“, der andere Entscheidungsmotive ausblende, kritisch reflektiert.[52] Werner Plumpe kommt zu dem Schluss, dass Entscheidungen und damit in diesem Fall auch die Reaktionen im Wettbewerb „empirisch einzigartig“ aber „stereotyp beschreibbar“ seien.[53] Hierzu haben sowohl die Geschichtswissenschaft als auch die Wirtschaftssoziologie herausgearbeitet, dass Wettbewerbshandeln in verschiedenen Abstufungen zwischen den Handlungsmodi „Konkurrieren“ und „Kooperieren“ changiert, die auch den Titel dieser Studie prägen.[54] Das in der Wettbewerbsdefi-

50 Kompakt: Beckert, Jens/Deutschmann, Christoph: Einleitung. Neue Herausforderungen der Wirtschaftssoziologie, in: Beckert, Jens/Deutschmann, Christoph (Hrsg.): Wirtschaftssoziologie, Wiesbaden 2010, S. 8 (=Kölner Zeitschrift für Soziologie und Sozialpsychologie, 49/2009). Als weiterer Überblick: Maurer, Andrea (Hrsg.): Handbuch der Wirtschaftssoziologie, Wiesbaden (2. Aufl.) 2017. Sowie kritisch reflektierend Sparsam, Jan: Wirtschaft in der New Economic Sociology. Eine Systematisierung und Kritik, Wiesbaden 2015 (=Wirtschaft und Gesellschaft). Die „soziale Einbettung“ kann als kleinster gemeinsamer Nenner der verschiedenen Ansätze gewertet werden. Die Kritik vernachlässigt, dass sich in den Wirtschaftswissenschaften ein Wandel abzeichnet. Mit den Behavioral Economics und der damit verbundenen Etablierung der Prospect Theory verändern sich die theoretischen Vorannahmen hin zu einer begrenzten Rationalität der Akteure. Vgl. Beck, Hanno: Behavioral Economics. Eine Einführung, Wiesbaden 2014. Kahneman, Daniel: Schnelles Denken, langsames Denken, München (25. Auflage) 2019.

51 Ahrens, Ralf: Unternehmensgeschichte, in: Docupedia-Zeitgeschichte (2019), S. 5.

52 Vgl. Berghoff, Hartmut: Moderne Unternehmensgeschichte. Eine themen- und theorieorientierte Einführung, Berlin, Boston 2016, 2; 48–49. Das Zitat stammt von Seite 48. Pointiert zudem Ahrens: Unternehmensgeschichte, S. 4. Zu diesem Spannungsfeld auch: Hesse, Jan-Otmar/Kleinschmidt, Christian/Lauschke, Karl: Kulturalismus, Neue Institutionenökonomik oder Theorienvielfalt. Eine Zwischenbilanz der Unternehmensgeschichte, Essen (1. Aufl.) 2002 (=Bochumer Schriften zur Unternehmens- und Industriegeschichte, Bd. 9).

53 Plumpe, Werner: Wie entscheiden Unternehmen?, in: Zeitschrift für Unternehmensgeschichte 61 (2016), H. 2, S. 159.

54 Vgl. Wetzel, Dietmar J.: Soziologie des Wettbewerbs. Eine kultur- und wirtschaftssoziologische Analyse der Marktgesellschaft, Wiesbaden 2013, S. 56–58 (=Wirtschaft und Gesellschaft); Engel, Alexander: Konzepte ökonomischer Konkurrenz in der longue durée. Versprechungen und Be-

nition genannte Ziel des „größeren Erfolgs“ anhand der entsprechenden Parameter bleibt dabei jedoch bestehen. Daher ist „Kooperieren“ als „Coopetition“ zu verstehen, d. h. eine partielle Zusammenarbeit der Unternehmen auf einer bestimmten Wertschöpfungsstufe oder bei bestimmten Produkten, ohne jedoch die Konkurrenzsituation zwischen den beiden Unternehmen an sich vollends aufzulösen.[55]

Insbesondere „Konkurrenz“ und „Konkurrieren“ haben in den vergangenen Jahren größere Aufmerksamkeit in den beiden Disziplinen erfahren, wie einige, auch interdisziplinär angelegte, Sammelbände dokumentieren.[56] Neben einzelnen Fallstudien wurden zwei übergreifende Erkenntnisse herausgearbeitet, die als Voraussetzung für diese Arbeit zentral sind. In Anknüpfung an Georg Simmel kann Konkurrenz erstens durch eine dyadische oder eine triadische Struktur charakterisiert werden, d. h. das Konkurrieren um ein knappes Gut oder um die Gunst eines Dritten.[57] Letztere Akteursformation beschreibt den Unterhaltungselektronikmarkt treffender, da um die Gunst der Käufer konkurriert wurde. Entscheidend ist in beiden Fällen, dass eine dauerhafte wechselseitige Wahrnehmung und Beein-

fürchtungen, in: Bürkert, Karin/Engel, Alexander/Heimerdinger, Timo (Hrsg.): Auf den Spuren der Konkurrenz. Kultur- und sozialwissenschaftliche Perspektiven, Münster, New York 2019, S. 79 (=Freiburger Studien zur Kulturanthropologie); Tauschek, Markus: Zur Kultur des Wettbewerbs. Eine Einführung, in: Tauschek, Markus (Hrsg.): Kulturen des Wettbewerbs. Formationen kompetitiver Logiken, Münster 2013, S. 17–20 (=Kieler Studien zur Volkskunde und Kulturgeschichte, Bd. 10). Ebenso: Kurosawa: Introduction, S. 2. Im alltäglichen und partiell auch wissenschaftlichen Sprachgebrauch werden die Begriffe Wettbewerb und Konkurrenz synonym verwendet. In Anknüpfung an die oben genannten Studien wird im Folgenden Wettbewerb hingegen als Organisationsprinzip und Konkurrieren und Kooperieren als Handlungsmodi der Akteure verstanden.

55 Klassisch: Nalebuff, Barry/Brandenburger, Adam: Coopetition – kooperativ konkurrieren. Mit d. Spieltheorie zum Unternehmenserfolg, Frankfurt/Main New York, N.Y. 1996. Zum aktuellen Forschungsstand: Klein, Benjamin: Coopetitive Dynamics. Zum Entwicklungsverlauf kooperativer Beziehungen zwischen Wettbewerbern, Wiesbaden 2014. Bezüglich der Produktion jüngst: Romanowski, David: Coopetition-Management in intraorganisationalen Produktionsnetzwerken, Wiesbaden 2020.

56 Vgl. auch im Folgenden: Bürkert, Karin/Engel, Alexander/Heimerdinger, Timo (Hrsg.): Auf den Spuren der Konkurrenz. Kultur- und sozialwissenschaftliche Perspektiven, Münster, New York 2019 (=Freiburger Studien zur Kulturanthropologie); Tauschek, Markus (Hrsg.): Kulturen des Wettbewerbs. Formationen kompetitiver Logiken, Münster 2013 (=Kieler Studien zur Volkskunde und Kulturgeschichte, Bd. 10). Jessen, Ralph (Hrsg.): Konkurrenz in der Geschichte. Praktiken – Werte – Institutionalisierungen, Frankfurt 2014.

57 Kirchhoff, Thomas: Einleitung: Konkurrenz als Epochenparadigma, in: Kirchhoff, Thomas (Hrsg.): Konkurrenz. Historische, strukturelle und normative Perspektiven, Bielefeld 2015, S. 13–17 (=Edition Kulturwissenschaft, Band 35). Werron, Tobias: Form und Typen der Konkurrenz, in: Bürkert, Karin/Engel, Alexander/Heimerdinger, Timo (Hrsg.): Auf den Spuren der Konkurrenz. Kultur- und sozialwissenschaftliche Perspektiven, Münster, New York 2019 (=Freiburger Studien zur Kulturanthropologie).

flussung der Konkurrierenden stattfindet, die wiederum die Dynamik evoziert. Folglich gilt es in dieser Studie die entsprechenden Perzeptionen der deutschen Unternehmen und ihre Folgen für konkrete Unternehmensreaktionen zu berücksichtigen. Mit Blick auf globale Märkte und Wettbewerbskonstellationen sind somit nicht nur Preiskonvergenzen entscheidend, sondern auch die soziokulturellen Bedingungen, wie stereotype Wahrnehmungen und Fremdheitsprozesse.[58] Zweitens bilden sich, nach Ralph Jessen, auf dieser Grundlage zeit- und gesellschaftsspezifische Konkurrenzkulturen aus, die Praktiken, Werthaltungen und Institutionalisierungen beinhalten.[59] Diese seien allerdings instabil und wandelbar, sodass sie von den Akteuren durch entsprechende Handlungen konstituiert, reproduziert und somit ausgehandelt werden – häufig jedoch mit der Absicht, diese zum eigenen Vorteil zu verschieben.[60] Gerade weil es sich bei dem deutsch-japanischem Dualismus um eine internationale Wettbewerbskonstellation handelt, gilt es folglich, mögliche Diskrepanzen zwischen den Konkurrenzkulturen sowie den, auch unternehmerisch bewusst induzierten Wandel zu beachten.[61]

58 Bühler, Martin/Werron, Tobias: Zur sozialen Konstruktion globaler Märkte, in: Langenohl, Andreas/Wetzel, Dietmar J. (Hrsg.): Finanzmarktpublika: Moralität, Krisen und Teilhabe in der ökonomischen Moderne, Wiesbaden 2014. Zur Fremdheit: Münkler, Herfried/Ladwig, Bernd: Dimensionen der Fremdheit, in: Münkler, Herfried (Hrsg.): Furcht und Faszination. Facetten der Fremdheit, Berlin 1997. Zum Stereotypverständnis: Chew, William L.: What's in a National Stereotype? An Introduction to Imagology at the Threshold of the 21st Century, in: Language and Intercultural Communication 6 (2006), 3–4.

59 Jessen, Ralph: Konkurrenz in der Geschichte – Einleitung, in: Jessen, Ralph (Hrsg.): Konkurrenz in der Geschichte. Praktiken – Werte – Institutionalisierungen, Frankfurt 2014, S. 19–20.

60 Vgl. Hölkeskamp, Karl-Joachim: Konkurrenz als sozialer Handlungsmodus – Positionen und Perspektiven der historischen Forschung, in: Jessen, Ralph (Hrsg.): Konkurrenz in der Geschichte. Praktiken – Werte – Institutionalisierungen, Frankfurt 2014, S. 44–45. Hölkeskamp knüpft damit übergeordnet an die Akteur-Struktur-Handlungstheorie von Anthony Giddens an. Giddens, Anthony: The Constitution of Society. Outline of the theory of structuration, Berkeley, Los Angeles 1986.

61 Diese Überlegungen knüpfen an den Ansatz zu den *Varieties of capitalism* an, erweitern und dynamisieren diesen jedoch. Zum einen werden kulturgeschichtliche Perspektiven ergänzt. Zum anderen das Institutionengefüge in Verbindung mit kulturellen Eigenheiten als weniger statisch und somit wandel- und gestaltbarer begriffen. Vgl. klassisch zum Ansatz: Hall, Peter A./Soskice, David W. (Hrsg.): Varieties of capitalism. The institutional foundations of comparative advantage, Oxford 2001. In einer kulturellen Adaption: Abelshauser, Werner/Gilgen, David/Leutzsch, Andreas: Kultur, Wirtschaft, Kulturen der Weltwirtschaft, in: Abelshauser, Werner/Gilgen, David/Leutzsch, Andreas (Hrsg.): Kulturen der Weltwirtschaft, Göttingen 2012 (=Geschichte und Gesellschaft : Sonderheft, Bd. 24).

1.2.3 Wettbewerbshandeln und Narrative

Bislang wurden die verschiedenen Rahmenbedingungen und Prämissen zur Erklärung der Reaktionen im Wettbewerb skizziert und dabei die Handlungsmodi benannt, wobei grosso modo die Annahme der empirischen Einzigartigkeit von Werner Plumpe geteilt wird. Um diese unternehmerischen Handlungen dennoch erklären zu können, rückt Plumpe, wie jüngst auch zahlreiche weitere Wirtschaftshistoriker im Forschungsverbund „Experience and Expectation. Historical Foundation of Economic Behavior", Erwartungen in den Fokus.[62] Sie teilen damit einen Erklärungsbaustein mit diversen, teilweise bereits benannten theoretischen Ansätzen: der Neuen Institutionenökonomik nach Douglas C. North, der Erwartungsnutzentheorie der Neoklassik, den Behavioral Economics mit der Prospect Theory und auch den neueren Arbeiten der Wirtschaftssoziologie.[63]

Besonders prominent und prägnant hat der Wirtschaftssoziologe Jens Beckert das Konzept ausgearbeitet. Gleichzeitig eröffnet dieser Ansatz die Möglichkeit, die beiden Dimensionen der „Japanischen Herausforderung" miteinander zu verbinden. Unter „fiktionalen Erwartungen" versteht er „Imaginationen zukünftiger Zustände der Welt und kausaler Beziehungen, auf die sich die Akteure bei ihren Entscheidungen stützen können."[64] In der Praxis treten diese, laut Beckert, in Form von Narrativen auf, die die Kausalität und Plausibilität zum Eintritt dieser Zukunftsvorstellung begründen.[65] Erst dadurch werde ein Interpretations- und damit Handlungsrahmen aufgespannt, der die Akteure handlungsfähig mache und die kapitalistische Dynamik begründe.[66] Die fiktionalen Erwartungen werden u. a. durch die soziale Stellung, Netzwerke, frühere Erfahrungen, kulturelle Rahmen als geteilte Sinnstrukturen, „kalkulative Instrumente" wie Theorien oder Prognosemodelle und Massenmedien geprägt.[67]. Die von Beckert genannten Einflussfakto-

62 Plumpe: Wie entscheiden Unternehmen?, S. 144–145. Programmatisch zu den Projekten: Jakob, Mark/Nützenadel, Alexander/Streb, Jochen: Erfahrung und Erwartung – eine vernachlässigte wirtschaftshistorische Perspektive?, in: Jahrbuch für Wirtschaftsgeschichte / Economic History Yearbook 59 (2018), H. 2.

63 North, Douglass Cecil: Understanding the process of economic change, Princeton 2005, S. 70. Beck: Behavioral Economics, S. 9–14.

64 Beckert, Jens: Imaginierte Zukunft. Fiktionale Erwartungen und die Dynamik des Kapitalismus, Berlin 2018, S. 105.

65 Ebd., S. 25, 116.

66 Ebd., S. 24, 61.

67 Ebd., S. 142–149; Beckert, Jens: Woher kommen Erwartungen?, in: Jahrbuch für Wirtschaftsgeschichte / Economic History Yearbook 59 (2018), H. 2, S. 511–520. In dieser offenen Liste von Beckert spiegeln sich einige der bisherigen Determinanten zur Erklärung der Reaktionen: die

ren zeichnen sich vor allem durch die soziale Prägung aus, können und sollten jedoch auch um die individuellen Heuristiken und Fehlvorstellungen ergänzt werden, die selbstverständlich einen zentralen Einfluss auf die Konstruktion fiktionaler Erwartungen haben können.[68]

Narrative sind nicht nur die Ausdrucksform von Erwartungen.[69] Sie prägen und beeinflussen diese auch. In Anknüpfung an die Ansätze der Behavioral Economics haben Robert Shiller und George Akerlof herausgearbeitet, dass Narrative als Teil der „Animal Spirits", d.h. der nicht-rationalen Beweggründe, einen zentralen Einfluss auf das ökonomische Handeln haben.[70] Diese Gedankengänge hat Robert Shiller in seinem Buch zu den „Narrative Economics" 2019 vertieft. Unter „Narrative Economics" versteht er „the study of the viral spread of popular narratives that effect economic behavior."[71] Er untersucht somit die Verbreitung von Narrativen und deren Wirkungen auf ökonomisches Handeln. Beckert und Shiller verwenden die Begriffe „Geschichte" und „Narrativ" – im Englischen „narrative" und „story" – vielfach synonym. Im Folgenden wird weiterhin der Begriff „Narrativ" verwendet, um Eindeutigkeit sowie die Anknüpfung an Nachbardisziplinen und die Diskursanalyse als Methode zu wahren. Ein Narrativ dabei als sinnstiftende Erzählung verstanden, wie im übernächsten Absatz mit Blick auf die „Japanische Herausforderung" nochmal konkretisiert wird.[72]

Beckert und Shiller rezipieren einander zwar nicht – vermutlich aufgrund der Überschneidung im Arbeitsprozess und weniger aufgrund einer Rezeptions-

wechselseitige Beobachtung in den Netzwerken und sozialen Stellungen oder die Konkurrenzkulturen in den kulturellen Rahmen.

68 Beckert weist nur sehr implizit auf diesen Einfluss hin, indem er knapp den Einfluss von Erfahrungen und deren Deutungen benennt. Vgl. Beckert: Imaginierte Zukunft, S. 30 – 31. In einer Metaanalyse zu diversen kognitiven Verzerrungen wurde zu jüngst ein gemeinsamer Kern einer Vielzahl dieser biases ausgemacht, nämlich der „confirmation bias", d.h. die Tendenz von Individuen, Entwicklungen und Informationen so wahrzunehmen, dass sie die eigenen Erwartungen bestätigen. Vgl. Oeberst, Aileen/Imhoff, Roland: Toward Parsimony in Bias Research. A Proposed Common Framework of Belief-Consistent Information Processing for a Set of Biases, in: Perspectives on psychological science (2023).

69 Hier und in den folgenden Kapiteln liegt dem Erwartungsbegriff Beckerts Verständnis der fiktionalen Erwartungen zugrunde.

70 Akerlof, George A./Shiller, Robert J.: Animal Spirits. Wie Wirtschaft wirklich funktioniert, Frankfurt am Main (1. Aufl.) 2009, S. 89 – 91. Sie knüpfen damit an die Forschungen von John Maynard Keynes an.

71 Shiller, Robert: Narrative Economics. How Ideas Go Viral and Influence Economic Events, Princeton 2019, S. 3.

72 Vgl. zur Definition und den Anknüpfungspunkten in verschiedenen Disziplinen: ebd., S. 12 – 17, 36.

schranke durch die fachliche Trennung.[73] Dennoch ergänzen sich beide Ansätze und das nicht nur, indem sie die beiden unterschiedlichen Funktionen bzw. Erscheinungsformen der Narrative herausstellen. Shiller diagnostiziert, dass die Wirtschaftswissenschaft Narrative lange vernachlässigt habe, weil ihre Wirkungen auf ökonomisches Handeln schwer zu greifen sei.[74] Letztendlich löst auch er dieses Problem in seinem Werk nicht auf, sondern bleibt stattdessen bei der Erkenntnis stehen, dass sich die Narrative und das Handeln wechselseitig beeinflussen.[75] An dieser Stelle kann der Ansatz von Beckert hilfreich sein, da durch die Analyse der Erwartungen die Narrative in ihrer Wirkung rekonstruierbar werden. Auf der anderen Seite arbeitet Shiller verschiedene elementare Merkmale erfolgreicher Narrative heraus, die Beckerts abstrakte Vorstellung konkretisieren. Diese Narrative seien vereinfachend, repetitiv und emotionalisierend. Sie seien zudem in Kombination mit anderen Narrativen sowie in Bezügen zu Identitäten einflussreicher, wobei sich letzteres häufig in einem „us versus them" ausdrücke.[76] Außerdem versucht Shiller – ganz Ökonom – die Verbreitung der Narrative zu modellieren und betont damit die quantitative Verbreitung als gewichtigen Faktor zur Erklärung der Wirkmächtigkeit. Mit Hilfe des aus der Epidemiologie entlehnten Kermack-McKendrick Modells skizziert er Narrative als ansteckende Krankheiten, die durch den Kontakt zwischen Menschen aber auch Medienkontakte übertragen werden.[77] Es dürfen allerdings Zweifel angemeldet werden, ob sich die Verbreitung in ein vorangenommenes Modell pressen lässt. Shiller selbst charakterisiert die Ausbreitung aufgrund zahlreicher wandelbarer und anzupassender Variablen als höchst unterschiedlich und wenig standardisiert.[78] Bedenkt man zudem noch die Heterogenität der Rezipienten mit dem zugehörigen Rezeptionsverhalten, erscheint dies noch fragwürdiger. Zielführender wäre stattdessen eine Loslösung vom Modell, hin zu einer offenen, explorativen empirischen Analyse.

Mads Mordhorst und Stefan Schwarzkopf haben Shillers Studien als „invitation" zur vertiefenden Forschung an die Wirtschaftshistoriker gedeutet.[79] Gerade die sogenannte „Japanische Herausforderung" erscheint in diesem Licht als ein

73 Bei Beckert findet sich lediglich in einem Aufsatz ein kurzer Verweis. Siehe: Beckert: Woher kommen Erwartungen?, S. 520.

74 Shiller: Narrative Economics, S. 12–13; 277–278.

75 Ebd., S. 71.

76 Ebd., S. 35, 87–103.

77 Shiller, Robert J.: Narrative Economics, in: American Economic Review 107 (2017), H. 4, S. 977–982. Sowie etwas ausführlicher im Appendix: Shiller: Narrative Economics, S. 289–300.

78 Ebd., S. 88–89.

79 Mordhorst, Mads/Schwarzkopf, Stefan: Theorising narrative in business history, in: Business History 59 (2017), H. 8, S. 1164.

passender Untersuchungsgegenstand. Die Erkenntnisse von Beckert und Shiller sind dabei in dreifacher Hinsicht nützlich für diese Studie. Erstens wird mit der Kategorie „Erwartungen" ein zentraler operationalisierbarer Baustein zur Erklärung der Reaktionen der unterschiedlichen Akteure aufgezeigt. Zweitens werden entsprechende Einflussfaktoren und Merkmale der Narrative und Erwartungen benannt, die somit die Analyse schärfen. Drittens wird damit vor allem der potenzielle Zusammenhang zwischen der diskursiven und realökonomischen Dimension der „Japanischen Herausforderung" deutlich, indem Narrative als prägende Einflussfaktoren auf Erwartungen und deren sprachlichen Manifestationen charakterisiert werden.

In ihrer diskursiven Ausprägung ist die „Japanische Herausforderung" hierzu zunächst als Diskurs zu verstehen. Der Diskursbegriff wird in der Forschungspraxis höchst vielfältig und häufig diffus verwendet. Abstrakt wird in der historischen Diskursanalyse unter einem Diskurs ein in der Regel sprachlich verfasstes Ordnungsmuster verstanden, durch das Wissen und Wirklichkeit konstruiert werde.[80] Konkret soll in dieser Untersuchung darunter eine sinnkonstituierende Ansammlung von Narrativen zu einem bestimmten Thema gefasst werden.[81] In dieser Untersuchung liegt der Fokus auf einer besonderen Form von Narrativen, nämlich sogenannten Topoi. Unter einem Topos wird ein kollektiv geteiltes, wirklichkeitskonstruierendes und den Diskurs prägendes Argumentationsmuster verstanden.[82] Die Funktion der Topoi besteht in Anlehnung an die aristotelischen Überlegungen zur Rhetorik auch darin, andere Diskursteilnehmer von einer entsprechenden Ansicht im Sinne einer Wirklichkeitskonstruktion zu überzeugen.[83] Daher kommt denen in Kapitel 2.2. herauszuarbeitenden Topoi eine zentrale Rolle zu, indem sie einerseits als Narrative Erwartungen beeinflussen und Handlungen begründen, andererseits aber auch in den Beziehungen zwischen den verschie-

80 Landwehr, Achim: Historische Diskursanalyse, Frankfurt 2008, S. 96 (=Historische Einführungen, Bd. 4).

81 Viehöver, Willy: Diskurse als Narrationen, in: Keller, Reiner et al. (Hrsg.): Handbuch Sozialwissenschaftliche Diskursanalyse, Wiesbaden 2001, S. 178–182.

82 Zur Theorie vgl. Wengeler, Martin: Topos und Diskurs – Möglichkeiten und Grenzen der topologischen Analyse gesellschaftlicher Debatten, in: Warnke, Ingo H. (Hrsg.): Diskurslinguistik nach Foucault. Theorie und Gegenstände, Berlin, New York 2007 (=Linguistik – Impulse & Tendenzen, Bd. 25). Erhellend mit Blick auf die empirische Ausarbeitung für die Wirtschaftsgeschichte: Wengeler, Martin/Ziem, Alexander: „Wirtschaftskrisen" im Wandel der Zeit. Eine diskurslinguistische Pilotstudie zum Wandel von Argumentationsmustern und Metapherngebrauch, in: Landwehr, Achim (Hrsg.): Diskursiver Wandel, Wiesbaden 2010.

83 Wengeler, Martin: Topos und Diskurs. Begründung einer argumentationsanalytischen Methode und ihre Anwendung auf den Migrationsdiskurs (1960–1985), Tübingen 2003, S. 177–181 (=Reihe Germanistische Linguistik, Bd. 244).

denen Industrieakteuren als zentrale Argumente bei der Aushandlung entsprechender Reaktionen fungieren. Der Anspruch dieser Studie besteht dabei jedoch explizit nicht darin, bestimmte Topoi zu „verifizieren“ oder zu „widerlegen“. Hierzu fehlt der Zugang zu den japanischen Unternehmensarchiven – so beispielsweise auch bei dem Topos des „unfairen Wettbewerbers“, der sich bereits im Einstiegsszenario zeigt und im Verlauf des Untersuchungszeitraums in modifizierter Form immer wieder vorgebracht wurde. Je nach Perspektivierung kann aber auch die „Japanische Herausforderung“ selbst als Narrativ fungieren und damit erwartungsprägend wirken. So wird sie in makroökonomischen Ausprägungen des Globalisierungsdiskurses als typische Vertreterin des globalen Konkurrenznarrativs auftreten.[84]

Zusammenfassend ist damit festzuhalten:

1. Die „Japanische Herausforderung“ kann als Narrativ eine Erwartung sein.
2. Als Narrativ kann die „Japanische Herausforderung“ Erwartungen prägen.
3. Die Topoi der „Japanischen Herausforderung“ (und sie selbst) können argumentativ in der Auseinandersetzung mit anderen Akteuren verwendet werden.

1.2.4 Gang der Untersuchung

Diese konzeptionellen und theoretisch-methodischen Überlegungen münden in folgender Gliederung zur Beantwortung der Frage nach den Reaktionen auf die „Japanische Herausforderung“. Kapitel 2 fungiert als Überblickskapitel, in dem der Referenzrahmen zur Analyse der Fallstudien von Grundig und Telefunken aufgespannt werden soll. Zum einen wird die Vorgeschichte und die Entwicklung der deutschen Unterhaltungselektronikindustrie im Untersuchungszeitraum skizziert. Hierzu werden die entsprechenden Konjunkturen, die Zusammensetzung der Branche und Produkt(lebens)zyklen herausgearbeitet. Damit werden die größeren Rahmenbedingungen der Reaktionen rekonstruiert und die Entwicklungen von Grundig und Telefunken in den Branchenzusammenhang einbettbar. Zum anderen wird die „Japanische Herausforderung“ in ihrer realökonomischen und diskursiven Dimension „vermessen“. In einem ersten Schritt werden die Auswirkungen und Einflüsse der japanischen Unternehmen auf den deutschen und europäischen Unterhaltungselektronikmarkt dargelegt, um anschließend die Entwicklung der japanischen Industrie und die Ursachen ihrer Erfolge zu analysieren. Somit soll

84 Vgl. Schreiber, Dominik: Narrative der Globalisierung. Gerechtigkeit und Konkurrenz in faktualen und fiktionalen Erzählungen, Wiesbaden 2015, S. 147–175.

aufgezeigt werden, worauf die deutsche Industrie in der realökonomischen Dimension konkret zu reagieren hatte. In einem dritten Schritt wird die Entwicklung des deutschen und auch europäischen Diskurses zur „Japanischen Herausforderung" untersucht, um die gängigen Topoi herauszustellen. Damit wird ein mögliches Repertoire abgesteckt, aus dem die Unternehmen und Stakeholder in ihrer Erwartungsbildung, Entscheidungsbegründung oder auch bei der Entwicklung der Verhandlungsargumente schöpfen konnten.

In den Kapitel 3 und 4 folgen die empirischen Fallstudien. In einer thematischen Gliederung, die mit einigen zeitlichen Überlappungen auch einer chronologischen Anordnung folgt, werden primär die Reaktionen der Unternehmen Grundig und Telefunken rekonstruiert. Im Sinne der industry history werden dabei in den Teilkapiteln ebenfalls die Perzeptionen und Reaktionen der einzelnen Stakeholder erarbeitet. Zunächst wird die Unternehmensgeschichte Grundigs behandelt, da die Strategien und Reaktionen von Grundig zu deutlich intensiveren Auseinandersetzungen mit den weiteren Akteuren führten. Folglich treten die Reaktionen der Europäischen Gemeinschaft und des Bundesministeriums für Wirtschaft (BMWi), des Industrieverbandes, der Gewerkschaften, Händler und Konsumenten in diesem Kapitel deutlicher zutage. Um Wiederholungen und Redundanzen zu vermeiden, wird in der Darstellung der Unternehmensgeschichte Telefunkens teilweise auf Kapitel 3 verwiesen, bzw. der Sachverhalt prägnant zusammengefasst.[85]

1.3 Einbettung im Forschungsfeld und Quellenlage

Die Studie möchte den Forschungsstand in doppelter Hinsicht erweitern. Im engeren Sinne erschließt sie neue Unternehmensgeschichten und Themenfelder zur Geschichte der Unterhaltungselektronikindustrie. In einer erweiterten Perspektive vertieft sie die Globalisierungsgeschichte der Bundesrepublik. Im Folgenden werden diese Absichten konkretisiert, jeweilige Anknüpfungspunkte an den aktuellen Forschungsstand verdeutlicht und die ausgewerteten Quellen skizziert.

85 Die Unternehmensentwicklungen werden ausführlich in dem jeweiligen Zwischenfazit zusammengefasst. Im Gesamtfazit folgt eine Gegenüberstellung sowie eine Einordnung der Reaktionen und Positionen der Stakeholder.

1.3.1 Geschichte der Unterhaltungselektronikindustrie

Im Mittelpunkt dieser Studie stehen die Unternehmen Grundig und Telefunken. Die Geschichte beider Unternehmen ist bislang nahezu unerforscht.

Zu Grundig liegen abseits von Nachrufen lediglich zwei journalistische Darstellungen zur Unternehmensgeschichte vor, die tendenziell glorifizierend auf die „Wirtschaftswunderpersönlichkeit" Max Grundig ausgerichtet sind. Egon Fein hat 1983 im Auftrag von Max Grundig eine Unternehmer- und Unternehmensbiographie verfasst.[86] Wie das Vorwort verdeutlicht, sollten diese als Memoiren gelesen werden, da Max Grundig kurz vor dem Ende seiner unternehmerischen Karriere nochmals Rechenschaft vor sich und der Öffentlichkeit ablegen wollte – insbesondere über die Turbulenzen der 1970er und 1980er Jahre. Die zweite biographische Darstellung der Journalistin Christl Bronnenmeyer stützt sich ebenfalls auf diese Ausführungen, ergänzt sie jedoch um einige Presseberichte und persönliche Erfahrungen, die sie als Zeitzeugin während ihrer Tätigkeit bei bayerischen Tageszeitungen und Magazinen gemacht hat.[87]

Zu Telefunken – verstanden als der Teil des AEG-Telefunken Konzerns, der mit der Produktion der Unterhaltungselektronik befasst war – sind bislang ebenfalls keine einschlägigen unternehmenshistorischen Studien für den Untersuchungszeitraum verfasst worden.[88] Selbst zur Geschichte des AEG-Telefunken Konzerns liegen mit Ausnahme der Arbeit von Peter Strunk keine umfassenden Arbeiten vor.[89] Einige Erkenntnisse lassen sich gleichwohl aus den Arbeiten von Johannes

86 Fein, Egon: Sieben Tage im Leben des Max Grundig, München 1983. Die einzige kurze historische Darstellung zu den Anfangsjahren in der Dissertation von Hans Woller gibt letztendlich nur Feins Ausführungen wider – ergänzt um eine Zeitzeugenaussage. Woller, Hans: Gesellschaft und Politik in der amerikanischen Besatzungszone. Die Region Ansbach und Fürth, München 1986, S. 281–287 (=Quellen und Darstellungen zur Zeitgeschichte, Bd. 25).

87 Bronnenmeyer, Christl: Max Grundig, Berlin 1999.

88 Parallel zu dieser Studie ist die innovationshistorische Arbeit zur Unterhaltungselektronik von Carina Gliese entstanden, die ebenfalls die Telefunken einbezieht. Vgl. als berücksichtigten, publizierten Aufsatz: Gliese, Carina: Ausgefunkt? Innovationsprozesse in der Krise am Beispiel der Telefunken Fernseh und Rundfunk GmbH, in: Bauer, Reinhold/Burr, Wolfgang (Hrsg.): Das Ende des „Goldenen Zeitalters"? Der Strukturwandel der 1970er Jahre, seine Rezeption und Folgen aus interdisziplinärer Perspektive, Berlin 2021 (=Kultur und Technik, Bd. 37). Nach der Fertigstellung des Manuskripts erschienen: Gliese, Carina: Innovativität in Krisenzeiten? Der Umgang bundesdeutscher Unterhaltungselektronikhersteller mit dem Strukturwandel der 1970er/80er Jahre, Baden-Baden 2023. Zur Zeit vor 1945 liegen einige wenige Studien vor: Friedewald, Michael: Telefunken und der deutsche Schiffsfunk 1903–1914, in: Zeitschrift für Unternehmensgeschichte 46 (2001), H. 1. Buschbek: Erinnerungen zur Telefunken-Geschichte des Rundfunks. Sowie von ehemaligen Mitarbeitern verfasst: Thiele: Telefunken nach 100 Jahren.

89 Strunk, Peter: Die AEG. Aufstieg und Niedergang einer Industrielegende, Berlin 1999.

Bähr und Andreas Fickers gewinnen. Bähr hat die Geschichte der Elektroindustrie in Berlin untersucht. Da die AEG-Telefunken, entgegen vielfacher Unternehmensverlagerungen, auch nach 1945 wesentliche Produktionsstätten in Berlin unterhielt, werden in der Studie einige Wegmarken der entsprechenden Standorte skizziert.[90] Andreas Fickers hat die Entwicklung und Durchsetzung der PAL-Fernsehnorm aus technikhistorischer Perspektive analysiert.[91] Dabei hat er neben der Technik auch politische und wirtschaftliche Faktoren einbezogen, sodass eine der wesentlichen Innovationen Telefunkens multidimensional ausgeleuchtet wurde. Ihre Rolle in den Beziehungen zu japanischen Unternehmen, die im Verlauf der 1970er und 1980er Jahre eine elementare Rolle spielen sollten, hat er jedoch nicht behandelt.

Zunächst verwundert diese Forschungslücke, sind Telefunken und Grundig doch zwei der prägenden Unternehmen der Branche. Allerdings ist auch die Geschichte der Unterhaltungselektronikindustrie insgesamt nur äußerst randständig untersucht.[92] Lediglich die Unternehmensgeschichte von Loewe ist umfassend aufgearbeitet worden. Die aufeinander aufbauenden Dissertationen von Kilian Steiner und Markus Speidel behandeln die Entwicklung von den 1920ern bis in die 1980er Jahre. Steiner bietet dabei einen guten Überblick zur Entwicklung der Branche bis zu Beginn der 1960er Jahre, da er das Unternehmen konsequent in dieser verortet. Speidel stellt seinen Kapiteln ebenfalls kurze Überblicke zur Entwicklung der Industrie voran, untersucht jedoch vornehmlich die Verbindung von Loewe und Philips. Im Gegensatz zu Steiner kann er aufgrund der geringeren Quellendichte Loewe weniger umfassend in die Branche einbetten. Aus diesem Grund wird auch die Auseinandersetzung mit japanischen Unternehmen nur kursorisch in den knappen Überblickskapiteln thematisiert.[93] Zusammen bieten diese Studien zumindest einen Orientierungsrahmen für die anzustrebende Untersuchung. Die einschlägigen Dissertationen von Volker Wittke und Josef Reindl zur Elektroindustrie ergänzen die Kenntnisse zu den 1950er und 1960er Jahren, indem sie die Unterhaltungselektronikindustrie als Teil der Elektroindustrie mit-

90 Bähr, Johannes: Industrie im geteilten Berlin (1945–1990). Die elektrotechnische Industrie und der Maschinenbau im Ost-West-Vergleich: Branchenentwicklung, Technologien und Handlungsstrukturen, München 2001 (=Einzelveröffentlichungen der Historischen Kommission zu Berlin, Bd. 83).

91 Fickers, Andreas: „Politique de la grandeur" versus „Made in Germany". Politische Kulturgeschichte der Technik am Beispiel der PAL-SECAM-Kontroverse, München 2007 (=Pariser historische Studien, Bd. 78).

92 Die Forschungslücke benannte jüngst auch Reinold Bauer, vgl.: Bauer: Vom Fordismus zur „Industrie 4.0", S. 449.

93 Lediglich im Fazit findet sich ein Hinweis darauf, dass sich Loewe 1985 gegen eine japanische Übernahme sträubte, ohne dass dies jedoch noch umfassend behandelt wird. Speidel: Netzwerke, Kooperationen und Management-Buy-Out, S. 226.

behandeln.[94] Reindl arbeitet vor allem strukturgeschichtliche Merkmale der Branche heraus. Wittke untersucht die Durchsetzung des fordistischen Produktionsmodells. Darüber hinaus erwähnen Johannes Bähr und Paul Erker in ihrer Unternehmensgeschichte zu Bosch äußerst knapp die Entwicklung des Tochterunternehmens Blaupunkt zum Ende der 1970er Jahre.[95]

In diesem überschaubaren Forschungsstand kommt der Dissertation von Sebastian Teupe eine besondere Bedeutung zu. Seine kompakten Ausführungen zum Strukturwandel der Industrie bieten wichtige Erkenntnisse zur Rolle der japanischen Unternehmen und des Außenhandel, sind in dieser Studie jedoch anhand der konkreten Unternehmensbeispiel zu erweitern und zu vertiefen.[96] Schwerpunktmäßig untersucht er nämlich die Genese des Marktes für Fernsehgeräte in den 1950er und 1960er Jahren. Mit Hilfe der Neuen Institutionenökonomik und der Wirtschaftssoziologie rekonstruiert er die Funktionsmechanismen entlang der Distributionskette. Er leistet somit wesentliche Vorarbeiten zur Analyse der Reaktionen in dieser Untersuchung, die sich aus dem Zusammenspiel der Unternehmen und Stakeholder ergeben.

Wie verdeutlicht wurde, sind die Beziehungen der deutschen Unterhaltungselektronikunternehmen zu den japanischen Wettbewerbern aus geschichtswissenschaftlicher Perspektive nur marginal untersucht. Die prominenteste internationale Studie hat Alfred D. Chandler vorgelegt.[97] Ausgehend von seinem Konzept der „learning base" untersucht er den Wettbewerb zwischen japanischen, US-amerikanischen und europäischen Unternehmen. Dabei spielen europäische Unternehmen eine deutlich untergeordnete Rolle. Die deutschen Unternehmen werden sogar nur in ihren Beziehungen zu Philips und Thomson-Brandt behandelt.[98] Chandler hat keinerlei Archive konsultiert, obwohl auch zu den großen Konzernen der Unterhaltungselektronikindustrie keine Wirtschafts- und Unternehmensgeschichten vorliegen.[99]. Pointiert möchte er zeigen, dass die japanischen Unterneh-

94 Reindl: Wachstum und Wettbewerb in den Wirtschaftswunderjahren. Wittke: Wie entstand industrielle Massenproduktion? Wittke ist einem historisch-soziologischem Ansatz zuzuordnen.

95 Bähr, Johannes/Erker, Paul: Bosch. Geschichte eines Weltunternehmens, München 2013, S. 379–383. Das Bosch Unternehmensarchiv hat leider eine Rechercheanfrage aus Kapazitätsgründen abgelehnt.

96 Teupe: Die Schaffung eines Marktes, S. 75–87.

97 Chandler: Inventing the electronic century.

98 Ebd., S. 72–78.

99 Vgl. lediglich für Philips außerhalb des Untersuchungszeitraums Heerding, Andries: The history of N. V. Philips' Gloeilampenfabrieken, Cambridge 1988; Heerding, Andries: A company of many parts, Cambridge 1988 (=The history of N. V. Philips' gloeilampenfabrieken, Bd. 2). Journalistisch zu Thomson: Hack, Lothar: Wie Globalisierung gemacht wird. Ein Vergleich der Organisationsformen und Konzernstrategien von General Electrics und Thomson/Thales, Berlin 2007.

men in den 1970ern Jahren endgültig die technologische Marktführerschaft aufgrund ihrer learning base, d.h. dem Zusammenspiel aus technischen Fähigkeiten, funktionalem Unternehmens- und Marktwissen und Managementfertigkeiten, übernommen hätten. In diesem Zusammenhang entsteht teilweise der Eindruck, dass der Untersuchungsgegenstand eher genutzt wird, um diese theoretische Großinterpretation darzustellen, da sowohl die Innenansichten der Unternehmen fehlen als auch widerstreitende Befunde, wie beispielsweise der Technologietransfer europäischer oder US-amerikanischer Unternehmen nach Japan ab einem bestimmten Zeitpunkt kaum bis gar nicht thematisiert werden. Dennoch bietet die Studie von Chandler wichtige Erkenntnisse zur globalen Wettbewerbskonstellation, die in dieser Untersuchung um die deutschen und europäischen Perspektiven zu ergänzen und teilweise auch zu korrigieren sind.

Insgesamt sind somit drei große Forschungslücken zu konstatieren, die in dieser Studie bearbeitet werden sollen: die Unternehmensgeschichten Grundigs und Telefunkens sowie die Entwicklung der Industrie im Strukturwandel unter Berücksichtigung der Beziehungen zu japanischen Unternehmen. Die Anknüpfungspunkte an die Forschungen zur Strukturkrise werden im nächsten Kapitel noch näher erläutert. Markus Speidel macht als Ursache für diese Lücken die unzureichende Quellenlage aus, da die Unternehmen keine Archive hinterlassen hätten.[100] Diese Problematik konnte für diese Studie jedoch entschärft werden, da einige Bestände erstmalig eingesehen und Parallelüberlieferungen ausfindig gemacht werden konnten.

Zur Analyse der Geschichte Telefunkens wurden im Deutschen Technikmuseum in Berlin die Bestände des Archivs der AEG-Telefunken konsultiert. Diese sind für die Zeit nach 1951 noch nahezu unverzeichnet und unbearbeitet.[101] Es konnten dennoch zahlreiche Akten bezüglich der Beziehungen zu japanischen Wettbewerbern und einige wenige zur allgemeinen Unternehmensentwicklung eingesehen werden. Zum Unternehmen Grundig existiert bzw. existierte kein zentrales Unternehmensarchiv, sodass verschiedene Bestände kombiniert werden mussten. Im Rundfunkmuseum Fürth befinden sich ca. 3000 noch zu erschließende Akten, die hauptsächlich aus technischen Zeichnungen und ca. 300 Betriebsakten bestehen.[102] Die Provenienz dieses Bestands ist nicht sicher geklärt. Der Autor vermutet auf der Grundlage der ermöglichten Einsichtnahme, dass es sich primär um die Überreste der Unterlagen der Forschungsabteilung und ihres langjährigen Leiters

100 Speidel: Netzwerke, Kooperationen und Management-Buy-Out, S. 17–19.

101 Lediglich Sebastian Teupe und Carina Gliese haben mit Auszügen dieses Bestandes gearbeitet.

102 Die Erschließung begann in den Jahren 2018/19. Im Jahr 2021 konnten erste Akten eingesehen werden.

Fritz Lachner handelt, der seit Ende der 1950er Jahre im Unternehmen tätig war. Neben diesen Akten, die sich hauptsächlich auf den Zeitraum von 1975 bis 1987 konzentrieren, konnten in dem für Speidel noch verschlossenen Philips Archiv in Eindhoven mehrere Bestände eingesehen werden, die sich mit der intensiven technologischen Zusammenarbeit der beiden Unternehmen seit den 1960er Jahren, den Übernahmeverhandlungen und koordinierten Unternehmensstrategien auseinandersetzen. Mit der Übernahme Grundigs durch Philips 1984 ist jedoch nicht das Archiv überführt worden, sodass für diesen Zeitraum keine Akten vorhanden sind bzw. eingesehen werden durften.[103] Eine dritte Säule zur Rekonstruktion der Geschichte Grundigs ist der Nachlass des ehemaligen bayerischen Wirtschafts- und Finanzministers Otto Schedl im Bayerischen Hauptstaatsarchiv, dem als langjährigem Aufsichtsratsmitglied in den 1970er und 1980er Jahren zahlreiche Unterlagen zu wesentlichen strategischen Entscheidungen zur Verfügung standen. Die Geschäftsberichte und eine Zeitungsausschnittssammlung konnten zudem im Bayerischen Wirtschaftsarchiv konsultiert werden.

Die Unternehmensakten im engeren Sinne wurden durch mehrere Parallelüberlieferungen ergänzt, die gleichzeitig die Grundlage für die Analyse der Interaktionen mit den Stakeholdern bilden. Im Bundesarchiv befindet sich ein umfassender und noch nahezu unbearbeiteter Bestand des Bundesministeriums für Wirtschaft, der den Zeitraum von 1970 bis 1987 abdeckt.[104] Dieser dokumentiert eine Vielzahl von Gesprächen mit dem Unternehmerverband, einzelnen Unternehmen aber auch den europäischen Nachbarstaaten und der Europäischen Gemeinschaft zur Aushandlung der Industrie- und Handelspolitik. In Kombination mit den überlieferten Verbandsmitteilungen kann somit insbesondere die Rolle des Industrieverbandes ZVEI berücksichtigt werden, der kein Archiv unterhält.[105] Darüber hinaus wird in diesem Bestand aus einer „Insiderperspektive" die Entwicklung der Branche anhand zahlreicher Vermerke dokumentiert, die sich auf die genannten Gespräche, die zugesandten Materialien und weitere Beobachtungen beispielsweise der Presse stützen können. Für die bereits mehrfach angeklungene besondere Bedeutung der europäischen Dimension dieser Untersuchung wurden zudem die Bestände in den Historischen Archiven der Europäischen Union in Florenz und der Europäischen Kommission in Brüssel konsultiert. Insofern konnte zum einen der handels- und industriepolitische Rahmen der Branche rekonstruiert

103 Nach Aussage der Archivarin unterhält Philips kein Konzernarchiv, das die verschiedenen internationalen Dependancen einbezieht.

104 Auch hier hat lediglich Sebastian Teupe Einblick genommen.

105 Vgl. Fußnote 39. Die einzelnen Gesprächsprotokolle wurden durch die überlieferten Rundschreiben und die Verbandszeitschrift „ZVEI Mitteilungen", die im AEG-Telefunken Archiv überliefert ist, ergänzt.

werden. Zum anderen wurden die Lobbyingaktivitäten der Verbände und Unternehmen sowie die Mitarbeit bei verschiedenen europäischen Koordinierungsgremien, wie Round-Tables, ergründet.

Die IG Metall Bestände im Archiv der sozialen Demokratie haben sich ebenfalls als fruchtbar erwiesen. So konnten nicht nur erstmals Gewerkschaftsstrategien zum Umgang mit der Strukturkrise der Branche, multinationalen europäischen Unternehmen, wie Philips und Thomson-Brandt, und den japanischen Wettbewerbern erschlossen, sondern auch die Überlieferungen zu den Unternehmen komplettiert werden. Für Telefunken sind zahlreiche Aufsichtsrats- und Vorstandssitzungsprotokolle zu nennen, die im Berliner Bestand fehlen. Für Grundig sind insbesondere die Arbeitskämpfe und Umstrukturierungsprozesse umfassend dokumentiert.

Die skizzierten Bestände wurden darüber hinaus durch zahlreiche (Fach-) Zeitschriften ergänzt, von denen nur einige genannt werden sollen. Die Funkschau, die von Akteuren der Industrie häufig als „Bibel der Unterhaltungselektronik" bezeichnet wird, wurde für den Untersuchungszeitraum vollständig durchgesehen, um technisches Wissen zu vertiefen und wesentliche Hintergründe zur Entwicklung der Branche zu erschließen. Für die Perspektive des Fachhandels haben sich der Funkfachhändler und die Ausgaben von markt intern. Elektro Rundfunk bzw. dessen Nachfolger markt intern. Radio Fernsehen Hifi, die erstmalig umfassend eingesehen werden konnten, als besonders ertragreich erwiesen. Während erstere klassisch über den Handel und die Entwicklung der Branche berichtete, trat markt intern nahezu aktivistisch auf und stritt öffentlich mit Kampagnen für die Belange des Fachhandels im Strukturwandel der Industrie. Die Konsumentenperspektive wurde durch die Tests der Stiftung Warentest sowie Konsumentenzeitschriften einbezogen. Zu nennen sind an dieser Stelle hobby, als Technikmagazin mit der größten Auflage, und produktspezifische Zeitschriften wie video, in denen die Eigenschaften der Geräte und Anwendungsmöglichkeiten intensiv verglichen wurden.

Komplementiert werden diese Bestände durch die Auswertung zeitgenössischer, insbesondere wirtschafts- und sozialwissenschaftlicher Studien. Die Erhebungen der Gesellschaft für Konsumforschung (GFK) konnten wegen der Schließung des Archivs nicht eingesehen werden. Zahlreiche Untersuchungen, auch von weiteren Marktforschungsinstituten, finden sich jedoch in den bereits genannten Überlieferungen. Die Unterhaltungselektronikindustrie wurde zudem in zahlreichen zeitgenössischen wissenschaftlichen Publikationen behandelt. Die bekanntesten sind die bereits Erwähnten von Michael Porter zum globalen Standortwettbewerb.[106] Besonders bedenkenswert sind zudem die Projekte der Forschungsgruppe um Alan Cawson aus den 1980er und frühen 1990er Jahren.[107] Die Politik- und Wirtschaftswissenschaftler aus Sussex haben 300 Interviews mit Akteuren aus der japanischen und europäischen Unterhaltungselektronikindustrie sowie der damit befassten europäischen Politik geführt. Auf dieser Grundlage haben sie wichtige Erkenntnisse zur Entwicklung der Branche und den Beziehungen zwischen Unternehmen und Politik zutage gefördert. In den oben skizzierten Archiven befinden sich teilweise die Anfragen der Forschergruppe, sodass deren Erkenntnisse ansatzweise quellenkritisch reflektiert werden können. Leider ist keine klassische Reinterpretation der Studien, wie sie unter dem Schlagwort „Zeitgeschichte in der Welt Sozialwissenschaften" diskutiert wird,[108] möglich, da die Interviewskripte nicht vorliegen.[109] In der empirischen Analyse werden die aus diesen Studien gewonnen Erkenntnisse umfassender eingeordnet.

1.3.2 Globalisierungsgeschichte der BRD

Trotz des unzureichenden Forschungsstandes wird die Unterhaltungselektronikindustrie in Überblicksdarstellungen häufig als Opfer des Strukturwandels der 1970er und 1980er Jahre genannt.[110] Diese These werden die nachfolgenden Ana-

106 Vgl. Fußnote 27

107 Siehe die wichtigsten Publikationen: Cawson, Alan et. al.: Hostile Brothers. Competition and closure in the European electronics industry, Oxford 1990; Arnold, Erik/Freeman, Christopher: Competition and technological change in the television industry. An empirical evaluation of theories of the firm, London, Basingstoke 1985; Chrisafis, Athanassios: Global strategic competition in the consumer electronics industry., University of Sussex 1992; Cawson, Alan: Interests, Groups and Public Policy-Making. The Case of the European Consumer Electronics Industry, in: Greenwood, Justin (Hrsg.): Organized interests and the European community, London 1992.

108 Vgl. zur Debatte: Graf, Rüdiger/Priemel, Christian: Zeitgeschichte in der Welt der Sozialwissenschaften. Legitimität und Originalität einer Disziplin, in: Vierteljahrshefte für Zeitgeschichte 59 (2011), H. 4; Dietz, Bernhard/Neumaier, Christopher: Vom Nutzen der Sozialwissenschaften für die Zeitgeschichte. Werte und Wertewandel als Gegenstand historischer Forschung, in: Vierteljahrshefte für Zeitgeschichte 60 (2012), H. 2; Pleinen, Jenny/Raphael, Lutz: Zeithistoriker in den Archiven der Sozialwissenschaften, in: Vierteljahrshefte für Zeitgeschichte 62 (2014), H. 2, S. 173–195.

109 Leider ist mit Alan Cawson der Leiter der Forschungsgruppe verstorben. Die Gespräche mit den weiteren, mittlerweile emeritierten Mitgliedern Kevin Morgan und Peter Holmes haben ergeben, dass die Transkripte nicht zentral archiviert wurden. Peter Holmes hat einige wenige in seinen privaten Unterlagen gefunden. Aufgrund der Corona-Pandemie konnten diese jedoch nicht eingesehen werden.

110 Zur Branche in Überblickswerken: Plumpe, Werner: Das kalte Herz. Geschichte und Zukunft des Kapitalismus, Berlin 2017, S. 539; Raphael, Lutz: Jenseits von Kohle und Stahl. Eine Gesell-

lysen bestätigen und konkretisieren, indem die Ausprägungen der Strukturkrise, wie der massive Abbau von Arbeitsplätzen, die Schließung von Produktionsstätten oder Unternehmensübernahmen, untersucht werden. Der Strukturwandel in der Bundesrepublik an sich ist bereits umfassend behandelt worden.[111] So liegen sowohl makroökonomische Einordnungen als auch Fallanalysen zu einzelnen Unternehmen vor.[112] In diesem Zusammenhang soll die Studie jedoch zur Schließung zweier jüngst diagnostizierter Forschungslücken beitragen. Reinhold Bauer und Wolfgang Burr stellen ein Defizit an Studien fest, die sich mit der „Wahrnehmung und Interpretation der Krise sowie mit Krisenreaktionen" einzelner Unternehmen und Branchen befassen.[113] Nicht nur dass die Fragestellung dieser Untersuchung explizit auf die Reaktionen ausgerichtet ist, die narrative Dimension der „Japanische Herausforderung" wird sich auch als eine Heuristik für die Branche erweisen, mit der der wirtschaftliche Wandel begrifflich gefasst und interpretiert werden konnte. Durch die Auseinandersetzung mit den japanischen Wettbewerbern und der damit einhergehenden neuen globalen Wettbewerbskonstellation, reflektiert

schaftsgeschichte Westeuropas nach dem Boom, Bonn 2019, S. 49. Zur Charakterisierung jüngst auch: Bauer, Reinhold/Burr, Wolfgang: Einführung: Die 1970er Jahre. Analyse und Würdigung einer Epochenschwelle, in: Bauer, Reinhold/Burr, Wolfgang (Hrsg.): Das Ende des „Goldenen Zeitalters"? Der Strukturwandel der 1970er Jahre, seine Rezeption und Folgen aus interdisziplinärer Perspektive, Berlin 2021, S. 12 (=Kultur und Technik, Bd. 37).

111 Zum Begriff und der damit verbundenen Problematik vgl. Hesse, Jan-Otmar: Ökonomischer Strukturwandel. Zur Wiederbelebung einer wirtschaftshistorischen Leitsemantik, in: Geschichte und Gesellschaft 39 (2013), H. 1. Zu den potenziellen Differenzierungsmöglichkeiten des Strukturwandels nach Region, Sektoren/Branchen oder volkswirtschaftlich erwirtschaftetem Gesamtprodukt vgl. Steiner, André: Abschied von der Industrie? Wirtschaftlicher Strukturwandel in West- und Ostdeutschland seit den 1960er Jahren, in: Plumpe, Werner/Steiner, André (Hrsg.): Der Mythos von der postindustriellen Welt. Wirtschaftlicher Strukturwandel in Deutschland 1960–1990, Göttingen 2016, S. 15–16.

112 Zur makroökonomischen Einordnung: Plumpe: „Ölkrise" und wirtschaftlicher Strukturwandel; Ahrens, Ralf/Steiner, André: Wirtschaftskrisen, Strukturwandel und internationale Verflechtung, in: Bösch, Frank (Hrsg.): Geteilte Geschichte. Ost- und Westdeutschland 1970–2000, Göttingen 2015. Vgl. zu einzelnen Fallstudien: Plumpe, Werner/Steiner, André (Hrsg.): Der Mythos von der postindustriellen Welt. Wirtschaftlicher Strukturwandel in Deutschland 1960–1990, Göttingen 2016; Reitmayer, Morten (Hrsg.): Unternehmen am Ende des „goldenen Zeitalters". Die 1970er Jahre in unternehmens- und wirtschaftshistorischer Perspektive, Essen (1. Aufl.) 2008 (=Bochumer Schriften zur Unternehmens- und Industriegeschichte, Bd. 16); Lindner, Stephan H.: Den Faden verloren. Die westdeutsche und die französische Textilindustrie auf dem Rückzug (1930/45–1990), München 2001 (=Schriftenreihe zur Zeitschrift für Unternehmensgeschichte, Bd. 7). Köhler, Ingo: Havarie der „Schönwetterkapitäne"? Die Wirtschaftswunderunternehmen in den 1970er Jahren, in: Köhler, Ingo/Rossfeld, Roman (Hrsg.): Pleitiers und Bankrotteure. Geschichte des ökonomischen Scheiterns vom 18. bis 20. Jahrhundert, Frankfurt 2012.

113 Bauer/Burr: Einführung: Die 1970er Jahre, S. 10.

die Studie zudem die bislang nach Werner Plumpe vernachlässigte internationale Dimension des Strukturwandels.[114] Sie verortete die Unternehmen in einer zunehmenden Globalisierung seit den 1970er Jahren, für die die „Japanische Herausforderung“ pars pro toto behandelt wird.

Diese Studie ist der Globalisierungs- und nicht der Globalgeschichte im voraussetzungsreichen Sinne zuzuordnen. Zwar stehen globale Verbindungen im Mittelpunkt, die Roland Wenzelhuemer als zentralen Untersuchungsgegenstand der Globalgeschichte ausgemacht hat.[115] Die Perspektive japanischer Unternehmen kann jedoch aufgrund des fehlenden Quellenzugangs nicht gleichberechtigt einbezogen werden.[116] Dies trifft auch auf vergleichbare Studien zu, die sich anhand anderer Branchen mit den Beziehungen zu den japanischen Wettbewerbern beschäftigen.[117] Wegweisend ist dabei immer noch der Beitrag von Christian Kleinschmidt, der systematisch und umfassend die Wahrnehmung sowie das Lernen vom japanischen Vorbild herausarbeitet.[118] Diese Erkenntnisse können zum einen durch eine weitere Industrie und zum anderen durch verschiedene Akteursperspektiven, wie Gewerkschaften, Konsumenten oder Politiker, im umfassenden zeithistorischen Sinne ergänzt werden.

---

114 Plumpe, Werner: Unternehmensgeschichte im 19. und 20. Jahrhundert, Berlin/Boston 2018, S. 130–131 (=Enzyklopädie deutscher Geschichte, Bd. 94). Vgl. für den Zeitraum bis in die 1970er Jahre: Borsdorf, Götz Hanjo: Die Internationalisierung deutscher Unternehmen nach dem Zweiten Weltkrieg bis 1973, Aachen 2007.

115 Wenzlhuemer, Roland: Globalgeschichte schreiben. Eine Einführung in 6 Episoden, Konstanz, München 2017, S. 257–258 (=UTB Geschichte, Bd. 4765).

116 Die Anfragen bei Sony, Hitachi, Matsushita/Panasonic wurden abgelehnt oder blieben unbeantwortet. Pointiert zu diesem Verständnis der Globalgeschichte: Conrad, Sebastian/Eckert, Andreas: Globalgeschichte, Globalisierung, multiple Modernen. Zur Geschichtsschreibung der modernen Welt, in: Conrad, Sebastian/Eckert, Andreas/Freitag, Ulrike (Hrsg.): Globalgeschichte. Theorien, Ansätze, Themen, Frankfurt 2007, S. 29 (=Reihe „Globalgeschichte“, Bd. 1).

117 Vgl. bspw. Díaz-Morlán, Pablo/Sáez-García, Miguel: The European response to the challenge of the Japanese steel industry (1950–1980), in: Business History 58 (2016), H. 2; Lécuyer, Christophe: Confronting the Japanese Challenge: The Revival of Manufacturing at Intel, in: Business History Review 93 (2019), H. 02; Donzé, Pierre-Yves: Canon catching up with Germany. The mass production of „Japanese Leica“ cameras (1933 until 1970), in: Zeitschrift für Unternehmensgeschichte 59 (2014), H. 1. Milor, Alice: Ownership Matters: French Governments and Automotive Industrialists Facing the Japanese Challenge, 1974–1986, in: Business History Review 96 (2022), H. 4. Vgl. zu einzelnen Japan- bzw. Ostasienbezügen: Lindner: Den Faden verloren; Fengler, Silke: Entwickelt und fixiert. Zur Unternehmens- und Technikgeschichte der deutschen Fotoindustrie, dargestellt am Beispiel der Agfa AG Leverkusen und des VEB Filmfabrik Wolfen (1945–1995), Essen (1. Aufl.) 2009 (=Bochumer Schriften zur Unternehmens- und Industriegeschichte, Bd. 18); Hesse, Jan-Otmar: The German Textile Puzzle: Selective Protectionism and the Silent Globalization of an Industry, in: Business History Review 93 (2019), H. 02.

118 Kleinschmidt: Der produktive Blick.

Für die Zeitgeschichte haben Frank Bösch, Andreas Wirsching und Lutz Raphael in den vergangenen Jahren einen eklatanten Mangel an Studien zur Globalisierung der Bundesrepublik seit den 1970er Jahren ausgemacht, zu dessen Behebung diese Arbeit ebenfalls beitragen möchte.[119] Zwar liegen bereits diverse Stoffgeschichten vor, die anhand verschiedener globaler Waren die gesellschaftlichen Auswirkungen der Globalisierung in einer Longue durée verdeutlichen.[120] Für den Austausch standardisierter fordistischer Massengüter, die als Basisprozess der Globalisierung der zweiten Hälfte des 20. Jahrhunderts angesehen werden können, besteht jedoch Nachholbedarf.[121] Durch die skizzierte integrative Perspektive der industry history werden die Wahrnehmungen und Reaktion verschiedenster Akteure in der zunehmenden Globalisierung der 1970er und 1980er Jahre rekonstruiert. Die Etikettierung als Globalisierungs- statt Globalgeschichte ist somit nicht nur auf eine defizitäre Quellenlage zurückzuführen. Trotz aller angemahnten Vorsicht bei der Verwendung des Begriffs „Globalisierung", bietet das Konzept vor allem eine Synthesechance.[122] Folgt man dem bereits erwähnten Ansatz der Globalisierungen von Jürgen Osterhammel, kann der übergreifende Vernetzungs- und Verflechtungsprozess – dies ist als Konsens der verschiedenen Globalisierungskonzepte anzusehen – in seinen unterschiedlichen Ausprägungen akteursgebunden analysiert werden, ohne jedoch die konzeptionelle Einheit zu

119 Bösch, Frank: Boom zwischen Krise und Globalisierung. Konsum und kultureller Wandel in der Bundesrepublik der 1970er und 1980er Jahre, in: Geschichte und Gesellschaft 42 (2016), S. 355; Wirsching, Andreas: „Kaiser ohne Kleider"? Der Nationalstaat und die Globalisierung, in: Vierteljahrshefte für Zeitgeschichte 68 (2020), H. 4, S. 660–662; Raphael, Lutz: Die Geschichte der Bundesrepublik schreiben als Globalisierungsgeschichte. Oder die Suche nach deutschen Plätzen in einer zusammenrückenden Welt, in: Bajohr Frank et al. (Hrsg.): Mehr als „eine" Erzählung. Zeitgeschichtliche Perspektiven auf die Bundesrepublik, Göttingen 2016, S. 207–211.

120 Vgl. bspw.: Beckert, Sven: King Cotton. Eine Globalgeschichte des Kapitalismus, München 2014; Rischbieter, Julia Laura: Mikro-Ökonomie der Globalisierung. Kaffee, Kaufleute und Konsumenten im Kaiserreich 1870–1914, Köln 2011 (=Industrielle Welt, Bd. 80); Epple, Angelika/Baierl, Cindy (Hrsg.): Globale Waren, Essen 2007 (=WerkstattGeschichte, Bd. 45).

121 Vgl. Fäßler: Globalisierung, S. 130–134. Zur verminderten Erklärungskraft der Außenhandelstheorie: Kleinschmidt, Christian: Internationale Wirtschafts- und Unternehmensbeziehungen nach 1945, in: Jahrbuch für Wirtschaftsgeschichte / Economic History Yearbook 53 (2012), H. 1, S. 9. Vgl. zur neuen Außenhandelstheorie, insbesondere dem Krugman-Modell, in dem intra-industrieller Handel stärker berücksichtigt wird: Morasch, Karl/Bartholomae, Florian W.: Handel und Wettbewerb auf globalen Märkten, Wiesbaden (2., aktualisierte und erweiterte Auflage) 2017, S. 203.

122 Zur Kritik am Begriff als Zeitdiagnose und Epochensignum: Eckel, Jan: „Alles hängt mit allem zusammen." Zur Historisierung des Globalisierungsdiskurses der 1990er und 2000er Jahre, in: Historische Zeitschrift 307 (2018), H. 1.

verlieren.[123] Dieses Vorgehen ermöglicht darüber hinaus den zeithistorisch breit diskutierten Ansatz „Nach dem Boom" mit dem inhärenten, insbesondere auch globalisierungsbedingten „Strukturbruch" differenzierter zu betrachten.[124] Das noch dominante Krisennarrativ zu den 1970er und 1980er Jahren soll folglich ebenfalls kritisch reflektiert werden.[125] Vorausgreifend sei nur darauf hingewiesen, dass beispielsweise der zunehmende Export japanischer Unterhaltungselektronikprodukte in den 1970er Jahren aus der Perspektive der deutschen Unternehmen ein Problem darstellte. Für Konsumenten oder auch den Handel bedeutete dies jedoch ein erweitertes Angebot mit sinkenden Preisen zu einem Zeitpunkt als der eigentliche Durchbruch zur Massenkonsumgesellschaft vonstatten ging, sodass die Unterhaltungselektronik nicht umsonst in den wenigen konsumgeschichtlichen Überblicksartikeln als ein boomendes Konsumgut der 1970er klassifiziert wird.[126] Das Krisennarrativ spiegelt sich zudem in der Europäischen Integrationsgeschichte, die, wie im Verlauf der Einleitung bereits angedeutet wurde, ebenfalls eine wichtige Rolle in dieser Studie einnimmt, da der handels- und in Teilen auch industriepolitische Rahmen europäisch bestimmt wurde. Die 1970er und frühen 1980er Jahre wurden häufig unter dem Begriff der „Eurosklerose" zusammengefasst. Der Begriff bezieht sich auf die (vermeintliche) stagnierende Integration,

123 Zu den Globalisierungskonzepten beispielhaft: Fäßler: Globalisierung, S. 30; Osterhammel, Jürgen/Petersson, Niels P.: Geschichte der Globalisierung. Dimensionen, Prozesse, Epochen, München (Orig.-Ausg., 4., durchges. Aufl.) 2007, S. 10 (=Beck'sche Reihe, 2320: C. H. Beck Wissen). Zur Wirtschaftsgeschichte jüngst: Steiner, André: Das Eigene und die Eigentliche. Kann allein der Kapitalismus Globalisierung, in: Hesse, Jan-Otmar/Kleinschmidt, Christian/Köster, Roman (Hrsg.): Moderner Kapitalismus. Wirtschafts- und Unternehmenshistorische Beiträge, Tübingen 2019, S. 69 (=Die Einheit der Gesellschaftswissenschaften im 21. Jahrhundert). Zur Soziologie: Werron Tobias: Schlüsselprobleme der Globalisierungs- und Weltgesellschaftstheorie, in: Soziologische Revue 35 (2012), H. 2, S. 101.

124 Zum Ansatz: Doering-Manteuffel, Anselm/Raphael, Lutz: Nach dem Boom. Perspektiven auf die Zeitgeschichte seit 1970, Göttingen 2008. Darüber hinaus zur gesamtgesellschaftlichen Differenzierung: Doering-Manteuffel, Anselm/Raphael, Lutz/Schlemmer, Thomas (Hrsg.): Vorgeschichte der Gegenwart. Dimensionen des Strukturbruchs nach dem Boom, Göttingen 2016 (=Nach dem Boom); Jarausch, Konrad (Hrsg.): Das Ende der Zuversicht? Die siebziger Jahre als Geschichte, Göttingen 2008; Reitmayer, Morten/Schlemmer, Thomas (Hrsg.): Die Anfänge der Gegenwart. Umbrüche in Westeuropa nach dem Boom, München 2014 (=Zeitgeschichte im Gespräch, Bd. 17).

125 Ähnlich z. B. bei: Bösch: Boom zwischen Krise und Globalisierung.

126 Vgl. König, Wolfgang: Die siebziger Jahre als konsumgeschichtliche Wende in der Bundesrepublik, in: Jarausch, Konrad (Hrsg.): Das Ende der Zuversicht? Die siebziger Jahre als Geschichte, Göttingen 2008, S. 91–92; Bösch: Boom zwischen Krise und Globalisierung, S. 361. Übergreifend: Trentmann, Frank: Unstoppable: The Resilience and Renewal of Consumption after the Boom, in: Doering-Manteuffel, Anselm/Raphael, Lutz/Schlemmer, Thomas (Hrsg.): Vorgeschichte der Gegenwart. Dimensionen des Strukturbruchs nach dem Boom, Göttingen 2016 (=Nach dem Boom).

insbesondere aufgrund der ökonomischen Krisen und der daraus folgenden partiellen Rückkehr zu nationalen Wirtschaftspolitiken.[127] Diese Studie wird stattdessen anhand des konkreten Fallbeispiels der Unterhaltungselektronikindustrie zeigen, dass einige Integrationsschritte zu den großen Initiativen der 1980er und 1990er Jahren, wie der Einheitlichen Europäischen Akte oder auch dem Vertrag von Maastricht, bereits in dieser Phase angebahnt wurden.[128] Zusätzlich leistet sie einen Beitrag zu den bislang wirtschaftsgeschichtlich vernachlässigten multinationalen europäischen Unternehmen, indem sie explizit die Beziehungen zwischen Grundig, Telefunken, Philips und Thomson-Brandt vor dem Hintergrund der Japanischen Herausforderung analysiert.[129] Der Fokus wird dabei auch auf den politischen und gesellschaftlichen Auseinandersetzungen liegen, die in Teilen wirtschaftsnationalistische Züge aufwiesen.[130]

---

127 Laursen, Johnny: Introduction. Wilderness Years of European Integration 1973–1983, in: Laursen, Johnny N. (Hrsg.): The institutions and dynamics of the European Community, 1973–83, Baden-Baden, London 2014, S. 14–17 (=Veröffentlichungen der Historiker-Verbindungsgruppe bei der Kommission der EG, Bd. 14).

128 Zur differenzierten Betrachtung vgl. auch: Gehler, Michael: Introduction, in: Gehler, Michael/ Loth, Wilfried (Hrsg.): Reshaping Europe. Towards a Political, Economic and Monetary Union, 1984–1989, Baden-Baden 2020, S. 9–10; Abelshauser, Werner: Deutsche Wirtschaftspolitik zwischen europäischer Integration und Weltmarktorientierung, in: Abelshauser, Werner (Hrsg.): Das Bundeswirtschaftsministerium in der Ära der Sozialen Marktwirtschaft. Der deutsche Weg der Wirtschaftspolitik, Berlin 2016, S. 580 (=Wirtschaftspolitik in Deutschland 1917–1990, Bd. 4). Übergreifend: Warlouzet, Laurent: Governing Europe in a Globalizing World. Neoliberalism and its Alternatives following the 1973 Oil Crisis, London (1st ed.) 2018 (=Routledge Studies on Government and the European Union).

129 Zur Einschätzung des Forschungsstandes bei europäischen MNUs: Marx, Christian: Europa als Rollfeld der Multis? Zum Verhältnis von europäischer Integration und multinationaler Unternehmenskooperation am Beispiel westeuropäischer Chemieunternehmen (1958–1995), in: Schulz, Günther/Spoerer, Mark (Hrsg.): Integration und Desintegration Europas. Wirtschafts- und sozialhistorische Beiträge, Stuttgart 2019, S. 155 (=Vierteljahrschrift für Sozial- und Wirtschaftsgeschichte. Beihefte); Lopes, Teresa da Silva/Lubinski, Christina/Tworek, Heidi J.S.: Introduction to the Makers of Global Business, in: Lopes, Teresa da Silva/Lubinski, Christina/Tworek, Heidi J.S. (Hrsg.): The Routledge companion to the makers of global business, London [etc.] 2020, S. 11 (=Routledge companions in business, management and accounting). Sattler, Frederike: Europäische Wirtschaftseliten? Unternehmensstrukturen, Sozialprofile und Leitbilder im beschleunigten Wandel seit den 1970er Jahren, in: Archiv für Sozialgeschichte 49 (2009) Zur Geschichte der MNUs, auch unter partiellem Einbezug europäischer Unternehmen: Fitzgerald, Robert: The rise of the global company. Multinationals and the making of the modern world, Cambridge 2015 (=New approaches to economic and social history); Wilkins, Mira: The growth of multinationals, Aldershot, England 1991.

130 Die Forschungen zum Wirtschaftsnationalismus haben in den vergangenen Jahren zugenommen und sollen auch durch diese Studie erweitert werden. Vgl. Berger, Stefan/Fetzer, Thomas (Hrsg.): Nationalism and the economy. Explorations into a neglected relationship, Budapest, New

Die einzelnen Forschungsstände zur Konsum-, Handels-, Gewerkschafts- bzw. Arbeits-, Verbands- und Politikgeschichte können aufgrund des Umfangs der Einleitung nicht adäquat dargestellt werden. Es sei lediglich darauf hingewiesen, dass in verschiedenen Studien und Überblicksartikeln der vergangenen Jahre zu allen Bereichen ein globalisierungsgeschichtliches Defizit bezüglich der 1970er und 1980er Jahre diagnostiziert wurde.[131]

Neben diesen konkreten unternehmens-, wirtschafts-, und zeithistorischen Beiträgen zum Forschungsstand kann die Studie übergreifend als ein Lehrstück zum Wandel von der Great Divergence zur Great Convergence in den asiatisch-europäischen Beziehungen gelesen werden, die letztendlich in der Vormachtstellung Japans in bestimmten Branchen, wie der Unterhaltungselektronik, mündete. Japan wurde als erster „Catch-Up"-Fall nicht umsonst das Vorbild für zahlreiche, insbesondere ostasiatische Länder.[132] Gleichzeitig weisen die deutschen und europäischen Bemühungen zur Sicherung der eigenen Vormachtstellung zahlreiche Parallelen zum gegenwärtigen Umgang „des Westens" mit China auf, wobei der

York 2018. Gehlen, Boris/Marx, Christian/Reckendrees, Alfred: Ambivalences of nationality—Economic nationalism, nationality of the company, nationalism as strategy: An introduction, in: Journal of Modern European History 18 (2020), H. 1. Reckendrees, Alfred/Gehlen, Boris/Marx, Christian: International business, multinational enterprises and nationality of the company: a constructive review of literature, in: Business History 64 (2022), H. 9.

131 Zum Konsum: Brückweh, Kerstin/Villinger, Clemens: Sich (nicht) die Butter vom Brot nehmen lassen. Ein Forschungsbericht zur Konsumgeschichte zwischen Alltag, Arbeit, Kapitalismus und Globalisierung, in: Archiv für Sozialgeschichte 57 (2017), S. 492; Kaelble, Hartmut: Grenzenlos. Der transnationale europäische Konsum 1918–2018, in: Kleinschmidt, Christian/Logemann, Jan (Hrsg.): Konsum im 19. und 20. Jahrhundert, München, Wien 2021, 619 (=Handbücher zur Wirtschaftsgeschichte). Zur Arbeit: Raphael, Lutz: Deutsche Arbeitswelten zwischen globalen Problemlagen und nationalen Handlungsbezügen. Zeitgeschichtliche Perspektiven, in: Vierteljahrshefte für Zeitgeschichte 69 (2021), H. 1; Andresen, Knud/Bitzegeio, Ursula/Mittag, Jürgen: Arbeitsbeziehungen und Arbeitswelt(en) im Wandel. Problemfelder und Fragestellungen, in: Andresen, Knud/Bitzegeio, Ursula/Mittag, Jürgen (Hrsg.): „Nach dem Strukturbruch"? Kontinuität und Wandel von Arbeitsbeziehungen und Arbeitswelt(en) seit den 1970er-Jahren, Bonn 2011, S. 10 (=Politik- und Gesellschaftsgeschichte, Bd. 89). Zu Verbänden bspw.: Gehlen, Boris: Prolegomena zu einer kritischen Verbandsgeschichte, in: AKKUMULATION (2010), H. 29. Zur Politik: Wirsching: „Kaiser ohne Kleider"?, S. 673.

132 Vgl. einordnend: Jones, Geoffrey: The Great Divergence and the Great Convergence, in: Lopes, Teresa da Silva/Lubinski, Christina/Tworek, Heidi J.S. (Hrsg.): The Routledge companion to the makers of global business, London 2020 (=Routledge companions in business, management and accounting). Klassisch zur Debatte sowie mit Blick auf Japan: Pomeranz, Kenneth: The great divergence. China, Europe, and the making of the modern world economy, Princeton 2000 (=The Princeton economic history of the Western world); Francks, Penelope: Japan and the Great Divergence. A Short Guide, London 2016 (=Palgrave Studies in Economic History).

politisch-ideologische Gegensatz jenseits der Fremdheit die Orientierungssuche in der neuen Wettbewerbskonstellation nochmals verschärft.[133]

133 Vgl. auch: Osterhammel, Jürgen: Der „Aufstieg Asiens". Ideengeschichtliche Voraussetzungen heutiger Ungewissheit, in: Osterhammel, Jürgen (Hrsg.): Die Flughöhe der Adler. Historische Essays zur globalen Gegenwart, München 2017.

2 Die „Japanische Herausforderung“ und die deutsche Unterhaltungselektronikindustrie: Ein Überblick

2.1 Die Topographie der deutschen Unterhaltungselektronikindustrie zwischen Boom und Strukturkrise

Die Anfänge der deutschen Unterhaltungselektronikindustrie liegen in den 1920er Jahren und sind eng mit der Ausstrahlung der ersten Unterhaltungsrundfunksendung am 29.10.1923 verknüpft.[134] Durch die kontinuierliche Programmausstrahlung entwickelte sich erst der Anreiz zum Erwerb eines Radios und damit ein Absatzmarkt für das erste Massenprodukt der Funktechnik. Die Industrie bestand einerseits aus etablierten Unternehmen, die auf die Funktechnik spezialisiert waren. Dazu zählen vor allem die C. Lorenz AG Telephon- und Telegraphen-Werke, Eisenbahnsignal-Bauanstalt (Lorenz), die Dr. Erich F. Huth Gesellschaft für Funkentelegrafie mbH (Huth) und die Gesellschaft für drahtlose Telegraphie mbH (Telefunken). Andererseits gründeten sich bis zum März 1924 über 200 neue Unternehmen, die Radiogeräte produzieren wollten. Telefunken verfügte durch seine Patente jedoch über eine ausschließende Marktmacht. Um ihre Position bei den Lizenzverhandlungen zu verbessern, gründeten die patentlosen Rundfunkfirmen 1923 den Verband der Radio-Industrie e.V., der sich ab dem Dezember 1924 als Verband der Funkindustrie e.V. (Funkverband) betitelte. Darunter befanden sich u. a. auch folgende, für die Nachkriegszeit noch relevante Unternehmen: Schwarzwälder Apparate-Bau-Anstalt August Schwer Söhne GmbH (Saba), H. Mende & Co. GmbH (Mende), Idealwerke für drahtlose Telegraphie (Blaupunkt) und die Radiofrequenz GmbH (Loewe). Die doppelte Verbandsstruktur mit dem ZVEI blieb für den gesamten Untersuchungszeitraum bestehen.[135] In dem Zusammenspiel dieser beiden Gruppen von Unternehmen bildete sich in der Weimarer Republik ein Preis- und Mengenkartell. Nach einer Konsolidierungsphase teilten ca. 20 Unternehmen den deutschen Markt unter sich auf. Telefunken generierte

134 Vgl. hier und im Folgenden: Führer, Karl Christian: Wirtschaftsgeschichte des Rundfunks in der Weimarer Republik, Potsdam (1. Aufl.) 1997, S. 35 – 54 (=Veröffentlichungen des Deutschen Rundfunkarchivs, Bd. 6). Sowie Steiner: Ortsempfänger, Volksfernseher und Optaphone, S. 50 – 88.
135 Vgl. Fußnote 37. Die Aufgabenteilung bestand in der Wirtschafts- und Patentpolitik, obgleich es diesbezüglich auch Überschneidungen gab.

https://doi.org/10.1515/9783111698960-003

dabei vor allem durch die Lizenzvergabe hohe Einnahmen. Die mit den entsprechenden Patenten verknüpfte Produktionsgenehmigung schottete den Markt zudem vor ausländischen Unternehmen ab. Lediglich Philips gelang es zum Ende der 1920er Jahre durch die Gründung einer „Weltinteressengemeinschaft“ mit Telefunken – ein Vertragswerk, das die vielfältige globale Zusammenarbeit koordinierte – selbst auf dem deutschen Markt Fuß zu fassen.[136]

Die nationalsozialistische Machübernahme war ein vieldimensionaler Einschnitt. Es folgten nicht nur die Gleichschaltung und Arisierung der Industrie, sondern auch produktpolitische Eingriffe.[137] Zu diesem Zeitpunkt besaßen ca. 25 % der deutschen Haushalte einen Rundfunkempfänger.[138] Zur Ausweitung des Empfängerkreises initiierten höchste politische Stellen den sogenannten „Volksempfänger“. Sie verfolgten das Ziel, die Reichweite der gesendeten Propaganda zu erweitern und gleichzeitig die sozial- und konsumpolitische Leistungsfähigkeit des Regimes nach innen und außen zu präsentieren.[139] Die Rundfunkindustrie sah das einfache Empfangsgerät, das letztendlich unter der vorherrschenden Preiskontrolle 75 RM kosten sollte, durchaus kritisch, da die Gewinnmargen gering waren und man Absatzproblem bei den eigenen Markenprodukten befürchtete.[140] Auf politischen Druck wurde die Herstellung jedoch massiv ausgedehnt. Die nationalsozialistische Propaganda inszenierte das Gerät als großen Erfolg, erhöhte sich doch ihren Angaben zufolge die Rundfunkdichte bis 1941 auf 65 %. Dieser Mythos wurde erst vor gut zwanzig Jahren von Wolfgang König relativiert, indem er aufzeigte, dass lediglich 40 % dieses Wachstums auf den Volksempfänger zurückzuführen und die Ausbreitungsrate im Vergleich zu anderen Industriestaaten ebenfalls nicht außergewöhnlich war.[141] Trotz der Vorbildfunktion für weitere Volksprodukte blieb der Volksempfänger das einzige Konsumgut, das den Status der rentablen Massenproduktion erreichte. Das Fernsehen steckte zu Beginn der 1930er Jahre noch in den Anfängen der Entwicklung. Der Volksfernsehempfänger, der 1939 auf der Funkausstellung präsentiert wurde, blieb daher aufgrund des Preises für breite Bevölkerungsschichten eine Konsumvision und generierte für die

136 Ebd., S. 79. ITT war zudem über eine Holding an Lorenz beteiligt.

137 Vgl. bspw. ebd., 151–159, 194–203.

138 König, Wolfgang: Mythen um den Volksempfänger. Revisionistische Untersuchungen zur nationalsozialistischen Rundfunkpolitik, in: TG 70 (2003), H. 2, S. 91.

139 Ebd., S. 75–82.

140 Vgl. König, Wolfgang: Der Volksempfänger und die Radioindustrie. Ein Beitrag zum Verhältnis von Wirtschaft und Politik im Nationalsozialismus, in: Vierteljahrschrift für Sozial- und Wirtschaftsgeschichte 90 (2003), S. 275–288.

141 Vgl. ebd., S. 288–289.

Industrie keine nennenswerten Erträge.[142] Auch der Rundfunkgeräteabsatz stockte in den Jahren 1935/36. Gleichzeitig wuchs im Zuge der forcierten Aufrüstung der Wehrmacht der Bedarf an Funkgeräten und elektrischen Bauelementen für die verschiedensten Waffen. Daher wandte sich ein Großteil der Industrie in der zweiten Hälfte der 1930er Jahre der Produktion dieser Güter zu, bevor im Verlauf des Zweiten Weltkriegs die Produktion von Rundfunkgeräten zwar nicht gänzlich eingestellt, gleichwohl marginalisiert wurde.[143]

Drei Kontinuitäten lassen sich über die Zäsur 1945 erkennen. Erstens ist die Persistenz auf der Unternehmensseite evident. Ein Großteil der dominierenden Unternehmen der Nachkriegszeit war bereits auf dem Markt aktiv, wobei insbesondere Telefunken als „first mover" im chandler'schen Sinne eine besondere Bedeutung zukam, die im Verlauf der Studie noch näher untersucht werden soll.[144] Zweitens blieben die wichtigsten Produktkategorien bestehen, auch wenn der Fernseher noch nicht massenwirksam verkauft worden war. Damit verbunden schlummerten auch die, durchaus propagandistisch, evozierten Konsumvisionen eines modernen Lebens in der Bevölkerung und erklären zumindest in Teilen die Anschaffungsbedürfnisse der Nachkriegszeit.[145] Im erweiterten Sinne behielten die Rundfunk- und Fernsehgeräte auch ihren Status als „technonationalistische Prestigeobjekte", wie Andreas Fickers gezeigt hat. Sie fungierten weiterhin sowohl als Symbole der Leistungsfähigkeit einzelner Volkswirtschaften und der Industriepolitik als auch als „edukatives und volksbildungsförderndes Mittel", das einen gemeinsamen „Erfahrungs- und Identifikationsrahmen[s]" schaffen sollte.[146] Drittens bemühten sich die Hersteller bis in die 1970er Jahre hinein um Preisabsprachen

---

142 König, Wolfgang: Das Scheitern einer nationalsozialistischen Konsumgesellschaft, in: Zeitschrift für Unternehmensgeschichte 48 (2003), H. 2, S. 147.

143 Steiner: Ortsempfänger, Volksfernseher und Optaphone, S. 187–194.

144 Chandler: Inventing the electronic century, S. 6. Chandler führt diese Kategorisierung allerdings nicht weiter aus. Unter einem *first mover* versteht Chandler das Unternehmen, das zuerst ein neues Produkt entwickelt, kommerzialisiert und damit eine bestimmte Industrie begründet. Siehe Ebd., S. 4.

145 Vgl. zur These König: Das Scheitern einer nationalsozialistischen Konsumgesellschaft. Sowie pointiert abwägend Berghoff, Hartmut: Gefälligkeitsdiktatur oder Tyrannei des Mangels? Neue Kontroversen zur Konsumgeschichte des Nationalsozialismus, in: Geschichte in Wissenschaft und Unterricht 58 (2007), H. 9. In der Wirkung breiter kontextualisiert: Andersen, Arne: Der Traum vom guten Leben. Alltags- und Konsumgeschichte vom Wirtschaftswunder bis heute, Frankfurt 1999, S. 91–126, 231–238.

146 Fickers, Andreas: Fordistische Leitprodukte und techno-nationalistische Prestigeobjekte. Die Rundfunkindustrie im deutsch-französischen Vergleich (1925–1975), in: Revue d'Allemagne et des pays de langue allemande 39 (2007), H. 2, S. 206.

und das wettbewerbsmindernde Ausnutzen technischer Patente und führten so das Kartelldenken fort.[147]

In den Wirren der unmittelbaren Nachkriegszeit waren die Kontrollmechanismen der Industrie jedoch nicht wirksam. Zum einen unterlagen die Verbände, der ZVEI und der Funkverband, einem Betätigungsverbot und wurden erst 1949 „neu“ gegründet.[148] Zum anderen befanden sich die etablierten Unternehmen in einer Umstrukturierungsphase. Vor 1945 war die Produktion zu 80 % in Berlin und Sachsen angesiedelt. Durch Zerstörungen, Demontagen, die politisch notwendig gewordene Verlagerung in die Westzone, Produktionsverbote und Probleme bei der Zulieferung von Bauelementen, insbesondere Röhren, konnten die Unternehmen die gleichwohl vorhandene Nachfrage, die aus der stark rückläufigen Produktion der Kriegszeit und dem damit einhergehenden Ersatzbedarf resultierte, nicht bedienen.[149] In diese Marktlücke stießen bis zur Währungsreform ca. 200 gegründete Kleinunternehmen, die häufig aus Handels- oder Reparaturbetrieben entstanden.[150] Die Qualität der erzeugten Rundfunkempfänger schätzten auch die Zeitgenossen aufgrund des Materialmangels und fehlender Produktionskompetenzen häufig als eher gering ein, dennoch steigerte sich die monatliche Produktion von 18.000 Geräten 1946 bis auf 80.000 1948.[151] Mit der Währungsreform und der Reetablierung von 21 Vorkriegsherstellern schrumpfte die Gesamtzahl der Unternehmen bereits im Jahr 1950 auf 60.[152] Der Preisrückgang der Geräte, die mangelnde Kapitalausstattung und die zunehmende Konkurrenz zwangen viele Neu-

147 Vgl. bspw. und nachfolgend noch vertiefend das sogenannte „Fernsehkartell“ oder auch die Auseinandersetzungen um die Farbfernsehnorm: Teupe, Sebastian: Kontrolldenken. Vertikale Preisbindung, Hersteller-Händler-Beziehungen und die Transformation des Wettbewerbs im Markt für Fernsehgeräte zwischen den 1950er und 80er Jahren, in: Zeitschrift für Unternehmensgeschichte 59 (2014), H. 1. und Fickers: „Politique de la grandeur“ versus „Made in Germany“.

148 Der Funkverband wurde 1934 offiziell zu „Interessengemeinschaft für Rundfunkschutzrechte IGR e. V.“ umbenannt und führte diesen Titel auch nach 1945/49. Vgl. als eigene Verbandshistoriographie Lucae: 40 Jahre Rundfunkwirtschaft in Deutschland 1923–1963, S. 164–172. Übergreifend: Bähr: Verbandspolitik in Demokratie und Diktatur, S. 79–94.

149 Vgl. Kirpal, Alfred/Vogel, Andreas: Eine Branche am Rande der wirtschaftspolitischen Aufmerksamkeit? Die Rundfunkgeräteindustrie in West- und Ostdeutschland zwischen 1945 und der zweiten Hälfte der fünfziger Jahre im Vergleich, in: Baar, Lothar/Petzina, Dietmar (Hrsg.): Deutsch-deutsche Wirtschaft 1945 bis 1990. Strukturveränderungen, Innovationen und regionaler Wandel; ein Vergleich, St. Katharinen 1999, S. 424–428. Für Berlin: Bähr: Industrie im geteilten Berlin (1945–1990), S. 420–422.

150 Vgl. Kirpal/Vogel: Eine Branche am Rande der wirtschaftspolitischen Aufmerksamkeit?, S. 431–432.

151 Ebd.

152 Hier und im Folgenden: Steiner: Ortsempfänger, Volksfernseher und Optaphone, S. 275, 285–286.

gründungen zur Aufgabe. Lediglich Becker, Metz und Grundig konnten sich langfristig am Markt etablieren. Damit sind bereits die Markteinstiege der beiden für diese Untersuchung zentralen Unternehmen benannt. Telefunken war einer der first mover, initiierte die Produktion und gestaltete den Markt von seinen Anfängen an wesentlich mit. Grundig repräsentiert einen der Newcomer nach 1945, der sich dann allerdings zum Marktführer entwickelte.

In den 1950er Jahren erlebte die Industrie eine enorme Produktionsausdehnung, die Ludwig Erhard dazu veranlasste, sie als des „Wirtschaftswunders liebstes Kind" zu bezeichnen.[153] In den 1960er Jahren flachte diese hingegen ab – wie Abbildung 1 zeigt. Das Wachstum fußte auf der Produktion von Rundfunkempfängern, Fernseh- und Phono-Geräten. Letztere machten in ihrer Vielfalt ca. 20–30 % der Gesamtproduktion der Unterhaltungselektronikindustrie aus.[154] Zu den klassischen Geräten, wie Plattenspielern, gesellte sich mit dem Tonbandgerät ein neues Produkt, das die Heimaufnahme von Tönen ermöglichte und in der zweiten Hälfte der 1950er Jahre wachsenden Absatz fand.[155] Das Rundfunkgerätegeschäft wurde zum einen durch die politisch bedingte Fokussierung auf das UKW-Netz begünstigt, die ältere Radiogeräte unbrauchbar machte.[156] Zum anderen wurden Marktsättigungstendenzen mit Produktdiversifizierungen begegnet. So entwickelten sich repräsentative Musikschränke und -truhen, Koffer- und Reiseempfänger für die mobile Nutzung oder auch das Autoradio als Informations- und Unterhaltungsmöglichkeit in der zunehmenden Motorisierung.[157] Ähnlich wie beim Radio in den 1920er Jahren resultierte auch der wachsende Schwarz-Weiß-Fernsehabsatz aus der Einführung der regelmäßigen Programmausstrahlung mit dem Ersten Deutschen Fernsehen 1952. Ab 1953/54 nahm die Geräteproduktion rasant zu, sodass

153 Zitiert nach: Reindl: Wachstum und Wettbewerb in den Wirtschaftswunderjahren, S. 234.

154 Vgl. zu den 1950er und 1960er Jahren Abbildung 1

155 Zur Nutzung vor allem von Jugendlichen vgl. Siegfried, Detlef: Time is on my side. Konsum und Politik in der westdeutschen Jugendkultur der 60er Jahre, Göttingen (2. Aufl.) 2008, S. 85–106 (=Hamburger Beiträge zur Sozial- und Zeitgeschichte, Bd. 41). Zur Produktion knapp: Steiner: Ortsempfänger, Volksfernseher und Optaphone, S. 281–282.

156 Zu den technischen Details siehe Fickers: Der „Transistor" als technisches und kulturelles Phänomen, S. 13–16. Bei der internationalen Wellenkonferenz in Kopenhagen 1949 wurden den Besatzungszonen in Deutschland lediglich wenige, damals technisch aber dominante Mittelwellenfrequenzen zugeteilt. Mit dem Fokus auf das Ultrakurzwellen -Sendernetz (UKW) wurde aus der Not eine Tugend, da sich dies im Verlauf der 1950er Jahre in Europa etablierte.

157 Vgl. kurz: Fickers: „Politique de la grandeur" versus „Made in Germany", S. 159–160. Steiner: Ortsempfänger, Volksfernseher und Optaphone, S. 287–290. Zur Nutzerdimension auch: Röther, Monika: The Sound of Distinction. Phonogeräte in der Bundesrepublik Deutschland (1957–1973). Eine Objektgeschichte, Marburg 2012, S. 452–474. Sowie zur mobilen Nutzung: Weber, Heike: Das Versprechen mobiler Freiheit. Zur Kultur- und Technikgeschichte von Kofferradio, Walkman und Handy, Bielefeld 2008, S. 85–160.

wertmäßig erstmals 1957/58 diejenige von Rundfunkempfängern überholt wurde.[158]

Der Absatz beider Produkte war allerdings stark saisonabhängig. Die Produktions- und Verkaufszahlen erreichten ihren Höhepunkt zwischen der Funkausstellung, die in der Regel im September stattfand und die Neuheiten präsentierte, und den Weihnachtstagen.[159] Um diese saisonalen Schwankungen auszugleichen und die wachsenden Produktionskapazitäten auszulasten, forcierte die deutsche Unterhaltungselektronikindustrie in den 1950er Jahren den Export. Sie entwickelte sich in diesem Zeitraum im Radiobereich sogar zum „Exportweltmeister", wie Andreas Fickers herausgearbeitet hat.[160]

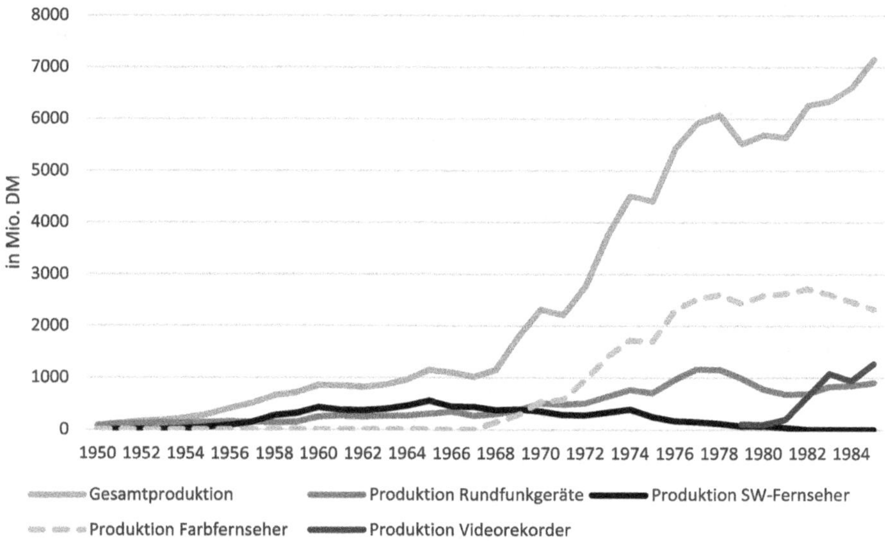

Abbildung 1: Produktion der deutschen Unterhaltungselektronikindustrie.[161]

---

158 Lucae: 40 Jahre Rundfunkwirtschaft in Deutschland 1923–1963, 28, 191. Teupe: Die Schaffung eines Marktes, S. 64–65.

159 Vgl. bspw. Lucae: 40 Jahre Rundfunkwirtschaft in Deutschland 1923–1963, S. 39. Zur noch nicht aufgearbeiteten Geschichte der Funkausstellung mit einem guten Überblick auf der Basis der Jubiläumsausstellung 1994: Riedel, Heide: 70 Jahre Funkausstellung. Politik, Wirtschaft, Programm, Berlin 1994.

160 Fickers: Der „Transistor" als technisches und kulturelles Phänomen, S. 4–17.

161 Zur Deflationierung wurden in der gesamten Arbeit die Verbraucherpreisindizes des Statistischen Bundesamtes für 4-Personen-Haushalte mittleren Einkommens zum Referenzjahr 1995 verwendet. Siehe: https://www.destatis.de/DE/Themen/Wirtschaft/Preise/Verbraucherpreisindex/Publikationen/Downloads-Verbraucherpreise/verbraucherpreisindex-lange-reihen-pdf-5611103.pdf?__blob=publicationFile. (zuletzt abgerufen: 24.03.2023). Datenquellen: Statistisches

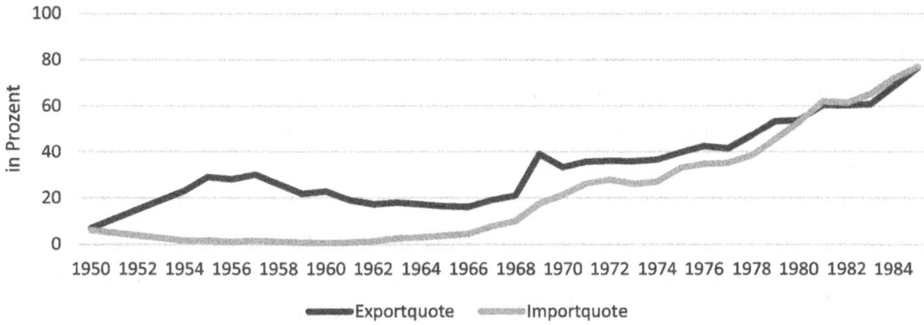

Abbildung 2: Export- und Importquote der deutschen Unterhaltungselektronikindustrie nach Wert.[162]

Die Exportquote ist eine Kennzahl, die den Anteil der Exporte an der bereits skizzierten Gesamtproduktion angibt. Sie stieg bis in die zweite Hälfte der 1950er Jahre auf fast 30 % an, d. h., dass beinahe ein Drittel der Gesamtproduktion nach Wert exportiert wurde. Die Zielländer lagen mit ca. 80 % der Exporte hauptsächlich in Westeuropa. Nordamerika war mit gut 15 % bei Rundfunkempfängern ebenfalls ein wichtiger Absatzmarkt.[163] Gänzlich anders verhielt sich das Pendant, die Importquote. Ein wenig abweichend zu ihrer Verwendung als gesamtvolkswirtschaftliche Kennzahl wird diese hier produktspezifisch als Anteil der Importe an der Inlandsverfügbarkeit der Unterhaltungselektronikprodukte definiert, um so die Präsenz der Importe auf dem deutschen Markt zu charakterisieren.[164] Die Importquote blieb bis 1968 unter 10 % und verweilte bis zu diesem Zeitpunkt größtenteils zwischen 0,5 % und 5 %. Der Unterhaltungselektronikmarkt war daher

Bundesamt: Statistisches Jahrbuch, Wiesbaden versch. Jahrgänge. Statistisches Bundesamt: Industrie und Handwerk, Reihe 3, versch. Jahrgänge. sowie Produzierendes Gewerbe, Fachserie 4, versch. Jg. Statistische Berichte des ZVEI, vgl. hierzu Rundfunk und Fernsehen in Zahlen, in: DTMB/AEG, GS 1142.

162 Datengrundlage der Berechnung: Statistiken des ZVEI, vgl. Außenhandel Elektroindustrie 1957, in: DTMB/AEG, GS 3319. sowie Außenhandel Elektroindustrie 1959, in: DTMB/AEG, GS 3320. Und Rundfunk und Fernsehen in Zahlen, DTMB/AEG, GS 1142. Statistisches Bundesamt: Fachserie 4 / Produzierendes Gewerbe, versch. Jg. sowie Fachserie 2 und 7 / Außenhandel. Zudem Zahlenmaterial des Bundesministeriums für Wirtschaft, überliefert im Fachbestand zur Unterhaltungselektronikindustrie, vgl. BArch, B102/232217; BArch, B102/361244. BArch, B102/196041.

163 Vgl. die Zahlen des ZVEI bei Lucae: 40 Jahre Rundfunkwirtschaft in Deutschland 1923–1963, S. 66–67.

164 Diese Definition fand auch zeitgenössisch im BMWi Verwendung. Die Berechnung erfolgte, indem die Importe durch die Summe aus Gesamtproduktion und Importen abzüglich der Exporte als Inlandsverfügbarkeit geteilt wurden.

in den 1950er und 1960er Jahren durch ein nationales Produktangebot geprägt und damit ein typischer Konsumgütermarkt des „Booms“.[165]

Die Industrie war in diesem Zeitraum ebenfalls hauptsächlich noch eine nationale, bevor im Verlauf – und insbesondere in der zweiten Hälfte der 1960er Jahre – zahlreiche US-Konzerne Anteile an deutschen Unternehmen erwarben bzw. diese gänzlich übernahmen. Als Ursachen hat Markus Speidel in seinem kurzen Überblick dabei die fehlende Nachfolge in Familienunternehmen, den Preisdruck bei den Produkten und das fehlende Kapital für Rationalisierungsinvestitionen ausgemacht.[166] Als Fälle wären die Übernahmen bzw. Beteiligungen von General Electric an Kuba 1966, Gillette an Braun 1967 und General Telephone & Electronic Corporation an Saba 1968 zu nennen. Graetz wurde bereits 1961 von der Standard Elektrik Lorenz übernommen, die aber schon seit 1929 im Besitz von ITT war. Letztere war neben Philips einer der wenigen ausländischen Konzerne, der auf dem deutschen Markt durch Tochtergesellschaften aktiv war. Beide waren aufgrund ihrer langen Marktteilnahme seit den späten 1920er und frühen 1930er Jahren fest etabliert.[167] Michael Porters These, dass Philips, wie auf anderen Auslandsmärkten, als heimisches Unternehmen angesehen wurde, kann jedoch für den deutschen Unterhaltungselektronikmarkt nicht bestätigt werden.[168] Zum einen waren die Tochtergesellschaften in den 1960er Jahren keine Mitglieder des Funkverbandes.[169] Dies könnte noch auf die bereits genannten besonderen Beziehungen zu Telefunken zurückzuführen sein, die eine zur Verfügungstellung von Patentzugängen über den Verband nichtig machten. Diese Vermutung kann jedoch aufgrund fehlender Quellen nicht nachgewiesen werden. Zum anderen werden aber die Verhandlungen zwischen Grundig und Philips in Kapitel 3 zeigen, dass die

---

165 Vgl. in vergleichender Perspektive: Schramm, Manuel: Nationale Unterschiede im westeuropäischen Konsum. Großbritannien, Frankreich, Deutschland und Italien 1950–1970, in: Schramm, Manuel/Brückner, Leslie (Hrsg.): Vergleich und Transfer in der Konsumgeschichte, Leipzig 2009 (=Comparativ, Bd. 19). Als Diagnose für den Unterhaltungselektronikmarkt: Wittke: Wie entstand industrielle Massenproduktion?, S. 96–100; Cawson: Hostile Brothers, S. 2; Fickers: „Politique de la grandeur“ versus „Made in Germany“, S. 27–28.

166 Hier und im Folgenden: Speidel: Netzwerke, Kooperationen und Management-Buy-Out, S. 50.

167 Philips zählte war zum einen durch seine Tochtergesellschaften Valvo und Alldephi präsent. Die Teilhabe an Loewe-Opta wurde aus marktstrategischen Gründen bis in die 1980er Jahre geheim gehalten. Vgl. ebd., S. 231. Zu den Investitionen Philips vgl. auch Wubs, Ben: A Dutch Multinational's Miracle in Post-war Germany, in: Jahrbuch für Wirtschaftsgeschichte / Economic History Yearbook 53 (2012), H. 1.

168 Porter: Cases in competitive strategy, S. 521.

169 Lucae: 40 Jahre Rundfunkwirtschaft in Deutschland 1923–1963, S. 182. Im Verlauf der 1970er traten sie jedoch dem Verband bei, wie in den Verhandlungen mit dem BMWi noch gezeigt wird. Das genaue Beitrittsdatum konnte jedoch nicht ermittelt werden.

anderen Unternehmen, die deutsche Politik, die Gewerkschaften und der Handel Philips eben nicht als „deutsches Unternehmen“ wahrnahmen.

Die Entwicklung der Import- und Exportquote veranschaulicht noch zwei weitere wesentliche Prämissen dieser Untersuchung. Die ausgeprägte Exportfokussierung der deutschen Industrie verstärkte sich seit 1968 nochmals deutlich. Die Exportquote wuchs von ca. 20 % auf 76 % im Jahr 1985 und das bei einer massiven Ausdehnung der Gesamtproduktion, wie Abbildung 1 zeigt. Gleichzeitig wuchs die Importquote in demselben Zeitraum beinahe exponentiell von ca. 10 % auf 77 %. Damit wird deutlich, dass der „nationale Container“ einer zunehmenden globalisierten Industrie mit einem entsprechenden Markt wich, wobei der konkrete Umgang mit dieser Transformation in den nachfolgenden Kapiteln näher untersucht werden soll. Gleichzeitig verweisen die Zahlen bereits an dieser Stelle auf eine weitere Dimension der „Japanischen Herausforderung“. Die Unternehmen standen nicht nur auf ihrem Heimatmarkt in einem zunehmenden Wettbewerb mit japanischen Unternehmen, sondern auch auf den für sie so wichtigen Exportmärkten, insbesondere im europäischen Ausland.

Dieser Globalisierungsschub ist nicht nur als ein „Shock of the global“ zu begreifen.[170] Die steigenden Importe sind nämlich zu einem nicht geringen Anteil auf sogenannte „Eigenimporte“ zurückzuführen. Die deutsche Industrie verlagerte seit den 1960er Jahren zahlreiche Produktionslinien, insbesondere für günstigere und weniger margenreiche Geräte wie Kleinstrundfunkempfänger oder in den 1970er Jahren Schwarz-Weiß-Fernseher, in das Ausland. Sie gründete entweder eigene Produktionsstätten, so vor allem Grundig, oder betrieb ein ausgeprägtes „Original-Equipment-Manufacturer“-System (kurz: OEM-System), wie beispielsweise Telefunken. In diesem OEM-System wurden die Geräte vorzugsweise in Südostasien oder auch Japan, häufig in Lizenz, hergestellt und anschließend in Europa unter eigener Marke verkauft.[171] Die Motive waren geringere Produktionskosten im Ausland und eine Ergänzung des Produktangebots durch preiswerte Geräte. Darüber hinaus rechtfertigte die Industrie dieses Vorgehen mit dem Verweis auf den Wettbewerbsdruck durch japanische Unternehmen.[172] Eine Quantifizierung der Anteile war bereits zeitgenössisch aufgrund einer mangelhaften Datenlage schwierig, da sie sich auf Eigenaussagen der Unternehmen stützen musste. Wie

---

170 Vgl. Fergusson u. a.: The shock of the global.

171 Vgl. zeitgenössisch: Breitenacher u. a.: Elektrotechnische Industrie, S. 186. Sowie mit einer Befragung der Unterhaltungselektronikunternehmen: Jungnickel, Rolf: Eigenimporte der deutschen Industrie. Rolf Jungnickel, Ulrike Maenner, Hamburg 1984, S. 170 (=Veröffentlichungen des HWWA-Institut für Wirtschaftsforschung, Hamburg). Aus historischer Perspektive erstmals für Fernseher analysiert in Teupe: Die Schaffung eines Marktes, S. 82 – 85.

172 Vgl. Kapitel 3.3.3

verschlossen die Unternehmen diese Aktivitäten handhabten, zeigt sich auch in der von Rolf Jungnickel durchgeführten Studie zu Eigenimporten am HWWA-Institut für Wirtschaftsforschung. Lediglich drei Hersteller antworteten auf den anonymen Fragebogen.[173] Aufgrund einer vertraulichen Erhebung des ZVEI und einer gesonderten Zollauswertung des Statistischen Bundesamtes liegen zumindest für den Zeitraum von 1968 bis 1980 verlässliche, wenn auch lückenhafte Daten vor.[174]

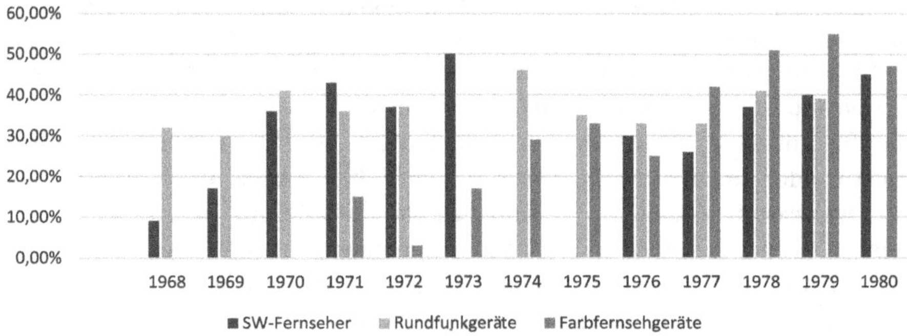

Abbildung 3: Anteil der Eigeneinfuhren an Gesamtimporten je Produkt (in Stück).[175]

Abbildung 3 veranschaulicht, wie ausgeprägt dieses Vorgehen in der deutschen Industrie war. Die zunehmenden Importe waren in den 1970er Jahren zu einem beträchtlichen Teil bei den Hauptproduktgruppen auf Eigeneinfuhren zurückzuführen. Dies widerspricht nicht der geäußerten These zur Auflösung des nationalen Rahmens, ergänzt diese aber um eine hintergründige und anhand von Markenpräsenz weniger offensichtliche Form der Globalisierung, nämlich die Internationalisierung der Unternehmen.[176] Dies wird zudem durch die Relation zwischen Eigeneinfuhren und Gesamtproduktion gestützt. Die Eigeneinfuhren wurden statistisch als Teil der Gesamtproduktion gefasst. Betrachtet man das Verhältnis beider Kenngrößen wird deutlich, dass bei SW-Fernsehern und Rundfunkgeräten die Produktion und Wertschöpfung in den 1970er Jahren immer weniger in der Bundesrepublik stattfand.

173 Jungnickel: Eigenimporte der deutschen Industrie, S. 168–171.
174 Vermerk: Einfuhrproblem in der Unterhaltungselektronik, 26.8.1980, in: BArch, B102/232217.
175 Die Daten zu den Fernsehern stützen sich hauptsächlich auf die Ausarbeitung von Teupe: Die Schaffung eines Marktes, S. 83. Weitere Datengrundlage: Notariatsstatistik ZVEI zu Eigeneinfuhren 1975–1979, in: BArch, B102/232217. Statistisches Jahrbuch, versch. Jg., Notariatsstatistik des ZVEI 1959–1974, in: Rundfunk und Fernsehen in Zahlen, in: Archiv der AEG-Telefunken, GS 1142.
176 Vgl. als Überblick: Borsdorf: Die Internationalisierung deutscher Unternehmen nach dem Zweiten Weltkrieg bis 1973.

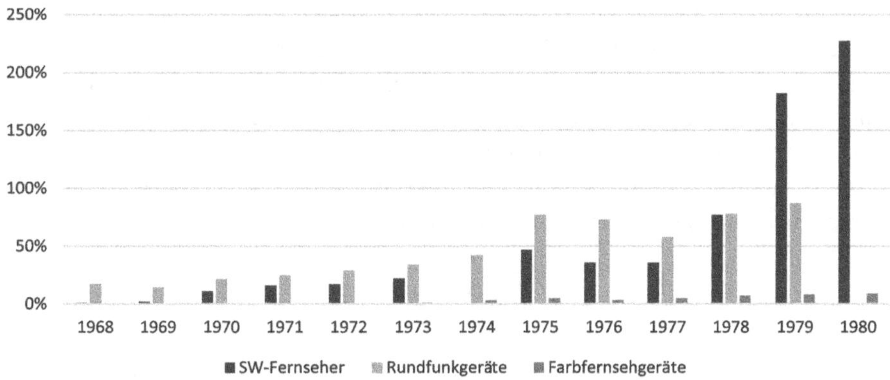

Abbildung 4: Verhältnis Eigeneinfuhren zur Gesamtproduktion in BRD je Produkt (in Stück).[177]

Gänzlich anders war die Situation beim Farbfernsehen. Die bislang aufgeführten Statistiken decken sich mit den Kernthesen von Fickers und Teupe, dass das Farbfernsehgerät das Leitprodukt der deutschen Unterhaltungselektronikindustrie in den 1970er und auch 1980er gewesen sei.[178] Nachdem Willy Brandt 1967 das Farbfernsehen per Knopfdruck „einschaltete", folgte auf kleinere Anlaufschwierigkeiten der enorme Produktionsanstieg während der 1970er Jahre, der auch das Exportgeschäft befeuerte.[179] Die deutsche Industrie war dabei, wie beim Schwarz-Weiß-Fernseher, auf große Bildschirme spezialisiert, die höhere Gewinnmargen versprachen.[180] Die Daten zu den Eigeneinfuhren zeigen, dass er nahezu vollständig in der Bundesrepublik hergestellt wurde und die wenigen Importe überwiegend von deutschen Herstellern stammten – mit Ausnahme einiger kleinerer Geräte, sogenannter Portables. Die Abschottung des deutschen Marktes resultierte aus der technischen Normierung des Farbfernsehens. In den USA und Japan herrschte zu Beginn der 1960er Jahre bereits das sogenannte NTSC-Format als die Norm des National Television System Committee vor. In Europa tobte die Auseinandersetzung über eine einheitliche analoge europäische Norm. Telefunken propagierte das Phase-Alterning-Line-Format, kurz PAL, Compagnie Francaise de Télévision das Séquentiel couleur à mémoire – Format, kurz SECAM.[181] Massives

177 Vgl. Abb. 1 und 3

178 Fickers: „Politique de la grandeur" versus „Made in Germany"; Teupe: Die Schaffung eines Marktes, S. 80–81.

179 Vgl. Abbildungen 1 und 5.

180 Vgl. Teupe: Die Schaffung eines Marktes, S. 70 ff.

181 Vgl. prägnant: Fickers, Andreas: From colour TV war to non aggression pact, in: Arapostathis, S./Dutfield, G. (Hrsg.): Knowledge Management and Intellectual Property. Concepts, Actors and

Lobbying, Werben bei weiteren Produzenten und eine intensive prestigebedingte politische Auseinandersetzung führten dazu, dass sich der europäische Markt in zwei Formatlager spaltete. Beide Lager schützten sich so jedoch vor amerikanischen und japanischen Exporten. Telefunken setzte nur niedrige Lizenzgebühren an – einer der Gründe für die Durchsetzung des Formats. Die Produktionserlaubnis erhielten allerdings lediglich Unternehmen, die in einem „PAL-Land“ ansässig waren. Zusätzlich legte man Exportobergrenzen fest.[182]

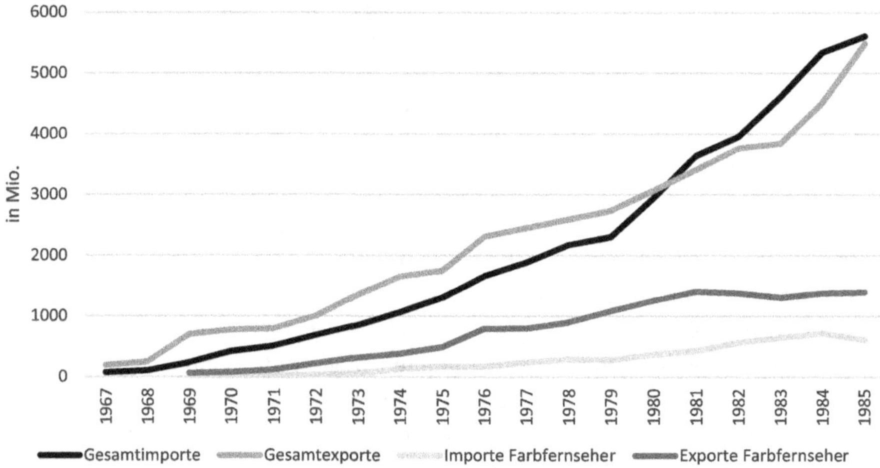

Abbildung 5: Importe und Exporte des Farbfernsehens in Beziehung zu den Gesamtexporten- und -importen der Branche.[183]

Während zahlreiche Branchen und auch die Weltwirtschaft insgesamt mit dem Ende des Weltwährungssystems von Bretton Woods, der ersten Ölpreiskrise, der sogenannten „Stagflation“ und den systemischen Transformationen der Industriestruktur zu Beginn der 1970er Jahre in die Krise gerieten, sorgte der Boom der Farbfernsehgeräteproduktion dafür, dass die deutsche Unterhaltungselektronik-

Practices from the Past to the Present, Cheltenham 2013 (=Queen Mary studies in intellectual property). Ausführlich: Fickers: „Politique de la grandeur“ versus „Made in Germany“.

182 Vgl. hierzu ausführlicher Kapitel 4.4.

183 Die Deflationierung erfolgte wiederum über die genannten Verbraucherpreisindizes, siehe: https://www.destatis.de/DE/Themen/Wirtschaft/Preise/Verbraucherpreisindex/Publikationen/Downloads-Verbraucherpreise/verbraucherpreisindex-lange-reihen-pdf-5611103.pdf?__blob=publicationFile. (zuletzt abgerufen: 24.03.2023) Datenquellen: Statistisches Bundesamt: Fachserie 7 / Außenhandel, versch. Jg.

industrie noch als Wachstumsbranche auftrat.[184] Die zu Beginn der 1970er Jahre marginale Ausstattung der deutschen Haushalte mit Farbfernsehgeräten sicherte den Absatz, ebenso wie die stetig wachsenden Exporte, wobei sich Grundig zum Marktführer aufschwang.

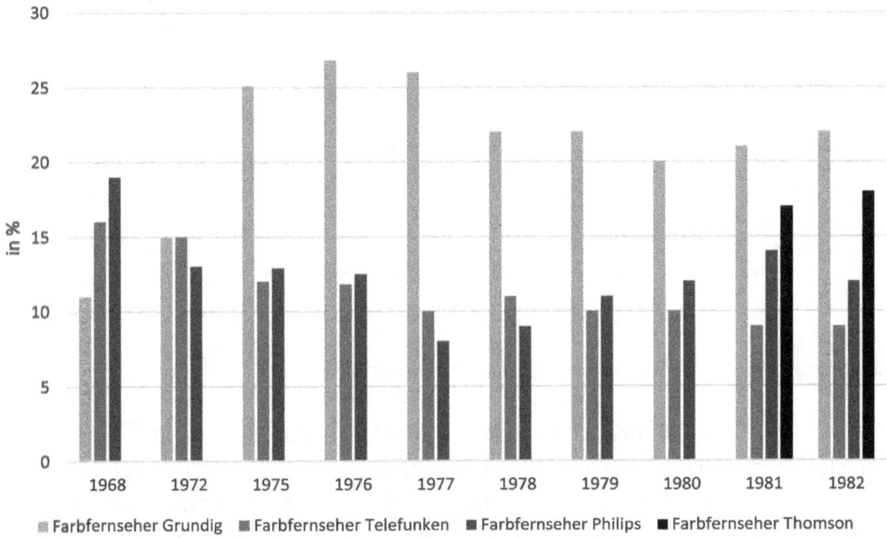

Abbildung 6: Marktanteile Farbfernseher in der BRD.[185]

184 Vgl. zur Gesamteinordnung prägnant: Plumpe: „Ölkrise" und wirtschaftlicher Strukturwandel. und Boyer, Christoph: Schwierige Bedingungen für Wachstum und Beschäftigung, in: Raithel, Thomas/Schlemmer, Thomas (Hrsg.): Die Rückkehr der Arbeitslosigkeit. Die Bundesrepublik Deutschland im europäischen Kontext 1973 bis 1989, München 2009 (=Zeitgeschichte im Gespräch, Bd. 5). Zum Ende von Bretton Woods Burhop, Carsten/Becker, Julian/Bank, Max: Deutschland im Weltwährungssystem von Bretton Woods, in: Geschichte und Gesellschaft 39 (2013), H. 2, S. 197–239. Zur Ölpreiskrise in ihren Auswirkungen auf die Industriestaaten Göbel, Stefan: Die Ölpreiskrisen der 1970er Jahre. Auswirkungen auf die Wirtschaft von Industriestaaten am Beispiel der Bundesrepublik Deutschland, der Vereinigten Staaten, Japans, Großbritanniens und Frankreichs, Berlin 2013.

185 Daten zusammengestellt aus: Teupe, Sebastian: Die Schaffung eines Marktes, S. 66–67. Exposé Marktanteile, in: Philips Company Archives (PCA), Nr. 881. GfK Handelsforschung Marktanteile Color-Tisch, in: Archiv der AEG-Telefunken, I.2.060 Ü-2-FA0871. Mackintosh International Ltd/Europäische Kommission: The European consumer electronics industry, Luxembourg 1985. Die Grafik zeigt die in dieser Studie weiterführend behandelten Unternehmen, wobei diese auch die größten Marktanteile hielten. Für Thomson-Brandt lagen nach den Übernahmen von Saba und Nordmende erst für die Jahre 1981 und 1982 Daten vor.

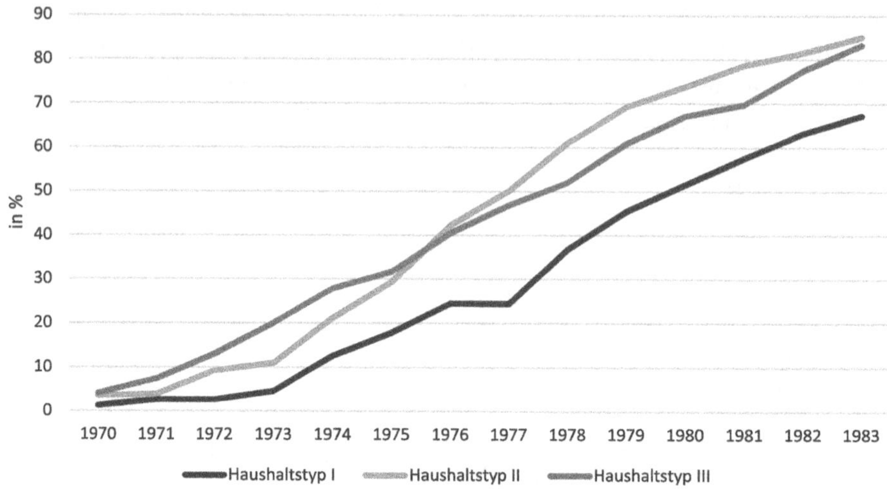

Abbildung 7: Farbfernsehausstattung der Haushalte in der BRD.[186]

Die Strukturkrise der Branche setzte zeitverzögert erst 1977/78 ein.[187] Innerhalb von sieben Jahren sank die Anzahl der Beschäftigten von ca. 106.000 auf 60.000. Das Bundesministerium für Wirtschaft ermittelte, dass die Gesamtbranche im Jahr 1979 einen Verlust von 600 Mio. DM verzeichnete.[188] Die Branchenzusammensetzung veränderte sich ebenfalls radikal. Es bildeten sich zwei große Lager. Thomson-Brandt, seit 1982 ein französischer Staatskonzern, übernahm 1978 Nordmende, 1980 Saba, 1982 Dual und 1983/84 auch Telefunken. Philips erwarb 1984 die Mehrheit an Grundig.[189] Die unternehmensspezifischen Details der Krisen und Übernahmen sind der Gegenstand der folgenden Kapitel. Gleichwohl lassen sich drei übergreifende, miteinander verbundene Determinanten der Strukturkrise ausmachen: Produktkonzentrierung, Mikroelektronik und Importzunahmen.

186 Datenquelle: Teupe: Die Schaffung eines Marktes, S. 201–202.

187 Vgl. als knappe Skizzen: Teupe: Die Schaffung eines Marktes, S. 81–82; Speidel: Netzwerke, Kooperationen und Management-Buy-Out, S. 166–173.

188 Vermerk: Beschäftigungslage in der Unterhaltungselektronikindustrie, 20.6.1980, in: BArch, B102/232217.

189 Speidel: Netzwerke, Kooperationen und Management-Buy-Out, S. 168. Cawson: Hostile Brothers, S. 291.

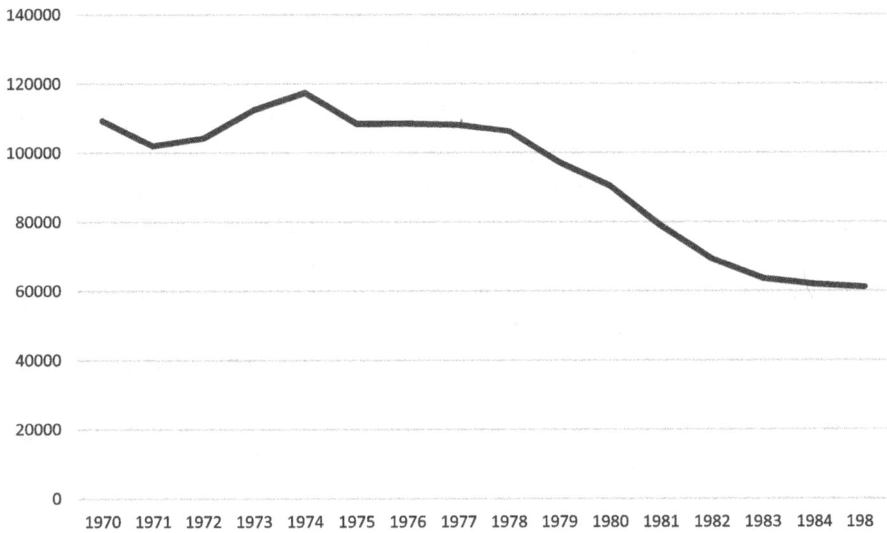

Abbildung 8: Beschäftigte in der Unterhaltungselektronikindustrie in der Bundesrepublik.[190]

Erstens kann die deutsche Unterhaltungselektronikindustrie in der zweiten Hälfte der 1970er Jahre – zugespitzt formuliert – als eine „Ein-Produkt-Branche" charakterisiert werden. Der bereits beschriebene Fokus auf den Farbfernseher führte jedoch dazu, dass bei zunehmenden Marktsättigungstendenzen, stagnierendem Produktionsvolumen, damit verbundenen Überkapazitäten in der Produktion und sinkenden Fabrikabgabepreisen die Gewinnmargen im Fernsehgerätegeschäft sanken. Der scharfe Preiswettbewerb, der seit den 1950er charakteristisch für die Industrie war, intensivierte sich damit nochmals.[191] Die Industrie versuchte mit Bildaufzeichnungs- und -wiedergabegeräten ein zweites rentables Standbein aufzubauen, scheiterte dabei jedoch. Der Videorekorder und die Bildplatte waren die prominentesten Beispiele.[192] Während der Videorekorder Kassetten mit Magnetband zur Aufzeichnung nutzte, verwendete das Pendant Platten, auf denen mechanisch die Ton- und Bilddaten in Rillen implementiert wurden. Sie werden

190 Die Daten stützen sich auf Angaben des ZVEI und eine Marktforschungsstudie Grundigs aus dem Jahr 1983, in: BArch, B102/285152.

191 Teupe: Die Schaffung eines Marktes, S. 74, 86.

192 Zur Entwicklung prägnant: Chandler: Inventing the electronic century, S. 51–67. Aus der Beobachterperspektive des BMWi: Vermerk: Lage der deutschen und französischen Unterhaltungselektronik- und Bildröhrenindustrie, 23.10.1979, in: BArch, B102/232213. Sowie als Mackintosch-Studie mit dem Titel „European Consumer Electronics Study", März 1980, in: BArch, B102/232214.

ebenfalls in den folgenden Kapiteln noch näher behandelt. In diesem Überblickskapitel kann die Bildplatte vernachlässigt werden, da sie auf dem Markt nie Fuß fasste.

Dass die Fabrikabgabepreise beispielsweise für Farbfernsehgeräte zwischen 1968 und 1982 von ca. 1500 DM auf 500 DM sanken,[193] ist auf die Entwicklung der Mikroelektronik zurückzuführen, die als zweite Determinante der Strukturkrise anzusehen ist.[194] Die Mikroelektronik ist ein Teil der Halbleiterelektronik. Sie führte dazu, dass verschiedenste elektronische Bauelemente auf Halbleiterbasis miniaturisiert zu einer sogenannten Integrierten Schaltung zusammengefasst werden konnten.[195] Die Mikroelektronik transformierte in doppelter Hinsicht die Unterhaltungselektronikindustrie. Sie veränderte sowohl den Aufbau als auch die Produktion der Geräte radikal.[196]

Bodo H. Kettelhack, jahrelanger Fachredakteur verschiedenster Fachzeitschriften und ausgewiesener Kenner der Branche, stellte in einem Leitartikel polemisch die Frage:

> Was sind eigentlich heutzutage Fernsehgeräte und HiFi-Anlagen?“. Seine Antwort lautete: „Nichts als Bauelemente, Bauelemente vollkommener Präzision und kühnster Effizienz, lediglich verpackt in modisch inspirierte Gehäuse.[197]

Hatte zunächst im Zuge der späten 1950er und frühen 1960er Jahre der Transistor die Röhre als zentrales Bauelement der Unterhaltungselektronikprodukte abgelöst, zogen in den frühen 1970er Jahren vermehrt weitere Halbleiterbauelemente und

---

193 Vgl. zu der Berechnung der Daten: Teupe: Die Schaffung eines Marktes, S. 74.

194 Als knappe zeithistorische Einordnung: Raithel, Thomas: Neue Technologien: Produktionsprozesse und Diskurse, in: Thomas Raithel/Rödder, Andreas/Wirsching, Andreas (Hrsg.): Auf dem Weg in eine neue Moderne? Die Bundesrepublik Deutschland in den siebziger und achtziger Jahren, München 2009. Zeitgenössisch populär siehe: Balkhausen, Dieter: Die dritte industrielle Revolution. Wie die Mikroelektronik unser Leben verändert, Düsseldorf (1. Aufl.) 1978.

195 Paul, Reinhold: Mikroelektronik, in: Sautter, Dieter/Weinerth, Hans (Hrsg.): Lexikon Elektronik und Mikroelektronik, Berlin, Heidelberg (Zweite, aktualisierte und erweiterte Auflage) 1993.

196 Vgl. als zeitgenössische Diagnose: Siegle, Gert: Der Mikroprozessor verändert die Schaltung und den Geräteaufbau in der Unterhaltungselektronik, in: Funktechnik 34 (1979), H. 2. Aus der Perspektive der IG Metall: Wirtschaftsabteilung IG Metall: Unterhaltungselektronik, 03.12.1982, in: AdsD, 5/IGMZ220116.

197 Kettelhack, Bodo Horst: Bauelemente und Preis- und Wettbewerbsdruck, in: Funkfachhändler : Wirtschaftsblatt für Fernsehen, Rundfunk, Hifi, Phono 30 (1978), H. 12, S. 6–7.

integrierte Schaltungen in die Rundfunkempfänger und Fernsehgeräte ein.[198] Diese Komprimierung und Miniaturisierung der Komponenten führte zu einer höheren Leistungsfähigkeit der Geräte, einer geringeren Fehleranfälligkeit, der Verminderung des Gewichts und Volumens und damit auch zu den von Kettelhacker angesprochenen größeren äußeren Gestaltungsspielräumen.[199] Zusätzlich sank damit die Anzahl der verwendeten Bauelemente. Mackintosh, das als führendes Beratungsunternehmen im Bereich der Unterhaltungselektronik auftrat, hat in einer Studie für die Europäische Kommission ermittelt, dass die Anzahl der Bauelemente von durchschnittlich 850 pro Farbfernsehgerät (26 Zoll) im Jahr 1977 auf ca. 300 im Jahr 1985 gesunken sei.[200] In Verbindung mit den abnehmenden Preisen für mikroelektronische Komponenten durch optimierte Gestaltung und Effekte der Massenproduktion reduzierten sich somit die Kosten für die Bauelemente pro Farbfernseher im Verlauf der 1970er Jahre um ca. 50 %, wie eine andere Mackintosh-Studie im Auftrag des Bundesministeriums für Wirtschaft herausarbeitete.[201]

Doch nicht nur die Reduzierung der Bauelemente verringerte die Montagevorgänge in der Produktion und damit den Personalbedarf. Die Mikroelektronik hatte einen doppelten Effekt, wie die IG Metall in einer Ausarbeitung mit dem ironischen Titel „Unterhaltungselektronik: Arbeitsplätze wie Schnee im Sommer“ treffend analysierte:

> Der Rationalisierungsprozeß in der Unterhaltungselektronik ist also durch eine Zangenbewegung gekennzeichnet: einerseits wird im größten Arbeitsbereich – der Montage – die Arbeit durch die Miniaturisierung und geringere Zahl der Bauelemente ausgedünnt, andererseits wird die Automatisierung auf Basis der Mikroelektronik in allen Arbeitsbereichen vorangetrieben.[202]

198 Hier und im Folgenden zum Transistor: Fickers: Der „Transistor“ als technisches und kulturelles Phänomen. Zu integrierten Schaltkreisen und weiteren Halbleiterbauelementen: Reindl: Wachstum und Wettbewerb in den Wirtschaftswunderjahren, S. 209.

199 Vgl. Breitenacher u. a.: Elektrotechnische Industrie, S. 196–197. Aus der Konsumentenperspektive: Farbfernsehgeräte, in: Farbfernsehgeräte, in: Test 7 (1972), H. 6.

200 Mackintosh International Ltd/Europäische Kommission: The European consumer electronics industry, Luxembourg 1985, S. 172.

201 Vgl. Mackintosh Consultants Company ltd.: European Consumer Electronics Study, März 1980, in: BArch, B102/232214.

202 Unterhaltungselektronik: Arbeitsplätze wie Schnee im Sommer. Vorschläge der IG Metall zur Beschäftigungssicherung und zur Strukturpolitik in diesem Industriebereich, Frankfurt 1984, in: AdsD, 5/IGMZ720531.

In diesen Automatisierungsbestrebungen spiegelte sich die „Tendenz zur Selbstaufhebung“ (Rüdiger Hachtmann) des fordistischen Produktionsregimes.[203] Volker Wittke hat in seiner historisch-soziologischen Studie die Rundfunk- und Fernsehgeräte nicht umsonst als die „Leitprodukte des Fordismus“ bezeichnet.[204] Die Massenproduktion, mit dem Ziel großer Stückzahlen, zeichnete sich bis in die 1970er Jahre durch ein hohes Maß an tayloristisch-standardisierten Tätigkeiten aus. Das sich seit den 1950er Jahren stark verbreitende Fließband taktete und organisierte die vor allem manuelle und händische Montage der Geräte. Zur Kostenreduktion wurden diese Arbeitsschritte von ungelernten und häufig weiblichen Arbeitskräften ausgeführt.[205] In den 1950er Jahren gab beispielsweise Grundig einen Frauenanteil von ca. 70 % unter den 20.000 Beschäftigten an.[206] Im Zuge der Entlassungswellen in den späten 1970er und frühen 1980er Jahren untersuchte die IG Metall die Beschäftigungsstrukturen bei Grundig, Bosch, Philips, Thomson-Brandt, Telefunken, SEL, Loewe-Opta und Metz. In dem Dossier ermittelte sie dabei sogar einen Frauenanteil von 90 % in der Montage.[207] Die Automatisierungsinvestitionen waren dabei die Folge fortwährender Rationalisierungsbemühungen und dem Streben nach Kostenreduktionen, die aus dem immensen Wettbewerb in der Industrie resultierten.[208] In den 1970er Jahre zogen somit mehr und mehr NC- und CNC-Maschinen sowie insbesondere Bestückungsautomaten in die Fabrikhallen ein.[209] Die Folgen dieser Entwicklung rechnete die IG Metall ebenfalls vor. So würde

203 Hachtmann, Rüdiger: Rationalisierung, Automatisierung, Digitalisierung. Arbeit im Wandel, in: Bösch, Frank (Hrsg.): Geteilte Geschichte. Ost- und Westdeutschland 1970 – 2000, Göttingen 2015, S. 204.

204 Wittke: Wie entstand industrielle Massenproduktion?, S. 68. Einführend zum Fordismus vgl. Hachtmann, Rüdiger: Fordismus, in: Docupedia Zeitgeschichte (2011) sowie Hachtmann, Rüdiger/Saldern, Adelheid von: „Gesellschaft am Fließband“. Fordistische Produktion und Herrschaftspraxis in Deutschland, in: Zeithistorische Forschungen/Studies in Contemporary History 6 (2009), H. 2, S. 186 – 208.

205 Wittke: Wie entstand industrielle Massenproduktion?, S. 132 – 139, 152 – 154. In der Geschichtswissenschaft knapp aufgegriffen von: Bauer: Vom Fordismus zur „Industrie 4.0“, S. 443.

206 Presseinformationen 23/1957: Fünf Millionen Grundig-Geräte in 10 Jahren, in: Rundfunkmuseum der Stadt Fürth, Nr. 74.

207 Vgl. Dossier: Beschäftigte in der Unterhaltungselektronik, in: AdsD, 5/IGMZ120229.

208 Vgl. als noch zeitgenössische wirtschaftswissenschaftliche Studie: Chrisafis: Global strategic competition in the consumer electronics industry., S. 10 – 15, 235 – 241; Teupe: Die Schaffung eines Marktes, S. 85 – 86.

209 NC-Maschinen (Numerical Control) und deren tendenziell nachfolgenden CNC-Maschinen (Computerized Numerical Control) automatisierten die Herstellungsprozesse von diversen Bestandteilen der Unterhaltungselektronikgeräte. Sie steigerten die Produktivität und Präzision. Der Unterschied zwischen beiden Gerätetypen lag vor allem in der Ansteuerung. NC-Maschinen wurden noch primär mit Lochkarten bedient. In CNC-Maschinen befanden sich bereits „mo-

ein durch mikroelektronische Komponenten programmierbarer Bestückungsautomat bis zu 70 Montiererinnen ersetzen. Gleichzeitig habe sich die Produktionszeit pro Fernsehgerät von 16 Stunden im Jahr 1960 auf 2 im Jahr 1984 reduziert – mit entsprechender Steigerung der Qualität.[210]

Der dritte Faktor sind die bereits skizzierten zunehmenden Importe. Diese betrafen nicht nur den deutschen Heimatmarkt, sondern auch die wichtigsten europäischen Exportmärkte. Eine herausragende Position nahmen dabei die japanischen Wettbewerber ein, wie in den beiden folgenden Teilkapitel näher analysiert wird. Die mit den Importen einhergehende zunehmende Wettbewerbsintensität wirkte gleichzeitig katalysatorisch auf die beiden bereits genannten Determinanten. Die deutschen Unternehmen mussten sich bei der Suche und dem Aufbau eines gewinngenerierenden Alternativprodukts „nach dem Fernseher" mit den japanischen Unternehmen, ihren Ideen und Innovationen messen. Außerdem fand die Umsetzung der „mikroelektronischen Revolution" immer in Auseinandersetzung mit diesen statt.[211] Nicht nur der Preiskampf, sondern auch die Maßstäbe an technische Innovationen und Qualität erhöhten den Druck auf die deutschen Unternehmen, wie anhand der konkreten Fallstudien noch zu zeigen sein wird.

Die Massenproduktion der Unterhaltungselektronik geriet folglich zumindest in der Bundesrepublik in den 1970er Jahren in eine Krise, wobei die internen strukturellen Faktoren entscheidend waren. Zu den exogenen Schocks, wie beispielsweise den Ölpreiskrisen, lässt sich kein zeitlicher Zusammenhang erkennen. Der Massenkonsum hingegen, als Pendant im Fordismus-Konzept, expandierte im Untersuchungszeitraum massiv.[212] Diese Entgrenzung von Massenkonsum und Massenproduktion durch die Globalisierung ist vielfach diagnostiziert, aber als Prozess bislang nur unzureichend untersucht worden.[213] Die Unterhaltungselek-

---

derne" Computereinheiten. Vgl. zum Einzug in die Produktion allgemein Bauer: Vom Fordismus zur „Industrie 4.0", S. 447–448.

210 Vgl. Unterhaltungselektronik: Arbeitsplätze wie Schnee im Sommer, in: AdsD, 5/IGMZ720531.

211 Vgl. allgemein zur Entwicklung der Mikroelektronik in Japan: Oshima, Takao: Die Entwicklung der japanischen Industrie seit den siebziger Jahren – unter besonderer Berücksichtigung der Elektronik- und Automobilindustrie, in: Fischer, Wolfram u. a. (Hrsg.): Wirtschaft im Umbruch. Strukturveränderungen und Wirtschaftspolitik im 19. und 20. Jahrhundert, St. Katharinen 1997.

212 Konzeptionell zum Zusammenspiel von Massenproduktion und Massenkonsum vgl. Hachtmann: Fordismus.

213 Vgl. zur Diagnose: Bauer: Vom Fordismus zur „Industrie 4.0", S. 451; Bösch: Boom zwischen Krise und Globalisierung, S. 355; Raphael: Jenseits von Kohle und Stahl, S. 89. Zur Auswirkung auf den Konsum: Schramm, Manuel: Wirtschafts- und Sozialgeschichte Westeuropas seit 1945, Köln, Weimar, Wien 2018, S. 93–114; Brückweh/Villinger: Sich (nicht) die Butter vom Brot nehmen lassen; Kaelble: Grenzenlos, 619.

tronik spiegelt in einer Branche und anhand einer Produktgruppe die übergreifende Erkenntnis, die Sina Fabian und Frank Bösch zur Charakterisierung der 1970er und 1980er Jahre herausgearbeitet haben. Die Krisen auf der Produktivebene, die auch das zeithistorische Narrativ zu den 1970er und 1980er Jahren prägen, haben ihren Widerhall nicht in den Konsumpraktiken des Alltags gefunden.[214] Bösch benennt dabei ebenso wie Wolfgang König in seinem kursorischen Überblick zur Konsumgeschichte der 1970er Jahre explizit die Unterhaltungselektronik als die boomende Produktgruppe.[215] Ursächlich seien vor allem die sinkenden Preise, insbesondere in Relation zum realen Kaufkraftzuwachs, gewesen, die auch durch die bereits skizzierte Globalisierung des Produktangebots und der Produktion befördert worden seien. André Steiner hat konkretisiert, dass die Unterhaltungselektronik eine der wenigen Gütergruppen mit sinkenden Preisen zwischen 1962 und 1998 gewesen sei – gemessen an den Preisindizes in der Regel zwischen 2 % und 4 % pro Jahr.[216] Gleichzeitig blieb der Anteil der für die Unterhaltungselektronik verwendeten Einkünfte pro Haushalt von 1971 bis 1998 bei ca. 1 %.[217]

In den amtlichen Statistiken spiegelt sich dieser Boom weniger – mit Ausnahme der bereits skizzierten Ausbreitung des Farbfernsehens. Im Statistischen Jahrbuch 1978 wurde die Ausstattung 950 repräsentativ ausgewählter Haushalte mit Unterhaltungselektronikprodukten seit den beginnenden 1970er Jahren skizziert. Dabei zeigten sich in allen drei Haushaltstypen nur marginale Differenzen von wenigen Prozentpunkten im Verlauf der Jahre.[218] Im Haushaltstyp 1 besaßen zwischen 83 % und 87 % ein Rundfunkgerät, bei den Haushaltstypen 2 und 3 um die 95 %. Sozial differenzierter und distinktiver schien der Besitz von Plattenspielern und Tonbandgeräten verteilt gewesen zu sein. Plattenspieler waren in den Haus-

---

214 Vgl. Bösch: Boom zwischen Krise und Globalisierung; Fabian, Sina: Boom in der Krise. Konsum, Tourismus, Autofahren in Westdeutschland und Großbritannien 1970 – 1990, Göttingen 2016 (=Geschichte der Gegenwart, Bd. 14).

215 Hier und im Folgenden: König: Die siebziger Jahre als konsumgeschichtliche Wende in der Bundesrepublik, S. 91 – 92; Bösch: Boom zwischen Krise und Globalisierung, S. 361.

216 Vgl. zur Berechnung der Preisentwicklung Steiner, André: Die Veränderung der Verbraucherpreise und der private Verbrauch von Konsumgütern in der Bundesrepublik Deutschland 1948 – 98, in: Jahrbuch für Wirtschaftsgeschichte / Economic History Yearbook 48 (2007), H. 2, S. 111.

217 Reckendrees, Alfred: Konsummuster im Wandel. Haushaltsbudgets und privater Verbrauch in der Bundesrepublik Deutschland 1952 – 98, in: Jahrbuch für Wirtschaftsgeschichte / Economic History Yearbook (2007), H. 2, S. 51.

218 Vgl. hier und im Folgenden: Statistisches Bundesamt: Statistisches Jahrbuch 1978, Wiesbaden 1978, S. 442. Vgl. zu den Details der Haushaltstypen Seite 435. Zur groben Unterscheidung: Haushaltstyp 1 waren 2-Personen-Haushalte von Renten- und Sozialhilfeempfängern mit geringem Einkommen, Haushaltstyp 2 4-Personen-Arbeitnehmerhaushalte mit mittlerem Einkommen, Haushaltstyp 3 4-Personen-Haushalte von Beamten und Angestellten mit höherem Einkommen.

haltstypen 2 und 3 um die 68 % bzw. 78 % vertreten, im Haushaltstyp 1 um die 17 %. Tonbandgeräte in den Haushaltstypen 2 und 3 mit ca. 57 % und 78 %. Im Haushaltstyp 3 verdoppelte sich der Bestand immerhin von 8,1 % auf 16,7 %.

Umfassendere Daten wurden in den im Fünfjahresrhythmus stattfindenden Einkommens- und Verbrauchsstichproben erhoben, allerdings nur bezüglich der bereits genannten monatlichen Ausgaben und nicht der Ausstattung.[219] Die generierten Daten sind aufgrund der diskussionswürdigen Repräsentativität des Erhebungszuschnitts und der freiwilligen Teilnahme eher als Tendenzwerte aufzufassen.[220] Dennoch verdeutlichen diese und so wurden sie auch vom Statistischen Bundesamt interpretiert, dass umfassende Ersatz- sowie Neuanschaffungen von Zweit- oder Drittgeräten stattfanden, insbesondere aufgrund technischer Neuerungen.[221]. 1973 erwarben beispielsweise 19 % der befragten Haushalte, 1978 20 % und 1983 16 % ein neues Rundfunkgerät, trotz der hohen Erstausstattungsquoten. Die Kosten für das jeweilige Gerät lagen jahresübergreifend und durchschnittlich bei ca. 300 DM und sind damit eher im unteren Preissegment angesiedelt.[222] Der Gerätetyp ist allerdings nicht abgefragt worden. Gestützt wird diese Interpretation vom Boom durch den Kauf von Ersatz-, Zweit- und Drittgeräten auch durch eine große Studie der Gesellschaft für angewandte Sozialpsychologie (GETAS). Im Auftrag des Magazins Stern wurden im Jahr 1979 5940 Haushalte in persönlichen Interviews befragt. Das Ziel der Studie bestand darin, den Marketingeinfluss von Medien beim Kauf von Unterhaltungselektronikprodukten zu evaluieren. Hierzu musste jedoch zunächst der Bestand und die Anschaffungsplanungen abgefragt werden. Die prozentualen Besitzanteile waren vergleichbar mit den Erkenntnissen des Statistischen Bundesamtes. Allerdings wurde aufgrund der Produktdifferenzierung erkennbar, dass zahlreiche Haushalte bereits mehrere Rundfunkgeräte

219 Vgl. Statistisches Bundesamt: Einkommens- und Verbrauchsstichproben / 5, Wiesbaden versch. Jg. Die Erhebungen fanden 1973, 1978, 1983 und 1988 statt.

220 Vgl. Reckendrees: Konsummuster im Wandel, S. 32–37. 1973 nahmen 48841 Haushalte, 1978 47899, 1983 44507, 1988 45085 teil.

221 Vgl. Statistisches Bundesamt: Einkommens- und Verbrauchsstichproben / 5, Wiesbaden 1978, S. 34. Für Fernsehgeräte siehe als zeitgenössische Diagnose auch: Cawson: Hostile Brothers, S. 224.

222 Vgl. zu 1978 und 1973 Statistisches Bundesamt: Einkommens- und Verbrauchsstichproben / 5, Wiesbaden 1978, S. 34; Statistisches Bundesamt: Einkommens- und Verbrauchsstichproben / 5, Wiesbaden 1983, S. 35. Durchschnittliche Preise für Rundfunkempfänger sind aufgrund der verschiedenen Gerätetypen schwierig zu bestimmen. An dieser Stelle müssten die statistischen Kategorien differenziert werden. Zudem liegen keine umfassenden Preiszusammenstellungen seitens der Industrie vor. Einen guten Einblick bieten dennoch Verbrauchertestzeitschriften, wie die „Test". Kofferradios kosteten bspw. in der ersten Hälfte der 1970er Jahre durchschnittlich 300 DM, wie ein Bericht aus dem Jahr 1973 ermittelte. Vgl. Kofferradios (Weltempfänger), in: Test 8 (1973), H. 5, S. 211–220.

besessen haben. Die Statistik zählte 11762 Rundfunkgeräte in den 5940 Haushalten. 30 % bis 40 % der Befragten besaßen jeweils Radiowecker, Tisch-, Koffer- oder Kassettenrekorderradios, 20 % ein Autoradio.[223] Auch bei den teureren Fernsehgeräten überstieg die Produkt- die Haushaltsanzahl mit 8022 Geräten. Nach Anschaffungsplänen befragt gaben 11 % der Haushalte an, in den kommenden 1,5 Jahren ein neues Fernsehgerät anschaffen zu wollen, 5 % in demselben Zeitraum ein Rundfunkgerät.[224]

Die Studie fragte zudem nach den Kauforten und -motiven. Während über 70 % der Befragten angaben, teure Geräte und insbesondere Farbfernseher über den Fachhandel zu erwerben, lag der Anteil bei kostengünstigeren Rundfunkempfängern lediglich zwischen 40 % und 50 %. Im Gegensatz dazu war jedoch der Anteil des Warenhauses und Versandhandels zwischen 20 % und 30 % deutlich höher. Beim Fernsehgerät lag dieser lediglich zwischen 10 % und 15 %.[225] Die damit skizzierte Bedeutung des Fachhandels und die Korrelation zwischen Preis und Fachexpertise in der Beratung und dem Erwerb spiegelt sich in verschiedenen Studien der 1970er und 1980er Jahre.[226] Sebastian Teupe hat die Wertschöpfungs- und Distributionskette zwischen Herstellern, Groß- und Einzelhändlern erstmalig historisch umfassend analysiert. Er ergänzt die oben skizzierte Erkenntnis um den Befund, dass die Geräte auch mit zunehmender Verbreitung vermehrt über den Versandhandel oder das Warenhaus abgesetzt worden seien.[227] Die Ursache sieht er vor allem im Preiswettbewerb. Der intensive Wettbewerb der Industrie und nachgeordnet auch der Handelsformen habe seit den 1950er Jahren zu andauernden Preiskämpfen geführt.[228] 1958 habe die Industrie noch im sogenannten „Fernsehkartell“ versucht, durch Preis-, Mengen- und Rabattabsprachen sinkende

223 Vgl. Marktprofil Unterhaltungselektronik. Profile – Medien, Märkte, Konsumenten, Hamburg 1979, S. 40–41.

224 Vgl. hier und im Folgenden: ebd., S. 42–43.

225 Ebd.

226 Vgl. die umfassende zeitgenössische Studie von Bruno Tietz, in der zahlreiche Umfragen bspw. der GfK diskutiert werden: Tietz, Bruno: Der Markt für Haushaltselektrik und -elektronik in der Bundesrepublik Deutschland von 1960 bis 1990. Eine Branchenanalyse, Hamburg 1979, S. 358. Zu Auswertungen der Fachzeitschriften siehe bspw. Wie kaufen Deutschlands Verbraucher ein und wie informieren sie sich?, in: Funk-Technik 30 (1975), H. 3. Dezidiert aus der Perspektive des Fachhandels: Nach Spiegel-Untersuchungen Fachhandel die wichtigste Einkaufsstätte, in: markt intern Radio Fernsehen Hifi , E 31/III, 31.07.1973. Der markt intern-Verlag veröffentlicht Informationsbriefe mit Berichten für Branchenmitglieder und versteht sich auch selbst als Streiter für die Belange der Branchen. Das Archiv konnte für den Fachhandel der Unterhaltungselektronik erstmals in Düsseldorf eingesehen werden.

227 Teupe: Die Schaffung eines Marktes, S. 128–129.

228 Vgl. hier und im Folgenden: ebd., S. 251–317. Sowie prägnant Teupe: Kontrolldenken.

Preise aufzuhalten. Das Bundeskartellamt beendete zu Beginn der 1960er Jahre diese Praxis. Im Verlauf der 1970er und 1980er Jahre forcierten verschiedene Unternehmen wiederum selektive Vertriebspolitiken oder Kommissionssysteme, um den aus ihrer Perspektive bedrohlichen Preisverfall zu bremsen und Abnahmegarantien mit Planungssicherheiten zu generieren. Der Fachhandel, aber auch die Warenhäuser und der Versandhandel waren somit sui generis ein Bindeglied zwischen Produzenten und Konsumenten.[229]

Dass der Preis bei Verbraucherumfragen als ein wesentliches Motiv zum Erwerb eines Unterhaltungselektronikprodukts genannt wurde, verwundert wenig. Daneben waren Leistung, Design, Handhabung und die Lebensdauer angegebene Kriterien.[230] Die Informationen dazu gewannen Konsumenten primär durch die Beratung im Fachgeschäft, Prospekte, Erfahrungsberichte von Freunden und Bekannten sowie Testzeitschriften.[231] Testberichte finden sich in geräte- bzw. produktgruppenspezifischen Zeitschriften wie „video“ oder „hobby. Das Magazin der Technik“.[232] Auch die Zeitschrift „Test“ der Stiftung Warentest veröffentlichte zahlreiche Berichte.[233] Als übergreifendes Testmagazin ist sie dabei eine gute Sonde für die konsumtive Bedeutung der Unterhaltungselektronik.
Legt man zugrunde, dass zwölf Hefte pro Jahr erschienen, wurden beinah in jedem zweiten Heft Tests zu Unterhaltungselektronikprodukten veröffentlicht – davon in der Regel unter den vier bis fünf Haupttests pro Ausgabe. Die Bedeutung der Unterhaltungselektronik wird zudem durch die Veröffentlichung von umfassenden Sonderheften mit zahlreichen Untersuchungen in den Jahren 1973, 1974/75 und 1976/77 unterstrichen. Das erste Sonderheft „Radio- und Phonogeräte“ erschien 1973 zur Funkausstellung, wurde 84.000 mal verkauft und initiierte aufgrund des Erfolgs weitere Sonderpublikationen.[234] In dem Vorwort zum zweiten Sonderheft,

---

229 Wie Teupe betont, gab es auch den Direktvertrieb der Hersteller oder Großhändler. Mit Blick auf die genannten Zahlen ist dies grosso modo weniger bedeutsam.

230 Vgl. Marktprofil Unterhaltungselektronik, S. 42–43.

231 Vgl. Tietz: Der Markt für Haushaltselektrik und -elektronik in der Bundesrepublik Deutschland von 1960 bis 1990, S. 396; Wie kaufen Deutschlands Verbraucher ein und wie informieren sie sich?

232 Beide Zeitschriften wurden umfassend analysiert. Hobby warb mit dem Slogan, die höchste Auflage aller Technikzeitschriften für den Freizeitgebrauch zu besitzen.

233 Vgl. einordnend zur Geschichte der Institution und der Verbrauchertests: Rick, Kevin: Die Gründung der Stiftung Warentest als „zweitbeste Lösung“? Verbraucherpolitik zwischen Verbraucherverbänden und Staat in den 1960er Jahren, in: Historische Zeitschrift 303 (2016), H. 2; Kleinschmidt, Christian: Comparative Consumer Product Testing in Germany, in: Business History Review 84 (2010), H. 1.

234 Vgl. Broschüre „40 Jahre Stiftung Warentest“, S. 21. Online zum Download unter https://www.test.de/unternehmen/stiftung-5017075–5843545/.

das den Titel „Radio-Phono-Fernsehen" trug, begründeten die Herausgeber die Publikation:

> Über 40 Tests und zahlreiche Reports über den Rundfunk-, Phono-, und Fernsehbereich wurden bisher in der Zeitschrift „test" veröffentlicht. Das Interesse an diesen Untersuchungen ist besonders groß, wie das enorme Leser-Echo uns immer wieder bestätigt. Deshalb präsentieren wir hier – nun schon zum zweiten Male – ein Sonderheft über den gesamten Bereich der sogenannten „braunen Ware.[235]

Die Stiftung Warentest wollte jedoch nicht nur das gestiegene Interesse bedienen, sondern darüber hinaus auch „[...] etwas Ordnung [zu] schaffen im Wirrwarr des Überangebots".[236]

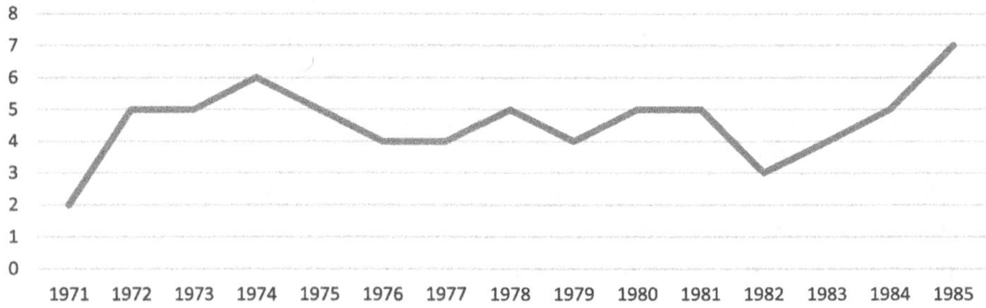

Abbildung 9: Anzahl der Produkttests zur Unterhaltungselektronik in „Test" der Stiftung Warentest.[237]

Die Berichterstattung und die entsprechende Bebilderung der Tests bestätigt dabei die Erkenntnisse zu Ziel- und Nutzergruppen aus bisherigen konsumgeschichtlichen Studien und zeitgenössischen Beobachtungen. Fernsehgeräte und teure Phonoprodukte zielten vor allem auf kaufkräftigere Erwachsene. Fernsehportables, günstigere Phono- und Rundfunkgeräte waren dabei für die Jugend bestimmt, die insgesamt jedoch als wesentliche Triebfeder für den Absatz der Unterhaltungselektronik angesehen wurde.[238] Detlef Siegfried, Pia Fruth, Monika Röther und Heike Weber belegen dies ausführlich in ihren Studien zur Jugendkultur, Kompaktkassette, Objektgeschichte der Phonogeräte und der technikge-

235 Vgl. Stiftung Warentest: test. Sonderheft Radio-Phono-Fernsehen 1974/75, Berlin 1975, S. 1.
236 Vgl. Stiftung Warentest: test. Sonderheft Radio-Phono Fernsehen 1976/77, Berlin 1977, S. 1.
237 Die Daten basieren auf der händischen Auszählung der Berichte in den Ausgaben der Zeitschrift. Die Tests aus den Sonderheften der Jahre 1974/75 und 1976/77 wurden zu den jeweiligen Jahren hälftig zugerechnet.
238 Tietz: Der Markt für Haushaltselektrik und -elektronik in der Bundesrepublik Deutschland von 1960 bis 1990, S. 312–313; Siegfried: Time is on my side, S. 99.

schichtlichen Analyse der mobilen Nutzung von Kofferradios, Kassettenrecordern und Walkman.[239] Die vier Autoren betonen zusätzlich die Distinktionsabsichten und die Selbststilisierung, die mit dem Erwerb entsprechender Geräte einhergingen.[240] Diese Eigenschaft und Intention wurden auch bei Fernsehgeräten diagnostiziert. Das Repräsentationsbedürfnis und die soziale Distinktionsabsicht verknüpfte Axel Schildt in seinen Forschungen zu den 1950er und frühen 1960er Jahren mit dem Streben nach Häuslichkeit und der Teilhabe an Unterhaltung.[241] Andreas Fickers charakterisiert in einem technikhistorischen Ansatz die Schwarz-Weiß-Fernsehgeräte bis in die 1970er und die Farbgeräte bis in die 1980er Jahre als „Statussymbol".[242] Sebastian Teupe kritisiert letztere Annahme mit Verweis auf die Absatzkurven und die Erfahrungen der Unternehmen. Stattdessen sei der Fernseher in den 1960er Jahren zu einer „Selbstverständlichkeit" geworden.[243] Doch auch er räumt ein, dass der Erwerb eines Farbfernsehgerätes allein aufgrund des Preises dem Käufer einen gewissen Status zuerkannt habe.[244] Teupe vernachlässigt in seiner Argumentation jedoch, dass in einer „differenzierten Konsumgesellschaft" (Jan Logemann) nicht allein der Besitz eines Konsumguts, sondern auch die von Bourdieu begrifflich geprägten „feinen Unterschiede" das distinktive Momentum charakterisierten – insbesondere ab einem bestimmten Marktsättigungsgrad. Seinen Ausdruck fand dies in der Wertschätzung von Marken, dem Design, dem symbolisch induzierten Preis oder anderen Zuschreibungen.[245] Ob mit den zu-

239 Vgl. Siegfried: Time is on my side, S. 97–99; Fruth, Pia: Record.Play.Stop. – Die Ära der Kompaktkassette, Bielefeld 2018, S. 19; Röther: The Sound of Distinction, S. 452–474; Weber: Das Versprechen mobiler Freiheit, S. 201.

240 Vgl. Siegfried: Time is on my side, S. 15; Fruth: Record.Play.Stop. – Die Ära der Kompaktkassette, S. 204–216; Röther: The Sound of Distinction, S. 472–473; Weber: Das Versprechen mobiler Freiheit, S. 21–23.

241 Schildt, Axel: Moderne Zeiten. Freizeit, Massenmedien und „Zeitgeist" in der Bundesrepublik der 50er Jahre, Hamburg 1995, S. 262–305 (=Hamburger Beiträge zur Sozial- und Zeitgeschichte, Bd. 31).

242 Fickers: „Politique de la grandeur" versus „Made in Germany", S. 139.

243 Teupe: Die Schaffung eines Marktes, S. 194.

244 Ebd., S. 199.

245 Vgl. Logemann, Jan: Dynamiken der Massenkonsumgesellschaft im 20. Jahrhundert, 1918–2008, in: Kleinschmidt, Christian/Logemann, Jan (Hrsg.): Konsum im 19. und 20. Jahrhundert, München, Wien 2021, S. 304–305 (=Handbücher zur Wirtschaftsgeschichte). Bourdieu, Pierre: Die feinen Unterschiede. Kritik der gesellschaftlichen Urteilskraft, Frankfurt am Main (28. Auflage) 2021 (=Suhrkamp-Taschenbuch Wissenschaft, Bd. 658). Vgl. zum Gedanken differenziert auch: Welskopp, Thomas: Feine Unterschiede oder scharfe Differenzen. Klassen, Milieus und Konsum im Kapitalismus, in: Kleinschmidt, Christian/Logemann, Jan (Hrsg.): Konsum im 19. und 20. Jahrhundert, München, Wien 2021, S. 80 (=Handbücher zur Wirtschaftsgeschichte). Vgl. einordnend Schrage, Dominik: Die Verfügbarkeit der Dinge. Eine historische Soziologie des Konsums,

nehmenden Importen die zugeschriebene Nationalität von Produkten und Marken auch ein Mittel der Distinktion oder in einer anderen Form relevant für den Erwerb war, wird in dieser Studie noch näher beleuchtet.[246]

2.2 Die Vermessung der „Japanischen Herausforderung“

2.2.1 Die japanische Unterhaltungselektronik auf dem deutschen und europäischen Markt

In den Jahren 1964 und 1967 steuerten eigens dafür gebaute japanische Ausstellungsschiffe Europas Hafenstädte an. Auch in Hamburg bewarben sie die japanischen Unterhaltungselektronikprodukte.[247] Die Reisen läuteten die zunehmenden Bemühungen japanischer Unternehmen um die europäischen Märkte ein, wie bereits Karl Tetzner, Chefredakteur der Funkschau, mutmaßte.[248] Als Voraussetzung hierzu wollten die japanischen Unternehmen mit dieser Aktion ihrem vorherrschenden „Image der Imitat- und Billigstware“ entgegenwirken und stattdessen ihre Qualität proklamieren.[249] Bei Tetzner gelang dies. So konstatierte er:

> Vom Äußeren her war die vorgestellte Sammlung japanischer Geräte eine Augenweide: Stil und Verarbeitung bestachen.[250]

Frankfurt/Main 2009, insbes. S. 12. Sina Fabian stellt in ihrer Dissertation vor allem die *„Fiktion des individuellen Konsumguts“* heraus, das realiter in dieser Form in einer Massenkonsum- und Produktionsgesellschaft nicht existiere. Sie kommt daher zu einem ambivalenten Ergebnis bezüglich der Individualisierungspotentiale des Konsums in den 1970er Jahren und sieht eher eine Form standardisierter Vielfalt der Konsumpraktiken, in denen sich bspw. die Aktivitäten und Ziele des Individualtourismus gar nicht so stark von massentouristischen Angeboten unterschieden hätten. Vgl. zusammenfassend Fabian: Boom in der Krise, S. 435–439.

246 Zur Nationalität von Produkten siehe: Kühschelm, Oliver/Eder, Franz X./Siegrist, Hannes (Hrsg.): Konsum und Nation. Zur Geschichte nationalisierender Inszenierungen in der Produktkommunikation, Bielefeld 2012 (=Histoire, Bd. 31). Zur neu aufkommenden Debatte zur Nationalität von Unternehmen vgl. Reckendrees/Gehlen/Marx: International business, multinational enterprises and nationality of the company: a constructive review of literature. Gehlen/Marx/Reckendrees: Ambivalences of nationality - Economic nationalism, nationality of the company, nationalism as strategy: An introduction; Berger/Fetzer: Nationalism and the economy.

247 Vgl. zur Kontextualisierung und den globalen Aktivitäten zeitgenössisch: Japan develops Trade-Fair Ship, in: New York Times, 01.04.1962.

248 Vgl. Tetzner, Karl: Japan in Hamburg, in: Funkschau 36 (1964), H. 16. sowie Japan stellt in Hamburg aus, in: Funkschau 39 (1967), H. 7.

249 Vgl. hierzu knapp: Weber: Das Versprechen mobiler Freiheit, S. 124.

250 Japan stellt in Hamburg aus, S. 202.

Für die deutsche Unterhaltungselektronikindustrie resultierten diese Bemühungen in vier konkreten realökonomischen Dimensionen der „Japanischen Herausforderung", die nachfolgend näher analysiert werden: dem zunehmenden Wettbewerb auf dem Heimatmarkt sowie den europäischen Exportmärkten, einem diffizilen Umgang mit japanischen Direktinvestitionen und der ambivalent bewerteten Ausdifferenzierung und Vermehrung des Bauelementeangebots.

Seit der zweiten Hälfte der 1960er Jahre nahmen mit den zunehmenden Gesamtimporten auf dem deutschen Markt insbesondere die japanischen zu. Im Verlauf der 1970er und 1980er Jahre waren dabei ca. 50 % der Importe den japanischen Unternehmen zuzuschreiben, wie die Importquoten verdeutlichen.

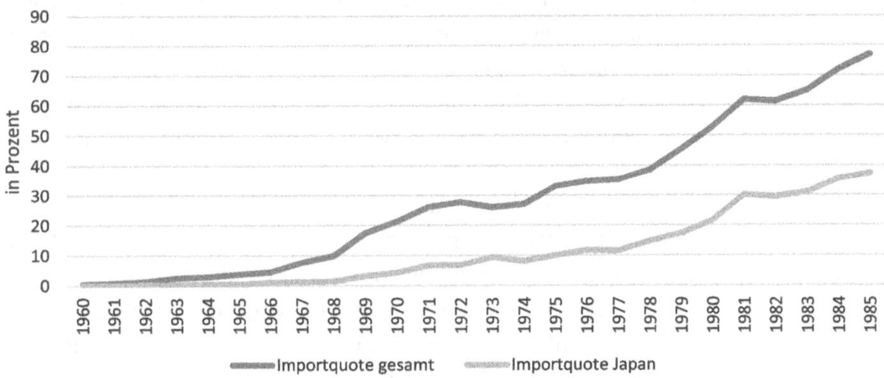

Abbildung 10: Gesamtimportquote der deutschen Unterhaltungselektronikindustrie mit japanischem Anteil nach Wert.[251]

Im Detail stiegen zunächst vor allem die Importe der Rundfunkempfangsgeräte an. Während die wertmäßigen Importe kontinuierlich wuchsen, vervielfachten sich die Stückzahlen zu Beginn der 1970er Jahre sprunghaft. Insbesondere war dies auf Koffer- und, zeitlich verzögert, KFZ-Empfangsgeräte zurückzuführen. Im Kontrast dazu verblieben die Importe von Fernsehgeräten im Untersuchungszeitraum insgesamt auf niedrigem Niveau. Trotz des bereits skizzierten Farbfernsehbooms überstiegen deren Importe nach Wert erst in der Mitte der 1970er Jahre die SW-Fernseher-Importe, nach Stückzahlen sogar erst zum Ende der 1970er Jahre. Die PAL-Patente zeigten in diesem Fall ihre protektionistische Wirkung. In Japan herrschte die NTSC-Norm vor. Damit wurden mehrheitlich keine PAL-Lizenzen an japanische Unternehmen vergeben bzw. die Produktion durch Quoten stark be-

251 Zur Datengrundlage vgl. Fußnote 162

grenzt.[252] Die importierten Farbfernsehgeräte hatten primär kleine Bildschirmdiagonalen mit weniger als 56 cm bzw. waren transportabel, sogenannte „Portables", auf die die japanischen Unternehmen seit den frühen 1970er Jahren im Export spezialisiert waren.[253] Erst im Verlauf der 1980er Jahre nahm der Anteil der Geräte mit großen Bildschirmdiagonalen zu, die als Domäne der deutschen Industrie galten.

Die Durchschnittspreise der japanischen Importe illustrieren dabei eine Entwicklung, die sich bereits beim Vergleich der absoluten Importzahlen nach Wert und Stückzahl angedeutet hat. Die Durchschnittspreise japanischer Rundfunkempfangsgeräte und Fernsehempfänger auf dem deutschen Markt stiegen kontinuierlich an und das trotz der insgesamt fallenden Preise für Unterhaltungselektronikprodukte, die im vorangegangenen Abschnitt herausgearbeitet wurden. Daraus lässt sich schlussfolgern, dass die japanischen Unternehmen nach und nach in höhere Preis- und damit auch Qualitätssegmente vordrangen, die ursprünglich die deutschen Unternehmen als ihre Hauptgeschäftsfelder ausfindig gemacht hatten.

Lediglich die durchschnittlichen Videorekorderpreise fielen seit 1977. Zu diesem Zeitpunkt war der Videorekorder noch in der Marktetablierungsphase.[254] Die Produktionskapazitäten befanden sich vielfach im Aufbau und in der Optimierung, sodass die Skaleneffekte ihre Preiswirkungen erst im Verlauf der Jahre zeigten. Gleichwohl bestätigen die Zahlen Chandlers These, dass der Videorekorder das Produkt gewesen sei, mit dem sich der Aufstieg der japanischen Industrie zum Weltmarktführer vollzogen habe.[255] Die Stückzahlen und der Wert der importierten Geräte stiegen seit 1977 exponentiell an, bis in der ersten Hälfte der 1980er Jahre erste Sättigungstendenzen auftraten und noch zu behandelnde protektionistische Maßnahmen ihre Wirkung zeigten.[256] Während zwar insgesamt weiterhin kategorial mehr Rundfunkempfangsgeräte importiert wurden, war der Videorekorder bereits 1980 nach Wert das bedeutendste Produktsegment. Da er gleichzeitig auch von der deutschen Industrie als einer der zukünftigen Haupt-

252 Vgl. Kapitel 4.3 sowie knapp Teupe: Die Schaffung eines Marktes, S. 72.

253 Vgl. hier und im Folgenden: ebd., S. 77. sowie zeitgenössisch: Marktbericht Farbfernsehgeräte. Noch hält die Preisfront, in: Test 13 (1978), H. 12, S. 72–74. Und einordnend: Shepherd, Geoffrey: Japanese Exports and Europe's Problem Industries, in: Tsukalēs, Lukas (Hrsg.): Japan and Western Europe. Conflict and cooperation, London 1982, S. 146 (=Studies in international political economy).

254 Vgl. zum Produktlebenszyklus der Unterhaltungselektronikgeräte in den späten 1970er und frühen 1980er Jahren Mackintosh International Ltd/Europäische Kommission: The European consumer electronics industry, S. 34.

255 Chandler: Inventing the electronic century, S. 50–51.

256 Vgl. zum gesamten Videorekorderkomplex ausführlich die Kapitel 3.3.2, 3.3.3 und 4.4.

produktionszweige ausgemachten worden war, kulminierte in ihm die Auseinandersetzung mit der „Japanischen Herausforderung", wie in den folgenden Kapiteln intensiver untersucht wird.

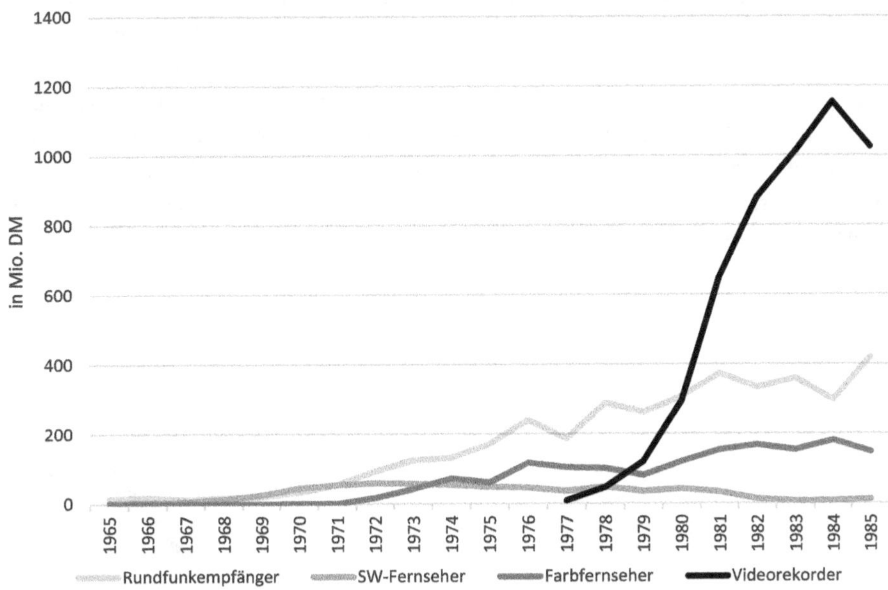

Abbildung 11: Importe japanischer Unterhaltungselektronikprodukte in die Bundesrepublik nach Wert und Produktgruppen.[257]

Im Phono-Segment stiegen die japanischen Importe ebenfalls massiv an. Allerdings sind sie aufgrund der Vielfalt der Geräte vom Verstärker bis zur Stereoanlage, die nicht vollständig oder eindeutig in der Außenhandelsstatistik abgebildet wurden, schwieriger zu erfassen. Seit den späten 1960er Jahren konkurrierten nämlich zwei Modelltypen um die Gunst der Verkäufer. Die Kompaktanlage und ein Bausteinsystem. Erstere integrierte alle Bestandteile zur Wiedergabe der Musik in einem Gerät und bildete schwerpunktmäßig den Ansatz der europäischen Hersteller. Letztere setzte in sogenannten „HiFi-Türmen" auf die individuelle Kombinierbarkeit verschiedener Steuerungselemente, Verstärker, Musikboxen, Platten-

257 Zur Deflationierung wurden erneut die Verbraucherpreisindizes des Statistischen Bundesamtes für 4-Personen-Haushalte mittleren Einkommens zum Referenzjahr 1995 verwendet. Die Daten stammen aus: Rundfunk und Fernsehen in Zahlen, in: DTMB/AEG, GS 1142. und Statistisches Bundesamt: Fachserie. 7, Außenhandel. Reihe 2, Außenhandel nach Waren und Ländern (Spezialhandel), Wiesbaden versch. Jg.

und Kassettenabspielgeräte. Sie wurde von japanischen Herstellern präferiert.[258] In Kapitel 3.3.2 wird Grundigs Reaktion hierzu näher beleuchtet. Die Abbildungen 15 und 16 stützen sich nun auf die vom zuständigen Referatsleiter Kahl im Bundesministerium für Wirtschaft erhobenen Daten. Die deutsche Produktion blieb zwischen der Mitte der 1970er Jahre und den beginnenden 1980er Jahren relativ konstant. Die japanischen Importe wuchsen von 260 Mio. DM auf 1832 Mio. DM, sodass eine Importquote von ca. 50 % erreicht wurde. Einer Mackintosh-Erhebung aus dem Jahr 1982 zufolge konnten Grundig und Telefunken beispielsweise bei HiFi-Anlagen zwar einen Marktanteil von 7–8 % halten, verloren jedoch die Marktführerschaft an Technics, eine Handelsmarke des japanischen Unternehmens Matsushita.[259]

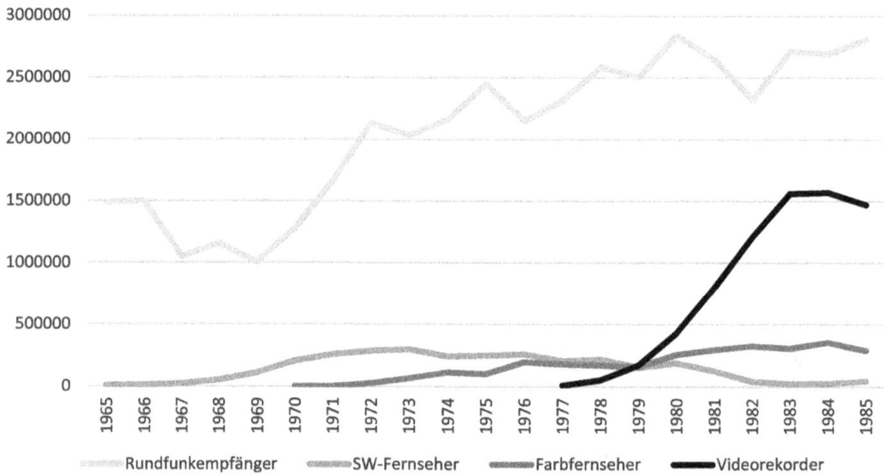

Abbildung 12: Importe japanischer Unterhaltungselektronikprodukte in die Bundesrepublik nach Stückzahlen und Produktgruppen.[260]

258 Vgl. zur Entwicklung der Anlagen bis in die 1970er Jahre: Röther: The Sound of Distinction. Zur Gestaltung der europäischen und japanischen Hersteller: Funkausstellung: Auf dem Weg zur Perfektion, in: Funktechnik (1977), H. 21.

259 Mackintosh International Ltd/Europäische Kommission: The European consumer electronics industry, S. 137.

260 Vgl. Fußnote 257

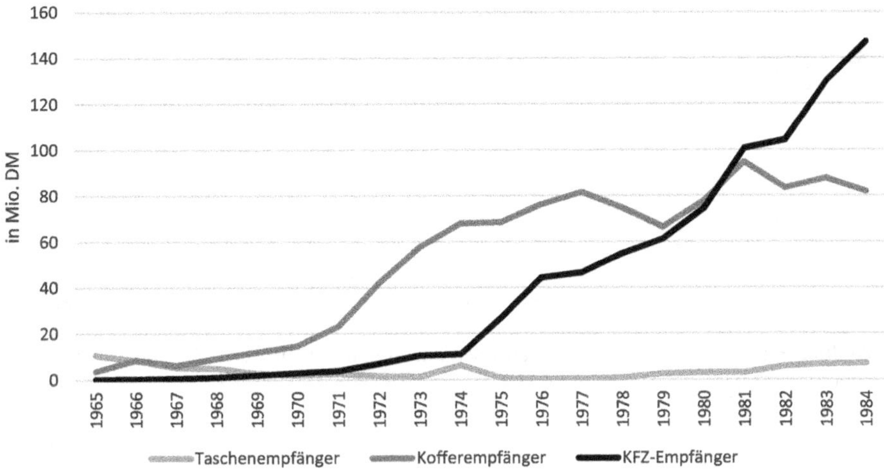

Abbildung 13: Japanische Importe verschiedener Rundfunkempfangsgerätetypen in die Bundesrepublik nach Wert.[261]

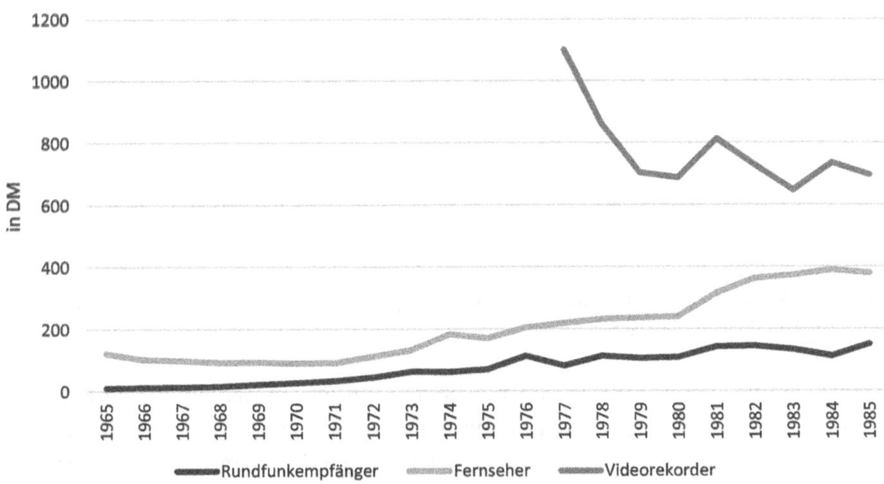

Abbildung 14: Durchschnittspreise importierter japanischer Unterhaltungselektronikprodukte.[262]

261 Vgl. Fußnote 257
262 Vgl. Fußnote 257

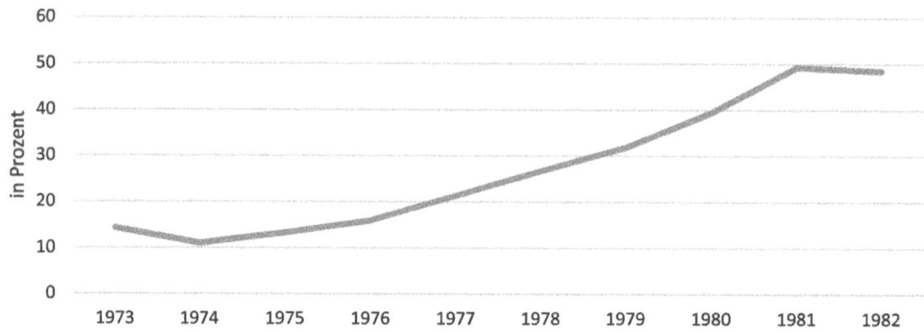

Abbildung 15: Berechnete Werte der japanischen Phono-Importquote durch das Bundesministerium für Wirtschaft.[263]

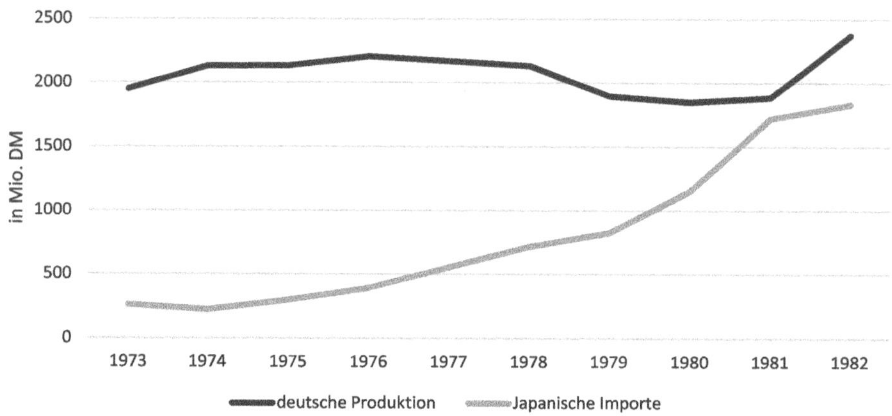

Abbildung 16: Deutsche Produktion und japanische Importe im Phono-Segment nach Werten des Bundesministeriums für Wirtschaft.[264]

Die skizzierten Importentwicklungen erfassten im Verlauf der 1970er Jahre die gesamte Europäische Wirtschaftsgemeinschaft (EWG). Zu Beginn des Jahrzehnts herrschte noch eine nahezu ausgeglichene Gesamthandelsbilanz mit Japan vor. 1980 betrug das Defizit aus europäischer Sicht bereits 17,4 Mrd. US-Dollar.[265] Die Unter-

263 Vgl. verschiedene Marktübersichten zur Unterhaltungselektronik in der Bundesrepublik Deutschland, in: BArch, B102/232212; BArch, B102/196041; BArch, B102/232214. BArch, B102/232215; BArch, B102/23221; BArch, B102/285151.

264 Ebd.

265 Vgl. zur Statistik: Wilkinson, Endymion: Japan ist ganz anders. Geschichte eines großen Missverständnisses, Königstein 1982, S. 169. Wilkinson war ein Mitarbeiter der europäischen

haltungselektronik war dabei nach dem Automobil das treibende Konsumgut.[266] Im Jahr 1969 exportierten die japanischen Unternehmen Unterhaltungselektronikwaren im Wert von ca. 45 Mio. US-Dollar in die EWG. Davon entfielen nach Berechnungen der Europäischen Kommission 68 % auf die Bundesrepublik.[267] Die Ursache war die im Vergleich zu den übrigen europäischen Staaten umfassendere Öffnung des deutschen Marktes gegenüber Japan in den 1960er Jahren.[268] Trotz Japans Beitritt zum General Agreement on Tariffs and Trade, kurz GATT, im Jahr 1955 hielten insbesondere Frankreich, Italien und die Niederlande an zahlreichen Handelsbeschränkungen fest, da sie sich vor Niedrigpreisimporten fürchteten, die als charakteristisch für die japanischen Exporte vor dem Zweiten Weltkrieg angesehen wurden.[269] Doch auch in diesen Ländern, die zu den Hauptabsatzgebiete der deutschen Unterhaltungselektronikunternehmen zählten, nahmen die japanischen Importe kontinuierlich zu. Im Jahr 1979 erreichten sie 1,252 Mrd. US-Dollar und stiegen im Verlauf der 1980er Jahre weiterhin massiv an. Sie verteilten sich dabei gleichmäßiger auf die Länder der EG, obgleich Großbritannien und die Bundesrepublik die höchsten Anteile hielten.[270] Die Importzusammensetzung ähnelte dabei derjenigen in der Bundesrepublik. Zunächst dominierten Rundfunkempfangsgeräte, bevor sich die Anteile von Fernsehempfangsgeräten und dann Videorekordern steigerten.[271]

Gemeinschaft in Japan und erstellte insbesondere interne Dossiers zum Umgang mit dem Wettbewerber. Siehe zur Gesamtentwicklung und den Daten auch prägnant: Patel, Kiran Klaus: Projekt Europa. Eine kritische Geschichte, München 2018, S. 330–334.

266 Vgl. bspw. zur langfristigen Einschätzung: Wilkinson an Davignon, 7.9.1979: Open Markets and Double-bolted Doors. Europe-Japan Trade Relations 1866–1979, in: HAEU, INV 14/2019 582.

267 Vgl. Vermerk: Gemeinsame Handelspolitik der EG für elektronische Erzeugnisse gegenüber Japan. Sitzung am 15.11.1972 in Brüssel, in: BArch, B102/94247.

268 Schmidtpott, Katja: Die Wirtschaftsbeziehungen zwischen der Bundesrepublik Deutschland und Japan in der Ära Adenauer, in: Conze, Eckart (Hrsg.): Die Herausforderung des Globalen in der Ära Adenauer, Bonn 2010, S. 43 (=Rhöndorfer Gespräche, Bd. 24).

269 Vgl. Suzuki, Hitoshi: Negotiating the Japanese-EC Trade Conflict. The Role and Presence of the European Commission, the Council of Ministers, and Business Groups in Europe and Japan, 1970–1982, in: Hiepel, Claudia (Hrsg.): Europe in a globalising world. Global challenges and European responses in the „long" 1970s, Baden-Baden 2014, S. 202–206 (=Veröffentlichungen der Historiker-Verbindungsgruppe bei der Kommission der Europäischen Gemeinschaften, Bd. 15). Abe, Takeshi: The „Japan problem": the trade conflict between the European countries and Japan in the last quarter of the 20th century, in: Entreprises et Histoire n° 80 (2015), H. 3, S. 14–15. Vgl. vertiefend Kapitel 3.3.3

270 Vgl. als Vermerk der Europäischen Kommission Residual Quantitative Restrictions maintained by Member States on Imports from Japan, 19.3.1980, in: HAEU, BAC 41/1980 365. Die Gesamtimporte der EG erhöhten sich bis in das Jahr 1982 nochmals um 50 %. Vgl. Eurostat: Jahrbuch der Industriestatistik, Brüssel 1984, S. 120.

271 Vgl. deskriptiv: Vermerk zur Lage der deutschen und französischen Unterhaltungselektronik- und Bildröhrenindustrie, 23.10.1979, in: BArch, B102/232213. Detaillierte, produktspezifische Sta-

Nicht nur der Handel expandierte, sondern auch die japanischen Unternehmen an sich. Die japanischen Direktinvestitionen (FDIs) in Europa nahmen seit den 1970er Jahren mit der Lockerung der Genehmigungsverfahren der japanischen Behörden zu, die seit 1950 bewusst die FDIs begrenzt hatten, außer sie bezogen sich auf die Gewinnung von Rohstoffen, Vorprodukte oder deutliche Lohnkostenersparnisse.[272] Sie schufen damit auch innerhalb Europas neue Wettbewerbsverhältnisse. Die einen Unternehmen, wie beispielsweise Telefunken, profitierten von der technologischen Zusammenarbeit. Unternehmen wie Grundig sahen sich einem intensivierten Wettbewerb auf den europäischen Märkten ausgesetzt. Zeitgenössisch wurde auch diese Entwicklung, beispielsweise von Mark Mason, als „Japanese Challenge“ beschrieben und erregte publizistische sowie wissenschaftliche Aufmerksamkeit.[273] Die Unterhaltungselektronikindustrie war dabei ein Vorreiter innerhalb der japanischen Wirtschaft.[274] Bis zu Beginn der 1990er Jahre errichtete oder beteiligte sie sich an 53 Produktionsstätten in Europa.[275] Darunter befanden sich 15 Joint Ventures, 15 Produktionsstätten für Farbfernseher und 20

---

tistiken der Europäischen Gemeinschaft liegen, laut Mitarbeitern des EUROSTAT-Archivs, nicht vor, trotz standardisierter Nummer im NIMEXE-System seit 1966. Eine Durchsicht der Statistischen Jahrbücher zum Außen- und Intrahandel der Europäischen Gemeinschaft/Union, der Statistischen Jahrbücher zum Außenhandel, der Monatsbulletin der Außenhandelsstatistik und der Jahrbücher zur Industriestatistik bestätigen dies. Bereits zeitgenössisch wurde versucht, das Dilemma durch vorgefertigte Fragebögen zu lösen. Dieser Versuch scheiterte jedoch vielfach aufgrund unterschiedlicher Kategorisierungen der Geräteklassen in den jeweiligen Ländern. Siehe: Vermerk: Statistische Untersuchung der Kommission über den Sektor Unterhaltungselektronik und Tischrechner. Schreiben der EG-Kommission vom 11. März 1974, 18.4.1974, in: BArch, B102/94251. Auf eine Detailanalyse der einzelnen Mitgliedsländer und deren Zusammenführungen in einer „neuen EG-Statistik“ wurde aufgrund des geringeren Erkenntniswerts in Relation zum Aufwand verzichtet, zumal auch dann die eindeutige statistische Zuordnung nicht möglich gewesen wäre.

272 Vgl. zu den Genehmigungsverfahren kurz: Fitzgerald, Robert/Rui, Huaichuan: Whose fall and whose rise? Lessons of Japanese MCNs for Chinese and emerging economy MNCs, in: Fitzgerald, Robert/Rowley, Chris (Hrsg.): The evolution of multinationals from Japan and the Asia Pacific. Comparing international business Japan, Korean, China, India, London, New York 2017, S. 27.

273 Mason, Mark: Europe and the Japanese Challenge. The Regulation of Multinationals in comparative Perspective, Oxford 1997, S. 12–42. Siehe vertiefend Kapitel 2.2.3.

274 Kurosawa, Takafumi: Common European Assets. A Japanese View on the 'European Enterprise', in: Schröter, Harm G. (Hrsg.): The european enterprise. Historical investigation into a future species, Berlin u.a. 2008, S. 55. Turner, Louis: Industrial collaboration with Japan, London 1987, S. 25–26 (=Routledge library editions Japan, Bd. 20).

275 Seitz, Konrad: Die japanisch-amerikanische Herausforderung. Deutschlands Hochtechnologie-Industrien kämpfen ums Überleben, Stuttgart (6. Aufl.) 1994, S. 316–317.

für Videorekorder.[276] Auch die Joint Ventures zielten mehrheitlich auf die Produktion von Videorekordern ab. Mit J2T wird ein solches in dieser Arbeit noch ausführlich im Zusammenhang mit Telefunken behandelt. In der Bundesrepublik blieben die Übernahmen mit Ausnahme der Wega-Werke durch Sony im Jahr 1975 in dem Untersuchungszeitraum aus.[277] Großbritannien hingegen war das bevorzugte Ziel.[278] Mit Hilfe von Interviews und der Analyse der Unternehmensveröffentlichungen haben zeitgenössische Wissenschaftler verschiedene Motive herausgearbeitet. Übergreifend hätten die japanischen Unternehmen in Europa vor allem investiert, um die zunehmend einsetzenden Handelsbeschränkungen zu umgehen.[279] Großbritannien sei speziell wegen seines Beitritts zur EG und damit den Marktzugängen sowie der Größe des britischen Marktes bei geringer Wettbewerbsfähigkeit der heimischen Industrie gewählt worden. Darüber hinaus seien die niedrigere Sprachbarriere, die im Vergleich zum Festlandeuropa flexibleren Arbeitsbeziehungen und die Transportwege Pull-Faktoren gewesen. Einen weiteren Ausschlag habe zudem das bewusste Anwerben durch das National Economic Development Office gegeben, das mit Hilfe der erhofften Technologieimporte eine britische Industrie erneuert aufbauen wollte.[280] Der Wirtschaftswissenschaftler René Belderbos hat 1995 ermittelt, dass die japanischen Unternehmen folglich 50.000 Arbeitsplätze in der EG gesichert und teilweise auch neu geschaffen hätten.[281]

Die japanischen Unternehmen investierten nicht nur in Europa oder den Vereinigten Staaten. Bereits in den 1960er Jahren bauten sie vereinzelte Produktionsstätten in den asiatischen Nachbarstaaten auf, die teilweise primär für den

---

276 Cawson: Hostile Brothers, S. 337. Strange: Japanese manufacturing investment in Europe, 197, 202–203.

277 Vgl. bspw. In fünf Jahren 10 % Marktanteil, in: Funkfachhändler: Wirtschaftsblatt für Fernsehen, Rundfunk, Hifi, Phono 27 (1975), H. 12.

278 Dunning, John H.: Japanese participation in British industry, London 1986.

279 Belderbos, René A.: On the Advance of Japanese Electronics Multinationals in the EC. Companies, Trends and Trade Policy, in: Schütte, Hellmut (Hrsg.): The global competitiveness of the Asian firm, Basingstoke, Hampshire 1994, S. 203–231. Mason: Europe and the Japanese Challenge, S. 84–87.

280 Strange: Japanese manufacturing investment in Europe, S. 198–210. Kurosawa: Common European Assets, S. 55. Arnold/Freeman: Competition and technological change in the television industry, S. 63.

281 Belderbos, René A.: The Role of Investment in Europe in the Globalization Strategy of Japanese Electronics Firm, in: Sachwald, Frédérique (Hrsg.): Japanese Firms in Europe. A Global Perspective, Hoboken 1995, S. 142 (=Routledge Studies in Global Competition).

Export genutzt wurden.[282] So errichteten Matsushita, Hitachi, Sony, Mitsubishi, Electric, Toshiba, NEC, Fujitsu, Sanyo und Sharp bis 1990 180 Forschungs- und Produktionsstätten, wobei auf der Grundlage der vorliegenden Statistiken nicht im Detail nachgewiesen werden kann, ob tatsächlich alle Niederlassungen lediglich Unterhaltungselektronikprodukte produzierten.[283] Nachweisbar ist hingegen, dass für die Unterhaltungselektronik der Fokus in den 1960er Jahren zunächst auf Taiwan, in den 1970er Jahren auf Singapur und den 1980er Jahren auf Malaysia lag.[284] Die deutschen Außenhandelsstatistiken spiegeln bis zu einem gewissen Grade auch diese Entwicklungen. So nahmen insbesondere bei günstigeren Rundfunkempfängern und Taschenempfängern die Importe aus den genannten Ländern stark zu. Allerdings ist dies in Teilen auch auf die Eigeneinfuhren der deutschen und europäischen Hersteller zurückzuführen, die ebenfalls dort technisch weniger anspruchsvolle Geräte produzieren ließen. Die Motive ähnelten sich. Durch geringere Arbeitskosten und niedrigere Steuern sollte dem verschärften Preiswettbewerb auf den Heimat- und Exportmärkten begegnet werden. Die japanischen Unternehmen wollten zudem protektionistische Schranken umgehen und gleichzeitig die Yen-Aufwertung ausgleichen.[285]

2.2.2 Die Erfolgsfaktoren der japanischen Unterhaltungselektronikindustrie

Bislang wurden die Aktivitäten der japanischen Unternehmen auf dem deutschen und europäischen Markt dargelegt. Mit den Direktinvestitionen ist bereits ein erster Erfolgsfaktor genannt worden. Die weiteren Faktoren stehen im Mittelpunkt dieses zweiten Teilkapitels, das zudem die Entwicklung der japanischen Unterhaltungselektronikindustrie skizziert. Gerade weil Japan als erstes außereuropäisches und -amerikanisches Land ökonomisch zu den vorherrschenden westlichen

282 Yonekura, Sei/McKinney, Sara: Innovative Multinational Forms: Japan as a Case Study, in: Chandler, Alfred Dupont/Mazlish, Bruce (Hrsg.): Leviathans. Multinational corporations and the new global history, Cambridge 2005, S. 121–123. Vgl. auch die zeitgenössische Einschätzung im BMWi: Deutsche Generalkonsulat Osaka-Kobe an das Auswärtige Amt, 17.11.1972: Exportfertigung in Singapore, in: BArch, B102/94247.

283 Vgl. Marukawa, Tomoo: Towards a Strategic Realignment of Production Networks – Japanese Electronics Companies in China, in: Haak, René/Tachiki, Dennis S. (Hrsg.): Regional strategies in a global economy. Multinational corporations in East Asia, München 2004, S. 100 (=Monographien aus dem Deutschen Institut für Japanstudien, Bd. 38).

284 Vgl. hier und im folgenden: Paprzycki, Ralph: Interfirm networks in the Japanese electronics industry, London 2005, S. 103–104 (=Sheffield Centre for Japanese Studies/RoutlegeCurzon series); Yonekura/McKinney: Innovative Multinational Forms: Japan as a Case Study, S. 121–123.

285 Paprzycki: Interfirm networks in the Japanese electronics industry, S. 103–104.

Industrienationen aufschloss und damit der erste „Catch-Up"-Fall im Übergang von der Great Divergence zur Great Convergence war, wurde intensiv über die japanischen Erfolge debattiert und geforscht.[286] Aufgrund des fehlenden Zugangs zu japanischen Unternehmensarchiven muss sich dieser Abschnitt mit einer zeitgenössischen und wirtschaftsgeschichtlichen Literaturschau begnügen. Die Ausführungen in diesem und dem folgenden Teilkapitel lehnen sich an Luhmanns Unterscheidung zwischen den Erklärungen erster und zweiter Ordnung an.[287] Unter den Erklärungen erster Ordnung werden konkrete, beobachtbare Kausalzusammenhänge verstanden, die einer wirtschafts- und unternehmenshistorischen Analyse standhalten.[288] Sie sind der Gegenstand dieses Kapitels. Die Erklärungen zweiter Ordnung sind zeitgenössische – häufig auch kulturalistische – Interpretationen und Narrative, die diese Kausalzusammenhänge und damit die japanische Wettbewerbsfähigkeit zu erklären suchen.[289] Diese Erklärungen gehen in den Topoi auf, die in Kapitel 2.2.3 spezifiziert werden. Erklärungen erster und zweiter Ordnung müssen sich nicht zwangsläufig unterscheiden oder widersprechen. In Teilen sind sie deckungsgleich bzw. durch selektive oder modifizierte Wahrnehmungen der Zeitgenossen bestimmt. Beispielsweise können die im vorangegangenen Abschnitt skizzierten FDIs japanischer Unternehmen auf die Einsparung von Lohnkosten und die Umgehung protektionistischer Schranken zurückgeführt werden (erste Ordnung). Dass sich dahinter allerdings, wie zeitgenössisch interpretiert, nationale imperiale Bestrebungen als Kompensation für die Niederlage im Zweiten Weltkrieg versteckt haben, ist eine Erklärung zweiter Ordnung, die sich mit Hilfe des vorliegenden Materials nicht belegen lässt.[290]

Die Unterhaltungselektronikindustrie war neben der Automobilindustrie „Japan's flagship industrial sector[s]", wie Hirohisa Kohama pointiert betont hat.[291] Sie prägte damit das enorme wirtschaftlichen Wachstum nach dem Zweiten Weltkrieg

---

286 Vgl. nochmals einordnend Jones: The Great Divergence and the Great Convergence, S. 585–586. Zu Japans Rolle in der Great Divergence-Debatte: Francks: Japan and the Great Divergence.

287 Vgl. zur wissenschaftstheoretischen Unterscheidung aus der Systemtheorie: Luhmann, Niklas: Die Kunst der Gesellschaft, Frankfurt am Main (2. Aufl.) 1996, S. 91.

288 Folgt man dem systemtheoretischen Ansatz, so sind damit Kausalzusammenhänge gemeint, die sich aus den Systemlogiken und -funktionalitäten ableiten lassen.

289 Systemtheoretisch korreliert diese Perspektive mit der Selbstbeobachtung innerhalb des Systems.

290 Klassisch: Hedberg, Håkan: Die japanische Herausforderung, Hamburg 1970, S. 111–113, 133–141.

291 Kohama, Hirohisa: Industrial development in postwar Japan, London 2007, S. 90 (=Routledge explorations in economic history, Bd. 37).

mit durchschnittlich über 10 % pro Jahr bis 1973 wesentlich mit.[292] Die Anfänge weisen diverse Parallelen zur deutschen Industrie auf.[293] Die Radioproduktion begann in den 1920er Jahren.[294] Die Forschung im Fernsehsektor durchzog ebenfalls die 1920er und 1930er Jahre, bevor die Produktion in der Nachkriegszeit einsetzte. In der unmittelbaren Nachkriegszeit beförderte der Ersatzbedarf der heimischen Bevölkerung und die Nachfrage der US-Besatzungsmacht den Produktionsbedarf an Radioempfängern. Hierzu strebten gleichfalls diverse Neugründungen auf den Markt, von denen Sony die bekannteste blieb.[295] Sony gehörte neben Matsushita mit seiner Tochter Panasonic, Sanyo und Sharp zu den vier größten japanischen Herstellern. Laut Alfred D. Chandler bestach Sony durch seine Innovationen, wie die erste Implementierung von Transistoren in Radioempfängern oder in den späten 1970er Jahren den Walkman. Matsushita habe sich hingegen, wie Sanyo, eher durch die Kompetenzen in der Kommerzialisierung und der Produktionsorganisation ausgezeichnet.[296]

Abbildung 17 illustriert den enormen Produktionsanstieg der japanischen Industrie seit der zweiten Hälfte der 1950er Jahre, ohne jedoch den Ausstoß der bereits genannten Produktionsstätten im Ausland zu berücksichtigen. Sie zeigt darüber hinaus dessen Koppelung an den Export, während die Importe kontinuierlich auf einem marginalen Niveau verblieben. Die Exporte richteten sich zunächst auf die Vereinigten Staaten und die asiatischen Nachbarländer. Der Fokus auf Europa, erfolgte, wie bereits beschrieben, erst seit der zweiten Hälfte der 1960er Jahre und vor allem in den nachfolgenden Jahrzehnten.[297] Aus der Dominanz auf dem US-

292 Gordon, Andrew: A modern history of Japan. From Tokugawa times to the present, New York (2. Aufl.) 2009, S. 243.

293 Die Ähnlichkeiten der beiden Volkswirtschaften sind in diversen Vergleichen und Beziehungsgeschichten herausgearbeitet worden. Vgl. bspw.: Kudō, Akira: The Japanese and German Economies in the 20th and 21st Centuries. Business Relations in Historical Perspective, Amsterdam 2018.

294 Vgl. hier und im Folgenden: Takahashi, Yuzo: A Network of Tinkerers: The Advent of the Radio and Television Receiver Industry in Japan, in: Technology and Culture 41 (2000), H. 3; Nakayama, Wataru/Boulton, William/Pecht, Michael: The Japanese electronics industry, Boca Raton 1999, S. 28 – 29 (=The electronics industry research series).

295 Vgl. zur noch nicht aufgearbeiteten Geschichte Sonys biographisch: Morita, Akio: Made in Japan. Akio Morita and Sony, New York (2. Aufl.) 1987.

296 Chandler: Inventing the electronic century, S. 50 – 81. Chandler folgt damit gängigen Charakterisierungen, vgl. Kotter, John P.: Matsushita leadership. Lessons from the 20th century's most remarkable entrepreneur, New York, NY 1997, S. 176. Sharp versuchte beide Qualitäten zu vereinen.

297 Vgl. als Überblick: Chandler: Inventing the electronic century, S. 13 – 49. Die Entwicklung fungierte auch als Lehrbuchbeispiel bei Michael Porter: Porter: Cases in competitive strategy,

amerikanischen Markt im Zusammenspiel mit dem großen heimischen Markt resultierten im späteren Wettbewerb mit den europäischen Unternehmen Vorteile bei Skaleneffekten in der Massenproduktion.[298]

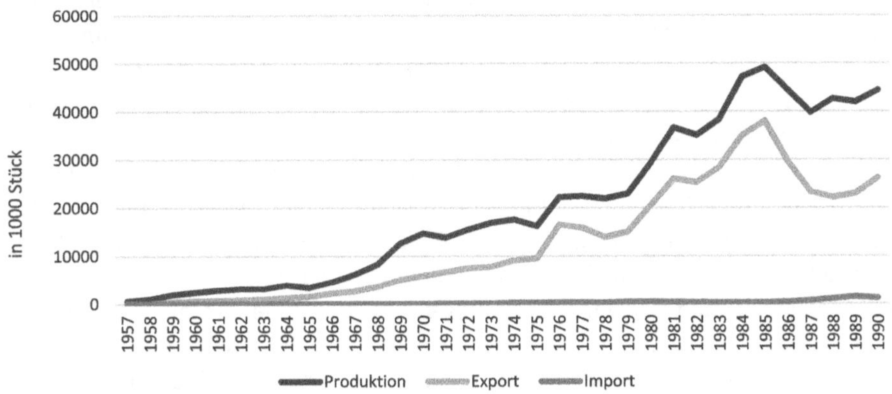

Abbildung 17: Die japanische Produktions-, Import- und Exportentwicklung in der Unterhaltungselektronikindustrie.[299]

Die exportorientierte Industrialisierung wird in der Literatur als Schlüssel des Aufschwungs der gesamten südostasiatischen Region interpretiert und häufig als Vorbild benannt.[300] Ermöglicht wurde diese durch das Zusammenspiel von staatlicher Industrie- und Außenwirtschaftspolitik sowie prosperierenden Unternehmen mit spezifischen Management- und Produktionsmethoden. Über die Gewichtung der Faktoren wird in der Literatur gestritten.[301] Für die Entwicklung der japanischen Unterhaltungsselektronikindustrie war jedoch das Zusammenspiel dieser Faktoren elementar.

In den 1950er Jahren war die japanische Unterhaltungselektronikindustrie international noch nicht wettbewerbsfähig, wie auch das Ministry of International

S. 465–501. Zur Einordnung: Iriye, Akira/Wampler, Robert A. (Hrsg.): Partnership. The United States and Japan, 1951–2001, Tokyo 2001.

298 Vgl. bspw. Shepherd: Japanese Exports and Europe's Problem Industries, S. 146.

299 Datenmaterial nach Kohama: Industrial development in postwar Japan, S. 96–97.

300 Vgl. bspw. Sugihara, Kaoru: Varieties of Industrialization. An Asian Regional Perspective, in: Roy, Tirthankar/Riello, Giorgio (Hrsg.): Global economic history, London 2019, S. 204; Gao, Bai: Globalization and the Origins of Japanese Developmentalism, in: Frey, Marc (Hrsg.): Asian Experiences of Development in the 20th Century, Leipzig 2009, S. 10, 23–24.

301 Vgl. als ausgewogene Überblicke: Inkster, Ian: Japanese Industrialisation. Historical and Cultural Perspectives, Hoboken 2012, S. 144–154 (=Routledge Studies in the Modern History of Asia); Gordon: A modern history of Japan, S. 243–248; Jansen, Marius B.: The making of modern Japan, Cambridge, Mass. 2002, S. 726–731.

Trade and Industry (MITI) rückblickend konstatierte.[302] Durch diverse tarifäre und nicht-tarifäre Handelshemmnisse schotteten die japanischen Institutionen den Heimatmarkt ab und verhinderten durch rigide Gesetze einen Ausverkauf der japanischen Industrie.[303] So wurde ein 50 %iger japanischer Anteil mit einem mindestens hälftig besetzten japanischen Direktorium bei Beteiligungen und Joint Ventures vorgeschrieben.[304] Gleichzeitig förderte das MITI den Technologieimport aus den USA und Westeuropa.[305] Die Beamten unterstützten bei Vertragsverhandlungen, koordinierten die Anliegen verschiedener japanischer Unternehmen und setzten mit der Regierung Anreize durch Subventionen. In der Unterhaltungselektronik erfolgte dieser Import häufig über Lizenznahmen. 1957 fertigten bereits 57 japanische Unternehmen für RCA, Western Electric, EMI und Philips Geräte und Komponenten.[306] Telefunken beteiligte sich ebenfalls an diesem Technologietransfer und den Lizenzfertigungen, wie in Kapitel 4.3. ausführlicher erläutert wird. Insbesondere Außenstehende, aber seit den 1980er Jahren auch japanische Beobachter und Wissenschaftler, führten darüber hinaus die bürokratischen Wirtschaftspläne zur Produktions- und Technologieplanung als Argument für den Einfluss des Staates und der Bürokratie auf die Unternehmen an.[307] In regelmäßigen Abständen von in der Regel fünf Jahren formulierten Bürokraten des MITI nach Absprachen mit den Unternehmen die Zielformulierungen und zukünftigen Entwicklungslinien. Sie setzten damit, so die in der gegenwärtigen

302 Vgl. hier und um Folgenden sowie zur Einordnung: Ministry of International Trade and Industry: The industrial structure of Japan in the 1980s: future outlook and tasks, Tokyo 1980, S. 42 (=Background information / Japan / Tsūshō Sangyōshō). Turner: Industrial collaboration with Japan, S. 36–37.

303 Derek Hall charakterisiert Japan sogar als den Prototypen des Wirtschaftsnationalismus in der zweiten Hälfte des 20. Jahrhunderts. Vgl. Hall, Derek: Japanese Spirit, Western Economics. The Continuing Salience of Economic Nationalism in Japan, in: Pickel, Andreas/Helleiner, Eric (Hrsg.): Economic nationalism in a globalizing world, Ithaca, N.Y 2005, S. 118–121 (=Cornell studies in political economy).

304 Vgl. Bytheway, Simon James: Investing Japan. Foreign Capital, Monetary Standards, and Economic Development, 1859–2011, Cambridge, MA 2014, S. 188–189 (=Harvard East Asian monographs, Bd. 370).

305 Inkster: Japanese Industrialisation, S. 151.

306 Nakayama/Boulton/Pecht: The Japanese electronics industry, S. 30.

307 Vgl. nachfolgend und reflektierend: Kohama: Industrial development in postwar Japan, S. 180–181; Hein, Laura E.: Growth versus Success. Japan's Economic Policy in Historical Perspective, in: Gordon, Andrew (Hrsg.): Postwar Japan as history, Berkeley, Calif. 1993, S. 99–100; Pauer, Erich: Die Rolle des Staates beim Aufstieg Japans in den Kreis der hochindustrialisierten Länder, in: Hermann, Armin/Sang, Hans-Peter (Hrsg.): Technik und Staat, Berlin, Heidelberg 1992, S. 180–183 (=Technik und Kultur, Bd. 9). Klassisch: Johnson, Chalmers A.: MITI and the Japanese miracle. The growth of industrial policy, 1925–1975, Stanford 1982.

Forschung vorherrschende Interpretation, die Leitplanken zukünftiger Entwicklung. Damit einher gingen spezifische Forschungssubventionen und die Koordinierung von Kooperationen verschiedener Unternehmen sowie der Informationsaustausch. Die Unterhaltungselektronik profitierte dabei von der staatlich geförderten Forschung zur Qualitätssicherung in Unternehmen, der Automatisierung und der Mikroelektronik, wobei insbesondere das 1971 aufgelegte Programm zum Einsatz integrierter Schaltkreise in Farbfernsehern zu erwähnen ist.[308] Die Forschungsförderung war insgesamt so erfolgreich, dass japanische Unternehmen die Patentanmeldungen bei der World Intellectual Property Organization von 81.923 1965 auf 161.016 1976 beinahe verdoppelten. Damit meldete man 1968 erstmals mehr Patente als die US-amerikanische, 1972 mehr als die bundesrepublikanische und französische zusammen und 1976 sogar 50 % mehr als die gesamte Wirtschaft der Europäischen Gemeinschaft an.[309] Die für die Unterhaltungselektronik relevanten Patentanmeldungen lassen sich aufgrund des vorliegenden Materials nicht im Detail rekonstruieren. Das MITI konstatiert jedoch für das Jahr 1965 eine deutlich verminderte Abhängigkeit von technologischen Importen aus den westlichen Industrieländern in der Unterhaltungselektronik.[310]

Das Zusammenspiel dieses „Eisernen Dreiecks" aus Bürokratie, Wirtschaft und Politik führte zu der plakativen Wahrnehmung der „Japan AG" oder „Japan Inc.", die von Konkurrenten als Argument für unlauteren und unfairen Wettbewerb angeführt wurde.[311] Diese Kritiker verkannten jedoch häufig, dass innerhalb der Leitplanken zwischen den japanischen Unterhaltungselektronikunternehmen auf dem heimischen Markt ein besonders intensiver Wettbewerb herrschte, der die Prosperität bedingte und einen wesentlichen Antrieb für die Entwicklung darstellte.[312] Die Grenzen innerhalb des „Eisernen Dreiecks" werden zudem am Beispiel Sonys deutlich, das nochmals die Bedeutung der prosperierenden Unter-

308 Vgl. Porter: Cases in competitive strategy, S. 515; Eli, Max: Japans Elektronische Industrie, Hamburg 1973 (=Studienreihe Japanwirtschaft, Bd. 20).

309 Vgl. Patentanmeldungen EG/Japan/USA seit 1965, 7.3.1979, in: HAEU, BAC 41/1980 356.

310 Ministry of International Trade and Industry: The industrial structure of Japan in the 1980s : future outlook and tasks, S. 42. Siehe auch Turner: Industrial collaboration with Japan, S. 36–37. Turner macht ebenfalls die 1960er Jahre als entscheidende Schwelle aus.

311 Goydke, Tim: Die Rolle des Staates in der japanischen Wirtschaftsentwicklung nach 1945, in: Vogt, Gabriele/Holdgrün, Phoebe (Hrsg.): Modernisierungsprozesse in Japan, Tokyo 2013, S. 83–84 (=Miscellanea, Bd. 18). Distelrath, Günther: Die japanische Produktionsweise. Zur wissenschaftlichen Genese einer stereotypen Sicht der japanischen Wirtschaft, München 1996, S. 19–22 (=Monographien aus dem Deutschen Institut für Japanstudien der Philipp-Franz-von-Siebold-Stiftung, Bd. 18).

312 Nakayama/Boulton/Pecht: The Japanese electronics industry, S. 29. Porter: Nationale Wettbewerbsvorteile, S. 405–442.

nehmen in diesem Gefüge unterstreicht. Der Transistor war zum Ende der 1950er Jahre der Startschuss und nicht nur in zeitgenössischen asiatischen Karikaturen das Symbol der japanischen Unterhaltungselektronikindustrie.[313] Charles de Gaulles bezeichnete den japanischen Außenminister herabsetzend sogar als einen „Transistor-Verkäufer".[314] Als Sony zu Beginn der 1950er begann, die Transistoren von Western Electric zu modifizieren, sodass sie in Unterhaltungselektronikprodukten und zunächst vor allem in kleinen Rundfunk- und Kofferempfangsgeräten genutzt werden konnten, benötigten sie zur Zahlung der Lizenzgebühren eine MITI-Erlaubnis. Da die entsprechenden bürokratischen Entscheidungsstellen zu diesem Zeitpunkt die Nützlichkeit nicht erkannten und die Devisen für andere Zwecke notwendiger erschienen, verzögerten sie die Genehmigung zunächst massiv. Erst mit allergrößter Mühe, wie Morita betont, konnte das MITI zur Zahlung bewegt werden. Eine darüberhinausgehende Förderung blieb aus.[315] Selbst in dem White Paper zur Industrieentwicklung im Jahr 1969 habe das MITI noch wenig „enthusiasm" gezeigt, wie Nakayama, Boulton und Pecht herausgestellt haben.[316] Dabei verkörperten die transistorisierten Rundfunkempfänger – und seit der zweiten Hälfte der 1960er Jahre auch Fernsehgeräte – die ausgemachten Kompetenzen der japanischen Unternehmen: die Kommerzialisierung und Umsetzung von Basisinnovationen in Produkten.[317] Die Transistorisierung ermöglichte eine Miniaturisierung der Geräte durch eine Reduzierung und Komprimierung der Bauelemente, bei sinkendem Stromverbrauch und einer gesteigerten Zuverlässigkeit.[318] Diesen Weg des Produkt- und Produktionsdesigns setzten die japanischen Unternehmen mit der zunehmenden Integration der Halbleitertechnik und der bereits erwähnten Schaltkreise fort.[319] Um 1980 verbauten sie somit durch-

313 Vgl. Stadlmann, Heinz: Transistoren – ein Symbol für Japan. Spitzenreiter der Industrie: Radios, Kameras und Nähmaschinen / Ist Japan ein gefährlicher Konkurrent? (IV), in: FAZ, 5.11. 1964; Weber: Das Versprechen mobiler Freiheit, S. 38; Eli: Japans Elektronische Industrie.

314 Vgl. als Pressebericht bspw. Grausam aber gut, in: der Spiegel, 22/1969.

315 Morita: Made in Japan, S. 113–130; Nakayama/Boulton/Pecht: The Japanese electronics industry, S. 31–33.

316 Nakayama/Boulton/Pecht: The Japanese electronics industry, S. 33.

317 Vgl. zu dieser Diagnose: Cusumano, Michael A./Mylonadis, Yiorgos/Rosenbloom, Richard S.: Strategic Maneuvering and Mass-Market Dynamics: The Triumph of VHS over Beta, in: Business History Review 66 (1992), H. 1, S. 52; Cawson: Innovation and Consumer Electronics, S. 148–150. Inkster: Japanese Industrialisation, S. 172–173.

318 Vgl. Porter: Cases in competitive strategy, S. 515; Eli: Japans Elektronische Industrie.

319 Vgl. Bloom: The Consumer Electronic Industry, S. 203; Oshima: Die Entwicklung der japanischen Industrie seit den siebziger Jahren – unter besonderer Berücksichtigung der Elektronik- und Automobilindustrie, S. 149–150.

schnittlich 30 % weniger Bauteile als die europäischen Hersteller.[320] Gleichzeitig schlossen die japanischen Unternehmen bis zum Beginn der 1980er Jahre in der Gesamthalbleiterproduktion zu den amerikanischen auf. 1986 erzielten mit NEC, Hitachi und Toshiba drei japanische Unternehmen die größten Halbleiterumsätze weltweit, wobei Hitachi und Toshiba ausgewiesene Unterhaltungselektronikproduzenten waren. Matsuhsita folgte in dieser Rangliste auf Platz 8.[321] Die entsprechenden Produktionsvolumina und Forschungsaufwendungen senkten damit die Kosten und erhöhten weiterhin die Qualität.

Das Produktdesign und die Gestaltung waren jedoch nur ein Faktor, der die japanische Adaption der fordistischen Massenproduktion hochwertiger Unterhaltungselektronikprodukte auszeichnete.[322] In den 1950er Jahren profitierten die Unternehmen zunächst von den niedrigeren Lohnkosten. Die genauen Zahlen hielt der japanische Industrieverband bis in die 1970er Jahre unter Verschluss.[323] Hans Heyne, Generaldirektor Telefunkens, schätzte bei seiner sogenannten „Weltreise", die auch in Japan Station machte, dass die Lohnkosten in den Unterhaltungselektronikfabriken bei ca. 50 % des deutschen Niveaus, bei weiblichen Arbeitskräften sogar nur bei einem Drittel lägen.[324] Neben dem Personal für die einfachen Montagearbeiten war ebenfalls ein großer Pool an gut ausgebildeten Ingenieuren vorhanden, die sich aus der Kriegsproduktion im Zweiten Weltkrieg rekrutierten und nun vermehrt in der Elektroindustrie arbeiteten.[325] Sie waren die Grundlage für den erfolgreichen Transfer und die Weiterentwicklung der Technologie. Die

---

320 Franko, Lawrence G.: Die japanischen Multinationalen Konzerne. Herausforderung und westliche Gegenstrategien, Frankfurt/M. 1984, S. 113–119 (=Multinationale Perspektiven).

321 Oshima: Die Entwicklung der japanischen Industrie seit den siebziger Jahren – unter besonderer Berücksichtigung der Elektronik- und Automobilindustrie, S. 162–168.

322 Vgl. prägnant zur Massenproduktion: Donzé: Canon catching up with Germany, S. 45–46. Zur Rolle der USA: Kudō, Akira/Kipping, Matthias/Schröter, Harm G. (Hrsg.): German and Japanese business in the boom years. Transforming American management and technology models, London 2004 (=Routledge international studies in business history, Bd. 10). Zur Nachkriegszeit: Nishida, Satoshi: Der Wiederaufbau der japanischen Wirtschaft nach dem Zweiten Weltkrieg. Die amerikanische Japanpolitik und die ökonomischen Nachkriegsreformen in Japan 1942–1952, Stuttgart 2007 (=Vierteljahrschrift für Sozial- und Wirtschaftsgeschichte Beihefte, Bd. 193). Partner, Simon: Assembled in Japan. Electrical goods and the making of the Japanese consumer, Berkeley, Calif. 1999, S. 228–229 (=Study of the East Asian Institute).

323 Vgl. Deutsche Botschaft Tokyo an Auswärtiges Amt: Steigende Importe aus Japan auf Grund japanischer Lohnkostenvorteile, 11.01.1973, in: BArch, B102/94247.

324 Heyne: Notiz Hauptbesprechung Nihon Musen, 29.10.1959, in: DTMB/AEG, GS 2754.

325 Nakayama/Boulton/Pecht: The Japanese electronics industry, S. 28; Takahashi: A Network of Tinkerers: The Advent of the Radio and Television Receiver Industry in Japan, S. 483.

Lohnkostenvorteile wurden zusätzlich durch das „keiretsu„-System befördert.[326] Bis zur Niederlage im Zweiten Weltkrieg prägten sogenannte „zaibatsu“ das japanische Wirtschaftsleben, d.h. vertikal-integrierte, im Familienbesitz befindliche Unternehmenskonglomerate. Die US-amerikanische Besatzungsmacht zerschlug diese aufgrund ihrer Marktmacht, der Verflechtung mit der Kriegswirtschaft aber insbesondere auch zur Förderung des Wettbewerbs. An ihre Stelle traten die keiretsu als Unternehmensnetzwerke, in denen sich – im Fall der Elektroindustrie – um ein großes, in der Regel multinationales Unternehmen Zulieferer- und Handelsbetriebe aber auch Banken gruppierten. Das Netzwerk war durch enge, teilweise durch Kapitalverflechtungen untermauerte Verbindungen geprägt, die langfristig angelegt waren.[327] So bezog beispielsweise Matsushita 80 % seiner Vorprodukte aus diesem Netzwerk und nur 20 % vom Markt.[328] Das Lohnniveau war in diesen Zuliefererbetrieben nochmals deutlich geringer.[329] Die deutsche Botschaft in Tokio schätzte diese für das Jahr 1973 ca. 40 % niedriger ein als in den japanischen Betrieben der Unterhaltungselektronikhersteller.[330] Die Lohnkosten waren nicht der einzige Vorteil. In der Literatur werden die keiretsu vor allem als ein effizientes Mittel zur Reduzierung der Transaktionskosten angesehen, sodass letztendlich kostengünstig die Produktqualität verbessert worden sei.[331] So habe der Informationsaustausch und die langfristige Lieferbeziehung Innovationen in beiden Unternehmen und insbesondere die Optimierung der Bauelemente gefördert.[332] Zusätzlich sind die festen keiretsu-Strukturen zwischen Herstellern und Händlern ein wesentlicher Grund für die in Abbildung 16 illustrierte niedrige Importquote.[333] Die Philips-Vertretung in Japan skizzierte in einem Gespräch im Bundeswirtschaftsministerium, dass 95 % des japanischen Großhandels, der 80 % des Marktvolumens vertreibe, direkt an die jeweiligen japanischen Unternehmen

---

326 Vgl. hier und im Folgenden: Kōsai, Yutaka/Goble, Andrew: The postwar Japanese economy, 1945–1973, in: Duus, Peter (Hrsg.): The Cambridge History of Japan. The Twenthieth Century, Cambridge 1989, S. 497–498.

327 Paprzycki: Interfirm networks in the Japanese electronics industry, S. 7.

328 Ebd., S. 51–52. Vgl. zum Netzwerk: Shimotani, Masahiro: The Formation of Distribution Keiretsu. The Case of Matsushita Electric, in: Business History 37 (1995), H. 2.

329 Donzé: Canon catching up with Germany.

330 Deutsche Botschaft Tokyo an Auswärtiges Amt: Steigende Importe aus Japan auf Grund japanischer Lohnkostenvorteile, 11.01.1973, in: BArch, B102/94247.

331 Paprzycki: Interfirm networks in the Japanese electronics industry, S. 8–10.

332 Ebd. allgemeiner auch: Abelshauser, Werner: Ricardo neu gedacht. Komparative institutionelle Vorteile von Wirtschaftskulturen, in: Abelshauser, Werner/Gilgen, David/Leutzsch, Andreas (Hrsg.): Kulturen der Weltwirtschaft, Göttingen 2012, S. 41–42 (=Geschichte und Gesellschaft: Sonderheft, Bd. 24).

333 Shimotani: The Formation of Distribution Keiretsu.

gebunden sei. 50 % der Einzelhändler seien ebenfalls direkt von japanischen Unterhaltungselektronikunternehmen kontrolliert, die übrigen 50 % nahezu vollständig vom Großhandel.[334] Selbst, wenn ausländische Unternehmen in den 1970er Jahren also das komplizierte Importkontrollsystem, das ausländische Produktprüfverfahren nicht anerkannte, überwanden und damit eine der wenigen weiterhin staatlich reglementierten Importlizenzen erwerben konnten, blieben die Distributionsstrukturen nahezu verschlossen.[335]

Bis in die 1980er stiegen nun aber die Löhne in den Unterhaltungselektronikfabriken stetig an, bis sie sich zwischen dem Niveau der Bundesrepublik und Großbritanniens einsortierten.[336] Noch eindrücklicher wuchs die Produktivität. Im Jahr 1980 trug die Europäische Kommission verschiedene Statistiken zur Arbeitsproduktivität der japanischen Industrie, definiert als Output pro Arbeitskraft und Stunde, zusammen. Die hinzugezogene Studie des U.S. Department of Labour ermittelte für Japan in den 1950er Jahren ein durchschnittliches Wachstum von 9,4 % pro Jahr im produzierenden Gewerbe, von 1960 bis 1973 von 10 % und 1973 bis 1979 von 4,3 %. Im Vergleich dazu sei die Produktivität in den USA in den Zeiträumen lediglich um 2 %, 3,2 % und 1,2 % gewachsen, in der Bundesrepublik als „Zweitplatziertem" immerhin noch um 6,2 %, 5,5 % und 5,1 %.[337] Die Berechnung der amerikanischen Behörde zum indexierten Output liefert ein ähnliches Bild. Zum Referenzjahr 1967 vervierfachte sich der Output pro Arbeitskraft und Stunde in Japan von 1960 bis 1979, in der Bundesrepublik verdreifachte er sich, in den USA verdoppelte er sich hingegen nicht einmal.[338] Dem Japan Productivity Centre zufolge waren diese Produktivitätszuwächse neben dem elektrischen Maschinenbau wesentlich auf die Unterhaltungselektronikindustrie zurückzuführen, die von 1973–1979 die Produktivität um durchschnittlich 7,7 % steigern konnte.[339] Die Boston Consulting Group ermittelte für den Zeitraum von 1966 bis 1970 sogar eine Steigerung von jährlich 19,4 %.[340] Diese enormen Produktivitätssteigerungen seit

334 Vgl. auch im Folgenden: Vermerk: Besondere Probleme im Warenverkehr mit Japan, 9.11. 1979, in: BArch, B102/232207. Als Zeitzeugen zudem: van Marion, Marcel: International Trade Policy and European Industry. The Case of the Electronics Business, Heidelberg 2014, S. 120–124 (=Contributions to Economics).

335 Die Importlizenzen mussten auch bei liberalisierten Waren erworben werden.

336 Mackintosh Consultants Company ltd.: European Consumer Electronics Study, März 1980, in: BArch, B102/232214.

337 Vgl. U.S. Department of Labour, Bureau of Labour Statistics, in: HAEU, BAC 104/1993 332.

338 Vgl. ebd.

339 Vgl. Productivity Research Institute, Japan Productivity Centre, 1980, in: HAEU, INV 14/2019 585.

340 Ausarbeitung The Boston Consulting Group: A Perspective on Japan, 1972, in: BArch, B102/ 94247.

den 1960er Jahren in der Unterhaltungselektronikindustrie resultierten dabei aus den Automatisierungsbestrebungen, die, wie auch bereits für die deutsche Industrie beschrieben, mit der Transformation der Bauelemente und deren Reduzierung durch die Mikroelektronik korrelierte. Die japanische Industrie ersetzte seit der zweiten Hälfte der 1960er Jahre nach und nach die einfachen händischen Montagearbeiten durch Bestückungsautomaten und weitere Industrieroboter.[341] Zum Ende der 1960er Jahre entwickelten Hitachi und Matsushita spezifische Maschinen für den Eigengebrauch. Andere Unternehmen bezogen Entwicklungen aus den USA.[342] Als die Funkschau-Redaktion 1972 die Matsushita-Fabriken besuchte, war sie „verblüfft“ von dem Automatisierungsgrad und der Bestückung, der deutlich höher als in Europa sei.[343] Die japanische Wirtschaft war in globaler Perspektive diejenige mit der höchsten Industrieroboterverbreitung in den 1970er und 1980er Jahren. Im Jahr 1980 zählte die International Federation of Robotics bereits 14.250, im Vergleich zu 4.700 in den USA und 1.255 in der Bundesrepublik. 1988 waren es sogar 175.000 Industrieroboter in Japan im Vergleich zu 33.000 in den USA und 17.700 in der BRD.[344] Die genauen Zahlen für die japanische Unterhaltungselektronikindustrie lassen sich nicht bestimmen. Allerdings galt sie in der Automatisierung als Vorreiterbranche. Lawrence Franko schätzte in seiner Studie, dass zu Beginn der 1980er Jahre ca. 65–80 % der japanischen Unterhaltungselektronikproduktion automatisiert gewesen sei. In der Bundesrepublik und Großbritannien habe sich dieser Anteil lediglich um ca. 15 % bewegt.[345]

Flankiert und bekräftigt wurden die bislang skizzierten Produkt- und Produktionsentwicklungen durch Errungenschaften, die zeitgenössisch als spezifische Merkmale des japanischen Produktionssystems wahrgenommen wurden. Häufig sind diese jedoch im globalen Austausch und vor allem als Adaption und Weiterentwicklung US-amerikanischer Produktions- und Managementmethoden entstanden.[346] Unter dem Stichwort „Lernen von Japan“ richtete sich der Fokus europäischer Analysten, Wissenschaftler, Unternehmer und Gewerkschafter in den 1970er und 1980er Jahren gerade auf diese Konzepte.[347] Zwar fehlen unterneh-

---

341 Vgl. allgemein: Partner: Assembled in Japan, S. 228–229. Gregory, Gene: Japanese electronics technology. Enterprise and innovation, Chichester (2. Aufl.) 1986, S. 27–31.

342 Porter: Cases in competitive strategy, S. 501–502.

343 Besuch in Osaka bei der Matsushita Electric Industrial Co. Ltd., in: Funkschau 44 (1972), H. 13.

344 Zitiert nach: Oshima: Die Entwicklung der japanischen Industrie seit den siebziger Jahren – unter besonderer Berücksichtigung der Elektronik- und Automobilindustrie, S. 161.

345 Franko: Die japanischen Multinationalen Konzerne, S. 113–119.

346 Vgl. Elis, Volker: Von Amerika nach Japan – und zurück. Die historischen Wurzeln und Transformationen des Toyotismus, in: Zeithistorische Forschungen/Studies in Contemporary History 6 (2009), H. 2. Kudō/Kipping/Schröter: German and Japanese business in the boom years.

347 Vgl. Kleinschmidt: Der produktive Blick, S. 366–394, vor allem 373.

menshistorische Fallstudien, die die genaue Ausgestaltung in der Unterhaltungselektronikindustrie analysieren, gleichwohl finden sich in den Überblicksdarstellungen zumindest entsprechende Verweise.[348] So habe die als Schlagwort etablierte „lean production" seit den 1970er Jahren auch vermehrt in der Unterhaltungselektronik Verbreitung gefunden.[349] Diese „schlanke" Massenproduktion stützte sich einerseits auf das von Toyota entwickelte TPS (Toyota-Produktionssystem), das im Kern auf dem Zusammenspiel aus kanban-System, Just-in-Time-Produktion und (automatisierter) Qualitätskontrolle beruhte. Mit kanban sind einzelne Pappkarten gemeint, die mit dem Produkt den Herstellungsprozess durchliefen und damit der Weiterleitung von Informationen dienten, um so die Arbeitsschritte flexibel zu halten und gleichzeitig zu synchronisieren. Dieses Prinzip war eng verbunden mit der Just-in-Time Produktion, die die Produktionsmenge an das Verkaufstempo koppelte und damit die Verfügbarkeit der benötigten Vorprodukte koordinierte, sodass die Lagerkosten minimiert werden konnten. Das TPS bildete eine Reaktion auf eine diversifizierte Nachfrage nach Massenprodukten, die allerdings in der Automobilindustrie mit ihren spezifischen Modell- und Ausstattungsvarianten nach dem fordistischen Baukastenprinzip ausgeprägter war als in der Unterhaltungselektronik, auch wenn hier ebenfalls die verfügbaren Typvarianten deutlich anstiegen und jährlich neue Modelle hinzukamen.[350] Umfassend und nachhaltig hielt die Qualitätskontrolle in der japanischen Unterhaltungselektronikindustrie Einzug. Dies führte dazu, dass die Produkte eine deutlich höhere Zuverlässigkeit aufwiesen. Über konkrete Statistiken schwiegen sich die Unternehmen in der Regel aus. Bei einer Podiumsdiskussion des ZVEI-Fachverbandes Bauelemente im Jahr 1979 zitierte der Philips-Ingenieur Dr. Brouwer entsprechende Studien seines Hauses, nach denen die japanische „fall of rate", also die Ausfallquote der Geräte,

348 Vgl. hier und im Folgenden: Paprzycki: Interfirm networks in the Japanese electronics industry, S. 1; Nakayama/Boulton/Pecht: The Japanese electronics industry, S. 29; Nishida, Satoshi: Das japanische Produktionsregime – schon anachronistisch? Überlegungen zum Wirtschaftssystem japanischen Typs am Beispiel des Toyota-Produktionsregimes, in: Gilgen, David/Kopper, Christopher/Leutzsch, Andreas (Hrsg.): Deutschland als Modell? Rheinischer Kapitalismus und Globalisierung seit dem 19. Jahrhundert, Bonn 2010, S. 272–273 (=Reihe: Politik- und Gesellschaftsgeschichte, Bd. 88); Gordon: A modern history of Japan, S. 298.

349 In der Literatur wird die Produktionsweise unter dem Schlagwort Toyotismus auch als Transformation oder Erweiterung des Fordismus diskutiert. Siehe: Elis: Von Amerika nach Japan – und zurück. Die historischen Wurzeln und Transformationen des Toyotismus. Vgl. Elis zudem als prägnante Zusammenfassung der Produktionsmerkmale.

350 Zum Baukastenprinzip in der Automobilindustrie und Konsumgeschichte siehe bspw. Fabian: Boom in der Krise, S. 435–438. sowie insbesondere: Köhler, Ingo: Auto-Identitäten. Marketing, Konsum und Produktbilder des Automobils nach dem Boom, Göttingen 2018, S. 303–346 (=Nach dem Boom).

nur halb so hoch wie die europäische sei.[351] Eine Umfrage der Stiftung Warentest aus dem Jahr 1984 bestätigt diese Erkenntnisse. Während bei Sony lediglich 14 % und bei Sanyo 32 % der Farbfernsehgeräte bei einem mittleren Alter von 5,1 Jahren einen Defekt aufgewiesen hätten, erzielte kein einziger deutscher Hersteller einen Wert von unter 50 %. Telefunken erreichte 60 %, Grundig 63 %.[352] Gestützt wurden diese Errungenschaften des TPS durch die spezifischen japanischen Beschäftigungsverhältnisse in den Produktionsbetrieben der Unterhaltungselektronik. Im Rahmen der lebenslangen Anstellung wurde das qualifizierte Personal durch Weiterbildungen geschult und gleichzeitig durch Quality Control Circles in den Produkt- und Produktionsoptimierungsprozess eingebunden.[353]

Chandler bezeichnet das Zusammenspiel der skizzierten Elemente des japanischen Produktions-, Management- und Innovationssystems als „learning base“, die sich in den japanischen Unternehmen in den 1970er Jahren vollständig ausgebildet habe.[354] Produktspezifisch habe sie ihren Ausdruck im Videorekorder gefunden. Eine hohe Produktqualität verbunden mit der Ausgestaltung der economies of scale, die umfassende Exporte zu entsprechenden Preisen ermöglichte, habe die japanische Industrie zum Weltmarktführer gemacht.

2.2.3 Die „Japanische Herausforderung“ als Diskurs

Im vorangegangenen Kapitel sind die Erfolgsfaktoren der japanischen Unterhaltungselektronikindustrie aus einer wirtschafts- und unternehmensgeschichtlichen Perspektive untersucht worden (Erklärungen erster Ordnung). In diesem Kapitel wird nun die diskursive Dimension der „Japanischen Herausforderung“ behandelt. Das Ziel besteht darin, das Repertoire an Topoi aufzuzeigen, die die zeitgenössischen Reaktionen beeinflussen konnten und insbesondere dazu dienten, die „Japanische Herausforderung“ zu erklären (Erklärungen zweiter Ordnung). Welche dieser Topoi die Reaktionen der Unterhaltungselektronikindustrie konkret prägten und wie sie in den Auseinandersetzungen mit Politikern, Gewerkschaften, Verbänden etc. von den Unternehmen argumentativ genutzt wurden, wird in den folgenden Hauptkapiteln empirisch analysiert.

351 Vgl. Bericht über die Dienstreise vom 24.10.1979 nach Berlin, 29.10.1979: Podiumsdiskussion des Fachverbandes Bauelemente über das Thema „Fernöstliche Herausforderung. Gefahr – Aufschluß – Begegnung.“, in: BArch, B102/232213.

352 Geräte-Zuverlässigkeit (Umfrage). Video-Reparaturen am teuersten, in: Test 19 (1984), H. 4.

353 Inkster: Japanese Industrialisation, S. 164–166.

354 Chandler: Inventing the electronic century, S. 50–81.

Der Diskurs zur „Japanischen Herausforderung" war nicht auf die Unterhaltungselektronik beschränkt. Viel mehr fokussierte sich die Debatte auf die Volkswirtschaft als Ganzes und die gesamtgesellschaftlichen Implikationen, die aus dem Wettbewerb mit Japan erwuchsen. Die Unterhaltungselektronik war dabei lediglich ein Schwerpunkt und Anschauungsobjekt neben beispielsweise der Automobil-, Kamera-, Uhren-, Computer-, Maschinenbau-, Werften- oder auch der Stahlindustrie, in denen der Wettbewerb ebenfalls besonders offensichtlich war.[355] Folglich wird der Diskurs in diesem Kapitel auch branchenübergreifend ergründet.[356] Zudem war die „Japanische Herausforderung" speziell ein Phänomen der massenmedialen und publizistischen Öffentlichkeit, von der aus sie dann in politische, unternehmensinterne, gewerkschaftliche aber auch wirtschaftswissenschaftliche Debatten sickerte.[357] Zur Identifizierung der Topoi kann sich die folgende Analyse auf umfassende wissenschaftliche Studien zum Diskurs sowie zeitgenössische Beobachtungen stützen, die die öffentliche Reflexion thematisierten.[358]

---

355 Vgl. bspw.: Lécuyer: Confronting the Japanese Challenge: The Revival of Manufacturing at Intel; Díaz-Morlán/Sáez-García: The European response to the challenge of the Japanese steel industry (1950–1980); Fengler: Entwickelt und fixiert; Donzé: Canon catching up with Germany; Donzé, Pierre-Yves/Fujioka, Rika: European luxury big business and emerging Asian markets, 1960–2010, in: Business History 57 (2015), H. 6; Wolf, Johanna: Assurances of Friendship. Transnationale Wege von Metallgewerkschaftern in der Schiffbauindustrie, 1950–1980, Göttingen 2018, S. 372. Übergreifend: Kleinschmidt: Der produktive Blick.

356 Zur Unterhaltungselektronikindustrie fehlen zum einen entsprechende Vorarbeiten. Zum anderen würde eine Darlegung des Diskurses an dieser Stelle eine gewisse Tautologie und zahlreiche Redundanzen zu den folgenden Kapiteln erzeugen. In diesen wird der Diskurs „in der Anwendung" rekonstruiert.

357 Vgl. zum Öffentlichkeitsbegriff Luhmann, Niklas: Die Realität der Massenmedien, Wiesbaden (2., erweiterte Auflage) 1996, S. 183–189. Luhmann, Niklas: Die Beobachtung der Beobachter im politischen System. Zur Theorie der Öffentlichen Meinung, in: Wilke, Jürgen/Noelle-Neumann, Elisabeth (Hrsg.): Öffentliche Meinung. Theorie, Methoden, Befunde, Freiburg (Breisgau) (2., unveränd. Aufl.) 1994 (=Alber-Broschur Kommunikation, Bd. 19). Öffentlichkeit wird systemtheoretisch als Beobachtungssystem der eigenen Gesellschaft und damit als Reflexionsforum gesehen. Publizität spielt eine entscheidende Rolle, um Selbstbeobachtungen öffentlich zu machen. Aus dem geteilten Forum, können dann einzelne Beobachtungen in die Systeme zurückdiffundieren. Empirisch zum medialen und publizistischen Aspekt der Japanischen Herausforderung Kleinschmidt: Der produktive Blick, S. 355–357.

358 Alternativ hätten die Diskurskonjunkturen und die Topoi auch mit Hilfe DH-gestützter Text Mining-Verfahren, insbesondere Topic Modelling rekonstruiert werden können. Der Leipzig Corpus Miner wäre ein geeignetes Tool gewesen. Als serielle Quellen hätten die allgemeine Presse und Wirtschaftspresse oder branchenspezifische Blätter, wie die Funkschau als „Bibel der Industrie" und die Verbandsmitteilungen des ZVEI fungieren können. Aufgrund der Kosten/Nutzen-Relation wurde dieser Ansatz nicht weiter verfolgt, gleichwohl werden einzelne Artikel der

Die Funktion und öffentliche Stoßrichtung der Debatte um die „Japanische Herausforderung" spiegelt sich beispielhaft in einem Sammelband aus dem Jahr 1981 mit dem Titel: „Haben uns die Japaner überholt?" wider.[359] Die Beiträge verwiesen auf die vielfachen gesellschaftlichen Konsequenzen, die aus dem Auftauchen des neuen Wettbewerbers resultierten. Sie reichen von dem notwendigen Wandel der Industriepolitik über neue Formen der Gewerkschaftsorganisation bis zur Erneuerung des Wissenschafts- und Schulsystems. Sie verdeutlichen, dass die Debatte um die „Japanische Herausforderung" auch als ein Spiegel der eigenen Leistungsfähigkeit fungierte.[360] Als Gesamtnarrativ kann sie damit einerseits als ein Vorläufer der Standortdebatte der 1980er und 1990er Jahre gelesen werden.[361] Andererseits ist sie auf der abstrakteren Ebene ein typisches Konkurrenznarrativ. Dominik Schreiber hat in seiner Studie zu den „Narrativen der Globalisierung" eben jenes Konkurrenz- und das Gerechtigkeitsnarrativ als die beiden Erzählungen ausgemacht, die darum ringen, zum „Sockelnarrativ der Globalisierung" zu werden.[362] Das Konkurrenznarrativ charakterisiert er durch drei Merkmale. Gegenwärtige Erzählungen würden sich vor allem dem westlich-asiatischen Dualismus widmen.[363] Dabei entsprächen sie – idealtypisch – entweder einer „apokalyptischen Erzählung des Untergangs" oder betonen den Nutzen des globalen Wettbewerbs im Sinne der wohlstandsfördernden Konsequenzen und dem Lernen vom

---

händischen Analyse im Verlauf dieses Kapitels zitiert. Gegen die DH-Methoden sprachen die hohen Lizenzgebühren bei einer maschinengestützten Analyse der Artikel, der enorme Digitalisierungsaufwand bei Blättern wie der Funkschau, den Verbandsmitteilungen oder des Handelsblatt, die bereits erfolgte Analyse des Diskurses und sogar der Presseberichte in wissenschaftlichen Studien, sodass nicht zwangsläufig neue Erkenntnisse produziert worden wären. Zumal die händische Durchsicht der FAZ, des Spiegels und der Zeit die bisherigen Erkenntnisse oftmals bestätigt hat. Vgl. auch: Wiedemann, Gregor/Niekler, Andreas: Analyse qualitativer Daten mit dem „Leipzig Corpus Miner", in: Lemke, Matthias/Wiedemann, Gregor (Hrsg.): Text Mining in den Sozialwissenschaften. Grundlagen und Anwendungen zwischen qualitativer und quantitativer Diskursanalyse, Wiesbaden 2016.

359 Gaugler, Eduard/Zander, Ernst/Keller, Reinhard (Hrsg.): Haben uns die Japaner überholt?, Heidelberg 1981.

360 Breger, Rosemary Anne: Myth and Stereotype. Images of Japan in the German Press and in Japanese Self-Representation, Frankfurt a. M. 1990, S. 102–107. Waldenberger, Franz: Japan as a model of the past? Kaizen, „lean production" and the German car industry in retrospect, in: Hook, Glenn D./Hasegawa, Harukiyo (Hrsg.): The political economy of Japanese globalization, London 2001, S. 138 (=Sheffield Centre for Japanese Studies/Routledge series).

361 Meteling: Nationale Standortseminatiken seit den 1970er Jahren; Meteling: Internationale Konkurrenz als nationale Bedrohung – Zur politischen Maxime der Standortsicherung in den neunziger Jahren.

362 Schreiber: Narrative der Globalisierung, S. 147.

363 Seine Studie bezieht sich dabei vor allem auf Quellen aus den 2000er und 2010er Jahren.

Anderen.[364] Die „Japanische Herausforderung" beinhaltet alle drei Merkmale, wie die Detailanalysen zeigen werden. Sie ist damit nicht nur auf der realökonomischen Ebene ein Lehrstück der Globalisierung, sondern auch auf der narrativen.

Des Weiteren knüpfte sie diskursiv an die „Gelbe Gefahr" an. Das Schlagwort kam um die Jahrhundertwende insbesondere durch den Boxer-Aufstand und Japans Sieg im Russisch-Japanischen Krieg in Amerika und Europa auf. Mit ihm wurde das Gefühl ausgedrückt, dass die Länder Südostasiens – und von diesen zuallererst Japan und China – eine Bedrohung für die imperialistische Vormachtstellung „des Westens" seien.[365] Zunächst bezog sich das Begriffspaar primär auf die politischen Sphären. Eine ökonomische Wendung erhielt der Begriff in den 1920er und 1930er Jahren, als Japan den Export auf die europäischen Märkte forcierte.[366] Christian Kleinschmidt konstatiert, dass der Begriff „Japanische Herausforderung" diesen ersetzt und damit an die Furcht vor dem Verlust der wirtschaftlichen Vormachtstellung angeknüpft habe.[367] In der Literatur lassen sich zwei Hochphasen der öffentliche Debatte zur „Japanischen Herausforderung" ausmachen: die erste um 1970, die zweite um 1980.[368] Eine quantitative Auswertung der Publikationen in der deutschen Nationalbibliothek sowie der Artikel in der FAZ und der Zeit bestätigen diese Einteilung. Die FAZ gilt in der Forschung als die Zeitung der Unternehmer und Leitmedium, die Zeit als kritisch liberale Wochenzeitung mit einem ausgewiesenen Schwerpunkt in der Außen- und Wirtschaftspolitik für den Untersuchungszeitraum.[369]

---

364 Ebd., S. 147–175, 217–218.

365 Zum Schlagwort: Mehnert, Ute: Deutschland, Amerika und die „gelbe Gefahr". Zur Karriere eines Schlagworts in der Großen Politik, 1905–1917, Stuttgart 1995 (=Transatlantische historische Studien, Bd. 4); Bischoff, Sebastian/Sobich, Frank Oliver: Vom Gelehrtenvolk zur Gelben Gefahr. Deutsche Imaginationen über ChinesInnen, in: iz3w. Zeitschrift zwischen Nord und Süd (2008), H. 305; Sobich, Frank Oliver/Bischoff, Sebastian: Feinde werden. Zur nationalen Konstruktion existenzieller Gegnerschaft: drei Fallstudien, Berlin 2015, S. 45–126.

366 Wilkinson: Japan ist ganz anders, S. 62. Hierzu zählten vor allem Textilien, Fahrräder, Spielzeuge und Streichhölzer

367 Kleinschmidt: Der produktive Blick, S. 355.

368 Ebd., S. 43; Wilkinson: Japan ist ganz anders, S. 67–76. Siehe auch: Hughes, Christopher W.: Japan in Europe. Asian and European perspectives, in: Hook, Glenn D./Hasegawa, Harukiyo (Hrsg.): The political economy of Japanese globalization, London 2001, S. 57 (=Sheffield Centre for Japanese Studies/Routledge series). Jansen: The making of modern Japan, S. 736.

369 Kutzner, Maximilian: Marktwirtschaft schreiben. Das Wirtschaftsressort der Frankfurter Allgemeinen Zeitung 1949 bis 1992, Tübingen 2019, insb. S. 1, 247 (=Medienakteure der Moderne). Haase, Christian/Schmidt, Helmut/Schildt, Axel (Hrsg.): DIE ZEIT und die Bonner Republik. Eine meinungsbildende Wochenzeitung zwischen Wiederbewaffnung und Wiedervereinigung, Göttingen 2008 (=Hamburger Beiträge zur Sozial- und Zeitgeschichte, Bd. 43). Siehe hier insbesondere die Beiträge von Werner Bührer und Alexander Nützenadel.

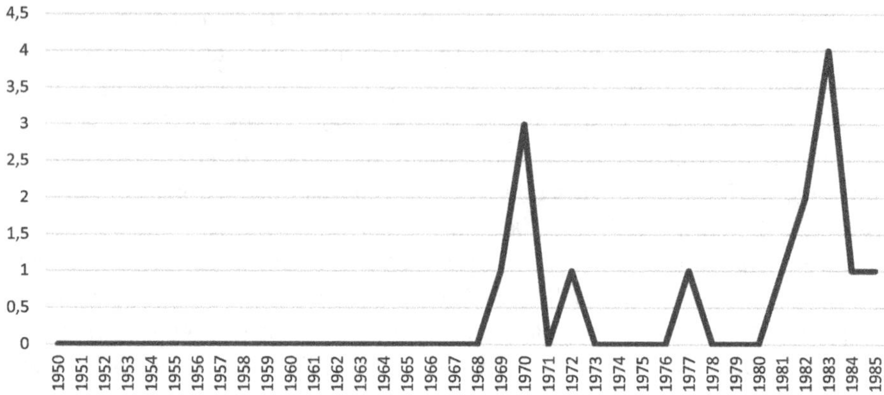

Abbildung 18: Publikationen mit dem Begriffspaar „Japanische Herausforderung“ im Titel in der Deutschen Nationalbibliothek.[370]

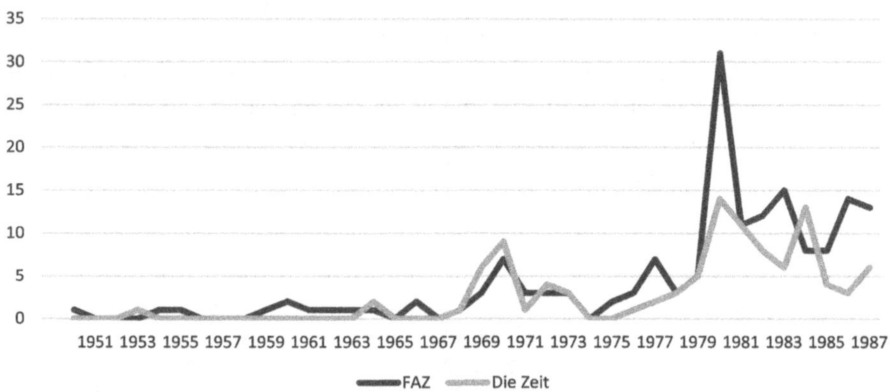

Abbildung 19: Anzahl der Artikel mit dem Begriffspaar „Japanische Herausforderung“ in der FAZ und Die Zeit.[371]

---

370 Für dieses Diagramm wurden lediglich die Publikationen gezählt, die explizit das Begriffspaar im Titel tragen. Die publizistische Aufmerksamkeit war jedoch deutlich größer, wie die weiteren Analysen zeigen. Die Bücher tragen nur nicht jeweils das Begriffspaar im Titel.

371 Die Daten wurden durch eine entsprechende Begriffssuche in den zugänglichen Online-Archiven gewonnen. Es wurden lediglich Artikel gezählt, die den Ressorts Wirtschaft und Politik zugeordnet wurden. Es muss beachtet werden, dass die FAZ täglich und die Zeit wöchentlich erschien. Das vereinzelte Auftauchen des Begriffspaars vor 1968 in den Zeitungen bezog sich teilweise bereits auf den zukünftig zunehmenden Wettbewerb. Insbesondere die FAZ platzierte bereits in der ersten Hälfte der 1960er Jahre einige umfassende Branchenartikel. Andere Artikel bezogen sich auch auf die Herausforderungen für die japanische Wirtschaft. Sie wurden auf-

Abbildung 20 skizziert die Anzahl der Artikel in der FAZ, die sich mit der Unterhaltungselektronikindustrie auseinandersetzten und dabei einen Bezug zu Japan herstellten. Vergleicht man diesen Kurvenverlauf mit der in Abbildung 19 dargelegten Häufigkeit der Artikel zur „Japanischen Herausforderung" kann dies quantitativ als ein wichtiges Indiz für die aus der Literatur gewonnene These gelten, dass die Unterhaltungselektronikindustrie als wichtiges Beispiel in diesem Diskurs fungierte.

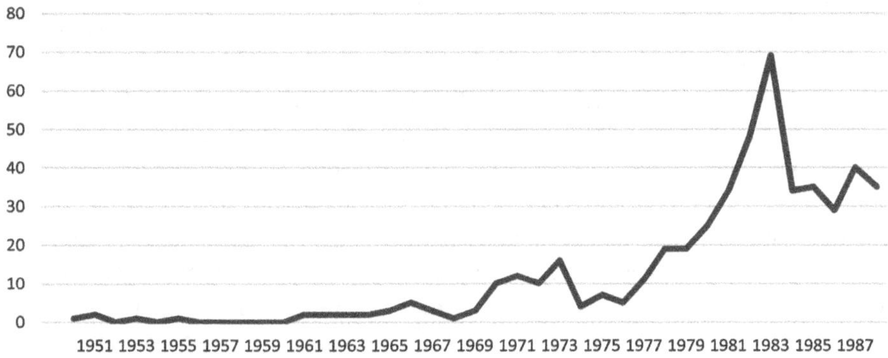

Abbildung 20: Anzahl der Artikel zur Unterhaltungselektronikindustrie in der FAZ, die Japan einbeziehen.[372]

Die erste Phase war durch eine Vielzahl an Publikationen geprägt, die in einer Mischung aus Wirtschaftsanalyse und Zukunftsprognose das Bild von Japan als kommender ökonomischer Supermacht zeichneten und damit ihre Erwartungen zur Entwicklung der Weltwirtschaft formulierten.[373] In Anlehnung an die Theorie Beckerts könnte man sie als eine Phase der fiktionalen Erwartung der neuen Wettbewerbskonstellation charakterisieren. Die Bücher waren sehr erfolgreich, wie Renate Merklein in ihrer Literaturschau im Spiegel mit dem bezeichnenden Titel „BSP-Raserei als Bestseller" skizziert.[374] Das begriffsprägende Buch von Hakan Hedberg belegte 1970 zeitweise den ersten Platz in der Bestsellerliste, in der Jah-

grund der Datentransparenz für den gesamten Zeitraum mitgezählt. In den 1970er und 1980er Jahren ist ihre Bedeutung aber marginal bis nicht existent. Vgl. https://www.zeit.de/1946/index, https://www.faz-biblionet.de/; beide zuletzt abgerufen am 05.05.2023.

372 Lediglich das FAZ-Archiv ermöglicht die Suche nach Artikeln über eine Industrie und deren Verknüpfung mit entsprechenden Suchbegriffen. Diese Daten wurden durch die Indexate Japan und Unterhaltungselektronikindustrie gewonnen.

373 Vgl. als Charakterisierung prägnant: Kleinschmidt: Der produktive Blick, S. 355–357.

374 Merklein, Renate: BSP-Raserei als Bestseller. Renate Merklein über Hakan Hedberg und andere Japan-Deuter, in: Der Spiegel (1970), H. 29.

resbestsellerliste immerhin noch Platz acht.[375] Die Zeit publizierte sogar vier umfassende Auszüge in den Ausgaben im März und April.[376] Daneben äußerten sich bekannte Futurologen wie Herman Kahn („Bald werden sie die Ersten sein“), der Staatssekretär Klaus von Dohnanyi („Japanische Strategien oder Das deutsche Führungsdefizit“), der Journalist und CSU-Politiker Wilfried Scharnagel („Japan – die konzertierte Aggression“) sowie zahlreiche Ostasien-Korrespondenten wie Robert Guillain (Der unterschätzte Gigant. Japans Zukunft hat bereits begonnen) oder Hans Wilhelm Vahlefeld („100 Millionen Außenseiter. Die neue Weltmacht Japan“).[377] Neben ihrer gemeinsamen These zur zukünftigen Entwicklung einte sie die Frage nach deren Ursachen. Sie skizzierten dabei mit unterschiedlicher Schwerpunktsetzung ein Konvolut an Erklärungen. Scharnagel und Guillain betonten beispielsweise den Wirtschaftsnationalismus und das Zusammenspiel des bereits skizzierten „Eisernen Dreiecks“ aus Regierung, Bürokratie und Unternehmen, wobei Guillain die Unternehmen und Scharnagel den Staat in der leitenden Position sah. Vahlefeld und Hedberg benannten als Kernursache die besondere Mentalität der japanischen Bevölkerung, die aus der Tradition stark kollektivistisch ausgelegt sei. Für Dohnanyi zeigte sich dies im Aufopferungswillen der Arbeitnehmer für das Unternehmen aber auch für den Staat.[378] In einem weiteren Literaturbericht kritisierte der Politikwissenschaftler und Publizist Christian Graf von Krockow eben diese Fokussierung auf „bestimmte Eigenschaften der Japaner“. Er unterstrich stattdessen, dass die Bedingungsmöglichkeiten des Wachstums, wie das gering ausgebildete Sozialsystem und die Verwendung modernster Technologie durch diese Perspektive unterschlagen würden.[379] Letztere Ansätze rückten in der zweiten Hochphase der Debatte zur „Japanischen Herausforderung“ vermehrt in den Mittelpunkt.

Um 1980 schien die skizzierte Zukunft gekommen zu sein. Mit steigenden japanischen Exporten brach insbesondere in den deutschen Massenmedien eine

375 Hedberg, Håkan: Die japanische Herausforderung, Hamburg 1970.

376 Vgl. Die Zeit, 13–16/1970.

377 Vahlefeld, Hans Wilhelm: 100 Millionen Außenseiter. Die neue Weltmacht Japan, Düsseldorf 1969. Guillain, Robert: Der unterschätzte Gigant. Japans Zukunft hat bereits begonnen, Bern, München 1970. Dohnanyi, Klaus von: Japanische Strategien oder Das deutsche Führungsdefizit, München 1969. Kahn, Herman: Bald werden sie die Ersten sein. Japan im Jahr 2000, München 1970. Scharnagl, Wilfried: Japan – die konzertierte Aggression, München 1969. Zur Futurologie und insbesondere auch Herman Kahn: Seefried, Elke: Zukünfte. Aufstieg und Krise der Zukunftsforschung 1945–1980, Berlin, Boston 2015 (=Quellen und Darstellungen zur Zeitgeschichte, Band 106). Vgl. als weiteren Literaturüberblick auch: Krockow, Christian von: Die japanische Herausforderung. Kritische Analyse und Literaturbericht, in: Gewerkschaftliche Monatshefte 21 (1970), H. 9.

378 Vgl. als Überblick: Merklein: BSP-Raserei als Bestseller.

379 Krockow: Die japanische Herausforderung, S. 514.

gewisse Hysterie aus, die sich auch in der sprunghaften Zunahme der Artikel zeigte. Kleinschmidt spricht primär bezugnehmend auf die Automobilindustrie vom „Japanschock".[380] Der Spiegel titelte in seiner Ausgabe vom 20.07.1980 „Japan-Autos. Europa kommt unter die Räder" und unterstrich dies bildlich mit einem japanischen Auto, das über die Erdkugel durch Europa fährt.[381] Die Diagnose war vor allem eine mangelnde Wettbewerbsfähigkeit der deutschen und europäischen Unternehmen.[382] Zwar betonten die Industrievertreter einerseits, dass man weiterhin die höhere Qualität und bessere Technik habe. Andererseits setzte in dieser Phase ein, was u. a. Dohnanyi bereits gefordert hatte: das Lernen von Japan.[383] Die deutsche Industrie legte den Fokus dabei vor allem auf die japanischen Management- und Produktionsmethoden, wie die Gruppenarbeit, Quality Circles oder die Just-in-Time-Produktion, die in Kapitel 2.2. bereits erläutert worden sind.[384] Gleichzeitig warnten die Gewerkschaften vor den Gefahren der japanischen Exporte und automatisierten Produktionsstrategien für die deutschen Arbeitsplätze.[385]

Die Erklärungsansätze, Perspektiven und Stereotype aus der ersten Diskursphase waren nicht verschwunden. Stattdessen wird in der Forschung eine hohe Kontinuität konstatiert.[386] Eine große Allensbacher-Umfrage stützt diese Erkenntnis. Im Auftrag des Magazins Stern wurden im Jahr 1981 2010 Personen befragt.[387] Den Daten zu den zugeschriebenen Eigenschaften, also den Stereotypen, konnte

380 Kleinschmidt: Der produktive Blick, S. 366–372.

381 Vgl. Der Spiegel, 30/1980.

382 Wilkinson: Japan ist ganz anders, S. 190–191. Schröter, Harm G.: Japanese-European business encounters during the second half of the 20th century, in: Entreprises et Histoire 80 (2015), H. 3, S. 12.

383 Kleinschmidt: Der produktive Blick, S. 366–372.

384 Ebd., S. 373.

385 Vgl. bspw. Loderer, Eugen: Japan – Bedrohung unserer Arbeitsplätze?, in: Gaugler, Eduard/ Zander, Ernst/Keller, Reinhard (Hrsg.): Haben uns die Japaner überholt?, Heidelberg 1981.

386 Vgl. übergreifend: Köhn, Stephan: Fremdbilder – Selbstbilder. Einige Gedanken zur wechselvollen Beziehung zwischen Japan und Deutschland, in: Köhn, Stephan (Hrsg.): Fremdbilder – Selbstbilder. Paradigmen japanisch-deutscher Wahrnehmung ; (1861–2011), Wiesbaden 2013, S. 10 (=Kulturwissenschaftliche Japanstudien, Bd. 6). Wilkinson, Endymion: Japan versus the West. Image and reality, London, England, New York, N.Y., USA 1991, S. 4; Kleinschmidt: Der produktive Blick, S. 400–402. Osterhammel: Der „Aufstieg Asiens", S. 116–117.

387 Institut für Demoskopie Allensbach: Japan-Image 1981. Ergebnisse einer repräsentativen Bevölkerungsumfrage in der Bundesrepublik Deutschland – Kommentarband, Allensbach 1981, S. 1. Zur Auftragsstudie konnte nur der Kommentarband eingesehen werden. Die Ergebnisse der Befragungen befinden sich jedoch auch im Allensbacher Jahrbuch: Noelle-Neumann, Elisabeth/ Piel, Edgar: Allensbacher Jahrbuch der Demoskopie 1978–1983, München, New York, London, Paris 1983.

eine Erhebung aus dem Jahr 1970 gegenübergestellt werden. „Fleißig, arbeitsam, höflich, gewissenhaft, diszipliniert und tatkräftig“ waren die am häufigsten genannten Antworten und erzielten hohe Kontinuitätswerte, wobei „fleißig“ mit 96 % bzw. 86 % omnipräsent war.[388] Im Studienabschnitt zur „Japanischen Herausforderung“ wurde konkreter nach den Erfolgsfaktoren der japanischen Wirtschaft gefragt. Günstigere Produkte (82 %), härtere Arbeit (60 %), Bescheidenheit und geringere Sozialleistungen (56 %), Innovationen (39 %), technischer Vorsprung (32 %) und eine vermehrte automatisierte Produktion durch Roboter (29 %) waren die Hauptbegründungen.[389] Den Daten konnten zwar keine Vergleichswerte aus dem Jahr 1970 gegenübergestellt werden. Aber auch hier zeigen sich gerade bei den ersten drei Antworten Kontinuitäten. Die letzten drei betonen hingegen die Prämisse, die dem Lernen von Japan vorausgehen musste, nämlich die Anerkennung der Fortschrittlichkeit und Qualität japanischer Produkte und Produktionsweisen. Dieser Interpretation folgt auch der Kommentar der Demoskopen, indem er schlussfolgert, dass es der japanischen Industrie gelungen sei, „ein erstaunlich hohes Qualitätsimage für „Made in Japan“ aufzubauen“.[390]

Diese zwei Perspektiven spiegeln sich auch in der Studie von Rosemary Anne Breger. Die Ethnologin hat für den Zeitraum von 1980 bis 1985 776 Zeitungsartikel von der Bild-Zeitung bis zum Vorwärts zur Berichterstattung über den Wettbewerb mit der japanischen Industrie analysiert.[391] Dabei kam sie zu der Erkenntnis, dass zwei Narrative dominant sein: die Japan AG (engl. Japan Inc.) und das Lernen von Japan.[392] Mit dem Topos der „Japan AG“ sollte die ökonomische Performanz erklärt werden. Inhaltlich und sogar begrifflich knüpfte dieser an die Debatten um 1970 an, indem er die Andersartigkeit Japans betont.[393] Im Zentrum stand das elitäre „Eiserne Dreieck“, das die Entscheidungen über alle ökonomischen Entwicklungen des Landes treffen würde, insbesondere in Fragen der Außenwirtschaft. Damit

---

388 Ebd., S. 590.

389 Ebd., S. 591.

390 Institut für Demoskopie Allensbach: Japan-Image 1981, S. 17.

391 Vgl. hier und im Folgenden: Breger: Myth and Stereotype, S. 81–137, 272. Breger zeigt zudem auf, wie stark der Diskurs durch eine Perspektive von außenstehenden Deutschen und Europäern geprägt war. 4,3 % der Journalisten haben 33,1 % der 776 Artikel geschrieben und von den 10 Journalisten, die die meisten Artikel verfasst haben, verstanden lediglich 3 Japanisch. Folglich liegt ein stark gefilterter oligopolistischer Informationsmarkt vor.

392 Die verdienstvolle Studie bezeichnet diese beiden Elemente als Images, wobei die Definition von Image nicht näher ausgeführt wird. Das Verständnis als Vorstellung oder Bild trifft auf die Inhalte nicht zu. Der in der Einleitung dargelegten Theorie folgend soll daher von Narrativen gesprochen werden.

393 Vgl. zum Topos des Japan Inc. auch: Kōsai/Goble: The postwar Japanese economy, 1945–1973, S. 517–518; Kohama: Industrial development in postwar Japan, S. 180.

verbunden waren die Vorwürfe des unfairen Wettbewerbs, des Wirtschaftsnationalismus und des Agierens als Staatshandelsland. Ermöglicht worden sei dies durch den traditionellen Arbeitsethos der japanischen Bevölkerung, die sich mit niedrigsten Ansprüchen für das Wohl des Kollektivs aufopfern würde. Die Begründung läge in einer traditionellen Kontinuität, die ihren bildlichen Ausdruck im „samurai manager" gefunden habe. Das übergeordnete Ziel sei dabei eine Kompensation der Niederlage aus dem Zweiten Weltkrieg durch die Ökonomie. Das Narrativ zum „Lernen von Japan" verneinte diese kulturellen Begründungen als das spezifisch „Japanische" nicht. Dennoch wurden in ihm die Modernität und Fortschrittlichkeit der japanischen Management- und Produktionsmethoden anerkannt und auf deren Transfermöglichkeiten in die eigenen Industrien überprüft, um so die mangelnde Wettbewerbsfähigkeit auszugleichen. Endymion Wilkinson, Hochschuldozent und Mitarbeiter der Europäischen Kommission, analysierte in den 1980er Jahren ebenfalls die Wahrnehmungen von Japan als Weltwirtschaftsmacht in Europa. Er kommt zu ähnlichen Erkenntnissen wie Breger und hält fest, dass das Lernen von Japan im Sinne eines „Japan-Booms" zu Beginn der 1980er Jahre zum dominanteren Narrativ geworden sei.[394]

Bislang wurden die zwei Phasen des Diskurses mit den unterschiedlichen Schwerpunkten aber auch der Kontinuität der Topoi skizziert. Im Folgenden werden die bereits erwähnten Topoi nun systematisiert. Abbildung 21 fasst die Überlegungen schematisch zusammen. Übergeordnet lassen sich, in Anknüpfung an Breger, zwei Leittopoi erkennen: zum einen die „Japan AG als unfairer Wettbewerber" und zum anderen die „Notwendigkeit zum Lernen von Japan". Während aus dem ersten Topos vor allem die Forderung nach Schutzmaßnahmen und eine Verhaltensänderung der japanischen Unternehmen bzw. des Staates abgeleitet wurden, forderte der zweite Topos die Initiative der deutschen und europäischen Unternehmen oder auch der Staaten.

Günther Distelrath hat den Topos der Japan AG nochmals ausdifferenziert.[395] Er unterscheidet zwischen Staats-, Kollektivismus- und Neotraditionalismustopos, die wechselseitig Bezug aufeinander nahmen und sich bestärkten. Der Staatstopos betone die überragende Rolle des Staates, der durch die Industrie- und Außenwirtschaftspolitik sowie die Planungsinstrumente im Kontext des „Eisernen Dreiecks" die Wirtschaft Japans steuere. Sie trete damit vor allem auf den Auslandsmärkten als Kollektiv auf, während auf dem Heimatmarkt zwar Wettbewerb

394 Wilkinson: Japan ist ganz anders, S. 67–76.

395 Zusammenfassend sowie hier und im Folgenden Distelrath: Die japanische Produktionsweise, S. 225–228. Er analysiert stereotype Argumentationsweisen, die im Vokabular dieser Studie als Topoi zu klassifizieren sind.

vorherrsche, dieser aber vor externer Konkurrenz abgeschottet sei.[396] Diese Dimension spiegelt sich auch im Kollektivismustopos, indem die Gruppenorientierung der japanischen Wirtschaft betont werde. Primär ziele dieser Topos jedoch auf die Eigenschaften der japanischen Arbeitnehmer ab, die sich aufgrund der kollektivistischen Mentalität für die Unternehmen und den Staat fleißig und arbeitsam aufopfern würden. Daraus resultiere, dass kein Widerspruch zwischen Kapital und Arbeit bestehe und gleichzeitig auf einen höherwertigen und individuellen Lebensstandard zugunsten des Kollektivs verzichtet werde.[397] In diesem Topos wurde weiterhin auf die vermeintliche Masse an Arbeitskräften angespielt, die bereits zum Bilderkanon der „Gelben Gefahr“ gehörte.[398] Begründet und ergänzt werden beide Topoi durch einen Neotraditionalismus, der die Kontinuität traditioneller Werte in der japanischen Wirtschaft betont. Sebastian Conrad fasst dies unter der „Konfuzianismusthese“ zusammen, die u. a. die Arbeitsethik, die Disziplin aber auch das kollektive Harmoniebedürfnis begründet habe.[399] Gerade in diesem Topos findet die Betonung der Andersartigkeit Japans bis hin zur Exotisierung und Orientalisierung ihren stärksten Ausdruck, wobei auch die Kontinuität dieser Wahrnehmungsmuster bis in das 16. Jahrhundert zurückverfolgt worden sind.[400] Die Topoi heben somit das „us versus them“, das Robert Shiller als eines der entscheidenden Merkmale von erfolgreichen Narrativen ausmacht, besonders hervor. Interessanterweise pflegten jedoch auch die japanischen Medien und Wissenschaftler unter dem Stichwort „Nihonjinron“ diese Perspektive auf die

---

396 Vgl. auch Inkster: Japanese Industrialisation, S. 142–143. Hein: Growth versus Success, S. 99–100.

397 Vgl. auch: Pauer, Erich: Japans Weg von der Agrar- zur Informationsgesellschaft. Wie Japan durch Vorgabe von Zielen, Aufstellen von Regeln und Nutzung von Informationen zu den westlichen Industrieländern aufschloß, in: Fischer, Wolfram (Hrsg.): Lebensstandard und Wirtschaftssysteme. Studien im Auftrage des Wissenschaftsfonds der DG BANK, Frankfurt am Main 1995, S. 597–598 (=Veröffentlichungen der DG-Bank, Bd. 20). Kreiner, Josef: Das Deutschland-Bild der Japaner und das Deutsche Japan-Bild, in: Kracht, Klaus/Lewin, Bruno/Müller, Klaus (Hrsg.): Japan und Deutschland im 20. Jahrhundert, Wiesbaden 1984, S. 108–109 (=Veröffentlichungen des Ostasien-Instituts der Ruhr-Universität Bochum, Bd. 32).

398 Lehmann, Jean-Pierre: Mutual Images, in: Tsukalēs, Lukas (Hrsg.): Japan and Western Europe. Conflict and cooperation, London 1982, S. 16–20 (=Studies in international political economy).

399 Conrad, Sebastian: Arbeit, Max Weber und Konfuzianismus. Die Geburt des Kapitalismus aus dem Geist der japanischen Kultur?, in: Berghoff, Hartmut (Hrsg.): Wirtschaftsgeschichte als Kulturgeschichte. Dimensionen eines Perspektivenwechsels, Frankfurt 2004.

400 Breger: Myth and Stereotype, S. 13–51; Köhn: Fremdbilder – Selbstbilder. Wilkinson: Japan ist ganz anders, S. 28–33.

japanische Wirtschaft.[401] Folglich wird an dieser Stelle die bewusste Abgrenzung im Zusammenspiel von Selbst- und Fremdbild deutlich.[402]

Wie bereits dargelegt, setzte das Lernen von Japan jedoch voraus, dass die japanischen Produkte und Produktionsmethoden in einer geteilten kapitalistischen Logik als hochwertig und effizient angesehen wurden. Wäre der japanische Wettbewerbsvorteil lediglich auf spezifische kulturelle und politisch-soziale Ursachen zurückgeführt worden, hätte eine Adaption und Implementierung in die eigenen Produktionsprozesse im Sinne des Lernens nicht stattfinden können.[403] Plakativ gesprochen war die Fehlerquote eines Bestückungsautomatens oder die Gestaltung eines Mikroelektronikchips nicht kulturell bedingt. Damit einher geht auch der bereits gennannte und in der Literatur an verschiedenen Stellen hervorgehobene Imagewandel, den die japanischen Produkte und Produzenten vollzogen: vom Billig- zum Qualitätsprodukt sowie vom Kopierer und Imitator zum innovativen Technologieführer.[404] Nichtsdestotrotz blieben die zuvor zugeschriebenen Images präsent und abrufbar. Diese Dimension des Diskurses wird als „Produktivitäts- und Qualitätstopos" bezeichnet.

Die schematische Zusammenfassung in Abbildung 21 stellt die beiden Leittopoi des Diskurses, nämlich den unfairen Wettbewerb der Japan AG sowie das Lernen von Japan, heraus. In diesen beiden spiegelt sich damit auch das in der Einleitung herausgearbeitete Spektrum der Wettbewerbsmodi: Konkurrieren und Kooperieren. Die Leittopoi fußten auf den vier skizzierten Topoi zur Erklärung der japanischen Wettbewerbsfähigkeit: dem Kollektivismus-, Staats-, Neotraditionalismus, Produktivitäts- und Qualitätstopos. Die vier Erklärungsmuster ergänzten und bedingten einander.

401 Breger: Myth and Stereotype, S. 50–51. Conrad: Arbeit, Max Weber und Konfuzianismus, S. 220–223. Distelrath: Die japanische Produktionsweise, S. 13. Gordon: A modern history of Japan, S. 299. Nihonjinron bezeichnet die umfassende japanische Selbstbestimmungsdebatte nach dem Zweiten Weltkrieg, in der nach der kulturellen Identität Japans gesucht wurde.

402 Münkler/Ladwig: Dimensionen der Fremdheit, S. 15–22.

403 Vgl. als zeitgenössisches Beispiel: Posth, Martin: Lernen, von den Japanern zu lernen, in: Gaugler, Eduard/Zander, Ernst/Keller, Reinhard (Hrsg.): Haben uns die Japaner überholt?, Heidelberg 1981. Im Sinne der Fremdheitsforschung und der Kompatibilität mit deutschen Vorbildern: Kleinschmidt: Der produktive Blick, S. 394.

404 Vgl. u. a. Weber: Das Versprechen mobiler Freiheit, S. 124–125. Lehmann: Mutual Images, S. 15. Kleinschmidt: Der produktive Blick, S. 337.

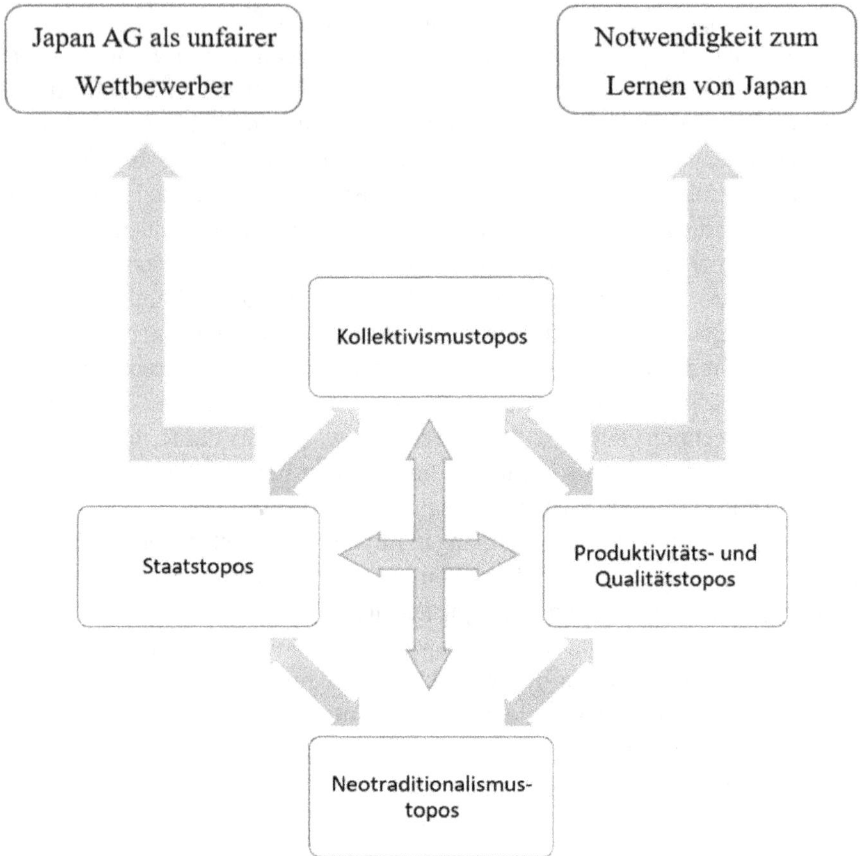

Abbildung 21: Die Topoi der „Japanischen Herausforderung“.

3 Grundig

> Die Geschichte seines Lebenswerkes ist untrennbar mit der unseres Staates verbunden, dem Wirtschaftswunder, der Krise und dem Aufschwung seit Mitte der achtziger Jahre. Grundigs Erfolg ist der Erfolg der Bundesrepublik Deutschland und ihrer Menschen. Künftige Historiker mögen an Männern wie ihm Größe und Grenzen unseres Jahrhunderts erkennen.[405]

Mit diesen Worten ehrte Franz-Josef Strauß Max Grundig anlässlich des 80. Geburtstags am 07. Mai 1988. Beide pflegten eine enge Beziehung, die man auch als politische Freundschaft charakterisieren könnte. Ihren Ausdruck fand sie u. a. in großzügigen Parteispenden, deren Abwicklung nicht immer ganz rechtmäßig ablief, wie der Spiegel zu Strauß' Kanzlerkandidatur enthüllte.[406] Die Grundlage der Beziehung war die enorme wirtschaftliche Bedeutung des Unternehmens Grundig, aber auch der Unterhaltungselektronikindustrie im Allgemeinen in Bayern. Neben dem Fahrzeugbau war diese der wesentliche Treiber der bayerischen Wirtschaftsentwicklung von den 1950ern bis in die 1980er Jahre.[407] Arbeitsplätze entstanden dabei nicht nur in den Ballungsräumen, wie an Grundigs Hauptstandorten Nürnberg und Fürth, sondern auch durch verschiedene Produktionsstätten in ländlichen Regionen. Die Unternehmen profitierten dabei nicht zuletzt von strukturpolitischen Förderungen, beispielsweise Sonderabschreibungen für Grenzlandunternehmen.[408]

In diesem Zusammenhang verwundert die Ehrerweisung nicht. Sie bietet darüber hinaus drei Anknüpfungspunkte für dieses Kapitel. Erstens illustriert sie die Politiknähe und den „Mythos Grundig", an dem Franz-Josef Strauß bereits mitarbeitete. Nicht nur in der heutigen erinnerungskulturellen und -politischen Rückschau,[409] sondern auch schon zu Lebzeiten galt Max Grundig mit seinem

405 Franz-Josef Strauß in der „Festschrift" zu Max Grundigs 80. Geburtstag: Rudorf, Reginald: Motor des Wirtschaftswunders. Max Grundig – 80, Eichenberg 1988.

406 Bereits saturiert, in: Der Spiegel, 7/1986.

407 Zur Einordnung vgl.: Frey, Alfons: Die industrielle Entwicklung Bayerns von 1925 bis 1975. Eine vergleichende Untersuchung über die Rolle städtischer Agglomerationen im Industrialisierungsprozess, Berlin 2003, 186–197 (=Schriften zur Wirtschafts- und Sozialgeschichte, Bd. 76).

408 Ebd., S. 233. Zur Förderung bei Grundig vgl. BWA, K 008–1643.

409 Vgl. bspw. Max Grundig: Ein Symbol des Wirtschaftswunders, in: FAZ, 14.4.2003. Max-Grundig-Klinik: Erinnerung an einen Wirtschaftswunderhelden, in: Wirtschaftswoche, 26.11.2008. Der Untergang eines Patriarchen, in: Süddeutsche Zeitung, 17.05.2010. Aus der Perspektive des Zeitzeugen und Lokalhistorikers: Mayer, Alexander: Grundig und das Wirtschaftswunder, Erfurt 2008. Alexander Mayer ist der Sohn des ehemaligen Grundig-Entwicklungsingenieurs Walter Mayer und bezieht auch viele Informationen aus diesen Erinnerungen und Gesprächen.

https://doi.org/10.1515/9783111698960-004

Unternehmen als eine Ikone des „Wirtschaftswunders".[410] Dementsprechend emotional waren die Berichterstattung und die öffentlichen Debatten zur Krise der 1970er und 1980er Jahre. Zweitens ist die von Franz-Josef Strauß geforderte historische Aufarbeitung bislang ausgeblieben und soll mit diesem Kapitel eröffnet werden, sodass der Mythos ein Stück weit auch dekonstruiert werden soll. Drittens folgt die Ausarbeitung dabei sogar seinem Periodisierungsvorschlag. Im ersten Kapitel wird zunächst die Entwicklung in den verlängerten „Wirtschaftswunderjahren" von den 1940ern bis in die 1970er Jahre knapp skizziert, um somit die Erfolgsfaktoren sowie entsprechende Pfadabhängigkeiten herauszuarbeiten. Die Erkenntnisse bilden die Grundlage für das zweite Kapitel, in dem die Reaktionen auf die „Japanische Herausforderung" und damit die Krisenjahre analysiert werden. Diese bilden übergeordnet ein Mosaik der Europäisierung, das sich aus technologischen Kooperationen, inneren Umstrukturierungen, Lobbyingmaßnahmen und Neustrukturierungsplänen der europäischen Industrie zusammensetzt. Diese Entwicklungen mündeten in der unternehmerischen Übernahme durch Philips und dem von Strauß benannten (kurzen) Aufschwung seit 1985, der im letzten Kapitel dargestellt werden soll.

3.1 Grundigs „Goldenes Zeitalter"

3.1.1 Die Unternehmensentwicklung

„Am Anfang half der Heinzelmann".[411] So beginnen die meisten eher mythosorientierten Rückblicke auf das Unternehmen Grundig.[412] Der Heinzelmann war ein Radiobaukasten, mit dem Max Grundig als „Spielzeug" deklariert 1946 die Produktions- und Verkaufsverbote der Alliierten unterlaufen konnte.[413] Er stieß damit in eine Marktlücke vor, da die etablierten Produzenten, wie Saba, Loewe oder Telefunken, durch Besatzungsbeschränkungen oder die notwendig gewordene Ver-

---

410 Siehe Titel der Festschrift

411 Vgl. Die Zeit, 38/1962. Einige Überlegungen aus diesem Kapitel finden sich auch im folgenden Aufsatz des Autors: Staffel, Florian: Der Fall Grundig(s). Europäische Krisenreaktionsstrategien auf die „Japanische Herausforderung" im Strukturwandel, in: Bauer, Reinhold/Burr, Wolfgang (Hrsg.): Das Ende des „Goldenen Zeitalters"? Der Strukturwandel der 1970er Jahre, seine Rezeption und Folgen aus interdisziplinärer Perspektive, Berlin 2021 (=Kultur und Technik, Bd. 37).

412 Siehe bspw. auch die Unternehmensgeschichte auf der Seite des Nachfolgeunternehmens: https://www.grundig.com/de-de/ueber-grundig/unternehmen/unternehmensgeschichte, Stand: 16.03.2023.

413 Vgl. im Folgenden die „Erfolgsgeschichte": Fein: Sieben Tage im Leben des Max Grundig, S. 151–170.

lagerung der Produktionsstätten aus den ehemaligen Elektrozentren in Berlin und Sachsen die Nachfrage nicht bedienen konnten.[414] Der Heinzelmann wurde über 100.000 mal verkauft und brachte dem Unternehmen ca. 22,5 Mio. DM ein, wie der Spiegel 1958 berichtete.[415] Er etablierte den „Newcomer" nachhaltig in der sich erneut entfaltenden Unterhaltungselektronikindustrie. Der Grundstein für die industrielle Karriere wurde jedoch bereits zuvor gelegt. Die Anfänge schildern der Biograph Egon Fein und daran anknüpfend auch Hans Woller in seiner Besatzungsgeschichte zur Region Fürth.[416] Mit der Gründung des Radiovertriebs 1930, der Erweiterung um das Reparaturgeschäft und der Produktion von Transformatoren erzielte Max Grundig bereits vor dem Zweiten Weltkrieg einen jährlichen Umsatz von ca. einer Millionen Reichsmark. Doch erst die Rüstungsproduktion von Transformatoren und Steuergeräten für die V1 und V2 Raketen im Auftrag von Siemens und der AEG ließen sein Vermögen zum Ende des Krieges auf 17,56 Mio. RM anwachsen. Dieses Vermögen im Verbund mit den entsprechenden Maschinen und der großen Menge an Rohstoffen, die in den Fürther Vororten den Krieg überstanden hatten und nicht beschlagnahmt worden waren, ermöglichten ihm die baldige Aufnahme der Produktion von Transformatoren, Meß- sowie Prüfgeräten und schließlich dem Heinzelmann. Dass Max Grundig trotz dieser offensichtlichen Verstrickungen und als Profiteur des nationalsozialistischen Regimes in diesem Umfang unternehmerisch tätig werden konnte, ist, nach einer Zeitzeugenaussage des sozialdemokratischen NS-Widerstandskämpfer Otto Gellinger, auf die Initiativen Fürther Sozialdemokraten bei den amerikanischen Besatzungsinstitutionen zurückzuführen. Als zentrales Argument hätten diese den sozialpolitischen Nutzen bei einer baldigen Produktionsaufnahme für die Bevölkerung der Stadt angeführt.[417] Diese Aussage ließ sich nicht anhand weiterer Aktenfunde verifizieren. Daneben muss in zukünftigen Studien ebenfalls kritisch hinterfragt werden, ob Max Grundig, wie kolportiert, die ukrainischen Zwangsarbeiterinnen tatsächlich so gut behandelt habe, dass sie sich nach dem Zweiten Weltkrieg für ihn und gegen entsprechende Enteignungen und Plünderungen seiner Produktionsstätten eingesetzt haben.[418]

---

414 Steiner: Ortsempfänger, Volksfernseher und Optaphone, S. 271–285.

415 Der Spiegel, 3/1958.

416 Woller: Gesellschaft und Politik in der amerikanischen Besatzungszone, S. 281–283; Fein: Sieben Tage im Leben des Max Grundig, S. 151–170.

417 Vgl. Woller: Gesellschaft und Politik in der amerikanischen Besatzungszone, S. 283.

418 Die Quellenlage ist nicht nur für die Anfangsjahre überschaubar. Auch für die 1950er und 1960er Jahre liegen wenige Quellen vor. Es ist zu hoffen, dass die ausstehende Erschließung der Bestände in Fürth weitere Erkenntnisse zutage fördert. Der Mangel ist neben der Überlieferung wohl auch auf die Unternehmensstrukturen zurückzuführen. Das Unternehmen galt als ver-

Ausgehend von diesen Anfängen wuchs das Unternehmen rasant, wie die Unternehmenskennziffern belegen. So steigerte sich der nominale Umsatz von 29 Mio. DM im Jahr 1948/49 auf über 3 Mrd. DM in den späten 1970er und frühen 1980er Jahren. Die Belegschaft wuchs von 1000 Mitarbeitern im Jahr 1950 auf nahezu 40.000 zum Höhepunkt Ende der 1970er Jahre.
Während dieses Zeitraums fußte das Unternehmen schwerpunktmäßig auf drei Produktgruppen: Rundfunkgeräten in ihren verschiedensten Formen vom Koffergerät über den Radiowecker bis zur HiFi-Anlage, Schwarz-Weiß- und anschließend Farbfernsehern sowie auf der Büroelektronik, insbesondere Tonband- und Diktiergeräten, obgleich die „Stenorette" quantitativ und im Bekanntheitsgrad dominierte.[419] Dieses Portfolio wurde durch Erzeugnisse der kommerziellen Elektronik ergänzt. Hierzu zählten Messgeräte, Maschinensteuerungen oder auch industrielle Fernsehanlagen, wobei die Umsatzanteile im Untersuchungszeitraum – mit Ausnahme des Geschäftsjahres 1967/68 – einstellig blieben.[420] Bei der Umsatzgewichtung der anderen Produktgruppen fand hingegen eine deutliche Verschiebung statt, die den Zyklen der Branche folgte. In den 1950er und zu Beginn der 1960er Jahren dominierten Rundfunk- und Tonband- sowie Diktiergeräte. Erstere machten ca. 40 % und letztere zusammengefasst gut 30 % des Umsatzes aus. Im Anschluss entwickelte sich der Fernseher bis in die 1980er Jahre zum Hauptumsatzträger mit über 50 %, die durch 20 % im Videobereich ergänzt wurden.[421]

---

schlossen und musste die Informationen bis zur Umwandlung in eine Aktiengesellschaft zu Beginn der 1970er Jahre auch nicht mit der Öffentlichkeit teilen. Darüber hinaus waren die internen Dokumentationsstrukturen ebenfalls mangelhaft. Vgl.: Die Grundig-Unternehmen, Mai 1961, in: PCA, Nr. 881.

419 Vgl. für den Zeitraum seit 1970: Geschäftsberichte Grundig-Aktiengesellschaft 1971–1985, in: BWA, S 011–128. Für die 1960er Jahre: Notiz von Alldephi zur Grundig Gruppe in den Jahren 1967/1968, in: PCA, Nr. 881. Für die 1950er Jahre siehe Geschäftsbericht über das Jahr 1956/57, in: Rundfunkmuseum der Stadt Fürth, Nr. 74.

420 Ebd. sowie Analyse: Lage der Firma Grundig, 15.8.1983, in: BArch, B102/285152.

421 Vgl. Ebd.; Die Grundig-Unternehmen, Mai 1961, in: PCA, Nr. 881. Geschäftsbericht 1973/74, in: BWA, S 011–128. Die genauen Zahlen lassen sich nicht rekonstruieren. Die Unterhaltungselektronikunternehmen achteten genau darauf, dass entsprechende Erkenntnisse nicht an die Öffentlichkeit bzw. die Konkurrenten gelangten. Ähnliches gilt auch für die genauen Marktanteile. Das ZVEI trat mit seinen notariellen Statistiken für die Unternehmen als „Mittler" auf. Die Unternehmen meldeten dem ZVEI ihre entsprechenden Produktions- und Absatzzahlen. Im Gegenzug erhielten sie die entsprechenden Zahlen zur Gesamtproduktion bzw. dem Absatz der Branche und konnten somit ihre Marktanteile errechnen. Diese sind bei Grundig und Telefunken jedoch nur vereinzelt überliefert. Daher müssen die nachfolgenden Zahlen vor allem als Orientierungswerte angesehen werden.

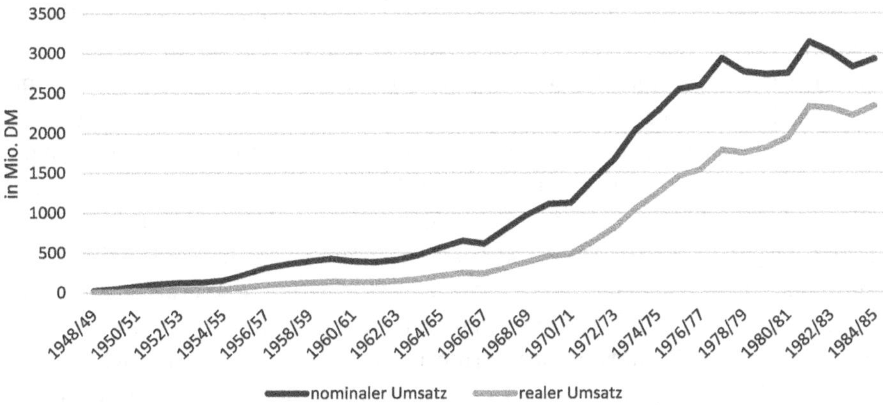

Abbildung 22: nominaler und realer Umsatz der Grundig-Gruppe.[422]

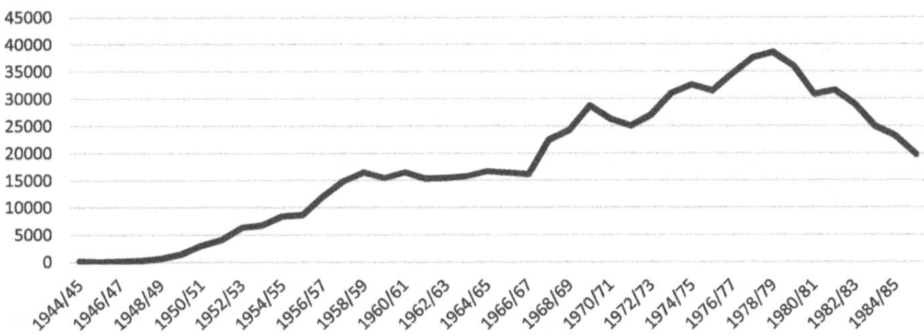

Abbildung 23: Beschäftigte der Grundig-Gruppe.[423]

Max Grundig befürchtete in den späten 1940er und frühen 1950er Jahren, dass die aus der Vorkriegszeit etablierten Unternehmen der Unterhaltungselektronik

422 Geschäftsberichte der Grundig-Aktiengesellschaft 1971–1985, in: BWA, S 011–128.; Rudorf, Motor des Wirtschaftswunders, S 3. Deflationiert nach Verbraucherpreisindizes des Statistischen Bundesamtes für 4-Personen-Haushalte mittleren Einkommens zum Referenzjahr 1995 Siehe: https://www.destatis.de/DE/Themen/Wirtschaft/Preise/Verbraucherpreisindex/Publikationen/Downloads-Verbraucherpreise/verbraucherpreisindex-lange-reihen-pdf-5611103.pdf?__blob=publicationFile. (zuletzt abgerufen: 24.03.2023).

423 Geschäftsberichte Grundig-Aktiengesellschaft 1971–1985. in: BWA, S 011–128.; Rudorf, Motor des Wirtschaftswunders, S. 7.

ihn wieder vom Markt verdrängen würden.[424] Stattdessen expandierte sein Unternehmen und wurde mehr und mehr zum bestimmenden Faktor der deutschen Unterhaltungselektronikindustrie. Von den 1950ern bis in die 1980er Jahre dominerte das Unternehmen mit einem Anteil von ca. 50 % den Diktiergerätemarkt.[425] Bei Rundfunkgeräten baute es seine Marktführerschaft von ca. 20 % zu Beginn der 1950er bis auf gut 30 % zum Anfang der 1960er Jahre aus.[426] Selbst in den späten 1970er Jahren, als bereits ostasiatische Anbieter bzw. Geräte aus ostasiatischer Produktion unter deutschen Markennamen dominierten, hielt Grundig mit Eigenproduktionen noch einen Anteil von ca. 17 %.[427] Grundig übernahm zu Beginn der 1960er Jahre die Marktführerschaft im umkämpften Sektor Schwarz-Weiß-Fernseher.[428] Zur Einführung des Farbfernsehens im Jahr 1967 erreichten Telefunken und Philips zunächst noch deutlich höhere Marktanteile. In den beginnenden 1970er Jahren gelang Grundig jedoch die Trendumkehr. Mit Werten von über 25 % übernahm das Unternehmen die unangefochtene Spitzenposition im lukrativen Farbfernsehmarkt, der für die deutsche Unterhaltungselektronikindustrie die höchsten Gewinnmargen bereithielt, bis Thomson-Brandt (Thomson) durch den Aufkauf von Saba, Nordmende und Telefunken in eine ähnliche Dimension vorstieß.

Diese erfolgreiche Entwicklung des Unternehmens verblüffte schon die Zeitgenossen und vor allem die Konkurrenz.[429] So konstatierte Herrmann Brunner-Schwer, der Inhaber Sabas, in seinen Memoiren:

> Grundig, der Nobody aus Fürth, bolzte sich in atemberaubendem Tempo nach oben. Dank einer aggressiven Preispolitik und einem guten Fingerspitzengefühl für die Bedürfnisse des Marktes gelang ihm der Durchbruch an die Spitze der deutschen Rundfunkindustrie innerhalb weniger Jahre. Seine Konkurrenten prophezeiten dem Aufsteiger den baldigen Absturz

---

424 Vgl. Woller: Gesellschaft und Politik in der amerikanischen Besatzungszone, S. 284. Sowie die Preisunterbietungsvorwürfe bei einem Besuch von Dr. Mende, Telefunken, bei der FA Grundig, 14.2.1952, siehe Notiz, in: DTMB/AEG, C-FA AEG-Telefunken 06089.

425 Vermerk: Zusammenschlussvorhaben Philips/Grundig 1983, in: BArch, B102/285152. Sowie Die Grundig Unternehmen, Mai 1961, in: PCA, Nr. 881.

426 Fein: Sieben Tage im Leben des Max Grundig, 216, 236, 251. Steiner: Ortsempfänger, Volksfernseher und Optaphone, S. 286.

427 Markt- und Mediaforschung, Verlagsgruppe Bauer: Die Japanische Herausforderung, April 1981, in: BArch, B102/232220.

428 Vgl. hier und im Folgenden auch Kapitel 2.1.

429 Vgl. bspw. Referat und Protokoll anlässlich der Feier des 5millionsten Grundig-Gerätes am 17./18. Oktober 1957, in: Rundfunkmuseum der Stadt Fürth, Nr. 74.

und irrten sich gründlich. Grundig nutzte die Chancen und profitierte gehörig vom ersten großen Nachkriegsboom. Er riskierte alles und gewann.[430]

Brunner-Schwer benennt damit drei Erfolgsfaktoren Grundigs, die sich mit Erklärungen in wissenschaftlichen Überblicksdarstellungen, den Selbstdiagnosen Grundigs und den Fremdanalysen weiterer Zeitgenossen sowie Konkurrenten decken: die Preispolitik basierend auf den economies of scale, Fingerspitzengefühl für den Markt und die Risikobereitschaft in der Aufbauphase des Unternehmens.[431]

Die Preispolitik mit der Zielsetzung, qualitativ gute Geräte zu erschwinglichen Preisen zu produzieren, fußte auf der intensiven Ausnutzung der economies of scale.[432] Volker Wittke charakterisiert in seiner historisch-soziologischen Studie zur industriellen Massenproduktion in der Elektroindustrie Grundig diesbezüglich als Paradebeispiel für die Durchsetzung der tayloristisch-fordistischen Produktion.[433] Bereits in den 1950er Jahren eröffnete Max Grundig neun weitere Produktionsstätten, die sich alle in Bayern befanden. Neben seinem Zentrum in Nürnberg/Fürth errichtete er jeweils auf bestimmte Produktgruppen spezialisierte Fabriken in Georgensgmünd, Augsburg, Dachau, Bayreuth und Senden/Iller.[434] Mit Ausnahme von Senden/Iller arbeiteten an den Standorten jeweils über 1000 Arbeitskräfte. Dies unterstreicht einerseits die bereits angedeutete frühzeitige Bedeutung für den Wirtschaftsstandort Bayern. Andererseits verbarg sich hinter dieser Standortdiversifizierung auch eine kostenreduzierende Strategie. Neben den bereits erwähnten Grenzlandförderungen konnten so im ländlicheren Raum vor allen ungelernte Arbeitskräfte, insbesondere Frauen, rekrutiert werden, um Lohnkosten

430 Brunner-Schwer, Hermann: SABA. Bilanz einer Aufgabe. Vom Aufstieg und Niedergang eines Familienunternehmens, Elster 1990, S. 208.

431 Eine umfassende, auf weitere Quellen gestützte Analyse der Unternehmensgeschichte Grundigs für die 1950er und 1960er Jahre steht noch aus, liegt aber auch außerhalb des engeren Erkenntnisinteresses dieser Arbeit. Die hier vorliegenden Ausführungen sollen als Aufschlag gewertet werden, die einzelne Diagnosen und Entwicklungen exemplarisch empirisch unterfüttern. Es bleibt zu hoffen, dass durch die Erschließung der Bestände im Rundfunkmuseum Fürth weiterführende Analysen ermöglicht werden.

432 Exposé „Warum ist Grundig so begehrt?“, Ende 1956, in: Rundfunkmuseum der Stadt Fürth, Nr. 74. Das Dokument wurde im Vorfeld des Geschäftsberichts 1956/57 verfasst. Vgl. zudem als weitere Selbstdiagnose bzw. Formulierung des eigenen Leitbildes: FUNKSCHAU-Gespräch mit Max Grundig, in: Funkschau 38 (1966), H. 9. Sowie Presseinformationen 23/1957 anlässlich des Fünfmillionsten Grundig Gerätes in 10 Jahren, in: Rundfunkmuseum der Stadt Fürth, Nr. 74. Ähnlich Steiner in seiner Überblicksdarstellung zur Entwicklung der Branche in den 1950er Jahren: Steiner: Ortsempfänger, Volksfernseher und Optaphone, S. 285–292.

433 Wittke: Wie entstand industrielle Massenproduktion?, S. 105–109.

434 Vgl. als Zusammenstellung: Grundig Unternehmen, Mai 1961, in: PCA, Nr. 881.

einzusparen.[435] Die Presseinformationen zum fünfmillionsten Grundig-Gerät weisen für das Jahr 1957 bei 20.000 Beschäftigten einen Anteil von 70 % Frauen aus, die hauptsächlich in der Produktion arbeiteten. Daneben waren aber auch 500 Ingenieure in der Neuentwicklung sowie 250 im Bereich der Automation tätig.[436] Die Produktion war nämlich nicht durch einfache, unkoordinierte und lohnkostenminimierende Handarbeit wie bei anderen Brancheneinsteigern geprägt.[437] Sie wies stattdessen bereits zu Beginn der 1950er Jahre ein hohes Maß an tayloristischer Rationalisierung zur Integration der ungelernten Arbeitskräfte auf, die von den Telefunken-Ingenieuren bei ihrem Besuch zu Beginn der 1950er Jahre in Nürnberg als „erstaunlich" charakterisiert wurde.[438] Philips-Ingenieure diagnostizierten zu Beginn der 1960er Jahre sogar einen „äußerst rationalen und zum Teil voll automatisierten" Produktionsprozess.[439] Weitere Quellen stützen diese Einschätzungen. So zeigen die im Rundfunkmuseum Fürth überlieferten Fotografien aus Werk 6 in Dachau die charakteristische Mischung aus Fließbandarbeit und standardisierten, tayloristischen Tätigkeiten der Frauen bei der Lötung der Fernsehchassis, die durch entsprechende Kontrolleure überwacht wurden.[440] Darüber hinaus belegt die Beschreibung der Tonbandgeräteproduktion in Bayreuth anlässlich der bereits erwähnten Feierlichkeiten zum Fünfmillionsten Grundig-Gerät ebenfalls diese Einschätzungen, indem sie voller Stolz die Galvanik-Vollautomaten zur Herstellung einzelner Bauelemente und die automatischen Prüfverfahren zur Qualitätssicherung herauskehrt.[441]

Der Ausbau der Produktionsstätten wurde von einem hohen unternehmerischen Risiko begleitet. Zur Finanzierung des Aufbaus reinvestierte Max Grundig nahezu sämtliche Gewinne erneut in das Unternehmen.[442] Allerdings wuchs das

---

435 Wittke: Wie entstand industrielle Massenproduktion?, 132.139.

436 Presseinformationen 23/1957: Fünf Millionen Grundig-Geräte in 10 Jahren, in: Rundfunkmuseum der Stadt Fürth, Nr. 74. Die Geschlechteranteile konnten für die Ingenieursberufe nicht rekonstruiert werden. Es ist allerdings davon auszugehen, dass diese Stellen nahezu, wenn nicht sogar vollständig mit Männern besetzt waren. Vgl. Ebd. Die Beschäftigtenanzahl widerspricht den Angaben in den Geschäftsberichten und den Ausführungen von Rudolf.

437 Die übrigen Newcomer der Branche waren eher durch eine einfache Produktionsorganisation geprägt, indem sie das Reparaturgeschäft um die eigene Produktion ergänzten. Vgl. Kirpal/ Vogel: Eine Branche am Rande der wirtschaftspolitischen Aufmerksamkeit?

438 Besuch bei der Firma Grundig, 1.3.1951, in: DTMB/AEG, C-FA AEG-Telefunken 06089.

439 Grundig Unternehmen, Mai 1961, in: PCA, Nr. 881.

440 Fotoalbum mit Bildern vom 18.10.1961 im Werk Dachau, in: Rundfunkmuseum der Stadt Fürth, Nr. 187. Siehe mit einem Hinweis auch: Die neuen Größen, in: Der Spiegel 3/1958.

441 Beschreibung des Tonbandgerätewerks Bayreuth, in: Rundfunkmuseum der Stadt Fürth, Nr. 74.

442 Geschäftsbericht über das Jahr 1956/57, in: ebd.

Stammkapital zumindest zu Beginn nicht im Einklang mit den steigenden Umsätzen.[443] Neben auftretenden Problemen mit fristgerechten Bezahlungen war auch die Bonität fraglich, insbesondere weil sich viele Neueinsteiger nicht auf dem Markt behaupten konnten und, wie Brunner-Schwer in dem obigen Zitat betont, die Konkurrenten auch mit einem Scheitern Grundigs rechneten. Die notwendigen Kredite zum Ausbau stellte lediglich die Bayerische Hypotheken- und Wechselbank zur Verfügung. Abgesichert wurden diese zu Beginn der 1950er Jahre durch ein ausgeklügeltes Vertriebssystem, in dem mit Werksvertretern feste Abnahmequoten der Gesamtproduktion vereinbart und diese zukünftigen Zahlungen dann als Sicherheiten bei der Bank hinterlegt wurden. Im Verlauf der 1950er Jahr professionalisierte sich nicht nur das Vertriebssystem durch die Gründung einer eigenen Vertriebsgesellschaft und die an die Preisbindung geknüpfte Belieferung von Groß- und Einzelhändlern, sondern mit wachsendem Erfolg auch die bonitätsbedingte Finanzierung.[444]

Die Voraussetzung, und damit auch prägend für den Erfahrungs- und Erwartungsraum, war ein außerordentliches Wachstum. Um die Produktionsstätten unabhängig von inländischen Nachfragekonjunkturen ganzjährig auszulasten und somit die economies of scale zu optimieren, fokussierte sich Grundig früh auf das Exportgeschäft.[445] Zwar konnte das Unternehmen nicht, wie beispielsweise Telefunken, auf ausländische Unternehmenskontakte aus der Vorkriegszeit zurückgreifen. Man bemühte sich jedoch seit 1950 um den Aufbau von Vertriebsstrukturen, schwerpunktmäßig in den europäischen Nachbarländern und den USA.[446] 1956 generierte das Unternehmen bereits 44 % des Umsatzes durch Exporte.[447] In der in den 1950er Jahren stark exportorientierten Industrie stellte Grundig 1956 damit 30 % der Gesamtexporte.[448] Bis 1960 wuchs der Anteil der Exporte an Grundigs Gesamtproduktion auf 50 %, wobei davon 90 % in die europäischen Nachbarländer und die USA geliefert wurden.[449] Die Umsatzausweitung im Inland und Ausland verlief im Gleichschritt und belegt damit nochmals die Bedeutung des Exportgeschäfts.

443 Vgl. Die neuen Größen, in: Der Spiegel 3/1958.
444 Vgl. Ebd. Bronnenmeyer: Max Grundig, S. 40 – 42; Teupe: Die Schaffung eines Marktes, S. 254 – 255.
445 Zu den Beweggründen: Presseinformation, 6. 3. 1956: Grundig mit 39 % des deutschen Exports in Rundfunk-, Fernseh- und Tonbandgeräte, in: Rundfunkmuseum der Stadt Fürth, Nr. 74.
446 Mit einer Auswertung der Presseberichte siehe die journalistische Arbeit Bronnenmeyer: Max Grundig, S. 47 – 70.
447 Geschäftsbericht über das Jahr 1956/57, in: Rundfunkmuseum der Stadt Fürth, Nr. 74.
448 Vgl. Ebd. Zur Exportorientierung der Industrie in den 1950er Jahren vgl. Kapitel 2.1.
449 „Die Grundig-Unternehmen, Mai 1961", in: PCA, Nr. 881. Fein: Sieben Tage im Leben des Max Grundig, S. 247.

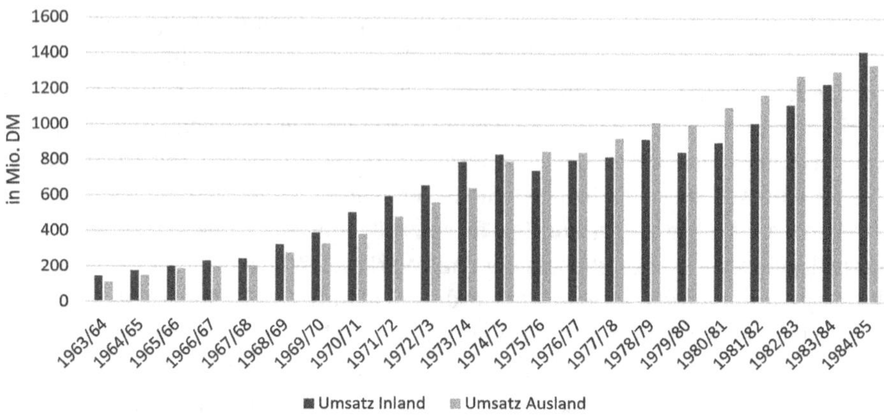

Abbildung 24: Realer Umsatz der Grundig-Gruppe im In- und Ausland.[450]

Auf die wachsenden Exporte folgte in den 1960er Jahren die Errichtung zahlreicher Produktionsstätten im Ausland. 1960 wurde die erste Fabrik in Irland gebaut, an die sich weitere in Portugal, Frankreich, Italien, Österreich und Taiwan anschlossen.[451] Max Grundig folgte damit den typischen Beweggründen deutscher Unternehmen für die Internationalisierung nach dem Zweiten Weltkrieg, die Borsdorf branchenübergreifend herausgearbeitet hat.[452] Leitend für seine Investitionen waren Effizienzüberlegungen, wie entsprechende Skaleneffekte und die Einsparung von Lohnkosten, insbesondere durch die Produktionsstätten in Irland, Portugal und Taiwan. Darüber hinaus zielte Max Grundig auf die Marktzugänge und -informationen in den europäischen Nachbarländern ab.[453] Den eigenen globalen Anspruch manifestierte das Unternehmen zum Ende der 1950er Jahre durch folgende Schriftzüge auf dem Hauptgebäude der Unternehmenszentrale in Fürth: „Europas

450 Zu den Daten vgl. Fußnote 422. Die in den Geschäftsberichten genannten Daten stimmen jedoch in ihrer Summe nicht mit den Gesamtumsatzzahlen überein. Aus den Geschäftsberichten lässt sich nicht ermitteln, ob ggf. Handelsunternehmen oder die Grundig-Bank sowie OEM-Geschäfte einbezogen wurden.

451 Ebd., S. 245–257. Vgl. zu den deutsch-irischen Wirtschaftsbeziehungen mit Grundig als Vorreiter jüngst O'Driscoll, Mervyn: Ireland, West Germany and the new Europe, 1949–73. Best friend and ally?, Manchester 2018.

452 Borsdorf: Die Internationalisierung deutscher Unternehmen nach dem Zweiten Weltkrieg bis 1973, S. 259–263. Darüber hinaus folgt die Entwicklung Grundigs auch den Abläufen von Auslandsdirektinvestitionen, die Mira Wilkins für MNUs herausgearbeitet hat. Auf den Export folgen Verstetigungen der Beziehungen bis zu Produktionsstätten. Zur Eigenständigkeit der Auslandswerke, die Wilkins letzte Stufe bilden, ist es wegen Grundigs Zentralisierung nicht gekommen – siehe hierzu die folgenden Teilkapitel. Wilkins: The growth of multinationals.

453 Vgl. Zukunftsvision Grundig, 23.1.1969, in: PCA, Nr. 881.

größte Rundfunkgerätefabrik" und „Der weltgrößte Tonbandgerätehersteller der Welt".[454]

Den weiteren Erfolgsfaktor, den Brunner-Schwer benennt, nämlich das Gespür für die Bedürfnisse des Marktes bezüglich der Gerätetypen und -gestaltung, ist aus den Quellen heraus schwerer zu belegen, da die hierzu geeigneten Berichte zur Produktplanung und Entwicklung größtenteils nicht vorliegen.[455] Dass die mehrheitlich glorifizierenden Rückblicke von Egon Fein und Christl Bronnenmeyer dies postulieren und vor allem eng an die Unternehmerpersönlichkeit Max Grundig binden, verwundert nicht.[456] Wenig überraschend ist außerdem, dass Max Grundig selbst diese Meriten für sich in Anspruch nahm.[457] Eine gewisse Evidenz ergibt sich jedoch aus drei weiteren Quellenzugängen. Zum einen ist das Marktgespür Max Grundigs – nahezu als common sense – das zentrale Argument in der Presseberichterstattung zur Entwicklung des Unternehmens und zwar sowohl bezüglich seiner Erfolge in den 1950er und 1960er Jahren als auch in den noch zu behandelnden Krisen zum Ende 1970er und den 1980er Jahren.[458] Zum anderen wird es innerhalb des Unternehmens als zentraler Erfolgsfaktor gesehen. Dabei finden sich die Verweise in der Ära Max Grundig sowohl in den Geschäftsberichten als auch in der internen Aushandlung und Beurteilung der Innovations- und Produktionsprozesse.[459] Selbst nach dem Ausscheiden Max Grundigs hob Fritz Lachner, der seit 1959 leitend in der Entwicklungsabteilung tätig und zeitweise im Vorstand aktiv war, diese Eigenschaften in der noch zu behandelnden Korrespondenz mit der neuen Unternehmensleitung hervor.[460] Des Weiteren betonten Philips-Mitarbeiter

---

454 Vgl. Spiegel-Titelstory zu Grundig, in: *Der Spiegel*, 03/1958.

455 Sie sind entweder nicht vorhanden oder noch nicht erschlossen. Da die innerbetriebliche Dokumentation solcher Prozesse aber als äußerst rückständig galt, ist zu befürchten, dass keine adäquaten Quellen überliefert sind. Der Führungsstil Max Grundigs, der auf mündlicher Kommunikation oder kurzen Notizzetteln beruhte, dürfte dazu ebenfalls beigetragen haben.

456 Fein: Sieben Tage im Leben des Max Grundig, S. 248–254. Bronnenmeyer: Max Grundig, S. 72–75.

457 Bspw. FUNKSCHAU-Gespräch mit Max Grundig, S. 279; „Vielleicht habe ich härter gearbeitet". SPIEGEL-Interview mit dem Industriellen Max Grundig über die Ursachen seines Erfolgs, in: Der Spiegel, 20/1978.

458 Beispielhaft: Die neuen Größen, in: Der Spiegel 3/1958. Ein schlecht bestelltes Haus, in: Managermagazin 8/1979. Grundig pocht auf die eigene Leistung. Versäumnisse der deutschen Industrie / Hoffnung auf Video-Recorder, in: FAZ, 22.8.1980, S. 13.

459 Geschäftsbericht über das Jahr 1956/57 sowie dem Referat zu seiner Vorstellung, in: Rundfunkmuseum der Stadt Fürth, Nr. 74. Geschäftsbericht 1983/84, in: BWA, S 011–128. Bericht Lippmann an Grundig, 29.6.1979, in: Rundfunkmuseum der Stadt Fürth, Nr. 188.

460 Vgl. Lachner an Koning: Notiz zur Entwicklung, 7.12.1984, in: Rundfunkmuseum der Stadt Fürth, Nr. 344.

dieses Merkmal in ihren kritischen Unternehmensanalysen Grundigs mehrmals.[461] Sie machten diese Erkenntnis dabei an Beispielen fest. So wurden die frühe Fokussierung auf Auto- und Kofferradios, wie beispielsweise die boy-Reihe, ebenso erwähnt wie die Fernbedienung.[462]

Am anschaulichsten, und wohl in einem ihrer entscheidendsten Momente, zeigt sich das Zusammenspiel der drei Erfolgsfaktoren bei der bereits genannten Erlangung der Marktführerschaft bei Farbfernsehgeräten zu Beginn der 1970er Jahre. Diese ist auf die Einführung der „Super Color"-Reihe zurückzuführen. Als erstes Unternehmen weltweit setzte Grundig mit den „Super-Color" Modellen die Modulbauweise des Chassis konsequent um. Das Chassis ist das technische Herz des Fernsehers, d. h. eine Platte, auf der sämtliche elektronische Bauelemente angebracht sind. Wurden diese zuvor einzeln verbaut, fasste Grundig mehrere integrierte Schaltungen, die aus Halbleiterbauelementen bestanden, zu einem steckbaren Modul zusammen.[463] Durch die damit verbundene Verwendung modernster Mikroelektronik wurde die Fehleranfälligkeit der Geräte verringert, der Service durch eine leichte Austauschbarkeit defekter Elemente erleichtert und die Produktion weiter rationalisiert.[464] Die produkt- und produktionsorientierte Innovation resultierte in einer neuen Stufe der Standardisierung, die in Kombination mit dem Ausbau der Produktionsstätten in Nürnberg-Langwasser hohe Stückzahlen zu angemessenen Preisen ermöglichte und somit dem eingeschlagenen Pfad der Optimierung der economies of scale folgte. Deren Auslastung wurde zudem durch eine Ausdehnung des Exports um 32 % befördert, sodass dieser im Geschäftsjahr 1972/73 insgesamt 46 % des Umsatzes ausmachte.[465] In einer dialektischen Perspektive ermöglichten diese Maßnahmen erst die sinkenden Fabrikabgabepreise der Farbfernseher während der 1970er Jahre und wurden gleichzeitig durch diese weiter vorangetrieben.[466]

---

461 Notiz Alldephi zur Organisation der Grundig-Gruppe, 25. 8. 1970, in: PCA, Nr. 881. Sowie Grundig-Exposé von Philips, 7. 11. 1975, in: PCA, Nr. 881.

462 Siehe auch: Fein: Sieben Tage im Leben des Max Grundig, S. 248–254.

463 Vgl. zur technischen Ausgestaltung erläuternd: Farbfernsehchassis modernster Konzeption, in: Funktechnik 4/1972. Zur zeitgenössischen Einordnung der Entwicklung zudem: Breitenacher u. a.: Elektrotechnische Industrie, S. 196–197.

464 Aus der Konsumentenperspektive: Farbfernsehgeräte, in: Test 7 (1972), H. 6, S. 230–236. Aus der Unternehmensperspektive: Wir und unser Betrieb. Werkszeitschrift für die Grundiggruppe, 2/73, in: Rundfunkmuseum der Stadt Fürth, Nr. 346. Sowie Geschäftsbericht 1972/73, in: BWA, S 011–128.

465 Jahresbericht: Grundig macht großen Sprung nach vorn, in: Wir und unser Betrieb. Werkszeitschrift für die Grundiggruppe, 2/73, in: Rundfunkmuseum der Stadt Fürth, Nr. 346.

466 Zu den sinkenden Fabrikabgabepreisen: Teupe: Die Schaffung eines Marktes, S. 68.

Die Produktionsstätten in Nürnberg-Langwasser wurden aufgrund ihrer Größe von über 500.000 qm und 10.000 Arbeitsplätzen als „Grundig-Stadt" bezeichnet, in deren unmittelbarer Nähe zudem 1000 Werkswohnungen gebaut worden waren.[467] Sie zählten zu Beginn der 1970er Jahre zu den modernsten Produktionsstätten der Welt und zeichneten sich durch eine umfassend rationalisierte und automatisierte Massenproduktion aus.[468] Neben automatischen Löt- und Kontrollsystemen beeindruckte Besucher vor allem eine ca. 2,5 km lange Schleppgehängeförderanlage als Verbindung zwischen den verschiedenen Produktionsprozessen, die den fordistischen Produktionscharakter unterstrich. Die Kosten zur Errichtung der Fabrik beliefen sich auf 90 Mio. DM. Finanziert wurde diese durch den Verkauf der Triumph und Adler Werke an Litton Industries im Jahr 1968.[469]

Die 1955/56 erworbenen Motorrad- und Büromaschinenhersteller Triumph Werke Nürnberg AG und die Adlerwerke waren der einzige Diversifizierungsversuch Grundigs. Durch eine Umstrukturierung der Unternehmen und eine Konzentration auf das Büromaschinengeschäft, mit einem Schwerpunkt auf Schreibmaschinen sowie „Rechenmaschinen", steigerte der Unternehmensbereich von 1958 bis 1968 die Gewinne kontinuierlich von ca. 1 Mio. auf 12 Mio. DM. Die Rendite steigerte sich bei Triumph von 5 % auf 12 %, bei Adler von -5 % auf ca. 5 %.[470] Die Renditekurve hatte ihren Hochpunkt jedoch in den Jahren 1964/65 erreicht. Die Ursache wurde in einer zunehmenden internationalen Konkurrenz gesehen. So begründete Max Grundig den Verkauf damit, dass Investitionen in Milliardenhöhe notwendig seien, um mit Konkurrenten wie IBM oder Olivetti mithalten zu können, die massiv in das „Computer-Zeitalter" drängen würden. Stattdessen wolle man mit den generierten Verkaufserlösen das Kerngeschäft der Unterhaltungselektronik ausbauen.[471] Neben dem Ausbau der Nürnberger Produktionsstandorte forcierte Max Grundig „die Ausdehnung der Grundig-Gruppe zu einem multinationalen

467 Vgl. Public Relations Grundig, 18.09.1970, in: Stadtarchiv Nürnberg, E 9 / 19 Nr. 4. Im Stadtarchiv Nürnberg befinden sich vereinzelte Presseinformationen Grundigs sowie Ausgaben der Grundig Revue.

468 Vgl. hier sowie folgend die detaillierte Beschreibung: Die „Grundig-Stadt", in: Funkfachhändler: Wirtschaftsblatt für Fernsehen, Rundfunk, Hifi, Phono 22 (1970), H. 10.

469 Vgl. hier und im Folgenden: Erklärung an die Presse: Grundig verkauft Triumph und Adler sowie Zukunftsvision Grundig, 23.01.1969, in: PCA, Nr. 881. Zudem Vermerk zur Umwandlung der Grundig Werke GmbH in eine Aktiengesellschaft, in: BayHSta, Nachlass Schedl, Otto, 498.

470 Vgl. zu den Zahlen: Grundig verkauft Triumph und Adler sowie Zukunftsvision Grundig, 23.01.1969, in: PCA, Nr. 881. Zumindest in Teilen verifizierbar durch: Die Grundig-Unternehmen, Mai 1961, in: PCA, Nr. 881.

471 Vgl. Ansprache Max Grundig im Zusammenhang zum Verkauf an Litton Industries, 7.11.1968, in: Rundfunkmuseum der Stadt Fürth, Nr. 188. Sowie Protokoll zum Gespräch mit Max Grundig, 10.10.1967, in: PCA, Nr. 881.

Unternehmen“, indem er insbesondere die europäischen Produktionsstätten erweiterte.[472]

Dass Max Grundig diese hohen Investitionen um 1970 tätigte, zeugt allerdings auch von seiner Risikobereitschaft und dem angedeuteten Marktgespür. Nicht nur, dass sich die gesamtwirtschaftliche Großwetterlage um 1970 langsam eintrübte, gerade der Farbfernsehabsatz stockte in diesem Zeitraum, sodass zahlreiche Unternehmen beispielsweise Kurzarbeit anmelden mussten.[473] Geradezu antizyklisch investierte Max Grundig jedoch massiv in die Erweiterung der Produktionskapazitäten, sodass er zum Zeitpunkt der gestiegenen Farbfernsehgerätenachfrage um 1972 zu guten Preisen liefern konnte. Ihm kam dabei zupass, dass die Olympischen Spiele 1972 und die Weltmeisterschaft 1974 im eigenen Land die Nachfrage in unerwartetem Maße befeuerten.[474] Da er zusätzlich als Ausstatter der Olympischen Spiele fungierte, bot sich ihm eine nationale und internationale Werbeplattform.[475]

Ingo Köhler hat die These vertreten, dass die Diversifizierungsbestrebungen einen entscheidenden Beitrag zum Niedergang diverser „Wirtschaftswunderunternehmen“ geleistet haben.[476] Daher liegt die kontrafaktische Schlussfolgerung nahe, dass gerade die (Re)Konzentration Grundigs auf das Kerngeschäft, das sich in der „Grundig-Stadt“ manifestierte, wesentlich zum Bestand aber auch Erfolg des Unternehmens bis in die späten 1970er Jahre beigetragen hat – insbesondere auch im Vergleich zu Telefunken oder Blaupunkt, die während der gesamten 1970er Jahre keine Gewinne erwirtschafteten.[477] Die genannten Erfolgsfaktoren und die daraus resultierenden Pfadabhängigkeiten, nämlich die Fokussierung auf die economies of scale und das eng an Max Grundig geknüpfte Gespür für den Markt mit der verbundenen Risikobereitschaft, prägten das Unternehmen auch in seinen Reaktionen auf die „Japanische Herausforderung“ und kehrten sich dabei in Teilen vom Erfolgsfaktor zur Ursache des Misserfolgs um, wie noch zu zeigen sein wird.

3.1.2 Die Umstrukturierung der Unternehmensorganisation

Dass in der bisherigen Beschreibung der Unternehmensentwicklung häufig Max Grundig als handelnder Akteur genannt wurde, resultiert aus der Unterneh-

472 Grundigs Zukunftsvision, 23.1.1969, in: PCA, Nr. 881.
473 Teupe: Die Schaffung eines Marktes, S. 64. Sowie Bronnenmeyer: Max Grundig, S. 76.
474 Der Markt der Unterhaltungselektronik aus Telefunken-Sicht, in: Funk-Technik 30 (1975), 1/2.
475 Geschäftsbericht 1972/73, in: BWA, S 011–128.
476 Köhler: Havarie der „Schönwetterkapitäne“? Die Wirtschaftswunderunternehmen in den 1970er Jahren.
477 Vgl. Kapitel 3 sowie Bähr/Erker: Bosch, S. 379–383.

mensstruktur. Nicht umsonst charakterisierte die Wochenzeitung Die Zeit das Unternehmen zugespitzt als „Ein-Mann-Konzern".[478] Weniger schmeichelhaft verglich ihn sein bereits erwähnter, langjähriger Entwicklungsleiter Fritz Lachner in einem Zeitzeugeninterview 2008 mit „Napoleon".[479] Lachners Skizzierung der Arbeits- und Entscheidungsabläufe deckt sich mit den Presseberichten sowie Gesprächen mit Philips-Vertretern. Die – häufig abendlichen – Besprechungen des engen Führungsteams waren die zentrale, wenig bürokratische, eher informelle Institution zur Weiterentwicklung des Unternehmens.[480] Personell waren die 1950er und 1960er Jahre dabei durch eine hohe Kontinuität unter den Führungskräften gekennzeichnet, insbesondere wenn man die noch zu behandelnden späten 1970er und frühen 1980er Jahre als Referenz hinzuzieht. Mit den produktionstechnischen und kaufmännischen Generaldirektoren Karl Richter und Otto Siewek, der 1970 verstarb, waren zwei Männer der ersten Stunde die leitenden Akteure hinter Max Grundig. Der dritte Generaldirektor und Verantwortliche für die Finanzen Josef Schäfer schied 1965 krankheitsbedingt aus, war jedoch ebenfalls schon seit den frühen Anfangsjahren im Konzern aktiv. Sein Nachfolger Eugen Widmaier wirkte im Anschluss bis in die 1970er Jahre im Unternehmen.[481] Als Alleininhaber und Geschäftsführer war Max Grundig dennoch die zentrale Gestalt, die sämtliche Leitlinien vorgab und als Letztentscheidungsinstanz fungierte. Er führte seinen Konzern bis 1970 als einen Zusammenschluss von GmbHs, die mit dem rasanten Wachstum in den Konzern integriert wurden, ohne jedoch die Führungsstruktur anzupassen. Unterschieden wurde dabei lediglich zwischen Besitz-, Betriebs- und Vertriebsgesellschaften.[482]

Die starke Konzentration des Eigentums und die Ausrichtung der Führungsstruktur auf den Inhaber bzw. Gründer waren, wenn man Christina Lubinskis Studie zu westdeutschen Familienunternehmen folgt, in diesem Zeitraum nicht ungewöhnlich – ebenso wenig wie eine Neustrukturierung mit dem Auslaufen des „Booms".[483] Max Grundig beschäftigte sich mit seiner Unternehmensnachfolge seit

478 Vgl. Grundig – der Ein-Mann-Konzern, in: Die Zeit, 43/1965.

479 Zeitzeugeninterview mit Fritz Lachner, 11.1.2008, in: Rundfunkmuseum der Stadt Fürth, Nr. 187.

480 Vgl. Ebd.; Grundig – der Ein-Mann-Konzern, in: Die Zeit, 43/1965. Sowie Notiz zur Grundig-Gruppe – Organisation, 25.8.1970, in: PCA, Nr. 881. Vgl. zur Kontinuität: Ein schlecht bestelltes Haus, in: Managermagazin 8/1979.

481 Vgl. Ebd. und Wir und unser Betrieb. Werkszeitschrift für die Grundiggruppe, 2/73, in: Rundfunkmuseum der Stadt Fürth, Nr. 346.

482 Vgl. Die Grundig-Gruppe in den Jahren 1967 und 1968, 23.10.1968 sowie Notiz zur Grundig-Gruppe – Organisation, 25.8.1970, beide in: PCA, Nr. 881.

483 Lubinski, Christina: Zwischen Familienerbe und globalem Markt. Eigentum und Management von großen westdeutschen Familienunternehmen im Wandel (1960 bis 2008), in: Zeitschrift

der Mitte der 1960er Jahre.[484] Zu diesem Zeitpunkt war er ca. 60 Jahre alt. Er wollte sein Lebenswerk erhalten, hatte jedoch keine Söhne. Seine Tochter als Nachfolgerin aufzubauen, lag ihm – ganz Kind seiner Zeit – fern. Seinen Schwiegersohn, Wilhelm Scheller, integrierte er hingegen in das Unternehmen mit einer führenden Position im Bereich innerbetrieblicher Dienste.[485] Im Verlauf der 1960er Jahre kam Max Grundig jedoch zu der Erkenntnis, dass Scheller kein geeigneter Nachfolger und nicht fähig sei, das Unternehmen weiter zu führen.[486] Er plante daher, ihn in den Bereich Grundig-Bank, Betriebswohnungen und -versicherungen zu versetzen. Max Grundig fällte die Entscheidung, das Weiterbestehen seines Unternehmens nach seinem Tod von der familiären Unternehmensführung zu trennen. Hierzu gründete er zum 22.02.1970 die Max Grundig-Stiftung[487] und überführte zum 01.04.1972 die vorherigen GmbHs in die Grundig AG. Deren mit dem Stimmrecht verbundenen Aktien hielt zu 99,7 % die Stiftung und zu 0,3 % der Grundig-Familien Verein e.V., der als rechtliche Konstruktion der „Pflege gemeinschaftlicher Familieninteressen der Angehörigen der Familie Grundig" dienen sollte.[488]

für Unternehmensgeschichte 55 (2010), H. 2, S. 228. Vgl. auch: Kollmer-von Oheimb-Loup, Gert/Wischermann, Clemens: Schlüsselkategorie Unternehmernachfolge, in: Kollmer-von Oheimb-Loup, Gert/Wischermann, Clemens (Hrsg.): Unternehmernachfolge in Geschichte und Gegenwart, Ostfildern 2008 (=Stuttgarter historische Studien zur Landes- und Wirtschaftsgeschichte, Bd. 11).

484 Vgl. hier und im Folgenden die Reflexionen Max Grundigs während des vertraulichen Gesprächs mit Hans-Hendrick Neumann, Hauptgeschäftsführer der Valvo GmbH, dem Philips Tochterunternehmen in Deutschland, auf seinem Gut Hohenburg siehe Gesprächsbericht, 07.08.1968, in: PCA, Nr. 881. Sowie Fein: Sieben Tage im Leben des Max Grundig, S. 274–277.

485 Vgl. Wir und unser Betrieb. Werkszeitschrift für die Grundiggruppe, 2/73, in: Rundfunkmuseum der Stadt Fürth, Nr. 346. Notiz zur Grundig-Gruppe – Organisation, 25.8.1970, beide in: PCA, Nr. 881.

486 Ein erster Hinweis findet sich schon zu Beginn der 1960er Jahre, als Scheller nicht das *„nötige Format"* attestiert wird. Siehe: Die Grundig-Unternehmen, Mai 1961, in: PCA, Nr. 881. Bei dem Gespräch mit Neumann stellt Grundig sogar fehlendes *„Vertrauen"* heraus, vgl. Gesprächsbericht, 07.08.1968, in: ebd.

487 Bis zum 01.12.1970 unter dem Namen Max Grundig-Familien-Stiftung. Zur Umbenennung siehe: Genehmigung des Bayerischen Staatsministeriums des Inneren vom 10.12.1970: Satzungsänderung, in: BayHSta, Nachlass Schedl, Otto, 497.

488 Vgl. die Satzung des Grundig-Familien-Vereins, in: ebd. In dieser Akte findet sich auch die Satzung der Max Grundig-Familien-Stiftung. Für die Satzung der Grundig Aktiengesellschaft, siehe: BayHSta, Nachlass Schedl, Otto, 498. Die genaue Funktion des Vereins konnte aus den Akten nicht geklärt werden. Es ist zu vermuten, dass vor allem steuerliche Vorteile bezüglich der Besitztümer und Immobilien im Vordergrund standen. Im Detail hielt die Stiftung 3.637.000 Stammaktien, der Verein 11.000. Stimmrechtslose Vorzugsaktien besaßen jeweils 60.000 Max Grundig und Anneliese Grundig sowie 120.000 Inge Scheller. Vgl. Gründungsbericht der Grundig Aktiengesellschaft Fürth, in: ebd. Zu einem späteren Zeitpunkt wurde Grundig E.M.V. Elektro-Mechanische Versuchs-Anstalt Max Grundig & Co. KG als Holding zwischengeschaltet.

Die Umstrukturierung führte jedoch nicht dazu, dass sich die Führungs- und Machtstrukturen veränderten. Stattdessen blieben die drei Institutionen fest im Griff Max Grundigs. Im Grundig-Familien-Verein war er, laut Satzung, „Erster, alleinvertretungs- und geschäftsführungsberechtigter Vorstand [...] auf Lebenszeit".[489] Darüber hinaus fielen bei Beschlussfassungen Max Grundig 20 Stimmen zu, jedem weiteren Mitglied eine. Zudem hatte er das Recht, den nachfolgenden Vorstand des Vereins zu bestimmen. In der Stiftung, die als Konzernholding konzipiert wurde und deren Stiftungsvermögen die inländischen Betriebsvermögen der Gruppe bildeten, fungierte Max Grundig als alleiniger Vorsitzender auf Lebenszeit. Die beiden einzusetzenden Nachfolger sollten entweder noch von ihm selbst oder durch das Kuratorium der Stiftung unter dem Vorsitz seines engen Freundes Berthold Beitz bestimmt werden.[490] Der Zweck der Stiftung bestand darin, einerseits den Fortbestand des Unternehmens sowie insbesondere der bayerischen Werke zu sichern und andererseits die „gemeinsamen Interessen der Angehörigen der Familie Grundig" zu wahren.[491] Ersterer Punkt wurde in der Öffentlichkeit aber deutlich stärker betont, sodass der Industriekurier sogar von einer „Form der Sozialisierung" sprach.[492] Dabei ist nicht zu verneinen, dass im Zusammenspiel zwischen Gewinnabführungsvertrag an die Stiftung und gleichzeitig möglicher Refinanzierung der Unternehmensbelange der Ausbau des Unternehmens vorangetrieben und der Bestand gesichert werden sollte. Gleichwohl wurde dadurch auch die Familie auf Dauer finanziell abgesichert, sodass der Begriff der Sozialisierung weniger zutrifft. Die zwei Jahre später folgende Transformation in eine Aktiengesellschaft gab dem neuen Unternehmenskonstrukt seine endgültige Form. Max Grundig setzte sich zwar nicht als Vorstands-, sondern lediglich als Aufsichtsratsvorsitzenden ein. Er zog sich aber nicht aus dem operativen Geschäft zurück. Stattdessen etablierte er ein Präsidium oberhalb der Vorstandsebene. Dieses setzte sich aus zwei durch die Hauptversammlung gewählten Aufsichtsratsmitgliedern, dem Vorstandsvorsitzenden und ihm selbst zusammen.[493] Dem Gremium oblagen u. a. sämtliche Entscheidungen zum Erwerb und Verkauf von Unternehmungen und Betriebsstätten, die Ernennung und Entlassung leitender Mitarbeiter, die Beurteilung und Planung technischer Neuentwicklungen, die

489 Vgl. Satzung des Grundig-Familien Vereins e.V., in: BayHSta, Nachlass Schedl, Otto, 497.

490 Vgl. Satzung der Max Grundig-Familien Stiftung sowie Protokoll der konstituierenden Sitzung des Kuratoriums der Max Grundig-Familien-Stiftung, 8.5.1970 in Hohenburg, in: ebd.

491 Vgl. ebd.

492 Vgl. Pressekonferenz zur Gründung der Stiftung, in: ebd. sowie die Ausgabe des Industriekuriers vom 14.5.1970.

493 Vgl. hier und folgend: Geschäftsordnung der Grundig Aktiengesellschaft sowie erläuternd das Schreiben von Max Grundig an Otto Schedl, 14.1.1972, in: BayHSta, Nachlass Schedl, Otto, 498.

Finanzplanung und Aushandlung von Kooperationen. Die Beschlüsse sollten mit einer Stimmmehrheit gefasst werden, wobei „jedoch gegen die Stimme des Herrn Dr. h.c. Grundig ein wirksamer Beschluß nicht zustande" kommen konnte.[494] Folglich sicherte sich Max Grundig weiterhin die alleinige Entscheidungsgewalt bei sämtlichen strategischen Entscheidungen und formalisierte bis zu einem gewissen Grad die zuvor bereits stattgefundenen Gesprächsrunden im kleinen Kreis der vertrauten Führungskräfte.

Zwar eröffnete die neue Unternehmensstruktur eine Organisationsstraffung und durch das Zusammenspiel von Stiftung und AG eine verbesserte Finanzierungs- und Wachstumsmöglichkeit mit Kapitalerhöhungen. Das Nachfolgerproblem wurde damit jedoch nicht gelöst und begleitete die Grundig AG in der Auseinandersetzung mit der „Japanischen Herausforderung" während der gesamten 1970er und den beginnenden 1980er Jahren.

3.1.3 Die Anfänge der Unternehmensbeziehungen zwischen Grundig und Philips

Nachdem Max Grundig die Transformation seines Unternehmens in eine Aktiengesellschaft verkündet hatte, begannen journalistische Spekulationen zu den Beweggründen. Die offiziell genannten Argumente, wie die Sicherung des Unternehmens mit der Abkoppelung von der familiären Unternehmensführung, die Organisationsstraffung und das weitere Wachstum des Konzerns, wurden durchaus breit rezipiert.[495] Es mehrten sich Stimmen, die vermuteten, dass die Schritte eigentlich der Vorbereitung einer externen Beteiligung oder sogar Übernahme dienen würden.[496] Auch wenn die Aktien nicht an der Börse gehandelt werden sollten, so würde eine entsprechende Struktur doch die Wertermittlung und Anteilsübernahme erleichtern. Offiziell wurden diese Absichten verneint. Dass die Journalisten damit jedoch nicht gänzlich falsch lagen, zeigen die Verhandlungen der Führungsetagen von Philips und Grundig, die zwischen 1967 und 1970 über eine Beteiligung diskutierten.

Die engen Unternehmenskontakte fußten auf drei Spezifitäten der Beziehung. Erstens konkurrierten Grundig und Philips direkt auf den europäischen Unterhaltungselektronikmärkten. Mit dem bereits skizzierten Wachstum Grundigs und der Ausdehnung der Exporte in den 1950er und 1960er Jahren trotzte man Philips

494 Vgl. die Geschäftsordnung, in: ebd.

495 Vgl. bspw. Sammlung zu Reaktionen der Presse auf die Pressekonferenz zur Gründung der Stiftung, in: BayHSta, Nachlass Schedl, Otto, 497.

496 Vgl. Will nicht mehr schuften..., in: Die Zeit 35/1971.

einige europäische Marktanteile ab.[497] Zweitens profitierte Philips gleichzeitig von Grundigs Erfolgen, da Grundig der größte Bauelementekunde war. Im Geschäftsjahr 1967/68 bezog Grundig allein von Valvo, der Bauelemente-Tochter der Allgemeinen Deutschen Philips Industrie GmbH (Alldephi), Farbbildröhren für Fernseher im Wert von 11,1 Mio. DM.[498] Im Jahr 1969 betrug der Gesamtwert der abgenommenen Bauelemente ca. 50 Mio. DM, 1977 sogar 350 Mio. DM.[499] Diese beiden Faktoren machten Grundig drittens – als Lösung des aufgespannten Zielkonfliktes – zu einem begehrten Kooperationspartner für Philips, weil man das Knowhow Grundigs nutzen, die Bauelemente auf entsprechende Produkte abstimmen und damit den Absatz sichern sowie den Wettbewerbsdruck mildern konnte, indem man insbesondere die Gefahr von Parallelentwicklungen inkompatibler Systeme minimierte. Diese Synergieeffekte galten selbstverständlich auch aus der Perspektive Grundigs und das sogar noch potenziert, da man der deutlich kleinere Partner in der Zusammenarbeit war. Grundig böte sich zudem der Zugang zu Philips' Grundlagenforschung bei Bauelementen und Geräten, die Chandler als „europe's learning base" charakterisierte und die in dem Maße bei Grundig im eigenen Konzern nicht vorhanden war.[500]

Der erste Kooperationsversuch mündete jedoch in der von Max Grundig so bezeichneten „Cassetten-Affäre".[501] Seit den beginnenden 1960er Jahren arbeiteten Philips und Grundig gemeinsam an einer Tonbandkassette.[502] Parallel dazu – ohne Absprache mit Grundig – trieb Philips die Entwicklung einer weiteren inkompatiblen Kassette voran. Damit konfrontiert beendete Max Grundig die Zusammenarbeit und brachte gemeinsam mit Telefunken, Blaupunkt und Uher 1965 die Eigenentwicklung „DC-International" als wiederum inkompatibles Konkurrenzprodukt auf den Markt. Diese baute wesentlich auf der vorherigen gemeinsamen Entwicklung auf. Trotz der längeren Spieldauer, zunächst geringerer Kosten und höherer Rentabilität konnte sich das System jedoch nicht gegen die

497 Vgl. Die Grundig-Unternehmen, Mai 1961, in: PCA, Nr. 881. Und Zukunftsvision Grundig, 23.01.1969, in: PCA, Nr. 881.

498 Notiz von Alldephi, Grundig Gruppe in den Jahren 1967/68, in: PCA, Nr. 881.

499 Neumann (Valvo) an Wijns (Vorstand Philips): Auswirkungen der Zusammenarbeit von Philips und Grundig auf die Bauelementeindustrie, 3.10.1969, in: PCA, Nr. 881. Sowie Grundig-Exposé, 4.8.1977, in: PCA, Nr. 881.

500 Vgl. prägnant den Briefwechsel zwischen Max Grundig und Frits Philips, 05.08., 21.08., 28.08.1968, in: PCA, Nr. 881. Zu Chandlers Charakterisierung: Chandler: Inventing the electronic century, S. 72–78.

501 Protokoll über die Cassetten-Besprechung bei der Firma Grundig, 10.09.1965, in: PCA, Nr. 881.

502 Vgl. zur Geschichte des Konfliktes knapp: Fruth: Record.Play.Stop. – Die Ära der Kompaktkassette, S. 92–93.

Philips „Compact-Cassette“ durchsetzen, die sich als Weltstandard etablierte.[503] Die Ursachen lagen zum einen in der (nahezu) kostenlosen Lizenzpolitik Philips, insbesondere gegenüber den japanischen Wettbewerbern, und zum anderen in einem Qualitätsvorsprung beim Abspielen von Musik, der für Grundig in seinem Fokus auf die Tonbandgeräte weniger relevant war.[504] Max Grundig schien die Bedeutung der Beziehungen bewusst zu sein und so schlug er bereits Ende 1965 trotz der ausgedrückten Enttäuschung wieder versöhnlichere Worte an. Im Gesprächsprotokoll wurde betont:

> Auf der anderen Seite möchte Grundig nicht mit Philips in einem dauernden Kampf leben und suche deshalb nach Lösungen, die für beide Seiten tragbar seien.[505]

Diese Lösung wurde 1967 in einer ersten Grundsatzvereinbarung festgehalten, die als Absichtserklärung die technische Zusammenarbeit und eine zukünftige Beteiligung Philips an Grundig vorsah.[506] Sie berücksichtigte damit die zu diesem Zeitpunkt primären Intentionen in den speziellen Beziehungen der beiden Vertragspartner. Grundig eröffnete sich die technische Zusammenarbeit und eine dauerhafte Lösung des Nachfolgeproblems in seinem Unternehmen. Philips sah die Option, durch die Beteiligung und Zusammenarbeit die Absatzmöglichkeiten der Bauelemente zu sichern sowie langfristig ein prosperierendes Unternehmen und direkten Konkurrenten in den eigenen Konzern zu integrieren.[507] Bezüglich der technischen Zusammenarbeit einigte man sich schnell auf eine Vielzahl von Projekten, die in den kommenden Jahren angegangen werden sollten: die Errichtung einer gemeinsamen Autoradiofabrik in der Nähe von Saarbrücken, gemeinsame Optimierung der 110° Bildröhre, Entwicklung eines einheitlichen Fernseh-Chassis, Austausch von Produkten zur Vervollständigung der eigenen Programme, beispielsweise bei Messgeräten, Abstimmung der Entwicklung bei Cassetten- und Tonbandgeräten zwecks Normung und Bauelementen und auch der Austausch

---

503 Vgl. hier und im Folgenden Philips Vermerk zum Vergleich der Produkte, 10.11.1965, in: PCA, Nr. 881.

504 Vgl. auch Protokoll über die Cassetten-Besprechung bei der Firma Grundig, 10.09.1965, in: ebd.

505 Ebd.

506 Das Originaldokument ist nicht überliefert. Es wird jedoch umfassend in dem bereits genannten Briefwechsel zwischen Frits Philips und Max Grundig skizziert: Briefwechsel zwischen Max Grundig und Frits Philips, 05.08., 21.08., 28.08.1968, in: ebd.

507 Vgl. Notiz betreffend „Max“, 25.2.1969, in: PCA, Nr. 881. In dieser Notiz legt Philips seine Strategie dar und vergleicht sie mit Grundigs Beweggründen.

integrierter Schaltungen.[508] Die Verhandlungen bezüglich einer Beteiligung bzw. Übernahme gestalteten sich deutlich schwieriger. Das erste Problem bestand in der Wertbemessung des Unternehmens. Aufgrund der bereits dargelegten Unternehmensstruktur lagen die Vermögensverhältnisse nicht klar. Daher einigte man sich 1967 darauf, dass Max Grundig seine Unternehmen zeitnah zunächst in eine Aktiengesellschaft zu überführen habe.[509] Es ist wahrscheinlich, dass die Unternehmensumstrukturierung bereits hier ihren gedanklichen Ursprung hat, auch wenn ein direkter Verweis in den zitierten Gründungsakten der Stiftung und der AG nicht vorliegt. Den Wert des Unternehmens schätzte man bis zu diesem Zeitpunkt auf 1 Mrd. DM.[510] Das zweite Problem waren die divergierenden Ansichten zur Art und Weise der Beteiligung. Max Grundig betonte immer wieder, dass er das Unternehmen zunächst alleine weiterführen wolle.[511] Selbst bezüglich eines Zeitrahmens für einen Einstieg oder die Übernahme der Geschäftsführung wollte er sich nicht festlegen, sondern zu einem späteren Zeitpunkt entscheiden. Als Orientierungsgröße standen zwischenzeitlich fünf Jahre im Raum.[512] Nicht nur dieses Changieren und Taktieren erzürnte die Unterhändler Philips'. Auch Max Grundigs Forderung nach einfachen Lösungen konterkarierte die Komplexität der Situation, da neben seinen Befindlichkeiten auch kartellrechtliche Rahmenbedingungen zu beachten waren.[513] So wurde eine direkte Beteiligung von 24,9 % aus diesen Gründen verworfen. Ebenso lehnte Max Grundig eine direkte Beteiligung über 10 %, eine Beteiligung über eine Schweizer Holding sowie einen komplexen Stufenplan ab, in dem sich Philips bis 1975 in drei Stufen jeweils an Kapitalerhöhungen beteiligen sollte, um dann 51 % und die unternehmerische Führung zu festen Konditionen zu übernehmen.[514]

Dass Philips auf eine konkrete Beteiligung drängte, lag einerseits im fehlenden Vertrauen in die Managementfähigkeiten des Unternehmens. Andererseits fürch-

---

508 Vgl. als zusammenfassende Auflistung: Grundig an LeClercq, 9.5.1969, in: ebd. Protokoll: Gespräch mit Vertretern von Grundig, 1.9.1967, in: PCA, Nr. 881. Aktennotiz, Herr Dr. Grundig, 11.5.1967, in: ebd.

509 Gespräch mit Vertretern von Grundig, 1.9.1967 sowie die Bestätigung im Brief von Grundig an le Clercq, Vorstandsmitglied bei Philips, 28.11.1967, beide in: ebd.

510 Notiz betreffend „Max", 25.2.1969, in: PCA, Nr. 881.

511 Vgl. bspw. Besuch von Neumann, Valvo, bei Grundig, Gesprächsbericht, 7.8.1968, in: PCA, Nr. 881.

512 Vgl. Ebd., sowie „Zusammenfassung bisheriger Entwicklungen, 5.8.1968", die sich ebenfalls in der Akte befindet.

513 Vgl. Ebd. und Notiz betreffend „Max", 25.2.1969, in: PCA, Nr. 881.

514 Vgl. Besuch von Neumann, Valvo, bei Grundig, Gesprächsbericht, 7.8.1968, in: PCA, Nr. 881. Notizen zu Grundig, 17.4.1970, in: PCA, Nr. 881.

tete man die Beteiligung anderer Elektrokonzerne an Grundig.[515] Auch bei Siemens galt Grundig aufgrund der hohen Abnahmezahlen und dem damit verbundenem Einfluss auf die Produktion als „Leitkunde“ und damit als potentieller Kooperationspartner.[516] Im Gegensatz zu Philips war Siemens jedoch durch den Starkstrombereich geprägt und daher in Produktion und Grundlagenforschung weniger auf die „braune Ware“ fokussiert.[517] Dies spiegelte sich nicht nur in den überschaubaren Erfolgen am Markt, sondern damit zusammenhängend auch in der Ausgliederung der Produktion aus dem Kerngeschäft im Jahr 1957. Schließlich wurde die Unterhaltungselektroniksparte 1967 sogar in die Bosch-Siemens-Hausgeräte GmbH überführt, deren Schwerpunkt eigentlich die Haushaltsgeräte bildeten.[518] Nichtsdestotrotz war Grundig als Abnehmer der Bauelemente zur Auslastung der Produktionskapazitäten elementar. Folglich gab es auch lose Verhandlungen zwischen den beiden Häusern.[519] Max Grundig präferierte jedoch eine Zusammenarbeit mit Philips, da er sich die doppelten Synergieeffekte im Bauelemente- und Gerätesektor für sein Unternehmen erhoffte.[520]

Letztendlich lies sich Max Grundig auf keinen bindenden Vertrag für eine Beteiligung oder Übernahme ein. Er versicherte jedoch, dass Philips weiterhin sein erster Ansprechpartner sei.[521] Damit blieb auch in dieser Konstellation die Nachfolgeregelung offen, obgleich der Grundstein für die Übernahme durch Philips gelegt wurde. Die Verhandlungen zur Technologiekooperationen mündeten nämlich in einem für die 1970er und 1980er Jahre wegweisenden Vertrag.[522] Man einigte sich auf eine enge, fünfzehnjährige Forschungskooperation bei Radioempfängern, Fernsehern, Tonband-, Mess- und Videogeräten sowie der Produktionstechnik. In-

515 Vertrauliche Notiz: Analyse der Abschlüsse der Grundig-Gruppe, 16.4.1970, in: ebd.

516 Zeitzeugenaussage des ehemaligen Fernsehentwicklungsleiter Klein bei Grundig. Zitiert nach: Fickers: Der „Transistor“ als technisches und kulturelles Phänomen, S. 60. Dort findet man auch eine Kontextualisierung.

517 Vgl. Erker, Paul: Forschung und Entwicklung in der Transistortechnologie. Entscheidungszwänge und Handlungsspielräume am Beispiel Siemens und Philips, 1947–1960, in: Technikgeschichte 60 (1993).

518 Die Geschichte der Siemens Unterhaltungselektronik ist nicht aufgearbeitet. Zur Zusammenarbeit zwischen Bosch und Siemens liegen nur wenige knappe Hinweise vor: Vgl. Wölfel, Sylvia: Weiße Ware zwischen Ökologie und Ökonomie.2014, S. 86–88 (=Hochschulschriften zur Nachhaltigkeit, Bd. 70); Bähr/Erker: Bosch, S. 376–378. Mit wenigen Hinweisen zu Siemens: Reindl: Wachstum und Wettbewerb in den Wirtschaftswunderjahren, S. 236–237.

519 Die Überlieferung zu den Gesprächen findet sich in der Akte mit der Signatur 22509 in den Siemens-Archiven. Das Archiv ist leider seit 2020 geschlossen, sodass sie nicht eingesehen werden konnte. Die Beurteilung stützt sich folglich auf die Grundig-Aussagen gegenüber Philips.

520 Vgl. Grundig: Überlegungen zur Besprechung mit Le Clercq, 20.2.1969, in: PCA, Nr. 881.

521 Vgl. ebd.

522 Vgl. Vereinbarung zwischen Grundig und Philips über Zusammenarbeit, 24.6.1970, in: ebd.

stitutionalisiert wurde diese durch einen umfassenden Lizenzaustauschvertrag und einen ständigen sechsköpfigen Ausschuss, in dem sich die Forschungs- und Entwicklungsabteilungen wechselseitig über neue Erkenntnisse informierten. Im Gegenzug verpflichtete sich Grundig, die Bauelemente, insofern möglich, von Philips bzw. Valvo zu beziehen.[523]

Ein weiteres Motiv Max Grundigs für die Kooperation wird zwar erst am 21.09. 1970 in einem Brief an Louis J. Wijns, dem Vorsitzenden der Alldephi, aktenkundig, schien aber, wie er betonte, bereits mehrmals Gegenstand gemeinsamer Gespräche gewesen zu sein: das gemeinsame Vorgehen gegen die japanischen Wettbewerber.[524] So habe für Max Grundig die Düsseldorfer Funkausstellung im selbigen Jahr nochmals gezeigt, wie stark die japanische Ware auf den deutschen und europäischen Markt drängen werde, vor allem mit 12 Zoll Farbfernsehern, „Billig Reisesuper[n]" bis 150 DM und „Cassetten-Recorder[n] der Billigklasse". Er forderte von Wijns:

> Wenn wir nicht zusehen wollen, wie uns die japanische Industrie auf diesen Gebieten Absatzmöglichkeiten wegnimmt, müssen wir sehr schnell entsprechende Maßnahmen ergreifen. [...] Ich bin der Meinung, wir sollten handeln. Wir bei Grundig haben bestimmte Vorstellungen. Als Gesprächspartner stehen die Herren Richter und Lachner mit einem Stab von Experten auf den genannten Gebieten zur Verfügung. Ich wäre Ihnen dankbar, wenn Sie es als dringend wichtig betrachten würden, diese Dinge voranzutreiben.[525]

Für Max Grundig war folglich die Erwartung eines zunehmenden Wettbewerbs mit den japanischen Unternehmen bereits an dieser Stelle präsent. Seine Haltung korreliert damit mit der ersten Phasen der Debatte um die „Japanische Herausforderung". Zwar prägte seine Vorstellung noch die mindere Qualität und der geringe Preis. Die Entwicklung erschien ihm dennoch so bedrohlich, dass er ein gemeinsames strategisches Handeln forderte. Diese Maßnahmen sind der Gegenstand des folgenden Kapitels.

---

523 Vgl. gegengezeichnetes Schreiben zum obigen Vertrag vom 10.6.1970, in: ebd.

524 Hier und im Folgenden: Brief Grundig an Wijns, 21.09.1970, in: ebd. Ein weiterer Hinweis ist Grundigs Prophezeiung gegenüber der Presse, dass aufgrund der *„überseeischen Konkurrenz"* Konzentration in der Branche stattfinden werden müssen. Vgl. Will nicht mehr schuften, in: Die Zeit 35/1971.

525 Ebd.

3.2 Grundigs Reaktionen auf die „Japanische Herausforderung“

3.2.1 „Krieg der Video-Systeme“: Europäische Technologiekooperation im Wettbewerb mit Japan

Der im vorangegangenen Kapitel geschilderte Technologiekooperationsvertrag sollte Grundigs weitere Unternehmensentwicklung maßgeblich prägen. Bereits 1969 sahen Max Grundig und der Philips Vorstand den Videorekorder als ein potenziell gewinngenerierendes Produkt der 1970er und 1980er Jahre nach bzw. neben dem Fernsehgerät.[526] Ein Videorekorder speicherte die Bild- und Tondaten mechanisch auf Magnetbändern, indem „Spurrillen“ eingraviert wurden, die dann wiederum von einer Kopftrommel mit Videoköpfen abgetastet und somit wiedergegeben werden konnten.[527] Die Magnetbänder waren zum Schutz in Kassetten eingefasst. Die Ursprünge dieser Technik lagen bereits in den 1950er Jahren. Mit einem Gewicht von über 40 kg wurden die Geräte jedoch zunächst nur in professionellen Rundfunkanstalten zur Programmdistribution eingesetzt.[528] Zum Ende der 1960er Jahre erfolgten dann die ersten ernstzunehmenden Bemühungen um den Massenmarkt, indem das Gewicht reduziert und die Anwendung der Technik vereinfacht wurde. In der Bundesrepublik war Grundig technologisch führend, obwohl die Grundlagenpatente beispielsweise des (Schrägspur-) Aufzeichnungsverfahrens bei Telefunken lagen.[529] Der Entwicklungsstand vom Philips' Format „Video-Cassetten-Recorder“ (VCR) war jedoch nicht erreicht, dessen Markteinführung bereits für den Beginn der 1970er Jahre angekündigt worden war.[530] Grundigs Intention bei der Aufnahme des Produktes in den Kooperationsvertrag war folglich der technologische Anschluss. Daneben hatte man die Absicht, in Zusammenarbeit mit Philips die Produktion zu rationalisieren, um so größere Serien zu niedrigeren Stückpreisen zu ermöglichen – ganz im Sinne der Erfolgsformel der 1950er und

---

526 Vgl. zum Titel: Japan gegen Europa. Krieg der Video-Systeme, in: Funkschau 50 (1982), H. 26. Zur Erwartung vgl. Max Grundig an le Clercq, 9.5.1969, in: PCA, Nr. 881. Unter Einbezug der Erwartungen in den USA siehe auch Zielinski, Siegfried: Zur Geschichte des Videorecorders, Berlin 1986, S. 172.

527 Vgl. zur Entwicklung der Technik: ebd.

528 Ebd., S. 50.

529 Vgl. als Erwähnung: Bähr: Industrie im geteilten Berlin (1945–1990), S. 431. Telefunken favorisierte trotz seiner Grundlagenpatente mit der Bildplatte ein anderes System zur Wiedergabe von Fernsehinhalten, deren Scheitern in Kapitel 4.4 noch behandelt wird.

530 Vgl. Zielinski: Zur Geschichte des Videorecorders, S. 174–177.

1960er Jahre.[531] Mit der bereits 1969 beschlossenen Vereinheitlichung der Formate schloss sich Grundig VCR an und schuf damit eine zentrale Pfadabhängigkeit. In der Entwicklung der Videorekorder bildete man nun mit Philips eine Format-Gruppe und synchronisierte die Aktivitäten.

In der Kommerzialisierung von Innovationen, insbesondere auch in der Unterhaltungselektronikindustrie, entwickeln Unternehmen im offenen Forschungsprozess nämlich häufig unterschiedlich aufgebaute und gestaltete Geräte, die dann technisch inkompatibel mit den Konkurrenzprodukten sind.[532] Die bereits erwähnte „Cassetten-Affäre" von Grundig und Philips wäre ein solches Beispiel. Wenn die Geräte von einer bestimmten Software, beispielsweise der Videokassette, oder einem Netzwerk, wie den ausgestrahlten Fernsehwellen, abhängig sind, setzt sich aufgrund der Konsumentennachfrage oder der Bereitstellung des Netzwerks durch Dritte häufig eine Norm oder ggf. auch wenige Normen durch.[533] Dies ist in der Regel auch das übergeordnete Ziel der Unternehmen, um die Entwicklungskosten durch die eigene Produktion oder Lizenzeinnahmen zu amortisieren. Hieraus resultieren sogenannte „format battle" zwischen einzelnen oder auch Gruppen von Unternehmen.[534] Die Auseinandersetzung um die Kommerzialisie-

531 Die Vereinheitlichung des Videorekorderangebots und der Fokus auf die VCR-Technologie wurden bereits im Mai 1969 vereinbart. Vgl. hierzu den Briefwechsel zwischen Grundig und Le Clercq, 9.5.1969 und 13.05.1969, in: PCA, Nr. 881. Die offizielle Vertragsunterzeichnung zum Kooperationsvertrag folgte erst am 24.06.1970. Vgl. Vereinbarung zwischen Grundig und Philips über Zusammenarbeit, 24.6.1970, in: ebd.

532 Vgl. hier und im Folgenden: Cawson: Innovation and Consumer Electronics, S. 149.

533 Man denke an den Konsolenmarkt, der hauptsächlich zwischen der PlayStation von Sony, der Xbox von Microsoft und mit Abstrichen den Geräten von Nintendo aufgeteilt ist. Siehe die aktuellen Daten des Statistischen Bundesamtens: https://de.statista.com/themen/578/spielkonsolen/#statisticChapter (zuletzt abgerufen am 01.06.2023)

534 Die Auseinandersetzung um den Videorekorder kann diesbezüglich als ein Klassiker angesehen werden. So wird das Beispiel in der Einführung in die Unternehmensgeschichte von Hartmut Berghoff, dem Bestseller zu nationalen Wettbewerbsvorteilen von Michael Porter oder auch in einem Lehrbuch zum Management von Innovationen aufgegriffen, das sich auf die anonymen Zeitzeugenaussagen von zwei ehemaligen Grundigmitarbeitern stützt und von Berghoff als Quelle herangezogen wurde. Vgl. Berghoff: Moderne Unternehmensgeschichte, S. 294–295; Porter: Nationale Wettbewerbsvorteile, S. 86, 405–442; Gerwin, Joachim/Höcherl, Ingrid: Video 2000: Strategische Produktpolitik bei internationalem Wettbewerb, in: Brockhoff, Klaus (Hrsg.): Management von Innovationen. Planung und Durchsetzung, Erfolge und Mißerfolge ; Fallstudien mit Lösungen, Wiesbaden 1996.Die Aktivitäten der japanischen Akteure sind immerhin kursorisch aufgearbeitet, auch wenn unternehmensinterne Quellen fehlen und nur einige wenige beteiligte Akteure zu Zeitzeugeninterviews bereitstanden. Vgl. Chandler: Inventing the electronic century, S. 56–67; Cusumano/Mylonadis/Rosenbloom: Strategic Maneuvering and Mass-Market Dynamics: The Triumph of VHS over Beta. Zu dem Engagement der europäischen Unternehmen fehlen bislang jedoch jegliche unternehmens- und wirtschaftshistorische Detailstu-

rung des Videorekorders wird dabei in der Forschung aber auch in der Rückschau von Zeitzeugen als Durchbruch der japanischen Unterhaltungselektronikindustrie zum Weltmarktführer gewertet.[535]

Der Ausgangspunkt dieser Entwicklung sind die Jahre 1969/70. Nicht nur VCR sollte auf dem Markt etabliert werden. Sony stellte mit dem „U-Matic System" auch seine Videorekorderentwicklung vor. Das U-Matic System überzeugte bei seiner Präsentation 1969/70 vollends.[536] In der Wiedergabequalität, dem Bandverbrauch der Kassetten bei der Aufnahme, den Kosten pro Kassette und der Zuverlässigkeit schlug U-Matic VCR deutlich. Noch im Jahr 1970 erwarben über 10 japanische Hersteller die Produktionslizenz von Sony, woraufhin die Electronic Industries Association of Japan (EIAJ) das Format zum Standard erhob.[537] Philips und ausgewählte deutsche Hersteller, allen voran Grundig, reagierten unverzüglich. Bereits am 17.4.1970 trafen sich hochrangige Vertreter von Telefunken, Blaupunkt und Grundig bei Philips in Eindhoven.[538] Zunächst stellte Philips die Details seines Systems vor, nachdem die erste öffentliche Vorstellung ebenfalls im April erfolgt war.[539] Das zentrale Thema auf der Agenda war jedoch, ob VCR als „europäisches Konzept" deklariert werden sollte, um so auf „das Japanische" zu reagieren – ein Gedanke, der beim späteren Format Video2000 nochmals elementar werden sollte. Damit hätten sich auch die anderen beiden deutschen Hersteller auf das Format festgelegt, die Entwicklung eigener Formate zurückgestellt und wären daher in der Produktion, insbesondere zu Beginn mit einem Forschungsrückstand, stark von

---

dien. Einzig Zielinski analysiert in seiner zeitgenössischen medienwissenschaftlichen Arbeit auf der Grundlage der Veröffentlichungen die Entwicklungen und die technischen Daten. Vgl. Zielinski: Zur Geschichte des Videorecorders.

535 Chandler: Inventing the electronic century, S. 50 – 51; van Marion: International Trade Policy and European Industry, S. 5. Marcel van Marion hat 25 Jahre für Philips gearbeitet. Er war spezialisiert auf den Exportwettbewerb und ein wichtiger Lobbyist auf der europäischen und deutschen politischen Bühne. Dies legen zumindest die Gesprächsprotokolle und Vermerke im Bestand des BMWi und der Europäischen Kommission nahe.

536 Hier und im Folgenden: Cusumano/Mylonadis/Rosenbloom: Strategic Maneuvering and Mass-Market Dynamics: The Triumph of VHS over Beta, S. 59 – 60; Zielinski: Zur Geschichte des Videorecorders, S. 175 – 176. 1969 wurde der erste Prototyp vorgestellt, 1970 die nochmals verbesserte Version.

537 Die EIAJ war ein japanischer Industrieverband, der sich einerseits für Normungsfragen und andererseits für den Außenhandel der japanischen Elektroindustrie engagierte.

538 Vgl. Auflistung der VCR-Gespräche mit Philips, 10.09.1971, in: DTMB/AEG, I.2.060 Ü-FA-AEG GS 3535. Das genaue Datum der Ernennung zum Standard ist nicht überliefert. Dies muss jedoch im ersten Quartal erfolgt sein, da die deutschen Hersteller darauf Bezug nahmen.

539 In den USA wurde ebenfalls das EVR-Video-System von CBS vorgestellt. Dessen Erfolgschancen und technischen Leistungen schätzten die Anwesenden als wenig eindrücklich ein, sodass man sich auf Sonys System konzentrierte.

Philips Zulieferungen abhängig gewesen. Diesbezüglich konnte keine Einigkeit erzielt werden.

Telefunken und Blaupunkt ahnten zu diesem Zeitpunkt wohl nicht – zumindest legen die Protokolle dies nahe –, dass sich Grundig und Philips schon auf eine enge Zusammenarbeit bei Videorekordern geeinigt hatten und der umfassendere finale Kooperationsvertrag bereits kurz vor der Unterschrift stand. Dieser sollte allerdings auch nicht öffentlich werden und wurde es zu diesem Zeitpunkt auch nicht. Auf Einladung Telefunkens kamen die Vertreter der drei Unternehmen ca. vier Wochen später erneut zusammen, um das Philips-Anliegen zu diskutieren und sich über das weitere Vorgehen auszutauschen.[540] Die Besprechung lieferte drei Ergebnisse. Erstens erwarteten alle Gesprächsteilnehmer eine rasche Expansion der japanischen Unternehmen mit Videorekordern auf die deutschen und europäischen Märkte. Daher sei eine zeitnahe Reaktion notwendig. Zweitens wolle man auf jeden Fall mit Philips als europäischem Partner kooperieren. Eine Kooperation im Sinne einer Lizenznahme von Sony wurde nicht in Betracht gezogen und zu diesem Zeitpunkt nicht einmal ernsthaft diskutiert, wobei in der Quelle diesbezüglich keine Gründe angeführt werden. Stattdessen betonte man die Notwendigkeit gemeinsamen Handelns gegen die „außereuropäische Konkurrenz" und grenzte sich somit deutlich ab.[541] Drittens strebte man zudem gemeinsame Verhandlungen mit Philips an, um so die Position als Lizenznehmer zu verbessern. Grundigs doppeltes Spiel endete, indem man vor dem nächsten Treffen im Juli letzteren Punkt aufkündigte. Pikanterweise begründete Grundigs Generaldirektor Richter dies damit, dass Grundig bei Videorekordern „selbstständig" sei.[542] Zusätzlich steckte Max Grundig das Gesprächsprotokoll an Philips durch. Dadurch gewann Philips wichtige Informationen für die Verhandlungen mit den potentiellen Lizenznehmern – beispielsweise wurde so bekannt, dass die vermeintlichen Gespräche mit Sony lediglich als Argument zur Verbesserung der Lizenzbedingungen genutzt worden waren und nicht stattgefunden hatten.[543]

Die Vorhersagen zu Sonys Markteintritt bewahrheiteten sich. 1971 wurde das System auf dem japanischen und amerikanischen Markt, 1972 in Europa eingeführt.[544] Allerdings zeigte sich auch schnell, dass ein Massenmarkt zu diesem

540 Vgl. streng vertrauliche Aktennotiz Grundig: Besprechung über Video-Kassettengeräte bei Telefunken in Ulm, 1.6.1970, in: PCA, Nr. 881.

541 Vgl. zum Argument auch: Aktennotiz zum Gespräch zwischen den Vorstandsmitgliedern Herriger und Smit, 31.7.1970, in: DTMB/AEG, I.2.060 Ü-FA-AEG GS 3535.

542 Vgl. Aktennotiz: Bildband-Kassetten-Recorder – Zusammenarbeit mit Philips, 23.7.1970, in: Ebd. Hier findet sich eine Notiz zu dem Telefonat mit Richter.

543 Vgl. zur Nutzung des Arguments von Telefunken auch ebd.

544 Vgl. hier und im Folgenden: Zielinski: Zur Geschichte des Videorecorders, S. 174–176.

Zeitpunkt noch nicht vorhanden war. Sony verkaufte bis 1975 weltweit gerade einmal 200.000 Geräte. Die Ursache war vor allem der hohe Preis. Der Recorder kostete je nach Ausstattung zwischen 4.000 und 8.000 DM. Die Kassettenkosten für 60 Minuten lagen bei 140 DM, sodass die Geräte nur im semiprofessionellen Fernsehbereich und Bildungseinrichtungen Anklang fanden. Die Markteinführung des VCR-Systems erfolgte erst 1972 durch Philips. Grundig zog 1973 nach und mit ihm sechs weitere deutsche Hersteller. Die VCR-Geräte verkauften sich insgesamt bis 1975 ca. 100.000 mal, trotz des niedrigeren Preises zwischen 2.000 und 3.000 DM.

Dennoch schätzten Grundig und Philips das Marktpotential weiterhin hoch ein. Daher forcierte man zum einen weiterführende Forschungen und Entwicklungen, um anfängliche Qualitätsmängel bei der Aufnahme von Inhalten zu beseitigen und die Zuverlässigkeit des Systems zu erhöhen.[545] Zum anderen strebte man ein Normenkartell der europäischen Hersteller an. Das Ziel war die Austauschbarkeit der Kassetten ohne Qualitätsverlust auf allen Geräten zu gewährleisten. Nach zähen Verhandlungen, insbesondere aufgrund der komplexen Patentsituation genehmigte das Bundeskartellamt im Frühjahr 1975 ein entsprechendes Vertragswerk der Unternehmen Blaupunkt, Loewe, Nordmende, Saba, Siemens, Philips und Grundig.[546]

Doch just in diesem Zeitraum änderte sich die Marktsituation und insbesondere die Erwartungen an deren Entwicklung grundlegend. Erneut war es Sony, das mit der Vorstellung seines Betamax-Systems ein neues Niveau erreichte und damit Grundig und Philips zum Nachziehen antrieb.[547] Die zentrale Herausforderung der Videorekorderentwicklungsabteilungen in den Unternehmen in den 1970er Jahren bestand darin, das pro aufgezeichneter Sekunde verbrauchte Magnetband in der Kassette zur Ausdehnung der Aufnahmekapazitäten zu minimieren. Gleichzeitig sollte die Magnetbanddicke und der Abstand zwischen den mechanisch eingravierten „Spurrillen“ mit Blick auf die Wiedergabequalität optimiert und zuletzt beide Prozesse möglichst kostengünstig und massenproduktionstauglich gestaltet werden. Anderenfalls wäre ein Massenmarkt nicht erreichbar gewesen. Durch ein neues Aufzeichnungsverfahren gelang es Sony, pro Sekunde nur 1,87 cm Bandmaterial zu verbrauchen, wohingegen das VCR-Format 14,29 cm benötigte. Daraus resultierte eine Ausdehnung der Aufnahmezeit auf 195 Minuten mit einer Redu-

545 Vgl. in der Rückschau die Besprechungsnotiz: Besuch Grundig in Wien am 08.08.1975, in: PCA, Nr. 811.332.

546 Siehe den Vertrag in: Aktennotiz über Besprechung mit Philips, 27.6.1973 sowie die Genehmigung durch Brief Thuy an von Dithfurth, 6.5.1975, in: DTMB/AEG, I.2.060 Ü-FA-AEG GS 3535.

547 Vgl. hier und im Folgenden zur Entwicklung der japanischen Systeme: Cusumano/Mylonadis/Rosenbloom: Strategic Maneuvering and Mass-Market Dynamics: The Triumph of VHS over Beta, insb. S. 70–71; Chandler: Inventing the electronic century, S. 56–67.

zierung der Kosten auf 0,28 DM pro Spielminute. Die VCR-Kassette ermöglichte zu diesem Zeitpunkt 60 Minuten zu 1,43 DM pro Minute.[548] Wie groß der technologische Sprung war, verdeutlicht der Vergleich zu U-Matic im Jahr 1972, als die Aufnahmeminute noch 2,33 DM kostete.

Am 08.08.1975 trafen sich unter diesem Eindruck die bei Grundig für die Entwicklung des Videosegments verantwortlichen Herren Lachner, Mangold und Brüggemann mit Vertretern der Philips Entwicklungsabteilung im Philips-Werk in Wien, um über die weiterführende Strategie zu beraten.[549] Die Notwendigkeit des unverzüglichen Handelns aufgrund der Entwicklungen Sonys, deren Qualität anerkannt wurde, betonten beide. Die Ansätze unterschieden sich allerdings. Grundigs Marktstudien hatten ergeben, dass vor allem die unzureichende Spielzeit die Konsumenten vom Erwerb eines Videorekorders abhalten würde. Grundigs Entwicklungen der vergangenen zwei Jahre würden ad hoc die Erhöhung der Spieldauer auf 90 Minuten bei VCR-Kassetten ermöglichen, auch wenn geringe Qualitätseinbußen unvermeidbar wären. Philips hingegen präferierte die Einführung eines vollkommen neuen Systems, das Betamax überlegen sein sollte – das spätere Video2000. Die Markteinführung war jedoch erst für das Jahr 1978 geplant. Grundigs Überlegungen trauten sie nicht zu, den Durchbruch zum Massenmarkt zu ermöglichen, geschweige denn, sich gegen Betamax zu behaupten. Den Einstieg in die Weiterentwicklung von Grundigs Ansatz lehnten sie aufgrund der Kosten und Kapazitätsdefizite bei Parallelentwicklungen ebenfalls ab. Eine Einigung stand noch aus, als Max Grundig aus dem Urlaub telefonisch intervenierte.[550] Dabei war er ziemlich erbost, was in gewisser Weise seinen unternehmerisch-bestimmenden Charakter aber auch die Dringlichkeit des Anliegens herauskehrte. Er betonte, dass sein Vertrauen gegenüber Philips schwinde, und drohte offen, dass er „auf anderen Sektoren auch einige Druckmittel gegen Philips in der Hand hätte". Damit dürfte er auf seine Position als wichtigster Bauelementekunde angespielt haben. Er zweifelte zudem an der Realisierbarkeit der Markteinführung 1978 und behauptete, dass er bei seiner Entwicklung die Spieldauer innerhalb kurzer Zeit sogar auf 120 Minuten ausdehnen könne. Zwar konnte man bezüglich Grundigs VCR-Variation keine Einigkeit erzielen, aber die Grundig-Entwickler erhielten vertraglich zugesichert Einsicht in die noch nicht patentierten Entwicklungen zu Philips' neuem Format.

In den Jahren 1976 bis 1978 verfolgte Grundig eine turbulente Videorekorderpolitik, die darin mündete, dass das Unternehmen vier unterschiedliche inkompatible Formate entwickelte bzw. produzierte. Gleichzeitig wurde Max Grundig

548 Vgl. zu diesen Angaben Zielinski: Zur Geschichte des Videorecorders, S. 204–205.

549 Vgl. Besuch Grundig in Wien am 08.08.1975, in: PCA, Nr. 811.332.

550 Vgl. Aktennotiz zu Telefongespräch Mangold, Grundig, 16.08.1975, in: ebd.

produktpolitisch auch in der Zusammenarbeit mit Philips zum entscheidenden Akteur.[551] Nach außen und innen kommunizierte Max Grundig deutlich, dass sich das Unternehmen auf den Wachstumsmarkt Video konzentriere, um so ein zweites Standbein neben dem Fernsehgerät aufzubauen.[552] Als Matsushita bzw. das Tochterunternehmen JVC 1976 das VHS-Format vorstellte und Sony die Einführung von Betamax in Europa für die Mitte des Jahres 1977 ankündigte, erhöhte sich der Druck auf Grundig und Philips weiter, da das bislang produzierte „klassische" VCR-System im Abgleich mit der neuen Generation der Videorekorder nicht wettbewerbsfähig war. Daraufhin überzeugte Max Grundig den Philips-Vorstandsvorsitzenden Henk van Riemsdijk 1976, Grundigs im Vorjahr präsentierte Weiterentwicklung des VCR-Systems unter dem Namen VCR-Longplay (VCR-Lp) als „Übergangslösung" gegen Sony auf den Markt zu bringen.[553] Den gemeinsamen Planungen zufolge, sollte VCR-Lp schnellstmöglich durch das neuentwickelte Format, das spätere Video 2000, abgelöst werden. Zu diesem Zeitpunkt waren Grundig-Ingenieure bereits an den Entwicklungsprozessen beteiligt und Max Grundig mahnte zur Eile. Beide Labore sollten auf Hochdruck arbeiten, um so den „japanischen Vorsprung" einzuholen.[554] Intern wurde die japanische Qualität anerkannt, nach außen drangen solche Aussagen nicht. Tatsächlich gelangen Philips 1977 diverse technische Durchbrüche, die die Aufnahmekapazitäten und die Wiedergabestabilität deutlich erhöhten. Diese präsentierte man Max Grundig bei seinem Besuch am 01.04.1977 in Eindhoven. Vielmehr noch als der technische Fortschritt begeisterte sich Max Grundig jedoch für den Gedanken, ein einheitliches europäisches Format gegen die japanische Konkurrenz zu etablieren. Im August 1977 schloss man daher einen weiteren Kooperationsvertrag, der mit dem benannten Ziel der forcierten Markteinführung u. a. den Austausch von Lizenzen und Forschungsdaten regelte.[555]

Bei aller Euphorie blieb im Hause Grundig jedoch die Skepsis bezüglich der zeitlichen Realisierbarkeit des neuen Formats. Daher entwickelte man in Eigenregie parallel zu VCR-Lp und Video2000 mit dem Super Video Recording (SVR) die

---

551 Vgl. zum Einfluss Max Grundigs auch die Zeitzeugenaussagen in: Gerwin/Höcherl: Video 2000: Strategische Produktpolitik bei internationalem Wettbewerb, S. 36.

552 Vgl. Geschäftsbericht 1977/78, in: BWA, S 011–128. Sowie in der Rückschau auf die Unternehmensentwicklung der vergangenen Jahre Lippmann an Grundig: Bericht über bisherige Eindrücke nach fünfmonatiger Tätigkeit, 29.6.1979, in: Rundfunkmuseum der Stadt Fürth, Nr. 188. Bruno Lippmann war seit 1979 einer der drei Generalbevollmächtigten und Mitglied des Präsidiums oberhalb der Vorstandsebene.

553 Vgl. hier und im Folgenden Max Grundig an van Riemsdijk, 15.07.1976, in: PCA, Nr. 811.332.

554 Ebd.

555 Vertrag über die Zusammenarbeit bei Video2000, 25.08.1977, in: ebd.

nächste Stufe des VCR-Standards.[556] SVR bestach mit dem Bestwert von 240 Minuten Aufnahmezeit pro Kassette sowie der zehntätigen Aufnahmeprogrammierung des Recorders, ohne jedoch die Wiedergabequalität von Betamax zu erreichen.[557] VCR-Lp hatte bereits den Nachteil, dass eigenständige VCR-Aufnahmen nicht mehr abgespielt werden konnten – im Gegensatz zu erworbenen und industriell bespielten Kassetten. SVR war hingegen vollkommen inkompatibel zu den bisherigen Formaten.[558] Philips-Vertreter warnten Max Grundig daher vor einer vorschnellen Markteinführung mit dem Hinweis, dass die Inkompatibilität und die Formatevielfalt zu Missstimmungen und Verwirrungen bei den Konsumenten führen würde.[559] Als Max Grundig jedoch erfuhr, dass einige deutsche Unternehmen, insbesondere die Quelle GmbH, japanische VHS-Technik unter ihrem eigenen Markennamen 1978 auf dem deutschen Markt einführen wollten, reagierte er – allen Warnungen zum Trotz – erneut wie bei VCR-Lp. Auch in diesem Fall sollten die SVR-Geräte als kurzfristiges und überbrückendes Gegenmodell zu dem japanischen Format etabliert werden.[560] Max Grundig bezeichnete SVR in einem Gespräch mit Philips gar als „Waffe gegen japanische Infiltration", was an dieser Stelle sehr deutlich seine Haltung und Abgrenzung gegenüber den japanischen Wettbewerbern zeigt.[561] Damit reagierte Grundig mit der Markteinführung 1978 allerdings erneut nur auf die Videorekorderaktivitäten japanischer Unternehmen, statt selbst den Markt aktiv zu gestalten.

Sowohl Grundigs als auch Philips' Befürchtungen bewahrheiteten sich. SVR erzielte keine nennenswerten Erfolge und wurde stattdessen von den Konsumenten aufgrund der Inkompatibilität kritisiert. Grundig förderte und pflegte das Format nicht, sodass die Werbeaktivitäten und Weiterentwicklungen nach dem

---

556 Vgl. hier und im Folgenden den nicht-personalisierten Briefwechsel zwischen Grundig und Philips vom 23.11.1977, in: ebd.

557 Vgl. zur Technik: Zielinski: Zur Geschichte des Videorecorders, S. 209.

558 Vgl. die Zusammenstellung in: Gerwin/Höcherl: Video 2000: Strategische Produktpolitik bei internationalem Wettbewerb, S. 20–21.

559 Hier und im Folgenden „Verslag van de Bespreking met Dr. M. Grundig op 13.10.1977 te Fuerth", in: PCA, Nr. 811.332.

560 Cusumano et al. sowie Chandler haben herausgearbeitet, dass sich VHS letztendlich vor allem wegen der geschickten und umtriebigen Lizenzpolitik durchsetzte. Mit Hilfe günstiger Konditionen und Joint Ventures überzeugte JVC/Matsushita diverse Unternehmen zu Übernahme des Formats – so auch Telefunken, vgl. hierzu Kapitel 4.5. Sony strebte keine umfassende OEM-Produktion an und setzte stattdessen allein auf seine eigenen Kompetenzen und Reputationen, woran sie letztendlich scheiterten. Cusumano/Mylonadis/Rosenbloom: Strategic Maneuvering and Mass-Market Dynamics: The Triumph of VHS over Beta; Chandler: Inventing the electronic century, S. 51–72.

561 Notiz: V.C.R. Situatie versus Grundig per 13–10–1975, in: PCA, Nr. 811.332.

Start äußerst gering blieben.[562] Stattdessen intensivierte Grundig die Bemühungen um Video 2000. Dennoch verzögerte sich die offizielle Vorstellung und Markteinführung. Ursächlich waren Probleme bei der technischen Umsetzung. Die zentrale, auch in der Verwendung sichtbare Innovation war die Nutzung von Wendekassetten.[563] Damit erhöhte man die Spielzeit pro Kassette auf zwei mal vier Stunden und übertraf Beta mit 200 Minuten und VHS mit 240 Minuten deutlich.[564] Gleichzeitig halbierte man die effektiven Kosten pro Kassette. Um jedoch die Ton- und Bildspuren und damit mehr Informationen auf der Kassette platzieren zu können, musste der Abstand zwischen den Spurrillen verringert und zur Sicherung der Stabilität die Abtastgeschwindigkeit erhöht werden. Daraus resultierten erhöhte Anforderungen an das Laufwerk und die Kopftrommel. Dies wiederum ermöglichte aber auch weitere technische Neuheiten, wie Stereo- statt Monotonaufnahmen, höhere Bildqualität, insbesondere auch im Zeitlupen- und Standbildmodus sowie die Echtzeitanzeige der Bandposition, sodass innerhalb der Cassetteninhalte genau navigiert werden konnte. Die Herausforderungen waren enorm. Bei einem Entwicklertreffen im Herbst 1978 forderte Max Grundig noch den Abstand zwischen den Spurrillen zu erweitern, um die Bildqualität zu erhöhen und die Veröffentlichung nicht weiter in die Zukunft zu verschieben.[565] Philips wiegelte den Vorschlag als technischen Rückschritt ab. Dabei wurde zusätzlich deutlich, dass die bisherige Magnetbandqualität für die präzisen Verfahren nicht ausreichen würde. Grundig forcierte daher parallel die Bandentwicklung mit BASF.[566] Selbst im Februar 1979 waren die Probleme noch nicht vollständig gelöst. Beim Austausch der aufgenommenen Kassetten zwischen einem Philips- und einem Grundigrecorder kamen Tonverschiebungen in einem nicht bzw. kaum wahrnehmbaren aber messbaren Bereich vor.[567] Die Entwicklungsabteilungen arbeiteten zwar eng zusammen, dennoch war der Aufbau der Rekorder in Nuancen verschieden. Grundig-Recorder tasteten das Band in einer U-Form ab, Philips-Recorder in einer M-Form, sodass die Spurrillen in unterschiedlichen Winkeln auf die Videoköpfe trafen.[568]

---

562 Vgl. Zielinski: Zur Geschichte des Videorecorders, S. 209. Sowie Grundig bringt Video-Recorder mit vier Stunden Laufzeit, in: Funkfachhändler: Wirtschaftsblatt für Fernsehen, Rundfunk, Hifi, Phono 30 (1978), H. 5.

563 Vgl. zur Auflistung der Merkmale Gerwin/Höcherl: Video 2000: Strategische Produktpolitik bei internationalem Wettbewerb, S. 38–39.

564 Siehe Vergleichstest: Videorecorder (gehobene Preisklasse). Lohnt sich der Komfortzuschlag?, in: Test 16 (1981), H. 3.

565 Vgl. Notiz: Bezoek Grundig woensdag 27.09.1978, in: PCA, Nr. 811.332.

566 Vgl. hierzu: Vorschlag von Grundig zur Zusammenarbeit BASF-Grundig-Philips, in: ebd.

567 Vgl. Philips Grundig-Besuch, 20.2.1979, in: ebd.

568 Vgl. mit Grafiken zur Technik: Zielinski: Zur Geschichte des Videorecorders, S. 207.

Um Video 2000 passend zum Weihnachtsgeschäft als Hauptabsatzzeit der Unterhaltungselektronik auf dem Markt zu platzieren und keine weitere Zeit im Wettbewerb mit VHS und Beta zu verlieren, stellten Grundig und Philips das Format im Sommer 1979 öffentlich vor, obwohl die Probleme der Tonverschiebung und Bandverfügbarkeit noch nicht gelöst waren. Darüber hinaus kämpfte insbesondere Philips mit Produktionsproblemen. Bei der Präsentation war davon keine Rede. Beide Hersteller, vor allem Grundig, betonten pathetisch eine neue Entwicklungsstufe der Videorekordertechnik erreicht zu haben. Man deklarierte Video 2000 als den „Europa-Standard" und positionierte sich damit bewusst gegen die japanischen Formatangebote. Damit wurde auch das Ziel ausgegeben, Video 2000 als vorherrschenden Standard in Europa zu implementieren.[569] Von der Fach- und Konsumentenpresse erntete das Format bei seiner Vorstellung noch höchstes Lob für seine technischen Innovationen.[570] In den Verkauf gingen die Recorder jedoch erst im März 1980. Aufgrund der Bandknappheit und anhaltenden Produktionsproblemen bat der Philips-Direktor Tielens Max Grundig die Markteinführung in das Frühjahr 1980 zu verschieben. Er gab zu Protokoll: „Philips wäre sehr unglücklich, wenn Grundig früher ausliefern würde."[571] Er versuchte Max Grundig mit drei Argumenten davon zu überzeugen.[572] Erstens würde Philips durch die Verschiebung mit einhergehender Verbesserung der Qualitätssicherung den „Japan-Standard" erreichen. Zweitens und drittens würden durch die gemeinsamen größeren Stückzahlen sowie Philips Kompetenzen bei Werbekampagnen die Erfolgsaussichten des Formates deutlich erhöht. Alle drei Argumente verfingen bei Max Grundig, sodass ein gemeinsamer Lieferstart im März stattfand. Sie zeigen zum einen, dass sein Denken weiterhin durch seine Erfolgsformel der Economies of scale geprägt war. Zum anderen sind sie ein wichtiger Hinweis darauf, dass bei aller noch zu analysierenden Kritik und den entsprechenden Vorwürfen, die Max Grundig in öffentlichen und politischen Debatten in die Richtung der japanischen Unternehmen schickte, auch er um 1980 zumindest in den unternehmensinternen Auseinandersetzungen akzeptierte, dass die japanischen Unternehmen wesentliche Qualitätsstandards in der Unterhaltungselektronikindustrie setzten.[573] Die japanische Qualität fungierte folglich als interne Referenz, selbst wenn man sich in

569 Vgl. Grundig-Presse-Information zu Europa-Standard, Juli 1979, in: PCA, Nr. 811.332.

570 Die Stiftung Warentest bezeichnete das System als Volltreffer, vgl. Videomarkt. Drei Video-Systeme im Wettstreit, in: Test 15 (1980), H. 7. Sowie als direkte Reaktion auf die Vorstellung: Video 2000 – neues Bildaufzeichnungssystem, in: Funkschau 51 (1979), H. 16. Ebenso Gerwin/Höcherl: Video 2000: Strategische Produktpolitik bei internationalem Wettbewerb, S. 22–23.

571 Notiz: Telefongespräch Grundig mit Tielens, 22.11.1979, in: PCA, Nr. 811.332.

572 Vgl. verschriftlich festgehalten ebenfalls in: Brief Tielens an Grundig, 6.12.1979, in: ebd.

573 Vgl. zur Kritik vermehrt die kommenden Kapitel.

der Außendarstellung bei der Präsentation des Formats als Technologieführer stilisierte. Für diese Perspektive spricht auch, dass 1978 Max Grundig und sein Entwicklungsteam eine Sony Betamax Maschine genauestens studierten, nachdem sie festgestellt hatten, dass diese ein besseres Bild und weniger Rauschen als ihr Prototyp aufgewiesen habe.[574] Ob jedoch ein technologisches Lernen stattgefunden hat, ist nicht aktenkundig geworden. Gleichwohl ist auffällig, dass Grundig bei Video 2000, wie Sony bei Betamax, eine Bandführung und -abtastung in U-Form umsetzte, während Philips, wie bei VHS, eine M-Form bevorzugte.[575]

Alfred D. Chandler, dem die engen Verbindungen zwischen Grundig und Philips nicht bekannt gewesen zu sein scheinen, charakterisiert Grundig als einzigen aber vor allem „small competitor“, der mit Philips als zentraler europäischer learning base nicht konkurrieren konnte.[576] Der These mag hinsichtlich der Breite der Philips Forschung, die von Bauelementen und Halbleitern über die Anwendungsbezüge in der Unterhaltungselektronik bis zur frühen Computerindustrie reichte, durchaus zuzustimmen sein.[577] Für die Entwicklung des Videorekorders und dessen Produktion traf sie – wenn überhaupt – nur bedingt zu. Dass Grundig 1980 vier Formate am Markt platziert hatte, die größtenteils parallel entwickelt sowie produziert wurden, und die Probleme bei Video 2000 schneller löste bzw. eigene Konzeptionen implementierte, fußte auf einem enormen Kompetenzaufbau innerhalb des Unternehmens. Max Grundig proklamierte nicht nur den Fokus auf den Videorekorder, sondern richtete auch die Entwicklung und Produktion darauf aus.[578] Von 1975 bis 1980 verzehnfachten sich die jährlichen Entwicklungskosten für den Bereich Video von ca. 1 Mio. DM auf 11 Mio. DM.[579] Sie beliefen sich damit auf ca. 1/5 der Gesamtentwicklungskosten des Unternehmens. 1979/1980 überholte der Video- damit den Fernsehbereich, obwohl der Videorekorder lediglich für 78 Mio. DM des Umsatzes verantwortlich war – im Vergleich zu 1,8 Mrd. DM im Fernsehgeschäft. Auch personell zog das Videolabor (Labor 4) mit 118 Angestellten

574 Vgl. Notiz: Bezoek Grundig woensdag 27.09.1978, in: ebd.

575 Vgl. Fußnote 575. Zum Lernen von Japan im Allgemeinen in der deutschen Industrie: Kleinschmidt: Der produktive Blick, S. 373. Bei einem globalen Konsumprodukt und der expandierenden Industrie in diesem Zeitraum muss jedoch davon ausgegangen werden, dass ein sehr genaues Studium der Konkurrenzprodukte mit entsprechendem „Lernen“ erfolgte.

576 Chandler: Inventing the electronic century, S. 74–75.

577 Dabei ist zu bedenken, dass Philips als universeller, multinationaler Elektrokonzern eher mit Siemens oder der AEG – in ihren guten Zeiten – vergleichbar war, statt mit Grundig als primärem Gerätebauer.

578 Vgl. bspw. auch Geschäftsberichte 1977/78, 1979/80, in: BWA, S 011–128.

579 Vgl. Aufstellung der Entwicklungskosten in Relation zum Umsatz, 30.05.1984 in: Rundfunkmuseum der Stadt Fürth, Nr. 344.

an dem Fernsehlabor (Labor 2) vorbei.[580] Die Arbeitsqualität wurde dabei sowohl intern als auch extern durch eine McKinsey-Analyse positiv evaluiert.[581] Zusätzlich fand in der Produktion eine frühe Spezialisierung statt. Bereits 1978 nahm am Grundig Hauptstandort Nürnberg-Langwasser mit dem Werk 21 die erste deutsche Spezialfabrik für Videorekorder die Produktion auf.[582] Grundig und auch der Funkschau-Redakteur Karl Tetzner betonten den hohen Automatisierungsgrad in der 30.000qm großen Fabrik. Insbesondere die Bestückungsautomaten der neusten Generation des amerikanischen Herstellers Universal Instruments sowie die EDV-gestützte Qualitätskontrolle mit einer sehr hohen Fehlererkennungsquote, wie Tetzner urteilte, wurden betont. Wie bereits die Investitionen in die Fernsehgerätefabriken um 1970 war auch das Werk 21 bewusst für die aktuellen Marktverhältnisse überdimensioniert und auf eine Steigerung der Produktion um über 50 % auf bis zu 1000 Geräte pro Tag ausgelegt. Damit verbunden war das hohe Risiko einer zukünftigen unzureichenden Auslastung. Diese frühe Fokussierung und Spezialisierung auf die Massenproduktion von Videorekordern jedoch war, allen Indizien folgend, der wesentliche Grund dafür, dass Grundig bei der Realisierung der Produktion von Video 2000 besser performte als Philips, obwohl die Mehrzahl der Grundlagenpatente aus diesem Haus stammte.[583]

Grundigintern betrachtete man im Jahr 1980 jedoch kritisch, dass man sich auf dem Markt als „Anbieter mit vier Systemen" präsentiere.[584] Der bis 1979 als Entwicklungsleiter für Videorekorder tätige Walter Mayer empfahl daher in einem Bericht, aus VCR auszusteigen und auch die Werbung zu unterlassen. Ob die Werbung tatsächlich eingestellt wurde, konnte nicht verifiziert werden. Der Absatz war hingegen mit ca. 1000 Geräten im Jahr 1980 bereits marginal.[585] Im Dezember

580 Personalentwicklung der Labore seit 1979, 26.10.1984, in: ebd.

581 Die Bewertungen stammen aus der Umstrukturierungsphase des Unternehmens nach der Übernahme durch Philips. Siehe dazu Kapitel 3.4. Vgl. Bericht: Bereich Entwicklung, 31.10.1984, in: ebd. sowie McKinsey&Company Bericht zu „Sanierung der Grundig AG. Möglichkeiten und Voraussetzungen, 18.12.1984, in: ebd.

582 Vgl. hier und im Folgenden: Grundig Presseinformationen, 13.10.1978: Der Fertigungsablauf in der ersten deutschen Spezialfabrik für Videorekorder, in: Stadtarchiv Nürnberg, E 9 / 19 Nr. 5. sowie Leise, präzise und mit gesunder Luft. Werk 21 der Grundig AG in Nürnberg, in: Funkschau 50 (1978), H.22.

583 Vgl. die Diskussion über die Verteilung der Lizenzeinnahmen Notiz Grundig, 12.03.1981, in: PCA, Nr. 811.332. sowie zur Weiterentwicklung und Optimierung des Videokopfes im Jahr nach der Einführung Notiz: Besuch Grundig, 14.4.1981, in: ebd.

584 Vgl. hier und im Folgenden: Bericht des ehemaligen Entwicklungsleiters Walter Mayer: Vorschläge zur zukünftigen Produktpolitik, 03.11.1980, in Rundfunkmuseum der Stadt Fürth, Nr. 251.

585 Ebd.

desselben Jahres lag der gemeinsame Marktanteil aller VCR-Varianten, laut der Gesellschaft für Konsumforschung, lediglich noch bei 2 %.[586] Dem intensiv beworbenen Video 2000 gelang hingegen ein vielversprechender Markteinstieg. Bei einer stetigen Ausdehnung des gesamten Marktvolumens eroberte das Format bereits zum Ende des Jahres 1980 – folglich innerhalb von neun Monaten – einen Marktanteil von 15 %. Dieser stieg im Jahr 1981 sogar auf 27 %, bevor er in den folgenden Jahren um 20 % stagnierte. Das VHS-Format hingegen baute seinen Marktanteil in der Bundesrepublik bereits 1981 auf über 50 % aus. Beta verlor kontinuierlich Anteile und rutschte im Jahr 1984 auf 11 % ab. Ab den Jahren 1984/85, als Grundig die Video 2000 Produktion einstellte und ebenfalls in das VHS-Lager wechselte, wurde VHS endgültig zum Marktstandard und erreichte 1986 Werte von über 90 %.[587] In der Europäischen Gemeinschaft, dem Hauptabsatzgebiet Grundigs, zeichneten die Marktanteile bereits im Jahr 1982 ein düsteres Bild. Video 2000 hielt lediglich 4 %, während VHS 68 % und Beta 28 % erzielten.[588] VHS wurde auch global zum vorherrschenden Video-Standard.[589] Das proklamierte Ziel, Video 2000 zumindest auf den europäischen Märkten als vorherrschendes Format zu etablieren, scheiterte. Die Gründe für das Scheitern sind vielfältig, miteinander verbunden und in diesem Zusammenspiel ebenfalls durch Pfadabhängigkeiten geprägt. Zu diskutieren sind folgende Aspekte: der Zeitpunkt des Markteinstiegs, die Determinanten der Kaufentscheidungen (Qualität, Software und Preis), die Produktionsbedingungen und -potentiale im Vergleich zu den japanischen Unternehmen sowie die Stilisierung als europäisches Format.

In seiner Einführung in die Unternehmensgeschichte betont Harmut Berghoff in einem kurzen illustrierenden Exkurs, dass die verspätete Markteinführung (drei bzw. zwei Jahre) gegenüber Beta und VHS aufgrund des Strebens nach technischer Überlegenheit entscheidend gewesen sei, da sich die japanischen Formate und insbesondere VHS als first mover am Markt hätten etablieren können.[590] Diese These gilt es ein wenig zu differenzieren. Zunächst belegen die Quellen zur Technologiekooperation der beiden Unternehmen, dass die zeitliche Komponente des Wettbewerbs sehr präsent war und sowohl die Forschung als auch die Markteinführungen in den Reaktionen auf die japanischen Entwicklungen wesentlich prägten. Technisch hingegen erschien die Verschiebung der Markteinführung von

586 Zitiert nach: Gerwin/Höcherl: Video 2000: Strategische Produktpolitik bei internationalem Wettbewerb, S. 25.

587 Vgl. hierzu Kapitel 3.4.

588 Mackintosh International Ltd/Europäische Kommission: The European consumer electronics industry, S. 135.

589 Vgl. bspw. Chandler: Inventing the electronic century, S. 50 – 67.

590 Berghoff: Moderne Unternehmensgeschichte, S. 294 – 295.

1978 auf 1980 aufgrund der Inkompatibilitäten und mangelnder Stabilität unumgänglich. Eine detaillierte Betrachtung der Marktanteile und der Videorekorderproduktion verdeutlicht zudem, dass insbesondere die Verschiebung der Markteinführung in das Frühjahr 1980 die Ausgangssituation merklich verschlechterte. Laut dem GfK-Handelspanel gelang nämlich dem VHS-Format seit der Ankündigung von Video 2000 und insbesondere im Weihnachtsgeschäft 1979 – also der Hauptverkaufszeit der Unterhaltungselektronik – eine Steigerung des Marktanteils durch eine Ausdehnung der Exporte auf über 50 %. Somit musste Video 2000 gegen ein Format antreten, das nicht mehr 30 %, sondern über die Hälfte des Marktes dominierte.[591] Ob eine frühere Markteinführung ohne Rücksichtnahme auf Philips und damit die Beteiligung am ersten Videoboom im Weihnachtsgeschäft 1979 die Überlebenschancen von Video 2000 gesteigert hätte, kann aufgrund der Kontrafaktizität dieser Argumentation nicht belegt werden.[592]

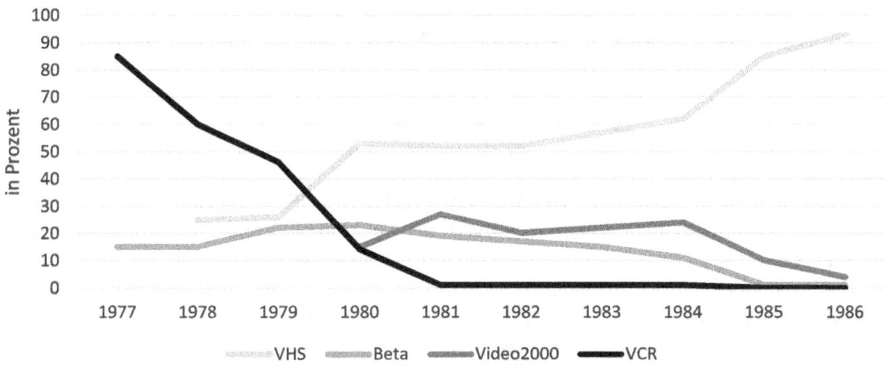

Abbildung 25: Marktanteile der Videorekorderformate in der Bundesrepublik.[593]

Berghoffs Charakterisierung von Video 2000 als technisch überlegenem Format ist aus den Quellen auch nur bedingt belegbar, zumal im Entwicklungsprozess technische Defizite zutage traten. Dass die jeweiligen Hersteller – und insbesondere Max Grundig – ihr System als das technisch hochwertigste stilisierten, verwundert

591 Vgl. zu den Detaildaten Gerwin/Höcherl: Video 2000: Strategische Produktpolitik bei internationalem Wettbewerb, S. 25.

592 Vgl. zum Video-Boom bspw. die Ausgabe und das Cover des Spiegels 48/1980: „Video – Das Super-Geschäft"

593 Daten gemittelt nach Angaben der Saba-Marktforschung, in: BArch, B102/232220.; GfK-Studie, zitiert nach: Gerwin/Höcherl: Video 2000: Strategische Produktpolitik bei internationalem Wettbewerb, S. 25.; Berechnungen des Bundeswirtschaftsministeriums, vgl. Videorekorder Marktanteile 1980 – 1982, in: BArch, B102/285151. Familienplanung. Ratgeber vor dem ersten Kauf, in: video (1985), H. 10.

nicht.[594] Gerade in der Abgrenzung zu den japanischen Formaten bediente man somit althergebrachte Images. Die Verbraucher- und Konsumentenzeitschriften begleiteten den Wettstreit der Systeme mit zahlreichen Tests, ohne auf diese Zuschreibungen zurückzugreifen.[595] Man findet lediglich einige wenige illustrierende Samuraidarstellungen oder Wortspiele in Kommentaren, wie Verweise auf „Harakiri".[596] Dabei gingen die Video 2000 Rekorder von Grundig durchaus häufig als Testsieger hervor. Die Tester betonten, dass bei Bild und Ton im alltäglichen Gebrauch kaum ein bis kein Unterschied zwischen den Systemen für die Zuschauer erkennbar sei. Die Stiftung Warentest ermittelte zudem, dass die Defekte in den drei Systemen – nach anfänglichen Problemen bei Video 2000 – ähnlich verbreitet waren.[597] Video 2000 wurde die beste Bildqualität in Zeitlupe und Standbild, der Bedienungskomfort und die lange Spielzeit attestiert. Die Sony-Geräte hätten durch eine gewisse Extravaganz im Design mit den kleinsten Kassetten sowie eine weichere Farbkomposition des Bildes bestochen. VHS habe sich dagegen vor allem durch die große Auswahl an Geräten und dem Softwareangebot ausgezeichnet.

594 Vgl. bspw. die initiierten Diskussionen in den Fachzeitschriften: Qual der Wahl. Fünf video-Redakteure diskutieren mit sieben Industrievertretern über die Videozukunft, in: video (1982), H. 11; Japan gegen Europa.

595 Vgl. u. a. Videomarkt. Drei Video-Systeme im Wettstreit, in: Test 15 (1980), H. 7, S. 20–23. Videorecorder (gehobene Preisklasse). Lohnt sich der Komfortzuschlag?, in: Test 16 (1981), H. 3, S. 20–29Videomarkt. Wird der Boom zum Bumerang?, in: Test 17 (1982), H. 7. Video-Test, in: DM, 07.12.1981. Vgl. umfassend zudem die jährliche video-Bestenliste, in der Zeitschrift video. Die Zeitschrift war, nach eigener Aussage, eines der verbreitetsten Verbrauchermagazine zur privaten Videonutzung und bestand bis in das Jahr 2008. In den einzelnen Ausgaben findet man Testberichte zu Rekordern, Formaten und Kassetten, Hintergrundberichte, Interviews mit Akteuren der Branche und Leitartikel zur Entwicklung des Marktes. Vgl. evaluierend: Vermerk: Videorekordersysteme, 20.1.1983, in: BArch, B102/258555; Einer wird gewinnen, in: video (1983), H. 9. Die genehmen Tests wurden bei Grundig auch in der Werkszeitschrift veröffentlicht. Siehe bspw. Grundig Report. Wir und unser Betrieb, 5/80, 4/81, 6/83.

596 Mit voller Wucht. Billig-Rekorder aus Korea, in: video (1986), H. 8. Frank-M. Goldmann: Blendwerk, in: video (1986), H. 9. Interessanterweise häufen sich die Verweise, als in der zweiten Hälfte der 1980er Jahre koreanische Anbieter auf den Markt drangen. Die Vermutung liegt nahe, dass dies an der noch darzustellenden hohen deutschen Markenpräsenz trotz japanischer Technik lag. Für die Automobilindustrie hat Christian Kleinschmidt im Kontrast dazu ein regelrechtes „Japan-Bashing" in den Verbraucherzeitschriften festgestellt. Vgl. Kleinschmidt, Christian: Internationalisierung, Verbraucherinformationen und nichttarifäre Handelshemmnisse. Die Automobilindustrie am Ende des „Wirtschaftswunders", in: Gallus, Alexander/Schildt, Axel/Siegfried, Detlef (Hrsg.): Deutsche Zeitgeschichte – transnational, Göttingen 2015 (=Hamburger Beiträge zur Sozial- und Zeitgeschichte, Bd. 53).

597 Zuverlässigkeit von Videorecordern. Defekte trüben das Bild, in: Test 18 (1983), H. 7.

Diese beiden Komponenten waren letztendlich entscheidend für die Durchsetzung des VHS-Formates.[598]

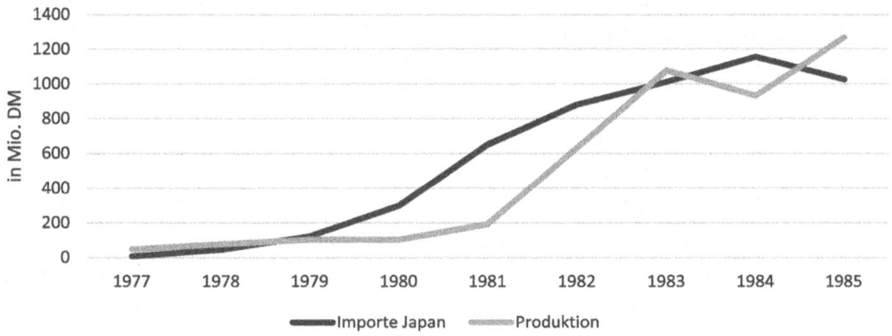

Abbildung 26: Videorekorderproduktion in der BRD und japanische Importe.[599]

Videoinhalte konnten aufgenommen, erworben oder geliehen werden. Die Aufnahme war mit allen Rekordern möglich. Das Deutsche Video-Institut, ein Zusammenschluss von Videothekaren und Unternehmen, ermittelte in seinen regelmäßig durchgeführten Marktstudien jedoch, dass das Aufnehmen von Fernsehinhalten in der ersten Hälfte der 1980er Jahre an Bedeutung verloren habe.[600] Stattdessen sei Video vermehrt als Alternative zum Fernsehprogramm verstanden worden. Damit wurde das Filmangebot entscheidender. Die Befragungen ergaben zudem, dass von 1980 bis 1985 zwischen 90 % und 95 % der angesehenen Filme aufgrund des Preises pro Kassette von 100 bis 200 DM in Videotheken und dem Fachhandel geliehen und nicht gekauft wurden.[601] Die erste Gründungswelle der Videotheken in den Jahren 1979/80 verpasste Video 2000 aufgrund der verspäteten Markteinführung, ebenso die Ausdehnung des Angebots im Fachhandel.[602] Zwar waren Video 2000 Kassetten in der Folge in den beiden Institutionen verfügbar, die

598 Vgl. für den globalen Maßstab Cusumano/Mylonadis/Rosenbloom: Strategic Maneuvering and Mass-Market Dynamics: The Triumph of VHS over Beta.

599 Vgl. zur Datengrundlage und Deflationierung Abbildungen 1 und 11.

600 Vgl. Pressemitteilung: Fachhandel wichtigster Mittler. Deutsches Video Institut legt neueste Käufer/Nutzer-Studie vor, 28.02.1985, in: BArch, B102/361249.

601 Vgl. Deutsches Video Institut: Analyse des Videomarktes der Bundesrepublik Deutschland 1984/85, in: ebd. sowie Deutsches Video Institut: Der Video-Markt in der Bundesrepublik Deutschland 1983, in: BArch, B102/285152.

602 Vgl. ebd. Zur Videothek aus medienwissenschaftlicher und partiell mediengeschichtlicher Perspektive. Haupts, Tobias: Die Videothek. Zur Geschichte und medialen Praxis einer kulturellen Institution, Bielefeld 2014 (=Locating Media, Bd. 7).

Auswahl war jedoch weniger umfassend als bei VHS.[603] First-Mover-Vorteile und Pfadabhängigkeiten zeigen sich an diesem Punkt besonders deutlich. Durch die VHS-Verbreitung auf dem Markt war die Nachfrage nach Kassetten dieses Formats größer, sodass die Videotheken und die Fachhändler vermehrt dieses Format in ihr Sortiment aufnahmen. Damit setzten sie wiederum den Anreiz, einen Rekorder mit dem VHS-Format zu kaufen.[604] Grundig bemühte sich zuletzt mit der Initiierung seines „Grundig Videoclub" diesen, aus seiner Perspektive, „Teufelskreis" zu durchbrechen, indem er mit einem spezifischen Verleihsystem Videotheken und Endkunden den Zugang zu Video 2000 Inhalten erleichtern wollte.[605] Der Versuch scheiterte. Nicht nur die Verfügbarkeit an sich, sondern auch die Inhalte waren entscheidend. In der medialen Debatte, die dann auch in konkreten deutschen und europäischen Jugendschutzmaßnahmen mündete, wurde der Erfolg des Videorekorders insbesondere mit Horrorfilmen und Pornographie verbunden.[606] Umfragen des Videoinstituts unter Videothekaren zeigen tatsächlich, dass immerhin zwischen 17 % und 25 % des jährlichen Umsatzes von 1980 bis 1985 mit diesen beiden Genres erwirtschaftet wurden.[607] Gerade diese Filme waren in dem Sortiment von Video 2000 allerdings deutlich unterrepräsentiert.[608]

Neben der Qualität und den verfügbaren Filmen war der Preis ein entscheidendes Kaufargument. Die beiden ehemaligen Grundigmitarbeiter, die als Zeit-

603 Einer wird gewinnen, in: video (1983), H. 9, S. 12–22. Gurr, Peter: Die Wende?, in: video (1984), H. 1. Familienplanung. Ratgeber vor dem ersten Kauf, in: video (1985), H. 10, S. 74–79.

604 Vgl. zur Beobachtung auch: VHS mit Rückenwind. Kommentar von Hannes Scholten, in: video (1983), H. 7.

605 Vgl. Gerwin/Höcherl: Video 2000: Strategische Produktpolitik bei internationalem Wettbewerb, S. 28. Grundig-Video-Shop – Nur für Fachhändler, in: HiFi & Video Markt. Das Fachmagazin der Unterhaltungselektronik, 1/1984.

606 Vgl. zur Presse bspw. „Dies ist für uns das Jahr Null", in: Der Spiegel 48/1980. Vgl. auch Lanzendorf, Peter: Das Knapp-Video-Buch. Alles Wissenswerte über Geräte, Technik, Cassetten, Videothek, Düsseldorf 1983, S. 123–133. Sowie zur politischen Debatte Europäisches Parlament. Ausschuss für Jugend, Kultur, Bildung, Information und Sport: Entwurf eines Berichts über den Markt der Videokassetten mit Gewalt- und Horrorthemen, in: BArch, B102/285152.

607 Vgl. Deutsches Video Institut: Analyse des Videomarktes der Bundesrepublik Deutschland 1984/85, in: BArch, B102/361249. Sowie Deutsches Video Institut: Der Video-Markt in der Bundesrepublik Deutschland 1983, in: BArch, B102/285152.

608 Vgl. van Marion: International Trade Policy and European Industry, S. 48. Sowie Aussagen in der Dokumentation: Kusserow, Raimund: Max Grundig, vom Heinzelmann zum Giganten, Stuttgart 1997. In der Rückschau bspw. auch: Pornos entschieden, welches Format sich durchsetzte, in: Süddeutsche Zeitung, 20.03.2017. Die Ursachen für das Fehlen bzw. die geringe Verbreitung im Sortiment von Video 2000 konnte aus anderen Quellen nicht näher beleuchtet werden. Es muss angenommen werden, dass dies eine bewusste Entscheidung war, ggf. aufgrund der intensiven Debatten in Europa.

zeugen den bereits genannten Artikel zu Video 2000 verfassten, schätzten, dass die Herstellungskosten 20 % bis 30 % höher waren als bei VHS-Geräten.[609] Bereits 1979 prognostizierte Max Grundig in einem Gespräch mit Philips, dass der Preis unter 2000 DM liegen müsse, um sich auf dem Markt durchsetzen zu können.[610] Im Jahr 1980 betrug der Durchschnittspreis für Grundigs Video 2000 Rekorder hingegen 2650 DM. Im Vergleich dazu kostete ein VHS-Rekorder durchschnittlich 2400 DM, eine Beta-Variante 2260 DM.[611] Ab 1981 begann mit zunehmenden japanischen Importen und einer Ausdehnung der europäischen Produktion ein massiver Preiskampf, der dazu führte, dass allein bis 1982/83 die Preise um 600 – 800 DM fielen.[612] Grundigs Marktforschungsabteilung beobachtete die Entwicklung sehr genau und stellte fest, dass im Juni 1983 erste VHS-Geräte von Orion für 1370 DM, Beta-Geräte von Sanyo sogar für 1098 DM erhältlich waren.[613] Grundig und Philips gingen den Preiskampf bis zu einem gewissen Grad mit. Dies führte dazu, dass die Grundig AG lediglich noch eine Gewinnmarge von 2 % pro Gerät aufweisen konnte, obwohl zur Amortisierung der Entwicklungskosten 22 % notwendig gewesen wären.[614] Dass die japanischen Unternehmen die Preise entsprechend senken konnten, ist auf die aufgebauten enormen Produktionskapazitäten zurückzuführen, die sich zudem durch hohe Automatisierungsgrade auszeichneten. In den Quellen und in der Literatur findet man unterschiedliche Angaben bzw. Schätzungen zu den japanischen Produktionskapazitäten.[615] Grundig schätzte die Kapazitäten für die

609 Gerwin/Höcherl: Video 2000: Strategische Produktpolitik bei internationalem Wettbewerb, S. 23.

610 Philips Grundig Besuch, 20.02.1979, in: PCA, Nr. 811.332.

611 Zu den Preisen vgl. sowohl die Marktbeobachtungen der Stiftung Warentest als auch die Grundig Marktforschungen zum Videorekordermarkt in der EG und der BRD. Siehe hierzu: Videorecorder (gehobene Preisklasse). Lohnt sich der Komfortzuschlag?, in: Test 16 (1981), H. 3, S. 20 – 29. Sowie Grundig Marktforschung: Produktion und Absatz von Videorecordern in der EG und in der deutschen Bundesrepublik, 1983, in: BArch, B102/285152.

612 Vgl. resümierend Vermerk: Probleme der Unterhaltungselektronik, europäische Aktivitäten (Grundig), 8.11.1982, in: BArch, B102/232222. In dem bereits erwähnten Bericht der Grundig Marktforschung wurden 23 Anbieter von Videorekordern mit ihren Geräten der verschiedenen Preisklassen in der Bundesrepublik beobachtet. Die Verkaufszahlen der Geräte wurden nicht erfasst. Eine alleinige Analyse der Preise zeigt jedoch, dass auch in den einzelnen Qualitätssegmenten die Preise fielen. Selbst der Durchschnittspreis aller angebotenen Geräte sank bei VHS um 400 DM, bei Beta um 600 DM.

613 Grundig Marktforschung: Produktion und Absatz von Videorecordern in der EG und in der deutschen Bundesrepublik, 1983, in: BArch, B102/285152.

614 So zumindest die Aussage gegenüber Mitarbeitern des BMWi in der Rückschau: Vgl. Vermerk: Besuch der Messe Hifivideo am 29.8.1984 in Düsseldorf, in: BArch, B102/285153. Vgl. zudem ebd.

615 Vgl. Marktforschungsunterlagen Grundig, 24.08.1983: Untersuchung der Videorecordersituation 1983, in: BArch, B102/285152; Mackintosh International Ltd/Europäische Kommission: The

Jahre 1982/83 auf 18,5 Mio. Geräte, die Funkschau auf 12 bis 13 Mio., Mackintosh auf 12 Mio., Cusumano et al. auf 14 bis 17 Mio.[616] Einig sind sich jedoch alle Quellen, dass davon allein 70 – 80 % für den Export bestimmt waren. Im Vergleich dazu lagen die Produktionskapazitäten von Video 2000 lediglich bei 1,5 Mio. Geräten pro Jahr, wobei von einem europäischen Bedarf von ca. 5 Mio. Geräten ausgegangen wurde.[617]

Nun zeichnete sich das VHS-Format von Matsushita/JVC jedoch vor allem durch die geschickte Lizenzpolitik aus. So bezogen auch deutsche und europäische Hersteller – je nach Vertragskonstellation – ganze Geräte oder Teile aus der japanischen Produktion und verkauften diese unter ihren eigenen Markennamen. Eine Aufstellung des Bundeswirtschaftsministeriums für das Jahr 1982 verdeutlicht, dass deutsche Marken auf dem Heimatmarkt einen Anteil von 59 % hielten – japanische Marken hingegen nur 41 %. Betrachtet man die Herstelleranteile, also die eigentlichen Produzenten, so entfielen lediglich noch 22,9 % auf die europäischen Hersteller und 77,1 % auf die Japanischen.[618] Durch Joint Ventures, wie J2T, an dem Telefunken beteiligt war und das im viertel Kapitel näher analysiert wird, etablierte sich somit VHS durch deutsche bzw. europäische Marken. Diese Konstellation war Max Grundig ein Dorn im Auge. Er beschimpfte die Aktivitäten und Unternehmen als „trojanische Pferde“ der japanischen Industrie.[619] In aufwendigen Berechnungen stellte er gegenüber dem Bundeswirtschaftsministerium – und das auch nicht zu Unrecht – heraus, dass die volkswirtschaftlichen Unterschiede zwischen der, wie er es nannte, „Vollfertigung“ und „Kit-Montage“ hinsichtlich der Wertschöpfung, dem Aufbau technologischer Kompetenzen und der Arbeitsplatzqualität und -sicherung eklatant seien.[620]

Diese Produktionsstätten und der Vertrieb der VHS-Rekorder durch deutsche Hersteller konterkarierten zudem Max Grundigs Versuch, die oben skizzierten wirtschaftlichen Nachteile von Video 2000 durch ein Branding als europäisches

---

European consumer electronics industry, S. 164. Funkschau zitiert nach Gerwin/Höcherl: Video 2000: Strategische Produktpolitik bei internationalem Wettbewerb, S. 27.

616 Cusumano/Mylonadis/Rosenbloom: Strategic Maneuvering and Mass-Market Dynamics: The Triumph of VHS over Beta, S. 54.

617 Vgl. Marktforschung Grundig: Bedarfsforschung Westeuropa 1983. Videorecorder, 19.8.1983, in: BArch, B102/285152.

618 Videorekorder Marktanteile 1980 – 1982, in: BArch, B102/285151.

619 Vgl. bspw. Max Grundigs Rede vor dem Aufsichtsrat am 23.03.1984, in: Rundfunkmuseum der Stadt Fürth, Nr. 87. In der Presse bspw. auch im Handelsblatt am 27.3.1984.

620 Er stellt dabei jeweils das Verhältnis 1:10 heraus. Volkswirtschaftliche Gegenüberstellung von „Kit-Montage“ und Vollfertigung bei Videorekordern, 25.08.1983, in: BArch, B102/285152. Sowie Vermerk: Japanische Exportmoderation bei Videorekordern, 28.6.1983, in: BArch, B102/258551.

Format auszugleichen.[621] Philips und insbesondere Max Grundig inszenierten Video 2000 in der Werbung, in der Fachpresse aber auch bei Reden als „europäisch" im Sinne von hochwertiger, anspruchsvoller und werthaltiger im Vergleich zu den japanischen Formaten. Zudem wurde der Kauf als Zeichen der Verantwortung für die europäischen Arbeitnehmer und die Industrie stilisiert.[622] Allerdings entschieden sich lediglich ITT, Loewe-Opta als zu dem Zeitpunkt noch nicht publik gewordene Philips Tochter, der Fürther Nachbar Metz, Siemens, Uher und Körting für Video 2000 als System. Andere bekannte deutsche Unternehmen und Marken, wie Blaupunkt, Dual, Graetz, Nordmende, Saba oder Telefunken wählten hingegen VHS, sodass Video 2000 nicht als gemeinsames europäisches Format erschien.[623] Die Ursache waren vielfach die Lizenzgebühren. Am Beispiel Telefunken wird deutlich, dass Grundig 400 DM pro zugeliefertem Laufwerk von Telefunken verlangte, Philips noch 325 DM und JVC lediglich 260 DM.[624] Es gibt dennoch Indizien, dass die europäische Stilisierung bei einem kleinen Teil der Konsumenten und des Einzelhandels durchaus wirkte. So sind einige Protestaktionen von Einzelhändlern überliefert, die an ihrem Laden beispielsweise ein Schild mit dem Hinweis „Kauft deutsche Ware – sichert deutsche Arbeitsplätze" anbrachten.[625] Darüber hinaus finden sich einige wenige Einschreiben an den Bundeswirtschaftsminister Lambsdorff und den bayerischen Wirtschafts- und Finanzminister Schedl, die ein

621 In den vergangenen Jahren sind diverse Studien zu diesem Phänomen in der Wirtschafts- und Unternehmensgeschichte erschienen. Vgl. als Auswahl: Kühschelm, Oliver: Einkaufen als nationale Verpflichtung. Zur Genealogie nationaler Ökonomien in Österreich und der Schweiz, 1920–1980, München, Wien 2021 (=Werbung – Konsum – Geschichte, Bd. 3); Gehlen/Marx/Reckendrees: Ambivalences of nationality—Economic nationalism, nationality of the company, nationalism as strategy: An introduction; Ingenhoff, Diana/White, Candace/Buhmann, Alexander (Hrsg.): Bridging disciplinary perspectives of country image, reputation, brand, and identity, London 2019; Donzé, Pierre-Yves: National labels and the competitiveness of European industries: the example of the 'Swiss Made' law since 1950, in: European Review of History: Revue europeenne d'histoire 81 (2018), H. 1; Viktorin, Carolin u. a. (Hrsg.): Nation Branding in Modern History, New York, NY 2018 (=Explorations in Culture and International History Ser, v.9).

622 Vgl. Speidel, Markus: Der Europäer in der Black Box, in: Stuhl, Frauke/Patel, Kiran Klaus/Franke, Julia (Hrsg.): Die Erfindung des Europäers, Berlin 2009. Philips und Grundig bilden die „Europäische Koalition" in der Unterhaltungselektronik. Ein Exklusiv-Interview mit Konsul Dr. Max Grundig, in: Funk, Fernsehen, HiFi: der Funkfachhändler 31 (1979), H. 10.

623 Vgl. den „Stammbaum des Hardware-Sektors" in: Zielinski: Zur Geschichte des Videorecorders, S. 241.

624 Vgl. Müller-Machens: Begründung für das Scheitern der Verhandlungen mit Grundig über eine Zusammenarbeit auf dem Gebiet der Videorecorder System V 2000, 22.03.1982, in: DTMB/AEG, 0873 (Ü2).

625 Vgl. zu den Protesten verschiedene Einschreiben in: markt intern. Radio Fernsehen Hifi, Ausgabe R 03/XIII.

nationales Bewusstsein beim Kauf von Unterhaltungselektronik fordern.[626] Die Einschreiben verwiesen zwar stellenweise auf Video 2000, vielmehr ging es jedoch darum, das Unternehmen Grundig in der Strukturkrise stützen.[627] Auch die von der Stiftung Warentest betonte Markentreue zu Grundigs Videogeräten dürfte wohl eher auf die Marke als auf das europäische Framing zurückzuführen sein.[628] Da sich VHS innerhalb weniger Jahre als Standard durchsetzte, muss geschlussfolgert werden, dass die übrigen Konditionen für die Konsumenten ausschlaggebender waren und das Branding diese nicht kompensierte. Der Fachhandel hingegen wollte und musste ein vollwertiges und nachgefragtes Sortiment an Unterhaltungselektronikgeräten offerieren, sodass auch japanische Produkte oder japanische Produkte in „europäischem Gewand" ihren Platz hatten.[629]

Eine bedeutende Rolle spielte das europäische Framing des Wettbewerbs jedoch bei dem letzten Versuch Grundigs, das Format zu retten. Im Dezember 1982 reichten Grundig und Philips als „Association of Firms with Common Interest in Video 2000" eine Anti-Dumping Klage gegen die japanischen Videorekorderanbieter bei der Europäischen Kommission ein.[630] Die entsprechenden Marktforschungsabteilungen in den Unternehmen, vor allem bei Grundig, hatten festgestellt, dass diverse Fabrikabgabepreise in Japan höher als die Exportpreise im Jahr 1982 gewesen seien.[631] Der lange bemühte Topos des unfairen Wettbewerbers

626 Vgl. zu den Schreiben an Lambsdorff aus den Jahren 1982/83: BArch, B102/258554. Den Vorschlag zur Gründung einer Bürgerinitiative an Schedl, in: BayHSta, Nachlass Schedl, Otto, 499.

627 In Kapitel 3.3.4. werden diese Einschreiben näher analysiert. Der Anlass waren hitzig geführten Diskussionen zur Übernahme Grundigs durch andere europäische Unternehmen.

628 Vgl. Zuverlässigkeit von Videorecordern. Defekte trüben das Bild, in: Test 18 (1983), H. 7, S. 18–20.

629 Vgl. aus der Perspektive des Fachhandels zur Frage: „Sollen wir ein Feindbild gegen Importe aus Fernost aufbauen? Oder eine „Buy German"-Bewegung starten?" Wolfram Bangert: Leitwort zur Ausgabe, in: Funk, Fernsehen, HiFi: der Funkfachhändler (1980), H. 4.

630 Van Marion stellt als Zeitzeuge die Klage in einen direkten Zusammenhang zu der Tatsache, dass die französische Regierung alle japanischen Importe über ein kleines Zollhaus in Poitier lenkte, um somit die Importe zu drosseln. Daraufhin sollen sich japanischer Vertreter beim GATT beschwert haben und die Kommission als Reaktion darauf, Philips und Grundig zur Anti-Dumping-Klage angestiftet haben. Dieser Zusammenhang findet sich allerdings weder in der Literatur noch in irgendwelchen anderen Quellen. van Marion: International Trade Policy and European Industry, S. 30.

631 Vgl. zusammenfassend: Möhler, Rolf/van Rij, Jan: 1983–1987. Export moderation as a panacea or can Japan change?, in: Keck, Jörn/Vanoverbeke, Dimitri/Waldenberger, Franz (Hrsg.): EU-Japan Relations, 1970–2012. From Confrontation to Global Partnership, London 2013, S. 62–64. van Marion: International Trade Policy and European Industry, S. 30–36. Vermerk: Lambsdorff Gespräche mit Botschaftsrat Yamaguchi, der Austausch mit Tokio ermöglicht, 7.4.1983, in: BArch, B102/285151.

konnte damit faktisch nachgewiesen werden. Um den offiziellen Klageweg des GATT zu umgehen, verhandelten die Kommission und das japanische MITI ein Selbstbeschränkungsabkommen. Entgegen der Beschwerden vieler europäischer Unternehmerverbände und zahlreicher Minister, die die japanischen Joint Ventures und Lizenzfertigungen gefährdet sahen, setzte sich die Kommission in den Verhandlungen massiv für die Vertreter von Video 2000 ein.[632] Das zentrale Argument hierzu war der Schutz der europäischen Arbeitsplätze durch das europäische Format.[633] An dieser Stelle verfing die von Grundig und Philips gepflegte Stilisierung und Argumentation. Im Frühjahr 1983 handelten die Kommissare Haferkamp und Davignon ein dreijähriges Selbstbeschänkungsabkommen aus, das die japanischen Exporte auf 4,5 Mio. Geräte zu Mindestpreisen festlegte.[634] Nach kurzfristigen Erfolgen scheiterte das Abkommen jedoch. Zum einen wurde die Nachfrage zu hoch eingeschätzt. Zum anderen umgingen die japanischen Unternehmen die Beschränkungen durch vermehrte Investitionen in Produktionsstätten in Europa.[635] Das Überangebot drückte die Preise, sodass sich an der Rentabilitätssituation Grundigs nichts veränderte. Im Jahr 1984/85 nahm Grundig daher ebenfalls die Produktion von VHS auf.

Die Genese und die besondere Bedeutung des Selbstbeschränkungsabkommens, obgleich es erfolglos war, wird in Kapitel 3.3.3 zur politischen Einflussnahme Grundigs nochmals näher erläutert. Die ehemaligen Grundigmitarbeiter und in dem Zuge auch Berghoff geben die Verluste durch Video 2000 mit 1 Mrd. DM an. Diese Zahl konnte anhand der vorliegenden Geschäftsberichte und internen Unterlagen nicht verifiziert werden. Max Grundig hingegen klagte in einem Gespräch mit Hermanus Koning von Philips, 1983 bereits 200 Mio. DM durch Video 2000 verloren zu haben.[636] Definitiv leistete Video 2000 als fehlgeschlagener Versuch, ein zweites Standbein des Unternehmens zu etablieren, aber einen großen Beitrag zur Strukturkrise Grundigs.

---

632 Zu den einzelnen Beschwerden vgl. beispielhaft Kapitel 4.5. Wirtschaftsminister Lambsdorff setzte sich zudem für J2T ein.

633 Vermerk zur Haltung des BMWi bei Exportmoderation, 28.6.1983, in: ebd.

634 Vgl. auch Davignon an Sadanori Yamanaka, MITI Minister, 28.3.1983 (Cypher Confidental), in: HAEU, INV 15/2019.

635 Davignon an Hikosaburo Okonogi, International Trade and Industry Minister, 2.8.1984, in: ebd.

636 Besprechung Koning mit Grundig, 13.10.1983, in: PCA, Nr. 811.332.

3.2.2 Mikroelektronik und „Adenauer-Effekt“: Grundigs innerbetrieblichen Maßnahmen in der Strukturkrise

1972 trat Max Grundig bei der Bilanzpressekonferenz seines Unternehmens an das Mikrofon und wiederholte die bereits in den internen Korrespondenzen mit Philips geäußerten Erwartungen, dass die japanischen Unternehmen massiv auf die europäischen Märkte drängen werden.[637] Dabei formulierte er selbstbewusst, dass nur Philips und sein eigenes Unternehmen den japanischen bezüglich der rationalen Massenproduktion bei besserer Qualität und gleichzeitig wettbewerbsfähigen Preisen gewachsen seien. Die Zusammenarbeit mit Philips erwähnte er in diesem Moment nicht, sie dürfte ihn aber in seiner Zukunftserwartung bestärkt haben. Tatsächlich trugen Grundigs Massenproduktionsbedingungen und der boomende Fernsehabsatz das Unternehmen bis in die zweite Hälfte der 1970er Jahre.[638] Als Josef Stoffels, zu diesem Zeitpunkt noch Grundig-Vertriebsvorstand, 1978 an demselben Ort in der Fürther Kurgartenstraße ebenfalls zur Kommentierung der Unternehmensergebnisse das Wort ergriff, war von dem unternehmerischen Selbstbewusstsein deutlich weniger zu spüren. Das Unternehmen hatte im zweiten Jahr in Folge keine Gewinne erzielt. Er stellte ernüchtert heraus, dass auf die deutsche Unterhaltungselektronik „ein großer Schatten“ falle.[639] Dieser „Schatten“ seien die Japaner, die durch geringere Arbeitskosten, insbesondere auch in den exportorientierten Fabriken in den ostasiatischen Nachbarländern, die europäischen Märkte bedrängen würden. Der Verursacher der Strukturkrise war also klar benannt. Die „Parallelität zu der verhängnisvollen Entwicklung in den USA [sei] nicht zu übersehen“.[640] Hohe Investitionen und die Umgestaltung der Produktionsstrukturen seien daher zur Zukunftssicherung notwendig. Diese Maßnahmen sind der Gegenstand des Kapitels.

Grundigs „Goldenes Zeitalter“ endete offenkundig, als das Unternehmen in der zweiten Hälfte der 1970er Jahre erstmals Verluste einfuhr. Grundig ereilte damit in jenem Moment die Strukturkrise, als die gesamte Industrie in diese hineinrutschte, bzw. vice versa wurde die Krise der Branche besonders gravierend, als das größte Unternehmen, das zwischen 40 % und 50 % des Gesamtumsatzes erzielte und dabei

637 Vgl. hier und im Folgenden: Am Rande der Bilanzpressekonferenz, in: Funkschau 44 (1972), H. 23, S. 2013.

638 Vgl. Kapitel 3.1.1

639 Vgl. Grundig: Auf die Unterhaltungselektronik „fällt ein großer Schatten“, 12.10.1978, in: BArch, B102/196041.

640 Bericht im Funkfachhändler zur Pressekonferenz: Die Zukunftssicherung erfordert hohe Investitionen, in: Funkfachhändler : Wirtschaftsblatt für Fernsehen, Rundfunk, Hifi, Phono 30 (1978), H. 11.

ca. 30 % der Arbeitnehmer beschäftigte, kriselte.[641] Nach starkem Umsatzwachstum von ca. 1 Mrd. DM 1970/71 auf 3 Mrd. DM 1976/77 im Zuge der Farbfernseherproduktion stagnierte dieser bis in die zweite Hälfte der 1980er Jahre. Nach den ersten Gewinneinbrüchen wusste Stoffels bei der Pressekonferenz dabei noch nicht, dass der Zeitraum von 1979 bis 1981 noch verlustreicher werden würde – mit Ergebnissen von -286 Mio. DM und -185 Mio. DM.

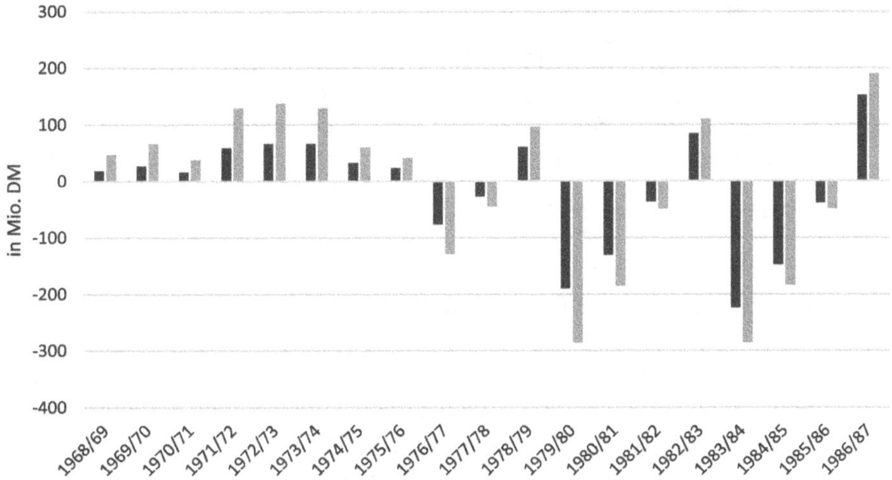

Abbildung 27: Nominaler und realer Ertrag der Grundig AG.[642]

Ein zweiter Indikator für die Krise des Unternehmens ist die rapide sinkende Eigenkapitalquote als bilanztechnischer Anteil des Eigen- am Gesamtkapitals. 1972/73 betrug die Kennziffer noch kerngesunde 42 %, bevor sie im Verlauf der 1970er Jahre kontinuierlich abnahm. Von 1978 bis 1983 halbierte sie sich nochmals von 26 % auf 13 %. Der Verlauf legt nahe, dass nicht nur in der Strukturkrise die Fremdfinanzierung und damit der Verschuldungsgrat deutlich zunahmen, sondern auch die

641 Vgl. zu den Zahlen Kapitel 2.1 und 3.2.

642 Vgl. Fußnote 422. Die Jahresüberschüsse beziehen sich auf die Grundig AG als operativ tätigem Unterhaltungselektronikkonzern. Zur Grundig-Gruppe gehörte noch die Verwaltung diverser Liegenschaften und die Grundig Bank. Beide wurden – der Eindruck verfestigt sich – nach Belieben in die Bilanzen einbezogen. Mit Hilfe des Konzernkonstrukts wurden darüber hinaus die Verluste in den 1980er Jahren durch diverse Verlustübernahmen der Grundig-Stiftung als übergeordneter Konzernholding für die Geschäftsberichte „schöngerechnet". Um einen Eindruck in den Ertrag des Geschäftes zu gewinnen, wurden diese nicht berücksichtigt. Vgl. als Hinweis hierauf das Schreiben Fritz Lachners am 29.1.1997 an den damaligen Vorstand anlässlich des Philips-Rückzugs aus dem Unternehmen Grundig. Enthalten in: Rundfunkmuseum der Stadt Fürth, Nr. 250. Lachner war zuvor Aufsichtsrats- und Vorstandsmitglied bei Grundig

Umsatzausdehnung der Vorjahre zunehmend fremdfinanziert war. Als dritter Indikator ist die Anzahl der Beschäftigten anzuführen, die sich ebenfalls von ihrem Höhepunkt 1978/79 mit über 38.000 Beschäftigten bis 1981/82 auf ca. 30.000 reduzierte.[643]

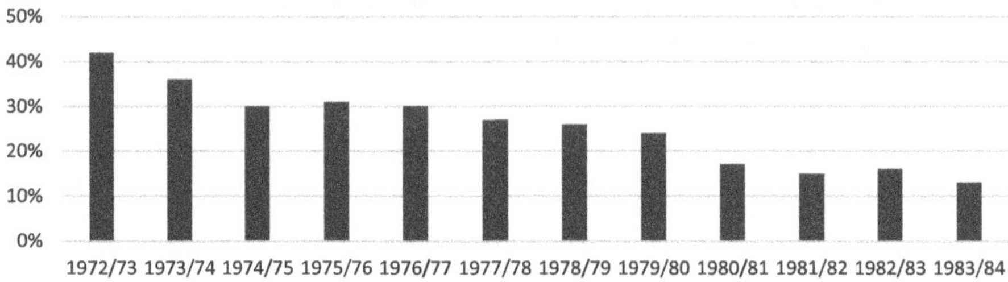

Abbildung 28: Eigenkapitalquote der Grundig AG.[644]

Ursächlich für diese Entwicklung waren zum einen die bereits herausgearbeiteten branchenspezifischen Faktoren, die auch vor dem Marktführer nicht haltmachten. Das Zusammenspiel aus Produktkonzentration, der Verbreitung der Mikroelektronik und den zunehmenden japanischen Importen setzte Grundigs Produktionsstrukturen unter Druck, wobei Grundig letztere als Hauptursache in der Öffentlichkeit stilisierte. Zum anderen wurden bereits zeitgenössisch zwei grundigspezifische Faktoren ausgemacht, die zunächst behandelt werden.

Das Nachfolgeproblem bestand bei Grundig seit den 1960er Jahren. Just in der Strukturkrise wurde es nun virulent. Die gesundheitlichen Probleme Max Grundigs nahmen seit der Mitte der 1970er Jahre massiv zu.[645] Die Diagnose lautete Röntgenschäden, die die Haut, Knochen und Gelenke betrafen. 1979 wurde schließlich das Kniegelenk operativ entfernt. Max Grundig lies sich weltweit behandeln und musste somit über längere Zeiträume dem Alltagsgeschäft fernbleiben. Innerhalb der eigenen Vorstandsetage aber auch auf informelleren Wegen mit Philips-Verantwortlichen, die zu Beginn der 1970er Jahre ihr festes Interesse an der Übernahme bekundet hatten, wurde über die Nachfolge diskutiert.[646] Max Grundig hingegen hielt an seinem Führungsanspruch fest. Insgesamt acht Topmanager auf der Vorstandsebene verließen von 1977 bis 1981 das Unternehmen.[647] Der Vorstandsvorsitzende Hans-Heinz Griesmeier wechselte beispielsweise auf dieser Po-

643 Vgl. Abbildung 23

644 Vgl. Fußnote 422.

645 Fein: Sieben Tage im Leben des Max Grundig, S. 297–310.

646 Notiz von Lorenz bei Grundig, 25.3.1976, in: PCA, Nr. 881.

647 Vgl. Bronnenmeyer: Max Grundig, S. 89–94. Sowie als Überblick Diktatur der Pioniere, in: Wirtschaftswoche 24/1981.

sition zu Krauss-Maffei, ebenso sein Nachfolger Kurt Hackel, den es zu Pelikan zog. Walter Lippmann als Verantwortlicher für die Produktion übernahm die Leitung von Hertie und der bereits zitierte Josef Stoffels die Telefunkens. Sie einte, so zumindest die Presseberichterstattung, der mehr oder weniger offen formulierte Führungsanspruch innerhalb des Unternehmens und die damit korrelierenden Meinungsverschiedenheiten mit Max Grundig, dem durch die Unternehmenskonstruktion mit einem Präsidium oberhalb des Vorstandes alle wesentlichen Entscheidungsbefugnisse zufielen.[648] Die Presseberichterstattung war es auch, die diesen regen Austausch der Topmanager als eine der wesentlichen Krisenursachen ausmachte. Ein Artikel des Managermagazins mit dem Titel „Ein schlecht bestelltes Haus" evozierte sogar eine Gegendarstellung Max Grundigs in der Ausgabe vom 22.10.1979.[649] Die Journalisten unterstellten ihm den sogenannten „Adenauer-Effekt", d. h. er halte dauerhaft an seiner Macht fest, könne nicht loslassen und dulde keine starken Persönlichkeiten neben sich. Wenn man sich die weiteren Karriereverläufe der Manager ansieht, erscheint diese Einschätzung plausibel. Allerdings sind keine Quellen zu den Auseinandersetzungen mit den einzelnen Vorstandsmitgliedern überliefert, die die Aussagen verifizieren könnten. Die Berichterstattung verkennt jedoch, dass Max Grundig bis zu einem gewissen Grad durchaus reflektierte, dass die „Organisation als Führungsschwäche der Fa" zu betrachten sei.[650] Durch „jahrzehntelange Überzentralisierung" fehle es im mittleren Management, aber auch in Teilen im Topmanagement an Leitungs- und Entscheidungsfähigkeit, diagnostizierte er gemeinsam mit seinem Entwicklungsleiter Fritz Lachner.[651] Er gliederte daher die Vorstandsressorts neu und reduzierte sie von 14 auf sieben, sodass den jeweiligen Entscheidern mehr Befugnisse zugeordnet wurden.[652] Seine eigenen Entscheidungsspielräume und Befugnisse schränkte er jedoch nicht ein. Dafür sah er seine eigene Rolle im Unternehmen als zu wichtig an.[653]

Klare betriebswirtschaftliche Folgen der Fluktuation im Vorstand können anhand der vorliegenden Quellen nicht ausgemacht werden. Max Grundig und Fritz Lachner diagnostizierten 1979 jedoch einen „Rummel wie noch nie" in der

648 Vgl. Kapitel 3.2.2.

649 Ein schlecht bestelltes Haus, in: Manager-Magazin, 8/1979. Zur Gegendarstellung Grundig-Mitteilung, 28.9.79, in: Rundfunkmuseum der Stadt Fürth, Nr. 188.

650 Besprechung mit Max Grundig am 10.12.1979, in: Rundfunkmuseum der Stadt Fürth, Nr. 35.

651 Notizen Lachner 1979, in: ebd.

652 Presse-Information Grundig, 43/81: Grundig strafft Organisation, in: Rundfunkmuseum der Stadt Fürth, Nr. 188.

653 Vgl. in der autorisierten Darstellung Fein: Sieben Tage im Leben des Max Grundig, S. 309–315.

Führungsebene.[654] Allerdings resultierten aus denen auf Max Grundig zugeschnittenen Entscheidungsstrukturen vielfältige Folgen. In der Strukturkrise engagierte das Unternehmen die Beratungsagentur McKinsey & Company zur Auslotung von Produktivitätssteigerungen und Einsparungsmöglichkeiten im Unternehmen.[655] Eines der zentralen Probleme läge in der Breite der Sortimentsstruktur mit der ständigen Einführung neuer Geräte, so die Erkenntnis der Berater.[656] Beispielsweise produziere Grundig 104 verschiedene Farbfernsehertypen, wohingegen der nationale und internationale Durchschnitt bei ca. 20 Typen pro Unternehmen läge. Die Typenanzahl käme vor allem durch die fortlaufende Ergänzung von „Features der Konkurrenz" zustande. Durch die staccatoartigen Produktneueinführungen fehle im Unternehmen die Zeit zur Normierung des Materials, zur Beseitigung technischer Mängel und zur präzisen Neuausrichtung der Produktionslinien, unter der nicht nur die Qualität, sondern auch die Skaleneffekte leiden würden. Allein durch die Entwicklung der Prototypen und neuer Werkzeuge sowie der Anpassung der Fertigungsabläufe – andere Produktionsplanungen wurden zurückgestellt – würden jährliche Mehrkosten von mehr als 80 Mio. DM entstehen. Für diesen Stil war Max Grundig verantwortlich, der den Markt sehr genau beobachtete und in den Entwicklungsgesprächen die schnellen und umfänglichen Einführungen dieser Neuheiten forderte, wie sowohl Walter Lippmann in seinem internen Bericht als auch Fritz Lachner in einem 2008 geführten ausführlichen Zeitzeugengespräch herausstellten.[657] Die schlanken Entscheidungsstrukturen, die das Unternehmen mit dem Marktgespür Max Grundigs insbesondere in den 1950er und 1960er Jahren getragen hatten, entwickelten somit nun eine Kehrseite, wobei Max Grundig weiterhin von seinem Gespür für den Markt überzeugt war.[658]

Diese Produktvielfalt hat sich im vorangegangen Kapitel bereits bei den Videorekordern gezeigt, deren Entwicklung als zweiter grundigspezifischer Faktor in der Strukturkrise ausgemacht wurde. Der McKinsey-Bericht kann an dieser Stelle die Analysen bezüglich der Entwicklungs- und Produktionskosten des vorherigen

654 Besprechung mit Max Grundig am 10.12.1979, in: Rundfunkmuseum der Stadt Fürth, Nr. 35.

655 Zur Zunahme externer Beratungen vgl. Marx, Christian: Die Manager und McKinsey. Der Aufstieg externer Beratung und die Vermarktlichung des Unternehmens am Beispiel Glanzstoff, in: Reitmayer, Morten/Schlemmer, Thomas (Hrsg.): Die Anfänge der Gegenwart. Umbrüche in Westeuropa nach dem Boom, München 2014 (=Zeitgeschichte im Gespräch, Bd. 17).

656 Vgl. McKinsey&Company Bericht: „Ansatzpunkte zur Produktivitätssteigerung aus der Diagnose der Materialgemeinkosten", 17.2.1981, S. 58, in: Rundfunkmuseum der Stadt Fürth, Nr. 35.

657 Vgl. Lippmann, am 29.6.1979 an Grundig, in: Rundfunkmuseum der Stadt Fürth, Nr. 188. Skript des Zeitzeugeninterviews, in: Rundfunkmuseum der Stadt Fürth, Nr. 187.

658 Vgl. im Interview: „Vielleicht habe ich härter gearbeitet". SPIEGEL-Interview mit dem Industriellen Max Grundig über die Ursachen seines Erfolgs, in: Der Spiegel, 20/1978.

Kapitels dahingehend ergänzen, dass er einen Anstieg der Zinsbelastung von 219 % ausmacht, die mehrheitlich auf die Investitionen in die Videorekorderfabrik zurückzuführen sind. Sie bildeten damit einen gewichtigen Teil der zunehmenden Fremdfinanzierung und Verschuldung. Intern und auch in der externen Kommunikation war der Videorekorder die nicht erfüllte Destination, um die sich eintrübende Farbfernseherproduktion zu kompensieren.[659]

Um 1980 startete Grundig noch einen zweiten, weniger umfassenden, aber aufschlussreichen Kompensationsversuch, der nun exkursartig dargelegt werden soll. Der HiFi-Markt wurde in der internen Analyse als einziger weiterer Wachstumsmarkt neben dem Videorekorder in den 1980er Jahren ausgemacht.[660] Grundig hielt zwar zwischen 10 % und 15 % der Marktanteile, hatte den Markt jedoch nur unzureichend gepflegt. In der Entwicklung lag der Schwerpunkt auf dem Fernseher- und Videorekorderbereich. Wie die anderen europäischen Hersteller auch, hatte sich Grundig auf die Produktion von Kompaktanlagen konzentriert, während die japanischen Anbieter mit dem Bausteinsystem große Erfolge erzielt hatten, bevor die Europäer überhaupt diesen Weg einschlugen.[661] Damit bauten sie sich in diesem Segment ein besseres Image auf, wie Grundig-intern festgestellt werden musste.[662] Eine Erklärung hatten die Verantwortlichen jedoch nicht. Qualitativ sah man sich mindestens auf Augenhöhe und kritisierte, in Person von Max Grundig und dem Vertriebschef Axel Bartmann, die Fachpresse und Öffentlichkeit, die die japanischen Erzeugnisse grundlos höher bewerten würden.[663] Daneben ließ man eine externe Untersuchung durchführen, die feststellte, dass Markennamen und Aussehen entscheidender seien als technische Details. Grundigs Image bei der Jugend und den „HiFi-Enthusiasten" sei in Relation zu dem Japanischen deutlich schlechter. Die Studie führte dies auf die geringe Exklusivität zurück, die vom dominanten Fernseherimage überdeckt worden sei.[664] Die Wirtschaftswoche attestierte den HiFi-Geräten hingegen scharf „provinzielles Niveau".[665] Max Grundig reagierte, indem er einerseits eine neue qualitativ hochwertige Produktlinie zu etablieren versuchte, andererseits das Siegel „Made in Europe" als Distinktions-

659 Vgl. hier und im Folgenden in der Rückschau: Geschäftsbericht 1980/81, in: BWA, S 011 – 128. Sowie Lippmann, am 29.6.1979 an Grundig, in: Rundfunkmuseum der Stadt Fürth, Nr. 188.

660 Vgl. Lippmann, am 29.6.1979 an Grundig, in: Rundfunkmuseum der Stadt Fürth, Nr. 188. In der Kommunikation nach außen: Geschäftsbericht 1977/78, in: BWA, S 011 – 128.

661 Vgl. zur Analyse von Philips auch: Protokoll der 6. Wirtschaftsausschuß-Sitzung, 22.1.1979, Hamburg, 24.1.1979, in: AdsD, 5/IGMA170650.

662 Lippmann, am 29.6.1979 an Grundig, in: Rundfunkmuseum der Stadt Fürth, Nr. 188

663 Internationales Design und differenziertes Angebot. Grundig will HiFi-Anteil ausbauen, in: Funk, Fernsehen, HiFi: der Funkfachhändler (1980), H. 9, S. 23 – 25.

664 Strategie bei HiFi für die 80er Jahre, in: Grundig Report. Wir und unser Betrieb, 4/80.

665 (K)ein Platz an der Sonne, in: Wirtschaftswoche, 20.08.1979.

merkmal auf den Anlagen anbringen ließ – mit der Absicht auf die Sicherung der europäischen Arbeitsplätze durch den Kauf der Produkte aufmerksam zu machen und, ähnlich wie beim Videorekorder, die Qualität hervorzuheben. Beide Maßnahmen führten nicht zum gewünschten Erfolg, sodass die Produktion im Jahr 1983 nach Südostasien verlagert wurde.

Diese Szenerie verdeutlicht in doppelter Hinsicht, dass Max Grundig in diesem Fall das Marktgespür verloren hatte, da er erstens – wie die anderen Europäer auch – den Trend zu den Bausteinsystemen nicht erkannte und zweitens entgegen der internen Warnungen und den beobachtbaren Maßnahmen der anderen deutschen und europäischen Unternehmen an der heimischen Produktion festhielt, als diese kaum noch ohne Verluste aufrechtzuerhalten war.[666] Gleichzeitig zeigt dies, wie sehr er an dem eigenen Gestaltungswillen festhielt.

Neben diesen Kompensationsversuchen war das wesentliche Ziel der Umstrukturierungsmaßnahmen jedoch eine Verbesserung des Farbfernsehgeschäfts als Hauptstandbein des Unternehmens. Die zunehmenden Marktsättigungstendenzen in Relation zu den Überkapazitäten der Industrie und des Unternehmens führten zu einem Preisverfall, der die Produktion unter den vorhandenen Produktionsbedingungen unrentabel machte.[667] Die notwendigen Preiserhöhungen seien jedoch aufgrund der japanischen Preispolitik nicht möglich gewesen, so die grundiginterne Analyse, die sich nun auf die Suche nach kosteneinsparenden Maßnahmen machte.[668]

Die Videorekorderfabrik galt als eine der modernsten Produktionsstätten in Europa und war auch im globalen Maßstab konkurrenzfähig. Das traf jedoch nicht auf alle Produktionsstätten Grundigs zu. Die McKinsey-Berater mahnten an, dass die Fertigungsstruktur Grundigs zu „zersplittert" sei, um die hierzu notwendigen Skaleneffekte auszubilden.[669] An dieser Stelle zeigen sich erneut die Pfadabhängigkeiten aus Grundigs „Goldenem Zeitalter". Im Sinne der klassischen fordistischen Massenproduktion war Grundig der Standortdiversifizierung, insbesondere in den ländlichen Raum, zur Reduktion der Arbeitskosten gefolgt. Die Referenz waren nun jedoch nicht mehr andere europäische Standorte, sondern ostasiatische mit deutlich niedrigeren Lohnkosten. Zusätzlich ermöglichte die Mikroelektronik einen höheren Automatisierungsgrad und eine Reduktion der Produktionsschritte

666 Vgl. zur Grundig-internen Diagnose: Vertrauliche Mitteilung von Lachner an Rösch zur Übergabe des Entwicklungsbereich, 7.10.1980, in: Rundfunkmuseum der Stadt Fürth, Nr. 35.

667 Vgl. Branchenkrise fordert auch in Fürth Opfer, in: Handelsblatt, 02.05.1980.

668 Vgl. hier und im Folgenden in der Rückschau: Geschäftsbericht 1980/81, in: BWA, S 011–128. Sowie Lippmann, am 29.6.1979 an Grundig, in: Rundfunkmuseum der Stadt Fürth, Nr. 188.

669 Vgl. McKinsey&Company Bericht: „Ansatzpunkte zur Produktivitätssteigerung aus der Diagnose der Materialgemeinkosten", 17.2.1981, S. 26–36, in: ebd.

aufgrund der geringeren Anzahl der Bauteile pro Gerät. Im Hause Grundig war man bereits anderthalb Jahre früher zu diesen Erkenntnissen gelangt, wie das Vorstandsmitglied Lippmann in einem umfassenden Bericht an Max Grundig festhielt.[670] Die Ursachenanalyse war sogar deutlich tiefgreifender. Möglich wurde sie durch diverse Reisen nach Japan. Nicht nur Vorstände wie Lippmann (Produktion) und Firnges (Finanzen), sondern auch das mittlere Management, vornehmlich aus der Entwicklungsabteilung, besuchten die japanischen Produktionsstätten. Zunächst hielt Lippmann fest, dass man in Produktion und Technik allen europäischen Wettbewerbern überlegen sei. Die Standortdiversifizierung trage im innereuropäischen Wettbewerb noch Früchte, nicht jedoch im Vergleich zu den japanischen Unternehmen. Er stützte sich auf Erhebungen der Boston Consulting Group und skizzierte, dass die Lohnkosten in Japan pro Fernsehgerät lediglich ein Drittel im Vergleich zur Bundesrepublik (22,80 DM zu 60,40 DM) und die durchschnittlichen Arbeitsstunden pro Gerät lediglich die Hälfte (1,9 zu 3,9 Stunden) betragen würden. Zwar sei der Durchschnittsstundenlohn in der japanischen Produktion um ein Viertel niedriger als in der Bundesrepublik, entscheidend sei jedoch die Automatisierung. Während bei Grundig je nach Fabrik der automatisierte Anteil zwischen 0 % und 30 % läge, fände man in Japan viele Produktionsstätten mit 80 – 85 %iger Automatisierung. Daraus resultiere zusätzlich eine deutlich geringere Fehlerquote. Bei seinem Besuch hätte er zudem beobachtet, dass in ersten japanischen Fabriken bereits die nächste Generation der Bestückungs- und Montageautomaten installiert werde, die nochmals effizienter arbeite. Des Weiteren wären Herr Firnges und er höchst beeindruckt von den komplexen japanischen Fertigungsstraßen gewesen, die sich durch das Zusammenspiel von zwei Industrierobotern mit einer menschlichen Arbeitskraft auszeichnen würden. Zwar lohne sich die sechsmonatige Einrichtung, laut Aussage der japanischen Ingenieure, selbst bei den japanischen Stückzahlen für die Heimat- und Exportmärkte erst, wenn das Endprodukt über zwei Jahre produziert werde. Für Grundigs Absatz in Europa sei diese Automatisierungsstufe daher nicht rentabel. Aber insgesamt schlussfolgerte Lippmann:

> Ein Automat kostet den japanischen Hersteller das gleiche wie uns, und die Lohnkosten pro Stunde für die den Automaten bedienende deutsche Arbeitskraft unterscheiden sich nicht mehr nennenswert von denen eines japanischen Kollegen.[671]

---

670 Vgl. hier und im Folgenden: Lippmann, am 29.6.1979 an Grundig, in: Rundfunkmuseum der Stadt Fürth, Nr. 188.

671 Ebd.

Er plädierte daher für umfassende Investitionen in die Automatisierung der Produktion. Dafür sei aber auch eine Anpassung des Personals notwendig, wie er herausstellte. So zeichne sich die Grundigbelegschaft durch einen überproportional hohen Anteil an Führungskräften in der Produktion aus, die bereits seit den 1950er Jahren im Unternehmen tätig seien. Dadurch sei zwar eine hohe Identifikation mit dem Firmeninhaber und dem Unternehmen sowie eine effiziente Zusammenarbeit in den routinierten mechanischen Produktionsabläufen entstanden, für die neuen, technologisch anspruchsvollen Tätigkeiten werde allerdings eine neue Mitarbeitergeneration benötigt. Darüber hinaus würde die Automatisierung eine Vielzahl an Arbeitskräften mit einfachen Montagetätigkeiten ersetzen.

Die ausführlich wiedergegebenen Beweggründe und Beobachtungen in Japan zeigten Wirkung. Tatsächlich verfolgte Max Grundig diesen Weg. Wie bei der Videorekorderentwicklung waren die japanischen Unternehmen erneut zur Referenz der eigenen Unternehmensentwicklung geworden. Sie wurden sogar zum Vorbild. Als Max Grundig am 30.09.1980 die Gründung der „Abteilung Automatisierung" veranlasste, um die Umsetzung zu forcieren, war sein erster Auftrag an den Leiter, Herrn Schade, nach seinem Urlaub direkt nach Japan zu fliegen, „um dort die Methoden der Automation studieren zu können".[672] Die Erkenntnisse Schades sind leider nicht überliefert. Dennoch zeigt sich hier besonders deutlich der Antrieb, von Japan zu lernen.

Die Mikroelektronik entfaltete auch bei Grundig ihren doppelten Effekt. In den Jahren 1979/80 passte das Unternehmen seine Fernsehchassis auf die zunehmende automatische Bestückung an. Man reduzierte die Typenvielfalt auf drei Grundchassis mit 60 Grundmodulen, sodass durch die Möglichkeit der automatischen Bestückung 50 % und damit 180 Lohnminuten im Vergleich zu den Vorgängermodellen eingespart wurden.[673] Zudem verstärkte die Entwicklungsabteilung die Forschung zur Digitalisierung des Fernsehens mit den beiden Hauptlieferanten für Bauelemente, Siemens und Philips, um so die Potentiale zukünftig weiter auszuschöpfen.[674] Die Umstrukturierung der Produktionslandschaft war radikal. In den wenigen Jahren von 1979 bis 1981 reduzierte das Unternehmen die Belegschaft um

---

672 Aktenvermerk 30.9.1980 Lachner: Grundig erteilt Herrn Stutzke am 30.9.1980 den dringenden Auftrag eine „Abteilung Automatisierung" zu gründen, in: Rundfunkmuseum der Stadt Fürth, Nr. 35. Sowie zum Auftrag: Schreiben Grundig an Schade, 23.9.1980, in: ebd.

673 Grundig bleibt bei seinem Modul-Chassis-Konzept. Eine Diskussion über Pro und Contra der Modul-Technik, in: Funktechnik 35 (1980), H. 2; Pro Fernsehgerät 180 Lohnminuten eingespart. Grundig AG, in: Funk, Fernsehen, HiFi: der Funkfachhändler 33 (1981), H. 9.

674 Aktennotiz, 14.11.1979: Zusammenarbeit: Grundig-Philips-Siemens bei der Digitalisierung von FFS-Geräten, in: Rundfunkmuseum der Stadt Fürth, Nr. 35. Und Schreiben von Lorenz an „Zentrale", 1979, in: PCA, Nr. 881.

ca. 8.000 Mitarbeiter und schloss elf von 23 Produktionsstätten. Der Satzung der Max Grundig Stiftung folgend wurden überproportional viele Auslandswerke geschlossen, nämlich vier von sechs.[675] In der Bundesrepublik traf es jedoch auch diverse, vom Hauptsitz aus betrachtet periphere Werke, u. a. in Dachau, Bayreuth, Vohenstrauß, Ascha, Landau und Karlsruhe.[676] Allein in der Bundesrepublik kosteten die Stilllegungen das Unternehmen durch umfassende Sozialpläne und Pension 200 Mio. DM.[677] Zur Automatisierung der Produktion in den übrigen Werken wurden bereits in den Jahren 1980/81 120 Mio. DM investiert.

Der Grundig Vorstand und allen voran Max Grundig rechtfertigten die Umstrukturierungsmaßnahmen gegenüber der Belegschaft und Außenstehenden als „lebenswichtig" für das Unternehmen.[678] Der Tenor, warum diese Maßnahmen notwendig sein, war einhellig: die „japanische Konkurrenz". Man nutzte den Topos des unfairen Wettbewerbers und stellte die niedrigen Lohnkosten, vor allem auch Lohnnebenkosten, sowie die Unterstützung des Staates (Staatstopos) heraus.[679] Gleichzeitig betonte man, dass man selbst die besseren Arbeitskräfte und die bessere Technologie habe.[680] Die Japaner seien geradezu erstaunt, wenn sie Grundigs technisches Niveau bei Besuchen sehen würden, wie Max Grundig in einem Interview mit den Nürnberger-Fürther-Nachrichten zum Jahresende 1980 schilderte.[681] Der Einsatz der Mikroelektronik wurde dabei als zentrales Mittel stilisiert, um sich in diesem Wettbewerb mit den japanischen Unternehmen behaupten zu können. Man gab zu, dass Arbeitsplätze verloren gegangen seien und auch noch verloren gehen würden, gleichzeitig würden jedoch auch neue und gutbezahlte entstehen. Im Weihnachtsgruß 1980 verband Max Grundig diese These mit der Werbung für die Grundig-Akademie. Diese wurde bereits 1978 – gewissermaßen als Antizipation und Vorgriff auf die notwendige Personalentwicklung – gegründet. Sie bot Weiterbildungskurse für Fach- und Nachwuchskräfte sowie

675 Dies betraf die Werke in Taiwan, Fleurancy, Dunmurry und ein italienisches Werk. Siehe Grundig Report. Wir uns unser Betrieb 6/1980, in: Rundfunkmuseum der Stadt Fürth, Nr. 426.

676 Geschäftsbericht 1980/81, in: BWA, S 011–128. Sowie Grundig Report. Wir und unser Betrieb, 1/83, in: Rundfunkmuseum der Stadt Fürth, Nr. 426.

677 Vgl. Optimismus im Tal der Tränen, in: Funkschau 11/1981.

678 Vgl. prägnant und im Folgenden: Flugblatt „Grundig informiert: Umstrukturierung ist lebenswichtig", Februar 1981, in: Rundfunkmuseum der Stadt Fürth, Nr. 346.

679 Vgl. u. a. Grundig Report. Wir und unser Betrieb 6/80, 1/81, 1/82, in: Rundfunkmuseum der Stadt Fürth, Nr. 426.; bereits Geschäftsbericht 1976/77, in: BWA, S 011–128.

680 Flugblatt „Grundig informiert: Umstrukturierung ist lebenswichtig", Februar 1981, in: Rundfunkmuseum der Stadt Fürth, Nr. 346.

681 Vgl. bspw. Nürnberger-Fürther-Nachrichten, 31.12.1980 Interview mit Max Grundig

integrierte Stipendienprogramme für Ingenieurstudiengänge an.[682] Max Grundig formulierte in diesem Sinne:

> Appell: Weiterbildung, da die Mikroelektronik an sich kein Job-Vernichter ist.[683]

Er erläuterte nochmals die Auswirkungen der Mikroelektronik auf die Produkte und Produktionsprozesse. Er betonte dabei, dass die Umsetzung notwendig sei, damit das Unternehmen „vor den Japanern die Chancen [der Mikroelektronik] ergreifen" könne und meinte damit Kostenreduktionen und Absatzpotentiale auf den Märkten.[684] An dieser Stelle wird die Diskrepanz zwischen den internen Analysen und der externen Kommunikation besonders deutlich. Die Unternehmensvertreter und Max Grundig negierten förmlich das Lernen von japanischen Unternehmen und deren Vorbildfunktion in der Öffentlichkeit. Sie stellten stattdessen die eigene technische Höherwertigkeit und Fortschrittlichkeit gegenüber den japanischen Wettbewerbern heraus und pflegten den Topos des unfairen Wettbewerbers.

Die Belegschaft teilte vielfach diesen Topos und sah darin die Ursache für die wirtschaftlichen Probleme.[685] Zwar kam es durchaus zu Protesten und intensiven Debatten zwischen den Betriebsräten und der Konzernleitung. Insgesamt und insbesondere im Vergleich zu den noch zu analysieren Konflikten mit Thomson-Brandt blieben die Verhältnisse jedoch ruhig. Lediglich in den Werken Landau, Aschau und Neuburg formierte sich intensiverer Protest. Bürgermeister, die Ortsverbände der Parteien und auch DKP-Betriebsgruppen warfen Max Grundig vor, die japanischen Wettbewerber als Feigenblatt für unternehmerische Fehlentscheidungen zu nutzen. Zudem habe er die Grenzlandsubventionen und weiteren Strukturfördermaßnahmen über viele Jahre genutzt und resigniere nun bei den ersten Gewinneinbrüchen, obwohl die Werke noch rentabel seien.[686] Der Vorstand entgegnete diesen Aussagen mit Verweisen auf hohe Quersubventionen der Werke

---

682 Vgl. Fein: Sieben Tage im Leben des Max Grundig, S. 303.

683 Grundig Report. Wir und unser Betrieb, 7/80, in: Rundfunkmuseum der Stadt Fürth, Nr. 426.

684 Vgl. zur Debatte über die Mikroelektronik im Kontext der globalen Konkurrenz: Raithel: Neue Technologien: Produktionsprozesse und Diskurse.

685 Vgl. beispielsweise die Zeitungsartikel zum Vorgang in Neuburg mit Statements des Betriebsrates: Neuburger Rundschau, 13.6.1980, in: BArch, B102/232216.

686 Extra Blickpunkt DKP-Zeitung für die Grundig-Belegschaft, 7.11.1980, Extra Blickpunkt DKP-Zeitung für die Grundig-Belegschaft; Ausgabe zum Werk Landau/Aschau, Extra Blickpunkt DKP-Zeitung für die Grundig-Belegschaft, 13.01.1981, in: BWA, S 10–19. Sowie die Zeitungsartikelsammlung in: BWA.

innerhalb des Konzerns.[687] Während für die übrigen deutschen Werke relativ schnell Käufer gefunden wurden, die zusätzlich noch einen Teil der Belegschaft übernahmen, gestaltete sich die Situation in den oben genannten Werken schwieriger.[688] Die Werke wurden letztendlich geschlossen.

Neben den geteilten Topoi und vor allem den Weiterbeschäftigungsmöglichkeiten sowie Sozialplänen führte noch ein dritter Faktor zum verhältnismäßig konfliktarmen Verlauf dieser Strukturanpassung: die zurückhaltenden Aktivitäten der IG-Metall. Hierfür lassen sich mehrere Ursachen anführen. Zum einen war der gewerkschaftliche Organisationsgrad in den Grundig-Unternehmen verhältnismäßig gering.[689] Zum anderen waren primär Frauenarbeitsplätze in der Montage von den Strukturanpassungen betroffen, die wegen des gewerkschaftlichen Fokus auf den Facharbeiter eine geringere Aufmerksamkeit erfuhren, wie Rüdiger Hachtmann herausgearbeitet hat.[690] Allerdings waren die Auswirkungen der Mikroelektronik auf die Arbeitsplätze ein zentrales Thema in den gewerkschaftlichen Auseinandersetzungen und Debatten der 1970er Jahre. Die Funktionäre befürchteten vor allem eine weitere Zunahme der Sockelarbeitslosigkeit, da quantitativ weniger Arbeitsplätze vorhanden sein würden und zusätzlich das Qualifikationsprofil der freigesetzten Arbeitskräfte nicht dem künftigen Bedarf entspräche – letztendlich der Zusammenhang, den Max Grundig aufgriff.[691] Die IGM wertete die

687 Für die Werke Landau, Ascha, Augsburg und Karlsruhe wurde die Summe auf 100 Mio. DM 1980 beziffert. Vgl. Flugblatt „Grundig informiert: Umstrukturierung ist lebenswichtig", Februar 1981, in: Rundfunkmuseum der Stadt Fürth, Nr. 346.

688 Vgl. Stilllegung beschäftigt Landtag, in: FAZ, 11.11.1980. Sowie Grundig: Teilerfolge bei Werksnachfolge, in: FAZ, 18.04.1981.

689 Schreiben der IG Metall München an Verwaltungsstellen Bayreuth, Fürth, Ingolstadt, Landshut, München, Nürnberg, Passau, Schwabach, 11.3.1970, in: AdsD, 5/IGMA110018.

690 Vgl. zum Kontext auch: Hachtmann, Rüdiger: Gewerkschaften und Rationalisierung. Die 1970er-Jahre – ein Wendepunkt?, in: Andresen, Knud/Bitzegeio, Ursula/Mittag, Jürgen (Hrsg.): „Nach dem Strukturbruch"? Kontinuität und Wandel von Arbeitsbeziehungen und Arbeitswelt(en) seit den 1970er-Jahren, Bonn 2011, S. 187–189 (=Politik- und Gesellschaftsgeschichte, Bd. 89).

691 Müller, Moritz: „Entweder wir werden mit den Technologien fertig oder sie mit uns." Mikroelektronik, Arbeitsorganisation und die DGB-Gewerkschaften in den 1970er und 1980er Jahren, in: Czierpka, Juliane/Bluma, Lars (Hrsg.): Der Steinkohlenbergbau in Boom und Krise nach 1945. Transformationsprozesse in der Schwerindustrie am Beispiel des Ruhrgebiets, Berlin, Boston 2021 (=Schriften des Montanhistorischen Dokumentationszentrums, Nr. 41). Zum Wandel der Arbeitsprofile: Raphael, Lutz: Flexible Anpassungen und prekäre Sicherheiten. Industriearbeit(er) nach dem Boom, in: Reitmayer, Morten/Schlemmer, Thomas (Hrsg.): Die Anfänge der Gegenwart. Umbrüche in Westeuropa nach dem Boom, München 2014 (=Zeitgeschichte im Gespräch, Bd. 17).

Mikroelektronik dabei sogar zur „Schicksalsfrage der Gewerkschaften“ auf.[692] In der Unterhaltungselektronik trafen die Entwicklungen die Metaller jedoch relativ unvorbereitet. Noch im September 1979 formulierte Klaus Mehrens, Mitarbeiter der Wirtschaftsabteilung, in einem prognostizierenden Sachstandsbericht zur Mikroelektronik in der Unterhaltungselektronikindustrie, dass die „Auswirkungen für Beschäftigte erst in Ansätzen zu erwarten“ seien.[693] Die Entlassungen bei Grundig wurden zum Weckruf für die IGM. Die Verantwortlichen erkannten die Informationsdefizite im eigenen Haus. Bereits am 13.06.1980 veranstalte Eugen Loderer als Vorsitzender der IGM ein erstes Treffen mit den Gewerkschaftern der größeren Betriebe zur Eruierung der Problemkonstellation.[694] Daraus erwuchs im Jahr 1981 die erste große „Arbeitstagung Unterhaltungselektronik“, an der über 70 Personen aus 16 Unternehmen, den entsprechenden Bezirksleitungen aber auch dem Europäischen Metallgewerkschaftsbund (EMB) teilnahmen.[695] Die Ursachendiagnose deckte sich mit derjenigen Grundigs, indem sie die besondere Bedeutung der japanischen Konkurrenz und die doppelte Wirkung der Mikroelektronik festhielt.[696] Zentral war die Erkenntnis, dass die Unterhaltungselektronik zu einer Problembranche geworden sei, die besondere gewerkschaftliche Aufmerksamkeit erfordere.[697] Daher institutionalisierte man die Treffen in einem festen „Arbeitskreis Unterhaltungselektronik“, in dem Gewerkschaftsvertreter und Betriebsräte der verschiedenen Unternehmen regelmäßig zusammenkommen sollten.[698] Das Ziel war die Koordinierung der gewerkschaftlichen und betrieblichen Aktivitäten, um so die Umstrukturierungen der Industrie mitzugestalten. Die auch vom DGB diskutierte Arbeitszeitverkürzung wurde zu einer der zentralen Forderungen, um

---

692 Müller, Moritz: Von Job-Killern, Roboterkollegen und feuchten Augen. Die Mikroelektronik und die IG Metall als emotional community, in: Heßler, Martina (Hrsg.): Technikemotionen, Paderborn 2020, S. 118–121 (=Geschichte der technischen Kultur).

693 Klaus Mehrens: Zur gegenwärtigen Lage und zu den Zukunftsaussichten der Unterhaltungselektronik (U.E.) in der Bundesrepublik, Frankfurt/Main, September 1979, in: AdsD, 5/IGMZ220116.

694 Vgl. Eugen Loderer, 1. Vorsitzender der Industriegewerkschaft Metall, an Staatssekretär Dr. Dieter von Würzen, 13.6.1980, in: BArch, B102/232215.

695 Rundschreiben Eugen Loderer, 9.1.1981, in: AdsD, 5/IGMA151159. Sowie insgesamt die angegebene Akte.

696 Vgl. hier und im Folgenden prägnant in der Rückschau: Wirtschaftsabteilung IG Metall: Unterhaltungselektronik, 3.12.1982, in: AdsD, 5/IGMZ220116.

697 Vgl. bspw. das Referat von Luitpold Uhlmann, in: AdsD, 5/IGMA151159.

698 In manchen Quellen wird dieser auch als „Koordinierungskreis Unterhaltungselektronik“ bezeichnet.

die Reduzierung der Arbeitskräfte durch den Produktivitätszuwachs mit Hilfe der Mikroelektronik abzumildern.[699]

Ein spezieller Fokus des Arbeitskreises lag auf dem Unternehmen Grundig, wie auch schriftlich dokumentiert wurde.[700] Nicht nur wegen der Größe, sondern zunehmend auch aufgrund der Umtriebigkeit Max Grundigs, die unter dem Stichwort „EURO" im übernächsten Kapitel umfassend rekonstruiert wird. Der Arbeitskreis und die IGM an sich nahmen bei den Umstrukturierungsprozessen auch aufgrund der skizzierten Institutionalisierung eine weniger passive Haltung ein.

Übereinstimmend identifizierten sowohl Max Grundig als auch die Metaller und sogar die Akteure in Aschau und Landau zunächst noch einen weiteren Grund und damit auch Verantwortlichen für die Intensität der Strukturanpassungen: die liberale Handelspolitik des Bundeswirtschaftsministers, Otto Graf Lambsdorff.[701] Max Grundig aber auch die deutsche und europäische Unterhaltungselektronikindustrie insgesamt forderten für den beschriebenen Umstrukturierungsprozess um 1980 flankierende protektionistische Maßnahmen – allerdings vergeblich, wie das folgende Kapitel zeigen wird.

3.2.3 Zwischen Bonn und Brüssel: Einflussnahme auf die Handels- und Industriepolitik

Die erwirkten Exportmoderationen bei Video 2000 und die angedeuteten protektionistischen Forderungen in der einsetzenden Strukturkrise waren nicht der erste Versuch Grundigs, die unternehmerischen Interessen durch eine entsprechende Einflussnahme auf die politischen Entscheidungsträger zu stützen. Bereits seit den frühen 1970er Jahren und damit seit den Anfängen steigender japanischer Importe setzte sich Grundig für handelspolitische Restriktionen ein. Philips nutzte diese Mittel ebenfalls, sodass, auch wenn für die frühen 1970er Jahre hintergründige Quellen zur Absprache der beiden Unternehmen fehlen, diese politische Arbeit als eine weitere Komponente der geteilten Strategie bewertet werden kann. Um diese Aktivitäten angemessen analysieren zu können, sind mehrere theoretische Prämissen zu beachten.

---

699 Vgl. zuerst: Arbeitstagung Unterhaltungselektronik, Januar 1981: Abteilung Wirtschaftspolitik des DGB-Vorstandes zur Wettbewerbsfähigkeit der Bundesrepublik im Vergleich zu Japan, in: ebd. Seit den Streiks der IGM im Jahr 1984 wurde die Forderung dann intensiver erhoben: Hans Mayr: In der Unterhaltungselektronikindustrie sind tausende von Arbeitsplätzen in Gefahr, Frankfurt 29.03.1984, in: AdsD, 5/IGMZ220116.

700 Wirtschaftsabteilung IG Metall: Unterhaltungselektronik, 3.12.1982, in: ebd.

701 Vgl. BArch, B102/232216; BArch, B102/232217; BArch, B102/232218.

Seit 1970 lagen die Kompetenzen der Handelspolitik bei der Europäischen Wirtschaftsgemeinschaft und damit in dem Zusammenspiel von Europäischer Kommission und dem Rat der Europäischen Gemeinschaften, kurz Rat, der sich aus den verantwortlichen Ministern der Mitgliedsländer zusammensetzte.[702] Handelspolitik fungierte dabei oftmals als ein übergeordnetes Mittel der Industriepolitik, um die Wettbewerbsfähigkeit der europäischen Industrie zu fördern.[703] Das Politikfeld war somit ein Teil des europäischen Mehrebenensystems, das von den genannten supranationalen Organen, über die Regierungen der Nationalstaaten bis zu der partiell regionalen bzw. lokalen Ebene reichte. [704] Theorien und gegenwartsbezogene Ausarbeitungen zum Lobbying heben hervor, dass wirtschaftliche Interessenvertreter, je nach Anliegen, auf jeder dieser drei Ebenen aktiv werden.[705] Max Grundig beispielsweise intervenierte im Untersuchungszeitraum sowohl bei der Europäischen Kommission als auch beim Bundeswirtschaftsminister als Teil des Rates und instrumentalisierte punktuell sogar die bayerische Landesregierung, um auf das Bundeswirtschaftsministerium Druck auszuüben. Primär obliegt und oblag die Interessenvertretung jedoch den Unternehmerverbänden als Zusam-

702 Ambrosius, Gerold: Die Zollunion von 1968 und das Binnenmarktprojekt von 1993, in: Gehler, Michael/Pudlat, Andrea (Hrsg.): Vom gemeinsamen Markt zur europäischen Unionsbildung. 50 Jahre Römische Verträge ; 1957–2007, Wien 2009, S. 420 (=Historische Forschungen / Arbeitskreis Europäische Integration, Bd. 5). Mit der Fusion der Gemeinschaftsorgane 1967 wurde die EWG ein Teil der Europäischen Gemeinschaften (EG), gemeinsam mit der EGKS und Euratom. Zeitgenössisch wurde bereits von der Europäischen Gemeinschaft gesprochen. Die Verträge existierten jedoch parallel, nur die Institutionen wurden zusammengelegt. Vgl. knapp: Clemens, Gabriele/Reinfeldt, Alexander/Wille, Gerhard: Geschichte der europäischen Integration. Ein Lehrbuch, Paderborn 2008, S. 153–154.

703 Vgl. zum Zusammenhang bezüglich der Europäischen Gemeinschaft und zur Definition: Winter, Helen: Interdependenzen zwischen Industriepolitik und Handelspolitik der Europäischen Gemeinschaft, Baden-Baden (1. Aufl.) 1994 (=Integration Europas und Ordnung der Weltwirtschaft, Bd. 4). Zur historischen Analyse: Ahrens, Ralf/Eckert, Astrid M.: Industrial Policy in Western Europe since the 1960s. Historical Varieties and Perspectives, in: Jahrbuch für Wirtschaftsgeschichte / Economic History Yearbook 58 (2017), H. 1. Federico, Giovanni/Foreman-Peck, James S.: Industrial Policies in Europa: Introduction, in: Foreman-Peck, James S./Federico, Giovanni (Hrsg.): European industrial policy. The twentieth-century experience, Oxford, UK 1999.

704 Vgl. hier und im Folgenden: Börzel, Tanja A.: Informelle Politik in Europa. Regieren in oder durch Netzwerke?, in: Gehler, Michael (Hrsg.): Netzwerke im europäischen Mehrebenensystem. Von 1945 bis zur Gegenwart, Wien 2009, S. 34 (=Historische Forschungen Veröffentlichungen, Bd. 6).

705 Eising, Rainer: The political economy of state-business relations in Europe. Interest mediation, capitalism and EU policy-making, London, New York 2009, S. 184–185.

menschluss der Unternehmen einer Branche.[706] Auf der nationalen Ebene agierte der ZVEI mit den entsprechenden Fachverbänden, auf der europäischen Ebene verschiedene europäische Verbände wie die European Association of Consumer Electronics Manufacturers (EACEM).[707] Die folgenden historischen Analysen werden dabei jedoch den Befund zeitgenössischer politikwissenschaftlicher Befragungen bestätigen, dass in der Elektro- und Unterhaltungselektronikindustrie zum Ende der 1970er und dann vor allem in den 1980er Jahren der Einfluss einzelner MNUs, wie Philips, aber auch Grundig zunahm und den der Verbände vielfach übertraf.[708] Nach Ross und Neuhold prägte primär Informalität die versuchte Einflussnahme, sodass sich die einzelnen Aktivitäten selten in den Akten nachweisen lassen.[709] Für die Unterhaltungselektronik konnten hingegen zahlreiche Notizen zu einzelnen Gesprächsrunden oder auch „offizielle" Memoranden ausfindig gemacht werden. Den globalen Ordnungsrahmen für diese politischen Entscheidungsfindungsverfahren und Beeinflussungsversuche setzt das GATT in seinen verschiedenen Verhandlungsrunden.[710] Die Analyse folgt nun den Aktivitäten Grundigs und der Verbände, die das Unternehmen vertraten, durch die verschiedenen Ebenen und rekonstruiert damit ebenfalls Reaktionen und Haltungen der europäischen sowie nationalen Entscheidungsträger und Institutionen. Dabei werden sich zwei Phasen zeigen. Zu Beginn der 1970er Jahre wurde vor allem vor dem Hintergrund der Antizipation eines zukünftig zunehmenden Wettbewerbs

706 Streeck, Wolfgang: Von Nutzen und Nutzung des Korporatismus in einer Gesellschaft im Wandel, in: Bührer, Werner u. a. (Hrsg.): Unternehmerverbände und Staat in Deutschland, Baden-Baden (1. Aufl.) 2000, S. 55–56 (=Staatslehre und politische Verwaltung, Bd. 3).

707 Vgl. Knill, Christoph/Lehmkuhl, Dirk: The globalisation of European interest representation. The case of the consumer electronics industry, Badia Fiesolana, San Domenico 1997. Eine Detailanalyse und Einordnung folgt in dem Kapitel.

708 Cawson, Alan: Big firms as political actors. Corporate power and the governance of the European consumer electronics industry, in: Wallace, Helen (Hrsg.): Participation and policy making in the European Union. Based on a workshop convened in October 1994 to discuss interest in the linkages between industry and the policy process, Oxford 1997.

709 Ross, Mechthild, Neuhold, Christine: Studying the informal in European integration. A research guide, in: van Heumen, Lennaert/Roos, Mechthild (Hrsg.): The Informal Construction of Europe, Milton 2019.

710 Vgl. zur Rolle der EG im GATT Coppolaro, Lucia: The EC in the GATT Trade Regime. A Power without Leadership, in: Krotz, Ulrich/Patel, Kiran Klaus/Romero, Federico (Hrsg.): Europe's Cold War Relations. The EC towards a global role, New York 2019. Zur G7: Suzuki, Hitoshi: The Rise of Summitry and EEC-Japan Trade Relations, in: Mourlon-Druol, Emmanuel/Romero, Federico (Hrsg.): International Summitry and Global Governance. The rise of the G7 and the European Council, 1974–1991, Hoboken 2014 (=Cold War History); Böhm, Enrico: Die Sicherheit des Westens. Entstehung und Funktion der G7-Gipfel (1975–1981), München 2014 (=Studen zur Internationalen Geschichte, Band 34).

durch die japanischen Unternehmen verhandelt. In der zweiten Phase zum Ende der 1970er und zu Beginn der 1980er Jahre war dieser Wettbewerb dann mehrheitlich schon eingetreten und die Unternehmen, allen voran Grundig, befanden sich im Umstrukturierungsprozess.

Als die Kompetenzen zur Handelspolitik 1970 formal von den Mitgliedsstaaten auf die Europäische Wirtschaftsgemeinschaft übergingen, war Japans Exportpolitik, und damit der offenkundige Teil der „Japanischen Herausforderung", auch die erste Bewährungsprobe für die europäischen Institutionen. Sie sollte bis in die späten 1980er Jahre das dominierende Thema bleiben, wie die wenigen geschichtswissenschaftliche Studien herausstellen, die sich mit den Verhandlungen und Beziehungen zwischen der Europäischen Gemeinschaft und Japan beschäftigen.[711] Die Unterhaltungselektronikprodukte waren dabei ein zentraler Gegenstand der Verhandlungen. Zu Beginn der 1970er Jahre standen Kassettenrekorder, Rundfunkgeräte und Schwarzweißfernsehgeräte im Fokus. Bereits am 10.11.1969 beauftragte der Rat die Kommission ein allgemeines Handelsabkommen zwischen Japan und der Gemeinschaft auszuhandeln.[712] Just 1970 begann eine Delegation der Europäischen Kommission unter der Leitung des jüngst ernannten Kommissars für den Außenhandel, Ralf Dahrendorf, die Gespräche in Tokio.[713] Allein der Zeitpunkt unterstreicht bereits die zugemessene Bedeutung, der zwei Ursachenkomplexe zugrunde lagen: die Entwicklungen und Antizipation der japanischen Exporte sowie der Wandel der rechtlichen Rahmenbedingungen.

Erstens hatten die japanischen Exporte in den vergangenen Jahren merklich zugenommen. Entscheidender war jedoch die Erwartung der Kommission und der verschiedenen Mitgliedsstaaten, dass diese zukünftig noch weiter steigen wür-

711 Vgl. Rothacher, Albrecht: The EC and Japan. From Mutual Neglect to Trade Conflicts and Beyond, in: Krotz, Ulrich/Patel, Kiran Klaus/Romero, Federico (Hrsg.): Europe's Cold War Relations. The EC towards a global role, New York 2019; Abe: The „Japan problem": the trade conflict between the European countries and Japan in the last quarter of the 20th century. Suzuki, Hitoshi/Makihara, Izuru: Japan-EEC/EU Relations, 1970–2005: Re-Emergence as Strategic Partners in Trade and Environment, in: JEIH Journal of European Integration History 25 (2019), H. 1; Suzuki: Negotiating the Japanese-EC Trade Conflict; Frattolillo, Oliviero: Diplomacy in Japan-EU relations. From the Cold War to the post-bipolar era, London 2013 (=Routledge contemporary Japan series, Bd. 48). Zum defizitären Forschungsstand zur Europäischen Gemeinschaft vgl. Carter, Caitriona et al.: Trade Policy. All pervasive but to what end, in: Smith, Andy/Jullien, Bernard (Hrsg.): The EU's government of industries. Markets, institutions and politics, Abingdon, Oxon, New York, NY 2015, S. 216 (=Routledge Studies on Government and the European Union, Bd. 2).

712 Mitteilung der Kommission an den Rat: Bericht über die Sondierungsgespräche mit Japan, 18.3.1970, in: HAEU, BAC 48/1984 719.

713 Zunächst leitete Jean-François Deniau die Delegation, bevor dann Dahrendorf übernahm.

den.[714] Als Referenz diente in diesem Fall die Entwicklung auf den Märkten der USA. Da die Vereinigten Staaten in diesen Jahren zudem die Handelsbeschränkungen gegenüber Japan verstärkten, befürchtete man eine Umleitung der japanischen Warenströme. Auch Dahrendorf verwies auf die USA, als beispielweise der Spiegel ihn mit der Aussage zitierte, dass aufgrund der massiven Handelsausdehnung bald der Markt für Farbfernsehgeräte in der Gemeinschaft zu 100 % von japanischen Unternehmen kontrolliert werden könnte.[715] Zum Zeitpunkt der Aussage 1972 waren die japanischen Farbfernsehexporte allerdings marginal, wie Kapitel 2 gezeigt hat.

Zweitens funktionierte der bisherige rechtliche Umgang der Mitgliedsstaaten mit den japanischen Exporten nur noch bedingt – die stark handelsliberalisierte Bundesrepublik war in diesem Fall die Ausnahme. Japan war zwar bereits 1955 dem GATT und 1965 der OECD beigetreten, zahlreiche Mitgliedsländer der Europäischen Gemeinschaft hielten jedoch noch diverse mengenmäßige Handelsbeschränkungen gegenüber Japan aufrecht. Japan praktizierte dies andersherum ebenso.[716] Die Staaten nutzten damit die verschiedenen Möglichkeiten des „liberalen Protektionismus", die das Regelwerk des GATTs bot.[717] Mit der Umsetzung der gemeinsamen Handelspolitik der EG war nun der Auftrag zur Angleichung des „Flickenteppichs" verbunden, um somit die nächste Integrationsstufe des gemeinsamen Marktes zu erreichen. Eine weitere Hürde auf diesem Weg war bereits 1968 mit der Abschaffung der Binnenzölle genommen worden. Daraus resultierte jedoch zugleich, dass japanische Waren, sobald sie in ein Land der Gemeinschaft exportiert worden waren, grundsätzlich beliebig weitertransportiert werden konnten, sofern nicht zusätzliche nationale Handelsbeschränkungen dies verhinderten.[718]

714 Vgl. kontextualisierend: Mitteilung der Kommission an den Rat: Bericht über die Sondierungsgespräche mit Japan, 18.3.1970, in: ebd. Sowie Hardy, Michael: 1970–1982. Growing difficulties and the GATT procedure, in: Keck, Jörn/Vanoverbeke, Dimitri/Waldenberger, Franz (Hrsg.): EU-Japan Relations, 1970–2012. From Confrontation to Global Partnership, London 2013, S. 27–29.

715 Vgl. EWG Japan. Nickerchen am Tisch, in: Der Spiegel 24/72.

716 Suzuki: Negotiating the Japanese-EC Trade Conflict, S. 204–206. Abe: The „Japan problem": the trade conflict between the European countries and Japan in the last quarter of the 20th century, S. 14–15.

717 Hesse, Jan-Otmar: Mit Hayek in der Handtasche. Hat der Neoliberalismus die Welt verändert? Das Beispiel der bundesdeutschen Handelspolitik, in: Marx, Christian/Reitmayer, Morten (Hrsg.): Die offene Moderne – Gesellschaften im 20. Jahrhundert. Festschrift für Lutz Raphael zum 65. Geburtstag, Göttingen (1st ed.) 2020, S. 282–283.

718 Zur Zollunion vgl. Ambrosius: Die Zollunion von 1968 und das Binnenmarktprojekt von 1993, S. 420.

Hintergründig ging es also auch weiterhin um die Vereinheitlichung des gemeinsamen Marktes, als die Kommission die Verhandlungen mit den japanischen Vertretern des Ministry of Foreign Affairs of Japan (MOFA) und des MITI über das Handelsabkommen aufnahm.[719] Hierzu fehlte jedoch die entscheidende Voraussetzung. Die Mitgliedsstaaten und die Kommission konnten sich im Vorfeld nicht auf eine einheitliche und stringente Position einigen, sodass man den japanischen Verhandlern einerseits eine umfassende Liberalisierung mit der Aufhebung der Einfuhrbeschränkungen sowie nichttarifären Handelshemmnisse und andererseits die Einführung diverser Schutzklauseln für bestimmte Waren offerierte. Während die Bundesrepublik für eine vollkommene Liberalisierung plädierte, hielten Frankreich, Italien und die Beneluxländer an den Schutzklauseln fest.[720] Bereits an dieser Stelle zeigte sich die Konfliktlinie, die die gesamten 1970er und 1980er Jahre prägen sollte. Laurent Warlouzet hat dieses Spannungsfeld, das sich nicht nur im Umgang mit der Unterhaltungselektronik oder der „Japanischen Herausforderung“ manifestierte, treffend charakterisiert. Er stellt in seiner Studie heraus, dass in der Europäischen Gemeinschaft, die in den 1970er und 1980er Jahren zum Forum der Aushandlung der Globalisierung für die Europäischen Mitgliedsstaaten geworden sei, marktorientierte liberale und neomerkantilistische Konzepte um die Vorherrschaft rangen und sich in dem Sinne auch blockierten.[721]

Die japanischen Verantwortlichen des MOFA und des MITI beabsichtigten vor allem eine Aufhebung der Importbeschränkungen, denen die geforderten Schutzklauseln diametral entgegenstanden.[722] Daher stagnierten und scheiterten die Verhandlungen letztendlich auch.[723] Um jedoch einseitigen Exportrestriktionen

---

719 Vgl. hier und im Folgenden zu den Verhandlungen: Generaldirektion Aussenhandel: Verhandlungen zwischen der Gemeinschaft und Japan – Bericht der Kommission an den Rat über den bisherigen Verlauf der Verhandlungen und Empfehlungen der Kommission für eine Ergänzung der Richtlinie des Rats, ohne Datum, 1970, in: HAEU, BAC 48/1984 720. Prägnant zusammengefasst: Hintergrundpapier für Dr. Rohwedder zum Stand der Handelsverhandlungen der Europäischen Gemeinschaft mit Japan, 15.6.1972, in: BArch, B102/94245.

720 Die Niederlande hatte in Teilen auch liberale Züge, pflegte in der Elektroindustrie jedoch eher protektionistische Ansätze.

721 Vgl. Warlouzet: Governing Europe in a Globalizing World, S. 214–217. Als dritte Form führt er die sozial orientierte Regulierung der Globalisierung an. Diese spielt jedoch eine deutlich untergeordnete Rolle.

722 Rothacher, Albrecht: Economic diplomacy between the European Community and Japan, 1959–1981, Aldershot 1983, S. 146–150.

723 Neben den inhaltlichen Differenzen skizziert Suzuki, dass MOFA und MITI auch mit der Konstitution der Kommission als Vertreterin verschiedener Länder und Positionen überfordert war, da man ansonsten auf bilateraler Ebene verhandelte und das später in den 1970er Jahren auch verschiedentlich praktizierte. Vgl. Suzuki: Negotiating the Japanese-EC Trade Conflict, S. 207–210.

nach Artikel 19 des GATT entgegenzuwirken, warb die japanische Delegation seit 1971 für das Konzept des „orderely marketing“, das auch mit den Vereinigten Staaten praktiziert wurde.[724] Darunter wurde eine spezifische Form des Selbstbeschränkungsabkommens verstanden, bei dem zunächst im Zusammenspiel zwischen den Industrien und Regierungen der Länder feste Exportquoten und -preise für die Branche ausgehandelt werden sollten.[725] Deren Einhaltung und Koordinierung sollte wiederum durch eine Kommission des MITI und der Japan External Trade Organization (JETRO) erfolgen.[726] Auch in diesem Fall zeigte sich das oben bereits skizzierte Dilemma. Die Kommission, Frankreich, Italien und die Beneluxländer standen entsprechenden Maßnahmen für die Unterhaltungselektronikindustrie aufgeschlossen gegenüber. Die Bundesrepublik lehnte sie kategorisch ab.[727]

An dieser Stelle trat nun die deutsche und europäische Unterhaltungselektronikindustrie auf den Plan. Bereits im Jahr 1970 bemühte sich der Fachverband Rundfunk-, Fernsehen- und Tonbandgeräte des ZVEI mit seinem Geschäftsführer Dr. Böttcher um die „Herstellung besserer Kontakte“ zu den japanischen Unternehmen, um die Probleme zu erörtern.[728] Hierzu lud man sie erstmalig zur Teilnahme an der Funkausstellung ein. Die Probleme eruierte man mit den Mitgliedsunternehmen des Verbands zuvor bei einem „Japan-Kolloquium“. In einem Gespräch mit der Electronic Industries Association of Japan (EIAJ), dem japanischen Verband, einigte man sich am 24.02.1971 bereits auf die Rahmenbedingungen eines orderely-marketing-Agreements, das insbesondere „Billigimporte“ verhin-

724 Abe: The „Japan problem“: the trade conflict between the European countries and Japan in the last quarter of the 20th century, S. 15. Artikel 19 des GATT ermöglichte Handelsbeschränkungen bei einer überproportionalen Zunahme der Exporte, die gleichzeitig die heimische Industrie in ihrer Existenz bedrohen könnten.

725 Ein Selbstbeschränkungsabkommen bezeichnet – wie der Name ausdrückt – ein internationales Handelsabkommen, bei dem sich der Exporteur freiwillig zur Reduzierung der Exporte bereiterklärt.

726 Vgl. zu den Erläuterungen: Arbeitsdokument: Japanisches Orderely Marketing und die EWG, 08.06.1972, in: HAEU, BAC 48/1984 721. Und Vermerk: Gespräch mit Vertretern der japanischen Botschaft über „orderly-marketing“, 08.08.1972, in: BArch, B102/94246. Die JETRO ist eine japanische Außenhandelsorganisation, die ursprünglich vom MITI gegründet wurde und deren Aufgabe in der Förderung der japanischen Exporte bestand. Sie unterhält Büros in verschiedenen Ländern. In der Bundesrepublik hat sie sich in Düsseldorf niedergelassen.

727 Vgl. bspw. Sitzung mit der Kommission über eine gemeinsame Handelspolitik für Erzeugnisse der Unterhaltungselektronik gegenüber Japan, 12.12.1972, in: BArch, B102/94247.

728 Vermerk: Wettbewerb mit der japanischen Industrie. Besprechung im BMWi, 18.2.1970, in: BArch, B102/94244.

dern sollte.[729] In einem Memorandum vom 28.07.1971 forderte man daher den Bundesminister für Wirtschaft, Karl Schiller, und die Mitarbeiter des BMWi auf, die Bemühungen um Selbstbeschränkungsabkommen auf der EG-Ebene zu unterstützen, da die Industrie eine starke Zunahme der Exporte mit „Praktiken der ruinösen Konkurrenz" befürchte. Das Memorandum führte verschiedene Argumente für diese Erwartung an, die von den um 1970 vorherrschenden Topoi durchtränkt war. So formulierten die Vertreter, dass die europäischen Märkte als Kompensation für die Beschränkungen auf dem US-Markt genutzt werden würden, zumal die ersten „japanischen Stützpunkte" bereits etabliert worden seien. Möglich sei dies, da alle japanischen Unternehmen gemeinsamen agierten sowie von den Banken und der Politik gestützt würden. Sie zitierten zur Unterstützung eine Studie der Deutschen Bank:

> Die Nation zu stärken, ist Hauptmotiv für alles Handeln und läßt im wirtschaftlichen Bereich beispielsweise das Gewinnstreben dahinter zurücktreten[730]

Durch die Verweise auf den Kollektivismus- und Staatstopos wollte die deutsche Unterhaltungsindustrie wiederum die politische Schutzbedürftigkeit gegen einen unfairen Wettbewerber rechtfertigen. Man drohte darüber hinaus mit der anderenfalls notwendigen Verlagerung von Arbeitsplätzen in „Billigpreisländer". Die Argumentation verfing jedoch nicht. Vielmehr noch beendete das Kartellamt die Gespräche mit der JETRO unter Verweis auf das Kartellrecht.[731]

Als das Grundig-Vorstandsmitglied Wolf-Dietrich Menke im folgenden November zum neuen Vorsitzenden des Fachverbandes Rundfunk und Fernsehen im ZVEI gewählt wurde, setzte er in seiner Antrittsrede die Handelsbeschränkungen als einen wichtigen Punkt auf seine Agenda.[732] Bereits zu Beginn des Jahres 1972 trug er sein Anliegen Willy Brandt und im Februar gemeinsam mit Felix Herriger, dem Vorsitzenden des Präsidiums des ZVEI und ehemaligen stellvertretenden Vorstandsvorsitzenden der AEG-Telefunken, bei einem Spitzentreffen im BMWi vor.[733] Er betonte jeweils, dass die deutsche Industrie zwar „deutliche Qualitätsvorteile" habe, die Unterstützung des MITI und der JETRO sowie Lohnkostenvor-

---

729 Vgl. hier und im Folgenden: Memorandum zur Lage der Rundfunk-, Fernseh- und Tonband-Geräteindustrie der BRD unter besonderer Berücksichtigung der Einfuhren aus Ostasien, vom Fachverband Rundfunk und Fernsehen im ZVEI, 28.7.1971, in: BArch, B102/94245.

730 Ebd.

731 Vgl. in der Rückschau: Vermerk: orderly marketing, 15.11.1978, in: BArch, B102/232206.

732 Vgl. „Bald völlig rehabilitiert", in: FAZ, 30.11.1971.

733 Vgl. hier und im Folgenden: Vermerk: Gespräch mit Vertretern der Elektroindustrie, 3.2.1972 , 4.2.1972, in: BArch, B102/94244.

teile den japanischen Konkurrenten jedoch zukünftig deutliche Wettbewerbsvorteile verschaffen würden. Die ersten Anzeichen seien bei bestimmten Marktanteilsentwicklungen bereits zu erkennen. Brandt erwiderte immerhin, dass er sich der Problematik bewusst sei und sie mit Georges Pompidou besprechen wolle. Der Ministerialdirektor Giel hingegen teilte die Lageeinschätzung nicht.

Menke blieb hartnäckig. Er fragte bereits im Juni ein weiteres Gespräch bei Minister Schiller an und übersandte wiederum ein Memorandum.[734] Das Anliegen wurde im BMWi als weniger bedeutsam angesehen, sodass er lediglich einen Gesprächstermin bei Staatssekretär Detlev Rohwedder zugewiesen bekam – und auch nur, weil der ZVEI auf politischen Wunsch Berlin zum festen Ort der Funkausstellung benannt hatte.[735] Das Memorandum beinhaltete erneut die Forderung nach einem Selbstbeschränkungsabkommen – verbunden mit der Einführung eines EWG-Überwachungsverfahrens der Importe und der Ausarbeitung eines längerfristigen Handelsvertrages zwischen der EWG und Japan.[736] Die zentrale Erwartung blieb identisch:

> Die Gerätehersteller der BRD sind einig in der Auffassung, daß sich der Anteil Japans und der anderen ostasiatischen Länder am Unterhaltungselektronikmarkt der BRD weiter vergrößern wird, da die verhängnisvolle Parallelität zu der Entwicklung in den USA nicht zu übersehen ist.

Im Vergleich mit dem ersten Memorandum wiederholten sich die Argumente ebenfalls: die staatliche Unterstützung, das kollektive Handeln der Unternehmen, die Lohnkostenvorteile aufgrund anderer Sozialbedingungen, insbesondere auch in den Nachbarländern, die zu Produktionszwecken genutzt wurden, sowie die Parallelität zur US-Entwicklung. Insgesamt wurde das Bild des unfairen Wettbewerbers gezeichnet, ohne jedoch das Freihandelsparadigma im Allgemeinen zurückzuweisen:

---

734 Anfrage: Grundig-Mitarbeiter Mencke, gleichzeitig Präsident des Verbandes der Rundfunkindustrie, bittet um Gespräch bei Minister Schiller, um Denkschrift zu überreichen und Probleme bei japanischen Exportpraktiken vorzutragen, 2.6.1972, in: BArch, B102/94245.

735 Vgl. zu diesem Memorandum und der Bewertung knapp auch: Teupe: Die Schaffung eines Marktes, S. 79–80.

736 Vgl. hier und im Folgenden: Memorandum: Auswirkungen der ostasiatischen Einfuhren von Rundfunk-, Fernseh- und Tonbandgeräten auf den Markt der Bundesrepublik Deutschland, vorgelegt vom Fachverband Rundfunk und Fernsehen im Zentralverband der Elektrotechnischen Industrie e.V. im Namen der Gerätehersteller für Unterhaltungselektronik in der BRD, Juni 1972, in: BArch, B102/94245.

> So sehr die Unterhaltungselektronik-Industrie der BRD im Zuge der Internationalisierung des Welthandels es sich auch schuldig ist, eine loyale ausländische Konkurrenz auf ihrem Markt zuzulassen, so wenig kann sie einer massiven Umlenkung der Warenströme zustimmen, die sich heute so auswirken, daß die Existenz bisher erfolgreicher Unternehmen in Gefahr gerät.

Argumentativ wurde die Gefahr für die 100.000 Arbeitsplätze der deutschen Unterhaltungselektronikindustrie erstmals um die Symbiose mit der Bauelementeindustrie ergänzt. Die Unterhaltungselektronikindustrie sei deren Hauptabnehmer, sodass bei einer reduzierten Nachfrage auch dieser eine problematische Entwicklung bevorstünde. Die Bauelementeindustrie wiederum aber sei zentral für den Fortschritt der professionellen Technik sowie der Verteidigungstechnik. Dieses Argument sollte in der zweiten Phase noch deutlich stärker in die Richtung der volkswirtschaftlichen Systemrelevanz ausgebaut werden.

Dieses Memorandum bildete die Grundlage für das Gespräch am 21.6.1972. Wer die treibende Kraft hinter diesem Anliegen war, wurde mit Blick auf die personelle Besetzung der Gesprächsrunde deutlich.[737] Als erster erschien nämlich Eugen Widmaier, Max Grundigs Generalbevollmächtigter, Mitglied der Grundig-Stiftung und gemeinhin der zweite Mann im Unternehmen hinter Max Grundig – allerdings ohne Funktion beim ZVEI.[738] Erst später kamen Menke und weitere Funktionsträger des Fachverbandes hinzu. Sie trugen ihr Anliegen nochmals vor und betonten dabei, dass die Branche zwar noch nicht notleidend sei, aber eine „bedrohliche Entwicklung" erwartet würde.

Das BMWi verströstete die Vorsprechenden mit dem Hinweis auf eine interne Prüfung.[739] Die Sorgen wurden als „nicht völlig unbegründet, jedoch stark übertrieben" angesehen.[740] Der statistische Anhang zur Untermauerung der Forderungen sei „tendenziös" ausgewählt. Das Bundeskartellamt wiederum stellte heraus, dass die orderely-marketing Konzeption mit den Absprachen der Industrien dem deutschen und europäischen Kartellrecht widerspreche.[741] Grundsätzlich

737 Vgl. hier und im Folgenden: Kahl: Meine Aufzeichnungen zum Gespräch zwischen Herrn StS Dr. Rohwedder und Vertretern der deutschen Unterhaltungselektronik-Industrie am 21.6.1972, in: ebd.

738 Vgl. zur Charakterisierung auch: Eugen Widmaier, in: FAZ, 17.3.1972.

739 Vgl. auch: Ministerialdirigent Dr. Engelmann an Mencke, Vorsitzender des Fachverbandes Rundfunk und Fernsehen im ZVEI, 18.8.1972: Auswirkung der Einfuhren von Rundfunk-, Fernseh- und Tonbandgeräten aus Ostasien auf dem Markt der BRD, Antwort auf Schreiben der Geschäftsführung des Fachverbandes, in: BArch, B102/94246.

740 Aufzeichnung: Gespräch mit Vertretern der deutschen Unterhaltungselektronik-Industrie am 21.6.1972 in Bonn, in: BArch, B102/94245.

741 Schreiben Dr. Schlecht an Präsidenten des Bundeskartellamtes: Ausfuhrbeschränkungen nach dem Modell des „orderly marketing", 20.7.1972, in: BArch, B102/94246. Siehe auch: Dr. Kurt

seien jedoch wettbewerbsbeschränkende Regelungen im Sinne eines „Ministerkartells" (§ 8 GWB, Duldung nach § 47 OWiG) auf der Bundesebene und nach § 85 des EWG-Vertrags möglich.[742] Die Entscheidung über ein „klassisches" Selbstbeschränkungsabkommen sei jedoch auf der Ebene der EWG auszuhandeln. Das BMWi plädierte weiterhin – unabhängig von den Ministerwechseln von Schiller über das kurze Interim Helmut Schmidts bis zu Hans Friderichs – für eine Liberalisierung des Handels. Die Preisstabilität, die durch eine Reduzierung der Importe tangiert worden wäre, ebenso wie die eigene Exportabhängigkeit, die stark von der Liberalisierung des Welthandels und der Vermeidung solcher Präzedenzfälle abhing, galten als gewichtigere Argumente als der Schutz einer Industrie.[743] Vor allem aber wurde die Unterhaltungselektronikindustrie zu diesem Zeitpunkt nicht als schutzbedürftig angesehen und die Zukunftserwartung nicht geteilt. Bestätigt wurde das BMWi in dieser Haltung durch eine Befragung der IG Metall, die keine akute Arbeitsplatzgefährdung erkennen konnte.[744] Zusätzlich charakterisierte die Außenhandelsvereinigung des Deutschen Einzelhandels die Situation als „echte internationale Arbeitsteilung", da die japanischen Unternehmen das Handelsangebot durch günstigere Geräte ergänzen würden, während die deutschen Hersteller die Qualitätsprodukte absetzen könnten.[745] Die deutsche Industrie gab in dem Memorandum ebenfalls zu, dass sie aufgrund des enormen Absatzwachstums zum gegenwärtigen Zeitpunkt nicht schutzbedürftig sei. Sie wollte hingegen der zukünftigen Entwicklung vorbeugen. Hermann Mende, einer der Inhaber der Firma Nordmende, drückte hierzu seine Enttäuschung über den ausbleibenden Schutz prägnant aus:

> Wir können dies nur mit größtem Bedauern hinnehmen und nur hoffen, daß später einmal, wenn sich die Angelegenheit so weit entwickelt hat, daß man von dieser negativen Entwicklung in breiten Kreisen Notiz nehmen wird, sich jemand daran erinnert, daß unserer

---

Markot, Leiter der Rechtsabteilung des Bundeskartellamtes: Orderly Marketing und Kartellrecht (eingegangen 14.7.72), in: BArch, B102/94245.

742 Vermerk: Maßnahmen zur Behebung von Marktstörungen durch Ostasienimporte / kartellrechtliche Aspekte, 31.10.1972, in: BArch, B102/94246.

743 Aufzeichnung für die 220. Tagung des Rats der Europäischen Gemeinschaft: Haltung der Gemeinschaft zur japanischen Exportpolitik, 15.12.1972, in: BArch, B102/94247. Sowie Vermerk: Kontaktgespräch mit einer japanischen Delegation über „Orderly Marketing"-Fragen, 20.7.1972, in: BArch, B102/94245.

744 Vermerk: Gespräch mit Vertretern der IG-Metall bei MinDir Dr. Engelmann, 29.11.1972, in: BArch, B102/94247.

745 Aide-memoire der Außenhandelsvereinigung des Deutschen Einzelhandels e.V., 4.12.1972, in: ebd.

> Firma und unser Industriezweig schon sehr früh darauf hingewiesen haben aber kein positives Echo fanden.[746]

Nicht nur die Verhandlungen zu einem Handelsabkommen zwischen der EWG und Japan scheiterten, ebenso auch der Versuch, den Umgang mit den japanischen Importen zu vereinheitlichen. Die Bundesrepublik blieb der einzige vollständig liberalisierte Markt. In den Benelux-Ländern und Frankreich galten Selbstbeschränkungsabkommen mit Japan, in Italien spezifische Kontingentregelungen.[747]

Die Befürchtungen Hermann Mendes und der deutschen Unterhaltungselektronikindustrie bestätigten sich. Im Verlauf der 1970er Jahren nahmen die japanische Importe kontinuierlich zu, bevor sie ab 1977/78 sprunghaft anstiegen. Zu diesem Zeitpunkt intensivierten Grundig und die Industrie erneut ihre Lobbyingmaßnahmen, die qualitativ und quantitativ eine neue Stufe erreichten. Im Gegensatz zur ersten Phase befanden sich die Unternehmen nun jedoch in der Strukturkrise und agierten aus einer prekärer werdenden Lage heraus. Grundig wollte die im vorangegangenen Kapitel geschilderten Umstrukturierungsprozesse durch protektionistische Maßnahmen flankieren und abfedern. Die handelspolitischen Positionen auf der EWG-Ebene waren mehrheitlich geblieben. Die BRD beharrte weiterhin auf der Liberalisierung, die übrigen hatten ihre protektionistischen Maßnahmen aufrechterhalten. Selbst die Niederlande, die in anderen Fällen dem Lager der Freihändler zugeordnet wurde, hielt in der Unterhaltungselektronik das Selbstbeschränkungsabkommen aufrecht.[748] Die Kommission hatte sich vergeblich um eine Vereinheitlichung bemüht. Mit dem Ushiba-Haferkamp Kommunique, das 1978 verabschiedet wurde, setzte sie nun in der Kooperation mit den japanischen Ministerien allerdings auf die Zunahme der europäischen Exporte zur Lösung des wachsenden Handelsbilanzdefizits.[749] Der Ansatz sollte jedoch

---

746 Vgl. Hermann Mende an Erhard Eppler, Bundesminister für wirtschaftliche Zusammenarbeit, 23.8.1972, in: BArch, B102/94246. Vgl. zu dieser Quelle und Teilen des Zitats auch: Teupe: Die Schaffung eines Marktes, S. 80.

747 Behandlung der Probleme der Unterhaltungselektronik auf der EG-Ebene, 12.2.1974, in: BArch, B102/94251.

748 Residual Quantitative Restrictions maintained by Member States on imports from Japan, 19.3. 1980, in: HAEU, BAC 41/1980 365. Zur Unterteilung der Lager vgl. Rothacher: Economic diplomacy between the European Community and Japan, 1959–1981, S. 287.

749 Hardy: 1970–1982, S. 29–30; Suzuki: The Rise of Summitry and EEC-Japan Trade Relations, S. 160. Suzuki: The Rise of Summitry and EEC-Japan Trade Relations, S. 162–164. Vgl. zum Ablauf der Verhandlungen: Record of the Conversation between the President of the European Commission and the Japanese Minister for International Economic Affairs, 16.12.1977, Brüssel, in: HAEU, BAC 41/1980 332.

wenig erfolgreich sein.[750] Die Kommission tendierte damit zwischenzeitlich wieder mehr zum liberalen Ansatz der Bundesrepublik. Die Unterhaltungselektronikindustrie hingegen forderte protektionistische Maßnahmen und eine Vereinheitlichung der europäischen Politik in diesem Sinne. Drei, nun vorzustellende Entwicklungen zeigen dabei auf, dass eine qualitativ neue Stufe des Lobbyings erreicht wurde:

1. Die deutschen Fachverbände der Unterhaltungselektronik- und Bauelementeindustrie agierten vermehrt gemeinsam oder nahmen zumindest aufeinander Bezug, um ihr Stimmgewicht zu erhöhen. Sie betonten damit ihre besondere volkswirtschaftliche Relevanz.
2. Nicht mehr nur nationale Verbände, sondern auch europäische versuchten, insbesondere bei der europäischen Kommission, Einfluss auszuüben. Hierzu zählten die neugegründeten European Electronic Component Association (EECA) und European Association of Consumer Electronics Manufacturers (EACEM), aber auch der „traditionelle" Organisme de Liaison des Industries Métalliques Européennes (Orgalime).
3. Die großen, multinationalen Unternehmen der Branche wandten sich direkt an die nationalen Regierungen und die Europäische Kommission.

Im November 1978 legte der Fachverband des ZVEI das erste Memorandum vor.[751] In dem erläuternden Gespräch trat er jedoch nicht alleine auf, sondern gemeinsam mit dem Fachverband Bauelemente.[752] Sie betonten dabei die „überragende Bedeutung" der Unterhaltungs- für die Bauelementeindustrie, da diese der Hauptabnehmer sei. Letztere wiederum sei der „Träger des technischen Fortschritts". Unter dem Verweis auf die Mikroelektronik wurde man nicht müde zu betonen, dass man eine „Schlüsselrolle für die gesamte Volkswirtschaft" besitze.[753] Dieses symbiotische Auftreten hatte für die Unterhaltungselektronikindustrie einen entscheidenden argumentativen Vorteil. Sie konnte sich – über ihren eigenen Status hinaus – als volkswirtschaftlich systemrelevant stilisieren. Für die Bauelementeindustrie hingegen bot sich durch das Zusammenspiel mit der konsumnahen Branche eine größere öffentliche Wirkung.[754] Die zentrale Forderung der Fach-

750 Vgl. zur Einordnung: Hardy: 1970–1982, S. 32–33.

751 Memorandum des Fachverbandes Unterhaltungselektronik, 07.11.1978, in: BArch, B102/232206.

752 Vermerk: Gespräch mit den Fachverbänden Unterhaltungselektronik und Bauelemente am 16. November 1978 in Frankfurt/Main, 21.11.1978, in: ebd.

753 So auch in: Gespräch mit Vertretern der Bauelemente-Industrie, 20.6.1977, in: BArch, B102/196041.

754 Vgl. in dieser Einschätzung: BDI: Die Japan-Konkurrenz, 7.10.1980, in: HAEU, INV 1/2018 1355.

verbände war ein temporärer Schutz für die Unterhaltungselektronikindustrie in Form eines Selbstbeschränkungsabkommens oder anderweitiger Kontingentierungen. Die Argumentation hatte sich jedoch im Vergleich zu den frühen 1970er Jahren geändert und dies besorgte den Referatsleiter Kahl, wie er in seiner Bewertung des Memorandums ausdrückte:

> Auffällig und Anlaß zur Besorgnis ist das deutlich geringere Vertrauen der Branche in die eigene (technische) Leistungsfähigkeit und dementsprechend das Eintreten für einen freien Welthandel. Die Äußerungen in dem Memorandum zu diesem Punkt haben etwas den Anstrich eines Lippenbekenntnisses. Während früher deutlicher auf Wettbewerbsverzerrungen durch staatliche Unterstützung in Japan abgestellt wurde, stehen jetzt die Lohnkostennachteile (also natürliche Standortvorteile Ostasiens) im Vordergrund, die nicht mehr durch technische Vorteile ausgeglichen werden können.[755]

Allein bis in den Sommer des Jahres 1979 folgten vier weitere Treffen zwischen dem BMWi und den Vertretern. Zwar verwies die Industrie weiterhin partiell auf die staatliche Unterstützung in Japan, vielmehr drückte sie jedoch ihre Sorge vor dem Auslaufen des PAL-Schutzes, den japanischen Überkapazitäten, der Wettbewerbsstärke der japanischen Unternehmen in höherwertigen Produktsegmenten und den sogenannten „Exportbasen“ in den ostasiatischen Nachbarländern Japans aus, die teilweise noch von den Zollpräferenzen als „Entwicklungsländer“ profitieren würden. Umstimmen konnte der Verband das BMWi und Minister Lambsdorff mit diesen Argumenten nicht. Sie beharrten auf den zu geringen Importquoten und sahen keine Belege für unfaire Wettbewerbspraktiken.[756] Den GATT-widrigen Dumping-Verdacht, d. h. den Export der Produkte unter dem Inlandspreis, hatte der Verband angedeutet, konnte ihn jedoch nicht belegen.[757]

Da die Gespräche aus der Sicht des Verbandes erfolglos blieben, entschied man sich im Februar 1980 die öffentliche Aufmerksamkeit für die „Japanische Herausforderung“ zu nutzen. Das nächste Memorandum wurde bei einer Pressekonferenz öffentlich vorgestellt.[758] Es stellte dabei zunächst die Leistungen der In-

---

755 Memorandum des Fachverbandes Unterhaltungselektronik, 07.11.1978, in: BArch, B102/232206.

756 Verlauf und Ergebnis der Gespräche BMWi/Unterhaltungselektronik-Industrie, 16.8.1979, in: BArch, B102/232213.

757 Vermerk: Gespräch mit den Fachverbänden Unterhaltungselektronik und Bauelemente am 16. November 1978 in Frankfurt/Main, 21.11.1978, in: BArch, B102/232206.

758 Vgl. hier und im Folgenden: Eine Branche berichtet: Kommunikations- und Unterhaltungselektronik in Deutschland. Perspektiven und Probleme, Herausgegeben vom Fachverband Unterhaltungselektronik im Zentralverband der Elektrotechnischen Industrie e.V. Frankfurt, 01/80; Pressekonferenz am 21.2.1980, in: BArch, B102/232213.

dustrie während des „Wirtschaftswunders" heraus und knüpfte damit an die bereits herausgearbeiteten Vorstellungswelten an, die in dem Ausspruch Ludwig Erhards als „des Wirtschaftswunders liebstes Kind" kulminierten.[759] Darauf folgte eine Liste mit Produkten, die nun in Japan und nicht mehr in der Bundesrepublik hergestellt wurden – dass die Eigenimporte und Zulieferungen bewusste Entscheidungen der Unternehmen waren, wurde verschwiegen. In dem Memorandum nannte der Fachverband zwar explizit die geringen Lohnstückkosten und die hohe Fertigungsautomatisierung als klare Wettbewerbsvorteile der japanischen Unternehmen, denen „deutsche Hersteller nichts entgegenzusetzen" hätten. Unter dem Schlagwort „fernöstliches Geheimnis" unterstellten sie jedoch die staatliche Förderung und die kollektive Abschottung des japanischen Marktes als eigentliche Vorteile. Sie forderten daher die Bundesregierung auf, „faire Wettbewerbsbedingungen" zu schaffen, eine Öffnung des japanischen Marktes voranzutreiben und die deutsche Industrie beim Ausbau der Kapazitäten zu unterstützen – durch kurzzeitige protektionistische Maßnahmen. Insgesamt lässt sich bei der Positionierung des Fachverbandes erkennen, dass einerseits die klaren realökonomischen Wettbewerbsvorteile der japanischen Industrie akzeptiert, andererseits argumentativ aber auch die klassischen Staats- und Kollektivismustopoi und damit das Bild des unfairen Wettbewerbers aufrechterhalten wurden.

Auch dieses Memorandum stimmte die Bundesregierung nicht um. Gerade die Topoi erhielten keine Resonanz und wurden als Argumente nicht beachtetet. Durch die öffentliche Positionierung rief es jedoch von zwei Seiten Kritik hervor. Dass die japanischen Unternehmen mit dieser Darstellung und den Forderungen nicht einverstanden waren, ist naheliegend. Der EIAJ sah sich zu einer öffentlichen Stellungnahme veranlasst, in der er herausstellte, dass die japanischen Unternehmen weder für die Krise der europäischen Industrie verantwortlich seien noch den Heimatmarkt abschotten würde. Die protektionistischen Forderungen kommentierte er wie folgt:

> Protektionismus ist für die deutsche Dynamik und Vitalität eine Bedrohung. Er ist ähnlich wie Krebs.[760]

Sie legten der deutschen Unterhaltungselektronikindustrie stattdessen nahe, die Investitionen in die Forschung, Entwicklung und Erneuerung der Produktions-

---

759 Vgl. Kapitel 2.1

760 Pressemeldung Electronic Industries Association of Japan (EIAJ), 4.3.1980: Stellungnahme zum Memorandum des Fachverbandes Unterhaltungselektronik im ZVEI bzgl. Importkontrollen für japanische Produkte der U-Elektronik, in: BArch, B102/232214. Ein kurzer Verweis auf die EIAJ-Schrift findet sich auch bei Teupe: Die Schaffung eines Marktes, S. 85.

methoden zu erhöhen. Daraufhin reagiert der ZVEI nochmals öffentlich. In der Stellungnahme wies er die technologische Rückständigkeit zurück und führte die Preisunterschiede stattdessen auf die sozialen Standards zurück. Er nutzt die Möglichkeit aber vor allem dazu, erneut auf die Forderung nach dem Selbstbeschränkungsabkommen hinzuweisen.[761]

Die zweite kritische Stimme kam hingegen „aus den eigenen Reihen". Der Bundesverband der Deutschen Industrie (BDI) lehnte das Memorandum mit etwas diplomatischeren Worten aber derselben Stoßrichtung wie der EIAJ ab:

> Dem Eigeninteresse der deutschen Industrie entspricht aufgrund ihrer starken Einbindung in die Weltwirtschaft ein Offenhalten der Weltmärkte[762]

Der BDI musste sich jedoch eingestehen, dass er um 1980 nahezu der einzige Verband in Europa war, der sich nicht für protektionistische Maßnahmen einsetzte. In den übrigen herrschte das „bekannte Japan-Syndrom (die bösen Japaner)" vor, wie im Austausch mit der Europäischen Kommission festgehalten wurde.[763] In seinem Grundsatzpapier mit dem Titel „Die Japan-Konkurrenz" arbeitete der BDI stattdessen heraus:

> Es gibt kein isoliertes Japan-Problem, Japan-Konkurrenz ist ein Symptom für die gefährdete internationale Wettbewerbsfähigkeit deutscher Unternehmen.[764]

Er forderte daher auch keinen Protektionismus, sondern das Engagement der Unternehmen, die damit auch die notwendigen Anpassungen für die Zukunft vollziehen würden. Die Politik solle lediglich durch die Förderung des Handels mit Japan dazu beitragen. Der BDI lag damit auf der liberalen, freihandelsorientierten Linie der Bundesregierung, während die übrigen Verbände zum protektionistischen, neomerkantilistischen Kurs der Nachbarländer tendierten.

Wie einsam der BDI mit seiner Position war, zeigt auch das im Jahr 1980 veröffentlichte Orgalime-Memorandum mit dem Titel „E.C. Relations with Japan", das sowohl mit der Europäischen Kommission diskutiert als auch den einzelnen Mitgliedsstaaten zugeschickt wurde.[765] Orgalime war der traditionelle Dachverband der europäischen Elektronik- und Maschinenbauverbände und einer der größten

---

761 ZVEI an Kahl, 4.3.1981: Reaktion auf die Pressemitteilung der EIAJ, in: BArch, B102/232218.
762 BDI Dr. Mann und Pfeiffer an Dr. Bergmann, Geschäftsführer ZVEI, 12.3.1980, in: ebd.
763 Aktenvermerk BDI-Japan, 12.6.1980, in: HAEU, BAC 41/1980 365. Der BDI war Mitglied in der Union of Industrial and Employers' Confederation of Europe, später Business Europe. In diesem Verband der Dachverbände waren sie nahezu isoliert, wie sie selbst betonen.
764 BDI: Die Japan-Konkurrenz, 7.10.1980, in: HAEU, INV 1/2018 1355.
765 Vgl. ORGALIM Memorandum „E.C. Relations with Japan", 29.2.1980, in: BArch, B102/232214.

und einflussreichsten im europäischen politischen Gefüge. In dem Memorandum und auch den Gesprächen bezichtigten die Industrievertreter Japan als unfairen Wettbewerber, der im Stile eines Staatshandelslandes agiere.[766] Als Argumente führten sie das keiretsu-System, die Abschottung des japanischen Marktes, die politische Exportförderung und die kollektiven Exportstrategien an. Aus diesem Topos des unfairen Wettbewerbers forderten sie ebenfalls handelspolitische Beschränkungen „to meet the Japanese challenge on a fair basis of reciprocity“.[767]

Auch die europäischen Verbände der Bauelemente- und Unterhaltungselektronikindustrie, EECA und EACEM, wurden nicht müde, diese Forderung zu wiederholen. Nach ihrer Gründung in den Jahren 1978/79 traten sie zunächst mit dem sogenannten „Schwarzbuch“ in Erscheinung, in dem sie rhetorisch fragten: „Wird es unserer Elektroindustrie gelingen zu überleben?“.[768] Aufgrund der zunehmenden japanischen Exporte skizzierten sie das Untergangsszenario.[769] Ihre zentrale Forderung nach einem Selbstbeschränkungsabkommen zur Restrukturierung der europäischen Unterhaltungselektronikindustrie trugen sie seit 1978 auch in zahlreichen „privat contacts“, wie es die Kommission nannte, vor allem Étienne Davignon und der ihm unterstellten Generaldirektion für Industriepolitik (GD III) vor.[770]

Doch nicht nur die Verbände, sondern auch einzelne Unternehmen setzten sich für diese protektionistische Maßnahme ein. Folgt man den Studien Cawsons, so war es vor allem Philips, die enormen Einfluss auf der europäischen Ebene aber auch bei den Mitgliedsstaaten gewannen.[771] Das Quellenstudium kann diese aus Interviews gewonnen Aussagen bestätigen. Philips pflegte umfangreiche Kontakte zu GD III und brachte damit auch die protektionistischen Maßnahmen vermehrt auf die Agenda.[772] Sie verhielten sich dabei aber nicht nur destruktiv, sondern auch konstruktiv. Bereits 1980 forderten sie einen einheitlichen europäischen Markt ohne Fragmentierungen als eigentliche Antwort auf die „Japanische Herausfor-

---

766 ZVEI Mitteilung 14/1980, in: DTMB/AEG, JB0032.

767 Vgl. ORGALIM Memorandum „E.C. Relations with Japan“, 29.2.1980, in: BArch, B102/232214.

768 Schwarzbuch: Europas Elektroindustrie in der Krise. Ein dynamischer EG-Wirtschaftszweig ist in Gefahr, in: BArch, B102/196041. Cawson gibt das Gründungsjahr 1983 an. In den Dokumenten der Kommission wird jedoch deutlich, dass dieser Verband bereits 1978/79 auftritt. Vgl, Cawson: Interests, Groups and Public Policy-Making, S. 108–112. Note for Mr. Caspari, 2.10.1980. confidental, in: HAEU, INV 14/2019 585.

769 Verlauf und Ergebnis der Gespräche BMWi/Unterhaltungselektronik-Industrie, 16.8.1979, in: BArch, B102/232213; Knill/Lehmkuhl: The globalisation of European interest representation, S. 3–4.

770 Note for Mr. Caspari, 2.10.1980. confidental, in: HAEU, INV 14/2019 585.

771 Cawson: Interests, Groups and Public Policy-Making, S. 101–102.

772 Vgl. hier und im Folgenden: Note for the Record: Japan, colour television. Visit of Mr Evers and Mr. Ramaer of Philips, to Sir Roy Denman, 17.12.80, confidental, in: HAEU, INV 14/2019 584.

derung", da nur so die notwendigen Effekte der economies of scale ausgenutzt werden könnten. Wie im Fazit noch erläutert werden soll, entwickelte sich tatsächlich aus dieser Krisenkonstellation Philips erfolgreiche Binnenmarktinitiative seit der Mitte der 1980er Jahre. Philips Einfluss resultierte daraus, dass sie als „europäisches" Unternehmen in den verschiedenen Mitgliedsländern Produktionsstätten unterhielten und damit auch Argumente in den Auseinandersetzungen mit den nationalen Regierungen besaßen.[773] So gelang es Philips geschickt, einen direkten Zugang zu Otto Graf Lambsdorff zu gewinnen. Der niederländische Botschafter van Lynden vermittelte den Kontakt, der dann wiederum in regelmäßigen gemeinsamen Abendessen mündete.[774] Auf der ministeriellen Ebene herrschten ebenfalls umfassende Beziehungen vor. Allein vom Januar bis den Mai 1980 fanden vier Treffen zwischen Philips und verschiedenen Vertretern des BMWi statt, bei denen immer wieder die Forderung nach einem Selbstbeschränkungsabkommen artikuliert wurde. Vor allem aber bauten die Philips-Vertreter ein Drohszenario auf. Ohne die Beschränkungen müssten die Produktionskapazitäten auf Dauer nach Südostasien verlagert werden.[775] Philips nutzte damit seine Position als multinationales Unternehmen explizit.

Mit diesem Argument spielte auch die Grundig AG. Sie war ebenfalls enorm rührig. In der ersten Phase des Lobbyings um 1970 agierte das Unternehmen, wie dargelegt, mit und durch den Fachverband. Als größtes Mitgliedsunternehmen verwundert dies nicht. In dieser zweiten Phase lässt sich das explizite Mitwirken an den Aktivitäten des Fachverbandes nicht aus den überlieferten Memoranden und Gesprächsprotokollen rekonstruieren. Allerdings charakterisierte Rolf Rodenstock, der Präsident des BDI, gegenüber der Europäischen Kommission das Unternehmen Grundig als die treibende Kraft hinter den protektionistischen Bestrebungen des Verbandes.[776] Das Unternehmen setzte sich nun jedoch auch eigenständig für seine Belange ein. Insgesamt sind für den Zeitraum von 1978 bis 1980 sechs Initiativen beim BMWi und Otto Graf Lambsdorff sowie eine bei der Europäischen Kommission aktenkundig geworden. Sie widmeten sich zwei großen Themen: dem Video-

773 Vgl. zur europäischen Ausrichtung Philips' hier aus einer gewerkschaftlichen Perspektive: Sitzung der E.M.B. Arbeitsgruppe „Philips" am 15. und 16.09.1982 in Luxemburg, in: AdsD, 5/IGMZ120223.

774 Zur Initiative: Niederländischer Botschafter van Lynden an Lambsdorff, 21.3.1980, in: BArch, B102/232214. Abendessen beim niederländischen Botschafter: Lambsdorff, Koning, Dekker, von Würzen, Reinink (Botschafter), 1983, in: BArch, B102/285151.

775 Bei diesem Treffen besonders explizit: Gespräch mit Vertretern der Fa. Philips, 26.2.1980 in Amsterdam, 3.3.1980, in: BArch, B102/232214. Für die weiteren vgl. Gespräch mit niederländischem Botschafter, 17.1.1980, in: BArch, B102/232217. Molitor an Lambsdorff, 10.3.1980: Gespräch mit Philips-Vorstand über Probleme im Bereich der Bildröhren und Farbfernsehempfänger, in: ebd.

776 Aktenvermerk BDI-Japan, 12.6.1980, in: HAEU, BAC 41/1980 365.

rekorder und der Vereinheitlichung der europäischen Handelspolitik gegenüber Japan mit einem direkt sowie auch indirekt geforderten Selbstbeschränkungsabkommen. Grundig instrumentalisierte in beiden Fällen durch eine gezielte Informationspolitik den Bayerischen Wirtschaftsminister Anton Jaumann, indem sie ihn, wie er selbst in den Schreiben an Lambsdorff erwähnte, die Probleme in persönlichen Gesprächen offenbarten. Jaumann vertrat selbstverständlich auch ein Eigeninteresse, nämlich die Sicherung der bayerischen Arbeitsplätze der Grundig AG.[777]

Bezüglich der Videorekorder gelang es den Vorstandsmitgliedern Heinlein und Firnges mit der Unterstützung Jaumanns, Lambsdorff dazu zu bewegen, sich für die Ausnahme der Videorekorder aus den GATT-Zollsenkungen der Tokio-Runde einzusetzen.[778] Die ursprünglich geplante Zollsenkung von 8 % auf 5,3 % blieb tatsächlich aus.[779] Nicht erfolgreich war hingegen der Versuch, Lambsdorff 1980 von der Notwendigkeit der Überwachung der Videorekorderimporte auf der Ebene der EWG zu überzeugen.[780] Lambsdorff antwortete, dass allein die Überwachung schon als „Einlenken auf den protektionistischen Kurs" verstanden werden müsste – vermutlich war genau dies auch die Absicht der Vorstandsmitglieder Firnges und Kleinschnittger.[781]

Firnges und Kleinschnittger setzten sich nämlich explizit für die Vereinheitlichung der europäischen Handelspolitik ein. Sie forderten von Lambsdorff, dass er, falls es ihm nicht gelingen sollte, den Protektionismus in der Europäischen Wirtschaftsgemeinschaft abzubauen, um der Einheit willen auf diesen Kurs einschwenken müsse. Unter den fragmentierten Bedingungen müsse nämlich vor allem der deutsche Markt einen Großteil der japanischen Exporte aufnehmen, was sich wiederum im Umstrukturierungsprozess niederschlage:

777 Vgl. auch die Hinführung zu Kapitel 3

778 Video-Briefwechsel Heinlein/Firnges (Grundig) mit Lambsdorff unter Hinzuziehung Jaumann, 27.09.1978, in: BArch, B102/232206.

779 Verlauf und Ergebnis der Gespräche BMWi/Unterhaltungselektronik-Industrie, 16.8.1979, in: BArch, B102/232213.; Probleme der Unterhaltungselektronik-Industrie, 9.11.1978, in: BArch, B102/232205.

780 Brief Grundig AG, Firnges und Kleinschnittger an Lambsdorff, 25.7.1980, in: BArch, B102/232216.

781 Antwortschreiben an Grundig Vorstand Firnges und Kleinschnittger, 20.8.1980, in: ebd.

> Wir meinen nämlich, daß an sich unseren Arbeitsplätzen derselbe schutzbedürftige Stellenwert innewohnt, den die Regierungen der Mitgliedsstaaten ihren nationalen Kapazitäten zubilligen.[782]

Mit dem Verweis auf die Arbeitsplätze forderte daher auch Jaumann protektionistische Maßnahmen, in Form eines Selbstbeschränkungsabkommens.[783]

Die angeklungene europäische Solidarität wünschten sich Firnges und Kleinschnittger in einem Schreiben an die Europäische Kommission:

> Wir meinen deshalb, daß nicht nur die betroffenen europäischen Unternehmen zu einem verstärkten Zusammenrücken und vermehrten Anstrengungen aufgefordert sind, sondern die Regierungen der Mitgliedsstaaten mindestens eine gleichgewichtige europäische Solidarität üben müssen. Solange diese Solidarität die nationalen Betrachtungsweisen nicht überlagert und die Drittlandsexporteure durch unterschiedliche hohe Außenhandelsschwellen die Gemeinschaft faktisch auseinanderdividieren können, müssen die Anstrengungen der europäischen Unternehmen, die diese zur Aufnahme der Fernost-Herausforderungen ergreifen, zum Großteil ins Leere gehen.[784]

Sie benannten folglich eine einheitliche europäische Handelspolitik als Voraussetzung für die Restrukturierung der europäischen Industrie, die resümierend als die zentrale Forderung der verschiedenen Initiativen gewertet werde kann.

Wie das BMWi und Otto Graf Lambsdorff mit diesen Forderungen umgingen, ist an verschiedenen Stellen bereits angeklungen. Sie lehnten sie grundlegend ab und argumentierten, dass die „Atempause [...] zu teuer bezahlt werden" müsste.[785] So würde sie langfristig wechselseitige Beschränkungen hervorrufen und die Wettbewerbsfähigkeit der Industrie beeinträchtigen, da die Fortschritts- und Innovationsbemühungen nicht vollends ausgereizt würden. Diese umfassende liberale Haltung brachte der Staatssekretär Dr. Schlecht bei einem Arbeitsessen mit dem französischen Industrieminister Giraud auf den Punkt:

---

782 Schreiben Firnges und Kleinschnittger an Lambsdorff: Protektionistische Maßnahmen einzelner Mitgliedsstaaten im Bereich der Unterhaltungselektronik, 18.12.1979, in: BArch, B102/232213.

783 Schreiben Anton Jaumann, Bayerischer Staatsminister für Wirtschaft und Verkehr an Lambsdorff, 13.6.1980, in: BArch, B102/232216.

784 Firnges und Kleinschnittger an Kommission der Europäischen Gemeinschaften, Direktion „Kartelle, Mißbrauch, marktbeherrschende Stellungen", 12.12.1979, in: BArch, B102/232213.

785 Hier und im Folgenden: Vermerk: Gespräch von AL IV mit Vorstand und Geschäftsführung des ZVEI am 14.11.1979, in: BArch, B102/232207.

> Der wichtigste Unterschied zwischen der deutschen und französischen Sicht bestehe wohl darin, daß nach unserer Ansicht diese Anpassung nur mit Hilfe der „Peitsche" des äußeren Wettbewerbs von den Unternehmen vorgenommen werde.[786]

Die Position deklinierte das BMWi in einem „Japan-Strategiepapier" aus, das unter dem Motto stand: „Der Japanischen Herausforderung soll offensiv begegnet werden".[787] Sie forderten die übrigen Mitgliedsländer zum Abbau des Importschutzes auf und lehnten Selbstbeschränkungsabkommen ebenso ab wie jegliche protektionistische Maßnahme, die nur weitere Kettenreaktionen evozieren würden. Stattdessen sollten die Unternehmen größere Anstrengungen im Wettbewerb unternehmen sowie der japanische Markt geöffnet werden. Wenigstens dabei versprach das Papier den Unternehmen politische Unterstützung. Mit dieser Position standen Lambsdorff und das BMWi tatsächlich alleine in Europa.[788] Die übrigen Mitgliedsstaaten tendierten zu einem Selbstbeschränkungsabkommen oder anderen Exportmoderationen. In diesen Fällen waren die Bemühungen der europäischen Unterhaltungselektronikindustrie erfolgreich gewesen bzw. mussten aufgrund der bestehenden Ansätze wenig Überzeugungsarbeit leisten.

Konsistent folgten das BMWi und Lambsdorff diesem Kurs jedoch nicht. Im Sommer und Herbst des Jahres 1980 versuchten sie die Vertreter des MITI in verschiedenen Gesprächen davon zu überzeugen, „massive Exportexpansionen für 2–3 Jahre" in der Unterhaltungselektronik zu unterbinden.[789] Sie führten drei Beweggründe für dieses Anliegen an. Erstens seien die politischen Entscheidungen zum Ausbau des Kabelfernsehnetzes und des Bildschirmtextes verzögert worden, sodass der Industrie entsprechende Nachteile erwachsen seien. Dieses Argument war jedoch eher zweitrangig und vorgeschoben, denn selbst für die Industrie waren diese Entscheidungen nicht prioritär – zumal sie als Investitionen in ein zukünftiges Netz nicht mit den unmittelbar befürchteten japanischen Exporten bei

786 Vermerk: Arbeitsessen von StS Dr. Schlecht mit dem französischen Industrieminister Giraud am 10. Juli 1980, in: BArch, B102/232216.

787 Japan-Handelspolitik, 05.11.1980: Japan-Strategiepapier des BMWi, in: BArch, B102/232217. Besprechung im Hause: Strategie-Untersuchung zu Japan am 6.8.1980, in: BArch, B102/232216.

788 Vermerk: Deutsch-französische Konsultationen, 7.-11.7.1980, in: BArch, B102/230661.; Vorbereitung EG-Industrieministertreffen 12.6.1980, in: BArch, B102/232215. Vgl. auch: Suzuki: Negotiating the Japanese-EC Trade Conflict, S. 226–227.

789 Vgl. hier und im Folgenden: Vermerk: Konsultation BMWi-MITI, 30.06.1980, in: BArch, B102/232216. Und Besuch des japanischen Vizeministers Amaya (MITI) am 16.10.1980 bei von Würzen: aktuelle Fragen im Handelsbereich, in: BArch, B102/232217. In der Rückschau und mit der Diagnose des Scheiterns: Aufzeichnung zur Reise von Minister Graf Lambsdorff, Probleme der Unterhaltungselektronik. Japanimporte bei Farbfernsehgeräten und Bildröhren, 29.5.1981, in: BArch, B102/232208.

Fernsehern und Videorekordern in Verbindung standen.[790] Zweitens seien die protektionistischen Forderungen der europäischen Industrie und der übrigen Mitgliedsstaaten massiv und omnipräsent. Der Druck auf die Freihandelsposition der Bundesrepublik sei daher sehr groß, sodass sie auf die Unterstützung der japanischen Regierung zur dauerhaften Sicherung des Freihandels angewiesen sei. Dass dies der stärkere Beweggrund gewesen sein dürfte, wird daran deutlich, dass diese Gesprächsbemühungen unmittelbar der Industrie, der Kommission und den Mitgliedsstaaten gespiegelt wurden, um den Forderungsdruck abzumildern.[791] Mit den politischen Partnern wurden sogar im Vorhinein die Gesprächsziele diskutiert.[792] Die Haltung der Kommission war nämlich der dritte Grund für diese Gesprächsführung. Über verschiedene, auch informelle Kanäle war an das BMWi durchgesickert, dass die Kommission eine neue Handelspolitik gegenüber Japan eruiere, die um ein Selbstbeschränkungsabkommen konzipiert werden sollte.[793] Dies lehnten das BMWi und Lambsdorff weiterhin explizit ab. Sie baten daher um eine Exportmoderation in der Form eines Selbstbeschränkungsabkommens, um die schriftlich fixierte Vereinbarung eines Selbstbeschränkungsabkommens zu verhindern. Die japanischen Vertreter äußerten Verständnis für die Position der Bundesrepublik und sagten eine Exportmoderation zu, die allerdings nicht umgesetzt wurde.[794]

Während die Lobbyingversuche beim BMWi und Lambsdorff als bedingt erfolgreich bewertet werden können, erzielten sie auf der Ebene der Europäischen Kommission doch eine beträchtliche Wirkung. Wie bereits angedeutet, änderte die Kommission ihre handels- und industriepolitische Ausrichtung mit Blick auf Japan um 1980. Bereits im Februar 1979 konstatierten der Rat und die Kommission, dass eine „umfassende Neuorientierung der gemeinsamen Strategie gegenüber Japan"

790 Vermerk: Besuch von Herrn StS Dr. von Würzen auf der Mitgliederversammlung des Fachverbandes Unterhaltungselektronik am 04.04.1979 in Frankfurt, 5.4.1979, in: BArch, B102/232217.

791 In der Rückschau: Gespräch mit der Geschäftsführung des ZVEI am 6.2.1981 in Frankfurt, 10.2.1981, in: BArch, B102/232208. Vermerk: Arbeitsessen von StS Dr. Schlecht mit dem französischen Industrieminister Giraud am 10. Juli 1980, in: BArch, B102/232216. Denman per Cypher an Haferkamp und Davignon, 23.7.1980, in: HAEU, INV 14/2019 584.

792 Rhein an Haferkamp: Haltung BWMi gegenüber Selbstbeschränkungsabkommen Japan, 9.6.1980, in: HAEU, BAC 41/1980 365.

793 Vgl. auf dem informellen Weg von dem ständigen Vertreter Herrn Gründhage in Brüssel: Zur Unterrichtung an Staatssekretär Dr. von Würzen: Verhandlungen von Vincomte Davignon mit den Japanern über Selbstbeschränkungsabkommen im Elektronikbereich, 13.2.1980, in: BArch, B102/232213.

794 Aufzeichnung zur Reise von Minister Graf Lambsdorff, Probleme der Unterhaltungselektronik. Japanimporte bei Farbfernsehgeräten und Bildröhren, 29.5.1981, in: BArch, B102/232208.

notwendig sei.[795] Der Ansatz der liberalen Handelspolitik zur Öffnung des japanischen Marktes wurde zwar nicht als gescheitert, aber als ergänzungsbedürftig angesehen. Auf einer abstrakten Ebene wurde festgehalten, dass zukünftig industriepolitische Maßnahmen, wie die Unterstützung bei Kooperationen und Direktinvestitionen, ebenso mitbedacht werden müssten wie das Einwirken auf das japanische Selbstverständnis als Industrienation, die der „Interdependenz" Rechnung tragen sollte. Die Interdependenz fungierte in den 1970er Jahren als Vorgängerbegriff der Globalisierung und meint damit an dieser Stelle, dass die japanische Regierung und Industrie verantwortungsbewusst die globalen Folgen ihres Handels reflektierten sollten – beispielsweise den Zusammenhang zwischen der vereinzelt vorgeworfenen bewussten Abwertung des Yen, ihrer massiven Exportorientierung und dem Arbeitsplatzabbau in Europa, wobei die japanische Regierung gerade diesen Zusammenhang immer wieder negierte.[796]

Das zentrale Problem bestand in den divergierenden Ansichten und elementaren Zielkonflikten, die den handels- und industriepolitischen Umgang mit der „Japanischen Herausforderung" blockierten und weiterhin zu blockieren drohten.[797] Die Kommission strebte eine einheitliche Handelspolitik an, die als Voraussetzung für den gemeinsamen Markt angesehen wurde. Die Handelspolitiken der Mitgliedsstaaten standen sich jedoch diametral gegenüber. Die Bundesrepublik plädierte für die Liberalisierung, die übrigen beharrten, zumindest im Fall der Unterhaltungselektronikprodukte auf den Beschränkungen, ebenso wie die Industrien. Gleichzeitig wollte die Kommission die Wettbewerbsfähigkeit der Industrie verbessern. Das DG III und Davignon entwickelten nun eine vermittelnde Position zwischen diesen Perspektiven.[798] Im Zentrum des Konzeptes stand ein temporäres Selbstbeschränkungsabkommen, für die unter dem japanischen Exportdruck leidenden Industrien. Mit diesem Abkommen sollte ein Zeitfenster zur Restrukturierung geschaffen werden. Diese sollte durchaus in Kooperation mit japanischen Unternehmen stattfinden. Im Gegenzug würden die einzelstaatlichen Beschränkungen der Mitgliedsstaaten nach diesem Zeitfenster entfallen und durch

---

795 Beziehungen der Gemeinschaft zu Japan (Mitteilung der Kommission (Haferkamp) an den Rat), 8.7.1979, in: HAEU, COM (79)306.

796 Vgl. zum Begriff: Deuerlein, Martin: Das Zeitalter der Interdependenz. Globales Denken und internationale Politik in den langen 1970er Jahren, Göttingen (1. Auflage) 2020 (=Moderne Zeit. Neue Forschungen zur Gesellschafts- und Kulturgeschichte des 19. und 20. Jahrhunderts, Band XXXI).

797 Vgl. hier und im Folgenden: Denman an Haferkamp: Trade Policy towards Japan, 13.3.1980, in: HAEU, BAC 41/1980 365. Siehe auch zu den Zielen: Commission Communication to the Council: The Community's Relations with Japan (COM (79) 306 final, 7.6.1979, in: HAEU, INV 1/2018 1353.

798 Vgl. prägnant vorgestellt in: Ergebnisvermerk über die Sitzung des Besonderen Ausschusses nach Art. 113 EWGV (Mitgl.) am 16.7.1980 in Brüssel, 17.7.1980, in: BArch, B102/232216.

einen einheitlichen liberalen Zugang ersetzt werden. Ob die Unterhaltungselektronikindustrie der direkte Ideengeber war oder lediglich ebenfalls dieses Konzept entwickelte, kann aus den Quellen nicht rekonstruiert werden. Ihre Initiative führte aber dazu, dass sie von Davignon als Proband für diese neue Industrie- und Handelspolitik ausgewählt wurde, die zu einem späteren Zeitpunkt auf alle anderen Branchen übertragen werden sollte.[799]

In der Aushandlung dieses sogenannten „TV-Deals" zeigt sich die in der Literatur diagnostizierte zunehmende Eigenständigkeit und Initiativfreude der europäischen Industriepolitik mit dem Eintritt Davignons in die Kommission.[800] Davignon wartete nämlich nicht auf ein Mandat des Rates oder auf eine Rücksprache mit dem Kommissar für Außenbeziehungen Wilhelm Haferkamp, sondern lotete erste Erfolgschancen mit den japanischen Vertretern bereits im Winter 1979 aus.[801] Haferkamp stand dem temporär-protektionistischem Ansatz durchaus kritisch gegenüber, unterstütze ihn dann jedoch in den internen Diskussionen.[802] Davignon rechtfertigte sein Handeln damit, dass er mit diesem Deal die Wirkmächtigkeit der europäischen Kommission zeigen und die Minister der Mitgliedsstaaten durch eine konkrete Beschlussmöglichkeit von diesem konzeptionellen Ansatz überzeugen wollte.[803]

Am 03.06.1980 einigten sich Vertreter der Kommission und des MITI auf ein erstes Non-Paper, das eine Steuerung der Exporte durch das MITI über vier Jahre, die Koppelung der Kontingente an das Wachstum der europäischen Märkte, das Aufheben der europäischen Beschränkungen und langfristige Kooperationen vorsah.[804] Auf der Grundlage dieses Verhandlungsstandes wollte Davignon nun den

---

799 Vgl. als Begründung für die Wahl der Branche: Note for the record: Japan QR's: Commissioner E. Davignon's meeting with Ambassador Kagawa 18.9.1980, 19.9.1980, in: HAEU, INV 14/2019 585. Note for the Record: Meeting with Mr. Okita, Representative of the Japanese Government for External Economic Relations, 27.10.1980, 30.10.1980, in: HAEU, INV 1/2018, 1357.

800 Cowles, Maria Green: The European Round Table of Industrialists and the Single Market Programme. From Political to Policy Network, in: Gehler, Michael (Hrsg.): Netzwerke im europäischen Mehrebenensystem. Von 1945 bis zur Gegenwart, Wien 2009, S. 142 (=Historische Forschungen Veröffentlichungen, Bd. 6).

801 Brief Haferkamp an Davignon, Januar 1980, in: HAEU, BAC 41/1980 365. In diesem Brief kritisiert Haferkamp das Vorgehen Davignons. Abgeschickt wurde dieser Brief nicht – vermutlich wurden die Dissonanzen in einem Gespräch aufgelöst. Vgl. zudem: Zur Unterrichtung an Staatssekretär Dr. von Würzen: Verhandlungen von Vincomte Davignon mit den Japanern über Selbstbeschränkungsabkommen im Elektronikbereich, 13.2.1980, in: BArch, B102/232213. Zu den Verhandlungen im Dezember 1979, vgl. CYPHER Meynell an Fielding (secret), ohne Datum, in: HAEU, BAC 41/1980 365.

802 Haferkamp an Davignon, 14.3.1979, in: HAEU, INV 14/2019 582.

803 CYPHER Meynell an Fielding (secret), ohne Datum, in: HAEU, BAC 41/1980 365.

804 Note for Mr. Loerke: Japan, CTV: telephone call from Tokyo, 6.6.1980, in: ebd.

Ministerrat einbeziehen, zumal erste Informationen bereits kursierten.[805] Davignon stellte hierzu das Konzept zunächst im sogenannten „113 Komitee" vor. Der nach dem Artikel 113 des Vertrags über die Europäische Wirtschafsgemeinschaft benannte Ausschuss bestand aus Vertretern der Mitgliedsländer, die die Kommission in Handelsfragen unterstützen, vor allem aber auch überwachen sollten.[806] In diesem Gremium fand der Plan jedoch keine Zustimmung.[807] Die Delegation der Bundesrepublik lehnte ihn vollständig ab, die französische und italienische waren sehr zurückhaltend. Insgesamt wurde das Papier als „noch nicht bereit" zurückgewiesen. Im Rat wurde der Plan daraufhin noch nicht vorgestellt. Stattdessen wurden die Verhandlungen mit dem MITI im September und Oktober weiter forciert. Doch auch diese scheiterten vorerst. Die japanische Industrie äußerte Skepsis – sie sollte schließlich auf kurz- bis mittelfriste Exportmöglichkeiten verzichten. Doch auch das MITI monierte den fehlenden Zeitplan zur Aufhebung der einzelstaatlichen Beschränkungen.[808] Da diese mit dem Artikel 115 fest im EWG-Vertrag verankert waren, war eine solche Aufhebung juristisch voraussetzungsreich und vor allem an die Zustimmung des Einzelstaates gebunden. Gerade um diesen Prozess zu vereinfachen, wollte Davignon dem Rat ein konkretes und attraktives Fallbeispiel liefern. Damit entstand ein Dilemma, das zu diesem Zeitpunkt nicht aufgelöst werden konnte. Gleichwohl blieb die Konzeption in den Debatten präsent und wurde in verschiedenen Kommissionspapieren als Referenz und Vorbild genannt.[809]

Sie hatte jedoch – genauso wie der Versuch des BMWi und Lambsdorffs – einen systemischen Fehler. Beide setzten die Bereitschaft der japanischen Politik und Industrie voraus. Ein Selbstbeschränkungsabkommen beruht nämlich auf der „freiwilligen" Einschränkung des Exporteurs.[810] Die Anreize, die vorteilhafte Position aufzugeben, waren jedoch zu gering. Der Vorschlag von Lambsdorff und dem

805 Denman an Vice President Haferkamp: Japan, 15.7.1980, in: HAEU, INV 14/2019 584.

806 Niemann, Arne: Between communicative action and strategic action: the Article 113 Committee and the negotiations on the WTO Basic Telecommunications Services Agreement, in: Journal of European Public Policy 11 (2004), H. 3, S. 388.

807 Ergebnisvermerk über die Sitzung des Besonderen Ausschusses nach Art. 113 EWGV (Mitgl.) am 16.7.1980 in Brüssel, 17.7.1980, in: BArch, B102/232216.

808 CYPHER, confidental, 13.10.1980: für Fielding von Denman, in: HAEU, INV 1/2018, 1357. Vgl. als Hinweis auch: Hardy: 1970–1982, S. 41–42.

809 Beziehungen EG-Japan (Mitteilungen der Herren Haferkamp und Davignon), Tagesordnung der 608. Sitzung der Kommission am Mittwoch, 10.6.1981, in: HAEU, SEC(1981)937. Mitteilung der Kommission an den Rat (COM(81) 51), 5.2.1981, in: HAEU, BAC 104/1993 333. Elements for a common Community Approach towards Japan (Communication from Mr. Haferkamp), 3.11.1980 (SEC (80) 1604), in: HAEU, INV 1/2018 1355.

810 Vgl. bspw. Rübel: Außenwirtschaft, S. 192.

BMWi bot lediglich einen Erhalt des Ist-Zustandes an, der Ansatz von Davignon eine zukünftige, mehrere Jahre entfernt liegende Möglichkeit der Absatzausdehnung. Ein „Druckmittel", das in der Regel solchen Abkommen zugrunde lag, hatten beide nicht. Dies sollte die Kommission erst im Oktober und Dezember des Jahres 1982 erhalten.

Davignons Konzept sah nicht nur Handelsbeschränkungen zur Restrukturierung, sondern auch die Förderung von Kooperationen mit japanischen Unternehmen vor, um so die europäische Wettbewerbsfähigkeit zu verbessern. Seine größte Initiative war die Etablierung des „Round-Table-Meeting of the Japanese and Community consumer electronic industries", dessen erste Sitzung am 21.10.1982 stattfand. Institutionell und ideell knüpfte das Format an vorangegangene, innereuropäische Round-Tables an, die ebenfalls auf Davignon zurückgingen.[811] Bereits bei diesen diskutierten die führenden Elektrounternehmen über die Auswirkungen der Mikroelektronik, ihre eigene Positionierung auf dem Weltmarkt und den Wettbewerb mit Japan.[812] Davignon erhoffte sich von diesen Foren nicht nur konkrete politökonomische Kooperationsmöglichkeiten, wie beispielsweise das ESPRIT-Forschungsprogramm, das aus diesen Sitzung hervorging, sondern auch wachsenden Einfluss und Wirkmächtigkeit der Kommission im Verhältnis zu den Mitgliedsstaaten.[813] Diese waren ebenso wenig in diese Aktivitäten eingebunden wie die klassischen nationalen Unternehmerverbände. Beide kritisierten verständlicherweise diese Formate.[814] Dabei zeigen sie nochmals die tendenzielle Verschiebung der Einfluss- und Aushandlungspotentiale zu den großen europäischen Unternehmen und der Europäischen Gemeinschaft.

---

811 Vgl. Cowles: The European Round Table of Industrialists and the Single Market Programme, S. 142.

812 Working Paper for the Round Table of industrial leaders in technologies of information, 18.3. 1980, in: HAEU, BAC 237/1992 60. Background Paper for the Round Table Meeting, 08.05.1981, in: ebd.

813 Cowles: The European Round Table of Industrialists and the Single Market Programme, S. 142. Vgl. bspw. auch: Käseberg, Thorsten/van Laer, Arthe: Competition Law and Industrial Policy, in: Patel, Kiran Klaus/Schweitzer, Heike (Hrsg.): The historical foundations of EU competition law, Oxford (1. ed., 1. impr) 2013, S. 179. Das ESPRIT-Programm förderte die Forschungszusammenarbeit verschiedener europäischer Unternehmen und nationaler Forschungseinrichtungen. Das Ziel war die Förderung der europäischen Wettbewerbsfähigkeit. Es wurde jeweils zur Hälfte von der Europäischen Gemeinschaft und der europäischen Industrie finanziert. Die europäische Unterhaltungselektronikindustrie war mit der Entwicklung des HDTV beteiligt, das sich zusätzlich noch in der EUREKA-Förderung befand. Vgl. Cawson: Interests, Groups and Public Policy-Making, S. 112–114.

814 Vermerk: Gespräch von AL IV mit Vorstand und Geschäftsführung des ZVEI am 14.11.1979, in: BArch, B102/232207. Vermerk: Grundig-Aktivitäten zur Restrukturierung der Unterhaltungselektronik-Industrie, 21.10.1982, in: BArch, B102/232222.

Das besondere an dem Round-Table der Unterhaltungselektronik war nun, dass nicht über, sondern mit den japanischen Unternehmen gesprochen werden sollte. Bereits im November des Jahres 1981 begannen die Planungen Davignons mit dem MITI.[815] Als Leiter der europäischen und japanischen Unternehmerdelegationen konnten die Vorstandsvorsitzenden Wisse Dekker (Philips) und Akio Morita (Sony) gewonnen werden. Von Beginn an zeigten sich jedoch unterschiedliche Intentionen in dem Vorbereitungsprozess. Während die japanischen Unternehmen über zukünftige Entwicklungen, Kooperation und Standardisierung diskutieren wollten, stand für die Europäischen die Entwicklung der Exporte im Vordergrund. Beide Punkte fanden ihren Weg auf die Agenda, sodass aber auch schon die jeweilige Schwerpunktsetzung vorprogrammiert war. Einig war man sich hingegen, dass aus diesem informellen Gesprächskreis keine Inhalte nach außen dringen sollten.[816] Von japanischer Seite nahmen u. a. Matsushita, JVC, Hitachi und Toshiba teil, auf europäischer Seite Siemens, Olivetti, Zanussi, Thorn, Thomson und Grundig. Das Treffen war ein Spitzentreffen. Unter den Teilnehmenden waren nur Inhaber, Vorstandsvorsitzende oder zumindest Vorstandsmitglieder und damit auch Max Grundig persönlich. Die europäischen Spitzen trafen sich bereits am 30.09. 1982 zur Vorbereitung auf das Treffen mit Davignon.[817] Die Diskussion war kontrovers. Während eine Gruppe um Richard Norman (Thorn) argumentierte, dass aufgrund des Protektionismus, der staatlichen Förderung und der Arbeitsbedingungen ein ebenbürtiges Konkurrieren mit japanischen Unternehmen nicht möglich sei, hielt Max Grundig dagegen. Er stellte heraus, dass die modernisierten europäischen Fabriken technisch mindestens ebenbürtig seien und selbst preislich mithalten könnten. Zudem müsse die europäische Unterhaltungselektronikindustrie erhalten bleiben, da ansonsten die Bauelementeindustrie ebenfalls zugrunde gehen würde, die jedoch eine wichtige Stütze der zukünftigen Volkswirtschaft sei. Dekker pflichtete ihm bei. Gegenüber den japanischen Unternehmen sollte also herausgestellt werden, dass die europäische Industrie – entgegen der Bedenken, wie Davignon betonte – wettbewerbs- und zukunftsfähig und damit eine wechselseitige technologische Zusammenarbeit möglich sei. Max Grundig wurde dazu bestimmt, diese Position bei der Round Table Konferenz vorzustellen. Fayard und Brunet von Thomson sollten im Anschluss die Kooperationsmöglichkeiten darlegen.

815 Discussion with MITI, 11./12.11.1981: Kuroda und Phan van Phi, in: HAEU, BAC 237/1992 38.
816 Note for Mr. Davignon von F. Braun: Round-table of EC and Japanese television industries, 17.12.1981, in: ebd. Note for the record: EC-Japan relations. My talks in Tokyo, 22./21.6.1982, in: ebd.
817 Vgl. hier und im Folgenden: Round Table, 30.09.1982: Preparation for Morita Meeting, in: HAEU, BAC 237/1992 60.

Warum Max Grundig ausgewählt wurde, ist nicht überliefert. Mehrere Gründe dürften zusammengespielt haben. Erstens war Max Grundig gut vernetzt. Durch die Lobbyingmaßnahmen hatte er direkte Kontakte zur Kommission aufgebaut. Er stellte ihr beispielsweise auch seine Umstrukturierungspläne vor, wie im kommenden Kapitel noch erläutert wird. Zudem wirkte er wortstark in einem weiteren Round-Table zur Mikroelektronik mit.[818] Zweitens hatte er sich nicht nur in diesem Gremium als einer der schärfsten Kritiker der japanischen Unternehmen und vor allem der Außenhandelspolitik profiliert. Drittens pflegten die anderen Unternehmen bereits enge Kooperationen mit japanischen Unternehmen. Thomson und Thorn verkauften beispielsweise JVC-Rekorder unter ihrer eigenen Marke und planten bereits ein Joint Venture zur Videorekorderproduktion.[819] Philips entwickelte u. a. gemeinsam mit Sony die Compact Disc. Grundig hingegen kaufte lediglich einige japanische Bauelemente, wie in einem Protokoll zum Round-Table der Mikroelektronik vermerkt wurde.[820] Es ist also zu vermuten, dass die anderen Unternehmen eine weniger konfrontative Haltung einnehmen wollten.

Max Grundig enttäuschte sie nicht.[821] In einer durchaus emotionalen Rede kritisierte er die unfairen Handelspraktiken der japanischen Unternehmen und appellierte an das soziale Verantwortungsbewusstsein des Unternehmertums:

> Wir müssen und werden in Europa Maßnahmen ergreifen, um die wirtschaftliche Existenz unserer Unternehmen zu sichern und das ständige Ansteigen der Zahl der arbeitslosen Menschen, von heute 12 Millionen und morgen vielleicht 15 Millionen, zu bremsen. [...] Sie sollten dabei bedenken, daß unsere europäischen Unternehmen dasselbe Recht haben zum Überleben wie Ihre japanischen Gesellschaften. Unsere europäischen Arbeitnehmer haben dasselbe Recht auf ihren Arbeitsplatz wie Ihre japanischen Arbeitnehmer.

Er appellierte im Anschluss daran, dass faire Handelsbeziehungen erreicht werden müssten. Diese seien nämlich die Voraussetzung für Kooperationen. Für Max Grundig schloss das Erreichen dieses Ziels auch notfalls protektionistische Maßnahmen ein. Gleichzeitig stellte er heraus, dass die europäischen Produktionsstätten ebenbürtig seien und daher in einem größeren Unternehmensverbund „die Technologie und die Stärke [...] unter Beweis stellen" würden. Die Preisunter-

818 Vgl. im Folgenden: Note for the file (Van Rhijn), 23.09.1982: Preparatory meeting Round Table Microelectronics EC/Japan, 30.9.1982, in: ebd.

819 Vgl. Kapitel 4.4.3

820 Vgl. Note for the file (Van Rhijn), 23.09.1982: Preparatory meeting Round Table Microelectronics EC/Japan, 30.9.1982, in: ebd. Weiterführende Hinweise findet man wenige in den überlieferten Quellen. Im folgenden Kapitel wird ein Beispiel zur Bildröhre kurz aufgezeigt.

821 Vgl. das Redemanuskript: Ansprache Grundig anläßlich der Round-Table-Konferenz für Unterhaltungselektronik EG/Japan am 21.10.1982, Brüssel, in: BayHSta, Nachlass Schedl, Otto, 499.

schiede seien nämlich lediglich auf die sozialen Bedingungen zurückzuführen, die aber wiederum durch die Lohnnebenkosten einen Teil der europäischen Kaufkraft generieren würden. Dieses Konzept des Unternehmensverbundes wird im folgenden Kapitel noch ausführlicher erläutert. Im Kern rekurrierte Max Grundig aber erneut auf die zentrale Strategie, die die Unterhaltungselektronikindustrie seit mehreren Jahren postulierte: Handelsbeschränkungen zur Restrukturierung der eigenen Industrie

Zu einer Lösung der Probleme kamen die Beteiligten bei dieser Sitzung nicht, auch wenn Morita sie als „epoch-making event" beschrieb, da 70 % der weltweiten Produktionskapazitäten teilnehmen würden.[822] Zwar wurde von beiden Seiten betont, wie wichtig die Kooperation sei, konkrete Maßnahmenpakete wurden jedoch nicht angebahnt. Die Diskussion verblieb auf der Ebene allgemeiner Bekenntnisse und so wurde sie, zumindest von dem außenstehenden ZVEI und BMWi, als nicht erfolgreich gewertet.[823] Das Format wurde dennoch während der gesamten 1980er Jahre fortgesetzt und wurde zum Vorbild für andere Industrien.[824]

In dem Round-Table-Meeting appellierten sowohl Fayard und Brunet (Thomson) als auch Max Grundig an die japanischen Unternehmen, die Handelsbeziehungen im Sinne der Kooperation anzupassen. Grundig deutete durch den Verweis auf die fairen Handelsbeziehungen sein Druckmittel, nämlich den Dumping-Vorwurf, bereits an. Die Vertreter des französischen Staatskonzerns Thomson hielten sich bedeckt. Doch lediglich eine Woche nach der Konferenz startete das in der Presse sogenannte „Second Battle of Poitiers".[825] In den letzten Oktobertagen verkündete die französische Regierung, dass alle japanischen Videorekorderimporte nach Frankreich in einem kleinen Zollamt in Poitier bearbeitet werden müssten und zusätzlich die Papiere in französischer Sprache vorzulegen seien. Nun arbeiteten in Poitier lediglich vier Zollmitarbeiter, die die stark angewachsenen Videorekorderimporte von über 500.000 Stück pro Jahr zu bearbeiten hatten – und das vor dem Weihnachtsgeschäft. Poitier hatte durchaus symbolischen Charakter, hatte an diesem Ort doch Karl Martel 732 die islamische Expansion der Araber zurück-

822 Interne Aufzeichnung der Kommissionsdienststellen über das Treffen zwischen der japanischen und europäischen Unterhaltungselektronik-Industrie am 21.10.1982, in: BArch, B102/232222.

823 Vermerk: Gespräch zwischen EG-Kommission und den japanischen und europäischen Unterhaltungselektronikunternehmen am 21.10.1982 in Brüssel, in: ebd.

824 Vgl. zur zweiten Sitzung: Industrieministerrat am 17.12.1984: Zollfragen Unterhaltungselektronik und Halbleiter, in: BArch, B102/317832.; Zur sechsten Sitzung: Sixth Consumer electronics round table, Tokyo, 13.3.1989, in: HAEU, RB-49. Zur Bewertung und Fortführung siehe auch: Davignon an Shintaro Abe, Minister of International Trade and Industry, 29.10.1982, in: HAEU, INV 15/2019.

825 Abe: The „Japan problem": the trade conflict between the European countries and Japan in the last quarter of the 20th century, S. 22–23.

geschlagen. Die Maßnahme war pragmatisch und höchst effektiv, schien aber auch nicht GATT-konform, wobei die französische Regierung dies verneinte. Im Dezember reichten dann außerdem Grundig und Philips gemeinsam mit der Kommission die bereits angekündigte Anti-Dumping-Klage ein. Dazu sollen sie, nach den Zeitzeugenaussagen der Kommissionsmitarbeiter Möhler und van Rij sowie dem Philips-Angestellten van Marion, von Davignon angehalten worden seien.[826]

Mit den einschneidenden Handelseinschränkungen durch den Fall Poitier, den befürchteten Sanktionen durch die Anti-Dumping-Klage[827] und der – im Verhältnis weit weniger gewichtigen – Ausgleichsforderung als Voraussetzung für Kooperationen eröffnete sich die Möglichkeit zur Aushandlung eines Selbstbeschränkungsabkommens.[828] Nun waren „Druckmittel" da. Noch im Dezember 1982 kündigte das MITI die Gesprächsbereitschaft an. Auf französische Initiative erteilte der Rat der Kommission am 13.12.1982 das Verhandlungsmandat. Die Bundesrepublik war mit ihrer Haltung damit endgültig isoliert, stimmte jedoch zu.[829] Die Einigung bei den Verhandlungen, an denen auch Davignon und Haferkamp persönlich teilnahmen, folgte bereits am 12.2.1983.[830] Der Ministerrat stimmte wiederum am 23.2.1983 zu. Im März und April wurde daraufhin nicht nur die Dumping-Klage zurückgezogen, sondern auch der Poitiers-Konflikt beendet. Die einzelstaatlichen Beschränkungen blieben durch das Abkommen allerdings unangetastet. Die Stückzahlen für das Selbstbeschränkungsabkommen wurden jährlich zwischen dem MITI und der Kommission neu verhandelt. Damit blieben sie aber auch ein

826 Van Marion: International Trade Policy and European Industry, S. 30–36.; Möhler/van Rij: 1983–1987, S. 62. ebd. Vgl. für die Details Kapitel 3.3.1. Einen Quellenbeleg für die Intervention Davginons konnte nicht aufgefunden werden.

827 Beispielsweise Zusatzzölle

828 Parallel lief seit dem April des Jahres ein GATT-Verfahren nach Artikel XXIII, das die Kommission ebenfalls eröffnet hatte. Das Verfahren stützte sich darauf, dass die GATT-Begünstigungen, d. h. in diesem Fall der Zugang zum japanischen Markt, u. a. durch Normungs- und Zulassungsverfahren aber auch die Vertriebsstrukturen beeinträchtigt würden. Das Verfahren zielte auf eine Aussprache und Lösung des Problems. Die Kommission sah sich zu diesem offiziellen Schritt wegen der Stagnation der Verhandlung veranlasst. Vgl. Mitteilung der Kommission an den Rat: Beziehungen EG-Japan, 30.9.1982, in: HAEU, COM (82)471.

829 Vgl. Vorschlag der Kommission an den Rat: Beziehungen der Gemeinschaft zu Japan, 2.12. 1982, in: HAEU, COM (82)827. Zum Kontext und zur Einschätzung vgl.: Zur Unterrichtung Lambsdorff: Französische Forderung nach Selbstbeschränkungsarragement mit Japan, 15.11.1982, in: BArch, B102/232222.; Vermerk: Beziehungen EG/Japan im Bereich der Unterhaltungselektronik, 11.1.1983, in: BArch, B102/258554.

830 Vgl. hier und im Folgenden: Möhler/van Rij: 1983–1987, S. 62–66. Sowie Vermerk: Beziehungen EG-Japan im Bereich der Unterhaltungselektronik, 22.3.1983, in: BArch, B102/258551.

Gesprächsgegenstand bei dem regelmäßig abgehaltenen „Round Table on consumer electronics".[831]

Die Videorekorderdiskussionen erhielten zwar die größte Aufmerksamkeit, einbezogen wurden jedoch auch Fernseher und Bildröhren. Die ehemaligen Kommissionsmitarbeiter Rolf Möhler und Jan Van Rij werten das Selbstbeschränkungsabkommen daher als erfolgreiches Mittel zur Restrukturierung der europäischen Industrie.[832] Doch nicht nur zur „Rettung" von Video 2000 wurde das Abkommen zu spät beschlossen.[833] Drei Jahre nach der Forderung der deutschen Industrie war deren Neustrukturierung bereits mehrheitlich vollzogen oder zumindest der Weg, wie bei Grundig, vorgezeichnet.

3.2.4 „EURO": Die Europäische Antwort auf die „Japanische Herausforderung"

Im Jahr 1982 erkannten die Verantwortlichen der Grundig AG und allen voran Max Grundig, dass die bisherigen Maßnahmen nicht die erwünschte Wende für die Unternehmensentwicklung gebracht hatten.[834] Der Absatz von Video2000-Rekordern war zu gering. Die internen Umstrukturierungsprozesse reduzierten die Produktionskosten nicht genügend, um wieder Gewinne zu erzielen – trotz des Arbeitsplatzabbaus. Die über mehrere Jahre eingeforderte politische Unterstützung blieb bis dahin ebenfalls aus. Grundig wurden die Grenzen der Wettbewerbsfähigkeit des eigenen Unternehmens im Verhältnis zur japanischen Konkurrenz aufgezeigt. Als Lösungsansatz proklamierte Max Grundig, u.a. in der bereits genannten Round-Table-Konferenz, einen Unternehmensverbund, namens „EURO": eine Kooperation der europäischen Unternehmen gegen die japanische Konkurrenz. Dessen Geschichte, die letztendlich in der Übernahme der Grundig AG durch Philips endete, wird in diesem Kapitel rekonstruiert.[835]

Erste Gedankenspiele hatte Max Grundig bereits zum Ende der 1960er Jahre für die nationale Ebene formuliert, wie Hermann Brunner-Schwer, der ehemalige Geschäftsführer Sabas, in seinen Memorien notierte.[836] Der eigentliche Ursprung

---

831 Mit Ergebnissen der zweiten Sitzung: Industrieministerrat am 17.12.1984: Zollfragen Unterhaltungselektronik und Halbleiter, in: BArch, B102/317832.

832 Möhler/van Rij: 1983–1987, S. 76.

833 Vgl. Kapitel 3.3.1

834 Geschäftsbericht 1981/82 sowie partiell bereits im Geschäftsbericht 1980/81, beide in: BWA, S 011–128.

835 Einige Erkenntnisse dieses Kapitels finden sich komprimiert ebenfalls in dem Aufsatz: Staffel: Der Fall Grundig(s).

836 Brunner-Schwer: SABA, S. 259.

liegt jedoch in der Kooperation mit Philips. Aus den Verhandlungen in den 1960er Jahren entstand eine enge Technologiezusammenarbeit sowie Zuliefererbeziehung. Diese festigten die beiden Unternehmen im Jahr 1979 durch drei miteinander verbundene Verträge. Die Grundlage war eine „Überkreuzbeteiligung“.[837] Grundig erhielt insgesamt 8 % der Philips-Aktien, wobei diese in Teilen als Wandelanleihe gefasst wurden. Philips hingen erwarb unmittelbar einen Anteil von 24,5 % der Grundig AG. Daneben wurde ein umfassender Lizenzaustauschvertrag abgeschlossen, der alle Produkte außer Werkstoffe und Bauelemente einschloss.[838] Der dritte Vertrag war eine sogenannte „Zusatzvereinbarung“ über die Einkäufe von Grundig bei Philips.[839] Grundig verpflichtete sich 20 % bis 25 % seines gesamten Bauelementebedarfs von Philips zu beziehen. Im Gegenzug sollte Philips im Sinne einer sogenannten „Stop-Loss-Vereinbarung“ Grundigs Verluste durch diese Bauelemente ausgleichen.[840] Für Philips und Grundig drückte sich in diesen drei Verträgen die „Schicksalsverbundenheit beider Partner“ aus, wie sie im letztgenannten Vertrag auch festhielten. Es lagen aber auch ganz konkrete Beweggründe vor. Grundig sicherte sich zum einen den Zugriff auf das Philips-Knowhow. Zum anderen wurde die Liquidität kurzfristig erhöht, da Philips die gleichwertigen Anteile direkt und Grundig in Stufen erwerben sollte. Im Umstrukturierungsprozess wurden die Mittel von 370 Mio. DM durchaus benötigt. Philips wiederum verstetigte die Abnahme von Bauelementen. Dies wurde im Philips Vorstand als zwingend notwendig angesehen, war jedoch nicht selbstverständlich, da Max Grundig in den Jahren 1978 und 1979 massive Kritik an den Preisen und der Qualität der Philips-Bauelemente geäußert hatte.[841] Er setzte Philips mit den besseren Angeboten von Toshiba unter Druck, blieb jedoch nach einigen Zugeständnissen Philips treu. Ebenso entscheidend war für den Philips-Vorstand jedoch, dass sie sich durch die Beteiligung eine exklusive Position sicherten, wenn Max Grundig das Unternehmen veräußern oder durch sein Ausscheiden die Unternehmensführung vakant werden

837 Vgl. Presseinformation Grundig, 6.9.79: Grundig Aktionär bei Philips, in: Rundfunkmuseum der Stadt Fürth, Nr. 188. Presseinformation Philips, 6.9.1979, in: PCA, Nr. 881.

838 Lizenzaustauschvertrag zwischen Grundig und Philips, 23.08.1978, in: PCA, Nr. 881. Er liegt nur mit diesem Aufsetzdatum vor, wurde aber wortgleich abgeschlossen.

839 Aktennotiz: 13.10.1980 Einkäufe von Grundig bei Philips: Zusatzvereinbarung zum Vertrag vom heutigen Tag zwischen der Max Grundig-Stiftung, Fürth/Bay. und der N. V. Philips Gloeilampenfabriken, Eindhoven, 5.9.1979, in: Rundfunkmuseum der Stadt Fürth, Nr. 250.

840 Die Darstellung ist im Text vereinfacht. Vertraglich wurden verschiedene Erstattungsstufen festgelegt, die wiederum von dem prozentualen Anteil der Einkäufe am Außenumsatz Grundigs abhingen. Darüber hinaus musste die Gewinnsituation bei Philips besser als bei Grundig sein.

841 Vgl. zur Vorstandseinschätzung hier das Protokoll der Alldephi: Vorstandssitzung am 4.6.1976 Betreff Grundig, in: PCA, Nr. 881. Grundig Exposé von Philips 7.11.1975, in: ebd.; Zur Kritik an den Bauelementen: Aktennotizen 05.10.1978, 13.3.1979, 27.3.1979, in: PCA, Nr. 881.

sollte.[842] De facto sicherte sich Philips mit der Beteiligung ein Vetorecht bei einer Mehrheitsübernahme. Philips Marktposition war nämlich in der BRD und den anderen europäischen Ländern so stark, dass die Beteiligung eines Dritten an Grundig zwangsläufig kartellrechtlich untersagt werden musste – dies sollte noch entscheidend werden.

Diese vertragliche Verbindung wurde zumindest von Seiten Grundigs zusätzlich symbolisch aufgeladen. In einem Gastbeitrag im Managermagazin stilisierten die Vorstände Firnges und Heinlein die Kooperation als „entente cordiale auf europäischer Ebene" gegen die japanischen Unternehmen.[843] Sie schlossen eine Einladung an:

> Bei dem Zusammengehen von Grundig und Philips handelt es sich konzeptionell um ein offenes Modell. Es kann nur im Interesse aller gesunden europäischen Unternehmen der Unterhaltungselektronik liegen, der „europäischen" Koalition beizutreten.

Konkret dachte Max Grundig an Blaupunkt und Siemens, wie er in einem Gespräch mit dem Philips-Vorstand van der Klugt äußerte.[844] In diesem größeren Verbund sah er die Möglichkeit, forschungs- und entwicklungsintensive Projekte, wie die Digitalisierung von Farbfernsehern, adäquater voranzutreiben.[845] Philips hingegen war bezüglich anderweitiger Beteiligungen skeptisch, denn man sah die Einflussmöglichkeiten auf Grundig schwinden. So wirkte Philips massiv und erfolgreich auf Siemens ein, eine entsprechende Beteiligung nicht zu vollziehen.[846] Mit Titeln wie „Die Europäer formieren sich" (Frankfurter Rundschau) oder „Die Japaner stoppen" (Handelsblatt) nahm die Presse diese Stoßrichtung der Verbindung unmittelbar auf.[847] Allerdings wurde sie in dieser Hinsicht kein Erfolg. Es stießen keine weiteren Unternehmen dazu. Grundig scheiterte nämlich auch bei dem Erwerb von

---

842 „Notitie over gesprek met Max Grundig, 06.09.1979", in: ebd.

843 Vgl. Managermagazin, 11.11.1979.

844 Notiz zum Gespräch Van der Klugt mit Max Grundig, 6.9.1979, in: ebd.

845 Aktennotiz, 14.11.1979: Zusammenarbeit: Grundig-Philips-Siemens bei der Digitalisierung von FFS-Geräten, in: Rundfunkmuseum der Stadt Fürth, Nr. 35.

846 Gespräch Philips mit Siemens, 31.3.1981, in: PCA, Nr. 881. Siemens war weiterhin nur an der Abnahme der Bauelemente interessiert. Die eigene Unterhaltungselektronikentwicklung war nicht von Belang. Die genauen Maßnahmen Philips' sind nicht überliefert. Allerdings arbeiteten Siemens und Philips bspw. in der Mikroelektronik vielfach zusammen, sodass ein Ausgleich unumgänglich war. Vgl. Notiz: Besprechung van der Klugt mit Baur/Garbrecht von Siemens, 1.4.1981, in: ebd. Da das Siemens- und auch das Bosch-Archiv keinen Zugang ermöglichen konnten, wurde dieser Aspekt nicht weiter vertieft.

847 Vgl. Frankfurter Rundschau, 24.8.1979.; Handelsblatt 17.08.1979.

Saba im Jahr 1980 an kartellrechtlichen Hürden, sodass das Unternehmen von Thomson erworben wurde.[848]

Als sich nun die Krise im Jahr 1982 zuspitzte, die bereits genannten Maßnahmen ihre Wirkung verfehlten und sich der Wettbewerb mit den japanischen Unternehmen intensivierte, reaktivierte Max Grundig die Idee des Unternehmensverbundes. Dieser lag eine umfassende Krisenanalyse zugrunde.[849] Die zentrale Prämisse lautete, dass die deutsche und auch die europäische Unterhaltungselektronikindustrie auf Dauer gegenüber der japanischen Konkurrenz nicht wettbewerbsfähig sei. Die Ursache sei, laut Max Grundig, nicht die technische Qualität, sondern erstens die – im Vergleich zu europäischen Verhältnissen – niedrigen Lohnnebenkosten und damit das Sozialsystem. Zweitens würde diese fehlende soziale Rücksichtnahme auch zu einer umfassenderen Durchsetzung der Automatisierung führen, die wiederum von den japanischen Arbeitnehmern aufgrund ihrer traditionellen und kollektiven Ausrichtung mitgetragen würde. Drittens lägen diverse staatliche Subventionsmaßnahmen vor. Max Grundig war in dieser Analyse also geprägt von diversen traditionellen Topoi und stellte die japanischen Unternehmen als unfaire Wettbewerber dar. Damit die europäische Industrie überlebensfähig werde, seien daher umfassende Maßnahmen nötig. Der Kerngedanke seines Lösungsansatzes stand dabei ganz in der Tradition der Grundig AG: größere Stückzahlen und damit eine Verbesserung der Kosten/Stückzahl-Relation durch die Effekte der economies of scale. In dem ursprünglichen EURO-Konzept sollten die Entwicklungsaktivitäten, die Logistik und das Vertriebssystem zentralisiert und die Produktion zumindest koordiniert werden, um so die notwendigen Fixkosten auf ein größeres Produktionsvolumen umlegen zu können. Institutionell war eine gemeinsam zu gründende „EURO GmbH“ als Kern vorgesehen.[850] Bei den im Folgenden dargestellten Unternehmensgesprächen lassen sich drei ineinander verwobene Verhandlungsstränge ausmachen: Grundig-Telefunken, Grundig-Thomson-Brandt und Grundig-Siemens-Bosch-Philips.

848 Zu diesem Übernahmeversuch finden sich lediglich Hinweise in verschiedenen Quellen. Weder in den Philips, Grundig- oder BMWi-Beständen liegt eine umfassendere Dokumentation vor. Vgl. als Hinweis: ZVEI Wolf an Kahl, 29.4.1981, in: BArch, B102/232218.

849 Vgl. zur Skizzierung des Konzeptes beim BMWi und Lambsdorff: Vermerk: Grundig-Aktivitäten zur Restrukturierung der Unterhaltungselektronik-Industrie, 22.9.1982, in: BArch, B102/23221.; Schreiben Poullain an Lambsdorff, 13.9.1982, in: BArch, B102/232222.; Besuch von Herrn Poullain bei Minister Dr. Graf Lambsdorff, 12.11.1982, in: ebd. Sowie in diesem Fall als Quelle, da zeitlich synchron mit dem EURO-Konzept entstanden: Fein: Sieben Tage im Leben des Max Grundig, S. 321–330.

850 Dossier „Kooperation Grundig-Telefunken“, in: DTMB/AEG, Kooperation Grundig, 875.

Max Grundig und sein Berater sowie Chefunterhändler Ludwig Poullain, der ehemalige Vorstandsvorsitzende der WestLB, warben intensiv für das EURO-Konzept.[851] Die positive Resonanz blieb jedoch vielfach aus. Philips reagierte sehr zurückhaltend, wurde allerdings von Grundig und Poullain aufgrund der Größe auch nicht unbedingt als geeigneter Partner gesehen – schließlich wäre dann nicht mehr Grundig der Kern der Gemeinschaftsunternehmung gewesen.[852] Siemens, ITT und Blaupunkt lehnten die Überlegungen ebenfalls ab. Durchaus verstimmt attestierte Poullain ihnen in einem Gespräch mit Minister Lambsdorff „Prestigebedürfnis", „Egoismus" und Angst vor dem Verlust der Selbstständigkeit.[853] Doch auch das BMWi betrachtete das Konzept wegen der (möglicherweise) kartellrechtlich-relevanten Unternehmensabsprachen und der Umsetzbarkeit kritisch.[854] Die Europäische Kommission, in Person von Étienne Davignon, befürwortete im Gegensatz dazu das Konzept, als Max Grundig ihr dies vorstellte.[855] Es betonte schließlich die europäische Zusammenarbeit als Lösung im Wettbewerb mit den japanischen Unternehmen. Daher kann der Redebeitrag Max Grundigs bei der im vorangegangenen Kapitel vorgestellten Round-Table-Konferenz auch in diesen Kontext gestellt werden, worauf zumindest Egon Fein in seiner zeitgenössischen und von Max Grundig autorisierten Biographie anspielt.[856] Die Kommission bot Max Grundig mit dem Redebeitrag eine Bühne zur Vorstellung des Konzepts und zur Formulierung einer Kampfansage an die japanischen Wettbewerber.[857] Mit 10 Mrd. DM Umsatz in Europa skizzierte er auch seine Größenvorstellung des Verbundes und benannte gleichzeitig die soziale Verantwortung für die Arbeitnehmer als einen weiteren Beweggrund. Diese gesellschaftliche und auch volkswirtschaftliche Verantwortung – im Sinne des Erhalts der europäischen Mikroelektronik – wurde im Zusammenhang mit dem EURO-Konzept mehrfach betont.

851 Vgl. als Überblick, verfasst von Poullain, Kleinschnittger, Kübel und Heinlein: 13.3.1985: Fehlschlag der Cooperation Grundig/Thomson-Brandt, in: Rundfunkmuseum der Stadt Fürth, Nr. 74.

852 Vermerk: Probleme der Unterhaltungselektronik, europäische Aktivitäten (Grundig), 8.11. 1982, in: BArch, B102/232222.; Siehe zur Haltung Philips in diesem Prozess die Zusammenstellung der Entwicklung: „Grundig-Fürth, Vertrouwelijk, 14.12.1982", in: PCA, Nr. 881.

853 Besuch von Herrn Poullain bei Minister Dr. Graf Lambsdorff, 12.11.1982, in: BArch, B102/ 232222.

854 Gespräch zwischen Staatssekretär Dr. von Würzen und den Herren Dr. Lohr und Dr. Mecklinger, SEL am 23.12.1982, 27.12.1982, in: BArch, B102/258551.

855 Schreiben Poullain an Lambsdorff, 13.9.1982, in: BArch, B102/232222.

856 Fein: Sieben Tage im Leben des Max Grundig, S. 329–330. Wohlgemerkt sind in den begleitenden Akten, wie bereits dargelegt, andere Gründe zu finden.

857 Ansprache Dr. Max Grundig anläßlich der Round-Table-Konferenz für Unterhaltungselektronik EG/Japan am 21.10.1982, Brüssel, in: BArch, B102/232222.

Das einzige Unternehmen, das ansatzweise von diesem Konzept überzeugt werden konnte, war Telefunken. Der ehemalige Grundig-Vorstand Josef Stoffels, der nun als Vorstandsvorsitzender die Geschicke Telefunkens lenkte, stimmte vollkommen zu:

> Ich bin fest davon überzeugt, daß die Grundidee von Euro richtig ist.[858]

Telefunkens Unternehmensplanungen für das Jahr 1983 sahen die Verbindung Grundig-Telefunken als die Achse des EURO-Konzeptes an.[859] Allerdings – und das ist der entscheidende Punkt – sollte Telefunken zuvor von Grundig übernommen werden. Telefunken befand sich nämlich, wie der Mutterkonzern AEG-Telefunken, in einer tiefen Krise.[860] Die Veräußerung Telefunkens war ein elementarer Bestandteil des Sanierungskonzeptes der AEG-Telefunken. Bereits am 24.07.1982 wurde ein „Letter of Intent" aufgesetzt, der Grundigs Absicht zum Mehrheitserwerb festhielt.[861] Grundig zielte auch mit dieser Maßnahme auf die Erhöhung der Stückzahlen und eine Ausdehnung des Umsatzes um ca. 1 Mrd. DM, wie ihm Stoffels versprach.[862] Allerdings musste Ludwig Poullain schon in der zweiten Verhandlungsrunde mit Telefunken am 22.09.1982 eingestehen: „EURO ist tot"[863] – zu ergänzen wäre jedoch: „Lang lebe EURO".

Thomson-Brandt, der französische Konzern, der von der sozialistischen Regierung um François Mitterrand im selbigen Jahr verstaatlicht worden war, zeigte zwar kein Interesse an dem EURO-Konzept, aber an einer Übernahme Grundigs.[864] In den vorangegangenen Jahren waren bereits die Unternehmen Saba, Nordmende und Dual aufgekauft worden. Nach den Befragungen Cawsons hatten Philips und Thomson in den späten 1970er Jahren eine Vereinbarung getroffen, die beinhaltete, dass Philips eine Übernahme Grundigs und Thomson der übrigen deutschen Unternehmen anstreben sollten, um so japanische Übernahmen zu verhindern.[865] Eine Vereinbarung hierzu ist nicht überliefert. Thomson verhandelte nun trotzdem mit Grundig. Diese Gespräche im Oktober und November des Jahres 1982 wurden

858 Josef A. Stoffels an Max Grundig, 25.10.1982, in: DTMB/AEG, 0872 (Ü2).

859 Dossier: Telefunken 1983, 23.08.1982, in: DTMB/AEG, Nr. 0875.

860 Vgl. Kapitel 4.4

861 Letter of Intent zwischen AEG-Telefunken Aktiengesellschaft und Grundig Aktiengesellschaft, 24.7.1982, in: DTMB/AEG, 0872 (Ü2).

862 Josef A. Stoffels an Max Grundig, 25.10.1982, in: DTMB/AEG, 0872 (Ü2).

863 Notiz über Gespräch, 22.09.1982, in: ebd.

864 Vgl. zum Staatskonzern auch Kapitel 4.5; Zum Bestehen auf die Übernahme vgl. Aufsichtsratssitzung, 7.2.1983, in: BayHSta, Nachlass Schedl, Otto, 499.

865 Cawson: Hostile Brothers, S. 279–282.

unter größter Geheimhaltung geführt. Nicht einmal das Führungspersonal auf Grundigs Direktorenebene wurde über die Entwicklungen informiert.[866] Die Verhandlungen führten Ludwig Poullain und Max Grundig selbst. Daher gehen die wenigen bekannten Interna auch auf sie zurück.[867] Für Thomson sei Grundig nicht nur wegen der Stückzahlen, sondern vor allem wegen der leistungsfähigeren Forschungs- und Entwicklungsabteilung interessant gewesen.[868] Dabei hätten sie von Beginn an auf eine Übernahme von 75,4 % bestanden. Aus der Perspektive von Ludwig Poullain und Max Grundig löste sich nicht nur das Nachfolgeproblem. Thomson sei auch ein attraktiver Partner gewesen, da das Führungspersonal eine ähnlich kritische Auffassung zu den japanischen Unternehmen vertreten hätte, obwohl sie von ihrem Knowhow beispielsweise in der Videorekordertechnologie abhängig gewesen seien. Für Max Grundig war das potentielle Herauslösen Thomsons aus der japanischen Abhängigkeit ein gewichtiges Argument. In einer Aufsichtsratsrede führte er für den Fall des Scheiterns aus:

> Dann hätten wir in Europa nicht nur eine Schlacht, sondern auf dem Gebiet der Unterhaltungselektronik auch den Krieg gegen Japan verloren[869]

Allein dieses Zitat zeigt, wie sehr sich Max Grundig in der Konfrontation mit den japanischen Unternehmen sah. Mit dem Thomson-Brandt Konzern sah er die Möglichkeit, die von ihm geforderten notwendigen Stückzahlen zu erreichen. Daher einigten sich beide Unternehmen bereits im November 1982 in einer Absichtserklärung auf den Mehrheitserwerb durch Thomson. Grundig sollte zuvor noch Telefunken übernehmen und damit ebenfalls in den Konzern integrieren.[870] Aus den Kooperations- waren Übernahmeverhandlungen geworden, aus dem Synergie-Konzept EURO – durchaus unter der Führung Grundigs – Planungen zu einem europäischen Konzern unter der Führung Thomson-Brandts. Die Intention blieb jedoch. So fand sich in einer Sonderausgabe der Grundig-Betriebszeitung, die über die Entwicklungen informieren sollte, ganzseitig folgender Text:

866 Notiz: Gespräch mit Direktoren von Grundig, 14.12.1982, in: PCA, Nr. 811.332.

867 Ein Thomson- bzw. als Nachfolgeunternehmen Technicolor-Archiv ist nicht zugänglich.

868 Vgl. hier und im Folgenden: Grundig Aufsichtsratssitzung, 7.2.1983, in: BayHSta, Nachlass Schedl, Otto, 499. Sowie Besuch von Herrn Poullain bei Minister Dr. Graf Lambsdorff, 12.11.1982, in: BArch, B102/232222.

869 Grundig Aufsichtsratssitzung, 7.2.1983, in: BayHSta, Nachlass Schedl, Otto, 499

870 Besuch von Herrn Poullain bei Minister Dr. Graf Lambsdorff, 12.11.1982, in: ebd.

> Die europäische Antwort auf die japanische Herausforderung.
> Grundig Die Weltmarke aus Europa
> Im Verbund mit Thomson-Brandt, Telefunken, Saba, Nordmende und Dual.[871]

Max Grundig wandte sich mit dieser Sonderausgabe persönlich an seine Mitarbeiter, da eine hitzige öffentliche Diskussion über das Vorhaben entbrannt war. Diese beruhte auf vier Ursachen:

1. Thomsons Image als „Jobvernichter" und Staatskonzern einer sozialistischen Regierung
2. Grundigs Image als deutsches Vorzeigeunternehmen und wesentlicher Technologieträger
3. Die kartellrechtlichen Grenzen und die daher diskutierte Ministererlaubnis
4. Der Zeitpunkt im Wahlkampf zur Bundestagswahl am 06.03.1983

Als die Absichten Grundigs und Thomsons im November 1982 publik wurden, war allen Akteuren bereits bewusst, dass eine kartellrechtliche Untersagung wahrscheinlich sein würde, wenn das Bundeskartellamt der bisherigen Praxis folgen und den deutschen Markt als Referenzrahmen für die Marktanteile heranziehen würde. Dabei wurde weniger die Telefunken-Integration als die Verbindung zu Philips als dominantem Unternehmen in der europäischen Unterhaltungselektronik- und dem Bauelementeindustrie kritisch bewertet.[872] Da von einer Abkehr vom Bewertungsmaßstab nicht auszugehen war, blieb noch eine Ministererlaubnis, die einen Zusammenschluss trotz der Untersagung durch das Bundeskartellamt ermöglichen konnte. Daher wandten sich verschiedene Personen an Minister Lambsdorff und die Bundesregierung. Allen voran die französische Regierung übte Druck auf Lambsdorff und Kohl aus. Der Minister für Forschung, Technik und Industrie Jean-Pierre Chevènement argumentierte gegenüber Lambsdorff im Rahmen der Sitzung des Ministerrats am 18.11.1982, dass die „Zeit dränge" und man sich entscheiden müsse, ob man gemeinsam oder einzeln „gegen Japan" antreten wolle.[873] Der Staatspräsident François Mitterrand telefonierte nicht nur ausführlich mit Helmut Kohl in dieser Angelegenheit, sondern führte auch im Kontext der Sitzung des Europäischen Rates am 03./04.12.1982 ein ausführliches „Kaminge-

871 Grundig report. Wir und unser Betrieb – Sonderausgabe: Dr. Max Grundig: Bericht zur Lage, in: Rundfunkmuseum der Stadt Fürth, Nr. 170.

872 Vgl. hier und im Folgenden: Vermerk: Beteiligung von Thomson-Brandt an der Grundig AG, 22.11.1982, in: BArch, B102/232222.

873 Vermerk: Beteiligung Thomson-Brandt an Grundig AG, 18.11.1982: Lambsdorff/Chevenment, in: ebd.

spräch", um ihn zur Unterstützung zu bewegen.[874] Die französische Seite – wie die französische Presse – stilisierte die Übernahmeverhandlungen zu einem Testfall für die deutsche-französische Verständigung und die europäische Kooperation. Aufgrund der harschen öffentlichen Kritik, die noch dargelegt wird, war sie daher vielfach verstimmt.[875] Kohl und Lambsdorff hingegen zogen sich jeweils auf die formale Position zurück: das Bundeskartellamt müsse zunächst entscheiden.

Intern sammelte das BMWi jedoch Argumente gegen eine Übernahme und damit potenzielle Argumente gegen eine Ministererlaubnis.[876] Die Liste war lang. Sie umfasste die Vormachtstellung im Farbfernsehmarkt, die Sicherung der Arbeitsplätze und damit die Kritik an der bisherigen Geschäftspolitik Thomsons bei den Übernahmen deutscher Unternehmen, das fehlende Knowhow verbunden mit dem damit einseitigen Technologietransfer durch Grundig und die weiterhin zu geringen Stückzahlen, um mit den japanischen Unternehmen konkurrieren zu können – hier werden klare Divergenzen zur Einschätzung Grundigs deutlich. So hielt die Zusammenstellung fest:

> Insgesamt gesehen muß durch den Zusammenschluß ein technologisches, finanzielles und personelles Ausbluten der deutschen Unterhaltungselektronik befürchtet werden. [...] Mit dem Argument anderenfalls drohender Arbeitsplatzverluste in Deutschland würde zudem die Bundesregierung erpressbar gegenüber den Wünschen der französischen Elektroindustrie nach Abschottung des europäischen Marktes vom Ausland.[877]

Der zuletzt genannte Aspekt spielt damit nochmals auf die Freihandelsposition der Bundesregierung an, die zugunsten der gesamten deutschen Industrie nicht aufgegeben werden sollte.

Zahlreiche Einsendungen und politische Stimmen bestätigten oder beeinflussten diese Positionierung. Da die Entstehungsgeschichte des Dokumentes, beispielsweise durch verschiedene Versionen, nicht überliefert ist, kann dies nicht eindeutig aus den Quellen geschlossen werden. Die Europäische Kommission begrüßte das Vorhaben als europäische Kooperation explizit.[878] Von den deutschen Vertretern im Europäischen Parlament kamen jedoch kritische Stimmen. So verwies Elmar Brok auf entsprechende Äußerungen der französischen Regierung zur

---

874 Aufzeichnung: Sitzung des Europäischen Rates am 3./4.12.1982; „Kamingespräch" Bundeskanzler Kohl / Staatspräsident Mitterand, 29.11.1982, in: ebd.; Siehe auch: Notiz: Gespräch mit Direktoren von Grundig, 14.12.1982, in: PCA, Nr. 811.332.

875 Vgl. zu dieser Einschätzung: Max Grundig an Jaumann, 13.12.1982, in: BArch, B102/258554.

876 Vertrauliche Zusammenstellung der Argumente gegen eine Übernahme der Grundig AG durch Thomson-Brandt, o.D., in: ebd.

877 Ebd.

878 Grundig Aufsichtsratssitzung, 7.2.1983, in: BayHSta, Nachlass Schedl, Otto, 499.

Arbeitsplatzverlagerung bei Thomson-Brandt zugunsten der französischen Standorte. Daher appellierte er:

> Schnelles Handeln ist geboten, damit ein wichtiger industrieller Bereich unseres Landes nicht in den Sumpf einer katastrophalen französischen Wirtschaftspolitik in den nächsten Jahren versinken wird. Damit hätte man auch dem Europagedanken einen schlechten Dienst erwiesen.[879]

Brok befürchtete also, dass gerade durch diesen Zusammenschluss der Gedanke an die europäische Zusammenarbeit beschädigt werden könnte.

Ähnlich argumentierte auch der deutsche Botschafter in Frankreich, Axel Herbst. Er betonte, dass sein Schreiben an Lambsdorff und Kohl „persönlich-streng vertraulich" zu behandeln sei, da die Causa Grundig/Thomson als „außerordentlich empfindlicher Testfall" in Frankreich gesehen würde.[880] Er hob wie Elmar Brok hervor:

> Den Kern des Problems sehe ich in dem Einfluß der französischen Regierung und nationaler Zielsetzungen auf die künftige Geschäftspolitik von Thomson-Brandt.[881]

Kritische Stimmen erreichten Lambsdorff ebenso vom Fachhandel. In einer vom Branchenblatt markt intern initiierten konzertierten Aktion sandten über 47 Einzelhändler ein Schreiben an Lambsdorff, in dem der Verkauf Grundigs als „Morgenthau-Plan" bezeichnet wurde.[882] Mit der Anspielung auf die Überlegungen des gleichnamigen amerikanischen Finanzministers nach dem Zweiten Weltkrieg sollte folglich der technologische Ausverkauf kritisiert werden. Darüber hinaus sorgte sich der Fachhandel um die marktbestimmende Größe des Konzerns gegen den entsprechende Abnahmeverhandlungen schwieriger zu gestalten wären.

Die Sorge vor dem technologischen Ausverkauf und der Kontrolle durch die französische Regierung veranlasste auch über 20 „besorgte Bürger" zu Einschreiben an Kohl und Lambsdorff. Aufgrund der Anzahl können diese Positionen nicht als repräsentativ angesehen werden. Da allerdings lediglich zu dieser Übernahmeverhandlung in der Branche entsprechende Schreiben überliefert sind, spricht dies für die emotionale Aufladung des Falls und das Image Grundigs. So schrieb ein Herr B. an Lambsdorff:

---

879 Elmar Brok an Lambsdorff, 28.12.1982, in: BArch, B102/258554.

880 Botschafter in Frankreich, Dr. Axel Herbst, an Lambsdorff, 22.12.1982, in: ebd.

881 Ebd.

882 Vgl. Die Sammlung in: ebd; BArch, B102/258555. Zur Koordinierung der Aktion und Wertung als großem Erfolg vgl. Reaktionen auf markt-intern Aufruf zu Grundig, in: markt intern, 02.12. 1982, R 48/XII.

> Ich finde es sehr schlimm das Grundig nun nicht mehr deutsch ist, wenn nun auch noch Daimler Benz als letztes deutsche Unternehmen 'untergehen' sollte, gibt es die, von aller Welt geschätzte deutsche Wirtschaft nicht mehr.[883]

Diese wirtschaftsnationalen Ansichten spiegelten sich auch in der mehrfach geäußerten Forderung nach „buy-national-Kampagnen".[884] Entsprechende Kampagnen wurden in Frankreich und Großbritannien aufgelegt. Das BMWi lehnte solche Maßnahmen aufgrund der dahinterstehenden protektionistischen Haltung jedoch ab. Auch an dieser Stelle war die Freihandelsdoktrin entscheidender. Dennoch sind einige Hinweise auf die Aktivitäten von Facheinzelhändlern überliefert, die beispielsweise Schilder mit der Aufschrift „Kauft deutsche Waren – sichert deutsche Arbeitsplätze" in ihrem Geschäft positionierten.[885] Wie verbreitet dieser Aktionismus war, lässt sich aus den Quellen jedoch nicht rekonstruieren.

Die schärfste Kritik – und das war zu erwarten – kam aus den Reihen der Gewerkschaft. Bereits Grundigs ursprüngliches EURO-Konzept wurde als „Strukturpolitik auf kapitalistischer Grundlage" sowie „Quoten- und Produktionskartell auf Kosten der Arbeitnehmer" in einer Presserklärung der IGM angeprangert.[886] Als dann die Übernahmeabsicht Thomsons publik wurde, wuchs aufgrund der Erfahrungen bei Videocolor, Saba, Nordmende und Dual, deren Übernahmen mit zahlreichen Stilllegungen und einer Entlassung von ca. 58 % der Belegschaft einhergegangen waren, die Sorge vor den Maßnahmen bei Grundig.[887] Die erste, beinahe reflexhafte Forderung war die nach einer „Arbeitsplatzgarantie" – unabhängig davon, wer Grundig übernehmen sollte. Hierzu wurden auch 17.000 Unterschriften der Grundig-Belegschaft gesammelt.[888] Die Grundig-Belegschaft sollte mit dieser Aktion zudem mobilisiert werden. Hierzu bedurfte es keiner Unterschriftenaktion mehr. In den Betrieben herrschte bereits große Unruhe. Dies war auch der Grund dafür, dass Max Grundig sich in dem erwähnten Sonderreport der Betriebszeitung rechtfertigte. Folgt man den Stimmungsberichten der IG Metall, so präferierten die Belegschaften eine nationale Übernahme durch Bosch oder

883 M.B. an Lambsdorff, 20.11.1982, in: ebd.

884 Vgl. bspw. Anschreiben W. K. an Lambsdorff, 13.12.1982, in: ebd. mit einer entsprechenden Antwort vom 13.12.1982 von Haas zur Positionierung der Bundesregierung

885 Anti-Japan Aktionen, in: markt intern, 19.01.1983, R 03/XIII

886 Presserklärung 25.8.1982, in: AdsD, 5/IGMZ220116.

887 Zu den Entlassungen: Dossier: Beschäftigte Unterhaltungselektronik, in: AdsD, 5/IGMZ120229. Sowie zur Bekundung der Sorge: Schreiben Eugen Loderer an Alain Gomez TB, 29.11.1982, in: AdsD, 5/IGMZ120279.

888 IGMetall Nachrichten an die Beschäftigten der Grundig AG, 8.12.1982: „Es geht um eure Arbeitsplätze", in: Rundfunkmuseum der Stadt Fürth, Nr. 170. Sowie Horst Klaus, IG Metall Nürnberg, an Eugen Loderer, 9.11.1982, in: AdsD, 5/IGMA090685.

Siemens, da sie für diesen Fall eine höhere Arbeitsplatzsicherheit annahmen.[889] Der IGM-Vorsitzende Eugen Loderer distanzierte sich zwar von nationalen Parolen, gleichwohl bildete eine nationale Interessenkonstellation auch den Kern der gewerkschaftlichen Forderung. Die Gewerkschaftsvertreter forderten nämlich einen Branchenausschuss zur Lösung des Strukturproblems. In diesem Gremium sollten Vertreter der Arbeitgeber und Arbeitnehmer sowie der Staat die Probleme der Branche erörtern und einen übergreifenden Lösungsansatz erarbeiten.[890] Aus der Perspektive der Metaller ging es in diesem Fall nicht nur um die Arbeitsplätze bei Grundig. Telefunken sollte auch in den Verbund aufgenommen werden. Zudem sickerte aus den Verhandlungen durch, dass die Aktivitäten Thomsons in Deutschland bei Grundig konzentriert werden sollten. Dies wiederum hätte, so die gewerkschaftliche Annahme, massiven Einfluss auf die ehemaligen Standorte Sabas, Duals und Nordmendes gehabt, die in den Thomson-Konzern integriert waren.[891] Diese Erkenntnisse gewann man durch die Vernetzung im gegründeten Arbeitskreis zur Unterhaltungselektronikindustrie. Für das Verhandlungsergebnis des Branchenausschusses lag daher bereits eine klare Vorstellung vor:

> Der japanischen Industriepolitik und der französischen Industrie- und Unternehmenspolitik kann man nicht mit Dogmen und Bekenntnissen zum freien Unternehmertum begegnen. Bund und Länder müssen über die Mitwirkung in einem Branchenausschuß und über eine Beteiligung an Grundig (und eventuell Telefunken) ihrer Verantwortung gerecht werden. [...] Eine nationale Lösung – mit maßgeblicher Rolle von Bosch, Siemens und öffentlicher Beteiligung – ist die Voraussetzung einer europäischen Kooperation, in der zusammen mit Philips und Thomson-Brandt sowohl in Forschung und Entwicklung als auch in der Fertigung eine abgestimmte Unternehmenspolitik entwickelt werden muß, um der japanischen und amerikanischen (Halbleiter) Herausforderung begegnen zu können.[892]

Konkret forderten sie also eine nationale teilstaatliche Übernahme, um dann europäisch kooperieren zu können. Die IGM teilte also durchaus Grundigs Kritik an der japanischen Industrie und seinen Lösungsansatz, wenn auch in modifizierter Form. Einen Branchenausschuss sollte es jedoch niemals geben.

---

889 Einführung Eugen Loderer: Zusammenkunft der Betriebsräte/Bevollmächtigte Unterhaltungselektronik, 14.12.1982, in: AdsD, 5/IGMZ220116.

890 Vorlage zur Sitzung der geschäftsführenden Vorstandsmitglieder am 7.2.1983: Aktueller Stand der Unterhaltungselektronik, in: ebd.

891 Vgl. für die Details des Konzerns Kapitel 5. Zur Position siehe: Vorlage zur Sitzung der geschäftsführenden Vorstandsmitglieder der IG Metall am 7. Februar 1983, in: AdsD, 5/IGMA091110.

892 Vorlage zur Sitzung der geschäftsführenden Vorstandsmitglieder der IG Metall am 7. Februar 1983, in: ebd.

Diese nationale Übernahmestrategie zum Erhalt der Arbeitsplätze wurde auch von der bayerischen Landesregierung verfochten. Ihre Absicht war ebenfalls der Erhalt der vorrangig bayerischen Arbeitsplätze.[893] Grundig war, wie bereits dargelegt, einer der größten Arbeitgeber in Bayern. Der bayerische Wirtschaftsminister Jaumann agierte in diesem Fall mit der Rückendeckung des BMWi.[894] Unterstützt wurde er dabei auch von Franz-Josef Strauß.[895] Er führte im Dezember und Januar nochmals zahlreiche Gespräche mit Bosch/Blaupunkt und Siemens, ohne jedoch, wie auch Max Grundig, auf umfassende Bereitschaft zur Zusammenarbeit zu stoßen. Kurzzeitig wurde über das Modell einer Führungsgesellschaft von Siemens und Bosch diskutiert, die aufgrund der Bündelung von Entwicklung und Vertrieb dem EURO-Konzept nicht unähnlich war. Aber auch dieser Ansatz wurde fallengelassen.[896] Ebenso scheiterte die aufgekommene Idee einer Drittellösung Thomson/Philips/deutsche Gruppe, die immerhin aber unter der Leitung Jaumanns – ohne Beteiligung Grundigs – mit den Spitzenvertretern von Siemens, Bosch, Philips und Thomson diskutiert wurde.[897] Allerdings wäre eine kartellrechtliche Genehmigung fraglich gewesen. Siemens scheute jedoch insgesamt das Risiko, da sie nicht vorrangig in der Unterhaltungselektronikindustrie tätig waren. Bosch hingegen wollte ursprünglich Blaupunkt an Grundig veräußern, um aus dem defizitären Geschäft auszusteigen.[898]

Diese verschiedenen Initiativen wurden intensiv von der Presse begleitet und kommentiert.[899] Max Grundig war erbost über die öffentliche Diskussion und über die verschiedenen Initiativen, die nicht mehr von ihm ausgingen. Er hatte die Kontrolle über die Debatte verloren und ätzte in einer öffentlichen Stellungnahme daher gegen den Profilierungswahn der Politiker im Wahlkampf aber auch die Journalisten, die ihn wegen der Fusion mit einem französischen Staatskonzern kritisierten. Erst durch sie sei auch die Unruhe in der Belegschaft hervorgerufen worden. Zudem erneuerte er seine Kritik an der mangelnden Bereitschaft der

893 Bericht des Bayerischen Staatsministers für Wirtschaft und Verkehr Anton Jaumann vor dem Ausschuß für Wirtschaft und Verkehr des Bayerischen Landtages, 9.12.1982, in: BArch, B102/258554.

894 Vermerk: Heutiges Gespräch mit Minister Jaumann, 2.12.1982 (von Würzen), in: BArch, B102/232222.

895 Franz-Josef Strauß an Lambsdorff, 8.3.83, in: BArch, B102/285151.

896 Vermerk (vertraulich) Gespräch zwischen Dr. von Würzen und Herrn Plettener (AR-Vorsitzender Siemens), 3.12.1982, in: BArch, B102/232222.

897 Vermerk: Telefonat von Würzen und Jaumann zu Grundig, 29.12.1982, in: BArch, B102/258554. Sowie Aufsichtsratssitzung, 7.2.1983, in: BayHSta, Nachlass Schedl, Otto, 499.

898 Vgl. prägnant aus den Interviews gewonnen: Cawson: Hostile Brothers, S. 302–304.

899 Vgl. bspw. Wie auf dem Basar, in: Der Spiegel, 48/1982.

deutschen Konzerne, die nur ihre „Verlustbringer" abzuschieben versuchten. Er selbst hingegen stilisierte sein Unterfangen als europäisches Vorzeigeprojekt.[900]

Trotz aller Widerstände hielt Max Grundig an dem geplanten Verkauf fest. Am 04.01.1983 meldete Thomson das Zusammenschlussvorhaben beim Bundeskartellamt an.[901] Bei der ersten Einreichung war Telefunken noch inbegriffen, denn im Dezember des Jahres 1982 hatten sich Grundig und Telefunken auf die Übernahme von 75,5 % zu 75,5 Mio. DM geeinigt.[902] Als das Bundeskartellamt nun in Aussicht stellte, dass ein Zusammenschluss ohne Telefunken und die Philips-Beteiligung möglich sein könnte, zog sich Grundig wiederum im Januar 1983 aus den Telefunken-Verhandlungen zurück.[903] Gleichzeitig gestand Max Grundig jedoch im Aufsichtsrat ein, dass für eine alleinige Übernahme und Weiterführung Telefunkens die Finanzierungsmittel fehlen würden.[904] Thomson versuchte hingegen nochmals Philips umzustimmen – vergeblich.[905] Die Versuche, das Kartellamt zur Bewertung des Vorhabens im europäischen Maßstab zu bewegen, erzielten ebenso keine Wirkung wie die angelaufenen Überlegungen, die öffentliche Meinung hinsichtlich einer Ministererlaubnis zu beeinflussen.[906] Hierzu ließen sich Ludwig Poullain und Max Grundig sogar von Josef von Ferenczy, einem der bekanntesten und einflussreichen PR-Berater der Bundesrepublik unterstützen, der umfassend unter den politischen und wirtschaftlichen Führungspersönlichkeiten vernetzt war.[907] Sein Netzwerk reichte von Kohl über Strauss bis in die Familie Flick. Ob von Ferenczy bereits 1982 beratend aktiv war, ist nicht überliefert. Sein ausgearbeitetes Konzept sah auf jeden Fall vor, die Liaison Grundig/Thomson zu einem europäischen Modellfall zu stilisieren, wie es Max Grundig partiell 1982 bereits postulierte. Eine PR-Kampagne ist allerdings nicht mehr angelaufen. Lediglich Poullain griff einen Teil der Formulierungen noch wortgleich in der Außendarstellung auf.[908]

---

900 Vgl. die öffentliche Erklärung von Max Grundig, 07.02.1983, in: BayHSta, Nachlass Schedl, Otto, 499. Zudem zur direkten Kritik an Jaumann: Max Grundig an Jaumann, 13.12.1982, in: BArch, B102/258554.

901 Vermerk: Telefonat mit Prof. Markert (BKA), 04.01.1983, in: ebd.

902 Vgl. Ergebnisprotokoll der Besprechung, 1.12.1982, in: DTMB/AEG, Nr. 0875.

903 Vertrauliche Nachricht Kahl an UAL IV A, 11.2.1983, in: BArch, B102/258555. Vgl. auch: Gemeinsame Presseerklärung von AEG-Telefunken und der Grundig AG, 25.01.1983.

904 Aufsichtsratssitzung, 7.2.1983, in: BayHSta, Nachlass Schedl, Otto, 499.

905 Vertraulicher Vermerk: Konig, von Würzen Telefongespräch, 12.1.1983, in: BArch, B102/258554.

906 Herr Dr. Grundig zur Aufsichtsratssitzung am 7.2.1983, in: Rundfunkmuseum der Stadt Fürth, Nr. 170.

907 Josef von Ferenczy: Grundlegende Gedanken zu einer europäischen Aktion, 2.2.1983, in: ebd. Vgl. zur Person den Nachruf im Spiegel vom 31.05.2011.

908 Dr. Poullain, 31.1.1983, in: ebd.

Philips wandte sich nämlich am 23.02.1983 nochmals an das Bundeskartellamt, um mitzuteilen, dass sie ihre Grundig-Anteile auf keinen Fall abtreten werden.[909] Damit wurde die Fusion am 07.03.1983 mit der Begründung abgelehnt, dass mit Philips der Anteil am Farbfernsehgerätemarkt über 50 % betrage und in dem Dreierbund die technologische Konzentration zu groß sei.[910] Philips war sich u. a. aufgrund des Austauschs mit dem BMWi in dem gesamtem Prozess seiner Vetomacht bewusst und agierte daher auch entsprechend zurückhaltend.[911] Thomson übernahm unmittelbar im Anschluss Telefunken.[912]

Max Grundig äußerte durchaus pikiert, dass er sein Unternehmen nun zunächst allein weiterführen wolle. Allerdings verbesserte sich die wirtschaftliche Lage nicht. Grundig trieb zum einen die Automatisierung voran, musste zum anderen aber auch die Videorekorderproduktion aufgrund des Preiskampfes mit den japanischen Unternehmen reduzieren. Zusammengenommen resultierte dies in der Freistellung von weiteren 2040 Arbeitnehmern in der ersten Hälfte des Jahres 1983. Max Grundig führte den Schritt auf das Scheitern der Verhandlungen mit Thomson zurück. Im Falle der Fusion hätten die Kapazitäten, nach seiner Aussage, nicht reduziert werden müssen.[913]

Bereits im Sommer 1983 begannen erste Übernahmeverhandlungen mit Philips.[914] Philips war allerdings auch der letzte mögliche europäische Partner. Ludwig Poullain stellte die Entwicklung gegenüber der Forschungsgruppe von Cawson so dar, dass die gesamten vorherigen Bemühungen und Verhandlungen dem Zweck gedient hätten, diese Fusion zu ermöglichen.[915] Dies erscheint jedoch bei dem

---

909 Alldephi an Bundeskartellamt, Markert, o.D. (Beginn des Februars 1983) in: BArch, B102/258555. Sowie TELEX Philips an das Bundeskartellamt, 23.2.1983, in: ebd.

910 Begründungsschreiben Bundeskartellamt Thomson-Brandt/Grundig, 7.3.1983, in: BArch, B102/285151.

911 Gespräch Staatssekretär von Würzen und Koning, vertraulich; 11.11.1982, in: BArch, B102/232222.

912 Vgl. Kapitel 4.4 und 4.5

913 Vgl. Grundig Report. Wir und unser Betrieb, 1/83, in: Rundfunkmuseum der Stadt Fürth, Nr. 426. Erklärung zu den bevorstehenden Massenentlassungen in den deutschen Werken der Grundig AG, 31.1.83, in: Rundfunkmuseum der Stadt Fürth, Nr. 170. Zusätzlich sorgte die Umstellung des Vertriebssystems auf ein Depot-System nach dem Vorbild Telefunkens für umfassende Verluste. Nach wenigen Monate musste das System erneut geändert werden. Für die Details sind leider keine Quellen überliefert. Vgl. Gerwin/Höcherl: Video 2000: Strategische Produktpolitik bei internationalem Wettbewerb, S. 31. Auch Philips sah von außen diesbezüglich enorme Verluste: Notiz für van der Klugt: Folgen bei Grundigerwerb, 29.11.1983, in: PCA, Nr. 811.332.

914 Vermerk: geplanter Erwerb der Mehrheit an Grundig durch Philips, 19.12.1983, in: BArch, B102/285148.

915 Cawson: Hostile Brothers, S. 304–307.

enormen vorherigen Engagement äußerst fraglich.[916] Für Philips überwogen letztendlich die diagnostizierten Vorteile einer Übernahme gegenüber den Gefahren potenzieller Überkapazitäten und aufzufangender Verluste von Grundig. Innerhalb des Vorstandes erhoffte man sich eine Verbesserung der Skaleneffekte, einen Knowhow-Gewinn, die Möglichkeiten der Entwicklungszusammenarbeit und die Synergien im Einkauf und Service.[917] Daher wurde am 26.11.1983 eine Grundsatzvereinbarung aufgesetzt und am 18.12.1983 die endgültige Übernahme der unternehmerischen Führung durch Philips zum 01.04.1984 verkündet. Das Kartellamt stimmte unter der Bedingung zu, dass Philips die Beteiligung an Loewe-Opta ebenso wie den Diktiergerätebereich bei Grundig veräußern müsse.[918]

Max Grundig verabschiedete sich von Otto Graf Lambsdorff mit einem Brief, in dem er festhielt, dass nun die „europäische Lösung" erreicht sei, die er im Wettbewerb mit den japanischen Unternehmen seit einigen Jahren für notwendig erachtet habe.[919]

3.3 „Holland im Boot": Grundig im Philips-Konzern

Am 01.04.1984 übernahm Hermanus Koning, der ehemalige Geschäftsführer der Alldephi, den Vorstandsvorsitz der Grundig AG. Max Grundig und seine Familienangehörigen erhielten eine Barabfindung von 150 Mio. DM und eine „garantierte Dividende" von 50 Mio. DM jährlich für die kommenden 25 Jahre.[920] Max Grundig hatte zu diesem Zeitpunkt in „seinem" Unternehmen lediglich noch die Position eines Beraters inne. Wie er in seinem Abschiedsbrief an Otto Graf Lambsdorff andeutete, hatte er am 02.12.1984 einen Beratervertrag mit Philips unterschrieben, der ihm nicht nur die Nutzung seiner alten Arbeits- und Ausstellungsräume, son-

916 In einem Gespräch mit Heinz Dürr im Sommer 1982 erwähnt Poullain zumindest, dass man auch auf ein stärkeres Philips-Engagement hoffe. Vgl. handschriftliche Notizen: Gespräch mit Poullain in der Dresdner Bank, 20.07.1982, in: DTMB/AEG, 0872 (Ü2). Allerdings sprechen die folgenden Verhandlungen und Aktivitäten klar für ein „echtes Interesse" an Thomson.

917 Notiz für van der Klugt: Folgen bei Grundigerwerb, 29.11.1983, in: PCA, Nr. 811.332.

918 Unterrichtung Lambsdorff: Grundig/Philips, in: BArch, B102/285152. Philips erhöhte seine Beteiligung allerdings lediglich um 7,1% für 262,5 Mio. DM. Ein Bankenkonsortium um die Dresdener Bank erwarb nochmals 27,5%, die zur Erhöhung des Stammkapitals genutzt wurden.

919 Max Grundig an Otto Graf Lambsdorff, 10.2.1984, in: BArch, B102/285148.

920 Vgl. zum Titel: Holland im Boot, in: Wirtschaftswoche, 24.2.1984. Vgl. zusammenfassend: Vermerk: geplanter Erwerb der Mehrheit an Grundig durch Philips, 19.12.1983, in: ebd. Vgl. zu den Detailzahlen: Schreiben Fritz Lachner als Aufsichtsrat und Vorstand der Grundig AG, 29.1.1997, in: Rundfunkmuseum der Stadt Fürth, Nr. 250.

dern auch beratenden Einfluss auf die Produktgestaltung zugestand.[921] Er sollte – getreu seinem bisherigen Führungs- und Arbeitsstil – Arbeitskreise der leitenden Mitarbeiter einberufen können, um seine Meinungen und Perspektiven in das Alltagsgeschäft zu tragen. Zu solchen Treffen ist es nicht gekommen. Ausgerechnet die Neuausrichtung der Beziehungen zu den japanischen Wettbewerbern beendete diesen Integrationsversuch.[922]

Max Grundig hatte diese Neuausrichtung noch selbst seit dem Sommer 1983 vorangetrieben – in enger Absprache mit Hermanus Koning in den Diensten von Philips. Nachdem sich auf dem US-Markt abzeichnete, dass VHS der Standard werden würde und das Selbstbeschränkungsabkommen seine Wirkung verfehlte, entschied sich Max Grundig im Sommer 1983 für die Eigenentwicklung eines VHS-Rekorders.[923] Mit dem Philips-Vorstand einigte er sich auf eine gemeinsame Einführung in Europa. Nach seinem Besuch bei Matsushita im Oktober 1983 erdachte Max Grundig gemeinsam mit Koning das Konzept, im Verbund der drei Unternehmen die Produktion von Videorekordern in Europa voranzutreiben.[924] In den folgenden Jahren entstanden daraufhin intensive Zulieferbeziehungen zwischen Grundig, Philips und Matsushita.[925] Folgt man den Beurteilungen Konings und der weiteren Philips-Ingenieure war die VHS-Eigenentwicklung Grundigs qualitativ tatsächlich so überzeugend, wie sie die beiden anonymen ehemaligen Grundig-Mitarbeiter in dem Artikel von Gerwin und Höcherl darstellen.[926] Die umfassenden, im Unternehmen aufgebauten Kompetenzen zur Videorekorderentwicklung wirkten auch an dieser Stelle.

Darüber hinaus sollte das bestehende Produktportfolio mit Hilfe der japanischen Wettbewerber ergänzt werden. Max Grundig verhandelte noch im Februar 1984 mit Sony über ein OEM-Abkommen bezüglich Camera-Recorder mit dem Vi-

---

921 Vertrag zwischen der NV Philips'Gloeilampenfabrieken, Eindhoven – nachstehend Philips genannt – und Herrn Konsul Dr. h.c. Max Grundig, Fürth, 2.12.1983, in: Rundfunkmuseum der Stadt Fürth, Nr. 35.

922 Der Spiegel geht davon aus, dass die Philips-Führung Max Grundig mit diesem lebenslangen Vertrag den Abschied erleichtern wollte. Archivalische Unterlagen liegen zu den Motiven jedoch nicht vor. Vgl. Philips übernimmt Grundig-Führung, in: Der Spiegel, 51/1983.

923 Vgl. Aide Memoire Gespräch mit Grundig bezüglich VHS neben Video2000 von Koning, 16.8.1983, in: PCA, Nr. 811.332. Zum Kontext auch: Gerwin/Höcherl: Video 2000: Strategische Produktpolitik bei internationalem Wettbewerb, S. 29–30.

924 Besprechung Koning mit Grundig, 13.10.1983, in: PCA, Nr. 811.332.

925 Beziehungen Grundig – Matsushita, 9.6.1986, in: ebd.

926 Gerwin/Höcherl: Video 2000: Strategische Produktpolitik bei internationalem Wettbewerb, S. 29–30.; Rechtsabteilung zu Videorekordern, 4.7.1984, in: PCA, Nr. 811.332.

deoformat 8 mm.[927] Dieses Format wollte Sony als zukünftige Norm zumindest in diesem Produktsegment etablieren.[928] Grundig sollte also für Sony Geräte herstellen, die diese dann unter ihrer eigenen Marke verkaufen wollten. Grundig erhoffte sich davon einen Technologieimport, da die eigene Entwicklung von entsprechenden Recordern erst anlief. Ein solches Abkommen bedeutete für beide Unternehmen eine Trendwende. Sony hatte im Fall Betamax keine ausgreifende Lizenzfertigungspolitik verfolgt. Für Grundig ist zuvor keine OEM-Fertigung für japanische Unternehmen aktenkundig geworden und widersprach der vorherigen Politik. Max Grundig hatte genau diese Form der Produktion bei Videorekordern oftmals kritisiert, ebenso wie den Bezug japanischer Erzeugnisse zum Weiterverkauf durch deutsche Unternehmen. Ob der Vertrag zustande gekommen ist, ist nicht überliefert. In den folgenden Jahren wurde jedoch der Grundig-Camcorder LC460 SC, 8 mm nach dem Vorbild Sonys entwickelt, sodass zumindest von einer Zusammenarbeit auszugehen ist.[929] Das Unternehmen Grundig durchbrach somit seinen zuvor vermehrt konfrontativen Kurs gegenüber den japanischen Unternehmen durch die Aufnahme erster Kooperation.

Die zweite Verhandlungsrunde zu diesem Abkommen fand zwischen dem 14.04. und 16.04.1984 in Wien statt. Max Grundig sah die Verhandlungen mit Akio Morita noch als seine Aufgabe an.[930] Koning überlegte zumindest zwischenzeitlich ihn hinzuzuziehen, da Max Grundig das Gesicht des Unternehmens im Ausland war. Er entschied sich jedoch nach der Rücksprache mit dem Philips-Präsidenten van der Klugt dagegen.[931] Fritz Lachner kam die Aufgabe zu, Grundig die Entscheidung mitzuteilen, woraufhin dieser mit einer „Tirade“ reagierte. Die Philips-Spitze hatte Grundig deutlich vor Augen geführt, dass er „nichts mehr zu bestellen hat“, wie Fritz Lachner in seinen Notizen zum Telefonat festhielt. Dass Max Grundig zudem sein Vorstandsbüro an Koning abgeben und in die Grundig-Bank umziehen musste, empfand er als weitere Demütigung.[932] Auch ein letztes klärendes Gespräch mit dem Philips-Vorstand in Eindhoven scheiterte. Daher endeten

927 Aktennotiz, 25.2.1984: Besuch von Herrn Yamakawa, Fa. Sony am 24.2.1984, in: Rundfunkmuseum der Stadt Fürth, Nr. 35.

928 Sony versuchte in der zweiten Hälfte der 1980er Jahre auch das 8 mm Format gegen das VHS im Heimvideorekordermarkt durchzusetzen, scheiterte dabei jedoch.

929 Vgl. zu Broschüren und Handbüchern: Rundfunkmuseum der Stadt Fürth, Nr. 46; Rundfunkmuseum der Stadt Fürth, Nr. 43.

930 Vgl. hier und im Folgenden: Fritz Lachners handschriftliche Notizen zu Gesprächen mit Morita, 12.04.-15.04.1983, in: Rundfunkmuseum der Stadt Fürth, Nr. 35.

931 Ein weiterer Aspekt war, dass Philips sich noch nicht entschieden hatte, ob sie Sony beim 8 mm-Format unterstützen wollten.

932 Vgl. hier und im Folgenden: handschriftliche Notiz: Chefbesprechung 30.04.1984 („letzte Rücksprache“ / „letztes Gespräch“), in: ebd.

die Beratertätigkeiten nach wenigen Wochen. Fritz Lachner kommentierte den Sachverhalt in seinen Notizen als „Entmachtung durch Koning“.[933]

Koning vollzog damit eine klare Abgrenzung zu seinem Vorgänger und Gründer des Unternehmens. Die Sanierung war jedoch von Beginn an darauf angelegt, die Grundig AG eigenständig weiterzuführen, wenn auch die bisherige Kooperation mit Philips ausgebaut werden sollte. Diese Haltung teilte der Philips-Vorstand um van der Klugt mit Koning.[934] Letzterer setzte sich in strittigen Fragen auch bewusst dafür ein. Beispielsweise wurde in der Zusammenarbeit im Videorekorderbereich darüber diskutiert, aus Rationalisierungsgründen nicht nur das VHS-Laufwerk zu vereinheitlichen, sondern auch die Produktion zusammenzuführen, sodass eine der Hauptproduktionsstätten in Nürnberg-Langwasser (Grundig) oder Wien (Philips) hätte geschlossen werden müssen.[935] Der Standardisierung stimmte Koning auf Dauer zu. Die Schließung des eigenen Werks verhinderte er jedoch mit den Verweisen auf die besonderen Fähigkeiten der Belegschaft in der Produktion, der guten technischen Ausstattung und der zu wahrenden Firmenidentität, die an die Produkte und den Standort geknüpft sei.

Der Sanierungs- und Umstrukturierungsbedarf war jedoch enorm. Das Jahr 1984 wurde vor allem zur Defizitevaluierung genutzt. Die interne Analyse erfolgte durch Koning und eine Arbeitsgruppe der Alldephi, die gemeinsam mit den Verantwortlichen die jeweiligen Bereiche des Unternehmens analysierten.[936] Zusätzlich wurde für eine externe Analyse erneut die McKinsey&Company beauftragt.[937] Die Alldephi Arbeitsgruppe ermittelte 16 Problemfelder, McKinsey 11, denen wiederum 80 Teilprojekte zugeordnet wurden. Beide sahen die wirtschaftliche Grundlage des Unternehmens akut gefährdet aber auch die Konsolidierungsmöglichkeit. Um das Unternehmen zu retten, sei jedoch eine Ertragssteigerung von 400 Mio. DM (McKinsey) bis 500 Mio. DM (Koning/Alldephi) innerhalb von zwei bis drei

933 Ebd. Der Personalvorstand Alexander Koch erinnerte sich 1986 daran, dass die Kontakte zu Max Grundig in der Führungsriege vollständig abgebrochen wurden. Vgl. Ein Holländer rettet das Lebenswerk Max Grundigs, in: Capital, 3/1986.

934 Notiz für van der Klugt: Folgen bei Grundigerwerb, 29.11.1983, in: PCA, Nr. 811.332. Vermerk: Gespräch Lambsdorff mit Unternehmensführung Philips, in: BArch, B102/285152. Beide Vorstände betonten diese Haltung auch in Gesprächen mit Otto Graf Lambsdorff, der die Übernahme weiterhin politisch begleitete.

935 Vgl. hier und im Folgenden: Memo Koning, Besprechung in Fürth 16.01.1985 sowie Concept-Gespräch Synergien zwischen Grundig und Philips CTV, 18.04.1985, beide in: PCA, Nr. 811.332.

936 Vgl. Schreiben: Koning an Abteilungsleiter, 2.4.1984, in: Rundfunkmuseum der Stadt Fürth, Nr. 344.

937 Vgl. hier und im Folgenden: McKinsey&Company Bericht zu „Sanierung der Grundig AG. Möglichkeiten und Erfolgsvoraussetzungen“, 18.12.1984 sowie zu den Ergebnissen der Koning-Arbeitsgruppe: Gespräch mit Koning am 10.09.1984 über die zukünftige Strategie, beide in: ebd.

Jahren notwendig. Beide Arbeitsgruppen sahen – im Sinne des titelgebenden Wortspiels der Wirtschaftswoche – vor allem „Holland in Not".

Als Voraussetzung wurde ein grundlegender Wandel der Steuerungs- und Managementkultur ausgemacht. Beide Arbeitsgruppen diagnostizierten ein defizitäres Verantwortungs- und Gestaltungsbewusstsein innerhalb der Führungsstrukturen der einzelnen Unternehmensbereiche, da die Entscheidungsbefugnisse zuvor stark zentralisiert auf Max Grundig zugeschnitten waren. Koning bezeichnete die Aufgabe auf der Bilanzpressekonferenz im Jahr 1985 als eine „Professionalisierung des Managements" und eine „tiefgreifende Änderung[en] in der Mentalität" der Führungspersonen.[938] Durch ein neues Berichterstattungs- und Budgetierungssystem sowie eine allgemeine Dezentralisierung der Verantwortlichkeit wurde diese angegangen. Wie wirksam die Maßnahmen waren, kann aufgrund der Quellenlage nicht beurteilt werden. Zumindest das Berichtswesen hatte sich jedoch verbessert, wie in der Wirtschaftsausschusssitzung als Zusammenkunft der Geschäftsleitung und des Betriebsrats vermerkt wurde.[939] Ein Austausch des Führungspersonals fand jedoch nur im geringen Maße statt. Die Präsidiumsmitglieder unter Max Grundig, Kleinschnittger und Poullain, hatten das Unternehmen ebenso mit ihm verlassen wie der Leiter des Zentralsekretariats Heinlein. Die Bereiche Marketing, Personal, Produktion und Materialwesen blieben identisch besetzt.[940] Lediglich im Bereich Finanzen wurde mit de Jong unmittelbar ein ehemaliger Philips-Mitarbeiter installiert.

Das Sanierungskonzept, dessen 80 Teilprojekten die Grundig AG grosso modo auch folgte,[941] betraf den gesamten Wertschöpfungsprozess von der Entwicklung über die Produktion bis zum Vertrieb. Die Details der einzelnen Projekte können aufgrund der Quellenlage nicht nachvollzogen werden. Daher folgt lediglich eine übergreifende Einordnung. Die Kerndiagnose lautete, dass der Umsatz pro Arbeitnehmer und Jahr lediglich 120.000 DM betrage, wohingegen die japanischen Unternehmen und auch Thomson Brandt einen entsprechenden Wert von 250.000 DM erzielten. Die japanischen Unternehmen waren also immer noch die Referenz der Analyse und Umstrukturierung. Gleichzeitigen sahen sowohl Koning als auch

938 Bilanzpressekonferenz, 25.9.1985, Rede Koning, in: ebd.

939 Protokoll der Wirtschaftsausschußsitzung, 9.12.1986, in: ebd.

940 Vgl. die Organigramme vom 30.09.83, in: Rundfunkmuseum der Stadt Fürth, Nr. 35. Sowie Organigramm 1984/85, in: Rundfunkmuseum der Stadt Fürth, Nr. 344. Der leitende Entwickler Mangold war im Dezember 1983 gestorben und die Position bei der Übernahme noch nicht erneut besetzt.

941 Vgl. Grundig report. Wir und unser Betrieb, Nr. 7–8/87, in: Rundfunkmuseum der Stadt Fürth, Nr. 173. Es waren zum Ende 78 Teilprojekte, wobei die beiden gestrichenen nicht identifiziert werden konnten.

der McKinsey Bericht sie als die wesentliche Krisenursache. Der evozierte Wettbewerbsdruck habe nicht nur zum Preisverfall, sondern auch den kurzen Produktlebenszyklen geführt.[942]

Auf letztere wollte insbesondere Koning durch eine Anpassung der Entwicklungsabteilung reagieren, an deren Spitze er sich selbst installierte. Bislang hatten die einzelnen Forschungs- und Entwicklungsabteilungen die jeweiligen Produkte von der Grundlagenforschung bis zur Fertigungsimplementierung begleitet. Diese Abteilungen wurden nun funktional aufgeteilt. Ein Team war für die Grundlagenentwicklung, eins für die Fertigungsimplementierung zuständig.[943] Durch die Spezialisierung erhoffte sich Koning eine schnelle Verwertung von Innovationen zur Produktionsreife. Zugleich reduzierte die Maßnahme die Entwicklungskosten, da 131 von 623 Ingenieuren innerhalb von zwei Jahren entlassen bzw. die Stellen nicht neu besetzt wurden.[944] Die Maßnahmen riefen nicht nur deshalb massive Kritik der Entwicklungsabteilung hervor. Diese sah sich auch ihrer traditionalen Stärke der „tiefen Entwicklung“ beraubt.[945] Die Wirksamkeit dieser Maßnahme ist schwerlich einzuschätzen, zumal sie mit verschiedenen hypothetischen Annahmen verbunden und eine interne Evaluierung zur Verkürzung der Zeitspannen nicht überliefert ist. Auf der bereits genannten Wirtschaftsausschusssitzung wurde zumindest der zukünftige Technologieverlust durch eine fehlende Eigenentwicklung befürchtet.[946] Langfristig betrachtet, waren gerade diese fehlenden Kompetenzen einer der wesentlichen Gründe für das endgültige Unternehmensaus in den 1990er und frühen 2000er Jahren.[947]

Der Fokus der Entwicklung wurde in den Jahren 1984/85 auf eine weitere Digitalisierung des Fernsehchassis mit Halbleiterbauelementen gelegt, das auch dazu dienen sollte, den Produktionsprozess weiterführend zu automatisieren – ganz im Sinne der mikroelektronischen Transformation.[948] Die Umstrukturierung des Produktionsprozesses wurde insgesamt als die größte Aufgabe gesehen und erhielt auch von außen die höchste Aufmerksamkeit. Im Kern wurde der eingeschlagene Weg der späteren 1970er Jahre konsequenter fortgesetzt. Hierzu sollten die Auto-

942 McKinsey&Company Bericht zu „Sanierung der Grundig AG. Möglichkeiten und Erfolgsvoraussetzungen“, 18.12.1984 sowie zu den Ergebnissen der Koning-Arbeitsgruppe: Gespräch mit Koning am 10.09.1984 über die zukünftige Strategie, beide in: Rundfunkmuseum der Stadt Fürth, Nr. 344.

943 Koning Notiz an Lachner, 3.12.1984, in: ebd.

944 Einsparungen Entwicklung UE, 28.1.1985, in: ebd.

945 Lachner an Koning, Notiz Entwicklung, 7.12.1984, in: ebd.

946 Protokoll der Wirtschaftsausschußsitzung, 9.12.1986, in: ebd.

947 Vgl. Langes Leiden, in: Managermagazin, 11/1995.

948 Mitteilung an Koning zu Entwicklungsaktivitäten und Weiterentwicklungen 1984/85, 15.2.1985, in: ebd.

matisierung der Produktion und die damit verbundene Standardisierung der Bauelemente forciert und gleichzeitig die Typenanzahl pro Produktgruppe verkleinert werden, um so die Kosten zu reduzieren.[949] Das Ziel, das bereits 1987 erreicht wurde, war ein Automatisierungsanteil von bis zu 90 %, vor allem in den modernen Fernseh- und Videorekorderwerken.[950] Neben dieser Prozessoptimierung war zusätzlich ein Abbau von Überkapazitäten in der Produktion notwendig. Koning diagnostizierte, dass in den letzten Jahren unter Max Grundig zu stark „auf Halde produziert" worden sei, ohne die Produktionsmengen an die Aufnahmefähigkeiten und Sättigungstendenzen des Marktes anzupassen.[951] Somit war ein „Gesundschrumpfen" und Optimieren der Produktionsprozesse von Nöten, die letztendlich als ein branchenspezifisches Problem angesehen wurden.[952] Beide Faktoren resultierten in einer enormen Reduzierung der benötigten Arbeitskräfte.

Im Februar des Jahres 1985 gab Koning bekannt, dass 6000 – 7000 Arbeitsplätze abzubauen seien – hälftig im In- und Ausland.[953] In Fürth und Nürnberg waren jeweils über 1000 Stellen betroffen, bei den kleinen Zweigwerken in Vohenstrauß, Bayreuth und Georgensmünd jeweils ca. 100. Die Regionalpolitik, der bayerische Wirtschaftsminister Jaumann, aber auch die IG Metall und der Betriebsrat stimmten zu, dass die Maßnahmen aufgrund der horrenden Verluste unausweichlich seien.[954] Die Umsetzung brachte für die Arbeitskämpfe der Bundesrepublik eine vollkommene Neuheit. Im Juni 1985 unterzeichneten die Geschäftsführung und der Gesamtbetriebsrat den ersten „Beschäftigungsplan".[955] Zwar

949 McKinsey&Company Bericht zu „Sanierung der Grundig AG. Möglichkeiten und Erfolgsvoraussetzungen", 18.12.1984 sowie zu den Ergebnissen der Koning-Arbeitsgruppe: Gespräch mit Koning am 10.09.1984 über die zukünftige Strategie, beide in: ebd.

950 Gerd Lobodda, IG Metall Nürnberg, an Hans Mayr, 9.6.1986, in: AdsD, 5/IGMZ100042.; Vermerk: Besuch von Becker bei Grundig am 01. und 02.04.1987, in: BArch, B102/361246.

951 Vermerk: Gespräch des Ministers mit dem Vorsitzenden des Vorstandes der Grundig AG, Koning, und Vorsitzenden der Geschäftsführung, in: BArch, B102/285153.

952 McKinsey&Company Bericht zu „Sanierung der Grundig AG. Möglichkeiten und Erfolgsvoraussetzungen", 18.12.1984, in: Rundfunkmuseum der Stadt Fürth, Nr. 344. Vgl. auch: Bilanzpressekonferenz, 25.9.1985, Rede Koning, in: ebd.

953 Vermerk für Dr. von Würzen: Abbau der Arbeitsplätze bei Grundig, 13.2.1985, in: BArch, B102/317832. Sowie Kahl an von Würzen, 13.2.1985: Abbau von Arbeitsplätzen bei Grundig. Zum Abbau im Inland liegen einige Quellen vor. Die Aktivitäten im Ausland sind in den Archiven nicht dokumentiert. Das Managermagazin urteilte, dass die Entlassungen in den Auslandswerken in Italien und Portugal umfänglicher und weniger sozial abgefedert waren. Vgl. Kraftakt ohne Ende, in: Managermagazin, 8/1987.

954 Stichworte zum Gespräch Grundig am 6.3.1985, Frankfurt 19.3.1985 (Vorstand Grundig AG, IGM, GBR und Kommunalpolitiker), in: AdsD, 5/IGMZ100042.

955 Vgl. zur Einordnung auch: Bosch, Gerhard: Qualifizieren statt entlassen. Beschäftigungspläne in der Praxis, Wiesbaden (2. Auflage) 1990, S. 58 – 61 (=Sozialverträgliche Technikgestaltung, Bd. 9).

stimmte der Betriebsrat dem Abbau der Arbeitsplätze zu, er sicherte sich dafür aber Mitgestaltungsmöglichkeiten.[956] Die Vereinbarung sah die Gründung von zwei Kommissionen vor, die paritätisch aus der Geschäftsleitung und dem Betriebsrat besetzt werden sollten. Die erste Kommission sollte über neue Produktlinien zur Diversifizierung beraten, die zweite über potenzielle Qualifizierungsmaßnahmen im Unternehmen.

Die zweite Kommission griff somit kurzfristig in den Freistellungsprozess ein, der stufenweise nach Beschäftigungsprofilen erfolgte. Zunächst wurde ein „Seniorenplan“ für die Arbeitnehmer ab dem Alter von 55 Jahren entwickelt, die mit einer Aufstockung des Arbeitslosengelds auf 85 % des Ursprungsverdienstes das Unternehmen verlassen konnten. Die zweite Stufe wiederum sah einen Aufhebungsvertrag mit entsprechender Abfindung oder die von der Grundig AG und diversen staatlichen Zuschüssen finanzierte Weiterqualifizierung und damit den Verbleib im Unternehmen vor. Die Kommission entwickelte ein Berufsportfolio, das sich vor allem auf die NC- und CNC-Kenntnisse bei Drehern, Werkzeugmachern und Informationselektronikern fokussierte. Folglich sollte also das Personal für einen zukünftig noch vermehrten Einzug der Mikroelektronik ausgebildet werden.[957] Die IG-Metall wertete diese Maßnahmen als Erfolg, da mit Ausnahme des Werkes Hohenstrauß keine betriebsbedingten Kündigungen ausgesprochen werden mussten.[958]

Die Kommission zur Produktliniengestaltung tagte bis zum Ende des Jahres 1986 16-mal. Das zentrale Ergebnis war eine Ausweitung der professionellen Elektronik, die im Konzern immer ein Nischendasein geführt hatte.[959] Das Ziel des Ausbaus, das auch Koning verfolgte, bestand darin, sich den Schwankungen und dem intensiven Wettbewerb der Unterhaltungselektronik zu entziehen. Trotz der Neueinstellungen im Bereich der professionellen Elektronik stand der Bereich je-

956 Vgl. hier und im Folgenden: Betriebsvereinbarung 06.1985, in: Rundfunkmuseum der Stadt Fürth, Nr. 344.

957 Weiterbildungsmassnahmen für die von Entlassung bedrohten Grundig-Mitarbeiter, Dezember 1985, in: AdsD, 5/IGMZ720328.

958 Gerd Lobodda, IG Metall Nürnberg, an Hans Mayr, 9.6.1986, in: AdsD, 5/IGMZ100042. Gerhard Bosch sieht die Wirksamkeit kritisch, da der Betriebsrat im Detail einer vorgelegten Freistellungsliste der geringer Qualifizierten nicht zugestimmt habe und die Mitbestimmungsmöglichkeiten nicht vollends ausgeschöpft worden seien. Die enorme Abfederung der Entlassungen mit Blick auf das gesamte Unternehmen lässt die Maßnahmen allerdings als Erfolg dastehen – so auch die IGM.

959 Vgl. auch erste Sitzung der Kommission: Erste Sitzung der Kommission „Neue Produktlinien Grundig“ am 11.3.1985, in: ebd.

doch auch weiterhin im Schatten der Unterhaltungselektronik.[960] Fritz Lachner übernahm die Verantwortung für den Bereich in der Mitte der 1980er Jahre. Er beschrieb ihn allerdings als sehr schwach und über viele Jahre vernachlässigt.[961] Zum Zeitpunkt seiner Pensionierung charakterisierte er die Maßnahmen in diesem Bereich in einem Schreiben an Johan von Tilburg, den Nachfolger Konings, als „Feigenblatt", um die Strukturmaßnahmen mit dem Betriebsrat und den Gewerkschaften durchzusetzen.[962] Eben jene sahen die Diversifizierungsansätze zumindest als einen Teilerfolg.[963]

Die intensivierte Zusammenarbeit mit Philips zur Rationalisierung der Produktion wurde auf weitere Unternehmen ausgedehnt. Die Zuliefererbeziehungen zu Matsushita sind bereits erwähnt worden. Sie führten dazu, dass ein Teil der Videorekorderlaufwerkfertigung seit 1987 sukzessive eingestellt und durch weitere Zulieferungen ersetzt wurde – ganz im Sinne der Arbeitsteilung, da die Qualität der japanischen Bestandteile höher war. Auch in diesem Fall wurde die Kommissionsarbeit zur Weiterqualifizierung der Arbeitnehmer praktiziert.[964] Noch umfassender wurde die Arbeitsteilung mit Blaupunkt umgesetzt. Seit dem Herbst 1986 lieferte Grundig Blaupunkt Fernseher und erhielt dafür Autoradios, die dann wiederum unter der eigenen Marke vertrieben wurden. Somit verbesserten beide Unternehmen die Auslastungen ihrer Fabriken.[965] Damit fand eine Abkehr von der primär eigenständigen, häufig auch als „tief" umschriebenen Produktion statt.

Als letzte Stufe im Wertschöpfungsprozess wurden Investitionen von 30 Mio. DM für die Professionalisierung des Vertriebs, insbesondere im Ausland, getätigt.[966] Die bisherige Praxis, die auch zu der massiven Überproduktion geführt habe, sei zu stark von Erfahrungswerten ausgegangen und habe die Marktforschung vernachlässigt.[967] Ob dies vor allem für den Inlandsmarkt wirklich zutraf, kann zumindest auf der Grundlage der Detailanalysen des Videorekordermarktes, die dann wiederum zum Selbstbeschränkungsabkommen führten, zumindest teilweise bezweifelt werden. Gleichwohl wurde auch diese Praxis als ein Erbe Max

960 Zu den Neueinstellungen siehe: Gerd Lobodda, IG Metall Nürnberg, an Hans Mayr, 9.6.1986, in: Archiv der sozialen Demokratie, 5/IGMZ100042.

961 Bericht zum Geschäftsbereich Electronic Lachner an Koning, Juli 1986, in: Rundfunkmuseum der Stadt Fürth, Nr. 251.

962 Lachner 16.8.1989 an Johan van Tilburg, in: Rundfunkmuseum der Stadt Fürth, Nr. 250.

963 Gerd Lobodda, IG Metall Nürnberg, an Hans Mayr, 9.6.1986, in: AdsD, 5/IGMZ100042.

964 Betriebsvereinbarung, 30.04.1987, in: Rundfunkmuseum der Stadt Fürth, Nr. 344. Sowie zur Qualität der Laufwerke: Protokoll der Wirtschaftsausschußsitzung, 9.12.1986, in: ebd.

965 Vgl. Grundig peilt für 1987 einen „angemessenen Gewinn" an, in: FAZ, 12.09.1986.

966 Bilanzpressekonferenz, 25.9.1985, Rede Koning, in: ebd.

967 Mc Kinsey&Company Bericht zu „Sanierung der Grundig AG. Möglichkeiten und Erfolgsvoraussetzungen", 18.12.1984, in: ebd.

Grundigs angesehen, der seinem Marktgespür mehr vertraute als dem Marketingcontrolling.[968]

Als Hermanus Koning die Grundig AG im Jahr 1987 verlies, erzielte das Unternehmen erstmals wieder einen Gewinn. Die Maßnahmen waren erfolgreich. In der Presse wurde er als Sanierer verabschiedet – vor allem kontrastierend zu Max Grundigs (vermeintlich) veralteter Betriebsführung und seinen eklatanten, hinterlassenen Missständen.[969] Wie groß die emotionalen Spannungen in der Bewertung waren, zeigen die Reaktionen auf die Artikel. Ludwig Poullain schrieb nach dem Erscheinen, auch im Sinne des Aufsichtsratsvorsitzenden Berthold Beitz, einen Brief an den Philips-Vorsitzenden van der Klugt, in dem er Koning eine „krankhafte Profilneurose“ sowie die Eigenschaften „charakterlos“ und „schäbig“ zuschrieb.[970] Egon Fein, der Journalist und Biograph Max Grundigs, wandte sich direkt an den Stern-Journalisten Würtz und wiederholte die Aussagen, die Max Grundig mehrfach seit seinem Ausscheiden getätigt hatte.[971] Max Grundig habe einen im Kern gesunden Konzern mit einem hohen Umsatz und einer tiefen Fertigung übergeben, dessen Verbindlichkeiten durch die Max Grundig-Stiftung zuvor getilgt worden seien und dessen Umstrukturierung auch Max Grundig schon angekündigt habe. Koning sprach Max Grundig in einem persönlichen Schreiben letztendlich sein Bedauern aus und versicherte, dass er sich nicht negativ geäußert habe.[972] Zum Abschied wählte der Aufsichtsratsvorsitzende Berthold Beitz versöhnliche Worte:

> Sie haben Grundig wieder Glanz gegeben [...] [und] die japanische Konkurrenz das Fürchten gelehrt.[973]

Die Konkurrenzstellung zu den japanischen Unternehmen blieb trotz der Kooperation. Das Unternehmen war damit kurzzeitig wieder auf den von Franz-Josef Strauß genannten Erfolgspfad zurückgekehrt, bevor sich aufgrund der immensen Verluste in den 1990er Jahren zunächst Philips zurückzog und schließlich 2003 mit der Insolvenz die Geschichte des Unternehmens endete. Seitdem existiert lediglich noch die Marke.

---

968 Lachner an Koning, Notiz Entwicklung, 7.12.1984, in: ebd.

969 Vgl. insbesondere den Artikel: Der siegende Holländer. Personalprobleme werden ohne Zoff gelöst, in: Stern, 19/1986. Sowie Gastarbeiter. Ein Holländer rettet das Lebenswerk Max Grundigs, in: Capital, 3/1986.

970 Poullain an van der Klugt, 2.5.1986, in: Rundfunkmuseum der Stadt Fürth, Nr. 173.

971 Fein an Würtz, 06.05.1986, in: ebd.

972 Koning an Max Grundig, 05.05.1986, in: ebd.

973 Grundig report. Wir und unser Betrieb, Nr. 7–8/87, in: ebd.

3.4 Zwischenfazit

Kehrt man nun abschließend zu der Aufforderung Franz-Josef Strauß' nach einem historischen Urteil zurück, so lässt sich resümierend Folgendes festhalten.[974] Das Unternehmen Grundig war in seinem „Goldenen Zeitalter" von einem enormen Wachstum geprägt. Der Erfolg beruhte auf einer konsequenten Ausnutzung der economies of scale in der Massenproduktion der Unterhaltungselektronik. Hierzu wurde bereits früh der Fokus auf das europäische Exportgeschäft gelegt. Insbesondere der Fernseher und allen voran der Farbfernseher hielten das Unternehmen bis zum Ende der 1970er Jahre auf dem Wachstumskurs. Der Erfolg war eng mit der Unternehmerpersönlichkeit Max Grundig verknüpft. Das gesamte Unternehmen war organisatorisch auf den Gründer und Inhaber zugeschnitten, sodass die elementaren Entscheidungsbefugnisse bei ihm verblieben.

Die Krise erfasste das Unternehmen zum Ende der 1970er Jahre, als der Farbfernsehmarkt stagnierte, ein zweites Produktstandbein mit dem Videorekorder nicht die gewünschten Erfolge erzielte und die Mikroelektronik die Produkt- und Produktionsbedingungen umfassend umwälzte – vor dem Hintergrund eines katalysatorisch wirkenden Wettbewerbs mit den japanischen Unternehmen. Als Verursacher der Krise wurden genau diese japanischen Wettbewerber ausgemacht. Max Grundig baute seit dem Beginn der 1970er Jahre ein konfrontatives Konkurrenzverhältnis auf. Er antizipierte bereits zu diesem Zeitpunkt die „Japanische Herausforderung". Seine Reaktion war eine umfassende europäische Kooperation. Mit Philips trieb man seit den frühen 1970er Jahren die Videorekorderentwicklung im Wettbewerb mit den japanischen Unternehmen voran, wobei das entwickelte Video2000 letztendlich unterlag. Protektionistische Maßnahmen forderte Grundig ebenfalls seit den frühen 1970er Jahren auf der deutschen und europäischen Ebene ein – bis 1983 erfolglos. Zuletzt versuchte er sein Erfolgsmodell der Kosten-Stückzahl-Relation auf eine europäische Unternehmenskooperation „EURO" zu übertragen, wobei sich aus diesen Kooperationsverhandlungen die Übernahme durch Philips entwickelte.

Max Grundig stellte sich in dieser Wettbewerbssituation konfrontativ als großer Kritiker der japanischen Unternehmen dar. Er nutzte auf der politischen Bühne, in den Kontakten mit anderen Unternehmen und in der Auseinandersetzung mit der Belegschaft sowie den Gewerkschaften die Topoi, die die japanischen Unternehmen als unfaire Wettbewerber darstellten. Dies hielt ihn jedoch nicht

974 In diesem Zwischenfazit werden nun die Details der Unternehmensentwicklung zusammengefasst. Für eine detaillierte Zusammenfassung der Stakeholderreaktionen und eine Kontextualisierung mit den Telefunken-Aktivitäten siehe das Fazit.

davon ab, intern durchaus von den japanischen Unternehmen zu lernen. In den Umstrukturierungen der 1970er Jahre wurde das japanische Produktionssystem intensiv studiert. Selbst für die Videorekorderentwicklung liegen Hinweise auf ein Lernen von Japan vor. Definitiv bildeten die japanischen Videorekorder die Referenzprodukte im Wettbewerb, deren Qualität und Markteinführungen Grundig und Philips antrieben. Ein Wandel in den Unternehmensbeziehungen erfolgte erst wenige Monate vor der Übernahme durch Philips. Die zunehmende Kooperation mit Sony und Matsushita wurde noch von Max Grundig initiiert – aufgrund des notwendigen Formatwechsels beim Videorekorder und zur Ergänzung des eigenen Produktportfolios.

Die Übernahme durch Philips beruhte auf den Pfadabhängigkeiten seit den 1960er Jahren. Aus den ersten Zusammenschlussverhandlungen resultierten die umfassenden technologischen Kooperationen. Grundig war zudem der größte Bauelementeabnehmer Philips'. 1979 festigte man die Zusammenarbeit durch eine erste wechselseitige Beteiligung, die wiederum Philips ein Veto-Recht bei weiteren Versuchen der Übernahme oder des Anteilserwerbs durch Dritte an dem Unternehmen Grundig ermöglichte. Daher scheiterte der Fusionsversuch mit Thomson-Brandt, der sich aus den EURO-Verhandlungen entwickelte. Max Grundig wiederum sah in der Übernahme durch Philips 1984 seine europäische Kooperationsidee verwirklicht. Nach dem Ausscheiden Max Grundigs blieb das Unternehmen selbstständig. Der neue Vorstandsvorsitzende Hermanus Koning setzte die Sanierung nochmals intensivierter aber auch erfolgreich fort.

4 Telefunken

Im April und Mai 1984 veranstalteten die führenden Unternehmen der deutschen Industrie eine „Leistungsschau“ in Tokio.[975] Über zwei Jahre wurde diese Messe mit großer politischer Unterstützung geplant. Das Ziel bestand darin, die eigene Wettbewerbsfähigkeit herauszustellen und damit Absatzmöglichkeiten auf dem japanischen Markt sowie potentielle Kooperation zu eröffnen. Diese Messe war damit ein Teil der im vorangegangenen Kapitel dargelegten unternehmerischen und politischen Strategie, der „Japanischen Herausforderung“ „offensiv“ zu begegnen. Unter den teilnehmenden Unternehmen war auch die AEG-Telefunken. Zur Vorbereitung dieser Leistungsschau reiste sogar der Vorstandsvorsitzende Heinz Dürr nach Japan. Das intern ausgegebene Motto der Aktivitäten lautete, den „alten guten Namen – seit 1910 – wieder in Erinnerung [zu] bringen“.[976] Hierzu zeigte man zum einen das aktuelle Warenspektrum, u. a. der Energie-, Industrie-, Verkehrs- und Kommunikationstechnik sowie der Haushaltsgeräte.[977] Zum anderen richtete man einen Standabschnitt mit traditionellen Innovationen ein. In diesem präsentierte man auch Geräte bzw. Bestandteile von Unterhaltungselektronikgeräten, wie Magnettonbänder oder Rundfunkröhren. In dem aktuellen Sortiment fehlten jedoch Unterhaltungselektronikprodukte, die vormals einer der wichtigsten Imageträger des Konzerns gewesen waren.[978] Dies evozierte durchaus Nachfragen der japanischen Pressevertreter, auch wenn die Ereignisse um den Konzern in Japan bekannt waren.[979]

Dass die AEG-Telefunken überhaupt an dieser Messe teilnahm, war alles andere als selbstverständlich. Sie steckte noch mitten im bis dato größten Vergleichs- und Insolvenzverfahren der Bundesrepublik, das erst im September 1984 abgeschlossen werden sollte.[980] Aus dieser Konstellation resultierte auch das Motto. Durch den Verweis auf die Traditionen wollte man das unternehmerische Ansehen

---

975 Aufzeichnung: Deutsche Industrieausstellung in Tokio 1984; hier: Stand der Vorbereitungen, 3.5.1982, in: BArch, B102/232210.

976 Ziele der AEG-Telefunken bei Leistungsschau, 30.4.1984, in: DTMB/AEG, 0860 (Ü2).

977 Vgl. hier und im Folgenden: Informationen über Messe- und Ausstellungsbeteiligungen von AEG-Telefunken, 03.04.1984, in: ebd.

978 Vgl. zum Image: Strunk: Die AEG, S. 149. Zum Image vgl. auch Das Firmen-Image von AEG-Telefunken in der Öffentlichkeit von Infratest-Industria, Institut für Unternehmensberatung und Produktionsgüter-Marktforschung GmbH & Co., München, August 1977, in: DTMB/AEG, GS 5910. Zudem Reisebericht Tokio, 21.01.1984, in: DTMB/AEG, 0860 (Ü2).

979 Vgl. Interview Dürr mit Nikon Keizai Shimbun sowie die Presseunterlagen, in: ebd.

980 Vgl. Strunk: Die AEG. Das Insolvenzverfahren ist der vereinheitlichende rechtliche Nachfolger des Vergleichs.

https://doi.org/10.1515/9783111698960-005

rehabilitieren. In diesem Sinne wurde die Messe als voller Erfolg gewertet.[981] Der deutsche Botschafter in Tokio freute sich zudem über die „Rückkehr [des Konzerns] nach Japan".[982]

Eine Unterhaltungselektronikproduktion gab es in diesem Konzern jedoch nicht mehr. Innerhalb des genannten Verfahrens war die Telefunken Fernseh und Rundfunk GmbH (TFR) als der Teil des Konzerns, der seit 1972 für die Unterhaltungselektronik zuständig war, an Thomson Brandt verkauft worden.[983] Zu diesem Schritt sah man sich gezwungen, da die einstige „Perle" zu einem der größten Verlustbringer geworden war.[984] Heinz Dürr bezeichnete diese Veräußerung in seinen Memoiren sogar als „echte[n] Befreiungsschlag" durch die Auflösung einer „große[n] Baustelle".[985] 1985 strich Dürr „Telefunken" aus der Unternehmensbezeichnung, da Geräte der Marke Telefunken nun vom Thomson-Brandt-Konzern vertrieben wurden.

Wie sich nun diese „Perle" zum Problemfall entwickelte und wie sich die Reaktionen auf und die Beziehungen zu den japanischen Wettbewerbern ausgestalteten, sodass von einer „Rückkehr nach Japan" gesprochen werden konnte, wird in diesem Kapitel analysiert. Hierzu wird im ersten Teilkapitel die Entwicklung Telefunkens und vor allem der Unterhaltungselektroniksparte bis in die beginnenden 1970er Jahre knapp skizziert. Die folgenden Kapitel untersuchen die konkreten Reaktionen auf den zunehmenden japanischen Wettbewerb und liefern damit bereits erste Einblicke in die Krisenursachen. Die Strukturkrise an sich, unter Berücksichtigung der Einflussfaktoren der „Japanischen Herausforderung", rückt anschließend in den Blickpunkt, bevor zuletzt ausblickhaft die Entwicklung Telefunkens im Thomson-Brandt-Konzern dargelegt wird.

981 Zwischenbericht: Deutsche Leistungsschau 1984, 30.4.1984, in: DTMB/AEG, 0860 (Ü2).

982 Besuch bei der deutschen Botschaft, 26.01.1984, in: ebd.

983 Vgl. Fußnote 15: Wie in der Einleitung bereits skizziert wird im Folgenden unter „Telefunken" der Bereich des AEG-Telefunken-Konzerns verstanden, der das Unterhaltungselektroniksegment umfasste.

984 Vgl. zur Titulierung als Perle noch nach dem Verkauf: Durch die Ehe Thomson-Brandt/Telefunken: Video 2000 im Negativtrend?, in: Funk, Fernsehen, HiFi: der Funkfachhändler 35 (1983), H. 4. Zur Krise der AEG allgemein: Strunk: Die AEG.

985 Dürr, Heinz: In der ersten Reihe. Aufzeichnungen eines Unerschrockenen, Berlin (1. Aufl.) 2008, S. 220–221.

4.1 Telefunkens „Goldenes Zeitalter“

Im Jahr 1903 gründeten Siemens & Halske und die AEG als Gemeinschaftsunternehmen in Berlin die „Gesellschaft für drahtlose Telegrafie m.b.H.“, die 1923 in „Telefunken Gesellschaft für drahtlose Telegraphie m.b.H.“ umbenannt wurde.[986] Sie lösten damit, auch auf Betreiben Kaiser Wilhelms II., die vorherigen Patentstreitigkeiten und wollten nun die Synergieeffekte zur Weiterentwicklung der drahtlosen Telegrafie nutzen, um damit den britischen Marktführer Marconi Wireless Telegraph and Signal Company zu übertrumpfen. Telefunken war zunächst ein Forschungs-, Entwicklungs- und Vertriebsunternehmen ohne eigene Produktion. Diese oblag den Muttergesellschaften. Die Anfangsjahre waren im Zeichen der Aufrüstung durch militärische Aufträge geprägt. Das Ziel, das auch die Einflussnahme des Kaisers erklärt, war die Entwicklung eines einheitlichen Funksystems für das Heer und die Marine, um so trotz unterschiedlicher Umgebungsanforderungen militärisch einheitlich agieren zu können. Zuvor war jeweils eine der Muttergesellschaft vom Heer bzw. der Marine mit der Entwicklung beauftragt worden. Aus diesen Forschungen resultierte das zweite Standbein des Unternehmens, nämlich der zivile Schifffunk, für den sowohl die Infrastruktur als auch die Ausstattung der Schiffe entwickelt wurden. Mit Hilfe der Tochtergesellschaft DEBEG baute Telefunken vor dem Ersten Weltkrieg bereits ein globales Funkstationennetz auf, das nicht nur die deutschen Kolonialgebiete, sondern auch große Teile Südamerikas, Australiens und Russlands umfasste.[987] In diesen Jahren erweiterte das Unternehmen seinen Patentbesitz auf den Gebieten der Funk- und Röhrentechnik umfassend.[988] Im Ersten Weltkrieg wurden sowohl das Funknetz als auch die technischen Neuentwicklungen vielfach militärisch verwertet, beispielsweise in mobilen Funkstationen für die Schützengräben, U-Booten oder auch Störsendern. Die militärische Nachfrage war so groß, dass Telefunken die erste eigene Röhrenproduktionsfabrik in Berlin eröffnete. Mit der Niederlage im Ersten Weltkrieg verlor Telefunken mit dem Militär nicht nur den Hauptabnehmer seiner

---

986 Vgl. zu den Anfängen im Folgenden: Friedewald: Telefunken und der deutsche Schiffsfunk 1903–1914.

987 Vgl. zu dieser Entwicklung und zur Deutschen Betriebsgesellschaft für drahtlose Telegrafie (DEBEG) als Gemeinschaftsunternehmen von AEG, Siemens&Halske, Compagnie de Télégraphie sans Fil und Telefunken. Mahr, Ewald: Im Kraftfeld von Zeitgeschehen – Zeitgeist – Erfindergeist, in: Thiele, Erdmann (Hrsg.): Telefunken nach 100 Jahren. Das Erbe einer deutschen Weltmarke, Berlin 2003, S. 20–21. Mit denen vom Kaiserreich gewährten Konzessionen übte Telefunken/DEBEG staatliche Hoheitsrechte aus.

988 Steiner: Ortsempfänger, Volksfernseher und Optaphone, S. 51. Zu nennen wären bspw. der Löschfunksender als Erweiterung des Knallfunksenders sowie Verstärkerröhren.

Produkte, sondern auch die ausländischen Niederlassungen und das Funkstationennetz durch Enteignungen.[989]

Die generierten Patente und Kompetenzen erwiesen sich jedoch auch im zivilen Geschäft als äußerst lukrativ und bildeten einen Ausgleich für die entfallenen Betätigungsfelder. Als sich zu Beginn der 1920er Jahre die kommerzielle Rundfunknutzung in der Weimarer Republik ankündigte, besaß Telefunken bereits wesentliche Entwicklungskompetenzen und Patente für das Sender- und Empfängernetz. Zwar waren die internationalen Tätigkeitsfelder des Unternehmens noch eingeschränkt. Das globale Kontaktnetzwerk bestand jedoch weiterhin. So sicherte sich Telefunken durch wechselseitige Abkommen in den Verhandlungen mit den führenden Funkunternehmen RCA, Marconi und Compagnie de Télégraphie sans Fil die alleinigen Nutzungsrechte der Patente auf dem deutschen Staatsgebiet. Faktisch konnte daher in der Weimarer Republik kein Rundfunkgerät ohne eine Lizenzerteilung von Telefunken hergestellt werden. Wie die Lizenzerteilungen erfolgten, ist bereits im zweiten Kapitel dargelegt worden. Zusätzlich besaß Telefunken zu Beginn der 1920er Jahre ein „Patent-Monopol" bei den Elektronenröhren, die ein wesentliches Bauelement aller Rundfunkempfänger waren.[990] Die Produktion hatten die Muttergesellschaften zwar der Osram GmbH KG übertragen, die Lizenzverwaltung und Forschung oblag jedoch Telefunken, sodass weitere Lizenzeinnahmen generiert werden konnten.[991] Steiner arbeitet einschränkend heraus, dass die Telefunken-Röhren im Verlauf der 1920er Jahre im Vergleich zu den Loewe-Röhren technisch zurückfielen. Loewe war zunächst ein Lizenznehmer Telefunkens. Durch die Trennung von Produktion und Forschung stellten sich bei Telefunken jedoch einige Fehlentwicklungen und Qualitätsmängel ein, da die direkte Kommunikation zwischen den Unternehmen nur eingeschränkt funktionierte.[992] Daneben vertrieb Telefunken auch selbstständig Rundfunkempfänger, die jedoch bei den Mutterkonzernen gefertigt wurden. Zu den Lizenzeinnahmen und Geräteverkäufen sind auch noch die Einkünfte aus der Installation des Sendernetzes zu berücksichtigen. Die Versuche 1919 und 1922 auch in diesem Bereich ein Monopol zu erwirken, schlugen fehl. Dennoch erhielt das Unternehmen

---

989 Vgl. hier und im Folgenden: ebd., S. 52–82. Mahr: Im Kraftfeld von Zeitgeschehen – Zeitgeist – Erfindergeist, S. 25–26.

990 Bretting, Jork: Die Telefunken-Röhre, in: Thiele, Erdmann (Hrsg.): Telefunken nach 100 Jahren. Das Erbe einer deutschen Weltmarke, Berlin 2003, S. 134.

991 Steiner: Ortsempfänger, Volksfernseher und Optaphone, S. 54; Luxbacher, Günther: Massenproduktion im globalen Kartell. Glühlampen, Radioröhren und die Rationalisierung der Elektroindustrie bis 1945, Berlin 2003 (=Aachener Beiträge zur Wissenschafts- und Technikgeschichte des 20. Jahrhunderts, Bd. 4). Die Nachbaulizenzen wurden u. a. Philips, Loewe und Lorenz erteilt.

992 Steiner: Ortsempfänger, Volksfernseher und Optaphone, S. 87–88.

zahlreiche Aufträge. Telefunken verdiente also am gesamten Wertschöpfungsprozess der Rundfunkindustrie mit.[993] Daraus resultierte ein enormes Umsatzwachstum des Rundfunkbereichs mit den vier genannten Einnahmequellen. Allein 7–8 % des Umsatzes waren dabei auf die Lizenzeinnahmen bei Rundfunkgeräten zurückzuführen. Die nachfolgende Abbildung verdeutlicht darüber hinaus die dominante Stellung Telefunkens innerhalb der Industrie in der Weimarer Republik, auch wenn der reine Marktanteil der Geräte 1932/33 „lediglich“ noch bei 22 % bzw. 25 % lag.[994]

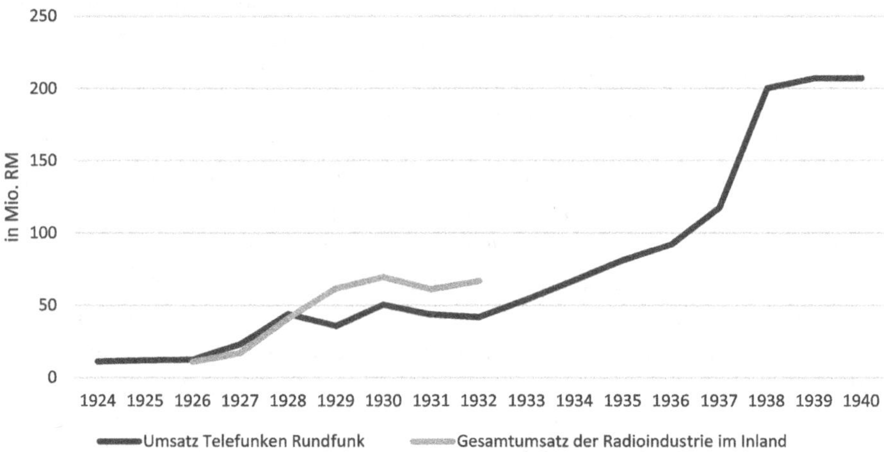

Abbildung 29: Nominaler Umsatz der Telefunkenrundfunkabteilung und der Gesamtumsatz der Radioindustrie im Inland.[995]

Auf dieser Grundlage forcierten die Telefunken-Ingenieure auch die Fernsehforschung. Sie waren dabei durchaus erfolgreich. 1930 wurde beispielsweise das „Verfahren zur Abtastung von Fernsehbildern“, kurz Zeilensprungverfahren, patentiert, das wesentliche Grundlagen einer flimmerfreien Bildübertragung schuf.[996] Im Nationalsozialismus war Telefunken an der Entwicklung des Ein-

---

993 Vgl. auch König: Der Volksempfänger und die Radioindustrie. Ein Beitrag zum Verhältnis von Wirtschaft und Politik im Nationalsozialismus, S. 276.

994 Steiner: Ortsempfänger, Volksfernseher und Optaphone, S. 84.

995 Zu den Datengrundlagen siehe ebd., S. 82, 188. Steiner gibt die Umsätze pro Jahr an. In der noch folgenden Grafik 31 zum Umsatz in den 1950er und 1960er Jahren wird jeweils das Geschäftsjahr betrachtet.

996 Graaf, Jürgen: Senden, in: Thiele, Erdmann (Hrsg.): Telefunken nach 100 Jahren. Das Erbe einer deutschen Weltmarke, Berlin 2003, S. 73.

heitsempfängers E1 beteiligt, der jedoch nicht zur Serienproduktion gelangte.[997] Bei dem finanziell wenig lukrativem Volksempfänger lies Telefunken seine zugewiesenen Produktionsverpflichtungen von der AEG und Siemens & Halske erfüllen.[998] Zwar musste Telefunken bezüglich der Marktanteile die Spitzenposition im Verlauf der 1930er Jahre an die Firma Mende abtreten, entscheidend für den finanziellen Erfolg war jedoch, dass die nationalsozialistische Marktpolitik trotz der Gleichschaltung der Verbände durch die „Anordnung über Beschränkung der Herstellung von Rundfunkempfangsgeräten" vom 15.5.1934 die Verhältnisse der Weimarer Republik aufrechterhielt. Die Neugründungen von Unternehmen wurden weiterhin untersagt und damit auch der Röhrenabsatz von Telefunken gesichert, obwohl die Patente 1933 ausgelaufen waren.[999]

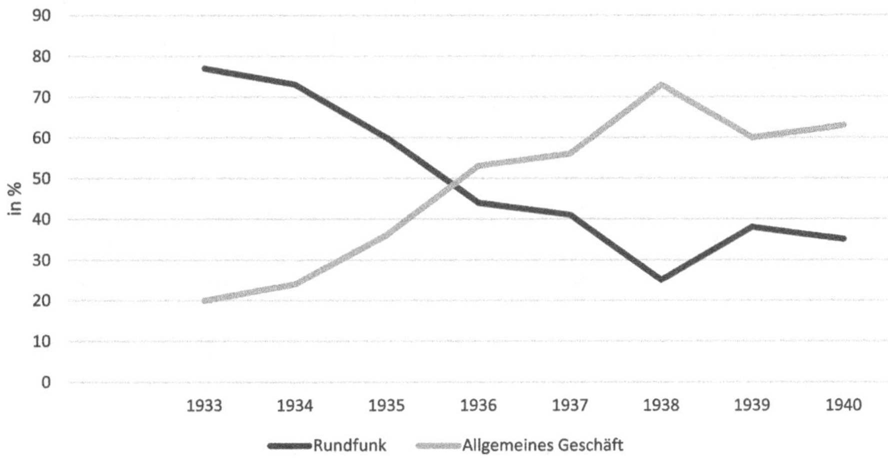

Abbildung 30: Die Entwicklung der Telefunken Umsatzanteile.[1000]

Die Bedeutung des Rundfunkgeschäfts nahm für Telefunken in den 1930er Jahren jedoch massiv ab. 1933 betrug der Rundfunkanteil am Gesamtumsatz noch ca. 80 %. 1938 lag der Anteil an seinem Tiefpunkt bei unter 30 %. Telefunken wurde zu einem wichtigen Akteur in der Rüstungswirtschaft. Die funk- und elektrotechnischen Kompetenzen Telefunkens waren elementar für die Produktion von Funkgeräten,

997 Mahr: Im Kraftfeld von Zeitgeschehen – Zeitgeist – Erfindergeist, S. 28.

998 König: Der Volksempfänger und die Radioindustrie. Ein Beitrag zum Verhältnis von Wirtschaft und Politik im Nationalsozialismus, S. 279.

999 Steiner: Ortsempfänger, Volksfernseher und Optaphone, S. 179–187.

1000 Vgl. ebd., S. 188. Die Differenzierung der Kategorien findet sich auch so bei Steiner. Aus der Literatur erschließt sich, dass das „Allgemeine Geschäft" vielfach militärische Aufträge waren.

Radartechnik und Röhren als kleinstem Baustein verschiedenster Waffensysteme.[1001] In den ersten 33 Jahren seiner Existenz war Telefunken mit Ausnahme von kurzen Episoden ein in Berlin ansässiges Forschungs- und Vertriebsunternehmen gewesen. Durch die Kriegsvorbereitung wurde es, auch auf Betreiben der Wehrmacht und der nationalsozialistischen Führung, zu einem produzierenden Unternehmen.[1002] Seit 1936 wurden zahlreiche Produktionsstätten aufgebaut bzw. übernommen, so beispielsweise auch die Osram-Röhrenwerke in Moabit, die ca. 75 % des deutschen Bedarfs deckten.[1003] Der regionale Schwerpunkt des Unternehmens lag weiterhin in und um Berlin.[1004] Gleichwohl wurden auch einige Fabriken in Thüringen, Schlesien und den besetzten Gebieten in Polen eröffnet. 1939 betrug die Beschäftigtenzahl noch ca. 23.500. Im Verlauf der weiteren kriegsbedingten Ausdehnung der Produktion stieg sie auf über 40.000 an.[1005] Das Unternehmen beschäftigten auch viele Zwangsarbeiter. Eine umfassende Aufarbeitung steht jedoch noch aus.[1006]

Neben dem Wandel zum Produktionsunternehmen fiel noch eine weitere zentrale Weichenstellung für das Unternehmen in diese Zeit. 1941 zog sich Siemens & Halske durch die sogenannte „Telefunken-Transaktion“ aus dem Unternehmen zurück. Telefunken wurde zu einer alleinigen Tochter der AEG.[1007] Siemens war bereits seit der Mitte der 1930er Jahre bestrebt, aus dem Gemeinschaftsunternehmen auszusteigen, um eine eigene Funk- und Nachrichtentechniksparte aufbauen zu können. Zur Verhandlungsmasse wurden in diesem Zuge auch die DEBEG und Osram, wobei erstere Siemens und letztere der AEG zugeschlagen wurde. Diese beiden Weichenstellungen sollten auch die Unternehmensentwicklung nach dem Zweiten Weltkrieg prägen.

Berlin war in der Vorkriegszeit ein wichtiger Standortvorteil für Telefunken gewesen. Hier konzentrierte sich ein Großteil der deutschen Elektro- und insbe-

---

1001 Mahr: Im Kraftfeld von Zeitgeschehen – Zeitgeist – Erfindergeist, S. 28–35; Steiner: Ortsempfänger, Volksfernseher und Optaphone, S. 187–191.

1002 Wie die genauen Entscheidungsprozesse verliefen, ist weiterhin ein Forschungsdesiderat. Mahr betont den politischen Einfluss ggf. zu stark. Das Rüstungsgeschäft war auch aus der Unternehmerperspektive lukrativ.

1003 Mahr: Im Kraftfeld von Zeitgeschehen – Zeitgeist – Erfindergeist, S. 30–31.

1004 Bähr: Industrie im geteilten Berlin (1945–1990), S. 42.

1005 Mahr: Im Kraftfeld von Zeitgeschehen – Zeitgeist – Erfindergeist, S. 34.

1006 Vgl. als Anfang im Rahmen einer Ausstellung Irmer, Thomas: „…eine Art Sklavenhandel…“ – Konturen der Zwangsarbeit beim Elektrokonzern AEG/Telefunken in Berlin Wedding, in: Fürstenberg, Doris/Roder, Bernt (Hrsg.): Zwangsarbeit in Berlin 1938–1945, Berlin 2003.

1007 Mahr: Im Kraftfeld von Zeitgeschehen – Zeitgeist – Erfindergeist, S. 34; Strunk: Die AEG, S. 54–55; Steiner: Ortsempfänger, Volksfernseher und Optaphone, S. 191.

sondere auch der Rundfunkindustrie.[1008] Nicht nur das räumlich geballte Know-how, sondern auch die kurzen Vertriebswege, die Nähe zu den Auftraggebern (auch den staatlichen) und die direkte Kontrolle der Lizenzpolitik beförderten Telefunkens Geschäftsentwicklung. Mit den zunehmenden Bombardierungen Berlins und der Teilung in der Nachkriegszeit verblassten diese Vorzüge. Johannes Bähr hat ermittelt, dass durch den vorherigen massiven Ausbau der Produktionsstätten in der Berliner Elektroindustrie nach dem Kriegsende immer noch 80 % der Kapazitäten von 1936 verfügbar gewesen seien.[1009] Die Telefunkenwerke in Zehlendorf und Moabit waren beispielsweise noch produktionsfähig.[1010] Die Demontagen trafen Telefunken dafür umso härter. Die Sowjetunion forcierte diese vor dem Hintergrund der sich zementierenden Teilung der Stadt und dem eigenen Technologierückstand. Die Laboratorien wurden vollständig und die Produktionsstätten zu 92 % demontiert.[1011] Dennoch bedeutete das Jahr 1945 keine vollständige „Stunde Null" für Telefunken. Mit den zunehmenden Bombenangriffen waren seit 1943 Produktionsanlagen vermehrt aus der Stadt ausgelagert worden. Auf diese konnte man nun zurückgreifen.[1012] In Berlin wurde die Produktion bereits im Sommer 1945 wieder aufgenommen. Die nicht zerstörten oder beschlagnahmten Produktionsmittel wurden an drei Standorten in der Stadt zusammengezogen.[1013] Bereits seit dem 01.08.1945 erhielt man von der amerikanischen Besatzungsmacht die Erlaubnis zur Fertigung erster Geräte, darunter auch einfacher Rundfunkempfänger.[1014] Wie bei anderen Unternehmen prägten Materialengpässe und Kontingentierungen den Wiederaufbau bis 1949. Spezifisch für diesen Zeitraum war jedoch, dass Telefunken Parallelstrukturen in Berlin und den Westzonen entwickelte. So entstanden gleichartige, aber größtenteils voneinander unabhängig agierende Vertriebs-, Entwicklungs- und Produktionsstätten, darunter auch die später bedeutenden Standorte für Rundfunkgeräte in Hannover und Röhren in Ulm.[1015] Erst 1949 entschied sich der Vorstand für die schrittweise Ra-

1008 Vgl. hier und im Folgenden: Bähr: Industrie im geteilten Berlin (1945–1990), S. 23–47.

1009 Ebd., S. 46.

1010 Mahr: Im Kraftfeld von Zeitgeschehen – Zeitgeist – Erfindergeist, S. 40.

1011 Bähr: Industrie im geteilten Berlin (1945–1990), S. 48, 60, 63.

1012 Ebd., S. 88.

1013 Zusammenfassender Überblick über das am 31.3.1946 abgelaufene Geschäftsjahr, in: DTMB/AEG, I.2.060 C 00283.

1014 Vgl. hier und im Folgenden: Mahr: Im Kraftfeld von Zeitgeschehen – Zeitgeist – Erfindergeist, S. 41–43.

1015 Vgl. zu dieser Entwicklung die Geschäftsberichte 1945–1949, in: DTMB/AEG, I.2.060 C – 00125. Diese wurden jedoch lediglich für den Standort Berlin angefertigt. Sie enthalten einige Hinweise zu den Entwicklungen der anderen Standorte. Die Parallelentwicklung ging mit einer Paralleldokumentation einher, wobei die Quellen zu den Tätigkeiten in der Westzone nicht

tionalisierung und damit Zusammenführung der Geschäftsaktivitäten über die Zonengrenzen hinweg.[1016]

Der eigentliche Startschuss für Telefunkens „Goldenes Zeitalter" in den 1950er und 1960er Jahren fiel mit dem Amtsantritt Hans Heynes zum Vorsitzenden der Geschäftsführung im Jahr 1951. Heyne war 1942 bereits stellvertretendes AEG-Vorstandsmitglied geworden. Im „Dritten Reich" leitete er unter Albert Speer den Hauptausschuss „Flugzeugausrichtung" und erhielt für seine Verdienste das Ritterkreuz des Kriegsverdienstkreuzes mit Schwertern, die höchste Kriegsauszeichnung für Zivilisten.[1017] Heyne strukturierte Telefunken, das ab 1955 als Telefunken G.m.b.H. firmierte, da auch die drahtgebundene Nachrichtentechnik in das Unternehmen integriert wurde, grundlegend um. Er drückte damit den bereits angestrebten Rationalisierungsbemühungen seinen Stempel auf. Nach dem Vorbild von General Electric etablierte er produktspezifische Geschäftsbereiche mit eigenen Entwicklungs- und Vertriebsabteilungen.[1018] Hierzu zählten der Anlagenbau der Funktechnik, die Elektronenröhren, die später um weitere Bauelemente ergänzt wurden, sowie die Unterhaltungselektronikgeräte.[1019] Das Unternehmen knüpfte nicht nur mit diesen Produkten an die Kriegs- und Vorkriegszeit an. Im Zuge des NATO-Beitritts der Bundesrepublik 1955 und der zunehmenden Aufrüstung im Kontext des Kalten Krieges wurde Telefunken durch seine Hochfrequenzforschung und Radartechnik auch wieder zu einem wichtigen Akteur der Rüstungswirtschaft.[1020] Neben den Produktgruppen können als weitere Kontinuitätslinien die Forschungsorientierung, die Internationalisierung, die jüngste Produktionsintegration und das Zusammenspiel mit der Muttergesellschaft ausgemacht werden.

Bei der Pressekonferenz zur Vorstellung des Geschäftsberichts im Jahr 1959 proklamierte Hans Heyne prägnant: „Bei uns wird Denken zum Umsatz".[1021] Er

---

aufgefunden wurden. Folglich lassen sich keine Aussagen bspw. über die Entwicklung des Gesamtumsatzes oder der Beschäftigtenzahl treffen. Aus der Entwicklung der Berliner Dependancen lässt sich jedoch auf ein kontinuierliches Wachstum schließen. Die Gründe für die Parallelentwicklung werden nicht genannt. In den Geschäftsberichten wird an verschiedenen Stellen angedeutet, dass das Unternehmen so flexibel auf die unterschiedlichen Anforderungen der Besatzungsmächte und die politische Unsicherheit im Allgemeinen reagieren konnte.

1016 Vgl. Geschäftsbericht vom 1. April bis 31. Oktober 1949, in: DTMB/AEG, I.2.060 C 00352.

1017 Vgl. Strunk: Die AEG, S. 72. Über Heynes Aufenthalt und Wirken zwischen 1945 und 1950/51 ist nichts bekannt, ebenso nicht zu den Entnazifizierungsverfahren.

1018 Mahr: Im Kraftfeld von Zeitgeschehen – Zeitgeist – Erfindergeist, S. 46.

1019 Detailliert: Telefunken legt erstmals einen Geschäftsbericht vor, in: FAZ, 14.07.1956

1020 Mahr: Im Kraftfeld von Zeitgeschehen – Zeitgeist – Erfindergeist, S. 47–48.

1021 Telefunken GmbH: „Bei uns wird Denken zum Umsatz", in: FAZ, 17.07.1959. Siehe auch Geschäftsbericht für das 56. Geschäftsjahr 1.4.1958–31.03.1959, in: DTMB/AEG, I.2.060 C – 07803.

betonte damit die besondere Bedeutung der Grundlagenforschung, der Innovation und auch des daraus resultierenden Patentbesitzes für die Unternehmensentwicklung. Durch die Anbindung der Forschungsabteilungen an die jeweiligen Produktgruppen versuchte man zudem, die Fehler der Röhrenproduktion nicht ein zweites Mal zu begehen und stattdessen die Synergieeffekte zu sichern. Die Unterhaltungselektronikforschung, insbesondere die Grundlagenforschung, kann als die ertragreichste in der Bundesrepublik angesehen werden. Mit dem Schüller-Patent legte man den Grundstein für den Videorekorder, mit dem PAL-Prinzip für das Farbfernsehzeitalter.[1022] 1956 produzierte man zudem den ersten Transistor-Empfänger in einer Probeserie.[1023] Dass letztendlich auch die Misserfolge der Forschung zum Niedergang des Unternehmens beitrugen, wird noch zu zeigen sein.

Mit diesen Patenten hatte man auch in den internationalen Unternehmensbeziehungen eine besondere Verhandlungsmasse. Die PAL-Patente schlossen beispielsweise – ganz ähnlich zur Patentsituation in der Weimarer Republik – entsprechende (ausländische) Wettbewerber vom deutschen Farbfernsehmarkt aus, wie in dem entsprechenden Kapitel zu der Auseinandersetzung mit den japanischen Wettbewerbern noch vertieft wird. Mit der Amtsübernahme Hans Heynes begann das Unternehmen mit der Reaktivierung der Auslandsvertretungen, die durch den Zweiten Weltkrieg verlorengegangen waren. Man knüpfte dabei ganz bewusst an ehemalige und auch noch bestehende Kontakte an.[1024] Die ersten Vertretungseröffnungen erfolgten bereits 1951 u. a. in Belgien, Spanien und Indien. Das Vertretungsnetz war weltumspannend, aber aus der Perspektive Heynes defizitär. Dies schlussfolgerte er aus seinen Besuchen während seiner sogenannten „Weltreise" im Jahr 1959. In drei Monaten besuchte er die Vertretungen in Kanada, Mexiko, Japan, Hongkong, Indien, Sri Lanka (bis 1972 Ceylon), Kenia und Südafrika.[1025] Zwar habe der Name Telefunken in der ganzen Welt wieder einen „guten Klang", das Netzwerk sei jedoch wenig integriert, da teilweise die Namen des Vorstandes, sprich sein eigener, bei den Vertretungen nicht bekannt seien.[1026] Zusätzlich echauffierte er sich mehrmals über die beschwerliche Reise und deren Planung. Er schrieb dazu an seinen Vorstandskollegen Zickermann am 26.10.1959, dass das Unternehmen lernen müsse, „gescheite Reisepläne aufzustellen".[1027] Aus den Reisebeschreibungen lässt sich schlussfolgern, dass zu diesem Zeitpunkt der

1022 Auf beide Entwicklungen wird in den entsprechenden Kapiteln näher eingegangen.
1023 Bähr: Industrie im geteilten Berlin (1945–1990), S. 426–431.
1024 Vgl. die Zusammenstellungen zu den Auslandsvertretungen, in: DTMB/AEG, GS 8315.
1025 Aufstellung der besichtigten Vertretungen, in: DTMB/AEG, GS 3029.
1026 Protokoll über die Weltreisebesprechung am 18. und 19. Januar 1960 in Ulm, in: DTMB/AEG, GS 4720.
1027 Schreiben Heyne an Zickermann 26.10.1959, in: DTMB/AEG, GS 3029.

Globalisierung solche Reisen und auch die Pflege des globalen Unternehmensnetzes zumindest für Telefunken noch nicht zu den unternehmerischen Routinetätigkeiten zählten.

Die Errichtung von Produktionsstätten für die Unterhaltungselektronik im Ausland erfolgte erst seit den 1960er Jahren und zwar in Brasilien, Mexiko, Italien, Spanien und Schweden. Zunächst konzentrierte sich Telefunken auf den Ausbau im Inland unter Berücksichtigung der genannten Rationalisierungs- und Strukturbemühungen. Die Hauptverwaltung blieb zwar bis 1966 in Berlin. Das Telefunkenhochhaus war zu diesem Zeitpunkt als höchstes Gebäude der Stadt auch gleichzeitig von hohem symbolischen Wert.[1028] Als jedoch bereits 1950 die Patentabteilung aufgrund der unsicheren politischen Lage in Berlin nach Hannover verlagert wurde, läutete das Unternehmen den Auszug aus der Stadt Richtung Westen ein.[1029] 1951 war 51,5 % der Belegschaft in Berlin beschäftigt, 1958 35 % und 1962 lediglich noch 28 %.[1030] In Hannover entstanden bereits 1946/47 die ersten Telefunken Produktionsstätten für Rundfunkempfänger. Der Standort wurde im Verlauf der Jahre immer weiter ausgebaut, bis in den 1960er Jahren schließlich über 5000 Menschen in der Herstellung von Farbfernsehern und Rundfunkgeräten tätig waren.[1031] Hannover wurde zum bedeutendsten Standort der Unterhaltungselektronikproduktion, an dem auch die Entwicklungsabteilung angesiedelt wurde. Im Röhrenbereich wurde Ulm das Pendant zu Hannover. Die Produktion der Geräte folgt dem bereits bei Grundig und im Überblickskapitel geschilderten Stil. Im Sinne der fordistischen Massenproduktion beschäftigte das Unternehmen in der Mehrzahl weibliche Arbeitskräfte.[1032] Stufenweise wurde auch die Produktion rationalisiert.[1033] 1960 unterhielt das Unternehmen bereits insgesamt 16 Fabriken.[1034] Die Anzahl verdoppelte sich bis in die Mitte der 1960er sogar nochmals.[1035]

1028 Bähr: Industrie im geteilten Berlin (1945–1990), S. 181.
1029 Mahr: Im Kraftfeld von Zeitgeschehen – Zeitgeist – Erfindergeist, S. 44–50.
1030 Bähr: Industrie im geteilten Berlin (1945–1990), S. 280, 325.
1031 Telefunken legt erstmals einen Geschäftsbericht vor, in: FAZ, 14.07.1956.; Neues Telefunken Werk, in: FAZ, 17.10.1958.; Auch die AEG baut aus, in: FAZ, 19.02.1969. Die FAZ hat sehr detailliert über die Entwicklung Telefunkens berichtet. Das Archiv wurde daher umfassend ausgewertet und ergänzt die für diesen Zeitraum in Teilen lückenhafte Überlieferung.
1032 Bähr: Industrie im geteilten Berlin (1945–1990), S. 340.
1033 Telefunken Geschäftsbericht über das Geschäftsjahr 1.4.1956–31.3.1957, S. 11, in: DTMB/AEG, I.2.060 Ü – FA AEG – GS 3171.
1034 Vgl. Telefunken Geschäftsbericht, 1.4.1959–31.3.1960, in: DTMB/AEG, I.2.060 Ü – FA AEG – GS 3715. Sowie Telefunkenwerk Heilbronn eingeweiht, in: FAZ, 17.11.1960.
1035 Mahr: Im Kraftfeld von Zeitgeschehen – Zeitgeist – Erfindergeist, S. 50.

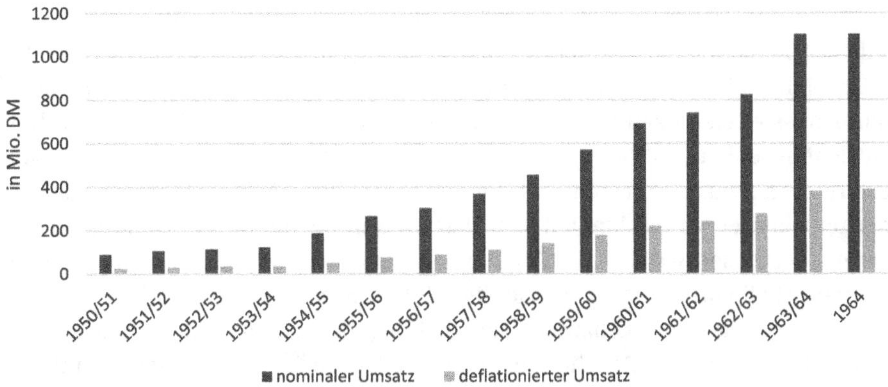

Abbildung 31: Umsatzentwicklung der Telefunken GmbH von 1950 bis 1964.[1036]

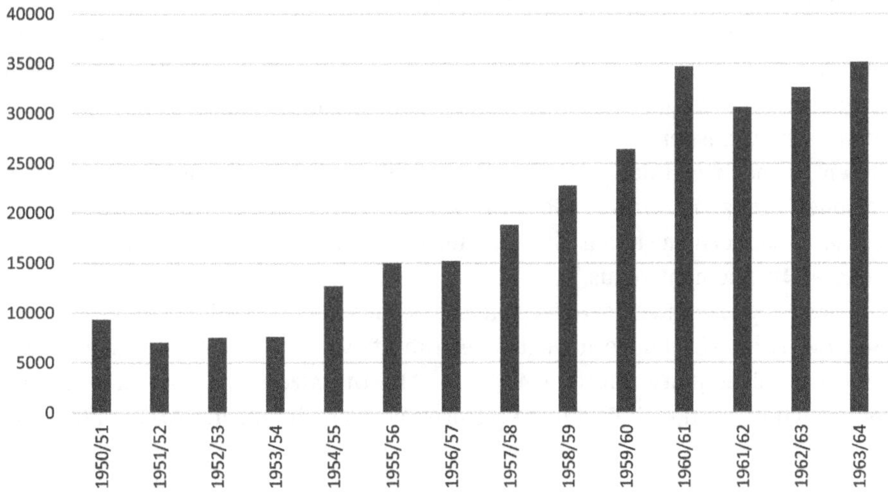

Abbildung 32: Beschäftigtenzahlen Telefunkens von 1950 bis 1964.[1037]

Diese Entwicklung korrespondierte mit den Umsatz- und Beschäftigtenzahlen. Bis zu Beginn der 1960er Jahre verzeichnete das Unternehmen ein enormes Umsatz-

1036 Vgl. hierzu die Geschäftsberichte 1955–1962, in: DTMB/AEG, I.2.060 Ü – FA AEG – GS 3171; DTMB/AEG, I.2.060 C – 07803; DTMB/AEG, I.2.060 Ü – FA AEG – GS 3715; DTMB/AEG, I.2.060 Ü – FA AEG – GS 3713. Sowie Telefunken steuert die Umsatzmilliarde an, in: FAZ, 12.07.1963. und Telefunken hat die selbstgesteckten Ziele erreicht, in: FAZ, 24.4.1964.
1037 Vgl. Ebd.

wachstum mit jährlichen Steigerungsraten von 15 % bis 30 %. Die FAZ betitelte Telefunken auch aufgrund der jährlichen Dividende von 13 % seit dem Ende der 1950er Jahre als „ein Juwel im Schatzkästlein der AEG“.[1038] Zu Beginn der 1960er Jahre musste Telefunken sogar eine höhere Ertragssteuer als die Muttergesellschaft entrichten. Dabei profitierte Telefunken im Unterhaltungselektronikbereich von zahlreichen Synergieeffekten. Auf die Rundfunk- und Fernsehröhrenproduktion, die zeitweise einen Marktanteil von über 50 % in der Bundesrepublik hatten, ist bereits verwiesen worden.[1039] Für die seit dem Ende der 1920er Jahren produzierten Schallplattenspieler lieferte die TELDEC Schallplatten GmbH als Tochtergesellschaft Telefunkens, bzw. in der Vorkriegszeit das Vorgängerunternehmen Telefunkenplatte G.m.b.H., die notwendige Software.[1040] Bei der noch darzustellenden Kommerzialisierung der Bildplatte wurden die Kompetenzen der TELDEC beispielsweise ebenfalls einbezogen. Obgleich das Projekt scheiterte, zeigen sich an ihm die potentiellen Synergieeffekte, da Software und Hardware koordiniert angeboten und aufeinander abgestimmt werden konnten.

Wie hoch der Umsatzanteil des Unterhaltungselektronikbereichs bei Telefunken in den 1950er und 1960er Jahren war, ist in den Geschäftsberichten nicht ausgewiesen.[1041] In der Fernsehabsatzkrise zu Beginn der 1960er Jahre deutet sich zumindest an, dass er ein hohes Gewicht hatte. In den Jahren 1961/62 stagnierte aus diesen Gründen erstmalig der Umsatz und die Belegschaft musste um ca. 4000 Personen reduziert werden. Die Absatzkrise wirkte sich nicht nur auf den Geräteabsatz, sondern auch auf die Zulieferungsbedingungen von Bildröhren und weiteren Bauelementen aus.[1042]

Dieses kurze Intermezzo veränderte jedoch nicht den Trend. Telefunkens Stellenwert im AEG-Konzern wuchs. Der Umsatz von Telefunken erreichte zu Beginn der 1960er Jahre ungefähr 40 % des AEG-Umsatzes.[1043] Dieser Entwicklung sollte auch institutionell Rechnung getragen werden. Bereits der AEG-Vorsitzende

---

1038 Telefunken – ein Juwel im Schatzkästlein der AEG, in: FAZ, 22.07.1960.

1039 Mahr: Im Kraftfeld von Zeitgeschehen – Zeitgeist – Erfindergeist, S. 47

1040 Zur Industrie mit einigen Hinweisen zur TELDEC Müller, Christian A.: Werk oder Ware? Wirtschaftlicher Strukturwandel in der Tonträgerindustrie der Bundesrepublik zwischen 1951 und 1983, Frankfurt a. M. 2020. Siehe zum Unternehmen: Wittendorfer, Frank/Mahr, Ewald: Bewahren, in: Thiele, Erdmann (Hrsg.): Telefunken nach 100 Jahren. Das Erbe einer deutschen Weltmarke, Berlin 2003.

1041 In den weiteren eingesehenen Quellen finden sich ebenfalls keine Informationen hierzu. Da der Bestand noch nicht erschlossen ist, kann diese Leerstelle vielleicht durch zukünftige Forschungen geschlossen werden.

1042 Telefunken hat die Fernseh-Flaute zu spüren bekommen, in: FAZ, 13.07.1962 Siehe auch Telefunken Geschäftsbericht, 1.4.1961–31.3.1962, in: DTMB/AEG, I.2.060 Ü – FA AEG – GS 3713.

1043 Die AEG und Telefunken präsentieren sich als einheitliche Gruppe, in: FAZ, 04.06.1965.

Hans C. Boden hatte den Plan entwickelt, Telefunken mit der AEG zusammenzuführen, um so Siemens als größtes Unternehmen der deutschen Elektroindustrie abzulösen. Zudem war die AEG organisatorisch reformbedürftig und hatte bereits zu Beginn der 1960er Jahre zeitweise eine schlechte Ertragslage aufgrund gestiegener Kosten.[1044] Nach dem Tod des AEG-Vorstandsvorsitzenden Hugo Bäuerle übernahm Hans Heyne zusätzlich noch diesen Posten und hatte damit in Personalunion beide Leitungsfunktionen inne. Er forcierte nun die Verschmelzung der beiden Unternehmen. 1963 wurde Telefunken vorbereitend in eine Aktiengesellschaft umgewandelt. 1964 stellte man bereits einen gemeinsamen Geschäftsbericht mit der AEG vor und trat nun als Unternehmensgruppe auf. Aus der „Schwachstromtochter" war eine „Schwachstromschwester" der „Starkstrom-AEG" geworden. 1967 fusionierten die beiden Unternehmen schließlich und änderten den Namen in „Allgemeine Elektricitäts-Gesellschaft AEG-Telefunken" (AEG-Telefunken). Der neue Konzern folgte dem Strukturkonzept Telefunkens und umfasste nun die Schwachstromgeschäftsbereiche der Telefunken AG (Nachrichten- und Datentechnik, Bauelemente und Rundfunk, Fernsehen, Phono) und die Starkstrombereiche der AEG (Energieerzeugung und -verteilung, Verkehr, Technisches Liefergeschäft). Die AEG brachte zudem das Haushaltsgerätegeschäft ein, das vom Unterhaltungselektronikbereich getrennt blieb.

Felix Herriger, der von 1965 bis 1966 der letzte Vorstandsvorsitzende der Telefunken AG gewesen war, leitete nun als stellvertretender Vorstandsvorsitzender den Geschäftsbereich Unterhaltungselektronik. Dieser umfasste 1967 ca. 8000 Beschäftige.[1045] Dem Strukturkonzept folgend war dieser im AEG-Telefunken Konzern relativ autonom mit einer eigenständigen Verwaltung, Entwicklung, Produktionsplanung und dem Vertrieb in Hannover.[1046] In Hannover befanden sich auch die beiden größten Werke für Fernseher und Rundfunkgeräte mit 4000 bzw. 1500 Beschäftigten. Daneben war ein Werk in Celle für die Produktion entsprechender Bauteile zuständig. Diese Fabriken wurden um Auslandsproduktionsstätten in Spanien, Mexiko, Brasilien und Indien ergänzt. In der Erwartung des steigenden Farbfernseherabsatzes wurden die Produktionsstätten im Jahr 1969 umfassend erweitert. Die Investitionen beliefen sich auf ca. 100 Mio. DM.[1047] Zudem übernahm man 1971 noch das Unternehmen Kuba-Imperial für 71 Mio. DM mit den Werken in Braunschweig und Wolfenbüttel. Der Unterhaltungselektronikbereich Telefunkens manifestierte damit den Anspruch, einer der größten und bedeutendsten Her-

1044 Hier und im Folgenden Strunk: Die AEG, S. 74 – 78. sowie Mahr: Im Kraftfeld von Zeitgeschehen – Zeitgeist – Erfindergeist, S. 51.

1045 Telefunken bietet „Farbe von A bis Z", in: FAZ, 29.07.1967.

1046 Vgl. hier und im Folgenden: Auch die AEG baut aus, in: FAZ, 19.02.1969.

1047 Vgl. im Folgenden Strunk: Die AEG, S. 89 – 90.

steller der braunen Ware in Europa zu sein. Die Kuba-Imperial Werke wiesen jedoch 1971 ein Jahresdefizit von über 100 Mio. DM auf und auch der eigentliche Unterhaltungselektronikbereich der AEG-Telefunken fuhr einen Verlust von 162 Mio. DM ein. Daraufhin entschloss sich der AEG-Telefunken Vorstand zu einer Neustrukturierung des Bereichs. So wurde 1972 die Telefunken Fernseh und Rundfunk GmbH (TFR) als eigenständige Tochter gegründet. Die ehemaligen Kuba-Imperial Werke wurden in Teilen eingebracht oder, wie in Wolfenbüttel, geschlossen.[1048] Nach den Strukturanpassungen, die die Kapazitätsausweitungen der vorangegangen Jahre bereits wieder rückgängig machten, hatte das nun eigenständige Unternehmen unter der Leitung von Oskar Schmidt 12300 Mitarbeiter.

Warum sich die Ertragssituation des Unternehmens auch in den folgenden Jahren nicht wesentlich verbesserte, wird nun analysiert. Zunächst liegt der Fokus auf den Beziehungen zu den japanischen Wettbewerber und den entsprechenden Reaktionen. Das Überblickskapitel hat die verschiedenen organisatorischen Einbindungen des Unterhaltungselektronikbereichs innerhalb der Konzernstrukturen dargelegt. Dies gilt es in den folgenden Untersuchungen zu berücksichtigen, da unterschiedliche Akteure des Konzerns jeweils in den Auseinandersetzungen mit den japanischen Unternehmen für das Unterhaltungselektroniksegment aktiv wurden – von der eigenständigen TFR bzw. dem Bereich bis zur Konzernspitze der AEG bzw. AEG-Telefunken.

4.2 Die Antizipation der „Japanischen Herausforderung"

Im Jahr 1951 begann Telefunken, sein internationales Netzwerk erneut aufzubauen. Bereits in den 1920er und 1930er Jahren umfasste dies auch Japan. Seit 1924 war Telefunken zu 33,3 % an dem japanischen Unternehmen Nihon Musen K.K., engl. Japan Radio Company, beteiligt und war damit eines der wenigen deutschen Unternehmen mit einer Direktinvestition in Japan.[1049] Schon im Jahr 1922 hatte Nihon Musen diverse Nachbaulizenzen in der drahtlosen Telegraphie und Telephonie von Telefunken erworben.[1050] Das Unternehmen wuchs auf eine Belegschaft von über 30.000 Personen in den 1930er Jahren. Der Schwerpunkt lag zunächst in der Produktion von Funkanlagen, Hochfrequenzanlagen und dem Schiffsfunk. In den 1930er Jahren wandte sich Nihon Musen auch temporär der Unterhaltungselek-

1048 Unterhaltungselektronik neu geordnet, in: FAZ, 08.01.1972

1049 Die Geschichte von Nihon Musen, in: DTMB/AEG, GS 2754. Zur Kontextualisierung: Kudō, Akira: Japanese-German business relations. Cooperation and rivalry in the inter-war period, London, New York 1998, S. 26–29 (=Nissan Institute / Routledge Japanese studies series).

1050 Dr. Ray an Reichspostministerium, Flanze, 5.10.1935, in: DTMB/AEG, GS2751.

tronik zu. Unter der Ausnutzung der Telefunken-Patente im Röhrenbau konkurrierte Nihon Musen mit Tokyo Denki zwar um die Marktspitze in diesem Segment.[1051] In der Radio- und Fernsehentwicklung war die Zusammenarbeit jedoch weniger erfolgreich. Einerseits war Telefunken nicht gewillt, seine technischen Erkenntnisse in diesem Feld umfassend zu teilen und sah sie, im Gegensatz zu Nihon Musen, nicht als Bestandteil des Vertrags an.[1052] Andererseits konnte Nihon Musen die gelieferten Wissensbestände in Form von Prototypen und Patenten nicht erfolgreich in Produkte umsetzen.[1053] Zuletzt verschoben sich die Interessen, wie bei Telefunken, in der zweiten Hälfte der 1930er Jahre auf die militärisch verwertbare Technik, sodass der Einstieg in die Unterhaltungselektronik erst in der Nachkriegszeit erfolgen sollte.[1054]

Bereits 1950 nahm die Nihon Musen zum ersten Mal nach dem Zweiten Weltkrieg Kontakt zu Telefunken auf, um die alten Geschäftsbeziehungen wiederzubeleben. Sie kamen damit Telefunken zuvor. Das Unternehmen hatte sein Gesicht jedoch maßgeblich verändert. Im Zuge der amerikanischen Neuordnung der Wirtschaft war der Konzern zerschlagen worden.[1055] Die Belegschaft belief sich nun lediglich noch auf 1400–2000 Personen und das Kapital auf umgerechnet 2 Mio. DM.[1056] Der vorherige Inhaber, Baron Okura, behauptete zwar, 52 % der Besitzanteile zu halten. Wie sich später für Telefunken herausstellen sollte, waren es jedoch nur noch 17 %. Der Rest befand sich im Streubesitz.[1057] Nihon Musen strebte einen Patentlizenzaustauschvertrag an. Man erhoffte sich damit den notwendigen Technologietransfer. Die Arbeitsgebiete im Schiffsfunk und Röhrengeschäft waren geblieben – insbesondere auch der Wunsch in das Unterhaltungselektronikgeschäft einzusteigen, für das man primär die Lizenzen Telefunkens benötigte.[1058] Telefunken suchte eine Vertretung in Japan, erhoffte sich Lizenzeinnahmen und wollte die Nihon Musen nutzen, um eigene Geräte nach Japan zu exportieren. Vor

1051 Elfeldt an Direktion Telefunken, 15.8.1933, in: DTMB/AEG, GS2745.

1052 An Herrn Dr. Jobst, 17.2.1934: Auskunftserteilung an die Nihon Musen, Tokio, in: DTMB/AEG, I.2.060 C – 02213. Brief Fritz Elfeldt an Telefunken-Zentrale, 9.3.1938, in: DTMB/AEG, GS2751.

1053 Elfeldt an Telefunken, 13.10.1934, in: DTMB/AEG, I.2.060 C – 02213.

1054 Nihon Musen, Nakajima an The Board of Directors Telefunken, 5.12.1934, in: ebd. und Telefunken an das Oberkommando des Heeres, 10.5.1939, in: DTMB/AEG, I.2.060 C – 02227.

1055 Vgl. im Folgenden: Die Geschichte von Nihon Musen, in: DTMB/AEG, GS 2754. Sowie Notiz: Nihon Musen. Kurze Zusammenfassung der wichtigsten Daten und der geschäftspolitischen Gründe im Zusammenhang mit dem seinerzeitigen Abschluss des Vertrages mit Nihon Musen, 18.12.1959, in: ebd.

1056 Zu der Belegschaftsgröße finden sich unterschiedliche Angaben in den Telefunken-Akten.

1057 Protokoll der Besprechung mit dem Vorstand am 4.2.1960, 7.3.1960, in: ebd.

1058 Vgl. Präsident Japan Radio, I. Kuboki, an Heyne, 25.4.1960, in: ebd. Sowie Notiz Nihon Musen, 18.12.1959, in: DTMB/AEG, GS 2538.

allem aber – und das ist der erste Punkt, der in den Auflistungen der Gründe genannt wird – strebte man die Vereinbarung an, weil andere Unternehmen der Branche auch in Japan aktiv wurden.[1059] Telefunken schickte für die Verhandlungen und zur Begutachtung der Nihon Musen jedoch nicht einmal einen eigenen Mitarbeiter nach Japan, sondern verließ sich auf die kurze Stippvisite des AEG-Mitarbeiters vor Ort. Die geringe Priorisierung und das fehlende Engagement bereute das Unternehmen später. Sie gehörten zudem zu den wesentlichen Ursachen dafür, dass sich die Vertragsverhandlungen über sieben Jahre hinzogen. Sie begannen in den Jahren 1952/53, bevor 1954 die erste Vertragsformulierung erfolgte.[1060] Zum einen verzögerten nun zusätzlich die fehlenden Genehmigungen des MITI den weiteren Ablauf.[1061] Zum anderen herrschte Uneinigkeit bezüglich des Vertragsgebiets, da die Nihon Musen aufgrund des „nationalen japanischen Prestiges" noch die Mandschurei und Nordkorea einbeziehen wollte.[1062] Die beiden Gebiete verblieben im Hauptvertragstext, wobei Nihon Musen im Interpretationsbrief auf die Ausübung der Rechte verzichtete.

Erst zum 01.04.1957 trat der Patentaustausch- sowie Vertretungsvertrag in Kraft. Beide Verträge wurden für die Dauer von zehn Jahren geschlossen und sollten sich jeweils um fünf Jahre verlängern, falls sie nicht zwölf Monate zuvor gekündigt werden sollten. Der Patentaustauschvertrag bezog sich auf Funkanlagen, sämtliche Unterhaltungselektronikgeräte und Bauelemente, vor allem Röhren und Halbleiter.[1063] Die beiden Unternehmen sicherten sich die alleinige Patentbenutzung in den jeweiligen „Heimatgebieten" zu, wobei Nihon Musen Japan und Südkorea, Telefunken hingegen Europa, die afrikanischen Mittelmeerstaaten sowie der Nahe Osten zugestanden wurden. In Deutschland bzw. Japan durften die Unternehmen zudem Unterlizenzen gewähren, deren Einnahmen hälftig aufzuteilen waren. Das geographische Ungleichgewicht wurde zusätzlich durch Exporteinschränkungen für Nihon Musen verstärkt. Das Unternehmen durfte keinerlei Unterhaltungselektronikgeräte exportieren sowie Funkanlagen in keine Telefunkengebiete und Röhren nur in den südostasiatischen Raum. Nihon Musen hingegen

---

1059 Vgl. hier sowie im Folgenden beide Dokumente: Notiz: Nihon Musen. Kurze Zusammenfassung der wichtigsten Daten und der geschäftspolitischen Gründe im Zusammenhang mit dem seinerzeitigen Abschluss des Vertrages mit Nihon Musen, 18.12.1959, in: DTMB/AEG, GS 2754. Sowie Aktennotiz über eine Besprechung in Bad Wiessee am 08.04.1961, in: DTMB/AEG, GS 2538.

1060 Aktennotiz: Nihon Musen-Vertrag und Interpretationsbrief hierzu, 11.3.1957, in: DTMB/AEG, GS 2754.

1061 Vgl. zu den Bedingungen Kapitel 2.2.2

1062 Aktennotiz: Nihon Musen-Vertrag und Interpretationsbrief hierzu, 11.3.1957, in: ebd.

1063 Summarische Zusammenstellung der wesentlichen Bestimmungen des know-how- und Patentaustauschvertrages zwischen Telefunken und Nihon Musen, 27.3.1957, in: ebd.

fungierte nicht nur als Vertretung von Telefunken in Japan, die damit für die Anmeldung und Kontrolle der Patente zuständig war, sondern auch als Vertriebsorganisation für den japanischen Markt.[1064] Zusätzlich verpflichtete sich die Nihon Musen, einen gestaffelten Anteil des Umsatzes im Verlauf der Jahre an Telefunken zu entrichten und zwar unabhängig von der Verwendung der Telefunken-Patente.[1065] Dabei wurde eine Mindestsumme festgesetzt, die sich von 20.000 US-Dollar auf 40.000 US-Dollar innerhalb von vier Jahren erhöhen sollte. Das Vertragswerk spiegelt folglich die Asymmetrie in der Beziehung der beiden Unternehmen. Telefunken war der technologisch weiter vorangeschrittene Lizenzgeber, Nihon Musen der Lizenznehmer, der zum Erhalt dieser Lizenzen die unfairen Bedingungen akzeptierte.

Hans Heyne war der erste aus dem Hause Telefunken, der Nihon Musen besuchte. Bei seiner bereits erwähnten dreimonatigen „Weltreise“ blieb er insgesamt zehn Tage in Japan. Er notierte während dieser Reise nicht nur geschäftliche Belange, sondern kommentierte auch die Hotelstandards, Lebensgewohnheiten oder seine körperlichen und mentalen Beschwerden. Seine allgemeinen Schilderungen zu Japan sind dabei noch stark vom Exotismus sowie in Teilen auch der klassischen Japan-Romantik des vorherigen Jahrhunderts geprägt:

> Jeder der Japan von früher kennt, ist heute über Tokio entsetzt. Tokio ist heute weder japanisch noch westlich, es ist einfach scheußlich.[1066]

Tokio stellte er im Anschluss Kyoto gegenüber, das im Krieg nicht zerstört worden sei und noch „das alte Japan“ zeige. Er begeisterte sich für die dortigen klassischen Holzhäuser, die alten Straßen, das soziale Miteinander und die Verbreitung des Kimonos, der in Tokio nahezu vollständig der westlichen Kleidung gewichen sei.

Diese Perspektive verzerrte aber nicht seine Analyse der japanischen Wirtschaft, die zehn Jahre vor dem Aufkommen der Debatte zur „Japanischen Herausforderung“ in Europa bemerkenswert vorausschauend war:

> Alles zusammengenommen macht Japan einen außerordentlich starken und gesunden Eindruck. Wirtschaftlich haben wir auf alle Fälle mit Japan zu rechnen. [1067]

In dieser Notiz hielt er jedoch auch fest:

1064 Kopie Supplemental Agreement Nihon Musen und Telefunken, 1.4.57, in: ebd.

1065 Die Werte variierten je nach Warengruppe und Exportregion. Im ersten Jahr lag der Wert bei 0 %, im zweiten Vertragsjahr flächendeckend bei 0,75 %, im dritten Jahr zwischen 1,5 % und 4 %, im vierten Jahr zwischen 2 % und 5,5 %.

1066 Heyne: Notiz, Japan-Besuch, 18.11.1959, in: ebd.

1067 An Verteiler: Japan Besuch, 4.11.1959, Heyne, in: DTMB/AEG, GS 4720.

> Wir haben uns zweifelsohne mit der allerschwächsten Firma verheiratet.

Die Besichtigung der Fabrik in Tokio sei zwar gut vorbereitet gewesen, die Verständigungsprobleme jedoch groß. Die Produktionsstätten seien veraltet. Zudem fertige man hauptsächlich Telefunkenprodukte oder solche, die sich auch im eigenen Produktportfolio befänden, wobei er unsicher sei, ob diese auch in dem Maße lizenzmäßig abgerechnet würden.[1068] Hier deutete sich ein gewisses Misstrauen und die Vorstellung des Imitators an. Außerdem sei die Führungsstruktur bei Nihon Musen „nicht in Ordnung".[1069] Er charakterisierte den Präsidenten, Vizepräsidenten und die Patentabteilung als „verschlafen, [mit] wenig Übersicht, schusselig und unsystematisch."[1070]

So hielt er zusammenfassend für seine Vorstandskollegen fest:

> Ja, meine Herren, Japan ist das Land der Widersprüche. Immerhin, Japan hat sich seit meinem letzten Hiersein sehr verändert, und ich glaube nicht nur zum Guten. Es ist stark verwestlicht. Unser Vertragspartner ist sehr schwach, nicht gut organisiert, in der Führungsschicht nicht gut besetzt, und ich glaube, wir müssen höllisch hier aufpassen[1071]

Diese Mahnung verfehlte ihre Wirkung nicht. Hans Heyne trug seine Erkenntnisse in den Vorstand des Unternehmens. In der ersten Jahreshälfte 1960 diskutierte dieser intensiv über die Beziehungen zu Nihon Musen und der japanischen Industrie. Der Ausgangspunkt war dabei die folgende Feststellung:

> Einleitend wies Herr Dr. Heyne darauf hin, daß die USA, Deutschland und Japan gegenwärtig und in Zukunft die führenden Elektronik-Länder der Welt sind und weiterhin bleiben werden. Der infolge des geringen Lohnes in Verbindung mit modernsten Anlagen stark aufstrebenden japanischen Exportentwicklung kommt eine zunehmend größere Bedeutung zu. Telefunken steht deshalb jetzt vor der Notwendigkeit, sein Vertragsverhältnis zu Japan zu intensivieren und entweder die z. Zt. nicht voll befriedigende Zusammenarbeit mit Nihon Musen zu forcieren oder sich einen geeigneteren Partner zu suchen[1072]

Japan wurde somit bereits 1960 als eines der führenden Elektronik-Länder der Welt identifiziert und der Bedeutungszuwachs durch den Export bei niedrigeren Löh-

1068 Vgl. An Verteiler: Besichtigung der Nihon Musen-Fabrik in Tokyo, diktiert am 28.10.1959, in: ebd. sowie Dr. Lux an Dr. Eckhart: Japan-Notizen von Herrn Dr. Heyne, 3.12.1959, in: DTMB/AEG, GS 2754.

1069 Vgl. hier und im Folgenden: Notiz: Hauptbesprechung mit Nihon Musen, 29.10.1959, in: DTMB/AEG, GS 4720.

1070 Ebd.

1071 Notiz: Hauptbesprechung mit Nihon Musen, 29.10.1959, in: ebd.

1072 Protokoll der Besprechung mit dem Vorstand am 4.2.1960, in: DTMB/AEG, GS 2754.

nen antizipiert. Die Schlussfolgerung daraus war schon zu diesem Zeitpunkt die Kooperation mit den japanischen Unternehmen – entweder mit der Nihon Musen oder einem anderen Partner. Uneinig war man sich innerhalb des Vorstandes, wie die Kooperation gestaltet bzw. intensiviert werden sollte. Die Unterhaltungselektronik war dabei der entscheidende Produktbereich.

Zwei grundlegende Determinanten schränkten die Neuausrichtung der Unternehmenspolitik ein. Erstens war Telefunken vertraglich noch bis 1967 an Nihon Musen gebunden. Darüber war insbesondere Hans Heyne mit seiner kritischen Einschätzung verärgert. Er fühlte sich – und er formuliert es in seinen eigenen Notizen auch als ein „Gefühl" – von den japanischen Unterhändlern bei der Vertragsunterschrift betrogen.[1073] Er kritisierte die eigene juristische Abteilung dahingehend, dass man sich lediglich auf einen japanischen Wirtschaftsprüfer verlassen habe, dem er Parteilichkeit und die Täuschung bezüglich der Unternehmensdaten unterstellte. Sein kollektives Unbehagen bezog sich auch auf die Vertreter Nihon Musens:

> Die Leute geben sich unendlich viel Mühe und sind rührend. Man weiß aber nicht, ob nicht gleichzeitig noch irgendwelche anderen Gedanken dahinterstecken, was ja bei diesen Asiaten – besonders bei den Japanern – nicht unmöglich ist.[1074]

An dieser Stelle zeigt sich der Kollektivismustopos, der bis in den Rassismus reichte. Darüber hinaus war Heyne aber auch äußerst unzufrieden mit der Entwicklung der Geschäftsbeziehungen. So seien aufgrund des schlechten Vertriebsnetzes nur wenige Exporte nach Japan möglich. Ein Nachbau von Unterhaltungselektronikgeräten fände gar nicht statt.[1075] Innerhalb des Vorstandes diskutierte man daher sogar zwei Möglichkeiten, um die Verträge vorzeitig zu beenden. Die erste Variante bezog sich auf Heynes Wahrnehmungen des Vertragsabschlusses. Die intransparente Kommunikation wollte man juristisch als Täuschungsversuch deklarieren, um so den Vertrag rechtlich nichtig zu machen.[1076] Die zweite Variante sollte Nihon Musens aufgenommenen Geschäftsbeziehungen zur Raytheon Company nutzen, um zumindest einzelne Warengruppen aus dem Vertrag zu lösen.[1077]

Die zweite einschränkende Determinante waren fehlende potenzielle neue Partner. Telefunken sondierte den Markt. Hierzu führte man Gespräche mit zahl-

1073 Vgl. Notiz: Vertragsbeziehungen zu Nihon Musen, 3.11.1959, in: ebd.

1074 Ebd.

1075 Protokoll der Besprechung mit dem Vorstand am 4.2.1960, in: Archiv der AEG-Telefunken, GS 2754.

1076 Ebd.

1077 Notiz: Nihon Musen, 1.6.1960, in: ebd.

reichen Unternehmen und tauschte sich mit der deutschen Botschaft in Tokio aus.[1078] Bei den Nachforschungen musste man allerdings feststellen, dass die meisten japanischen Unternehmen bereits mit anderen europäischen oder amerikanischen Konzernen verbunden waren. Zunächst mutmaßte der Vorstand, dass Hitachi und Sanyo „noch frei“ sein könnten.[1079] In den intensiven Recherchen deckte man jedoch die Beteilungen der General Electric bzw. RCA auf.[1080] In der erstellten Rangliste der größten japanischen Elektrounternehmen belegte Nihon Musen lediglich Platz zwölf. Diese Erkenntnis bekräftige nochmals die Einschätzung, dass Nihon Musen kein geeigneter Partner sei.

Zur zukünftigen Gestaltung der Beziehungen zu Nihon Musen oder einem anderen japanischen Unternehmen gab es zwei konträre Positionen innerhalb der Führungsebene des Unternehmens, die jeweils Hans Heyne zu überzeugen versuchten.[1081] Eine Gruppe um die Vorstandsmitglieder Zickermann und Eckhart knüpfte an die Charakterisierung Japans als eines der führenden Elektronikländer an und folgerte:

> Die Entwicklung der japanischen Elektroindustrie zwingt uns zu einem Wechsel in der Beurteilung Japans: Es handelt sich nicht mehr um ein „Nachbauland“; die potenteren japanischen Firmen fühlen sich – auf Grund erwiesener Leistungen insbesondere auf dem Warensektor (inkl. Halbleiter) – als gleichberechtigte Partner. Die dortigen Geräte sind den vergleichbaren Telefunken-Geräten qualitativ zumindest gleichwertig. Auch entwicklungsmässig versucht man, den Vorsprung zu halten: Sony (Tunneldiode!) behauptet z. B., bereits Micromodules für das Entertainment-Geschäft zu entwickeln. Wenn die derzeitige Prüfung der Frage, ob vergleichbare Informationen aus USA zur Verfügung stehen, negativ verläuft, wird die Frage akut, ob wir mit einer führenden japanischen Firma auf dem Gerätesektor einen gezielten know-how-Vertrag abschließen sollen.[1082]

Sie bekräftigten somit noch einmal den im Vorstandsprotokoll eher angedeuteten Perspektivwechsel. Die führenden japanischen Unternehmen – zu denen man explizit nicht Nihon Musen zählte – wurden als gleichberechtigte Partner angesehen. Die Produktqualität und Innovationen der Unternehmen wurden anerkannt, so-

---

1078 Vgl. Heyne an Verteiler (Vorstand), 23.11.1959: Größenordnung der japanischen Elektroindustrie, in: ebd. Sowie zu den Planungen: Protokoll der Besprechung mit dem Vorstand am 4. 2. 1960, 7. 3.1960, in: ebd.

1079 Ebd.

1080 Die Electronic-Industrie Japans 1959/60, 9.12.1959, in: DTMB/AEG, GS 2538. In diesem Dokument finden sich umfangreiche Zeichnungen zu etwaigen Beteiligungsverhältnissen und Mutmaßungen.

1081 Beteiligt waren sowohl Vorstandsmitglieder als auch Generaldirektoren der verschiedenen Unternehmensbereiche.

1082 Vgl. hier und im Folgenden: Vertrauliche Besprechung, 4.10.1960, in: DTMB/AEG, GS 2754.

dass man mit einem Knowhow-Vertrag von diesen sogar profitieren könnte. Mit dieser Perspektive war der Personenkreis der öffentlichen Wahrnehmung aber auch den Wahrnehmungen anderer Unternehmerkreise der deutschen Wirtschaft, die zu diesem Zeitpunkt noch häufig von Überheblichkeit und Stereotypen geprägt waren, weit voraus.[1083] Aus diesen Überlegungen schlussfolgerten die Vorstandsmitglieder, dass der Vertrag mit Nihon Musen in der Unterhaltungselektronik definitiv nicht aufrechterhalten werden sollte. Eine gemeinsame Gerätefabrik sah man auf dem japanischen Markt selbst unter der Verwendung der eigenen Technik als chancenlos an, da Nihon Musen zu unerfahren und die Konkurrenz zu stark sei. Bei einem qualitativ guten Partner würde hingegen die Leitung der Fabrik nicht bei Telefunken verbleiben, sodass auch dies keine Option sei.

Der Telefunkendirektor von Henk, der bereits 1957 den Vertrag mit Nihon Musen unterzeichnet hatte, beharrte hingegen darauf, dass Japan ein „Nachbauland“ sei. Er plädierte dafür, mit Nihon Musen oder einem anderen Unternehmen eine gemeinsame Produktion von Rundfunkempfängern, Transistoren und Röhren in Japan aufzubauen, die das Telefunkenprogramm durch eine günstige Gerätekategorie erweitern sollte.[1084] Allein die Lohnkosten kalkulierte man nämlich 50 % niedriger als bei vergleichbaren Telefunkenproduktionen in Deutschland.[1085] Unter der eigenen Führung könne man dann die Exportkanäle kontrollieren – im Gegensatz zu den US-amerikanischen Unternehmen. Deren Verhalten diente ihm eingeschränkt als Vorbild, da sie zwar viel Geld mit dem umfassenden „know-how-Geschäft“ verdient, aber die Kontrolle über die japanischen Aktivitäten verloren hätten. Durch diesen Technologietransfer seien die preisgünstigen transistorisierten Rundempfänger erst zu einer „japanischen[n] Domäne“ geworden, mit denen zukünftig der Weltmarkt „überschwemmt“ werde. Seine Prämisse tritt bei der Bewertung der Fernsehentwicklung noch deutlicher zutage:

> Die Amerikaner sind auf dem besten Wege, den Japanern auch noch die Technik der Fertigung von Fernsehempfängern, ja sogar Farb-Fernseh-Empfängern beizubringen, wodurch sie sich für eine zweite Phase noch hohe Einnahmen sichern [...].[1086]

1083 Vgl. Kapitel 2.3 sowie Kleinschmidt: Der produktive Blick, S. 333–335.

1084 Vgl. hier und im Folgenden: Notiz von Henk: Nihon Musen, 28.6.1960, in: DTMB/AEG, GS 2754.

1085 Vgl. Kurzstudie über die Verhältnisse in der japanischen Elektroindustrie, 1.10.1959 sowie die Aufstellung: Kostenkonkurrenz: Japan, Deutschland USA, in: Archiv der AEG-Telefunken, GS 3029. Im Unternehmen wurde Dr. Weblus mit dieser umfassenden Recherche beauftragt, die das japanische Zulieferersystem und die Sozialversicherungsabgaben umfassend berücksichtigte.

1086 Vgl. ebd.

Von Henk führte die Erfolge der japanischen Unternehmen folglich auf die amerikanische Technologieadaption zurück. Mehr noch traute er den japanischen Unternehmen nicht zu, die grundlegende Innovation des Farbfernsehens selbst vorantreiben zu können, was von der verbreiteten Überheblichkeit zeugt. An dieser Stelle zeigen sich somit noch dominante Elemente des Imitatorimages. Beide Gruppierungen antizipierten jedoch das Prosperieren der japanischen Unterhaltungselektronikindustrie. Während erstere auch die technologische Entwicklung der 1960er voraussahen, verblieb von Henk in dem Erfahrungsraum der 1950er Jahre.[1087]

Heynes genaue Reaktion auf die beiden konkurrierenden Perspektiven ist nicht überliefert. Im Vorstand entschied man sich auch aufgrund mangelnder Alternativen und der vertraglichen Bindung, die Beziehungen zu Nihon Musen fortzusetzen. Die Entstehung des Unterhaltungselektronikbereichs und die Entwicklung des Funksegment Nihon Musens sollten abgewartet werden, wobei die Besuche und die Unterstützung intensiviert werden sollten.[1088] Nach zwei Jahren hatte man eine erneute Evaluation der Beziehungen geplant. Eine gemeinsame Produktionsstätte errichtete man allerdings nicht. Stattdessen präferierte man die eigene Entwicklung eines Exportgeräts, das qualitativ hinter den europäischen Standards zurückbleiben, dafür aber preislich mit den japanischen auf den Auslandsmärkten konkurrieren können sollte.[1089]

Die Unzufriedenheit mit den Unternehmensbeziehungen beruhte jedoch auf Gegenseitigkeit. Ebenfalls im Frühjahr 1960 schrieb der Präsident Nihon Musens, I. Kuboki, einen Brief an Hans Heyne.[1090] Er informierte ihn über die bereits erwähnten Planungen, weitere Geschäftsbeziehungen mit der Raytheon Company im Halbleitersegment aufzunehmen, da er diese Bauelemente als elementaren Bestanteil der zukünftigen Konsumgüterentwicklung sehe. Er betonte an dieser Stelle, dass er sich deutlich mehr Innovationen von Telefunken erhofft habe, um den Einstieg in die Unterhaltungselektronikproduktion zu erleichtern. Die fehlenden Innovationen seien auch der Grund für den geringen Absatz der Geräte in Japan. Stattdessen würden die Exportbeschränkungen sogar die Entfaltung des im Aufbau befindlichen Kassettenrekordergeschäfts einschränken, da entsprechende Stückzahlen nicht erreicht werden könnten. Auf diese Vorwürfe ging Heyne nicht ein.

1087 Vgl. Kapitel 2.2.2

1088 Vgl. Vertrauliche Besprechung, 4.10.1960, Heyne an Baron Okura, 1.6.1960 (Entwurf) sowie Notiz Nihon Musen, 1.6.1960, in: ebd.

1089 Protokoll über die Weltreisebesprechung am 18. und 19. Januar 1960 in Ulm, in: DTMB/AEG, GS 4720. Die weiteren Entwicklungen konnten anhand der vorliegenden Quellen nicht nachvollzogen werden.

1090 Präsident Japan Radio, I. Kuboki, an Heyne, 25.4.1960, in: DTMB/AEG, GS 2754.

Die Exportbeschränkungen wurden ebenfalls zu diesem Zeitpunkt nicht aufgehoben.

Bei der Zwischenevaluation der Beziehungen im Mai und Juni 1962 gestattete Telefunken dann den Export bestimmter Unterhaltungselektronikprodukte nach Nord- und Südamerika mit der Ausnahme Brasilien, da Telefunken dort umfassender auf dem Markt aktiv werden wollte.[1091] Zu diesem Zeitpunkt war die Produktion von Unterhaltungselektronikgeräten bei Nihon Musen angelaufen. Man hatte ein Tonbandgerät, das Magnetophon 76, sowie ein Autoradio, das Autosuper, nachgebaut. Für beide Geräte wollte Nihon Musen ein Telefunkenzulieferer werden, um so die Stückzahlen zu steigern. Telefunken stand diesem Arrangement bei einem angemessenen Preis offen gegenüber. Bis zur nächsten Verhandlungsrunde im November 1963 war jedoch keine Zulieferung erfolgt. Der Unterhaltungselektronikbereich Telefunkens bewertete daher die Zusammenarbeit als „irrelevant“.[1092] Der Anlagenbereich sah zu diesem Zeitpunkt jedoch noch Potentiale, sein Angebot im unteren Preissegment abzurunden. In den Verhandlungen eröffnete Nihon Musen dann jedoch das Problem, dass die Lizenzgebühren für den geringen Ertrag, der aus den Telefunkenpatenten gezogen würde, zu hoch seien.[1093] Sie forderten daher eine radikale Reduzierung sowie die Freigabe der Exporte. Der intensive Wettbewerb auf dem japanischen Markt sowie die Lohnsteigerungen würden nämlich zusätzlich die Erträge verringern. Die japanischen Unternehmen, vor allem in der Unterhaltungselektronikindustrie, seien darüber hinaus nach dem Krieg „amerikanisiert“ worden, sodass man nun gegen amerikanisches Knowhow bestehen müsse, während der Technologietransfer von Telefunken zu langsam sei. Daher seien das Tonband- und Autoradiogeschäft enttäuschend verlaufen. Die Telefunkenverhandler zogen sich auf den Standpunkt zurück, dass sie das Wissen lediglich zur Verfügung stellen würden, die Verwertung aber durch Nihon Musen erfolgen müsse. Sie waren zudem nicht bereit, den Forderung nachzugeben, sodass sie eine Beendigung des Vertrags zum Jahr 1967 vorschlugen, dem eine Übergangsfrist mit reduzierten Lizenzgebühren aber auch die Einstellung des Technologietransfers ab 1965 vorangestellt werden sollte. Durch offizielle Schreiben im August 1965 wurde die Zusammenarbeit beendet.[1094]

1091 Vgl. Aktenvermerk über eine Besprechung in Hannover am 5. Juni 1962 und Aktenvermerk über eine Besprechung in Ulm am 28.5.1962, in: ebd.

1092 Vgl. zu den Vorgesprächen: Aktenvermerk über eine Besprechung in Lindau, 8.5.1963, in: ebd.

1093 Vgl. hier und im Folgenden: Gedächtnisvermerk über Verhandlungen mit Nihon Musen, 12.11.1963, in: ebd.

1094 Vgl. Dr. Lux an Japan Radio Company, 19.8.1965, in: DTMB/AEG, GS 8315.

Damit endete Telefunkens frühzeitige Antizipationsphase der „Japanischen Herausforderung“, aus der aber nicht die entsprechenden unternehmenspolitischen Weichenstellungen erfolgen konnten, da man sich vertraglich – in der Rückschau – falsch gebunden hatte. In der entscheidenden Diskussion zur Beendigung der Nihon Musen-Verträge im Jahr 1963 vertrat der spätere Vorsitzende Felix Herriger bereits die Ansicht, „daß Japan uns eingeholt und teilweise überholt hat“.[1095] Daher sollten auch die Liefer-, Lizenz- und Unternehmensbeziehungen im Allgemeinen neu überdacht werden.

4.3 Kooperation als Antwort auf die „Japanische Herausforderung“

4.3.1 Besitzstandswahrung und Neuausrichtung: von PAL zum „Japan-Konzept“

Das Ende der Verträge mit Nihon Musen fiel in eine Umbruchsphase Telefunkens. 1967 fusionierte das Unternehmen mit der Muttergesellschaft AEG. Für die Beziehungen zu Japan folgte daraus, dass die vormalige alleinige AEG-Vertretung, Okura Trading Co. Ltd, nun auch für die Telefunkenbereiche, wie die Unterhaltungselektronik, zuständig war. Dass Okura eindeutig auf das Starkstromanlagengeschäft der AEG spezialisiert war, wurde durchaus kritisch reflektiert. Da Okura unter den japanischen Unternehmen jedoch als der traditionelle Ansprechpartner der AEG galt, wurde an den Beziehungen festgehalten.[1096] Im Gegensatz zu Nihon Musen kümmerte sich Okura jedoch nicht um die Unterlizenzierung der Konzernpatente in Japan, sondern trat primär als Handelsgesellschaft auf. Diese Aufgabe fiel jetzt den einzelnen Unternehmensbereichen zu, die allerdings auch von den zentralen Institutionen des Konzerns unterstützt wurden. Damit traten sie in deutlichen engeren Kontakt zu den japanischen Unternehmen, wie in dem folgenden Kapitel anhand der Lizenz- und Kooperationspolitik dargelegt werden soll.

Um 1966 arbeitete der Unterhaltungselektronikbereich Telefunkens die Beziehungen zur japanischen Industrie zunächst auf.[1097] Nihon Musens Bemühungen um die Patentanmeldungen in Japan wurden in der Rückschau zunächst als sehr gut eingeschätzt. Allerdings hatte Telefunken keinen umfassenden Überblick über

1095 Aktenvermerk: Besprechung in Lindau am 8.5.63, in: DTMB/AEG, GS 2754.

1096 Vgl. Vertretungssituation AEG-Telefunken in Japan, 1971, in: DTMB/AEG, V0294. Ergänzt wurde die Vertretung durch das Patentanwaltsbüro Vogt & Sohn, das die formale Anmeldung juristisch begleitete.

1097 Wie der Knowhow-Austausch endete auch die Vertretung in Lizenz- und Patentfragen 1965.

die entsprechenden Lizenzvergaben in Japan. Daher reiste im Februar 1966 Dr. Johannesson, Leiter der zentralen Patentabteilung, nach Japan, um die Verhältnisse zu eruieren.[1098] Johannesson stellte fest, dass Nihon lediglich Lizenzen zur Produktion von Schallplatten vergeben hatte. Er führte die geringe Lizenzvergabebereitschaft darauf zurück, dass die japanische Industrie bei Forderungen von „Ausländern [...] fest zusammenhält" und bemühte an dieser Stelle den Kollektivismustopos. Diese Annahme bestätigte ihm, laut seinem Bericht, Nihon Musen sogar. Dabei brachte er in Erfahrung, dass zahlreiche japanische Unternehmen dennoch Telefunkenpatente, speziell die sogenannten Minner- und Maurer-Patente, in ihren UKW-Empfängern verwenden würden, ohne jedoch entsprechende Lizenzgebühren zu entrichten.[1099] Während die Verhandlungen mit den Unternehmen Matsushita, Sanyo, Mitsubishi, Hitachi und Crown zu größtenteils zufriedenstellenden Nachzahlungen führten, bestritt Sony teils die Verwendung der Patente oder deren Rechtmäßigkeit.[1100] Sony sollte nicht zum letzten Mal dasjenige Unternehmen sein, das Telefunken die größten Probleme bereitete. In den ersten Exportbemühungen der 1960er Jahre tauchten diese UKW-Rundfunkempfänger jedoch nicht nur als japanische Markengeräte auf dem deutschen Markt auf, sondern auch als Zulieferungen an die Unternehmen SEL, Schaub, Graetz und Nordmende, ohne dass entsprechende Lizenzgebühren gezahlt worden waren.[1101] Sie waren damit ein Teil der in Kapitel 2 skizzierten Eigeneinfuhren. Telefunken selbst bezog zu diesem Zeitpunkt keine fertigen Geräte aus Japan, sondern lediglich Lautsprecher von Matsushita und Pioneer.[1102] Die Zulieferungsforderungen Felix Herrigers aus dem Jahr 1963 waren somit erst ansatzweise angegangen worden.

Mit den UKW-Patenten rief Telefunken seine traditionelle Bedeutung als technischer Innovator bei den japanischen Wettbewerbern in Erinnerung, die das Unternehmen beispielsweise auch von einem primären Gerätebauer wie Grundig unterschied. Durch die PAL-Patente potenzierte sich die Bedeutung Telefunkens. Telefunken wurde (zeitweise) zu einem Gatekeeper für die PAL-basierten Farbfernsehmärkte, die zu Beginn der 1970er über 20 Länder mit Schwerpunkten in

1098 Bericht Japan-Reise, 3.-20.2.1966 von Dr. Johannesson Patentabteilung, in: DTMB/AEG, GS 6996.

1099 Aktennotiz: Verhandlung über Benutzung unserer japanischen UKW-Empfänger-Patente mit den Firmen Sanyo, Sony, Matsushita, Mitsubishi, Hitachi und Crown, 3.3.66, in: ebd. Die Minner- und Maurer-Patente dienten durch eine spezifische Decodierung der Frequenzen dazu, die Klangqualität des empfangenen Programms zu erhöhen. Vgl. auch: Notiz, Japanische UKW-Empfänger, 14.6.1963, in: ebd.

1100 Aktennotiz: Besprechung mit Sony am 15. und 19.2.1966 in Tokyo, in: ebd.

1101 Aktennotiz Patentabteilung, 14.4.1966: Vertrieb japanischer UKW-Empfänger in BRD, in: ebd.

1102 Aufzeichnung Johannesson: Geschäftsbeziehung mit japanischen Firmen, 2.2.1966, in: ebd.

Europa, Afrika und dem Nahen Osten umfassten. Nach und nach wuchs das PAL-Verbreitungsgebiet auf über 70 Länder an.[1103] Wie bereits erwähnt, wurde der globale Farbfernsehmarkt durch drei Normen der Fernsehübertragung aufgeteilt: PAL, SECAM und NTSC. NTSC war die älteste Systemnorm und herrschte bereits in den USA und Japan vor, wo seit 1953 bzw. 1960 Sendungen in Farbe ausgestrahlt wurden. Das System war von den USA auf Japan übertragen worden. SECAM und PAL bauten auf NTSC auf, wobei PAL partiell auch Errungenschaften des SECAM-Systems nutzte. Das Ziel bestand ursprünglich darin, die Farbverzerrungen des NTSC-Formats zu eliminieren und damit die Bildqualität zu erhöhen. Vereinfacht gesagt, gab SECAM das Farbsignal differenzierter wider. PAL hingegen glich durch den phasenweisen Wechsel zweier verzerrter Farbsignale den Fehler aus.[1104] In den Forschungsprozessen in der ersten Hälfte der 1960er Jahre wurden die beiden ursprünglichen Patente durch weitere Entwicklungen zu inkompatiblen Systemen ausgebaut. Die Durchsetzung eines einheitlichen Systems wurde zu einer Frage des politischen Prestiges. In der Sitzung des Internationalen Beratenden Ausschusses für den Funkdienst (CCIR) im Jahr 1966 sprachen sich mit Ausnahme von Frankreich, den Ostblockstaaten, Griechenland und Luxemburg alle europäischen Staaten für das PAL-System aus, dem damit der Durchbruch gelang. Im globalen Maßstab folgten nun nach und nach weitere Staaten.

In den Ländern, die sich für PAL entschieden, sendeten die Rundfunkanstalten ein entsprechend codiertes Signal. Jeder Farbfernseher des Landes musste also nach dem PAL-System gebaut werden, dessen Patente bei Telefunken lagen. Telefunkens Lizenzpolitik sah vor, dass nur Unternehmen, die in einem PAL-Land ansässig waren und dort produzierten, die Lizenzen nutzen durften.[1105] Damit sollte der Aufbau nationaler Industrien durch den Schutz vor ausländischer Konkurrenz ermöglicht werden. Diese Klausel zielte vor allem auf japanische und US-amerikanische Unternehmen.

Eben jene japanischen Unternehmen stellten bereits im Frühjahr 1967 PAL-Lizenzanfragen an Telefunken, um Zugang zu den Absatzmärkten zu erlangen. Telefunken lehnte die Anfragen von Matsushita, Hitachi, Hayakawa, Nippon Columbia und Toshiba mit einem Einheitsschreiben ab, das darauf verwies, dass Ja-

1103 Vgl. hier und im Folgenden zur Entwicklung und Durchsetzung ausführlich: Fickers: „Politique de la grandeur" versus „Made in Germany", vor allem S. 125–141. Zur Verbreitung und internationalen Lizenzpolitik findet man bei Fickers keine umfassenden Hinweise. Als Ansatzpunkt siehe hierzu: Irmscher, Wolfgang R./Einsel, Robert: Empfangen, in: Thiele, Erdmann (Hrsg.): Telefunken nach 100 Jahren. Das Erbe einer deutschen Weltmarke, Berlin 2003, S. 108.

1104 Fickers: „Politique de la grandeur" versus „Made in Germany", S. 134.

1105 Vgl. auch Teupe: Die Schaffung eines Marktes, S. 72; Cawson: Hostile Brothers, S. 224.

pan kein PAL-Land sei.[1106] Die Grenzen dieser räumlichen protektionistischen Maßnahme wurden jedoch schnell deutlich. So bat das britische Unternehmen EMI bereits im Juli 1967, von Toshiba produzierte PAL-Fernseher in Großbritannien im Sinne der Eigeneinfuhren vertreiben zu dürfen.[1107] Herriger lehnte dieses Arrangement mit dem Verweis auf die PAL-Rechtelage in Japan noch ab, wobei er bereits äußerte, dass man dies wohl nicht aufrechterhalten könne.[1108] Sony ging bei seiner Lizenzanfrage im Jahr 1969 forscher vor. Sie stellten ein Ultimatum. Wenn sie keine PAL-Lizenzen erhalten sollten, würden sie die Produktion in England – einem PAL-Land – aufnehmen und damit das Handelshemmnis umgehen.[1109] Matsushita legte in einem Brief im Juli 1969 dar, dass sie bereits in Thailand, ebenfalls einem PAL-Land, PAL-Empfänger herstellen würden und von dort exportieren könnten. Sie wären aber bereit, Gebühren für diese Geräte zu bezahlen.[1110] Telefunken hatte also die internationale Vernetzung der japanischen, in Teilen schon multinationalen Unternehmen unterschätzt.

Telefunken hielt jedoch nicht nur die PAL-Patente. Im Rahmen von Grundigs Videoaktivitäten wurde bereits ausgeführt, dass Telefunken mit dem Schüller-Patent ein wesentliches Grundlagenpatent für den Videorekorder besaß, das jedoch 1972 auslaufen sollte. Als die erste Kommerzialisierungswelle des Videorekorders in den Jahren 1969/70 anlief, benötigen die japanischen Unternehmen diese Lizenzen. Telefunken gewährte sie Sony, Matsushita und JVC zu einem einheitlichen Lizenzsatz von 3 % des Umsatzes. Zusätzlich gestatteten sie den Verkauf der Geräte in der Bundesrepublik.[1111] Der neue Leiter der Lizenzabteilung, Dr. Hoimar von Ditfurth, führte in diesem Zusammenhang aus, dass zwar bislang der Technologietransfer nur nach Japan gerichtet gewesen sei, man sich aber in diesem Fall kooperativ verhalte, da man „eines Tages möglicherweise von japanischen Firmen Lizenzen [werde] nehmen müssen".[1112]

Letzterer Gedanke trieb nicht nur von Ditfurth, sondern auch Felix Herriger schon länger um, der als Stellvertretender Vorstandsvorsitzender der AEG-Telefunken für den Bereich Unterhaltungselektronik verantwortlich war. Warum al-

---

1106 Vgl. Johannesson an Mößner, 31.3.1967 und Hoffmann/Wolf an Nestel, 15.6.1967, in: DTMB/AEG, GS 3544.

1107 Aktennotiz Johannesson: PAL-Lizenz Toshiba, 31.7.1967, in: ebd.

1108 Entscheidung Herriger, 10.01.1968, in: ebd.

1109 von Ditfurth an Herriger, 5.9.1969: Lizenzwünsche der japanischen Industrie, 5.9.1969, in: ebd.

1110 Notiz von Ditfurth, Japanische Industrie PAL-Lizenz, 29.7.1969, in: ebd.

1111 Vgl. bspw.: Vertrag zwischen der AEG-Telefunken und Sony, 25.2.1970, in: DTMB/AEG, GS 6996.

1112 Vgl. Berger an von Ditfurth, 22.5.1969 sowie von Ditfurth an Berger, 14.5.1969, in: ebd.

lerdings seit den ersten aktenkundigen Äußerungen Herrigers im Jahr 1963 und dem Vertragsende mit Nihon Musen 1967 sechs beziehungsweise zwei Jahre bis 1969 ohne eine konzeptionelle Weichenstellung vergangen waren, ist aus den Quellen nicht ersichtlich. Die Vermutung liegt nahe, dass durch die Fusion und die Etablierung des PAL-Systems, das Herriger vor allem als politischen Akteur forderte, die Aufmerksamkeiten und Kapazitäten anderweitig gebunden waren.[1113] Im März 1969 stellten Herriger und von Ditfurth erste unverbindliche Überlegungen an. Als Telefunkens attraktivste Ressource wurden die PAL- und Schüller-Patente ausgemacht. Auf deren Grundlage, so die Idee, könnte man eine enge Beziehung mit wechselseitigem Technologietransfer zu einem japanischen Unternehmen aufbauen.[1114] Als nun die bereits skizzierten Lizenzbegehren und Umgehungsversuche den Patentwert zu schmählern drohten, riefen von Ditfurth und Herriger eine Vorstandssitzung zur „Japan-Lizenzpolitik im Unterhaltungselektronikbereich" ein – mit dem Verweis, dass die „Zeit dränge[n]".[1115] In dieser Sitzung formulierte Herriger drei Anliegen des Unterhaltungselektroniksegments:

a) Aufrechterhaltung und voraussichtliche Erweiterung der Bezugsmöglichkeiten in Japan
b) Einnahmen von Lizenzgebühren
c) technische Kooperation mit dem Ziel der Einsparung von Entwicklungsaufwand

Zu den PAL-Lizenzbegehren hielt man hingegen fest, dass man zunächst von den bisherigen Vergaberichtlinien nicht abweichen und stattdessen abwarten wolle, ob und wie umfangreich die Produktion der japanischen Hersteller in anderen PAL-Ländern und den „Exportbasen", wie Thailand oder Hongkong, aufgenommen werde. Je nach Umfang sollten dann verschiedene Eindämmungsmaßnahmen erwogen werden.

Alle drei Anliegen wurden im Anschluss zeitnah forciert. Die einzelnen Initiativen wurden dabei seit dem Frühjahr 1970 von einem Resident Engineer unterstützt, dessen Aufgabe als direkter Ansprechpartner in Japan darüber hinaus in der Pflege der Unternehmenskontakte bestand. Die AEG-Telefunken hatte Anton

1113 Zu Herrigers Rolle bei der Durchsetzung von PAL, bspw. zu den zahllosen Gesprächen mit politischen Akteuren vgl. Fickers: „Politique de la grandeur" versus „Made in Germany", S. 307–345.

1114 Aktennotiz Dittfurth, 4.3.1969, in: DTMB/AEG, GS 6996.

1115 Vgl. zur Sitzung hier und im Folgenden: Aktennotiz über eine Besprechung in Hannover, 22.9.1969, zur Japan Lizenz-Politik im Unterhaltungselektronikbereich, in: DTMB/AEG, GS 3544. Zur Einberufung siehe: Ditfurth an Herriger, 5.9.69: Lizenzwünsche der japanischen Industrie, in: ebd.

Wiegand in dieser Funktion entsandt – ein Indikator und Hinweis auf die beabsichtigte Vertiefung der Beziehungen zu japanischen Unternehmen.[1116] Seit 1970/71 wurden nun bereits vollständige Geräte aus Japan bezogen und unter der Telefunkenmarke verkauft.[1117] Hierzu zählten zunächst einfache Rundfunkempfänger, Tonbandgeräte und schließlich auch Kassettenrekorder.[1118] Zum Hauptlieferanten wurde Funai Denki, einer der größten japanischen Hersteller von Unterhaltungselektronikprodukten, der sich auf das Zuliefferergeschäft spezialisierte hatte.[1119] Telefunken war für 90 % des Unternehmensumsatzes verantwortlich. Für Telefunken wurden allein im Jahr 1971 7 Modelle hergestellt, darunter die „Piccolo„-, „Picnic„- und „Partner"-Reihen, allesamt einfache Kofferempfänger. Wie lukrativ der Zukauf war, lässt sich aus den Berechnungen des sogenannten „Hauptplan 1974" schlussfolgern. In einer detaillierten Auflistung und Berechnung stellten die Kalkulatoren Telefunkens fest, dass bei diesen Tonband- und Rundfunkgeräten 1973 ein Warenertrag von ca. 2,6 Mio. DM erzielt worden sei, d. h. ohne eigene Produktion und allein durch den Weiterverkauf verzeichnete Telefunken den entsprechenden Gewinn.[1120] Der Zukauf von Kassettengeräten war sogar noch lukrativer. Der Warenertrag wurde mit 21,148 Mio. DM ermittelt.[1121] Der Zukauf wurde damit nach und nach auf die Geräte ausgedehnt, deren Produktion sich aus Kostengründen in der Bundesrepublik nicht mehr gelohnt habe, wie die Vertreter der Unterhaltungselektronikindustrie beispielsweise in den Gesprächen mit dem Bundeswirtschaftsministerium herausstellten.[1122]

Bezüglich der Lizenzgebühren bemühte man sich ebenfalls um eine neue Strategie. Zwar war bereits eine Einigung wegen der genannten Lizenzverträge zu Videorekordern erzielt worden. Zudem bestanden insgesamt acht Verträge zu den UKW-Empfängern.[1123] Die Erträge aus diesen Verträgen beliefen sich seit 1968 jedoch lediglich auf 130.000 DM. Von Ditfurth bewertete die bisherige Lizenzpolitik

1116 Vgl. Vertretungssituation AEG-Telefunken in Japan, 1970, in: DTMB/AEG, V0294.

1117 Zur Entwicklung dieser Geräte liegen keine Quellen vor. Aller Voraussicht nach sind sie von Telefunken konzipiert worden.

1118 Vgl. die tabellarische Aufstellung: „Zukäufe" im sogenannten „Hauptplan 1974", in: DTMB/AEG, GS 1470.

1119 Vgl. hier und im Folgenden: Einzelbericht Gespräch mit Funai, 16.6. und 19.6.71, in: DTMB/AEG, GS 3544.

1120 Kursgewinne aus Zukäufen, 16.11.1973, in: DTMB/AEG, GS 1470. Wie man dem Datum entnehmen kann, erhalten diese Kalkulationen Schätzungen für das letzte Quartal.

1121 Vgl. Zukauf von Cassettengeräten aus Japan. Warenerträge und Deckungsbeiträge, 27.9.1973, in: ebd.

1122 Vgl. Kapitel 3.3.3

1123 Vgl. als tabellarische Aufstellung: Patentlizenz- und Nachbauverträge in Japan, September 1970, in: DTMB/AEG, GS 6996.

daher nur als bedingt erfolgreich, da zusätzlich einige Patente zu Schwarzweiß- und NTSC-Farbfernsehgeräten weiterhin ohne Lizenz verwendet würden.[1124] Dies hatte die Patentabteilung in einer umfassenden Analyse der Geräte im Jahr 1969 herausgearbeitet.[1125] Hierzu zählten vor allem die bereits erwähnten Minner- aber auch das Kratochvil-Patent, das sich auf Ablenkspulen bezog, die in Bildröhren zur Lenkung der Elektronenstrahlen verwendet wurden. Bislang sei eine Durchsetzung defizitär geblieben, sodass nun eine neue Strategie anzuwenden sei, bei der eine Lizenzerteilung direkt in Aussicht gestellt werden sollte. Im Februar und März 1970 schrieb Telefunken daher insgesamt 15 japanische Unternehmen mit einem entsprechenden Hinweis und Angebot an. Lediglich Matsushita und Toshiba reagierten sachlich und erläuterten die Einwände.[1126] Beide negierten die Verwendung der Patente. Die übrigen Unternehmen reagierten erst gar nicht oder nicht sachbezogen auf das Angebot, sodass Telefunken im Frühjahr 1971 Mahnungen versandte.

Die Reise einer Telefunkenvertretung unter von Ditfurth im Juni 1971 erzielte ebenfalls nur geringe Erfolge. Man besuchte über 30 japanische Unternehmen, wobei lediglich Sanyo die Verwendung der Minner-Patente zugab, um dann die Gespräche um die PAL-Patente zu eröffnen.[1127] Die Diskussionen stagnierten. Mit einer nochmaligen Reise im Frühjahr 1972 wollte Telefunken die Angelegenheiten abschließen. Kurz zuvor negierte die Patentabteilung des EIAJ als Zusammenschluss der Unternehmen jedoch in einer Stellungnahme die Verwendung der Patente in japanischen Rundfunkempfängern und Schwarzweißfernsehern. In einer, von Telefunken widersprochenen, technischen Erläuterung zeigte das Dokument auf, dass japanische Unternehmen andere Ohm-Werte bei Widerständen verwenden würden.[1128] Dieser Haltung folgten nahezu alle japanischen Unternehmen als Kollektiv. Insgesamt sind die Bemühungen daher zu diesem Zeitpunkt als erfolglos einzustufen. Die Patentabteilung Telefunkens prüfte weitere Schritte. Es finden sich in den Quellen aber keinerlei Erfolgsmeldungen. In den folgenden Gesprächen mit japanischen Unternehmen wurden diese Lizenzen auch nur noch selten thematisiert. Mit der Durchsetzung der Farbfernsehgeräte sank ihr Wert. PAL war entscheidend geworden.

1124 Lizenzabteilung Dr. von Ditfurth an Anton Wiegand, Resident Engineer AEG-Telefunken in Japan, Okura Trading Co., Ltd., 13.3.1970, in: ebd.

1125 Von Ditfurth: Neue Lizenzaktion Japan, 12.03.1970, in: ebd.

1126 Vgl. Aktennotiz über eine Besprechung bei PT-H, am 2.2.1971 sowie die tabellarische Auflistung zum Gesprächsstand, in: ebd.

1127 Vgl. zusammenfassend: Einzelberichte: Japanreise, 9.6.–26.6.1971, in: DTMB/AEG, GS 3544.

1128 Vgl. die Hinweise in den Gesprächen mit Sharp am 21.2.1972 und Toshiba am 22.2.1972, in: DTMB/AEG, GS 6996.

Zwar sollten die PAL-Patente ursprünglich nicht in die technologische Kooperation – das dritte Anliegen der Vorstandsbesprechung – eingebracht werden. Sie waren aber der Gegenstand, der bei den japanischen Unternehmen das größte Interesse weckte. Eine Telefunken-Delegation unter Dr. Berger reiste im Anschluss an die Vorstandssitzung bereits im September und Oktober nach Japan, um Gespräche mit potenziellen Kandidaten zu führen. Auf dieser Erfahrungsgrundlage teilte der AEG-Telefunken-Vorstand am 27.2.1970 dem Präsidenten Hitachis, Herrn Komai, die Absicht mit, einen Patentlizenz- und Erfahrungsaustauschvertrag abzuschließen.[1129] Sony und Toshiba strebten zwar einen ähnlichen Vertrag mit Telefunken an. Ihre Anliegen wurden jedoch abgelehnt. Gegen Sony sprach die zu starke Konzentration auf die Unterhaltungselektronik, gegen Toshiba hingegen, dass die Kompetenzen im Unterhaltungselektronikbereich eben nicht ausgeprägt genug seien.[1130] Hitachi wurde als ein Unternehmen auf „internationalem Spitzenstand" angesehen, das nicht nur im Unterhaltungselektronikbereich, sondern auch bei Bauelementen und der Produktionstechnik ausgesprochen „stark" sei, wie in einem Dossier festgehalten wurde.[1131]

Die intensiven Verhandlungen begannen im April 1970.[1132] Auf die eingeschlossenen Produkte, die Entwicklungszusammenarbeit und die geographische Zuordnung der Patentnutzungen einigten sich die beiden Unternehmen schnell. Der Streitpunkt waren die PAL-Patente, die das Hauptinteresse Hitachis bildeten. Hitachi stellte zunächst eine Maximalforderung auf: eine zehnjährige Vertragslaufzeit sowie die alleinige und uneingeschränkte PAL-Nutzung. Telefunken hingegen wollte den Vertrag auf 5 Jahre mit 500.000 Empfängern beschränken, die eine maximale Bildschirmdiagonale von 19 Zoll aufweisen und mit noch zu verhandelnden Stücklizenzgebühren belastet werden sollten. Nach zähem Ringen einigten sich die beiden Unternehmen in der Finalisierung des Vertrags auf eine Vertragslaufzeit von fünf Jahren, in denen insgesamt 400.000 PAL-Fernseher (max. 19 Zoll) hergestellt und maximal 100.000 jährlich exportiert werden durften, wobei Deutschland und Italien als Absatzgebiete ausgenommen waren. Dafür waren je-

1129 Vgl. Patentlizenz- und Erfahrungsaustausch mit Hitachi auf dem R-Gebiet, 25.9.1970, in: DTMB/AEG, V0294.

1130 Vgl. Notiz über ein Gespräch mit Sony am 23.7.1970 in Frankfurt, in: DTMB/AEG, GS 3544. Vgl. hier und im Folgenden: Notiz: Lizenzgespräche mit Toshiba, sowie Notiz über ein Gespräch mit Mr. Haruo Seki, General Manager International Cooperation Division, Toshiba, 28.4.1970 in: DTMB/AEG, GS 6996.

1131 Vgl. Zusammenfassender Bericht über den Besuch bei Hitachi vom 30.11.-5.12.1970, in: DTMB/AEG, V0294.

1132 Vgl. hier und im Folgenden: Aktennotiz über eine Besprechung mit Hitachi, 18.4.1970 in Frankfurt sowie Vertragstext, in: DTMB/AEG, GS 3544. Sowie Patentlizenz- und Erfahrungsaustauschvertrag mit Hitachi auf dem R-Gebiet, 31.8.1970, in: DTMB/AEG, V0294.

doch die ersten 100.000 Geräte gebührenfrei, bevor anschließend eine Stücklizenzgebühr von 10 DM zu entrichten war. Alle übrigen Patente zu den eingeschlossen Unterhaltungselektronikprodukten durften wechselseitig kostenlos verwendet werden. Hierzu zählten sämtliche Typen von Rundfunkempfängern, Fernsehgeräten, Videorekordern, Tonbandgeräten und Schallplattenspielern. Ausgenommen wurde lediglich das Bildplattensystem als neuste Innovation Telefunkens, die später noch bedeutsam werden sollte. Darüber hinaus wurde ein freier Zugang zu sämtlichen Forschungs- und Entwicklungsergebnissen sowie der regelmäßige Austausch vereinbart. Drei Jahre nach dem Ende der asymmetrischen Zusammenarbeit mit Nihon Musen und zehn Jahre, nachdem man im Konzern bereits die Qualitäten der japanischen Unternehmen erkannt hatte, hatte Telefunken nun einen Kooperationspartner in der Unterhaltungselektronik „auf Augenhöhe", mit dem ein wechselseitiger technologischer Austausch vollzogen werden sollte.

Die Japanpolitik des Unterhaltungselektronikbereichs verursachte einen grundlegenden Wandel im gesamten Konzern. Die Entwürfe des Patentlizenz- und Erfahrungsaustauschvertrags wurden am 03.07 beziehungsweise am 21.07.1970 zwischen den Telefunken- und Hitachi-Delegationen fertiggestellt. Nun mussten die jeweiligen Vorstände der Unternehmen diesen noch zustimmen. Dieses Ereignis stieß im AEG-Telefunken-Konzern eine Grundsatzdiskussion zur Gestaltung der Beziehungen des Gesamtkonzerns zu Japan an. Der Vorstandsvorsitzende Hans Groebe initiierte in diesem Kontext das sogenannte „Japan-Konzept".[1133] Dieses wurde gemeinsam mit dem Unterhaltungselektronikvertrag in der außerordentlichen Vorstandssitzung am 25.09.1970 verabschiedet.[1134] Das „Japan-Konzept" fasste nicht nur den Stand der bisherigen Beziehungen und die Leitlinien der zukünftigen Konzernpolitik zusammen, sondern stellte diesen auch eine Charakterisierung der japanischen Wirtschaft und Gesellschaft voran:

> Grundlage ist eine patriarchalische, idealistische, nationalistische Grundordnung, die durch Krieg und Kriegsende prinzipiell nicht erschüttert wurde. Ordnung entspricht der japanischen Mentalität. Klare Erkenntnis, daß engstes Zusammenleben nur in Ordnung und unter klarer Führung der Besten möglich ist. Kriegsende beseitigte lediglich Geburtsadel zugunsten Führung durch „offene" Führungsschicht, die sich durch Tüchtigkeit, Können und Erfolg beweisen muß. Diese Führungsschicht zeigt sich engstens verknüpft durch Politik, Wirtschaft, Handel, Banken und Industrie. Diese Führungsschicht „alter Männer" zieht im Ganzen am selben Strick, unbeschadet einer heftigen Konkurrenz im Detail. […] Ohne daß von Plan-

1133 Schreiben Dittfurth an Brandt, 8.9.1970: Japan-Besprechung am 7.9.1970, in: DTMB/AEG, GS 6996.

1134 Vgl. hier und im Folgenden: Beschlussvorlage Vorstandssitzung, 13.1.1971: Japan-Konzept, sowie das Konzept selbst „Japan-Konzept. AEG-Telefunken", 21.9.1970, beide in: DTMB/AEG, V0294.

> wirtschaft gesprochen wird, besteht eine geplante Zielsetzung mit Prioritäten, z. Z. zum Beispiel für Verkehr, Schiffsbau, Stahl und Electronics, in letzter Zeit auch Kraftfahrzeuge. [...] Frei von jeglichem Kriegsschuldkomplex wird z. Z. versucht, das militärische Experiment durch eine wirtschaftliche Offensive zu wiederholen, um gleichzeitig damit den Gesichtsverlust auszugleichen.[1135]

In diesem ausführlichen Zitat spiegelt sich das gesamte Potpourri der in der Debatte um die „Japanische Herausforderung" vorherrschenden Topoi um 1970: der Staats-, Kollektivismus- und Neotraditionalismustopos sowie die Vorstellungen der Japan AG. Selbst die Argumentation, dass die vormalige militärische Expansion nun durch eine ökonomische fortgesetzt bzw. kompensiert werde, findet sich an dieser Stelle. Bezüglich der Qualität der japanischen Produkte stellte man hingegen eine differenzierte Entwicklung fest. Zwar seien zunächst Produkte von „billiger, oft kopierter Qualität" vorherrschend gewesen. Dies habe sich nun jedoch durch Lizenznahmen und Eigenentwicklungen gewandelt, sodass die Erzeugnisse teilweise direkt in Europa abgesetzt werden könnten. Diese, nahezu als Präambel vorangestellten Topoi, zeigten sich auch partiell in der Bestandsaufname und den Zukunftsplanungen der Beziehungen, die vielfach jedoch von realökonomischer Natur waren.

Der Bericht stellte zunächst fest, dass die AEG-Telefunken lediglich als Lizenzgeber auftrete, eine Lizenznahme hingegen gar nicht erfolge – mit Ausnahme des noch zu beschließenden Abkommens im Unterhaltungselektronikbereich. Die Ursache wurde in den unterschiedlichen Haltungen der Unternehmen begründet. Japanische Unternehmen würden mit „Stolz" entsprechende Lizenznahmen vorantreiben, während sich westliche Unternehmen und speziell auch die AEG-Telefunken primär als Lizenzgeber verständen. An dieser Stelle schimmere noch das statusbezogene Denken durch, das jedoch, so die Forderung, zugunsten der ökonomischen Profitabilität zurückzustellen sei. Eine zweite Erkenntnis war die geringe Ausprägung der Exporte, die auf die staatlichen Beschränkungen und den noch geringeren japanischen Lebensstandard zurückgeführt wurde. Zwar verwendete man nicht, wie einige Jahre später die Europäische Kommission, den Begriff „rabbit hutches", gleichwohl beschrieb man die aus ihrer Perspektive beengten und spärlich möblierten Wohnungen. Allerdings vertrat man auch die Auffassung, dass mit der Zunahme des ökonomischen Wohlstandes die Abschottung nicht aufrechtzuerhalten sei, sodass der Export zukünftig zielgerecht forciert werden sollte.

Aus diesen Überlegungen schlussfolgerte das Konzept nun konkret, dass erstens mittelfristig eine eigene Service- und Vertriebsorganisation zur Forcierung der

1135 Ebd.

Exporte aufgebaut werden sollte. Zweitens sei der Unterhaltungselektronikvertrag auf ein „General Agreement“ mit Hitachi auszudehnen, wobei in spezifischen Produktsegmenten auch die Kooperation mit anderen japanischen Unternehmen zu pflegen sei. Drittens sollte ganz konkret auf dem Gebiet der Bildplatte die Zusammenarbeit mit mehreren japanischen Unternehmen vorangetrieben werden. Diese Planungen könnten der Grund dafür sein, dass dieses Produkt nicht in den unterhaltungselektronikspezifischen Kooperationsvertrag mit Hitachi aufgenommen wurde.[1136] Das Themenfeld wird in dem folgenden Teilkapitel näher behandelt. Eine Produktionsstätte sollte in Japan jedoch nicht aufgebaut werden, da ein Abwerben japanischer Fachkräfte in den Unternehmensbeziehungen nicht möglich sei und der Staat der Etablierung von Produktionsunternehmen ablehnend gegenüberstehe.

Die Verhandlungen mit Hitachi wurden unverzüglich aufgenommen. Ein Vermerk Felix Herrigers lässt den Schluss zu, dass die Ausweitung des Abkommens während der Unterhaltungselektronikverhandlungen zumindest mitgedacht, wenn nicht sogar ebenfalls vorbereitet wurde.[1137] Der Generalvertrag zwischen Hitachi und der AEG-Telefunken wurde nämlich bereits am 17. 2. 1971 unterschrieben.[1138] Er bezog sich nun auf sämtliche von den beiden Unternehmen hergestellte Produkte, wobei die einzelnen Unternehmensbereiche jeweils noch konkrete Lizenzbedingungen und Kooperationsfelder auszuhandeln hatten. Die Laufzeit wurde auf fünf Jahre beziffert. Im Winter und Frühjahr 1970/71 reisten zwei Delegationen der AEG-Telefunken nach Japan, um die konkreten Kooperationen, insbesondere im Unterhaltungselektronikbereich, auszuloten. Sie besichtigten dabei die Produktionsstätten und fühlten sich in der Partnerwahl vollkommen bestätigt:

> Die Fabriken imponierten durch ihre Größe, ihre moderne Ausrüstung, die Sauberkeit und den teilweise unerhört hohen Automatisierungsgrad.[1139]

1136 In den überlieferten Quellen findet sich keine Begründung für dieses Vorgehen. Falls diese Planungen zur Kommerzialisierung bereits existierten, werden sie die Ursache gewesen sein. Ein andere, aus den Quellen nicht belegbare Vermutung, könnte lauten, dass Telefunken die neuste Innovation, die vor allem auch als Zukunftsinnovation für die 1970er Jahre angesehen wurde, in dem Entwicklungsstadium eines Prototypen nicht teilen wollte.

1137 Notiz Herriger: Patentlizenz- und Erfahrungsaustausch mit Hitachi auf dem R-Gebiet, 25. 9. 1970, in: DTMB/AEG, GS 3544.

1138 Vereinbarung zwischen Telefunken und Hitachi Limited, 17. 2. 1971, in: DTMB/AEG, V0294.

1139 Zusammenfassender Bericht über Besuch bei Hitachi, 30.11.-5.12.1970; 18.12.1970, in: ebd.

Die Delegationen wurden dabei von mehreren Beobachtungen überrascht.[1140] Dass Hitachi deutlich höhere Stückzahlen produzierte, war ihnen bereits bekannt, nicht aber wie weit Hitachi in der Integration der Mikroelektronik vorangeschritten war. Die Geräte waren nicht nur volltransistorisiert, sondern sollten im Verlauf des Jahres dahingehend entwickelt werden, dass der Anteil der integrierten Schaltungen 70 % betrage. Der damit verbundene umfassende Einzug der Mikroelektronik war bei Telefunken zu diesem Zeitpunkt noch nicht angedacht. Darüber hinaus war die Qualitätsprüfung der Geräte in den Hitachi-Fabriken automatisiert. Die damit erzielten Ausfallquoten, d. h. die Geräte pro Produktionscharge, die nicht funktionsfähig waren, gaben die Hitachi-Vertreter als zehnmal niedriger als die Telefunken-Werte an. Das konnten sich die Telefunken-Ingenieure in ihrem Selbstverständnis als technologischem Vorreiter nicht vorstellen. Die Delegation konnte sich zudem auch von den hohen Qualitätsstandards in den Zuliefererbetrieben überzeugen. Sie besuchten Betriebe aus dem Keiretsu-Netzwerk in Gisu und Tokai sowie eine Produktionsstätte in Kaohsiung, Taiwan, wobei letztere in ihren Beobachtungen nicht an die japanischen Standards heranreichte. Sie bezifferten die Auslagerung der Produktion auf insgesamt 40 % des Gesamtproduktionsvolumens. Die Telefunken-Vertreter erhielten damit bereits 1970 eine umfassende Binneneinsicht in die Produktionsspezifitäten und Entwicklungen eines führenden japanischen Unternehmens. Konkrete Adaptionen von Produktions- oder Produkttechniken findet sich in den Quellen jedoch nicht. Falls sie überhaupt vorhanden gewesen sein sollten, waren sie nicht umfangreich. Anlässlich des zehnjährigen Vertragsbestehens reiste eine AEG-Telefunken Delegation um den Vorstandsvorsitzenden Heinz Dürr im Januar 1981 zu Hitachi. In den vorbereitenden Unterlagen notierte Dr. Mach, Mitglied des Sekretariats von Dürr:

> Zusammenarbeitsvertrag mit AEG seit 10 Jahren, Schwerpunkt – und fast einziger substantieller Punkt für AEG-TFK – war die PAL-Lizenz. Trotz mehrerer Vorstandsbesuche und Absichtserklärungen beider Seiten ist es darüber hinaus nicht zu einer geschäftspolitischen Ausschöpfung des Vertrages gekommen.[1141]

In eine ähnliche Richtung äußerte sich im Jahr 1977 auch der Vizepräsident Hitachis, Masafumi Misu, bei einem Besuch Walter Cipas, zu diesem Zeitpunkt Vorsitzender der AEG-Telefunken. Im Protokoll wurde festgehalten:

1140 Vgl. hier und im Folgenden: Japan Reisebericht Dr. Welland und Feurig; März/April 1971, in: DTMB/AEG, GS 3544. Dieser Bericht analysiert auf 76 Seiten umfassend den Unterhaltungselektronikbereich Hitachis.

1141 Besuch bei Hitachi Works of Hitachi Ltd., 12. und 13.1.1981, in: DTMB/AEG, I.2.60 Ü-2 0880.

> Mr Misu erläutert später, daß von dem technischen Gedankenaustausch bisher von Hitachi-Seite mehr Gebrauch gemacht wurde als von AEG-Telefunken-Seite, weil wohl die deutschen Techniker sich davor scheuten, sich mit der japanischen Technik zu befassen.[1142]

Diese diagnostizierte Form der Überheblichkeit aus einem Selbstverständnis der technologischen Überlegenheit heraus dürfte ein wesentlicher Grund dafür gewesen sein, dass die Kooperationspotentiale nicht ausgeschöpft wurden. Konkrete Projektkontakte sind mit Ausnahme der noch zu diskutierenden Bildplatte für den Unterhaltungselektronikbereich nicht überliefert. Lediglich die Kabeltechnik im Starkstrombereich, als vormaliges Feld der AEG, wird positiv bei der Zusammenarbeit erwähnt.[1143]

Diese Überheblichkeit spiegelte sich auch im weiteren Umgang mit den PAL-Patenten. In den Jahren 1969/70 hatte Telefunken zunächst die internationale Vernetzung der japanischen Unternehmen unterschätzt. Die Errichtung von Produktionsstätten war allerdings auch im Jahr 1971 vielfach lediglich eine Ankündigung. Um Hitachi als Partner zu gewinnen, hatte man die Nutzungsrechte als exklusives Argument verwendet und gleichzeitig damit die bisherigen Lizenzierungsbedingungen unterminiert. Telefunken rechnete jedoch nicht damit, dass bereits wenige Wochen nach dem Vertragsabschluss im Januar 1971 Sony und die General Corporation ankündigten, Farbfernseher auf den Markt zu bringen, die die PAL-Patente umgehen würden.[1144] Sie stellten damit die gesamte Lizenzpolitik in Frage. Telefunken wurde von diesen Ereignissen vollkommen überrascht und gestand dies auch gegenüber Hitachi, die Telefunken jedoch unterstützten, um die vertraglich zugesicherten Vorteile der exklusiven Nutzung zu sichern.[1145] Die Überraschung resultierte wohl auch daher, dass PAL mit seinem Entwickler Walter Bruch zu einem Meisterstück deutscher Ingenieurskunst stilisiert worden war, wie Andreas Fickers herausgearbeitet hat.[1146] Dass dies nun innerhalb weniger Jahre von japanischen Unternehmen zunichte gemacht werden sollte, lag jenseits der Erwartungen der Telefunken-Verantwortlichen. Zumindest gingen sie mit dieser

1142 Aufzeichnung Reise Dr. Cipa und Delegation zu Hitachi, 12.7. und 13.7.1977, in: DTMB/AEG, 0845 (Ü2)

1143 AEG Telefunken Liaison Office Japan, 8.01.1981, in: DTMB/AEG, I.2.60 Ü-2 0880.

1144 Brief Deutsches Generalkonsulat an das Auswärtige Amt sowie Bundesministerium für Wirtschaft sowie ZVEI, 23.2.71, in: DTMB/AEG, GS 3544.

1145 Bericht über Besprechung mit Hitachi, 9.6., 12.6., 22.6.71, in: ebd.

1146 Fickers, Andreas/Kessler, Frank: Narrative topoi in Erfindermythen und techno-nationalistischer Legendenbildung. Zur Historiographie der Erfindung von Film und Fernsehen, in: Bodenmann, Siegfried (Hrsg.): Mythos – Helden – Symbole. Legitimation, Selbst- und Fremdwahrnehmung in der Geschichte der Naturwissenschaften, der Medizin und der Technik, München 2009, S. 71–86.

Haltung in die intensive Untersuchung der Geräte von Sony und der General Corporation im Mai und Juni 1971.[1147] Die hochrangige Arbeitsgruppe, der auch jener Walter Bruch angehörte, musste jedoch feststellen, dass sich die „Umgehungsversuche weit von den PAL-Patenten entfernt" hätten.[1148] Die Erfolgswahrscheinlichkeiten bei einer gerichtlichen Auseinandersetzung mit Sony in Großbritannien, das Sony und die General Corporation als ersten Absatzmarkt benannt hatten, schätzte man lediglich auf 20 %, bei der General Corporation immerhin noch auf 60 %. Selbst unter den deutschen Patentbedingungen, die die PAL-Patente umfangreicher auslegen würden, wären die Erfolgsaussichten nur unwesentlich höher. Von einer gerichtlichen Auseinandersetzung mit Sony riet die Kommission daher ab. Da zudem die Wiedergabequalität bei Sony bereits zu dem Zeitpunkt sehr gut gewesen sei, fürchtete man um den Wert der Patente an sich. Eine verbesserte Umgehungslösung, die bei den nun anerkannten Entwicklungspotentialen der japanischen Unternehmen möglich erschien, hätte nämlich auch für deutsche Lizenznehmer interessant werden können, falls sie finanziell lukrativer gewesen wäre.[1149] Wie man jedoch aus diversen Gesprächen erfahren hatte, waren die japanischen Unternehmen noch bereit, PAL-Lizenzen zu erwerben.[1150]

Hitachi ermittelte, dass Toshiba, Sanyo und Matsushita ebenfalls Umgehungslösungen entwickelt hätten und bereit seien, die Produktion aufzunehmen. Daraufhin wurde eine Vorstandssitzung der AEG-Telefunken für den 13.07.1971 einberufen. In der Sitzungsvorlage legte die Prüfungskommission nochmals die oben genannten Erkenntnisse dar und empfahl, Lizenzen an japanische Unternehmen zu vergeben, diese jedoch in den ersten Jahren auf bestimmte Bildschirmgrößen und mengenmäßig zu beschränken.[1151] Anderenfalls drohe ein Einnahmeverlust von mehreren Millionen DM, da das MITI auf Dauer allen japanischen Herstellern einen Zugang zu den Umgehungsmöglichkeiten verschaffen werde. Die Argumentation und die Bemühung des Staatstopos verfing jedoch nicht. Der Vorstand der AEG-Telefunken entschied, die Lizenzpolitik zunächst fortsetzen

1147 Vgl. im Folgenden die Protokolle: Aktennotiz: Japanische PAL-Farbfernsehempfänger, Besprechung in Hannover-Vahrenwald, 4.5.1971, 10–14:45 Uhr; Aktennotiz: Japanische PAL-Farbfernsehempfänger, Besprechung Hannover, 4.5.71: Klarstellung des Schutzumfanges; Aktennotiz: PAL-Lizenzpolitik, japanische Fernsehempfänger, 24.5.71, 14:00 Uhr (Protokoll 28.6.71); Aktennotiz: Japanische Fernsehempfänger in England, 2.6.71, in: DTMB/AEG, GS 3544.

1148 Vgl. Aktennotiz: PAL-Lizenzpolitik, japanische Fernsehempfänger, 24.5.71, 14:00 Uhr (Protokoll 28.6.71), in: ebd.

1149 Vgl. Vorlage für die Vorstandssitzung am 07.07.1971, in: ebd.

1150 Aktennotiz: PAL-Lizenzpolitik, japanische Fernsehempfänger, 24.5.71, 14:00 Uhr (Protokoll 28.6.71), in: ebd.

1151 Vorlage für die Vorstandssitzung am 07.07.1971, in: ebd.

zu wollen.[1152] Die japanischen Bemühungen sollten vielmehr genutzt werden, um die Lizenzbedingungen mit den bisherigen Partnern zugunsten Telefunkens zu verbessern.[1153] So sollten sich die deutschen Hersteller zu einer höheren Abnahme von Bauelementen Telefunkens verpflichten und die Differenz zwischen Export- und Inlandsabsatzlizenzen akzeptieren, gegen die diverse Unternehmen geklagt hatten. Die Wettbewerbslage schien folglich nicht so bedrohlich, als dass sie nicht als Argument in anderen Verhandlungen genutzt werden konnte.

Da man in den Gespräche mit den Unternehmen und dem ZVEI bezüglich der Telefunkenforderungen jedoch keine Einigung erzielte und sich die japanischen Umgehungsversuche weiter verbesserten, beschloss der AEG-Telefunken Vorstand am 06.12.1971 doch noch eine Modifizierung der Lizenzpolitik.[1154] Hierzu wurden spezifische Kriterien definiert, denen die übrigen PAL-Lizenznehmer mehrheitlich ebenfalls zustimmten.[1155] Die jährliche Produktion japanischer Geräte wurde auf 10 % der gesamten PAL-Produktion weltweit begrenzt, sodass – in der Theorie – nicht mehr als 10 % Marktanteil pro PAL-Land erreicht werden sollte. Für das Jahr 1972 wurde die Begrenzung auf 300.000 Geräte festgelegt. Die Bildschirmdiagonale durfte zudem 18 Zoll nicht übersteigen, sodass der Absatz der finanziell lukrativen großen Geräte weiter vor Konkurrenz geschützt wurde. Der Vertrieb musste zudem unter der eigenen Marke erfolgen, um die Ausnutzung guter bestehender Vertriebsnetze beispielsweise deutscher Hersteller zu verhindern. Zuletzt sollte die Lizenzgebühr mit 1,1 % deutlich höher angesetzt werden als bei PAL-Herstellern (0,3 % Inlandsabsatz, 0,5 % Export). Bereits im Februar des Jahres 1972 reisten Telefunkenmitarbeiter nach Japan, um die Angebote zu offerieren. Die erste Vereinbarung wurde mit Matsushita getroffen. Es folgte Sanyo und dann diverse weitere Unternehmen. Ebenso wurden die Verhandlungen mit der EIAJ geführt, die nach eingehender Prüfung die Kontingentierung akzeptierte. Dass die japanischen Unternehmen den Lizenzbedingungen zustimmten, lag daran, dass die Umgehungsversuche zu diesem Zeitpunkt weiterhin teurer waren als die Konditionen und die PAL-Qualität vielfach nicht vollständig erreicht wurde.[1156]

Sony hingegen war von seiner technischen Lösung überzeugt und wollte sich daher nicht durch die asymmetrischen Verträge in eine schlechtere Absatzposition

1152 Vgl. Auszug aus dem Protokoll der Vorstandssitzung vom 13.7.1971, in: ebd.

1153 Gesprächsgrundlage über PAL-Lizenzpolitik gemäß Vorstandsbeschluss vom 13.7.71 (17.8.71); Ergänzungen 30.7, in: ebd.

1154 Vgl. hier und im Folgenden. PAL-Lizenzpolitik. Telefongespräch mit Herrn Dr. von Ditfurth am 28.10.1971, sowie Auszug aus Vorstandsprotokoll, 6.12.1971 in: ebd.

1155 Vgl. Notiz: PAL-Lizenzen für die Hersteller in Nicht-PAL-Ländern, sowie An alle leitenden Mitarbeiter der TFR zur Kenntnis, 16.2.1972, in: ebd.

1156 Vgl. zu den Verhandlungen: Berichte zur Besprechung vom 18.2.-28.2.1972, in: ebd.

bringen lassen. Dazu sollten auch die eigenen Umgehungsentwicklungen nicht in die Verträge eingeschlossen werden. Sie kritisierten die Modalitäten als unrechtmäßige Wettbewerbsbeschränkungen.[1157] Diese, auch öffentlich geäußerte, Behauptung wurde jedoch durch eine einstweilige Verfügung des Landgerichts Frankfurt untersagt.[1158] Die Patentabteilung der AEG-Telefunken verglich das eigene Vorgehen zwar mit einem Selbstbeschränkungsabkommen, das in Debatten zum Rundfunkempfänger vom Bundesministerium für Wirtschaft und dem Bundeskartellamt als unrechtmäßig, unerwünscht und konträr zur liberalen Handelspolitik eingeschätzt worden war.[1159] Sie vertrat jedoch die Auffassung, dass diese patentrechtliche Formulierung von Maximalmengen mit dem europäischen, deutschen und japanischem Wettbewerbsrecht konform sei.[1160] Entsprechende Einsprüche der verantwortlichen Behörden in Europa und Japan blieben ebenfalls aus.

Im Mai und Juni warben nun erste deutsche Händler mit Sony-Fernsehgeräten, just zu dem Zeitpunkt als beide Unternehmen erneut über die Lizenzbedingungen verhandelten.[1161] Vertreter von Sony Deutschland versicherten, dass sie nicht wüssten, wie diese Geräte auf den deutschen Markt gekommen seien. Zudem scheiterten sie mit ihren Bemühungen, die Händler zum Rückzug der Geräte zu bewegen. Als dann aber die AEG-Telefunken eine Klage gegen die Händler wegen der Patentverletzungen einreichte, stellte sich Sony Deutschland auf deren Seite, sodass das Verfahren zwischen Sony und der AEG-Telefunken ausgetragen wurde. Walter Bruch hatte diese Fernsehertypen Sonys nochmals getestet. Er schätzte die Erfolgswahrscheinlichkeit bei einer Klage auf 50 %.[1162] Daher ging die AEG-Telefunken in diesem Fall den zuvor noch ausgeschlossenen Weg vor Gericht. Bevor der juristische Prozess allerdings vollends anlief, einigten sich beide Unternehmen im Mai 1973 unter den gennannten Lizenzbedingungen.[1163] Im Jahr 1975 gelang Sony mit dem Erwerb der Wega Radio GmbH doch noch der uneingeschränkte Zugang

1157 Vgl. Notiz über Besprechung mit Sony in Frankfurt, 13.6.1972, in: ebd.

1158 FAZ, 05.08.1972.

1159 Vgl. zu den Auseinandersetzungen Kapitel 3.3.3

1160 Schmidt an Ditfurth, 17.1.1972: PAL-Lizenz, in: DTMB/AEG, GS 3544.

1161 Vgl. hier und im Folgenden: Notiz über Besprechung mit Sony in Frankfurt, 13.6.1972, in: ebd. An diese Quelle sind Notizen zur weiteren Entwicklung angehangen.

1162 Vgl. Ebd.

1163 Vgl. AEG-Telefunken Pressemitteilung, 22.5.73, in: ebd. Zu den Ursachen wurde Stillschweigen vereinbart. Es liegen auch keine Akten zu den Gesprächen vor. Es ist zu vermuten, dass zum einen die Telefunkenkonditionen doch lukrativer als die Umgehungslösung waren. Zum anderen dürften auch die wechselseitigen Absprachen mit dem MITI und den übrigen japanischen Unternehmen zu einem Einlenken in das „Exportkartell" bewogen haben.

zu den PAL-Patenten.[1164] Die Marktanteile reichten jedoch nicht an die Großen der Branche heran. Ab 1974 baute Sony zudem die Fernsehproduktionsstätten in Wales auf.[1165] Der Gesamtumsatz der europäischen Produktionsstätten, die durch ein Werk in Bayonne ergänzt wurden, belief sich 1980 jedoch auf lediglich ca. 500 Mio. DM.[1166] Die bereits früh angedrohte Aufnahme der Produktion in europäischen Ländern erwies sich in diesem Fall als ein langsam voranschreitender Prozess.

Die vertragliche Kontrolle bis in die Vertriebsstrukturen zeigte sich nicht nur am Beispiel Sonys. Die ersten japanischen Farbfernsehgeräte fanden sich vertragskonform 1972/73 im Fachhandel.[1167] Der Versandhandel Neckermann hingegen bot im Januar 1973 ein Farbfernsehgerät der Nippon Electric Company an, das die bisherigen gängigen Preise um ca. 300 DM unterbot.[1168] Die PAL-Lizenzverhandlungen mit Nippon waren jedoch noch nicht abgeschlossen. Daher stoppte die AEG-Telefunken den Vertrieb umgehend gerichtlich und setzte so die Kontingentierung auch über die verschiedenen Vertriebswege durch.

Die Lizenzpolitik, von der auch die übrigen deutschen Hersteller profitierten und an deren Ausgestaltung sie in Teilen sogar partizipierten, wurde bis zum Erlöschen der Wirksamkeit der PAL-Patente 1980 aufrechterhalten. Sie schützte somit den deutschen Farbfernsehmarkt effektiv vor der japanischen Konkurrenz und lenkte die Importe in das weniger lukrative Kleingerätegeschäft.

4.3.2 Mit japanischen Unternehmen zum Marktdurchbruch? Die Bildplatte als Telefunkens Beitrag zur Audiovision

> Sicherlich ist Ihnen auch während Ihres Urlaubs beim Studium bayrischer Gazetten aufgefallen, daß alle vom Kassetten-Fernsehen reden, nur wir nicht! Meines Erachtens müßten wir uns schleunigst in geeignetem Kreise darüber klar werden

---

1164 Sony hat handfeste Pläne für den Markt der Unterhaltungselektronik. Handelsblatt-Gespräch mit Jack J. Schmuckli, in: Handelsblatt, 26.11.1975; Sony-Deutschland verlässt die Etappe, in: Funkfachhändler: Wirtschaftsblatt für Fernsehen, Rundfunk, Hifi, Phono 28 (1976), H. 7.

1165 Arnold/Freeman: Competition and technological change in the television industry, S. 63.

1166 Vermerk: Besuch bei der Fa. Sony, Deutschland, 8.5.1980, in: BArch, B102/232215.

1167 Kein Grund zur Panik, aber nun kommen japanische Portabels auf den Markt; Empfehlung: Bezugsscheine sichern, in: markt intern. Radio Fernsehen Hifi, Ausgabe D 23/II, 06.06.1972. Sowie „Viele von Ihnen schwören immer noch auf 'Deutsche Markenware' und haben – vielleicht unbewußte? – Vorbehalte gegenüber ausländischen Fabrikaten, insbesondere gegen Geräte aus Japan, in: markt intern. Radio Fernsehen Hifi, Ausgabe D 03/II, 18.01.1972.

1168 Vgl. Notiz zum Interview des Hessischen Rundfunks mit Josef Neckermann, 16.1.1973, in: DTMB/AEG, GS 3544.; Neckermann bietet PAL-Geräte von Nippon Electric Company an, in: markt intern. Radio Fernsehen Hifi, Ausgabe E 08/III, 20.02.1973.

1.) welchem System wir die größeren Marktchancen zutrauen
2.) wo dieses System mit wem gemeinsam entwickelt werden sollte,
3.) welches Marketing-Konzept für ein derartiges Gerät angebracht wäre und
4.) welche Kooperation mit Programm-Herstellern angestrebt werden sollte.[1169]

Diese Sätze schrieb der Telefunken-Manager Rolf Schiering im März 1970 an den Marketing- und Vertriebsleiter Alexander Lentze. Er initiierte damit die sogenannte „Video-Kommission", einen hochrangigen Arbeitskreis, dem auch das Vorstandsmitglied Otto Mössner angehörte. Zugleich setzte er die Agenda. Telefunken arbeitete zu diesem Zeitpunkt nämlich an zwei Produkten, die dem zeitgenössisch sogenannten „Kassetten-Fernsehen" zugeordnet wurden: dem Videorekorder und der Bildplatte. Die Geschichte des Videorekorders wurde bereits in den Kapiteln zum Unternehmen Grundig ausführlich rekonstruiert. Die Bildplatte war – vereinfacht gesagt – eine Weiterentwicklung der Schallplatte um die Wiedergabe von Bildinformationen.[1170] Das von Telefunken entwickelte Produkt trug den Namen „TED-Bildplattensystem" (Television-Disc). Mit Hilfe der „Dichtspeichertechnik mit Druckabtastung" wurden die mechanisch in die Platten eingravierten Ton- und Bilddaten wiedergegeben.[1171] Die Bildplatte war folglich eine Transferinnovation auf Basis der Schallplatte – vergleichbar zum Verhältnis der Video- und Kompaktkassette. Beide Systeme ermöglichten das vom Fernsehprogramm unabhängige Abspielen von Videos auf dem Fernsehgerät. Eben dies wurde zeitgenössisch unter dem Begriff „Kassetten-Fernsehen" oder auch synonym „Audiovision" diskutiert.[1172] Die öffentliche Debatte, auf die Schiering anspielte, be-

1169 Schiering an Lentze, 11.3.1970: Kassetten-Fernsehen, in: DTMB/AEG, I.2.060 Ü-FA-AEG GS 3535.

1170 Vgl. Entwurf einiger Begriffsbestimmungen für einen Standard-Patentlizenzvertrag für Bildplatten-Abspielgeräte, 19.8.1972 in: DTMB/AEG, GS 8315. Die einzige wissenschaftliche Aufarbeitung der Geschichte der TED-Bildplatte stammt von Carina Gliese, die sowohl die technischen Details rekonstruiert als auch die verschiedenen Faktoren des Scheiterns benannt hat. Die Recherchen liefen parallel zu diesem Kapitel, sind aber bereits in Aufsatzform veröffentlicht worden. Gliese: Ausgefunkt?

1171 Vgl. zur Technik: ebd., S. 52–53.

1172 Zur prägnanten Begriffsbestimmung und zeitgenössischen Einordnung, aus einer primär juristischen Perspektive, siehe: Brugger, Gustav: Die neuen audio-visuellen Systeme. Begriffsbestimmung und rechtliche Beurteilung insbesondere des sog. „Kassettenfernsehens" und der „Bildplatte", Berlin 1970 (=UFITA / Schriftenreihe, Bd. 40). Zur zeitgenössischen begrifflichen Unterscheidung ebenso: Überall hören und sehen, was gefällt, in: FAZ, 26.08.1971. Zum Diskurs siehe auch Hahn, Torsten/Otto, Isabell/Pethes, Nicolas: Emanzipation oder Kontrolle – Der Diskurs über „Kassetten-Fernsehen", Video und Überwachungstechnologie, in: Kümmel-Schnur, Albert u. a. (Hrsg.): Einführung in die Geschichte der Medien, Paderborn 2004 (=UTB Medien- und Kommunikationswissenschaft, Bd. 2488). Zur Audiovision wurden in der Anfangszeit auch das Super-8-

schäftigte sich mit den Emanzipationsmöglichkeiten vom Fernsehprogramm, aber auch den potentiellen und vor allem kommerziell verwertbaren Anwendungsmöglichkeiten im Bildungs- und Unterhaltungsbereich, die äußerst lukrativ erschienen. Zwischen dem Videorekorder- und Bildplattensystem bestand zu Beginn der 1970er Jahre ein direktes Konkurrenzverhältnis mit Blick darauf, welches System als Videowiedergabegerät den Farbfernseher ergänzen und damit zum Zukunftsprodukt der Unterhaltungselektronik in den 1970er und 1980er Jahren werden sollte.[1173] Leider sind keine Notizen oder Sitzungsprotokolle der „Video-Kommission" überliefert, die diese elementare strategische Entscheidung zumindest mitgetroffen hat. Gleichwohl lässt sich der Hergang rekonstruieren. Dieses Kapitel folgt dabei Schierings Agenda. Zunächst wird untersucht, warum sich Telefunken für die Bildplatte statt des Videorekorders entschied und damit einen anderen Pfad als die japanischen Unternehmen, Grundig und Philips einschlug, wobei Philips zusätzlich ein Bildplattensystem auf den Markt brachte. In einem zweiten Schritt wird die Entwicklung der Bildplatte sowie ihr – so viel sei vorweggenommen – Scheitern analysiert. In einem dritten Schritt rückt schließlich die Rolle der japanischen Unternehmen in den Fokus. In den vorangegangenen Kapiteln wurde dargelegt, wie Telefunken die Beziehungen bezüglich bestehender Produkte und Patente ausgestaltete. Die Kommerzialisierung der Bildplatte sollte jedoch in Kooperation mit den japanischen Unternehmen erfolgen. Die „Video-Kommission" brachte dies sogar explizit in das „Japan-Konzept" ein.[1174] Die Bildplatte war damit eines der wenigen konkreten Produktbeispiele in dem Leitlinienpapier.

Zum Ende der 1960er Jahre hatte Telefunken sowohl beim Videorekorder als auch bei der Bildplatte die Forschung und Entwicklung vorangetrieben. An der Bildplatte wurde konkret seit 1964/65 gearbeitet.[1175] Die bereits erwähnten Schül-

System sowie und das EVR-Videoband (Elektronik-Video-Recording) gezählt. Beide schieden jedoch frühzeitig aus dem Rennen der Systeme aufgrund des Komforts und der Qualität aus, siehe: Gliese: Ausgefunkt?, S. 51. Dass Schiering vermutlich ebenfalls alle Systeme der Audiovision adressierte, lässt sich aus der Struktur des überlieferten Ordners schlussfolgern, der die Verhandlungen zur Bildplatte, dem VCR-System und dem früheren EVR umfasst.

1173 Vgl. auch: Mund halten, in: Der Spiegel 13/1972. Sowie Breitenacher u. a.: Elektrotechnische Industrie, S. 200–201. Zu bestimmten Zeitpunkten sahen die Hersteller für beide Systeme eine geeignete Nische im Unterhaltungselektronikangebot, sodass sie auch nebeneinander existieren sollten. Hierauf wird in der Analyse noch näher eingegangen.

1174 „Japan-Konzept. AEG-Telefunken", 21.9.1970, in: Archiv der AEG-Telefunken, V0294.

1175 Presseinformation: Der Weg zur Bildplatte, in: DTMB/AEG, I 2 060 Ü FA AEG GS 3199. Der Beginn ist nicht genau datierbar, da die entsprechenden Forschungs- und Entwicklungsunterlagen nicht eingesehen werden konnten. Im Jahr 1975 gibt Telefunken die Entwicklungszeit mit acht Jahren an, wobei nicht klar ist, ob sich die acht Jahre an 1975 als Markteinführungsdatum, 1973 als

ler-Patente stammten aus den 1950er Jahren. 1967 präsentierte Telefunken zwei Bildbandgeräte für den Heimgebrauch – die technisch aufwändigen und kostspieligen Vorläufer des Videorekorders, denen nicht der Sprung in die Massenproduktion gelang.[1176] 1969 stellten sie sogar den ersten Prototypen eines Videorekorders auf der Internationalen Funkausstellung vor, gänzlich überzeugt waren sie von diesem jedoch nicht. Am 23.07.1969 berieten die Herren Mössner, Herriger und Berger nämlich darüber, ob der Videorekorder überhaupt in das Messesortiment aufgenommen werden sollte.[1177] Der Anlass waren die Ankündigungen von Grundig und Philips. Dabei wurde festgestellt, dass die Telefunken-Entwicklung diesen technisch unterlegen sei. Telefunken könne jene auch nicht anpassen oder verbessern, sondern müsse die Technik grundlegend neu entwickeln. Die Details zum Entwicklungsstand wurden an dieser Stelle nicht erläutert. Telefunkens Kompetenzen auf dem Gebiet schienen aber nicht auszureichen, um die Technik zu adaptieren.[1178] Hierzu passt auch die interne Einschätzung, dass zwar Telefunkens Prototyp 1971 in die Serienfertigung überführt werden könne, die Diskussion über den Videorekorder aber nicht dem „gegenwärtig technisch Möglichen" entspreche.[1179] Die eigentliche Markteinführung könne erst in der zweiten Hälfte der 1970er Jahre erfolgen. Felix Herriger entschied vor dem Hintergrund der Konkurrenzsituation die Geräte auszustellen. Zur Resonanz liegen leider keine Überlieferungen vor.

Im Anschluss an diese Funkausstellung erhielt die Videorekorderentwicklung durch die Ankündigungen von Sony und Philips neuen Auftrieb, wie im entsprechenden Kapitel skizziert wurde. Bereits im Februar 1970 – also einen Monat vor der Initiierung der „Video-Kommission" – fand das erste Treffen zwischen Felix Herriger und den Philips Verantwortlichen statt, bei dem sie ihm die zukünftige

---

angekündigtem Datum oder 1970 als Zeitpunkt der Vorstellung als Referenz orientieren. In der Presseberichterstattung zur Vorstellung auf der Funkausstellung 1971 wird die Entwicklungszeit mit sechs Jahren angegeben. Daher werden die Jahre 1964/65 vermutet.

1176 Zielinski: Zur Geschichte des Videorecorders, S. 86–89. Irmscher, Wolfgang R./Einsel, Robert: Gestalten. Die „Silberlinge" erobern den Markt, in: Thiele, Erdmann (Hrsg.): Telefunken nach 100 Jahren. Das Erbe einer deutschen Weltmarke, Berlin 2003, S. 115.

1177 Ausstellung von Bildbandgeräten anlässlich der Funkausstellung, 23.7.1969, in: DTMB/AEG, I.2.060 Ü-FA-AEG GS 3535.

1178 Diese Schlussfolgerung wird dadurch gestützt, dass Telefunken ebenfalls technische Probleme auf dem Kassettengerätemarkt, also der Basis- vor der Transferinnovation, hatte und daher bspw. zur Funkausstellung 1969 keine entsprechenden Produkte liefern konnte. Vgl. Notiz Messe-Gespräche, 2.5.1969, in: ebd.

1179 Dies notierte man in einem intern zirkulierenden Entwurf zu einer Anfrage der FAZ. Vgl. Entwurf einer Stellungnahme zu einer Anfrage der Frankfurter Allgemeinen Zeitung, 12.2.1970, in: ebd.

Zusammenarbeit unter der Philips-Norm offerierten.[1180] Im Juli 1970 einigten sich beide Parteien auf eine Zusammenarbeit.[1181] Telefunken lies die eigenen Entwicklungen fallen und schloss sich der VCR-Norm an, die sie selbst als das deutlich weiter entwickelte System ansahen. Eine eigene Weiterentwicklung und Produktion plante Telefunken jedoch nicht.[1182] Viel mehr vereinbarte man mit Philips die Zulieferung vollständiger „VCR-Innenleben", sogenannter „Chassis", die dann unter der Marke Telefunken verkauft werden sollten. Philips wollte Telefunken in diesen Verhandlungen zur eigenständigen Entwicklung bewegen, um die Last auf mehrere Unternehmen zu verteilen. Zumal Telefunken Kompetenzen in der Gestaltung der Videoköpfe zugesprochen wurden. Telefunken schlug jedoch jegliches technische Engagement aus und gestaltete somit lediglich das Gehäuse.[1183] Für das Jahr 1972 wurde eine Lieferung von 2000 Chassis vereinbart.[1184] Telefunken fiel damit – selbst gewählt – in diesem Produktsegment vornehmlich in den Status einer Handelsgesellschaft zurück. Sie konnten mit diesen Zulieferungen nun technisch-gleichwertige Geräte ohne nennenswerten eigenen Forschungs- und Entwicklungsaufwand anbieten und damit ihren technologischen Rückstand kaschieren. Dies war der erste Schritt in der Entscheidung gegen die eigenständige Entwicklung des Videorekorders. Endgültig fiel diese im Frühjahr 1972.

Als die Telefunken Fernseh und Rundfunk GmbH 1972 gegründet wurde, diskutierten die Verantwortlichen dieses „neuen" Unternehmens die Ausrichtung des Produktsortiments. Darunter waren der neue verantwortliche Vorsitzende Oskar Schmidt und sein Stellvertreter Wilhelm Mössner, der bereits mit Felix Herriger über die Videorekorderentwicklung beraten hatte. Philips hatte bis zu diesem Zeitpunkt mehrfach versucht, Telefunken von dem Beitritt zum angestrebten Normenkartell zu überzeugen.[1185] Zwei Argumente sprachen für Telefunken jedoch dagegen. Zum einen war man von der Qualität der VCR-Geräte nicht vollends überzeugt. Die Verträge zum Normenkartell untersagten jedoch jegliche Betätigung bezüglich der Videorekorder mit anderen Formaten, folglich auch das Handelsgeschäft mit beispielsweise japanischen U-Matic-Geräten.[1186] Zum anderen hatte

---

1180 Vgl. Historie der VCR-Gespräche mit Philips, 10.09.1971, in: ebd.

1181 Aktennotiz über eine Besprechung mit Herrn Smit, Herrn Gauss, Firma Alldephi, „gemeinsamer Start des VCR-Systems", 29.07.1970, in: ebd.

1182 Insbesondere: Planung Audiovisuelle Angelegenheiten (AV) 1971–1973, 2.4.1971, in: DTMB/AEG, I.2.060. Ü – FA AEG – GS 3534.

1183 Vgl. auch: Aktennotiz über eine Besprechung am 11.3.1971: Betr. Übernahme des VCR-Systems durch AEG-Telefunken, in: DTMB/AEG, I.2.060 Ü-FA-AEG GS 3535.

1184 Vgl. Historie der VCR-Gespräche mit Philips, 10.09.1971, in: ebd.

1185 Vgl. bspw.: Thomsen an von Ditfurth, 26.11.1971, in: ebd.

1186 Vgl. VCR-Normenkartell, 22.2.1972, in: ebd.

Telefunken über die Patentaustauschverträge der Muttergesellschaft AEG-Telefunken mit Philips bereits den Zugriff auf die Patente, sodass auch dieser Vorteil nicht verfing.[1187] Unter diesen Prämissen eruierte der Telefunken-Vorstand im Januar 1972 die Möglichkeit, nochmals mit einer eigenen Entwicklung in das Videorekordergeschäft einzusteigen.[1188] Die beauftragte Arbeitsgruppe um den Ingenieur Lüdemann stellte zwei Argumente dagegen heraus. Erstens seien die Entwicklungskosten und der Zeitaufwand zu hoch und unrentabel. In den detaillierten Planungen und Kalkulationen ermittelten sie Entwicklungskosten von 1,59 Millionen für einen Zeitraum von 1,5 Jahren. Für den Aufbau der Produktion, dessen Kosten auf 2,2 Mio. DM geschätzt wurden, wurde nochmals ein Jahr veranschlagt. Darauf aufbauend prognostizierte man, dass der Verkaufspreis eines Telefunken-Recorders im Jahr 1977, wenn die Produktion ihre maximalen Stückzahlen von 300.000 Geräten pro Jahr erreicht habe, ca. 800–900 DM über den Vergleichswerten der Wettbewerber liegen würde.[1189] Zweitens müsste zudem Fachpersonal aus der Bildplattenentwicklung abgezogen werden, um den Zeitplan überhaupt einhalten zu können. Als drittes Argument verfestigte sich im Vorstand der TFR die Ansicht, dass Philips in Europa der „Systemmacher" sei, gegen den beispielsweise ein neues Videorekorderformat nicht durchgesetzt werden könne.[1190] Daher entschied sich der Vorstand der TFR gegen die eigenständige Entwicklung eines Videorekorders und stattdessen für die Fortführung der Zulieferungen durch Philips. Den Beitritt zum Normenkartell ließ die TFR jedoch offen. Der Fokus sollte nun vollends auf der Bildplatte als Eigenentwicklung liegen, die getreu der bereits 1971 intern formulierten Forderung „mit allen zur Verfügung stehenden Kräften vorangetrieben" werden sollte.[1191] Von Philips erhoffte man sich zudem im Gegenzug – im Sinne der Arbeitsteilung – die Unterstützung des Telefunken Bildplattensystems. Bereits im Juli 1970 hatte es hierzu erste Gespräche gegeben.[1192] Zu einer Zusammenarbeit sollte es allerdings nicht kommen. Philips ließ die Gespräche zur

---

1187 VCR-Patentsituation, 19.4.1972, in: ebd.

1188 Vgl. hier und im Folgenden: Aktennotiz: Video-Kleinrecorder – 1. Zwischenbericht, 18.1.1972, in: ebd.

1189 Wie die Zahlen generiert wurden, ist leider nicht überliefert. Sie wurden jedoch handlungsbestimmend.

1190 Vgl. VCR-Normenkartell, 22.2.1972, in: ebd. Sowie umfassend in der Rückschau: Notiz: Versuch einer Analyse über das Verhältnis Philips:TFR/B., 13.4.1974, in: ebd.

1191 Vgl. VCR-Normenkartell, 22.2.1972, in: ebd. Sowie inklusive des Zitats: Planung Audiovisuelle Angelegenheiten (AVA), 1971–1973, 2.4.1971, in: DTMB/AEG, I.2.060. Ü – FA AEG – GS 3534. Um Forschungskapazitäten für die Bildplatte zu schaffen, hatte man 1971 bereits die Entwicklung der Bildspulengeräte eingestellt. Vgl. Notiz Bildband-Spulengeräte, ohne Datum, Herbst 1971, in: DTMB/AEG, I.2.060 Ü-FA-AEG GS 3535.

1192 Vgl. Historie der VCR-Gespräche mit Philips, 10.09.1971, in: ebd.

Enttäuschung Telefunkens auslaufen. Stattdessen entwickelte Philips zusätzlich zum Videorekorder ein eigenes Bildplattensystem, das ab 1975 mit Telefunkens Modell konkurrierte.[1193]

Wie anhand der auffindbaren Quellen rekonstruiert werden konnte, resultierte die Entscheidung Telefunkens, keine eigenen Videorekorder zu entwickeln, nicht aus einer systemischen Ablehnung des Produkts. Stattdessen entschieden sich die Leitungsfiguren Telefunkens aufgrund des technischen Rückstandes für ein Handelsgeschäft und die Einstellung der eigenen Entwicklungsarbeit, sodass die Etablierung eines eigenen Systems bereits zwei Jahre später nicht mehr möglich und ansatzweise rentabel erschien.[1194] In den Quellen findet sich zwar kein Hinweis auf einen Zusammenhang zur finanziellen Gesamtentwicklung der Muttergesellschaft und des Unterhaltungselektronikbereichs. Die Vermutung liegt allerdings nahe, dass er eine bedeutende Rolle gespielt hat.[1195] Der Unterhaltungselektronikbereich hatte gerade erst im Jahr 1971 hohe Verluste von 162 Mio. DM erlitten, die dann auch zur Gründung der TFR führten. Die AEG-Telefunken wiederum forcierte nach dem Gesamtertragseinbruch 1971 erste Konsolidierungsbemühungen. Daher wird die Bereitschaft, in ein hochkompetitives Produktsegment wie den Videorekorder einzusteigen, eher gering gewesen sein. Zumal der Konzern bereits hohe Entwicklungssummen für die Bildplatte aufgebracht hatte, von der die Akteure zusätzlich überzeugt waren.[1196]

Die Bildplatte bot aus der Perspektive Telefunkens aber auch des AEG-Telefunken-Konzerns zahlreiche Vorteile. Die erhoffte Unterstützung durch Philips erfolgte zwar nicht. Sie war jedoch zum Projektbeginn auch nicht eingeplant. Nahezu von Beginn an waren mit dem Unterhaltungselektronikbereich Telefunken, ab 1972 dann der TFR, und dem Schallplattenhersteller Telefunken-Decca Schallplatten GmbH (TELDEC) zwei Unternehmen bzw. Bereiche des Konzerns in die Entwicklung involviert. Durch die direkte Verbindung von Gerätebauer (Telefunken) und Plattenhersteller (TELDEC) erhofften sich die Beteiligten entsprechende Synergieeffekte. Zudem stand der doppelte Ertrag bei einer erfolgreichen Markteinführung in Aussicht, da man sowohl die Hardware- als auch die Softwa-

1193 Aktennotiz über eine Besprechung mit Philips, 27.6.1973, in: ebd.

1194 Allein die Differenz zwischen den prognostizierten Preisen der Wettbewerber und den eigenen deuten neben den Skaleneffekten auf den technischen Vorsprung hin, der auch ein Ausdruck der Pfadabhängigkeit auf der Grundlage der Entscheidungen war.

1195 Vgl. hier und im Folgenden: Strunk: Die AEG, S. 89–90.

1196 Gliese: Ausgefunkt?, S. 69.

reseite bediente.[1197] 1972 gründeten die TFR und TELDEC mit dem dritten Partner Decca Record Company Ltd. (Decca), der zweiten Muttergesellschaft der TELDEC, die TED AG als Schweizer Gesellschaft.[1198] Die Decca produzierte lediglich Videos und Abspielgeräte. An der vormaligen Entwicklungsarbeit war sie nicht beteiligt, sodass sie bei der Gründung auch entsprechende Kompensationszahlungen an die TFR und TELDEC leistete. Die TED AG entschied zudem seit 1972 über die Lizenzpolitik.

Die Synergieeffekte machten sich in der Anfangsphase der Entwicklung bezahlt. Mit Schüller und Bruch waren die bekanntesten Entwickler Telefunkens an dem System beteiligt.[1199] Wie man die Schallplatte zur Bildaufzeichnung weiterentwickeln könne, sei die zentrale Frage ihrer Forschung gewesen, so die Selbstauskunft in den Presseinformationen. Damit wollte man sich sowohl die schnelle und kostengünstige Reproduzierbarkeit der Platte als auch ihre stabile Wiedergabequalität und die einfache Bedienung zu Nutze machen – insbesondere im Vergleich zum Magnetband in den 1960er Jahren. Mit der bereits erwähnten Dichtspeichertechnik gelang es den Entwicklern, die informationstragenden Rillen auf der TED-Platte zwanzigmal dichter als bei der ursprünglichen Schallplatte anzuordnen. Damit konnten auch die notwendigen Daten zur Bildübertragung „eingraviert" werden. Die schwarz-weiß TED-Bildplatte wurde bereits im Sommer 1970 vorgestellt. Sie war damit die erste Bildplatte weltweit und wurde von der Fachpresse mit höchstem Lob bedacht.[1200] In diesem Sommer trat Telefunken damit, wie Schiering gefordert hatte, in den Mittelpunkt der Audiovisions-Debatte. Der Bildplatte wurden sehr gute Marktperspektiven bescheinigt. Im folgenden Jahr präsentierten Telefunken und die TELDEC schließlich die Farbversion und kündigten die Markteinführung für das Jahr 1973 an.

Das TED-Bildplattensystem schien gegenüber den Videorekordern zahlreiche Vorteile zu bieten, die die Beteiligten der TED-AG auch ganz bewusst in Abgrenzung

---

1197 Vgl. zu den konzeptionellen Überlegungen hier und im Folgenden: Gespräch von AEG-TFK Vertretern mit Dr. Groebe und Rosengarten am 31.8.70 in Frankfurt und 27.8.70 in Zürich, 3.9.70, sowie Aktennotiz über Besprechung 17. und 18.11.71 mit Decca in Zürich, in: DTMB/AEG, GS 8315.

1198 Aktennotiz über Besprechung am 17. und 18.11.71 mit Decca in Zürich, in: ebd. Die Decca Record Company Ltd. hatte keine Anteile an der TELDEC. Diese hielt die vormalige Muttergesellschaft Decca Records, die die Decca Record Company Ltd. jedoch bereits während des Zweiten Weltkriegs verkauft hatte. Vgl. zum Verkauf im Zweiten Weltkrieg: Gliese: Ausgefunkt?, S. 51.

1199 Vgl. hier und im Folgenden: Presseinformationen TED-Bildplatte und TED-Bildplattenspieler, April 1975, in: DTMB/AEG, I 2 060 Ü FA AEG GS 3199.

1200 Vgl. im Folgenden: Gliese: Ausgefunkt?, S. 53–54. Siehe auch Video-Cassetten-Recorder und die Bildplatte, in: Funkschau 14/1970. Sowie Fernsehen von der Bildplatte, in FAZ, 01.07.1970.

zum Videorekorder an verschiedenen Stellen betonten.[1201] Erstens sei das System preiswerter. Die Platte würde eine höhere Informationsspeicherdichte als das Magnetband ermöglichen, sodass weniger Material notwendig sei. Dazu sei das PVC-Trägermaterial ebenso wie die Herstellung der Platten günstiger. Das Prägen und Pressen erfolge zudem schneller und zuverlässiger als die Bespielung der Kassetten. Damit koste ein Film zwischen 10 und 25 DM im Vergleich zu über 100 DM für eine Videokassette. Aufgrund des einfacheren Aufbaus belaufe sich der Preis für das Bildplattenabspielgerät lediglich auf ca. 1500 DM – zwischenzeitlich wurde auch über Preise unter 1000 DM diskutiert. Ein gängiger Videorekorder koste hingegen 3000 DM. Zweitens sei die Anwendung zuverlässiger und komfortabler. Die Platten befänden sich in einer Hülle, aus der das Gerät sie automatisch mit einem Knopfdruck einziehen und abspielen würde. Dies beuge Verschmutzungen vor. Das Abspielen sei zudem ohne erkennbaren Verschleiß möglich. Der Bedienungskomfort werde durch den Programmzugriff ohne Vor- und Rücklauf des Bildbandes deutlich erhöht. Trotz dieser genannten Vorteile bereitete die Herstellung der Platten jedoch Probleme, sodass die angekündigte Markteinführung in das Jahr 1975 verschoben werden musste. Damit nahm das Scheitern des Systems seinen Lauf.

Die vermeintlichen Vorteile des Systems und des Entwicklungsprozesses bargen die Nachteile bereits in sich. Vier Faktoren führten letztendlich zum Scheitern des Bildplattensystems, dessen Produktion bereits im Jahr 1976 wieder eingestellt wurde: Qualitätsprobleme, die Systemkonzeption, der Zeitpunkt der Markteinführung und eine unzureichende Anzahl an Partnern, und zwar vor allem hinsichtlich der japanischen Unternehmen.[1202] Die TED AG verschob die Markteinführung 1973, da die Platten durch die Hüllen beim Versand oder auch bei der Lagerung Schäden davontrugen, sodass sie nicht mehr abspielbar waren. Da die Platten aus einem sehr dünnen Material bestanden, waren sie anfälliger für mechanische Beschädigungen als ursprünglich prognostiziert. Zwar konnte dieses Problem behoben werden, die Qualitätsdefizite blieben jedoch bis zur Markteinführung. Im Mai 1975 evaluierten beispielsweise verschiedene Mitglieder der TFR, TELDEC und Decca die Markteinführung im März desselben Jahres mit ausgewählten Fachhändlern.[1203] Dabei stellten sie „massive Qualitätsbeanstandungen"

1201 Vgl. prägnant: Presseinformationen TED-Bildplatte und TED-Bildplattenspieler, April 1975, in: DTMB/AEG, I 2 060 Ü FA AEG GS 3199.

1202 Die Argumente finden sich teilweise auch im Aufsatz von Carina Gliese. Mit den entsprechenden Quellen werden diese erweitert, differenziert und partiell auch widerlegt. Vgl. daher hier und im Folgenden: Gliese: Ausgefunkt?, S. 55–59.

1203 Protokoll: TED Erfahrungsbericht der Service-Berater, Hannover 28.5.1975, in: DTMB/AEG, I.2.060 Ü-FA-AEG GS 3535.

fest. Die Tonqualität, die Bildschärfe und die Einführung in das Gerät aus der Tasche waren vielfach unzureichend. Die TELDEC sah sich jedoch nicht imstande, die Platten auszutauschen, da die Anpassung der Produktion langwierig sei. Damit wurde ein strukturelles Produktionsdefizit angedeutet, das sich nicht auf eine bestimmte Charge zu beschränken schien. Wie umfassend die Probleme waren, deutete der Bericht zur Funkausstellung in Berlin vom 15.10.1975 an. Von 860 ausgestellten Platten seien 157 defekt gewesen. Außerdem habe auch hier die Wiedergabequalität „zu wünschen übrig" gelassen.[1204] Nicht nur die Software, sondern auch die Abspielgeräte wiesen in der Einführungsphase zahlreiche Probleme auf. Gehäuft wurden defekte Motoren, fehlerbehaftete Einzugvorrichtungen der Platten, verbogene Abtastnadeln und gelockerte Schrauben gemeldet.[1205] Die Produktionsqualitäten beider Partner in den Werken in Berlin und Nortorf waren folglich nicht so gut, wie man sie ursprünglich eingeschätzt hatte.[1206] Dazu setzte das System einen spezifischen Anschluss, AV-Schnittstelle genannt, an den Fernsehgeräten voraus, der jedoch erst in den Gerätegenerationen der deutschen Hersteller seit 1973 verbaut wurde. Folglich waren ältere Modelle zunächst ausgeschlossen, konnten jedoch vom Fachhandel nachgerüstet werden. Die Kommunikation dieser Bedingungen in Richtung der Konsumenten und des Fachhandels verlief allerdings unzureichend, sodass sie als ein wichtiger Störungsfaktor für die Markteinführung ausgemacht wurde.[1207]

Nun könnten diese Defizite als Anlaufschwierigkeiten oder auch „Kinderkrankheiten" eines neuen Systems abgetan werden. Die TED AG registrierte jedoch auch massive systemische Kritik, die als der wesentliche Grund für den stockenden Absatz der Produkte angesehen werden kann. Die Bildplatte ermöglichte von Beginn an lediglich eine Abspielzeit von zehn Minuten. Die Akteure der TED AG hielten bis in das Jahr 1975 an dieser Konzeption fest, obwohl beispielsweise andere Unternehmen, wie Zenith, gerade diese Einschränkung bereits früh als Hauptkritikpunkt in den Lizenzverhandlungen formuliert hatten.[1208] Die TED-Vertreter rekurrierten dabei auf vermeintlich objektive Marktstudien, die einerseits zehn

1204 Ergebnisprotokoll über eine TED-Besprechung in Hannover am 15.10.1975, in: ebd.

1205 Protokoll: TED Erfahrungsbericht der Service-Berater, Hannover 28.5.1975, in: ebd.

1206 Aktennotiz über Besprechung 17. und 18.11.71 mit Decca in Zürich, in: DTMB/AEG, GS 8315. Die Reflexion der eignen Qualitätsprobleme setzte erst in der zweiten Hälfte der 1970er Jahre umfassender ein. Vgl. beispielsweise die Auseinandersetzung mit dem GfK-Herstellerprofil, das den von außen wahrgenommenen Qualitätsverlust diagnostizierte: Herstellerprofil Telefunken GFK, in: DTMB/AEG, I 2.060 Ü-2-FA 0874.

1207 Protokoll: TED Erfahrungsbericht der Service-Berater, Hannover 28.5.1975, in: DTMB/AEG, I.2.060 Ü-FA-AEG GS 3535.

1208 Zenith Besuch, 24.,25. und 28.8.72: Vorführung Bildplatte, in: DTMB/AEG, GS 8315.

Minuten als die gebräuchlichste Videolänge deklarierten und andererseits behaupteten, dass auch Spielfilme in der Schnittgestaltung dem zehnminütigen Rhythmus folgen würden. Als „Kompromiss" wurde zwar ein automatischer Plattenwechsler entwickelt, der jedoch zur Markteinführung noch nicht verfügbar war und erst produziert werden sollte, wenn sich das System etabliert habe. Dass hierzu der Plattenwechsler aber vermutlich notwendig gewesen wäre, mutmaßt auch Carina Gliese.[1209] Die TELDEC war selbst nach der unzureichenden Markteinführung immer noch nicht bereit, die Verlängerung der Spielzeit einer einzelnen Platte durch eine Anpassung der Pressung anzugehen, obwohl die Kosten lediglich auf 300.000 DM geschätzt wurden. Vermutlich waren sie bereits nicht mehr von dem System überzeugt, da schon im Oktober 1975 über die Einstellung diskutiert wurde.[1210]

Neben der Spielzeit wusste auch das angebotene Plattenprogramm sowohl quantitativ als auch qualitativ nicht zu überzeugen. Zum Start standen lediglich 50 Titel zur Verfügung, wobei gegenüber der Presse angekündigt wurde, das Angebot auf 350 Titel zum Ende des Jahres auszubauen.[1211] Die Unternehmen schöpften also auch an diesem Punkt die Synergieeffekte der Zusammenarbeit innerhalb des Konzerns nicht aus, da die TELDEC aufgrund der langfristigen Planung ein größeres Angebot hätte bereitstellen können.[1212] Die 50 Titel verteilten sich auf die Schwerpunkte „Populäres Wissen, Unterhaltung, Kinder- und Jugendprogramme sowie Schulung und Fortbildung".[1213] Das Angebot reichte von Lesungen zu Hitlers „Mein Kampf" über Highlights der Fußballweltmeisterschaften und Asterix-Verfilmungen bis zu Geburtsvorbereitungskursen. Die Zielgruppe des Bildplattensystems sollte die Privatperson in ihrer Abendunterhaltung sein. Die Käufer bemängelten in einer Umfrage diesbezüglich, dass zu wenige Spielfilme im Angebot seien. Aufgrund des Nutzungszuschnitts erscheint dies mehr als verwunderlich, der technischen Konzeption folgend jedoch plausibel. Allerdings ist auch fraglich, ob das Ansehen eines zweistündigen Spielfilms bei zwölf Plattenwechseln wirklich komfortabel gewesen wäre. Die technische Konzeption und das Softwareportfolio

1209 Vgl. zur kritischen Diskussion der Studien ausführlicher: Gliese: Ausgefunkt?, S. 56.

1210 Ergebnisprotokoll über eine TED-Besprechung in Hannover am 15.10.1975, in: DTMB/AEG, I.2.060 Ü-FA-AEG GS 3535.

1211 Presseinformation TED-Bildplatte und TED Bildplattenspieler, April 1975, in: DTMB/AEG, I 2 060 Ü FA AEG GS 3199.

1212 Vgl. Ergebnisprotokoll über eine TED-Besprechung in Hannover am 15.10.1975, in: DTMB/AEG, I.2.060 Ü-FA-AEG GS 3535. Es verfestigt sich beim Studium der Quellen der Eindruck, dass gerade die TELDEC den Programmausbau unzureichend geplant hatte. In dem Budget fehlten nämlich im Verlauf des Jahres 1975 500.000 DM zur Ergänzung des Programms.

1213 Vgl. Presseinformation TED-Bildplatte und TED Bildplattenspieler, April 1975, in: DTMB/AEG, I 2 060 Ü FA AEG GS 3199. Ebenso im Folgenden Gliese: Ausgefunkt?, S. 55.

harmonierten folglich nicht mit der Zielgruppe.[1214] An dieser Stelle kommt auch der entscheidende Nachteil gegenüber dem Videorekorder zum Tragen. Durch die Aufnahmefunktion löste sich dieser ein Stück weit von dem Softwareangebot, da selbstgewählte Ausschnitte des Fernsehprogramms einbezogen werden konnten.

Gliese macht die Verschiebung der Markteinführung auf das Jahr 1975 aus zwei Gründen als einen gewichtigen Faktor aus. Einerseits hätte durch die Verzögerung ein Vertrauensverlust bei den potentiellen Käufern stattgefunden. Andererseits sei der Marktstart damit in einer Phase der Rezession erfolgt, die wiederum das Kaufverhalten beeinflusst hätte.[1215] Das erste Argument erscheint durchaus plausibel.[1216] Gegen die Prämisse des Rezessionsarguments spricht dagegen, dass der Unterhaltungselektronikkonsum, unabhängig von der gesamtwirtschaftlichen Eintrübung, einen Boom erlebte, wie in Kapitel 2 herausgearbeitet und von Sina Fabian für die Gesamtkonsumentwicklung der 1970er ausführlich belegt wurde.[1217] Zudem war die Konjunkturerwartung auch im Jahr 1973 bereits gedämpft, sodass die Absatzaussichten nur unwesentlich besser gewesen wären. Die zeitliche Verzögerung war jedoch aus zwei anderen Gründen entscheidend. Das TED-Bildplattensystem war zwar immer noch das erste auf dem Markt, aber Philips hatte bereits die Markteinführung seiner Bildplatte „Video Long Play" (VLP) angekündigt, ebenso RCA mit seiner „Selecta Vision".[1218] Darüber hinaus stand die nächste Videorekordergeneration in den Startlöchern.[1219] Folglich war die TED-Bildplatte einem schärferen Wettbewerbsverhältnis ausgesetzt, das vor allem beim Werben um die japanischen Lizenznehmer entscheidend wurde. Diese hatten nämlich nun Wahlmöglichkeiten und zögerten daher bei ihrer Entscheidung. Das Rezessionsargument kommt an dieser Stelle auch zur Geltung. Die japanischen Unterhaltungselektronikunternehmen führten es nämlich in den Gesprächen zur Begründung ihrer abwartenden Haltung an.

Dass die japanischen Unternehmen erst an dieser Stelle in dem Kapitel und damit in der Rekonstruktion der Video- und vor allem Bildplattengeschichte Telefunkens in Erscheinung treten, ist auf die Diskrepanz zwischen den Forderungen des „Japan-Konzept[es]" und dessen Umsetzung zurückzuführen. Die „Video-Kommission" zeichnete in dem Konzeptpapier detailliert das Vorgehen zur Kommerzialisierung des Bildplattensystems in Kooperation mit den japanischen Un-

1214 Vgl. in diese Interpretationsrichtung auch: ebd.

1215 Ebd., S. 54.

1216 Allerdings belegt sie dies nicht durch entsprechende Quellen. Auch die dieser Studie zugrundeliegenden Quellen liefern keine stichhaltigen Indizien.

1217 Fabian: Boom in der Krise.

1218 Vgl. zu der Technik der Konkurrenzprodukte: Gliese: Ausgefunkt?, S. 59 – 60.

1219 Vgl. Kapitel 3.3.1

ternehmen vor.[1220] Die Bildplatte war explizit aus dem Kooperationsvertrag des Unterhaltungselektronikbereichs mit Hitachi ausgenommen worden, da man eine mehrere Unternehmen umfassende Zusammenarbeit präferierte. Sowohl im Bereich der Bildplatten- als auch der Geräteherstellung sollte jeweils ein Joint Venture mit einem japanischen Unternehmen gegründet werden. Darüber hinaus war im Bildplattengeschäft eine umfassende Lizenzvergabe angedacht, um ein großes Angebot zur Durchdringung des Marktes zu gestalten. Auch im Gerätesegment sollten die Lizenzen vergeben werden, allerdings (zunächst) unter dem Ausschluss der Exportrechte, um so den US-amerikanischen und die europäischen Märkte zu schützen. Den Verantwortlichen Telefunkens war nämlich bewusst, dass der Erfolg auf dem japanischen Markt elementare Auswirkungen auf das Geschäft in den USA haben würde, da die japanischen Unternehmen auch den US-Markt dominierten.

Zu einem Joint Venture kam es weder bei der Herstellung der Bildplatten noch im Gerätesegment. Das lag allerdings nicht daran, dass von japanischer Seite kein Interesse vorhanden gewesen wäre. Nach der öffentlichen Vorstellung der Bildplatte, die sich als eine absolute Neuheit präsentierte, fragten Nihon, Sony, Toshiba, Sanyo und Sharp bezüglich einer Zusammenarbeit an.[1221] Das Bildplattensystem war zu diesem Zeitpunkt als Innovation begehrt. Der Kooperationspartner Hitachi bekundete sogar mehrmals sein Interesse an der Mitentwicklung, zumal die Bildplatte eines der wenigen Produkte war, auf das sie vertraglich keinen Zugriff hatten.[1222] Sie erhielten jedoch ebenso wie die anderen Unternehmen eine Absage, da Telefunken und TELDEC die Innovation zur Sicherung der Einheitlichkeit alleine vorantreiben wollten. Eine Kooperation, wie sie das Japan-Konzept vorsah, wurde an dieser Stelle abgelehnt. Die Unternehmen wurden stattdessen auf eine spätere Lizenznahme verwiesen. Darin spiegelte sich die Kontinuität im Selbstverständnis als dasjenige Unternehmen, das die Innovationen setze.[1223]

Damit einher ging die strategische Entscheidung, das Bildplattensystem zunächst zur Marktreife zu entwickeln und auf dem deutschen Markt einzuführen, um dann durch die zeitlich versetzte Lizenzpolitik auf die übrigen Märkte zu sto-

1220 Vgl. hier und im Folgenden: Japan-Konzept, AEG-Telefunken, 21.9.1970, in: DTMB/AEG, V0294.

1221 Vgl. Schreiben Ditfurth an Brandt, 8.9.1970, Einzelbericht Sanyo Electric, 17.6.1971, Einzelbericht Sharp, 17.6.1971, in: DTMB/AEG, GS 6996.

1222 Vgl. rückblickend prägnant: Notiz über ein Gespräch mit Hitachi, 18.2.1975, in: DTMB/AEG, GS 7116. Sowie den nicht weiter ausgeführten Hinweis bei Gliese: Ausgefunkt?, S. 59.

1223 An diesen Prozessen waren bspw. mit von Ditfurth sogar dieselben Personen beteiligt, die in den Jahren zuvor prognostisch die Kooperation propagierten. Diese Widersprüchlichkeit konnte durch das Studium der Quellen nicht aufgelöst werden.

ßen.[1224] Grundlegend wurde die Lizenzpolitik erst in einer Besprechung der TED AG am 23.2.1973 initiiert.[1225] Die Ausgangssituation hatte sich jedoch merklich verschlechtert, da Philips und RCA ihre Systeme bereits vorgestellt hatten. Daher entschied man sich, die Exportklausel, die im „Japan-Konzept“ noch betont wurde, zu streichen. Damit wollte man insbesondere für die japanischen Unternehmen die Attraktivität der TED-Bildplatte erhöhen, da sie nun als die entscheidenden Akteure angesehen wurden, um das System auch auf dem Weltmarkt durchzusetzen. Die Verantwortlichen um von Ditfurth und Zickermann mahnten aufgrund der neuen Konkurrenzsituation zur Eile, um den noch gegebenen Vorsprung auszunutzen. Die Systemvorstellung in Japan erfolgte aber erst im November 1974.[1226] Die genauen Ursachen für diese eklatante Verzögerung werden in den Quellen nicht genannt. Vermutlich ist sie jedoch auf technische Probleme bei der Anpassung auf die NTSC-Norm zurückzuführen, wie im Geschäftsbericht der TELDEC 1974 anklingt.[1227] Diese beeinträchtigten zudem noch im April 1975 die Zusendung von Vorführgeräten und Platten an interessierte japanische Unternehmen.[1228]

Die Verhandlungsoffensive seitens der TED AG begann im Frühjahr 1975. Im Februar, April, Juni, Juli und August starteten verschiedene Delegationen der TFR, TELDEC, Decca aber auch der gemeinsamen TED AG Versuche, die japanischen Unternehmen von der TED-Bildplatte zu überzeugen. Bezüglich der Bildplattenherstellung konnte man mit der Japan Video System und der King Record Company zeitnah zwei Lizenznehmer gewinnen, deren Produktionsvolumina als ausreichend für den Marktstart betrachtet wurden. Auf der Hardwareseite konnte jedoch lediglich Sanyo überzeugt werden.[1229] Bereits in den Verhandlungen im Februar boten die Vertreter der TED-AG die Exportfreiheiten an. Zudem berücksichtigten sie die Konstitution der japanischen Wirtschaft – und folgten dabei auch dem Kollektivismustopos –, indem sie den japanischen Unternehmen die Gründung

1224 Bildplatten-Besprechung, 23.02.1973: TED-Lizenz-Politik, in: DTMB/AEG, I 2. 060 Ü-FA AEG GS 7121. Sowie Presseinformation TED-Bildplatte und TED Bildplattenspieler, April 1975, in: DTMB/AEG, I 2 060 Ü FA AEG GS 3199.

1225 Bildplatten-Besprechung, 23.02.1973: TED-Lizenz-Politik, in: DTMB/AEG, I 2. 060 Ü-FA AEG GS 7121.

1226 Confidental Summary Report on Negotiations with TED-Licensees and potential TED-licencees in Japan, 1.3.1975, in: DTMB/AEG, GS 7116.

1227 TELDEC International AG, Geschäftsbericht 1974, in: DTMB/AEG, I.2.060. Ü – FA AEG – GS 3532.

1228 Vgl. Nakai, Managing Director Sanyo Electric, an Mr Ohasi (ATLO), 28.4.75: Gespräch zwischen Sanyo und Toshiba Managern, in: DTMB/AEG, GS 8315.

1229 Besprechungsniederschrift: Allgemeine Information über den gegenwärtigen Stand des TED-Bild-Platten-Systems, 12.11.1975 mit JVC, in: DTMB/AEG, I.2.060 Ü-FA-AEG GS 3535. Die General Corporation sollte noch im Jahr 1976 dazustoßen.

einer eigenen TED-Gruppe anboten, die sie zur Koordinierung der Tätigkeiten in Japan nutzen sollten.[1230] Die Skepsis bei den japanischen Geräteherstellern blieb jedoch. Die genannten Gründe waren vielfältig. Eine Gruppe um Sony wollte sich lieber auf das Videorekordergeschäft konzentrieren. Eine andere Gruppe um Matsushita kommunizierte offen, dass sie erst einmal abwarten wolle, welches der Bildplattensysteme sich durchsetze.[1231] Die übrigen Unternehmen, allen voran Hitachi, Toshiba, Sharp und Mitsubishi, zeigten sich zurückhaltend und brachten verschiedene weitere Argumente gegen das System vor, ohne sich jedoch dagegen zu entscheiden. Dieses Agieren wurde von dem Geschäftsführer der TED AG, Rolf Schiering, als „Hinhaltetaktik" empfunden.[1232] Die japanischen Unternehmen übten zum einen Kritik an dem Vertragswerk, das im Gegensatz zu den Verträgen der RCA eine Einmalzahlung von 1,2 Mio. Schweizer Franken vorsah.[1233] Zum anderen bewerteten sie die Bildqualität, die Herstellungskosten, die Laufzeit und die Art der Platteneinführung als nachteiliger im Vergleich zum RCA-System.[1234] Das Philips-System wurde als Vergleich nicht hinzugezogen. Ein dritter Punkt, den die TED AG wohl unterschätzt hatte, war die Einführung auf dem deutschen Markt. Diese diente den japanischen Unternehmen als Test für einen potenziellen Markterfolg des Systems.[1235] Durch die bestehenden Handelsverbindungen holten sie Informationen von Fachhändlern oder auch dem Versandhaus Quelle ein. Dadurch erfuhren sie, wie stockend und nahezu krachend scheiternd die Markteinführung verlief. Die Vertreter der TED AG führten zwar an, dass man den deutschen und japanischen Markt nicht vergleichen könne. Die niedrigen Verkaufszahlen von 1000 Geräten in den ersten drei Monaten konnten sie jedoch auch nicht negieren.

All diese Argumente ließen eine Markteinführung in Japan, die als Voraussetzung für die Etablierung auf dem Weltmarkt gesehen wurde, unwahrscheinlich werden. Gleichwohl wäre sie beinahe doch gelungen, hätte Telefunken gegenüber Sanyo und Hitachi frühzeitig eine „wirkliche Kooperation" forciert. Sanyo entschied sich als erstes und einziges japanisches Unternehmen im Jahr 1975 hardwareseitig für das TED-System. Sie unterstützen die TED AG daher im Verlauf des Jahres im Werben um die übrigen japanischen Hersteller.[1236] Hierzu entwickelte

1230 Vertrauliche Zusammenfassung der Verhandlungen TED-Lizenznehmern und potentiellen Interessenten, 17.2.-28.2.1975 ; 1.3.75, in: DTMB/AEG, GS 7116.

1231 Vgl. ebd., sowie Ergebnisbericht Reise Japan 21. - 31.5.1975, Lizenzabteilung, Herr Schiering Geschäftsführer TED AG, 2.6.1975 (an Zickermann, Vorstand TED AG), in: ebd.

1232 Ebd.

1233 Notiz über Gespräche mit Hitachi / Nippon Columbia am 18.2.1975, in: ebd.

1234 Notiz über einen Besuch bei Sanyo im Research Center, 15.5.75, in: ebd.

1235 Notiz über einen Besuch bei Sanyo, 23.5.1975, in: ebd.

1236 Notiz über ein Gespräch mit Sanyo in Osaka, 9. Juli 1975, in: ebd.

Sanyo innerhalb weniger Monate einen NTSC-Prototypen, der die genannten unsicheren japanischen Unternehmen beinahe noch umgestimmt hätte.[1237] Dieser Prototyp habe sich durch eine günstigere Herstellung und eine zuverlässigere Technik ausgezeichnet, so das Protokoll zu einem TED-Besuch bei Sanyo.[1238] Letztendlich überwogen allerdings die übrigen Nachteile. In dieser Szenerie deuten sich die Entwicklungspotentiale an, die die TED AG verstreichen ließ. Dieser Prototyp hätte beinahe auch noch Hitachi zum Umdenken bewogen. Hitachis Entwickler sprachen sich nach dessen Vorstellung für TED aus. Das führende Management lehnte das System jedoch ab. Die Gründe hierfür sind nicht überliefert. Die TFR versuchte diese Entscheidung noch durch den Verweis auf den Kooperationsvertrag und die freundschaftlichen Verbindungen zu beeinflussen.[1239] Nachdem sie zuvor die Zusammenarbeit ausgeschlagen und die Bildplatte vertraglich ausgenommen hatte, stellte sie nun sogar eine Ausdehnung der Kooperation zur Diskussion. Die Argumente verfingen zu diesem Zeitpunkt jedoch nicht mehr. Dies war für die TED AG umso fataler, da sich innerhalb der Verhandlungen herauskristallisiert hatte, dass Hitachi eine „Schlüsselstellung" einnehmen sollte.[1240] Sowohl Sanyo als auch die TED AG vertraten die Überzeugung, dass Toshiba, Sharp und Mitsubishi Hitachi in das TED-Lager folgen würden, sobald sich das Unternehmen dafür entscheiden sollte. In diesem Sinne hatten die Auslassung der Bildplatte aus dem Kooperationsvertrag der Unterhaltungselektronikbereiche sowie die frühe Ablehnung der Zusammenarbeit fatale Auswirkungen auf das TED-System.

Die Produktion der Bildplatte wurde im Jahr 1976 eingestellt.[1241] Telefunken hatte von 1970 bis 1976 durch Entwicklung, Herstellung und Vertrieb ca. 70 Mio. DM Verlust zu verzeichnen, die Teldec nochmals ca. 21 Mio.[1242] Im Oktober 1975 diskutierten die TED-Vertreter erstmals über die Produktionseinstellung des Systems. Sie prognostizierten diesbezüglich weitere Kosten von 53 Mio. DM für die kommenden Jahre, um den Vertrieb auslaufen zu lassen, die Produktion einzustellen

1237 Notiz über einen Besuch bei Sanyo im Research Center, 15.5.75, in: ebd.

1238 Ebd.

1239 Vgl. Ergebnisbericht Reise Japan 21. - 31.5.1975, Lizenzabteilung, Herr Schiering Geschäftsführer TED AG, 2.6.1975 (an Zickermann, Vorstand TED AG), in: ebd.

1240 Vgl. ebd.

1241 Die TFR baute auf dieser Technik bei der Entwicklung der Mini-Disc auf. Sie war als Konkurrenzprodukt zur Compact Disc (CD) konzipiert worden. Sie kam nie über den Status eines Prototypen hinaus und wurde bereits zum Ende der 1970er Jahre bei ersten Normierungsgesprächen mit japanischen Unternehmen einstimmig abgelehnt. Vgl. Gliese: Ausgefunkt?, S. 63 – 65.

1242 Zusammengestellt in: DTMB/AEG, I.2.060 Ü-2 FA AEG GS 5922.

und die TED AG abzuwickeln.[1243] Inwiefern sich diese Prognose bewahrheitete, ist nicht überliefert. Jedoch scheiterte nicht nur das TED-System. Letztendlich setzte sich keines der Bildplattensysteme durch. Der Videorekorder wurde zum dominanten audiovisuellen Produkt der 1980er und 1990er Jahre.

4.3.3 „Ein hervorragendes Beispiel der europäisch-japanischen Kooperation“: das Videorekorder Joint-Venture J2T

Mit diesen titelgebenden Worten eröffnete der Präsident des japanischen Unterhaltungselektronikunternehmens JVC, Ichiro Shinji, am 30. Mai 1983 die Produktionsstätte des ersten japanisch-europäischen Joint Ventures zur Herstellung von Videorekordern in Berlin.[1244] Er bezeichnete das Gemeinschaftsunternehmen „J2T“ als ein wegweisendes Modell für die zukünftige Zusammenarbeit. Dem pflichtete Josef Stoffels, zu diesem Zeitpunkt Vorsitzender der Telefunken Fernseh und Rundfunk GmbH, bei. Er hatte die Entwicklung des Joint Ventures wesentlich vorangetrieben und damit Telefunken erstmalig eine eigene – wenn auch geteilte – Videorekorderproduktion ermöglicht. Welche, vor allem auch politische, Bedeutung dieser Fabrik mit nicht einmal 450 Mitarbeitern zugemessen wurde, zeigte die illustre Teilnehmerliste der Einweihung. Neben dem Berliner Bürgermeister Richard von Weizsäcker nahmen der Präsident des Bundeskartellamtes Wolfgang Karrte, der britische Botschafter Taylor, der japanische Miyazaki sowie die Präsidenten der Konzerne Thorn und Thomson-Brandt teil. Der Bundeswirtschaftsminister hatte die Teilnahme aus terminlichen Gründen ablehnen müssen. Die Entstehung dieses Joint Ventures und seine Bedeutung für Telefunken aber auch die europäisch-japanischen Unternehmensbeziehungen insgesamt werden in diesem Kapitel rekonstruiert.

Nachdem die Produktion der Bildplatte 1976 eingestellt worden war, befand sich kein Gerät der Audiovision mehr im Produktportfolio Telefunkens. Die eigene Videorekorderentwicklung und -produktion war bereits zu Beginn der 1970er durch die Zulieferung von Philips VCR-Chassis ersetzt worden, bei denen lediglich noch das Gehäuse hinzugefügt werden musste. Allerdings wurde auch dieser Vertrag ab 1974 nicht mehr verlängert. Philips strebte, wie bereits beschrieben, ein Normenkartell an. Diese Verträge verboten den Lizenznehmern jegliche Entwicklungs-, Produktions- oder auch Handelsaktivitäten bezüglich anderer Videorekor-

1243 Ergebnisprotokoll über eine TED-Besprechung in Hannover am 15.10.1975, in: DTMB/AEG, GS 7116.

1244 Hier und im Folgenden: Vermerk (Haas): Einweihung der J2T Video GmbH, 30.5.1983 in Berlin, in: BArch, B102/285151.

dersysteme. Ab 1974 machte die Philips-Führung den Beitritt zum Normenkartell zur Voraussetzung für den Abschluss der Zuliefererverträge, um so die Marktposition von VCR zu konsolidieren.[1245] Von der Seite Telefunkens wurden verschiedene Argumente gegen das Normenkartell und die Kopplung vorgetragen, die von kartellrechtlichen Bedenken über Lieferbedingungen bis zur unzulässigen Ausdehnung auf Auslandsgesellschaften reichten. Aufgrund der sprunghaften und – bis zu einem gewissen Grad – beliebigen Anführung der Gegenargumente verfestigt sich der Eindruck, dass sich Telefunken noch nicht an ein System im Handelsgeschäft binden wollte. Da die Zulieferungen lediglich in kleiner Stückzahl erfolgten, war auch der zeitweilige Ertragsausfall nicht nennenswert. Für das Jahr 1974 hatten Telefunken und Philips nämlich die Abnahme von lediglich 4000 Chassis vereinbart.

Diese Interpretation wird durch Telefunkens Aktivitäten in den folgenden Jahren gestützt. Bereits 1975 wurden erste formlose Informationsgespräche mit JVC aufgenommen, in denen über die neue Videorekordergeneration diskutiert wurde. Zu Vereinbarungen oder Vertragsabschlüssen kam es jedoch noch nicht.[1246] Die abwartende Haltung zeigte sich auch noch im Jahr 1977. Eine hochrangige Delegation um den Vorstandsvorsitzenden der AEG-Telefunken Walter Cipa besuchte u. a. Sony und Matsushita in Japan.[1247] Bei den Gesprächen standen die Vorführungen von VHS und Betamax im Mittelpunkt, wobei sich an dieser Stelle bereits die Zuneigung zu Matsushitas VHS-Konzeption zeigte. Sie wurde als das technisch bessere System ausgemacht. Dennoch warteten die Verantwortlichen auf eine Normsetzung innerhalb Japans, die jedoch bekanntlich ausblieb. Das Taktieren war also durchaus vergleichbar mit demjenigen der japanischen Unternehmen in der Bildplattenfrage. JVC bemühte sich besonders um die europäischen Unternehmen. Sie warben bei zahlreichen Besuchen in den Jahren 1977 und 1978 für ihr VHS-Format.[1248] Doch erst im Herbst 1978 entschied sich Telefunken nach intensiven Rücksprachen mit Thomson-Brandt und Thorn für dieses Format. Wichtige Argumente waren in diesem Zusammenhang, dass VHS bereits in Europa eingeführt worden war und in Japan die Marktführerschaft übernommen hatte.[1249] JVCs

---

1245 Vgl. hier und im Folgenden: Schmidt an N.V. Philips Gloeilampenfabrieken, 10.10.1974, sowie Aktennotiz über eine Besprechung mit Philips, 27.6.1973 in: DTMB/AEG, I.2.060 Ü-FA-AEG GS 3535.

1246 Vgl. als Zusammenstellung: Videorekorder JVC, in: DTMB/AEG, GS 7158.

1247 Vgl. hier und im Folgenden: Bericht über Japan-Reise, 11.-15.7.1977, in: DTMB/AEG, 0845 (Ü2).

1248 Fridenson, Patrick: Japanese-French Business Encounters since 1952. Two opposite relations, in: Entreprises et Histoire 80 (2015), S. 45–46.

1249 Vgl. Notiz: Besprechung Thomson-Brandt/AEG-Telefunken, 9.10.1978, in: DTMB/AEG, Ü-FA AEG GS 739. Cusumano/Mylonadis/Rosenbloom: Strategic Maneuvering and Mass-Market Dynamics: The Triumph of VHS over Beta, S. 65–73.

Werben machte sich bezahlt, denn sie erhielten von den drei europäischen Unternehmen den Zuschlag für ein reines Zulieferungsgeschäft. Telefunken blieb der bisherigen Unternehmenspolitik treu. Sie verkauften lediglich die zugelieferten JVC-Geräte seit 1979 unter ihrem eigenen Markennamen.[1250]

Diese Unternehmenspolitik änderte sich im Frühjahr 1980. Wie im nächsten Kapitel zur Strukturkrise noch näher erläutert wird, fand eine personelle Neuordnung der Führungsstruktur bei der AEG-Telefunken und der Telefunken Fernseh und Rundfunk GmbH statt. Heinz Dürr übernahm im Januar beim Mutterkonzern den Vorstandsvorsitz und konnte Josef Stoffels, den ehemaligen Grundig-Vertriebsleiter, als Vorsitzenden der TFR gewinnen. In diesem Zeitraum unterbreitete JVC wiederum Telefunken das Angebot, Videorekorder nach dem VHS-Standard selbst zu produzieren.[1251] Stoffels und Dürr begrüßten diesen Vorschlag.[1252] Sie erhofften sich erstens durch die eigene Wertschöpfung einen höheren Ertrag im Videorekordergeschäft. Zweitens sollte mit den geschaffenen Produktionskapazitäten stufenweise die unrentable Herstellung von HiFi-Geräten in Berlin kompensiert werden.[1253] Konkret war beabsichtigt, die Produktionsstraßen in dem Berliner Werk auszutauschen und dabei das Personal, insofern möglich, zu übernehmen. Drittens wollte man die fehlenden Kompetenzen und Technologien im Videorekordersegment durch das Lernen von JVC in der TFR wieder aufbauen. Mit dieser Feststellung wurde eingesehen, dass sich die Technologieabhängigkeit und damit die Richtung des notwendigen Technologietransfers aus der Sicht der TFR endgültig gedreht hatte. Wie stark diese Abhängigkeit und damit auch die technologische Asymmetrie war, sollte in den Verhandlungen und der Gestaltung der Produktionsbedingungen deutlich werden.

Mit den genannten Anliegen reiste eine Telefunken-Delegation im Mai/Juni 1980 nach Japan zur ersten Verhandlungsrunde mit JVC. Die Gespräche wurden auf der höchsten Ebene geführt. Nicht nur Stoffels, sondern auch der Präsident JVCs, Ichiro Shinji, nahmen teil. JVC bot TFR zwei Kooperationsmöglichkeiten an: die Lizenz zur eigenständigen Produktion der Videorekorder oder die Gründung eines

1250 Rückblickend: Protokoll über das Treffen Telefunken-Matsushita, 8.12.1980, in: DTMB/AEG, I.2.60 Ü-2 0879. Ob die Gehäuse, wie bei VCR, selbst gefertigt wurden, ist nicht überliefert.

1251 Ebd.

1252 Niederschrift: Zentralvorstand mit dem Unternehmensbereich U, 12.6.1980, in: DTMB/AEG, I 2.060 Ü-2-FA 0874. Die konzeptionellen Überlegungen müssen schon in der Vorstandssitzung der TFR erfolgt sein. Die Verhandlungen mit JVC fanden bereits einige Tage vor dieser Sitzung statt und wurden auch mit diesen konkreten Forderungen bzw. Absichten geführt. Zur Genese dieser Anliegen konnten keine Quellen ausfindig gemacht werden.

1253 Vgl. hierzu ebenfalls tiefergehend Kapitel 4.6

Gemeinschaftsunternehmens.[1254] Für die TFR kam nur die zweite Variante in Frage, da die Fähigkeiten zum Aufbau einer eigenen Produktion nicht vorhanden waren.[1255] Die grundsätzliche Absichtserklärung wurde im Letter of Intent festgehalten.[1256] Das Berliner Joint Venture sollte bereits im Jahr 1981 gegründet werden. Die Intention JVCs wurde ebenfalls klar benannt. VHS sollte als führendes System von Telefunken anerkannt und in seiner Durchsetzung in Europa befördert werden. Darüber hinaus findet sich in dieser Absichtserklärung bereits das Pathos, das die Eröffnung prägte. Das Gemeinschaftsunternehmen sollte die deutsche und japanische Unterhaltungselektronikindustrie aber auch die Freundschaft der beiden Länder stärken. Folgt man den Erkenntnissen Alan Cawsons aus den zeitgenössischen Interviews mit Verantwortlichen, wollte JVC mit diesem Joint Venture tatsächlich sowohl den politischen „Good Will" demonstrieren als auch Arbeitsplätze in Europa schaffen und die Länder nicht nur als Absatzmarkt nutzen.[1257] Andererseits wurde darin aber auch die Möglichkeit gesehen, den aufkommenden Protektionismus, dessen Forderungen gerade um 1980 omnipräsent waren, zu umgehen. Da sich entsprechende Aussagen sogar in den späteren Vertragstexten im Jahr 1981 finden, kann durchaus davon ausgegangen werden, dass sie die Intention zu Beginn bereits mitprägten.[1258]

Bis zu einem Abkommen war es jedoch noch ein weiter Weg. Bereits die zweite Verhandlungsrunde am 14.07.1980 in Hannover kehrte grundlegende Meinungsverschiedenheiten hervor.[1259] Stoffels forderte, dass die Fabrik mindestens 220.000 Videorekorder pro Jahr produzieren müsse. Anderenfalls sei sie wirtschaftlich nicht rentabel. Um diese Auslastung zu erreichen, solle JVC Aufträge an das Gemeinschaftsunternehmen vergeben. JVC plante hingegen lediglich 80.000 Geräte pro Jahr in Europa herzustellen, da sie ihre eigenen Kapazitäten in Japan ausbauen wollten. Zudem forderten sie von Telefunken Lizenzgebühren in Höhe von 3 % des Umsatzes und eine Einstandszahlung von 500.000 Dollar. Vergleichbare Konditionen hatte Telefunken bei seinen Produkten in Japan offeriert. Diese Bedingungen lehnte Stoffels gänzlich ab – mit der Begründung, dass JVC 49 % des Unternehmens

1254 Rechtsanwalt Anderson an Vorstand, 28.5.1980, in: DTMB/AEG, JB0159.

1255 Vgl. hierzu auch den Schriftwechsel mit dem Bundeskartellamt im Jahr 1981, als die endgültige Genehmigung eingeholt werden sollte: Kanzlei Gleiss, Lutz, Hootz, Hirsch & Partner an Bundeskartellamt, 4.11.1981, in: ebd.

1256 Letter of Intent, 6.6.1980, in: DTMB/AEG, I.2.60 Ü-2 0868.

1257 Cawson: Hostile Brothers, S. 312.

1258 So zumindest auch die wirtschaftswissenschaftliche Perspektive von: Belderbos: The Role of Investment in Europe in the Globalization Strategy of Japanese Electronics Firm, S. 106–110.

1259 Besprechungsnotiz über das Ergebnis der Verhandlungen am 14.7.1980 in Hannover, in: DTMB/AEG, I.2.60 Ü-2 0868.

selbst halten werde. Eine Einigung konnte nicht erzielt werden. JVCs Verhandlungsführer Takano brach die Gespräche ab und verwies Stoffels an Ichiro Shinji. Bis in den Dezember 1980 erzielte man keine Fortschritte mehr.

Stoffels hatte in der Auseinandersetzung um die Vertragsbedingungen Philips als Referenz angebracht und damit Takano vor Augen geführt, dass Telefunken durchaus noch andere Optionen abwog. Er verhandelte nämlich auch mit dem Video 2000 Lager. Vom Mai bis Juli 1980 führte er intensive Gespräche mit seinem alten Arbeitgeber Grundig.[1260] Bis zur Ausgestaltung des genauen institutionellen Rahmens drangen die Unterredungen aber nicht vor, da Grundig aufgrund der noch im Ausbau befindlichen eigenen Fabriken nicht genügend Chassis für die Videorekorder liefern konnte. Zusätzlich lagen die angebotenen Preise über denen von Philips. Die Gespräche mit Philips waren eingebettet in Verhandlungen des Mutterkonzerns AEG-Telefunken. Deshalb wurden diese teilweise auch persönlich von Heinz Dürr geführt. Allerdings konnte mit Philips keine Einigung erzielt werden, weil diese ebenfalls nicht bereit waren, sich zu einer Mindestabnahme von Videorekordern der Berliner Produktionsstätte zu verpflichten.[1261] Philips befürwortete jedoch die Gründung eines Gemeinschaftsunternehmens, in das zusätzlich Blaupunkt eingeschlossen werden sollte. Gleichwohl lagen die Kosten der Chassis 20 % über den VHS-Preisen.

Blaupunkt wurde auch in den VHS-Verhandlungen zu einem potenziellen Partner. Als die Verhandlungen mit JVC stockten, erfuhr Telefunken, dass Blaupunkt parallel mit Matsushita ebenfalls über ein Joint Venture verhandelte. Daraufhin nahm Stoffels Kontakt zu beiden auf, um auszuloten, ob Telefunken an diesem Vorhaben partizipieren könne. Eine Einigung hatten Blaupunkt und Matsushita noch nicht erzielt. Mit Blaupunkt verständigte sich Stoffels nicht nur darauf, eine gemeinsame Produktionsstätte mit einem dritten Partner in Berlin aufzubauen, sondern auch die Verhandlungen fortan gemeinsam zu führen.[1262] Stoffels reiste mit dieser Rückendeckung im Dezember zunächst alleine nach Japan. In den Gesprächen mit dem Managing Director Dr. Kawakatsu konnte nach den vorbereitenden Telefonaten im November schnell eine Übereinkunft gefunden werden.[1263] Matsushita stimmte sämtlichen Anliegen zu. Sie sollten ebenso wie

1260 Begründung für das Scheitern der Verhandlungen mit Grundig über eine Zusammenarbeit auf dem Gebiet der Videorecorder System V 2000, 22.3.1982, in: DTMB/AEG, 0873 (Ü2).

1261 Notiz: Besuch bei Philips in Eindhoven, 10.10.1980, in: DTMB/AEG, I.2.060 Ü-2-FA0871.

1262 Streng vertrauliche Notiz über eine Besprechung am 29.10.1980 in Stuttgart, in: DTMB/AEG, I.2.60 Ü-2 0879.

1263 Vgl. hier und im Folgenden: Minute of Telefunken-Matsushita Meeting, 8.12.1980 sowie zu den vorangegangenen Gesprächen: Telefongespräche Stoffels Kawakatsu, 6./7.14.11.1980, beide in: ebd.

Telefunken/Blaupunkt 49 % der Anteile am Joint Venture halten. Als Gesamtproduktion waren 250.000 Geräte geplant, wobei Matsushita zu entsprechenden Abnahmeverpflichtungen bereit war. Das Produkt- und Herstellungsknowhow sollte allein von Matsushita stammen. Nachdem JVC über die Verhandlungen von seiner Muttergesellschaft informiert worden war, unterbreiteten sie Telefunken ein nochmals verbessertes Angebot, das eine Halbierung der Gebühren und die Aussicht auf Aufträge zur Auslastung der Produktionskapazitäten enthielt. Telefunken beharrte jedoch diesbezüglich auf einer Garantie.[1264]

Zum Jahreswechsel 1981 hatte die TFR nun drei Möglichkeiten zum Abschluss eines Joint Ventures: Philips/Blaupunkt/Telefunken, JVC/Telefunken, Matsushita/Blaupunkt/Telefunken. Stoffels und Dürr präferierten eindeutig die letzte Variante.[1265] Zum einen war mit JVC keine Einigung erzielt worden. Zum anderen hatten sich die Blaupunkt-Ingenieure gegen das Format Video 2000 ausgesprochen. Dieser Entscheidung folgten Stoffels und Dürr, auch wenn einige ihrer Entwickler durchaus Sympathien für Video 2000 hegten.[1266] Das stärkste Argument war hingegen die erreichbare Stückzahl in der Zusammenarbeit mit Matsushita, die auf 400.000 – 500.000 Videorekorder pro Jahr geschätzt wurde, sodass sich die von Telefunken eruierte Mindeststückzahl mehr als verdoppeln würde.[1267] Allerdings zögerte Blaupunkt nun mit der endgültigen Zustimmung zu dem Joint Venture.[1268] Die genauen Hintergründe konnten aus den Akten nicht rekonstruiert werden.[1269] Hans Merkle verwies im Gespräch mit Heinz Dürr lediglich darauf, dass er zunächst mit dem Siemens-Vorstand Bernhard Plettner Rücksprache zur Videorekorderausrichtung bei Blaupunkt halten wolle. Wie Johannes Bähr und Paul Erker herausgearbeitet haben, führten Siemens und Bosch intensive Gespräche über die Neuausrichtung der Unterhaltungselektronikbranche.[1270] Daher ist zu vermuten, dass die Verzögerung bei dem Joint Venture mit Matsushita ebenfalls in diesem Zusammenhang zu sehen ist.

Telefunken eröffnete sich jedoch im Februar 1981 eine modifizierte Möglichkeit der Zusammenarbeit mit JVC. JVC hatte nämlich nicht nur mit Telefunken,

1264 Memorandum 18.12.1980, in: DTMB/AEG, I.2.60 Ü-2 0868.

1265 Notiz: Telefongespräch Stoffels mit Dr. Kawakatsu am 24.12.1980 um 9:45 Uhr, in: DTMB/AEG, I.2.60 Ü-2 0879. Sowie Heinz Dürr an Dr. Friderichs, 12.12.1980, in: ebd.

1266 Vgl. Anmerkungen, in: ebd. Das Dokument ist leider nicht datiert, fungierte aber als Informationsschreiben von Stoffels für Dürr.

1267 Heinz Dürr an Dr. Friderichs, 12.12.1980 sowie Stoffels an Dürr mit Kalkulation der Produktionskapazitäten, 13.11.1980, in: ebd.

1268 Hier und im Folgenden: Videorecorderprojekt, 28.04.1981, in: DTMB/AEG, I.2.060 Ü-2-FA0871.

1269 Das Bosch-Archiv hat eine Einsichtnahme abgelehnt.

1270 Bähr/Erker: Bosch, S. 379 – 383.

sondern auch mit Thorn und Thomson über ein Joint Venture verhandelt.[1271] Thomson initiierte im Februar ein Gespräch zwischen den ehemaligen Beteiligten des Zulieferergeschäfts und nun potenziellen Lizenznehmern. Bereits am 06.03. 1981 verständigten sie sich auf ein „Memorandum of Understanding" und ein vorläufiges „Joint Venture Agreement".[1272] Mit diesen Vereinbarungen bekundeten die drei Parteien zum einen die Absicht zu einer engen europäischen Zusammenarbeit im Videorekordersegment, um die Wettbewerbsfähigkeit zu steigern. In diesem Fall ging es um die Verbesserung der economies of scale, die auch Grundigs Gedanken zu einem europäischen Verbund prägten. Zum anderen wollten sie gemeinsam mit JVC über die Lizenznahme verhandeln, um die eigene Verhandlungsposition zu stärken.[1273] Dieser Technologietransfer aus Japan spielte in Grundigs Konzeption bekanntlich keine Rolle. Vielmehr sollte die Konkurrenzsituation verfestigt werden.

Bereits am 14.03.1981 reiste Heinz Dürr persönlich mit Vertretern von Thomson und Thorn zu JVC, um über die Details des Joint Ventures zu verhandeln.[1274] In seiner Reisemappe befand sich eine Ausarbeitung des AEG-Telefunken Liaison Office in Japan. Dieses Verbindungsbüro wurde 1973 eingerichtet und 1977 nochmals personell erweitert.[1275] Die Aufgaben deckten sich mit denen des vormaligen Resident Engineers, wurden aber nun von mehreren Personen übernommen. Auch wenn keine Akten zu den Aktivitäten im Detail überliefert sind und nur in manchen Geschehnissen das Mitwirken aktenkundig geworden ist, so zeigt doch allein der Ausbau der Vertretung in Japan die zunehmende Bedeutung der japanischen Industrie für das Unternehmen. Dies spiegelt sich auch in der erwähnten Ausarbeitung, die die Beziehungen der AEG-Telefunken und ihre Perspektive auf die japanische Unterhaltungs- und Elektroindustrie beleuchtete.[1276] Im Vergleich zum „Japan-Konzept" zehn Jahre zuvor hatten sich diese grundlegend geändert. Als Kontinuität wurde lediglich aufgezeigt, dass sich die AEG-Telefunken immer noch nicht umfassend in Japan etabliert habe – trotz der intensivierten Bemühungen mit dem Liason Office. Der Markt sei nicht nur wegen der politischen Restriktionen, sondern auch wegen der Dominanz der japanischen Hersteller verschlossen. Eine

---

1271 Vgl. auch Fridenson: Japanese-French Business Encounters since 1952, S. 45–46.

1272 J. Ferrand an Mr Richbell und Dr. Knoll, 23.2.1981, in: DTMB/AEG, JB0159.

1273 Vgl. Joint Venture Agreement – 1310/5-S und Memorandum of Understanding 1315/5-L, in: ebd.

1274 Japan-Reise mit Thomson-Brandt und Thorn, 21.3.1981, in: DTMB/AEG, 0845 (Ü2).

1275 Vgl. Vertretung in Japan, in: ebd.

1276 Vgl. hier und im Folgenden: AEG-Telefunken Liaison Office Japan: Tätigkeit von AEG-Telefunken in Japan, 7.1.1981, in: ebd.

Lizenznahme durch japanische Unternehmen erfolgte nach dem Auslaufen der PAL-Lizenzen hingegen nicht mehr und wurde auch nicht mehr erwartet:

> Der hohe japanische Entwicklungsaufwand wie der hohe Stand japanischer Fertigungstechnik lassen zur Zeit eine größere Ausdehnung der Lizenzvergabe an Japan nicht erwarten.[1277]

Damit musste sich die AEG-Telefunken eingestehen, dass die japanischen Unternehmen ihr technologisch enteilt waren. Daraus schlussfolgerte das Arbeitspapier, dass Telefunken durch die höhere Qualität der japanischen Produkte zu einem niedrigeren Preis zukünftig noch stärker von den Zulieferungen und Einkäufen im Bauelemente- und Unterhaltungselektronikbereich abhängig seien werde. Die günstigeren Preise führte man primär nicht mehr auf die Arbeitskonditionen zurück, sondern auf die Produktionsfähigkeiten. An dieser Stelle wird somit ein weiteres Mal die neue technologische Asymmetrie betont. Der Staatstopos und damit der Verweis auf den unfairen Wettbewerber blieb jedoch weiterhin präsent, indem man in dem Papier auf die koordinierende Förderung des MITI verwies.

Zur Reise Dürrs liegt kein Ergebnisprotokoll vor. Sie wird jedoch erfolgreich gewesen sein. Denn im April sagte er die Zusammenarbeit mit Matsushita und Blaupunkt ab, wobei er Blaupunkt die Möglichkeit offenließ, ebenfalls an dem neuen Joint Venture zu partizipieren.[1278] Am 11.06.1981 unterzeichneten daraufhin Telefunken, Thorn, Thomson und JVC ein erstes Vorabkommen zur Errichtung des Joint Ventures. Bei diesem Treffen lagen bereits die endgültigen Verträge für „J3T" vor. Diese unterzeichnete Thomson als einziger Partner jedoch nicht.[1279] Zu dieser Unterschrift sollte es auch nicht mehr kommen. Im Verlauf des Jahres wurde nämlich aus „J3T" „J2T". Im Mai 1981 gewann die Sozialistische Partei unter François Mitterrand die Wahlen in Frankreich.[1280] Eines der Wahlversprechen war die Verstaatlichung von Thomson-Brandt. Endgültig wurde diese zwar erst im Jahr 1982 umgesetzt, aber bereits seit dem Juli 1981 wuchs der politische Einfluss auf die Geschäftspolitik. Die Regierung plädierte für eine Kooperation mit Philips und Grundig gegen die japanischen Unternehmen und Formate. Alternativ sollte der Vertrag mit JVC nachverhandelt werden, sodass Thomson den vollen Zugriff auf sämtliche Patente und das Knowhow erhalten sollte. Die endgültige Entscheidung wurde zu einer Hängepartie. Im November 1981 stellten die Vorstände von TFR, JVC

1277 Ebd.

1278 Notiz: Videorecorderprojekt, 28.04.1981, in: DTMB/AEG, I.2.060 Ü-2-FA0871.

1279 Pre-Incorporation and Idemnification Agreement, 11.6.1981, sowie Joint Venture Agreement, 11.6.1981, in: DTMB/AEG, JB0159.

1280 Vgl. hier und im Folgenden: Fridenson: Japanese-French Business Encounters since 1952, S. 47.

und Thorn Thomson ein Ultimatum.[1281] Zwar schrieben sie J3T hinsichtlich der Rationalisierungseffekte durch höhere Stückzahlen größere Erfolgsaussichten zu, betonten jedoch auch, dass eine gleichberechtigte Partnerschaft und eine zeitnahe Umsetzung der Verträge nötig sei. Die französische Regierung erteilte keine Genehmigung, sodass sich die anderen drei Partner entschlossen, J2T zu gründen und Thomson eine Beitrittsoption offen zu halten.[1282]

Am 22.12.1981 wurden die bisherigen Gespräche zur Gestaltung in einem weiteren Joint Venture Vertragstext und „Pre-Incorporation and Indemnification Agreement" gebündelt.[1283] Der institutionelle Aufbau erfolgte im Frühjahr des Jahres 1982. Die drei Partner gründeten zu gleichen Anteilen die „J2T Holdings B.V." in Rotterdam. Dieser wurden zwei produzierende Unternehmen zugeordnet. Die Telefunken Video GmbH zog, wie geplant, in die Berliner Produktionsstätten ein. In New Haven entstand der zweite Fabrikationsstandort.[1284] Die Planungen sahen einen jährlichen Output von 300.000 Videorekordern des JVC-Modells R80 in Berlin und 200.000 des JVC-Rekorders R85 in New Haven vor.[1285] Doch nicht nur die Videorekordermodelle waren reine Nachbauten von JVC. Die gesamte Produktionsplanung, der Aufbau der Fabriken und die verwendeten Maschinen stammten von JVC bzw. aus ihrer Feder. Die britischen und deutschen Arbeitnehmer, allen voran die Vorarbeiter und weiteren Führungskräfte in der Produktion, wurden über mehrere Wochen von japanischen Spezialisten geschult.[1286] Der besondere Fokus lag auf der Qualitätssicherung.[1287] In diesem Sinne sollte der Posten des zweiten Geschäftsführers der Telefunken Video GmbH auch von einem Japaner besetzt werden, den JVC benennen durfte. Seine Hauptaufgabe war wiederum die Qualitätssicherung.[1288] Damit zeigt sich der grundlegende Wandel des Qualitätstopos, da

1281 Brief der Vorstände an Thomson-Brandt, 2.11.1981, in: DTMB/AEG, JB0159.

1282 Vgl. zu den Vorgesprächen: Besprechungsnotiz: Gespräch JVC/AEG – Projekt Joint Venture, 29.10.1981, sowie erläuternd: Kanzlei Gleiss, Lutz, Hootz, Hirsch & Partner an Bundeskartellamt, 4.11.1981, beide in: ebd. Vgl. zur Perspektive der französischen Regierung: Paris will „europäische" Video-Kooperation, in: Handelsblatt 16.11.1981.

1283 Vgl. Joint Venture Agreement und Pre-Incorporation and Indemnification Agreement,22.12. 1981, in: DTMB/AEG, JB0159.

1284 Der Name des produzierenden Unternehmens wurde zu diesem Zeitpunkt noch nicht festgelegt. Später wurde es unter der J2T Video GmbH geführt.

1285 Juristische Prüfung des Vertragstextes vom 11.12.1981, in: ebd.

1286 Vgl. zur detaillierten Regelung: Pre-Incorporation and Indemnification Agreement, 22.12. 1981, in: ebd. Vgl. auch in der Außenbeschreibung: Vermerk (Haas): Einweihung der J2T Video GmbH, 30.5.1983 in Berlin, in: BArch, B102/285151.

1287 Die Schulungsunterlagen sind im Detail leider nicht überliefert.

1288 Niederschrift über die Sitzung des Aufsichtsrats von AEG-Telefunken am 22. Juni 1981 in Berlin, in: AdsD, 5/IGMA170781. Die internen Akten der J2T und damit auch zur Besetzung der Ämter sind nicht überliefert.

nun endgültig die Höherwertigkeit und größere Zuverlässigkeit der japanischen Produktion anerkannt wurde.

Besonders zugespitzt wurde die technologische Abhängigkeit gegenüber dem Bundeskartellamt und der Europäischen Kommission kommuniziert, als die beteiligten Partner im November und Dezember 1981 kurzzeitig um eine Genehmigung bangten.[1289] Zunächst war nämlich aus kartellrechtlicher Perspektive die Frage zu klären, ob die Marktanteile von Matsushita und JVC als Mutter- und Tochtergesellschaft zusammen zu veranschlagen seien. In einem von der Kanzlei Gleiss, Lutz, Hootz, Hirsch & Partner aufgesetzten Schreiben im Namen der AEG-Telefunken wurde betont, dass die AEG-Telefunken technologisch vollkommen abhängig von JVC sei und die fehlenden Kompetenzen durch die Kooperation aufgebaut werden sollten. Ein Ausbleiben der Genehmigung würde die AEG bzw. die TFR zu einem „endgültig nur noch zweitklassigen Unternehmen" machen.[1290] Das gemeinsame Schreiben von JVC, Thorn und Telefunken an die Europäische Kommission pflegte einen weniger dramatischen Ton. Stattdessen unterstrich es die Möglichkeit zum Lernen von JVC und damit der Integration von „Japanese know-how and technical knowledge and skill in manufacturing Video products" in die europäischen Partnerunternehmen.[1291]

Zu Beginn der Produktion in Berlin war die Fabrik im höchsten Maße nach japanischem Vorbild rationalisiert und mit „modernsten Automaten" bestückt, wie der Mitarbeiter des BMWi, Haas, bei seinem Besuch der Einweihung vermerkte.[1292] Die Fertigungstiefe war jedoch gering. Sämtliche Bestandteile der Videorekorder stammten, wie auch zuvor vertraglich festgelegt, aus der japanischen JVC Produktion und wurden in Berlin lediglich zusammengesetzt. Die dabei erreichte Fertigungstiefe lag zwischen 10 % und 22 %.[1293] Max Grundigs Vorwurf der „Mon-

1289 Die Aussagen müssen quellenkritisch eingeordnet werden, da potentielle Übertreibungen und Zuspitzung dem Ziel dienten, eine rechtliche Untersagung des Gemeinschaftsunternehmens zu verhindern. Gleichwohl decken sich die Inhalte mit den Vertragstexten und internen Diskussionen.

1290 Kanzlei Gleiss, Lutz, Hootz, Hirsch & Partner an Bundeskartellamt, 4.11.1981, in: DTMB/AEG, JB0159.

1291 Schreiben von JVC, Thorn und Telefunken an J.E.Ferry Europäische Kommission,, 02.12.1981, in: ebd.

1292 Vermerk (Haas): Einweihung der J2T Video GmbH, 30.5.1983 in Berlin, in: BArch, B102/285151.

1293 10 % wurden in einer Aufsichtsratssitzung von Stoffels angegeben – allerdings in der frühen Planungsphase. 22 % wurden gegenüber dem BMWi kurz vor der Eröffnung kommuniziert. Vgl. Niederschrift über die Sitzung des Aufsichtsrats von AEG-Telefunken am 22. Juni 1981 in Berlin, in: AdsD, 5/IGMA170781. Sowie Gespräch mit Stoffels und Welland, Mitglied des Vorstandes der Telefunken Fernsehen und Rundfunk GmbH, am 29.4.1983, in: BArch, B102/285151.

tagebetriebe“ war in diesem Sinne durchaus gerechtfertigt. Das Joint Venture wurde jedoch aus dem Selbstbeschränkungsabkommen, das Max Grundig und Philips im Winter 1982/83 auch auf dieser Grundlage initiiert hatten, ausgenommen. Josef Stoffels intervenierte nämlich mit dem Vorstandsmitglied Klaus Welland im Februar 1983 beim Bundeswirtschaftsminister Otto Graf Lambsdorff.[1294] Sie schilderten, dass die Beschränkungen die Aufnahme der Produktion durch eine Steigerung der Kosten und eine Begrenzung der Zulieferungen massiv erschweren würden. Sie baten ihn daher um Unterstützung, damit die „Zusammenarbeit auf technologischem Gebiet mit einem führenden japanischen Unternehmen nicht bereits im Anfangsstadium zerstört wird“.[1295] Tatsächlich setzte sich Lambsdorff persönlich beim japanischen Botschaftsrat Yamaguchi sowie den europäischen Kommissaren Davignon und Haferkamp dafür ein, die Zulieferung von Bausätzen aus dem Selbstbeschränkungsabkommen auszunehmen.[1296] Er war erfolgreich und verbesserte damit die Startbedingungen des, auch aus seiner Sicht, zukunftsweisenden Gemeinschaftsunternehmens.[1297]

4.4 Umstrukturieren und Verkaufen: die (AEG-)Telefunken in der Strukturkrise

Zum Zeitpunkt als das Joint Venture J2T eröffnet wurde, befand sich die AEG-Telefunken mitten im bis dahin größten Vergleichsverfahren der Bundesrepublik, das sie am 09.08.1982 angemeldet hatte. Die Telefunken Fernseh und Rundfunk GmbH war zu diesem Zeitpunkt lediglich noch zu 25 % im Besitz der AEG-Telefunken. 75 % waren bereits an den Thomson-Brandt-Konzern veräußert worden. Zum 01.04.1984 sollten auch die letzten 25 % folgen. Diese Konstellation war die Folge einer doppelten Strukturkrise, die die Mutter- und Tochtergesellschaft erfasste. In einem ersten Schritt werden in diesem Kapitel die Krisen in ihrer Verwobenheit analysiert. In einem zweiten Schritt werden die Bemühungen zur Lösung dieser Krisenkonstellation hinsichtlich der TFR rekonstruiert. Sie changierten zwischen der Umstrukturierung und dem Verkauf.

Die Krise des damals zweitgrößten Elektrokonzerns der Bundesrepublik ist bislang in zwei Studien untersucht worden: in einem wirtschaftswissenschaftli-

1294 Vgl. die Schreiben von Stoffels und Welland vom 17.02. und 23.02.1983 an Lambsdorff, in: ebd.

1295 Vgl. das Schreiben von Stoffels und Welland vom 17.02.1983 an Lambsdorff, in: ebd.

1296 Vgl. Vermerk: Lambsdorff Gespräche mit Botschaftsrat Yamaguchi, 7.4.1983, sowie Schreiben Lambsdorff an Davignon und Haferkamp, 06.05.1983, in: ebd.

1297 Ebd.

chen und -soziologischen Aufsatz von Dirk Ipsen und Jens Pfitzinger sowie der bereits mehrfach erwähnten unternehmensgeschichtlichen Pionierstudie von Peter Strunk.[1298] Der Verdienst von Strunk besteht darin, die Entwicklungslinien des Konzerns mit den wesentlichen Meilensteinen zu rekonstruieren. Dennoch steht die Aufarbeitung vieler Entwicklungslinien und Details noch aus, die an dieser Stelle mit Blick auf den Gesamtkonzern auch nicht geleistet werden kann. Beispielsweise war gerade das Zusammenspiel der Bonner Regierung, der beteiligten Großbanken und der Konkurrenzunternehmen mit der AEG-Telefunken ein wesentliches Merkmal dieser Krise.[1299] Die Intentionen hinter den Schuldenschnitten, Bürgschaften oder auch Umstrukturierungskonzepten sind nur unzureichend analysiert und könnten zur Erklärung der Dynamik des Prozesses wesentlich beitragen. Ein solcher Ansatz würde auch den Fokus von Ipsen/Pfitzinger erweitern, die sich auf die für die sogenannte „Deutschland AG" spezifischen Verflechtungen zwischen Banken und Aufsichtsräten konzentrieren.[1300] Neben diesem eher relationalen Ansatz fehlen auch Detailstudien zur internen Umgestaltung der Unternehmensbereiche und Tochterunternehmen. Die Analyse der TFR in diesem Kapitel kann hierzu als ein Auftakt betrachtet werden.

Gleichwohl bieten die beiden bisherigen Studien einen konsistenten Ansatz zur Erklärung der Konzernkrise an. Dabei kann zwischen endogenen und exogenen Faktoren unterschieden werden. Einigkeit besteht darin, dass die Krise kein plötzlicher Einbruch zu Beginn der 1980er Jahre war, sondern sich kontinuierlich seit den frühen 1970er Jahren aufbaute. Strunk identifiziert zwei exogene Ursachen.[1301] Zum einen hätten die beiden Ölpreiskrisen und die Rezession der 1970er Jahre zu einem deutlichen Nachfragerückgang geführt. Gerade die erste Ölpreiskrise habe die AEG-Telefunken dabei vollkommen unvorbereitet zum Ende ihrer Expansionsphase getroffen. Zum anderen führt Strunk den zunehmenden japanischen Konkurrenzdruck an, der nicht nur auf die braune und weiße Ware gewirkt, sondern sich ebenso im Anlagengeschäft aber vor allem auch im Bereich der

1298 Vgl. hier und im Folgenden: Ipsen, Dirk/Pfitzinger, Jens: Krise in der Deutschland AG: Der Fall AEG, in: Streeck, Wolfgang/Höpner, Martin (Hrsg.): Alle Macht dem Markt? Fallstudien zur Abwicklung der Deutschland AG, Frankfurt am Main 2003 (=Schriften des Max-Planck-Instituts für Gesellschaftsforschung Köln, Bd. 47); Strunk: Die AEG, S. 92–205.

1299 Vgl. aus zeitgenössischer journalistischer Perspektive: „Das Geschäft bricht weg", in: Der Spiegel 27/1982. Vgl. zum Verhältnis zum Spiegel auch: Dürr, Heinz: In der ersten Reihe. Aufzeichnungen eines Unerschrockenen, Berlin (1. Aufl.) 2008, S. 199–201.

1300 Vgl. zur Deutschland AG: Ahrens, Ralf/Gehlen, Boris/Reckendrees, Alfred (Hrsg.): Die „Deutschland-AG". Historische Annäherungen an den bundesdeutschen Kapitalismus, Essen (1. Aufl.) 2013 (=Bochumer Schriften zur Unternehmens- und Industriegeschichte, Bd. 20).

1301 Strunk: Die AEG, S. 93.

elektrischen Komponenten und Bauelemente niedergeschlagen habe.[1302] Wie in den vorangegangen Kapiteln beispielsweise an Hitachi schon verdeutlicht wurde, hatten diverse japanische Konzern ein ähnliches Betätigungsfeld wie die AEG-Telefunken, das sich vom Stark- bis in den Schwachstrombereich erstreckte. Als wichtiger endogener Faktor wird die instabile Führungsstruktur des Gesamtkonzerns gesehen. Eine hohe Fluktuation habe nicht nur im Hauptvorstand und den Vorständen der Tochtergesellschaften, sondern auch im mittleren Management vorgeherrscht. In Verbindung mit einem überdimensionierten Verwaltungsapparat und einer undurchsichtigen internen Planungsstruktur, die zu zahlreichen Fehleinschätzungen geführt habe, sei der Konzern somit zu behäbig und kaum zu steuern gewesen.[1303] Dies habe seinen Ausdruck auch in der „fehlgeleiteten Expansion“ als zweitem endogenen Faktor gefunden.[1304] Mit dem ausgegebenen Ziel, Siemens zu übertreffen, wurden insbesondere in den Jahren 1968 und 1969 zahlreiche Unternehmen fremdfinanziert erworben und in den Konzern integriert. Der Ertrag wuchs allerdings nicht mit den Umsätzen. Ipsen/Pfitzinger haben errechnet, dass sich die Finanzierungszinsen auf ca. 7,5 % des aufgenommenen Kapitals belaufen haben, während die Rendite bei lediglich 6,3 % verblieben sei.[1305] Dass die Finanzierung überhaupt ermöglicht wurde, führen sie auf die Verflechtungen mit den Großbanken und vor allem der Dresdner Bank zurück.[1306] Diese finanzielle Dysbalance war eine Ursache für die zunehmende Verschuldung, die dann auf Dauer von der Unterkapitalisierung zur Zahlungsunfähigkeit des Konzerns führte. Eine zweite Ursache sei, laut Strunk, in dem Scheitern von prestigereichen und technisch zukunftsweisenden Unternehmensfeldern zu sehen. Das eindrücklichste Beispiel sei die Kernenergietechnik.[1307] Die Fehleranfälligkeit der AEG-Siedewasserreaktoren habe zu Verlusten von ca. drei Milliarden DM und letztendlich dem Ausverkauf der Kernenergiesparte an Siemens geführt. Als zweites Beispiel führt Strunk das Großcomputergeschäft an, dem im Jahr 1972 durch die Zusammenarbeit mit der Nixdorf Computer AG zum Durchbruch verholfen werden sollte.[1308] Doch auch in diesem Fall haben sich aufgrund des mangelnden Absatzes jährliche Ver-

1302 Vgl. als rückblickenden Zeitzeugen aus dem Hause Siemens auch: Plettner, Bernhard: Abenteuer Elektrotechnik. Siemens und die Entwicklung der Elektrotechnik seit 1945, München, Zürich 1994, S. 121–131.

1303 Strunk: Die AEG, S. 111.

1304 Ebd., S. 104.

1305 Ipsen/Pfitzinger: Krise in der Deutschland AG: Der Fall AEG, S. 72.

1306 Ebd., S. 79. Ob diese Einschätzung zutrifft, müsste anhand der für diese Studie nicht vorliegenden Aufsichtsratsprotokolle überprüft werden.

1307 Strunk: Die AEG, S. 94–97.

1308 Ebd., S. 98–99.

luste in der Höhe von 90 Millionen DM eingestellt, sodass die Beteiligung mitsamt der weiteren Unternehmenssparten zur Datenverarbeitung ebenfalls bereits 1974 an Siemens verkauft worden sei. Das dritte Beispiel, das sowohl Ipsen/Pfitzinger als auch Strunk nennen, ist das Haushaltsgerätegeschäft, wobei gerade die braune Ware im Vergleich zur weißen Ware während der gesamten 1970er Jahre das Geschäft belastet habe.[1309] Hatte die Muttergesellschaft im „Goldenen Zeitalter" von der Ertragsabschöpfung maßgeblich profitiert, war sie in den 1970er und 1980er Jahren dazu gezwungen, die Verluste auszugleichen. Der „Ausgliederungstrick" in die Telefunken Fernseh und Rundfunk GmbH half diesbezüglich lediglich bei der internen Bilanzierung und der Gestaltung der Dividende, die allerdings auch nur bis 1973 gezahlt wurde. Durch den Gewinn- und Verlustabführungsvertrag änderten sich die Belastungen faktisch nicht.[1310]

Wie groß der Beitrag der TFR zur Krise des Gesamtkonzerns war, lässt sich auf der quantitativen Ebene anhand der ausgewiesenen Erträge und Umsätze erkennen. Der Umsatzanteil der TFR am Gesamtumsatz des Konzerns belief sich von den 1970ern bis in die 1980er Jahre auf ungefähr 12 %. Die TFR erwirtschaftete jedoch während des gesamten Zeitraums keinen Gewinn. Nach den horrenden Verlusten im Jahr 1971 changierten die nominalen Ergebnisse bis 1978 zwischen -1 und -62 Mio. DM, bevor sie ab 1979 im dreistelligen Negativbereich verblieben. Für die Verluste des Mutterkonzerns war die TFR bis zum Ende der 1970er Jahre folglich nicht primär verantwortlich, sondern viel mehr das Kernkraftgeschäft und die unternehmensinternen Strukturprobleme. Zum Ende der 1970er Jahre hingegen wogen die Verluste der TFR umso schwerer. 1977 war sie der einzige Unternehmensbereich mit einem negativen Ergebnis.[1311] 1979 war sie sogar der größte Einzelverlustpunkt.[1312]

1309 Ebd., S. 104–105; Ipsen/Pfitzinger: Krise in der Deutschland AG: Der Fall AEG, S. 78.

1310 Vgl. Geschäftsbericht Telefunken Fernseh und Rundfunk GmbH 1980, in: DTMB/AEG, I.2.060 Ü-2-FA0871. Sowie: UBU-Beschlußvorlage für die Sitzung des Vorstandes: Finanzielle Verselbstständigung Telefunken Fernseh und Rundfunk GmbH als Voraussetzung für die Kooperation mit Grundig, in: DTMB/AEG, Nr. 0875.

1311 Niederschrift über die Sitzung des Aufsichtsrats von AEG-Telefunken am 23.4.1980: Anlage 2: Jahresabschluss am 31.12.1979 AEG-Telefunken und AEG-Telefunken Konzern Inland, in: AdsD, 5/IGMA170782.

1312 Anlage zur Sitzung des Aufsichtsrats von AEG-Telefunken am 23.4.1980: Heinz Dürr: Bericht über das Geschäftsjahr 1979, in: ebd.

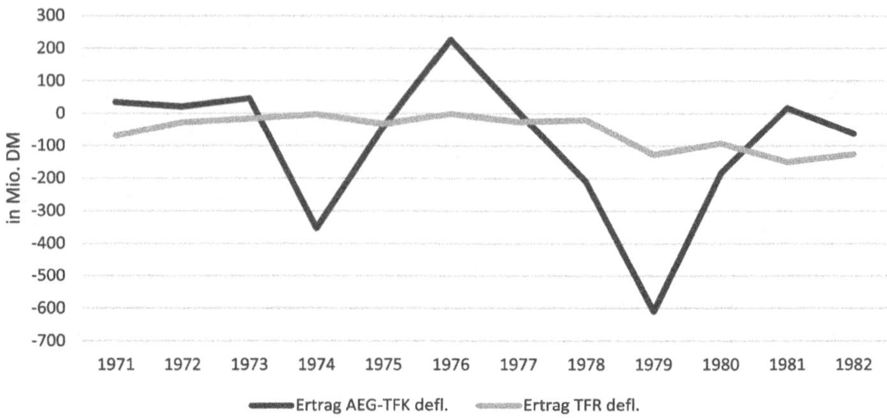

Abbildung 33: Umsatz der AEG-Telefunken und der Telefunken Fernseh und Rundfunk GmbH.[1313]

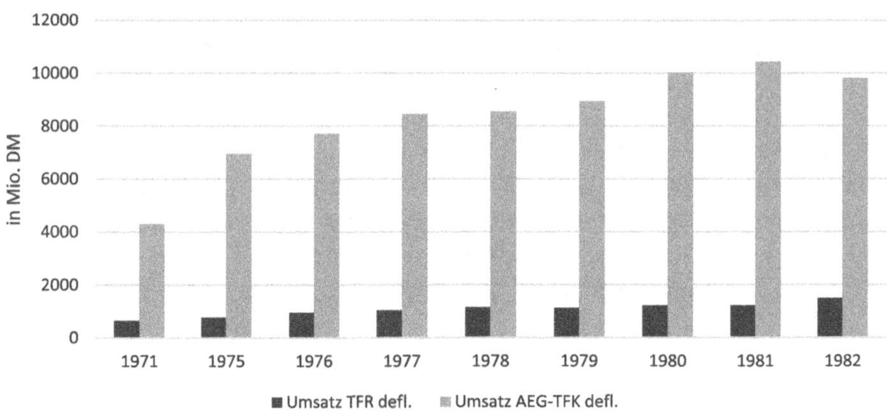

Abbildung 34: Ertrag der AEG-Telefunken und der Telefunken Fernseh und Rundfunk GmbH.[1314]

1313 Ergänzende Bemerkungen zur vergleichenden Unternehmensanalyse für Telefunken und Grundig, Juni 1982, in: DTMB/AEG, Nr. 0875. Zur AEG-Telefunken siehe Strunk: Die AEG, S. 247–248. Für die Umsätze der TFR im Jahr 1975 und des Unterhaltungselektronikbereichs 1971 liegen keine statistisch nachprüfbaren exakten Werte vor, sondern lediglich Erwähnungen von Walter Cipa in den Verhandlungen mit Hitachi, vgl. Vermerk: Überlegungen zur Ausgliederung von K9 sowie S7. Beteiligung von Hitachi an diesem Geschäft, 1.7.1977, in: DTMB/AEG, I.2.60 Ü-2 0737. Vgl. zur Deflationierung auch hier und im Folgenden Fußnote 161

1314 Zur AEG-TFK siehe Strunk: Die AEG, S. 247–248. Die TFR war als GmbH nicht zur Veröffentlichung der Geschäftsberichte verpflichtet. In den bereits archivalisch erschlossenen Beständen sind sie daher nur verstreut aufzufinden. Die Daten sind aus den Unterlagen zu Verhandlungen mit Grundig, den Planungen zur internen Umstrukturierung und den überlieferten

Übergreifend sind vier Ursachen auszumachen, die sich in verschiedenen Ausprägungen in den gesamten 1970er und frühen 1980er Jahren zeigen und in der folgenden Rekonstruktion der Reaktionen erläutert werden:

1. Die „fehlgeleitete Produktion", die sich bei der Tochter TFR sowohl im Inlands- als auch im Auslandsgeschäft im Verbund mit Qualitätsproblemen fortsetzte
2. Das Ausbleiben potentieller Synergieeffekte, insbesondere bei den Bauelementen, wie Bildröhren und mikroelektronischen Komponenten, aber auch, wie bereits erläutert, in der Zusammenarbeit mit der TELDEC
3. Das Scheitern der wichtigsten Innovationen
4. Ein verschärfter Wettbewerb durch inländische und ausländische Konkurrenten, der katalysatorisch auf diese Faktoren wirkte

Nach den bereits beschriebenen ersten Umstrukturierungen der Farbfernsehproduktion in den Jahren 1971 und 1972 erwarteten die TFR und die Muttergesellschaft ab 1973 wieder erste Gewinne.[1315] Sie setzten einerseits auf die Erholung ihres Farbfernsehgeschäfts und andererseits auf die Bildplatte als Innovationsprodukt. Beides trat jedoch nicht im gewünschten Maße ein. Bekanntlich scheiterte die Bildplatte – auch an den ausbleibenden Synergieeffekten im Verbund mit der TELDEC. Im Farbfernsehgeschäft waren die ergriffenen Maßnahmen unzureichend. Weiterhin herrschten Überkapazitäten vor. Hinzu gesellten sich Qualitätsprobleme, die nicht nur intern diagnostiziert, sondern auch von Konsumenten und Fachhändlern wahrgenommen wurden, wie die GfK für die Zeit nach 1976 ermittelte.[1316] Im Jahr 1972 führten sie mit dazu, dass Telefunken die Marktführerschaft im Farbfernsehgeschäft endgültig an Grundig verlor.[1317] Wie wenig Telefunken trotz der PAL-Patente am Farbfernsehboom partizipieren konnte, zeigt das geringe Umsatzwachstum. Denn auch bei Telefunken war das Farbfernsehgeschäft der Hauptumsatzträger. 1972 war es für 60 % des Gesamtumsatzes verantwortlich.[1318]

Aufsichtsratsprotokollen entnommen. Vgl. zu den Grundig-Verhandlungen und Sanierungsplänen: DTMB/AEG, 0873 (Ü2).; DTMB/AEG, Nr. 0875.; DTMB/AEG, 0872 (Ü2). Zu den Aufsichtsratssitzungen: AdsD, 5/IGMA170781. AdsD, 5/IGMA170782. Für das Jahr 1971 wurden die Verluste des Unterhaltungselektronikbereichs der AEG-Telefunken zu Grunde gelegt.

1315 Vgl. hier und im Folgenden Strunk: Die AEG, S. 89 – 90. Sowie als öffentliche Ankündigung: Für das Farbfernseh-Geschäft wieder optimistisch, in: FAZ, 28.06.1972.

1316 Vgl. GfK: Handelsforschung. Herstellerprofil Telefunken, 1976 – 1981, in: DTMB/AEG, I 2.060 Ü-2-FA 0874.

1317 Vgl. Kapitel 2.1

1318 Hauptplan 1974, in: DTMB/AEG, GS 1470.

Bis 1980 stieg der Anteil sogar auf über 70 %.[1319] Immerhin generierten die PAL-Lizenzen bis zu Beginn der 1980er Jahre und damit ihrem Auslaufen zwischen 40 und 50 Mio. DM jährlich.[1320]

Der erste große Konsolidierungsversuch erfolgte durch Walther Cipa. Er trat am 07.06.1976 die Nachfolge von Hans Groebe als Vorsitzender der AEG-Telefunken an. Gemeinsam mit seinem Vorgänger erarbeitete er einen Sanierungsplan für den Gesamtkonzern, der eine Konzentration auf rentable Geschäftszweige in den Mittelpunkt stellte.[1321] Die Unterhaltungselektronik zählte er nicht dazu – ebenso wenig die Bildröhren- und Halbleiterfertigung, die eng mit der Unterhaltungselektronik verbunden waren. Daher sollten sie verkauft oder in einen größeren Verbund eingebracht werden. Hierzu führte er intensive Verhandlungen mit drei Unternehmen: Blaupunkt/Bosch, Hitachi und Thomson. Ein besonderes Merkmal dieser Verhandlungen war, dass sie vielfach ohne den Einbezug der TFR geführt wurden, der seit 1977 Dieter Hellmann als Nachfolger von Oskar Schmidt vorstand.[1322]

In den Verhandlungen mit Blaupunkt knüpfte Cipa an die Gespräche seines Vorgängers Groebe mit Hans Merkle aus dem Jahr 1973 an.[1323] Sie hatten bereits erste Kooperationsüberlegungen für den Bereich Unterhaltungselektronik angestellt, jedoch aufgrund der Verluste der TFR wieder verworfen. Genau diese anhaltenden Defizite waren auch nun der zentrale Grund für das Scheitern der Verhandlungen. Cipa und Merkle einigten sich zunächst innerhalb von drei Monaten auf die grundlegende Konzeption.[1324] Beide Konzerne sollten sämtliche Arbeitsgebiete der Unterhaltungselektronik in den Verbund einbringen, der durch die Rationalisierung der Produktion mit einheitlichen Chassis und Bauelementen sowie der Straffung der Entwicklung, Distribution und Verwaltung rentabel arbeiten sollte – eine Idee, die auch Grundigs späterem EURO-Konzept zugrunde lag. Diesem Vorschlag stimmte der Zentralvorstand der AEG-Telefunken zu.[1325] In der Sitzung am 29.08.1978 hielten die Anwesenden im Protokoll fest, dass sich Telefunken und Blaupunkt treffend ergänzen würden. Telefunken besteche durch technische In-

1319 1980 war das Farbfernsehgeschäft für über 70 % des Umsatzes verantwortlich. Vgl. Turnover by Countries, 29.3.1982, in: DTMB/AEG, Nr. 0875. Genaue Zahlen für die 1970er Jahre liegen nicht vor.

1320 Vgl. Sitzung des Zentralvorstandes AEG-Telefunken, 29.8.1978, in: DTMB/AEG, I.2.060 Ü-2-FA0871.

1321 Vgl. Strunk: Die AEG, S. 106 – 108.

1322 Oskar Schmidt wurde von Cipa zum Vertriebsleiter in Dortmund degradiert. Vgl. Wahren Sie Ruhe, in: Der Spiegel 26/1977.

1323 Vgl. Cipa an Zentralvorstand, 16.6.1977, in: DTMB/AEG, I.2.060 Ü-2-FA0871.

1324 Notiz: Blaupunkt Gespräch am 13.10.1977, in: ebd.

1325 Sitzung des Zentralvorstandes am 29.8.1978 in Frankfurt, in: ebd.

novation und das internationale Ansehen, habe jedoch Schwächen im Management, der Fertigungstechnik und dem Vertrieb. Letztere Aspekte seien wiederum die Stärken von Blaupunkt. Das Management würde in der neuen Gesellschaft ausgetauscht. Trotz dieser Vorteile, die beide Verhandlungspartner sahen, stellten sie die Gespräche am 12.10.1978 ein.[1326] Merkle forderte, dass die AEG-Telefunken die Remanenzkosten des Verbundes zukünftig ausgleichen sollte, folglich also die strukturbedingten Defizite der eingebrachten TFR.[1327] Die Kalkulationen der AEG-Telefunken wiederum ermittelten, dass die Defizite vor allem aufgrund der fehlenden PAL-Einnahmen höher sein würden als in der Selbstständigkeit.[1328] Die Verbesserung der Ertragslage würde wiederum erst nach drei bis vier Jahren sichtbar. Innerhalb des Vorstandes war man aufgrund der Verschuldung der AEG-Telefunken sowie den schlechten Geschäftsaussichten unsicher, ob diese Differenz ausgleichbar wäre.[1329] In dem Schreiben zur endgültigen Absage schob man jedoch vor, dass man eine Minderheitsbeteiligung zu diesen Konditionen ablehne – vermutlich um nicht zugeben zu müssen, wie eklatant die finanzielle Lage des Konzerns wirklich war.[1330]

Parallel führte Cipa auch Verhandlungen mit Hitachi, die jedoch nicht nur die Unterhaltungselektronik, sondern auch die Halbleiterbauelemente und Bildröhren einschlossen. In den Gesprächen war man sogar zu einer Minderheitsbeteiligung bereit – ein weiterer Indikator dafür, dass dies im Fall Blaupunkt nur ein vorgeschobenes Argument war.[1331] Hitachi war der naheliegende Partner, da man bereits über den umfassenden Kooperationsvertrag verbunden war. Gleichwohl wurde in den Gesprächsunterlagen erneut betont, wie marginal die Zusammenarbeit war.[1332] Die Gespräche wurden wenig konkret und endeten bereits nach einem halben Jahr im Frühjahr 1978, da Hitachi große Skepsis aufgrund der finanziellen

1326 Merkle an Cipa, 12.10.1978, in: ebd.

1327 Merkle an Cipa, 14.9.1978, in: ebd.

1328 Vermerk Kooperation mit Blaupunkt, 28.8.1978, in: ebd.

1329 Sitzung des Zentralvorstandes am 29.8.1978 in Frankfurt, in: ebd.

1330 Cipa an Merkle, 6.10.1978. Dass das Argument vorgeschoben war, zeigt sich an den Gesprächen in der Vorstandssitzung. Zudem lehnte der Vorstand, entgegen Cipas ursprünglichem Plan, das Angebot Merkles ab, alle Anteile der TFR zu übernehmen, wenn die AEG-Telefunken die strukturbedingten Defizite tragen würde. Das Problem der Minderheitsbeteiligung wäre so nichtig geworden, aber die Kosten wären geblieben und das schien entscheidend zu sein,.

1331 Vermerk: Überlegungen zur Ausgliederung von K9 sowie S7. Beteiligung von Hitachi an diesem Geschäft, 1.7.1977, in: DTMB/AEG, I.2.60 Ü-2 0737.

1332 Notiz: Hitachi LTD., in: ebd.

Situation der AEG-Telefunken hegte.[1333] Sie offenbaren jedoch zwei wichtige Erkenntnisse.

Erstens wird die Perspektive des AEG-Telefunken-Vorstandes aber auch der TFR auf die japanischen Unternehmen erkennbar. In einem Konzeptpapier stellte der AEG-Telefunken Vorstand grundsätzliche Überlegungen zur Kooperation mit Hitachi zusammen.[1334] Als Vorteil der Gemeinschaftsproduktion identifizierte man nicht nur das Anknüpfen an Hitachis Knowhow im Tonbereich und vor allem der HiFi-Anlagen, sondern auch an deren Image bei Konsumenten, das für dieses Produktsegment deutlich höher eingeschätzt wurde als das eigene.[1335]Auf der anderen Seite sah man jedoch ein Akzeptanzproblem nach Innen und Außen bei einem (Teil-)Verkauf der TFR an Hitachi. Bei „qualifizierten Mitarbeitern" – leider wird dies nicht näher definiert – hatte man die Sorge vor „einem beherrschenden japanischen Partner" eruiert. In der Außendarstellung fürchtete man das Bild eines „Ausverkaufs" an die Japaner. Die Vermutung liegt nahe, dass in diesem Fall die Skepsis vor ausländischen und speziell japanischen multinationalen Unternehmen, die bereits im Grundig-Kapitel deutlich geworden ist, ursächlich war. Gleichzeitig zeigt sich die Ambivalenz im Umgang mit den japanischen Wettbewerbern. Während aus der Konsumentenperspektive sich der Qualitätstopos durchsetzte bzw. durchzusetzen begann, herrschte aus der politökonomischen Perspektive, die Unternehmen, politische Vertreter oder Arbeitnehmer und Gewerkschaften einschloss, die Skepsis oder auch Abneigung hinsichtlich des unfairen Wettbewerbers vor – insbesondere in den Debatten um 1980.

Zweitens zeigen sich in diesem Konzeptpapier auch die Defizite im Bildröhren- und Halbleiterbereich bei der AEG-Telefunken, die potenzielle Synergieeffekte für die hauseigene Unterhaltungselektronik zunichte machten. Vielmehr noch senkten defizitäre Bauteile die Qualität der Unterhaltungselektronikgeräte. In beiden Bereichen war Hitachi technologisch deutlich weiter vorangeschritten, wobei in Vorstandskreisen betont wurde:

1333 Notiz von Grosse für Cipa, 28.9.1977, in: ebd. Die Verhandlungen laufen aus, nachdem Telefunken einen von Hitachi erstellten Fragebogen zur finanziellen Situation zurücksandte. Der Fragebogen mit den Auskünften ist allerdings nicht überliefert. Vgl. Sitzung des Zentralvorstandes AEG-Telefunken mit den Vorständen der Unternehmensbereiche S und K am 13.12.1977, sowie zur Absage: Besprechung wegen Kooperation TFR/Thomson-Brandt am 6.4.1979 in Frankfurt, beide in: DTMB/AEG, Ü-FA AEG GS 739.

1334 Vermerk: Überlegungen zur Ausgliederung von K9 sowie S7. Beteiligung von Hitachi an diesem Geschäft, 1.7.1977, in: DTMB/AEG, I.2.60 Ü-2 0737.

1335 Ähnliche Überlegungen finden sich bei Grundig, siehe Kapitel 3.3.2.

Das Röhrenproblem ist noch gravierender als das Halbleiterproblem[1336]

Johannes Bähr hält in diesem Zusammenhang fest, dass die Halbleiterschaltungen der AEG-Telefunken gegenüber den japanischen Äquivalenten bereits 1965 um drei Jahre in der technologischen Entwicklung zurück gewesen seien.[1337] Dies wird auch durch die Kritik der Nihon Musen an Telefunkens Halbleiterbauelementen zu Beginn der 1960er Jahre bestätigt. Für die Farbbildröhrenproduktion zeichnete der Zentralvorstand 1977 und 1978 ebenfalls ein düsteres Bild.[1338] Die Produktionsstätte in Ulm liefere zu geringe Stückzahlen und erziele daher keine adäquaten Preise. Der Output von 800.000 Röhren pro Jahr war deutlich niedriger als der von Philips (5 Mio. Stück), RCA (4,5 Mio.), Matsushita (3 Mio.) und Hitachi (3,5 Mio.). Technologisch sei man zudem vollkommen abhängig von Philips. Die darüber hinaus benötigten Bildröhren wurden von Hitachi bezogen und zusätzlich als qualitativ besser eingeschätzt.[1339] Eine Lösung für das Bildröhrenproblem sollte sich durch die Verhandlungen mit Thomson ergeben.

Nach den gescheiterten Versuchen mit Blaupunkt/Bosch und Hitachi starteten die Verhandlungen mit Thomson im Oktober 1978.[1340] Sie entstanden aus den seit 1977 laufenden Gesprächen über Zulieferungen im Bereich der Haushaltsgeräte.[1341] Die beiden Zentralvorstände der AEG-Telefunken und Thomson-Brandt einigten sich bereits am 05.03.1979 auf eine Kooperation im Farbbildröhrenbereich und der Unterhaltungselektronik.[1342]

Im Farbbildröhrenbereich schritt die Entwicklung rasch voran.[1343] Im April 1979 waren die grundlegenden Beteiligungsverhältnisse ausgehandelt. Die Produktionsstätte in Ulm sollte in der „Videocolor“, einem Partnerunternehmen von

1336 Sitzung des Zentralvorstandes AEG-Telefunken mit den Vorständen der Unternehmensbereiche S und K am 13.12.1977, in: ebd.

1337 Bähr: Industrie im geteilten Berlin (1945–1990), S. 415–418.

1338 Sitzung des Zentralvorstandes AEG-Telefunken mit Unternehmensbereich S am 23.5.1978, in: DTMB/AEG, Ü-2-FA 0740. Sowie Notiz für Cipa, 2.6.1977: Geschäftspolitik auf dem Farbbildröhrengebiet, in: ebd.

1339 Vermerk: Überlegungen zur Ausgliederung von K9 sowie S7. Beteiligung von Hitachi an diesem Geschäft, 1.7.1977, in: DTMB/AEG, I.2.60 Ü-2 0737.

1340 Notiz: Besprechung Thomson-Brandt/AEG-Telefunken am 9.10.1978 in Paris, in: DTMB/AEG, Ü-FA AEG GS 739.

1341 Informationsvorlage zur Sitzung des Unternehmensbereichs Konsumgüter am 7.3.1978 in Gelsenkirchen: Meinungsaustausch mit Thomson-Brandt am 6.3.1978, in: ebd.

1342 Gespräch mit Thomson-Brandt in Paris am 5.3.1979, in: ebd.

1343 Die Geschichte kann an dieser Stelle nur knapp skizziert werden. Auch sie ist noch nicht weiterführend aufgearbeitet. Als Lehrstück bietet sie jedoch das Potential die Konfliktlinien zwischen nationalen und regionalen Stakeholdern sowie multinationalen Unternehmen näher zu untersuchen.

Thomson und der RCA, aufgehen, wobei die AEG-Telefunken lediglich über die Holding „Europacolor" gemeinsam mit Thomson an „Videocolor" beteiligt werden sollte.[1344] Im Sommer 1979 wurden die Verträge unterzeichnet. Zum Jahr 1980 begann die gemeinsame Produktion.[1345] Das Ziel, durch größere Stückzahlen mit Philips und den japanischen Unternehmen konkurrieren zu können, wurde noch in demselben Jahr hinfällig. Ab dem Sommer erwirtschaftete das Werk aufgrund des zunehmenden Wettbewerbs durch japanische Unternehmen keine Gewinne mehr.[1346] Zwei Jahre später wurde es nach aufsehenerregenden Streiks und Verhandlungen von Thomson endgültig geschlossen. Die AEG-Telefunken agierte – vertragskonform – als stiller Teilhaber, ohne sich jedoch durch finanzielle Ressourcen zu beteiligen. Sie konnte es aufgrund der Krise auch nicht.[1347]

Für den Unterhaltungselektronikbereich unterzeichneten die Konzernvorstände am 07.03.1979 eine Absichtserklärung.[1348] Die kooperativen Gedanken Telefunkens aus den Vorjahren suchte man in dieser Erklärung vergeblich. Stattdessen benannten die Unterzeichner den „japanese industries attack" als Ursache für die Krise der Unterhaltungselektronikbereiche der beiden Konzerne. Sie zeichneten ein düsteres Zukunftsszenario, bei dem nur wenige europäische Unternehmen die kommenden Jahre überstehen würden, wenn kein staatlicher Schutz gewährt und Kooperationen geschlossen würden. Daher wäre ein Zusammenschluss der beiden Unternehmen bzw. Bereiche notwendig, um die Rationalisierung der Produktion, der Entwicklung und des Vertriebs zu steigern und damit die Wettbewerbsfähigkeit in Relation zu den japanischen Unternehmen zu verbessern – auch hier ähnelt die Idee Grundigs Euro-Konzept der größeren Stückzahlen.

Der Vorstand der Telefunken Fernseh und Rundfunk GmbH teilte diese Vorstellungen und das Konzept jedoch nicht, sodass es auch nicht als ein grundlegender Wendepunkt in der Telefunken-Politik klassifiziert werden kann. Die Absichtserklärung war ohne ihren Einbezug von den AEG-Vorstandsmitgliedern Horst Brandt und Horst Nasco unterzeichnet worden. Erst am 27.03.1979 wurde der

1344 Notiz Nasko: Stand der Verhandlungen mit Videocolor, 10.4.1979, in: ebd.

1345 Vgl. weiterführend: Videocolor Report an AEG-Telefunken, Europacolor, RCA, Thomson-Brandt, Videocolor Board, 14.12.1980, in: DTMB/AEG, Ü 2 FA AEG 744.

1346 Vgl. als Überblick und Rechtfertigungsschrift für seine Vertragsverhandlungen: Nasko an Dürr: Videocolor, 18.1.1982, in: ebd.

1347 Vgl. Vertrag zwischen Fa. Thomson Brandt und Industriegewerkschaft Metall, 27.1.1982, Notiz für Herrn Dürr, 5.3.1982, Stoffels / Leinauer an Garcin, 10.2.1982, jeweils in: ebd.

1348 Absichtserklärung zwischen AEG-Telefunken und Thomson-Brandt, 7.3.1979, in: DTMB/AEG, Ü2 FA AEG 4213.

TFR-Vorsitzende Hellmann von Brandt informiert.[1349] Doch nicht nur die zeitliche Verzögerung erregte seinen Unmut. Er lehnte das Konzept vollständig ab, wie er in einem Streitgespräch mit Horst Brandt darlegte.[1350] Thomson sei der falsche Partner, da sie keinen technologischen Beitrag leisten könnten und Rationalisierungserfolge erst in fünf Jahren spürbar würden. Er zitierte eine, laut seiner Aussage, unabhängige Studie, wonach die TFR neben Philips und Grundig das einzige Unternehmen mit „Überlebenschancen" in der Branche sei. Daher führte er aus:

> Nach alledem besteht deshalb die Auffassung [,] daß Telefunken ohne diese Kooperation eine Chance von mehr als 50 % hat, mit dieser Kooperation jedoch keine Chance.[1351]

Er plädierte stattdessen für eine zukunftsweisende Zusammenarbeit mit Hitachi, dem sich Brandt jedoch mit dem Verweis auf das bereits genannte Problem des „Japan-Image" entgegenstellte. Er fürchtete den Imageschaden, wenn sich Telefunken in diese Abhängigkeit begeben würde. Auch hier spiegelt sich noch eine Form von abwertender Überheblichkeit, wobei das „Japan-Image" nicht näher ausdekliniert wird. Hellmann führte darüber hinaus aus, dass die TFR die japanische Konkurrenz nicht fürchte, sondern sich technologisch gewachsen sehe. Auch dies würde die TFR von Thomson-Brandt unterscheiden.

Hellmanns Beschwerde, die er noch dem Vorstandsvorsitzenden Cipa vortrug, war erfolglos.[1352] Auch Letzterer war im Folgenden an der Aushandlung eines detaillierten Konzepts des Gemeinschaftsunternehmens beteiligt.[1353] Den Machtkampf hatte also der Zentralvorstand gewonnen. Im November des Jahres beendete der Vorsitzende des Konsumgüterbereichs Thomsons, Jacques Fayard, jedoch die Verhandlungen. Er erläuterte, dass er zwar weiterhin von der europäischen Zusammenarbeit, insbesondere mit Telefunken, überzeugt sei. Die Entwicklung des deutschen Marktes und die Krise Telefunkens würden für ihn jedoch ein zu großes Risiko bergen.[1354] Die zunehmenden Verluste Telefunkens unterbanden erneut eine Zusammenarbeit. Die Unternehmen vereinbarten in Kontakt zu bleiben, was

---

1349 Hellmann an Cipa, 5.4.1979, in: ebd.

1350 Vgl. hier und im Folgenden: Streng vertrauliche Notiz: Besprechung wegen Kooperation TFR/Thomson-Brandt (ThB) am 6.4.1979 Frankfurt, in: ebd.

1351 Ebd.

1352 Hellmann an Cipa, 5.4.1979, in: ebd.

1353 Vgl. bspw. Notiz: Gespräch mit Thomson-Brandt am 11.5.1979 in Frankfurt, in: DTMB/AEG, Ü-FA AEG GS 739.

1354 Gespräch mit Thomson-Brandt (ThB) am 27.11.1979 in Frankfurt (Brandt und Fayard), in: ebd.

zu einem späteren Zeitpunkt für die Entwicklung Telefunkens noch entscheidend werden sollte.

Da die potenziellen Verkäufe der TFR und die Gründungsversuche der Gemeinschaftsunternehmen gescheitert waren, trieb die TFR die Umstrukturierung voran, die Cipa als Behelfsmaßnahme ausgegeben hatte.[1355] Dieter Hellmann initiierte diese noch, bevor er im folgenden Jahr von Josef Stoffels abgelöst wurde.[1356] In der Aufsichtsratssitzung am 15.11.1979 zeichnete er – im Kontrast zum Gespräch mit Brandt – ein düsteres Zukunftsszenario mit hohen Verlusten der TFR bis in die Mitte der 1980er Jahre, falls keine umfassenden Maßnahmen ergriffen würden.[1357] Die Ursachen seien ein verschärfter Wettbewerb mit inländischen und ausländischen Konkurrenten, der damit einhergehende „Preisverfall" und das Lohnniveau im Inland. Seine Antwort lautete Konzentration und Automatisierung der Produktion. Die Planungen, die auch so umgesetzt werden sollten, sahen die Konzentration der Fernsehproduktion in Celle, die der Tongeräte in Berlin und der Vorfertigung im Werk Hannover I und in Braunschweig vor. Das Werk Hannover II sollte bereits zum Juli 1980 geschlossen werden. Die einzige genannte Begründung für die Entscheidung, Hannover II zu schließen und Berlin zu erhalten – die anderen Werke standen aufgrund der moderneren Ausstattung nicht zur Diskussion – waren die sogenannten „Berlin-Hilfen", die als Strukturfördermaßnahme das Werk mit jährlich 7 Mio. DM subventionierten. Die Automatisierung der Produktion war im Werk Celle bereits erprobt worden und sollte nun ausgebaut und auf die anderen Produktionsstätten übertragen werden. Durch die Integration „automatischer Bestückungsmaschinen japanischer Hersteller" seien in dem Werk in Celle bereits enorme Kostensenkungen erzielt worden. Der Technologieimport aus Japan wurde an dieser Stelle von Hellmann bewusst betont. Die Potenziale der Automatisierung sollten darüber hinaus durch den Ausbau der Modulbauweise und die damit einhergehende Standardisierung der Bauelemente weiter ausgeschöpft werden. Die Maßnahmen glichen folglich den Aktivitäten Grundigs.

Auch im Fall Telefunkens sahen die Betriebsräte die Notwendigkeit zur Rationalisierung der Produktion. So stimmte der Betriebsrat in einer Betriebsvereinbarung noch vor dem Jahreswechsel dem Maßnahmenpakt und damit auch der

1355 Sitzung des Zentralvorstandes AEG-Telefunken, 29.8.1978, in: DTMB/AEG, I.2.060 Ü-2-FA0871.

1356 Die Ursachen sind nicht überliefert. Der Konflikt mit dem Zentralvorstand könnte einer der Gründe gewesen sein, die Übernahme von Dürr ein anderer. Hellmann war zumindest zu Beginn ein Vertrauter Cipas.

1357 Vgl. hier und im Folgenden: Aufsichtsratssitzung TFR am 15.11.1979: Bericht des Vorstandes zu Strukturmaßnahmen, in: AdsD, 5/IGMA170772.

Freisetzung von 1956 Arbeitnehmern bis zum 31.12.1981 zu.[1358] Diese Vereinbarung beschleunigte den in der Abbildung verdeutlichten Stellenabbau. Zwei Kritikpunkte wurden vorgebracht, die jedoch unberücksichtigt blieben. Hans Berkentin, der IG-Metall Sprecher Hannovers, bat darum, die „spektakuläre Schließung von Hannover II [zu] überdenken" und stattdessen durch die Fluktuation, die jährlich 10 % betrage, den Arbeitsplatzabbau fortzusetzen.[1359] Der Gesamtbetriebsrat mahnte, dass eine Zukunftsperspektive fehle und stattdessen nur ein „Großteil der Beschäftigten durch Automaten" ersetzt würde.[1360] Sie plädierten stattdessen für eine verstärkte Eigenfertigung von Bild- und Tongeräten, um somit durch die Produktionsausweitung die Strukturschwächen zu überwinden.

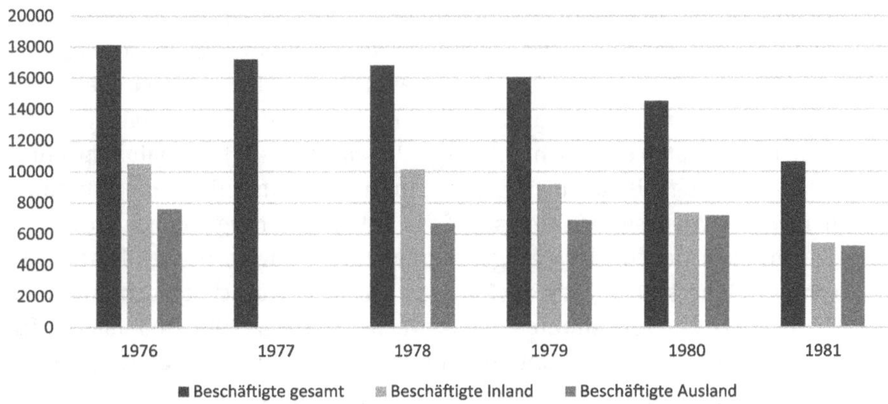

Abbildung 35: Beschäftigte der Telefunken Fernseh und Rundfunk GmbH.[1361]

Dieser Zukunftsperspektive folgte auch Josef Stoffels bei seinem Amtsantritt im April 1980 nur bedingt. Er knüpfte vielmehr an die Vorarbeiten Hellmanns an und vertiefte sie sogar noch. Die Jahre 1980 und 1981 waren von einer Konsolidierung der Fertigung und des Vertriebs geprägt, wie Stoffels in einer Sitzung mit dem Zentralvorstand ausführte, die nach seiner zweimonatigen Einarbeitung erfolgte und als „Regierungserklärung" charakterisiert wurde.[1362] Einig waren sich Dürr und Stoffels darin, dass sämtliche Maßnahmen die japanischen Wettbewerber und

1358 Betriebsvereinbarung zwischen dem Vorstand und dem Gesamtbetriebsrat der Telefunken Fernseh und Rundfunk GmbH, in: ebd.

1359 Berkentin an Horst Brandt, 28.11.1979, in: ebd.

1360 Stellungnahme des GBR zur neuen Fertigungsordnung, in: ebd.

1361 Ergänzende Bemerkungen zur vergleichenden Unternehmensanalyse für Telefunken und Grundig, Juni 1982, in: DTMB/AEG, 0875.

1362 Niederschrift: Zentralvorstand mit dem Unternehmensbereich U, 12.6.1980, in: DTMB/AEG, I 2.060 Ü-2-FA 0874.

damit die „Japanische Herausforderung“ zu berücksichtigen hatten.[1363] Dürr trat zumindest teilweise deutlich konfrontativer auf, wie beispielsweise auf der Hauptversammlung der AEG-Telefunken im Jahr 1980:

> Die Marktstrategie der Japaner ist aggressiv und einfallsreich. Jammern hilft da wenig. Auch wir müssen uns etwas einfallen lassen. Nicht die Grenzen schließen, sondern die eigenen Reihen! (Europäische Hersteller) [1364]

In dem Auszug aus seinem Redemanuskript forderte er bereits eine europäische Kooperation gegen die japanischen Wettbewerber. Stoffels Strategie hingegen kann übergreifend als eine Umstrukturierung durch und mit japanischen Unternehmen beschrieben werden, wobei durchaus europäische Partner einbezogen wurden.

Die Automatisierung der bestehenden Werke in Hannover, Braunschweig und insbesondere in Celle setzte Stoffels konsequent fort. In Celle wurden im Jahr 1980 drei vollautomatisierte Bestückungsstraßen nach japanischem Vorbild und mit japanischen Automaten eingerichtet.[1365] Von der automatisierten Qualitätsprüfung erhoffte man sich eine Behebung der jahrelangen Qualitätsdefizite, die zumindest nach der eigenen Analyse auch eintrat.[1366] Die Automatisierung ermöglichte zudem eine enorme Reduzierung der Fertigungsminuten pro Farbfernseher. Hatte diese zu Beginn des Jahres 1980 noch 300 Minuten betragen, wurde sie noch innerhalb desselben Jahres auf 230 Minuten reduziert, bevor sie in 1981 und 1982 durch weitere Maßnahmen auf 170 Minuten minimiert wurde. Parallel entwickelte Telefunken ein vollkommen digitalisiertes Chassis, das durch die Reduzierung der Bauelemente dazu führte, dass im Jahr 1983 ein Fernseher in 100 Minuten hergestellt werden konnte.[1367] Die Automatisierungsmaßnahmen und die Entwicklung des neuen Chassis waren jedoch auch „kostspielig“, wie Stoffels im Aufsichtsrat 1981 festhielt.[1368] Allein im Jahr 1982 sollten 25 Mio. DM in die Automatisierung der

---

1363 Vgl. im Rückblick AEG-Telefunken Gruppe: Die Lage des Konzerns im September 1982, 10.9. 1982 „streng vertraulich“, in: AdsD, 5/IGMZ220115.

1364 Ordentliche Hauptversammlung der AEG-Telefunken Aktiengesellschaft am 19. Juni 1980 in Berlin, in: AdsD, 5/IGMA170781.

1365 GBR/WA-Sitzung am 5.5.1980 in Hannover, in: AdsD, 5/IGMA170772.

1366 Protokoll der Sitzung des Aufsichtsrats der Telefunken Fernseh- und Rundfunk GmbH am 18.5.1984, in: AdsD, 5/IGMA091110. Sowie zur ersten Diagnose: Niederschrift: Zentralvorstand mit dem Unternehmensbereich U, 12.6.1980 (18.6.), in: DTMB/AEG, I 2.060 Ü-2-FA 0874.

1367 Vgl. ebd. sowie die Grafik: Entwicklung der Fertigungsminuten pro Farbfernsehgerät – Werk Celle, 20.11.1981, in: DTMB/AEG, 0873 (Ü2).

1368 Protokoll der Sitzung des Aufsichtsrats der Telefunken Fernseh- und Rundfunk GmbH am 27.10.1981,in: AdsD, 5/IGMA091110.

Fabriken investiert werden. Die Kosten dieser Strukturmaßnahmen sind daher auch bei einer Bewertung der Verluste zu bedenken.

Entgegen den Wünschen des Betriebsrats und der angelaufenen Umstrukturierung unter Hellmann stellte Stoffels die eigenständige Tonproduktion in Berlin ein.[1369] Die Konzentration der Produktion in Berlin war im Jahr 1979 auf der Grundlage eines umstrittenen Planungskonzepts der TFR beschlossen worden. Das sogenannte „Ton-Konzept" wollte den seit Jahren defizitären Bereich der Rundfunkempfänger und HiFi-Anlagen durch eine Ausdehnung des Exports wieder rentabel gestalten.[1370] Allerdings monierte der Zentralvorstand, dass dies in den Jahren 1981/82 auf der Grundlage von Produkten geschehen solle, die die japanische Konkurrenz bereits 1979 angeboten hätte. Geschickt verknüpfte das Konzept jedoch den Fortbestand der TFR mit der Aufrechterhaltung der Ton-Produktion, sodass diese genehmigt wurde. Im Konzept wurde nicht nur auf die Remanenzkosten, sondern auch auf das potenziell fehlende Knowhow für den Fernsehbereich – Stichwort Lautsprecher – verwiesen. Das letzte Argument akzeptierten Stoffels und Dürr. Die Verluste waren jedoch bereits 1980 so hoch, dass eine Aufgabe alternativlos wurde.[1371]

In doppelter Hinsicht kompensierte die Kooperation mit japanischen Unternehmen diese Entwicklung. Der Zukauf japanischer Ton-Produkte, der bereits seit 1970 vorherrschte, wurde massiv ausgedehnt.[1372] In Tokio errichte die TFR das sogenannte „Telefunken Purchasing Office Japan", das den Zukauf von Radio- und Kassettenrekordern, HiFi-Anlagen und sogar Schwarzweißfernsehern in Japan aber auch in Hongkong, Taiwan und Singapur koordinierte.[1373] Allein aus Japan wurden 1980 245.000 HiFi-Anlagen für das Handelsgeschäft zugekauft. Die Professionalisierung der Einkaufspolitik in Japan aber auch in Südostasien im Allgemeinen wurde im Jahr 1981 nochmals durch die Gründung eines zweiten Einkaufsstützpunktes in Singapur erweitert.[1374] In das Berliner Werksgebäude zog die Produktion des bereits analysierten Joint Ventures J2T ein. Telefunken sicherte damit den Standort Berlin mit den entsprechenden Investitions- und Strukturhilfen

1369 Protokoll der Sitzung des Aufsichtsrats der Telefunken Fernseh- und Rundfunk GmbH am 27.10.1981, in: ebd.

1370 Vgl. Konzept: Geschäftsbereich Ton, 12.12.1979, in: DTMB/AEG, 0873 (Ü2).

1371 Protokoll der Sitzung des Aufsichtsrats der Telefunken Fernseh- und Rundfunk GmbH am 15.3.1982, in: AdsD, 5/IGMA091110.

1372 Vgl. zu den Anfängen Kapitel 4.4.1

1373 Telefunken Purchasing Office Japan (UP 76), 6.1.1981, in: DTMB/AEG, 0845 (Ü2).

1374 Protokoll der Sitzung des Aufsichtsrats der Telefunken Fernseh- und Rundfunk GmbH am 24.3.1981, in: AdsD, 5/IGMA091110.

sowie 450 Arbeitsplätzen, die von der Tonproduktion in das Joint Venture übernommen wurden.[1375]

Hellmann hatte die Auslandsproduktionsstätten von Telefunken 1979 noch nicht in seinem Maßnahmenpaket berücksichtigt. Wie die Gegenüberstellung der Ergebnisse der In- und Auslandsproduktionsstätten veranschaulicht, entwickelten sich diese erst im Jahr 1981 zu einem größeren Verlustbringer als die Inlandsproduktionsstätten.

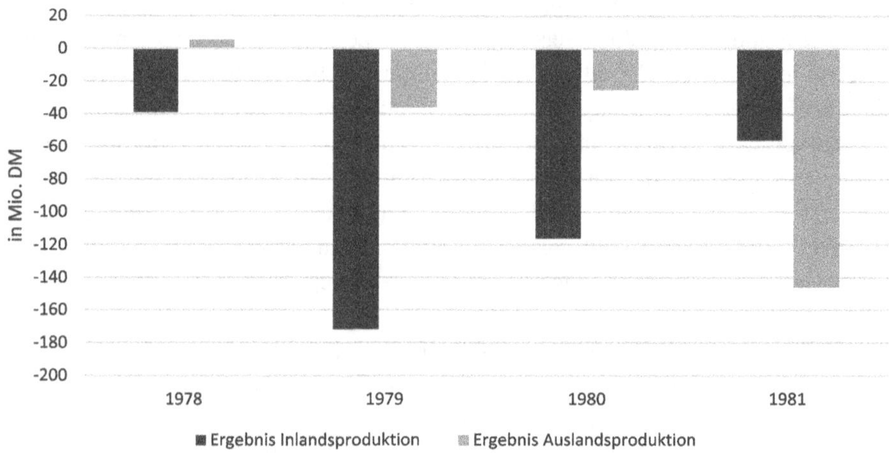

Abbildung 36: Ergebnis der Inlands- und Auslandsproduktionsstätten der Telefunken Fernseh und Rundfunk GmbH, 1978 – 1981.[1376]

Die Umsatz- und Mitarbeiterzahlen der Produktionsstätten in Italien, Spanien, Brasilien und Mexiko waren in Summe in den Jahren 1981 und 1982 vergleichbar mit denjenigen der Inlandsfabriken. Allerdings waren die Produktionsmittel mehrheitlich veraltet, da über mehrere Jahre keine Investitionen getätigt wurden. Daher wurden die italienischen Produktionsstätten verkauft, die mexikanischen geschlossen, die brasilianischen in ein Joint Venture eingebracht und die spanischen zunächst gehalten und weiterführend rationalisiert.[1377] Wie bei Grundig ist

1375 Vgl. zur weiterführenden Investitionsförderung: Broschüre zur Förderung von Investitionen in Berlin, in: DTMB/AEG, I2.060 Ü-2-FA 0139. Zur Übernahme der Mitarbeiter: Vertrag zwischen Telefunken Fernseh- und Rundfunk GmbH und Telefunken Video GmbH: Transfer von 450 Arbeitnehmern, in: DTMB/AEG, JB0159.

1376 Telefunken Ergebnisübersicht 1978 – 1981, in: DTMB/AEG, Nr. 0875.

1377 Vgl. Detailbesprechungen der Auslandsproduktionsstätten in den Verhandlungen mit Grundig, 1.11.1982, in: DTMB/AEG, 0873 (Ü2). Sowie: AEG-Telefunken-Gruppe: Die Lage des Konzerns im Februar 1983, 21.2.1983, in: AdsD, 5/IGMA152240.

auch bei Telefunken ein kontraintuitiver Trend hinsichtlich der gegenwärtigen Globalisierungsdebatte erkennbar. Bei zunehmendem internationalem Wettbewerb fand bei beiden Unternehmen keine forcierte Verlagerung der Produktion in Niedriglohnländer statt, sondern eine Konzentration im Inland, da die Automatisierungseffekte die Lohnkostenvorteile kompensierten.

Ein weiteres Projekt des alten Grundig-Vertriebschefs war ein neues Vertriebskonzept für Telefunken. Das Telefunken-Partner-System wurde als ein Kommissionssystem konzipiert.[1378] Telefunken übernahm die Lagerkosten, setzte dadurch jedoch vertraglich bindende Handelsspannen ein, um so die Preiskämpfe zumindest über den Fachhandel zu kontrollieren. Nach langwierigen juristischen Auseinandersetzungen wurde es umgesetzt und von markt intern als Fachhandelsvertretung auch positiv bewertet.[1379] Da auch Thomson nach der Übernahme das System beibehielt, schien es aus der Perspektive des Herstellers erfolgreich gewesen zu sein.[1380] Das Telefunken-Partner-System war zudem eng an die Automatisierungsgrundsätze gekoppelt. Beide sahen nämlich eine Kostenreduzierung und damit Effizienzsteigerung durch eine Reduzierung der Typenzahl vor. Produzierte Telefunken im Jahr 1980 noch 13 verschiedene Fernseher mit einer jeweiligen Stückzahl von 95.400, so waren es 1984 noch 5 Typen zu jeweils 188.600 Stück.[1381] Dies verdeutlicht nochmals, wie konsequent Telefunken die Fertigungsneuordnung umsetzte.

Im Jahr 1981 entbrannte ein weiterer Umstrukturierungskonflikt, der das Selbstverständnis Telefunkens endgültig in Frage stellte. Heinz Dürr kritisierte in der Aufsichtsratssitzung am 27.10.1981 Telefunkens Forschungs- und Entwicklungspolitik.[1382] Sie sei zu breit und grundlagenorientiert und sollte sich stattdessen auf wenige anwendungsbezogene Projekte konzentrieren. Der Vorstand für Forschung und Entwicklung der TFR, Dr. Welland, wies dies scharf zurück. Um weiterhin in der internationalen Spitze etabliert zu bleiben, wäre die Breite in der Forschung notwendig. Tatsächlich gab es 13 produktbezogene Forschungs- und

---

1378 Vgl. Teupe: Kontrolldenken, S. 70. Sowie Zukunft made by Telefunken – Das Partnersystem für die 80iger Jahre – Das stabile Konzept für die Unterhaltungselektronik, 19.1.1981, in: DTMB/AEG, I.2.060 Ü-2-FA0871.

1379 Bild greift markt intern auf –> „Telefunken-Händler: Stoffels muss zurück“, in: markt intern. Radio Fernsehen Hifi, Ausgabe 08.11.1984, R 45/XIV.

1380 Betriebsrat der Firma NEWEK an Jaques Fayard, 6.5.1986, in: AdsD, 5/IGMZ520013. Sowie zur Übernahme: Protokoll der ausserordentlichen Sitzung des Aufsichtsrates der Telefunken Fernseh- und Rundfunk GmbH am 24./25.10.1984 in Hannover, in: AdsD, 5/IGMA091110.

1381 Protokoll der Sitzung des Aufsichtsrats der Telefunken Fernseh- und Rundfunk GmbH am 18.5.1984, in: ebd.

1382 Protokoll der Sitzung des Aufsichtsrats der Telefunken Fernseh- und Rundfunk GmbH am 27.10.1981, in: ebd.

Entwicklungsteams sowie das noch unter Walter Bruch entstandene Grundlagenlabor in Hannover, in dem ebenfalls drei Forschungsgruppen arbeiteten.[1383] Das Selbstverständnis der TFR als Innovationstreiber wird an der Reaktion Wellands deutlich. Allerdings hatte Telefunken nach dem PAL-System keine umwälzenden Innovationen mehr kommerzialisieren können. Die Bildplatte scheiterte, die Mini-Disc als Telefunkens Gegenentwurf zur Compact Disc kam nicht über den Status des Prototypen hinaus und die High-Com-Entwicklung zur Rauschunterdrückung bei Kassettenrekordern konnte sich wirtschaftlich nicht gegen das Dolby-Verfahren durchsetzen.[1384] Wie die Forschungs- und Entwicklungsabteilung „abgewickelt" wurde, ist leider nicht überliefert. Dürr hat sich jedoch durchgesetzt, denn bis zum Beginn des Jahres 1983 waren die Aufwendungen stark reduziert und auf wenige Bereiche beschränkt worden: die Produktrationalisierung, das Digital-Chassis für Fernseher und der Bildschirmtext, wobei lediglich letzteres noch als eine Form der Grundlagenforschung gewertet werden kann.[1385] Damit verlor Telefunken endgültig den Status als Innovationstreiber.

Bis in das Jahr 1982 hatte Josef Stoffels die Umstrukturierung der TFR vorangetrieben. Er sah das Unternehmen – mit Ausnahme der Auslandsgesellschaften – auf einem guten Weg. Heinz Dürr widersprach ihm in der Aufsichtsratssitzung im März 1982 deutlich.[1386] Er kritisierte die „Strategie der hohen Preisqualität bei sinkenden Umsätzen", da sie die TFR zwar kurzfristig rehabilitieren könne, langfristig jedoch die Stückzahlen zu gering seien, um beispielsweise die Vertriebs- und Entwicklungskosten angemessen refinanzieren zu können. Zumal kurzfristig noch die letzten PAL-Lizenzeinnahmen in Höhe von ca. 40 Mio. DM jährlich entfallen würden. Außerdem wurde diagnostiziert, dass die Auslastungen der TFR-Fabriken unzureichend seien. Im Werk Hannover betrug sie lediglich 55 %, in Braunschweig 60 % und in Celle 70 %. Dürr sah drei Lösungsmöglichkeiten des Dilemmas:

1. Eine Ausdehnung der Produktion, die jedoch aufgrund des stagnierenden Farbfernsehmarktes nicht sinnvoll erschien. Der Fernseher war nach der Schließung der Berliner Werke und vor der Eröffnung von J2T 1983 das einzige

1383 Vgl. Das Organigramm der Telefunken Fernseh und Rundfunk Gmbh, 1.1.1982, in: DTMB/AEG, 0873 (Ü2).

1384 Vgl. zu High-Com den Zeitzeugenbericht des Entwicklers Ernst F. Schröder, in: https://www.ernstschroeder.de/highcom_d.htm, (zuletzt abgerufen am 24.05.2023). Zur Mini-Disc siehe: Gliese: Ausgefunkt?, S. 63–65.

1385 AEG-Telefunken-Gruppe: Die Lage des Konzerns im Februar 1983, 21.2.1983, in: AdsD, 5/IGMA152240.

1386 Vgl. hier und im Folgenden: Protokoll der Sitzung des Aufsichtsrats der Telefunken Fernseh- und Rundfunk GmbH am 15.3.1982, in: AdsD, 5/IGMA091110.

Unterhaltungselektronikprodukt, das noch selbst in den drei Fabriken produziert wurde.
2. Den Abbau weiterer Überkapazitäten und damit ein „Gesundschrumpfen“, wobei er diesem Ansatz aufgrund der fehlenden Stückzahlen auf Dauer kritisch gegenüberstand.
3. Der Zusammenschluss mit anderen Unternehmen als präferierter Ansatz zur Zusammenlegung der Fertigungskapazitäten und Nutzung etwaiger Synergieeffekte.

Dieser Ansatz wurde auch in das Konzept „AEG 83“ aufgenommen, das als letzter Sanierungsversuch konzipierte wurde, bevor Krisenerscheinungen und die drohende Zahlungsunfähigkeit Dürr zur Anmeldung des Vergleichsverfahrens zwangen, in das die TFR als eigenständiges Unternehmen jedoch nicht einbezogen wurde.[1387]

Kurzzeitig meldete erneut Bosch/Blaupunkt Interesse an einer Übernahme Telefunkens an, zog sich jedoch wieder zurück.[1388] Grundig war aktenkundig im Jahr 1982 der einzige Kandidat, der zur Übernahme bereit gewesen zu sein schien. Im Rahmen des EURO-Konzeptes hatte sich Grundig Telefunken zugewandt. Grundig-Telefunken sollte die Achse des EURO-Konzeptes bilden. Daher zeigten die Grundig-Verhandler zu Beginn auch großes Interesse und Engagement.[1389] Für Telefunken bot sich in der Zusammenarbeit mit Grundig und der Integration in den EURO-Verbund die Möglichkeit, die Synergieeffekte in der Forschung und im Vertrieb zu nutzen sowie die Produktionsstätten angemessen auslasten zu können.[1390] Unter diesen Voraussetzungen einigten sich beide Unternehmen bereits am 24.07.1982 in einem „Letter of Intent“ auf die Übernahme der unternehmerischen Führung durch Grundig, wobei die TFR eigenständig bleiben sollte.[1391] Die Detailverhandlungen wiederum waren durch zahlreiche Verzögerungen geprägt, die Josef Stoffels scharf kritisierte.[1392] Die Ursachen waren einerseits die tatsächlich zu lösenden Probleme, andererseits aber auch die stockenden Verhandlungen Grundigs mit den potentiellen EURO-Partnern und Thomson. Der letzte Punkt wurde aber bis zuletzt nicht transparent kommuniziert. Vielmehr stellten die Grundigvertreter bis in den Dezember 1982 immer wieder heraus, dass die Ver-

1387 Strunk: Die AEG, S. 126–131. Vgl. auch: Schaubild Konzept AEG 1983, in: AdsD, 5/IGMZ220115.

1388 Strunk: Die AEG, S. 130. Bähr/Erker: Bosch, S. 382–383.

1389 Notiz über Gespräch, 22.09.1982, in: DTMB/AEG, 0873 (Ü2).

1390 Vgl. Kooperation Grundig-Telefunken, 23.08.1982, in: DTMB/AEG, Nr. 0875.

1391 Letter of Intent zwischen AEG-Telefunken Aktiengesellschaft und Grundig Aktiengesellschaft, 24.7.1982, in: DTMB/AEG, 0872 (Ü2).

1392 Hier und im Folgenden: Josef Stoffels an Max Grundig, 29.11.1982, in: DTMB/AEG, 0872 (Ü2).

handlungen grundsätzlich unabhängig voneinander ablaufen sollten. Am 01.12. 1982 erzielte man den von der AEG-Telefunken ersehnten Durchbruch in den Gesprächen. Allerdings war die AEG-Telefunken hierzu umfassend auf Grundigs Forderungen eingegangen.[1393] So erklärte man sich zur Übernahme der Strukturmaßnahmen und des Verlustausgleichs für das Jahr 1983 bereit. Diese Zugeständnisse waren in den Verhandlungen mit Bosch/Blaupunkt nie erfolgt. Allein diese Aufwendungen wurden mit 160 Mio. DM veranschlagt. Zusätzlich sollten in die neue Gesellschaft 50 Mio. DM als Einstand eingebracht werden. Grundigs zu entrichtender Preis wurde mit lediglich 75,5 Mio. DM beziffert. Bei den Auslandsgesellschaften, die als große Verlustbringer ebenfalls ein kritischer Punkt waren, gestand die AEG-Telefunken die Übernahme der Schließungskosten ebenso zu wie die Teilübernahme der brasilianischen Tochtergesellschaft. Die J2T-Beteiligung sollte zunächst beibehalten und nach der Übernahme erneut diskutiert werden.[1394] Wie im Einstieg dargelegt, beunruhigte die „anti-japanische Einstellung" des potenziellen Käufers die japanischen Partner. Doch auch das Bundeskartellamt forderte hierzu langfristig eine Klärung aufgrund sich potenziell entwickelnder Marktanteile. In dem Verhandlungsprozess wurden verschiedene Möglichkeiten vertieft, die von einer Beteiligung der AEG-Telefunken über den Rückzug bis zum Versuch des Aufrechterhaltens reichten. Letzteres hätte zu diesem Zeitpunkt bedeutet, das die TFR das erste Unternehmen mit zwei angebotenen Formaten in der BRD gewesen wäre.

Im Dezember 1982 lagen unterschriftsreife Verträge vor, die eine Beteiligung von je 49 % der AEG-Telefunken und der Grundig AG an der Telefunken Fernseh und Rundfunk GmbH vorsahen. Die unternehmerische Führung sollte bei Grundig liegen und durch das grundignahe Bankenkonsortium, das 2 % übernehmen sollte, vertraglich zusätzlich gesichert werden.[1395] Die Erwartung des Vertragsabschlusses bei der AEG-Telefunken war so konkret, dass sie sogar den Beherrschungsvertrag der TFR kündigten.[1396] Am 16.12. und 20.12.1982 trafen jedoch erste Fernschreiben der Grundig AG ein, die den Zusammenschluss an die Beteiligung von Thomson knüpften. Dieser Nexus war in den Verhandlungen zuvor nicht zur Sprache gekommen.[1397] Damit bremste Grundig die Vertragsgespräche, bevor im Januar öf-

1393 Ergebnisprotokoll der Besprechung am 01.12.1982, in: ebd. Sowie Fakten und Überlegungen zum Thema TFR, 29.11.1982, in: ebd.

1394 Vgl. hier und im Folgenden: Vgl. Kooperation Grundig-Telefunken, 23.08.1982, in: DTMB/AEG, Nr. 0875.; Notiz über Gespräch am 22.09.1982, in: DTMB/AEG, Nr. 0875.

1395 Konsortialvertrag zwischen AEG-Telefunken Aktiengesellschaft, Grundig Aktiengesellschaft, Telefunken Fernseh und Rundfunk GmbH, in: DTMB/AEG, 0872 (Ü2).

1396 AEG-Telefunken an den Vorstand der TFR, 28.12.1982, in: ebd.

1397 Schreiben Dürr/Birkhan an Grundig/Poullain, 21.12.1982

fentlich eine „Verhandlungspause" bekannt gegeben wurde. De facto wurden diese aber abgebrochen.[1398] Transparent kommunizierte die Grundig AG die eigentlichen Beweggründe nicht. Weder die Einwände des Kartellamtes noch die Finanzierungsengpässe wurden erwähnt.[1399]

Als dann sowohl die Verhandlungen Grundig/TFR als auch wenig später Thomson/Grundig gescheitert waren, übernahm Thomson 75 % der TFR für 75 Mio. DM zum 01.04.1983. Die übrigen 25 % folgten 1984. Die AEG-Telefunken musste lediglich noch die Verluste für das Jahr 1982 übernehmen.[1400] Die Kontakte zwischen den beiden Unternehmen waren durch die ersten Kooperations- und Beteiligungsgespräche, die J2T- bzw. J3T-Verhandlungen oder auch die Causa Europacolor kontinuierlich aufrechterhalten worden. Selbst lose Kooperationsgespräche führte man nachweislich noch zu Beginn des Jahres 1982.[1401] Die Vertragsverhandlungen wurden, ohne die Aufsichtsräte der TFR oder auch der AEG-Telefunken zu unterrichten, innerhalb weniger Wochen nach den beiderseits gescheiterten Verhandlungen mit Grundig abgeschlossen.[1402] Als der Aufsichtsrat der TFR informiert wurde, hielt Dürr fest:

> Thomson-Brandt sei für ihn immer der richtige Partner für TFR gewesen. Die Geheimhaltung dieser Kooperation bis zur Unterzeichnung der Verträge war die einzige Möglichkeit, die Kooperation überhaupt zu realisieren und sie nicht bereits im Vorfeld „zerreden" zu lassen.[1403]

Die öffentlichen Debatten um die Grundig-Übernahme hatte er noch vor Augen. Doch die Heimlichkeit zerstreute nicht die Sorgen der Belegschaftsvertreter, sondern befeuerte sie eher. Wie sich die (vormalige) Telefunken Fernseh und Rundfunk GmbH unter Thomson-Brandt entwickelte, wird im folgenden Kapitel kurz behandelt. Die AEG-Telefunken wiederum wurde letztendlich von der Daimler-Benz AG übernommen, die sich als Technologieunternehmen weiterführend etablieren wollten.

1398 Gemeinsame Presserklärung von AEG-Telefunken und der Grundig AG, 25.01.1983, in: ebd.

1399 Vgl. detailliert Kapitel 3.3.4.

1400 Dürr und Birkhan an Werner Schaeper, Wirtschaftsprüfungsanstalt, 8.3.83, in: BArch, B102/285151.

1401 Kooperation mit Thomson-Brandt, 12.1.1982, in: DTMB/AEG, I.2.060 Ü-2-FA0871.

1402 Vgl. die Schilderung Dürrs in seiner letzten Aufsichtsratssitzung: Protokoll der Sitzung des Aufsichtsrats der Telefunken Fernseh- und Rundfunk GmbH am 17.3.1983, in: AdsD, 5/IGMA091110. Sowie in seinen Memoiren: Dürr: In der ersten Reihe, S. 220–222.

1403 Protokoll der Sitzung des Aufsichtsrats der Telefunken Fernseh- und Rundfunk GmbH am 17.3.1983, in: Archiv der sozialen Demokratie, 5/IGMA091110.

4.5 Unter französischer Flagge: Telefunken im Thomson-Brand-Konzern

Als die Übernahme der Telefunken Fernseh und Rundfunk GmbH bekannt geworden war, wandte sich der Vorsitzende der IG-Metall, Eugen Loderer, mit einem öffentlichen Brief an die Vorstände Thomson Brandts:

> Thomson-Brandt hat jetzt die Chance, den schlechten Ruf als Jobkiller wettzumachen. Die IG Metall hofft, daß der französische Staatskonzern diese Möglichkeit der Rehabilitierung nutzt. [...] nicht ohne Grund fürchten jedoch die Arbeitnehmer in Hannover, Braunschweig und Celle, daß Thomson-Brandt die Praxis des Aufkaufens und Stilllegens auch bei Telefunken praktiziere.[1404]

Die Ereignisse bei Nordmende, Saba, Dual aber auch der Videocolor in Ulm, die die Grundig-Debatte befeuert hatten, waren noch sehr präsent. Thomson hatte die Belegschaft in den Unterhaltungselektronikbetrieben nach den Übernahmen von Nordmende (1977/78), Saba (1980) und Dual (1982) um 58 % von 11.700 auf 4.960 reduziert.[1405] Sie hatten damit nach Telefunken (66 %) prozentual die höchste Entlassungsquote in den Umstrukturierungsprozessen. Thomson hatte eine spezifische Vorgehensweise bei den Übernahmen. Sie spalteten das Unternehmen in eine Vertriebs- und eine Produktionsgesellschaft.[1406] Die Vertriebsgesellschaften trugen noch die ursprünglichen Unternehmensnamen und sorgten dafür, dass die Marken eigenständig am Markt präsent waren. Die Produktionsstätten wiederum wurden in neue Gesellschaften eingebracht, wie die Norddeutsche AG für Unterhaltungselektronik (NAGFU, vormals Nordmende) und die Süddeutsche Elektronik Werke GmbH (SEWEK, vormals Saba und Dual). Sie wurden umfassend rationalisiert und stellten arbeitsteilig koordiniert die Unterhaltungselektronikgeräte her, die dann von den beiden Vertriebsgesellschaften unter dem jeweiligen Markennamen verkauft wurden. Die damit verbundenen Schließungen von Werken, Entwicklungsabteilungen und auch Verwaltungszweigen sorgten für das Image als „Jobkiller".

Die Sorgen in der Telefunken-Belegschaft waren omnipräsent. Es kursierten diverse Gerüchte über Schließungen und Verlagerungen von Produktionsstätten nach Frankreich. Im Raum Hannover gab es sogar bereits eine Unterschriftenak-

1404 Metall Pressedienst, 11.3.1983: Eugen Loderer appelliert an Thomson-Brandt: Arbeitsplätze müssen erhalten bleiben, in: AdsD, 5/IGMA091110.

1405 Dossier: Beschäftigte Unterhaltungselektronik, in: AdsD, 5/IGMZ120229.

1406 Vgl. Aufstellung zur Produktion bei Telefunken, SEWEK und Nord-Mende 1982/83, in: AdsD, 5/IGMZ520012. Zusammenstellung Robert Steiert zum Verhältnis IG Metall und Thomson Brand, 24.4.1985, in: AdsD, 5/IGMZ100042.

tion mit 10.000 Unterzeichnern zum Erhalt des Standorts.[1407] Ob tatsächlich konkrete Planungen seitens Thomson vorlagen, konnte aufgrund des fehlenden Konzernarchivs nicht geprüft werden. Die Betriebsräte der einzelnen Standorte und die Gewerkschaftsvertreter gingen zumindest davon aus.[1408] Die Unruhe in den Betrieben der TFR war im Frühjahr und Frühsommer 1983 so groß, dass sich die Vorstände der TFR und Thomsons zu einem Spitzengespräch mit den Vertretern der Arbeitnehmer veranlasst sahen.[1409] Bei diesen Gesprächen gab Thomsons Vorsitzender des Konsumgüterbereichs Fayard eine Standortgarantie für die Werke in Hannover, Braunschweig und Celle, ohne sich jedoch auf einen konkreten Zeitrahmen festlegen zu lassen. Gleichwohl betonte er, dass zusätzliche Rationalisierungen notwendig und die weiteren Pläne zur Umstrukturierung noch nicht ausgearbeitet seien. Fayard schien also auf die Forderungen Loderers einzugehen, allerdings mit einem großen Vorbehalt. Tatsächlich wurden in den Jahren 1983 und 1984 lediglich 100 Arbeitnehmer entlassen, deren Freistellung noch unter der Ägide der AEG-Telefunken geplant worden war.

Die bevorstehenden Umstrukturierungen besorgten nicht nur die Belegschaft, sondern auch den Vorstand der TFR um Josef Stoffels, der um seine Gestaltungsmöglichkeiten fürchtete. Bei der Übernahme im Frühjahr 1983 betonte Fayard gegenüber Stoffels noch, dass die TFR eigenständig bleiben und nicht in das Unternehmenskonstrukt der ehemaligen Saba- und Nordmende-Betriebe eingegliedert werden sollte.[1410] Ebenso setzte Thomson die Produktion bei J2T fort, sodass sie über diesen Weg doch noch dem Joint Venture beitraten. Stoffels Vorstellungen hat das Manager-Magazin treffend durch einen Vergleich beschrieben.[1411] Telefunken sollte im Thomson-Brandt-Konzern die Position einnehmen, die Audi bei Volkswagen bekleidete, nämlich den einer eigenständig agierenden Luxusgesellschaft. Stoffels fühlte sich durch die Erfolge im Jahr 1983 in seiner Haltung bestätigt. Zum ersten Mal seit den späten 1960er Jahren hatte Telefunken wieder einen Gewinn erwirtschaftet. Trotz sinkender Umsatz- und Exportzahlen war ein Plus von 8 Mio.

1407 Aktenvermerk: Gespräch zwischen Vertretern der Geschäftsleitung Thomson-Brandt bzw. Telefunken und IG Metall, 15.6.1983, 12.7.1983, in: AdsD, 5/IGMZ520013.

1408 Bericht über die Tagung der Thomson-Brandt-Betriebe am 15.6.1983, in: AdsD, 5/IGMA091110.

1409 Aktenvermerk: Gespräch zwischen Vertretern der Geschäftsleitung Thomson-Brandt bzw. Telefunken und IG Metall, 15.6.1983 , 12.7.1983, in: AdsD, 5/IGMZ520013.

1410 Protokoll der Sitzung des Aufsichtsrats der Telefunken Fernseh- und Rundfunk GmbH am 17.3.1983, in: AdsD, 5/IGMA091110.

1411 Vgl. Das ist das Ende vom Lied, in: Manager-Magazin, 12/1984. Aufgrund der dargelegten Informationen über das noch zu behandelnde Ausscheiden Stoffels ist davon auszugehen, dass Stoffels selbst die Hauptquelle für diesen journalistischen Artikel war.

DM erzielt worden.[1412] Als Ursachen sah Stoffels die erfolgreichen Umstrukturierungen der Vorjahre, das Telefunken-Partner-System mit stabilen Preisen und das Abstoßen der Auslandsgesellschaften an. Telefunken stellte mit dem PALcolor 540, der auf dem neuen Digitalchassis aufbaute, sogar den meistverkauften Fernseher auf dem deutschen Markt.[1413]

Diese aufkeimende Euphorie wurde durch Thomsons Umstrukturierungsbemühungen deutlich gedämpft. Bereits im November 1983 wurde im Aufsichtsrat über die Aufspaltung der TFR in eine Produktions- und eine Vertriebsgesellschaft diskutiert – eine Option, die Fayard von Beginn an in Erwägung gezogen hatte. Der von Thomson bestellte Aufsichtsratsvorsitzende Bernard Guillot skizzierte die Perspektive und entfernte sich einen weiteren Schritt von der zunächst noch proklamierten Eigenständigkeit:

> Thomson-Brandt habe vor, einen europäischen Konzern aufzubauen und hinsichtlich der Produktion den notwendigen Masseneffekt zu erzielen. Hinsichtlich des Vertriebs werde weiterhin die Flagge Telefunken geführt. [...]Hinsichtlich der Produktion sei ebenfalls eine europaweite Mischung anzustreben. In Zukunft werde keine Fabrik mehr nur noch Telefunkengeräte herstellen. Dies bedeute keineswegs eine Gefahr für die Qualität der Telefunkenprodukte; die Erfahrung mit den ehemaligen Nordmende- und Saba-Werken bestätige, dass heute jeder Marke die gleiche Aufmerksamkeit gewidmet werde.[1414]

Die Trennung rief noch in der Sitzung massive Kritik der Belegschafts- und Gewerkschaftsvertretungen hervor. Der Betriebsrat Knopp nannte diese Maßnahme einen „Todesstoß für Telefunken“, da Telefunkens Vertriebssystem auf den Beziehungen zu den Händlern als Partner beruhe und auf der besonderen Bedeutung Telefunkens, die diese Ausnahmebehandlung bei Händlern überhaupt erst ermöglichen würde. Die Kritik blieb wirkungslos, denn zum 01.04.1984 wurden die Telefunken-Produktionsstätten in die Elektronik Werke GmbH, kurz NEWEK, eingebracht. Die Telefunken Rundfunk und Fernseh GmbH war lediglich noch für den Vertrieb vorgesehen.

Die genauen Verhältnisse, auch zu den übrigen Thomson Unternehmen in der Bundesrepublik, sollten durch einen neuen „Beherrschungsvertrag“, wie er an

---

1412 Vgl. hier und im Folgenden: Protokoll der Sitzung des Aufsichtsrats der Telefunken Fernseh- und Rundfunk GmbH am 18.5.1984, in: ebd.

1413 Telefunken: Die Strategie zum „Meistverkauften“, in: Funk, Fernsehen, HiFi: der Funkfachhändler 36 (1984), H. 12, S. 14–15.

1414 Protokoll der Sitzung des Aufsichtsrats der Telefunken Fernseh- und Rundfunk GmbH am 7.11.1983, in: AdsD, 5/IGMA091110.

verschiedenen Stellen genannt wurde, geregelt werden.[1415] Dieser Vertrag führte zur Eskalation des Konflikts zwischen dem TFR-Vorstand um Stoffels und der Führungsriege Thomson-Brandts. Guillot hatte die Integration Telefunkens in den Konzern schon vorgezeichnet. Vertraglich bedeutete dies für Telefunken konkret, dass erstens Entscheidungskompetenzen zu Thomson Brandt oder der neugegründeten deutschen Holding DAGFU verlagert, zweitens die kleine Entwicklungsabteilung Telefunkens zugunsten der zentralen in Villingen eingestellt und drittens das eigene Digitalchassis durch das Einheitsfernsehchassis des Konzerns ersetzt werden sollte. Letzteres sah Stoffels ebenfalls als das Ende des erfolgreichen Vertriebssystems an. Zusätzlich herrschte aufgrund eines Vorfalls im März 1984 umfassendes Misstrauen bezüglich der Arbeitsplatzgarantien vor, da Stoffels erfahren hatte, dass innerhalb des Thomson-Vorstandes über die Schließung der Werke in Celle und Hannover diskutiert worden war. Thomson suchte nämlich nach Rationalisierungsmöglichkeiten als Antwort auf die Verluste von 400 Mio. DM im vorangegangenen Geschäftsjahr.[1416] Bereits bei diesem Vorfall hatte Stoffels mit dem Rücktritt gedroht – und damit die Schließung nochmal abgewandt. Er weigerte sich nun ebenso wie seine Vorstandskollegen Haberstroh und Leinauer den „Beherrschungsvertrag“ zu unterschreiben. Diesmal setzten die drei die Drohung in die Tat um und traten zurück. Sie sahen mit dieser Vertragskonstellation Telefunken nicht mehr als ein bestehendes, eigenständiges Unternehmen der Unterhaltungselektronikindustrie an.[1417] In der Rückschau aus dem Jahr 1989 drückte Stoffels es wie folgt aus:

> Ich habe damals gesagt, dass ich Telefunken nicht beerdigen will.[1418]

Im Anschluss an die außerordentliche Aufsichtsratssitzung verkündete Stoffels' Nachfolger Guillot, der vom Aufsichtsratsvorsitz auf den Vorstandsvorsitz wechselte, dass ein „Höchstmaß an Autonomie“ ebenso wie das Vertriebssystem und die Produktionsstätten in Braunschweig, Hannover und Celle erhalten bleiben soll-

---

1415 Vgl. hier und im Folgenden: Protokoll der ausserordentlichen Sitzung des Aufsichtsrates der Telefunken Fernseh- und Rundfunk GmbH am 24./25.10.1984 in Hannover, in: ebd.; Vermerk: Probleme Telefunken/Thomson-Brandt, 26.10.1984, in: BArch, B102/317832.

1416 Vgl. zum Vorfall: Vertraulicher Aktenvermerk Robert Steiert, 20.3.1984, in: AdsD, 5/IGMZ520013.

1417 Vgl. „Das ist das Ende vom Lied“, in: Manager-Magazin, 12/1984.

1418 Vgl. das Zeitzeugeninterview mit Lucie Hupe, Betriebsrätin und Aufsichtsratsmitglied bei der Telefunken Fernseh und Rundfunk GmbH, in: https://www.igmetall-hannover.de/fileadmin/user/Geschichte/Zeitzeugen/Hupe_Lucie.pdf, (zuletzt eingesehen am 01.06.2023)

ten.[1419] Mit der Zustimmung zum „Beherrschungsvertrag“ wurde Telefunken, wie Saba und Nordmende, jedoch endgültig zu einer Vertriebsgesellschaft und Marke ohne eigene unternehmerische Produktion. Der von Eugen Loderer befürchtete Abbau der Arbeitsplätze setzte im Jahr 1985 ein.

4.6 Zwischenfazit

Dass Telefunken bei der Übernahme durch Thomson-Brandt, wie im Einstiegsszenario skizziert, als „Perle“ bezeichnet wurde, beruhte auf ihrem vormaligen Patentbesitz und dem Image als Innovator. Seit der Weimarer Republik und bis weit in die Zeit nach dem Zweiten Weltkrieg prägte das Unternehmen die deutsche Unterhaltungselektronikindustrie mit seinen grundlegenden Innovationen. Diese führten bereits in den 1920er Jahren zu ersten Kontakten mit japanischen Unternehmen und speziell der Nihon Musen, an der sich Telefunken auch kapitalmäßig beteiligte. An diese Beziehungen knüpfte das Unternehmen in der Nachkriegszeit an. Unmittelbar nach dem Abschluss des asymmetrischen Kooperationsvertrags 1957 antizipierte man erstmals die Potenziale der japanischen Unterhaltungselektronikindustrie. Allerdings musste man bei einem Besuch in Japan feststellen, dass der eigene Vertragspartner diese nicht aufwies. Erst nach dem Vertragsende im Jahr 1967 erhielt das Unternehmen die Möglichkeit zur Neuaufstellung. Mit dem sogenannten „Japan-Konzept“ entwickelte man im Jahr 1970 einen umfassenden Plan, um die Kooperationspotentiale bei der erwarteten Expansion der japanischen Industrie vollends auszunutzen. Telefunkens Antwort auf die erwartete „Japanische Herausforderung“ lag in der Kooperation. Der Bezug von in Japan produzierten Unterhaltungselektronikprodukten zum Weiterverkauf wurde umfassend und die Lizenzvergabe bzw. das Eintreiben von Lizenzen bedingt erfolgreich ausgedehnt. In Hitachi fand man einen geeigneten Kooperationspartner, den man mit dem Zugang zu den begehrten PAL-Patenten von sich überzeugen konnte. Allerdings wurden die Kooperationsmöglichkeiten in der Praxis nicht ausgenutzt. Weder Entwicklungsprojekte noch die Produktion wurden gemeinsam vorangetrieben. Selbst bei der Bildplatte lehnte Telefunken eine Zusammenarbeit in der Entwicklungsphase ab, obwohl dies explizit im „Japan-Konzept“ vorgesehen war. Sie verharrten, im Kontrast zum „Japan-Konzept“, in den überkommenen Handlungsmustern und ihrem Selbstverständnis als Unternehmen, das durch die technologische Überlegenheit die Innovationen setze. Daher boten sie auch lediglich

1419 Protokoll der ausserordentlichen Sitzung des Aufsichtsrates der Telefunken Fernseh- und Rundfunk GmbH am 24./25.10.1984 in Hannover, in: AdsD, 5/IGMA091110.

eine Lizenznahme nach der Fertigstellung der Eigenentwicklung der Bildplatte an, obgleich sie im Rahmen der Umgehungsversuche der PAL-Normen die japanischen Entwicklungspotentiale umfassend vor Augen geführt bekommen hatten. Die Bildplatte, als Telefunkens Beitrag zur Audiovision, scheiterte insbesondere, da die japanischen Unternehmen mehrheitlich die Lizenznahme in den Jahren 1974/75 ablehnten. Vielmehr setzten sie auf den Videorekorder, dessen Entwicklung Telefunken vollkommen vernachlässigt hatte. Dieser setzte sich als dominantes Produkt durch. Telefunken ließ sich zunächst japanische Geräte zuliefern, um dann in dem Joint Venture J2T mit JVC die Produktion selbst aufzunehmen. Hierbei war man allerdings vollkommen abhängig von dem japanischen Technologieimport. Damit hatte sich das Lizenznehmer-Lizenzgeber-Verhältnis umgekehrt und mündete im Lernen von Japan.

J2T sollte ein Baustein sein, um Telefunken aus der Strukturkrise zu führen. Bereits seit 1971 hatte das Unternehmen bzw. der Unternehmensbereich keine Gewinne mehr erzielt. Die Ursachen waren vielfältig. Sie umfassten Defizite in der Produktion und den Produktionsmethoden, das Ausbleiben der Synergieeffekte im Konzern und das Scheitern der forcierten Innovationen. Für den Mutterkonzern AEG-Telefunken war die TFR damit zu einem der größten Verlustbringer in der eigenen Krise geworden. Die Versuche, mit und durch die japanischen Unternehmen die Strukturkrise zu meistern, scheiterten. Die Adaption der Produktionsmethoden und die intensivierte Zulieferung genügten nicht. Aus dem einstigen Innovator war in vielen Produktbereichen eine Form von „Handelsunternehmen" geworden. Daher wurde die Telefunken Fernseh und Rundfunk GmbH 1983 an Thomson-Brandt veräußert. Nach einem Jahr gingen die Produktionsstätten von Telefunken endgültig in dem Konzerngeflecht auf und lediglich die Marke wurde fortgeführt.

5 Fazit

In dieser Studie wurden die Reaktionen der deutschen Unterhaltungselektronikindustrie auf die „Japanische Herausforderung" anhand der Unternehmen Grundig und Telefunken untersucht. Die „realökonomische" Dimension der „Japanischen Herausforderung" war durch einen zunehmenden Wettbewerb mit den japanischen Unternehmen seit dem Ende der 1960er Jahre geprägt. Seit diesem Zeitpunkt stiegen die Importe auf dem deutschen und europäischen Markt als Hauptabsatzgebieten der deutschen Unterhaltungselektronikindustrie kontinuierlich an, bevor sie in den auslaufenden 1970er Jahren sprunghaft zunahmen. Dabei war ein Wandel der Importzusammensetzung von preislich günstigen zu tendenziell hochwertigeren und teuren Geräten, die zuvor die Domäne der deutschen Industrie waren, zu verzeichnen. Zum Ende der 1970er Jahre kamen zusätzlich japanische Direktinvestitionen in Europa auf, wie in dieser Studie anhand des Joint Ventures J2T analysiert wurde. In diesem Prozess fungierte die „Japanische Herausforderung" branchenübergreifend als ein Narrativ in der Debatte über die Wettbewerbsvorteile der japanischen Unternehmen und der damit einhergehenden Infragestellung der eigenen Wettbewerbsfähigkeit. Sie war somit ein typisches Konkurrenznarrativ der Globalisierung und ein Vorläufer der Standortdebatte. Der Diskurs erlebte seine Höhepunkte um 1970 und 1980. Während die erste Phase durch die fiktionale Erwartung der Wettbewerbskonstellation geprägt wurde, war diese in der zweiten Phase eingetreten, sodass die unmittelbaren Konsequenzen und möglichen Maßnahmen von den verschiedenen Akteuren diskutiert wurden. Die Leittopoi „Japan AG als unfairer Wettbewerber" und „Notwendigkeit zum Lernen von Japan" wiesen mit den verschiedenen Teiltopoi eine hohe Kontinuität in den beiden Phasen auf, wobei das „Lernen von Japan" in der zweiten Phase an Bedeutung gewann.

Der zunehmende Wettbewerb durch die japanischen Unternehmen war der katalysatorische Baustein der Strukturkrise der Branche. In der Transformation der Produkte und Produktionsprozesse durch die Mikroelektronik, dem zweiten Faktor der Strukturkrise, waren die japanischen Unternehmen weiter vorangeschritten. Sie nutzten die Reduzierung und qualitative Verbesserung der Bauelemente sowie die Automatisierung im Produktionsprozess, um ihre Wettbewerbsvorteile in den economies of scale und der Qualitätssicherung auszubauen. In den Versuchen, die Sättigungstendenzen des Farbfernsehmarktes durch Produkte der Audiovision zu kompensieren, mussten die deutschen Hersteller zudem mit den japanischen konkurrieren. Dieser dritte Faktor der Strukturkrise zeigte sich besonders anschaulich im Videorekordersegment.

https://doi.org/10.1515/9783111698960-006

Bei den konkreten Reaktionen auf diese Wettbewerbskonstellation folgten die Unternehmen Grundig und Telefunken zwei unterschiedlichen Herangehensweisen.[1420] Sie korrelieren mit den Wettbewerbsmodi Konkurrieren und Kooperieren. Die Grundig AG, vor allem in Person ihres Inhabers Max Grundig, setzte auf ein konfrontatives Konkurrenzverhältnis zu den japanischen Unternehmen, Telefunken auf die Kooperation, deren Potentiale in der Praxis jedoch nur bedingt ausgeschöpft wurden. Telefunken verfügte als Technologieunternehmen aufgrund seiner frühen internationalen Ausrichtung bereits seit den 1920er Jahren über Kontakte zu japanischen Unternehmen. In der Nachkriegszeit wurden genau diese reaktiviert. Mit Nihon Musen schloss man 1957 einen ersten Kooperationsvertrag, der jedoch vor allem einen einseitigen Technologietransfer und entsprechende Vertretungsaufgaben vorsah. Durch den Besuch bei Nihon Musen erkannte Telefunken bereits die Entwicklungspotentiale der japanischen Unterhaltungselektronikindustrie. Aus der Perspektive Telefunkens wies ihr Partner diese allerdings nicht auf, sodass man die vertragliche Bindung bis in das Jahr 1967 bereute, da keine technologische Zusammenarbeit möglich erschien. Für Grundig sind entsprechende frühe Aktivitäten nicht überliefert. Als junges Unternehmen und primärer „Gerätebauer" waren sie jedoch auch weniger attraktiv für japanische Unternehmen, die die Beziehungen mit dem Ziel des Technologietransfers aufnahmen. Bezüglich der Exporte konzentrierte sich Grundig zudem bereits in diesen Jahren auf das europäische Umland.

Um das Jahr 1970 antizipierten beide den künftig zunehmenden Wettbewerb durch japanische Unternehmen und damit die „Japanische Herausforderung". Die Antworten waren jedoch grundlegend verschieden. Grundig legte mit der Technologiekooperation mit Philips, die vor allem die Zusammenarbeit im Videorekordersegment umfasste, und dem zunehmenden Einsatz für protektionistische Maßnahmen den Grundstein für den konfrontativen Konkurrenzkurs. Für Telefunken sind außer der Aktivitäten des aus dem Vorstand ausgeschiedenen Felix Herrigers im ZVEI keine protektionistischen Bemühungen in dieser Phase überliefert. Vielmehr arbeitete das Unternehmen das sogenannte „Japan-Konzept" als umfassenden Kooperationsplan aus. Telefunken ließ sich, im Gegensatz zu Grundig, Unterhaltungselektronikprodukte aus Japan zum Weiterverkauf zuliefern und intensivierte die Bemühungen um die eigene Lizenzvergabe sowie das Eintreiben entsprechender Lizenzgebühren. Zudem schloss man mit Hitachi einen umfassenden Kooperationsvertrag ab, zu dem man sie vor allem mit dem Zugang zu den begehrten PAL-Patenten überzeugen konnte. Die Kooperationspotentiale wurden

1420 Für eine detaillierte Zusammenfassung der einzelnen Unternehmensaktivitäten vgl. auch die Zwischenfazite.

jedoch nicht genutzt. Es fand keine gemeinsame Entwicklung oder Produktion statt. Selbst bei der Bildplatte, bei der eine Kooperation explizit im „Japan-Konzept" vorgesehen war, schlug man die Anfragen Hitachis und anderer japanischer Unternehmen über eine gemeinsame Entwicklung aus. Man verharrte in der Praxis in dem althergebrachten Selbstverständnis, das führende Innovationsunternehmen mit technologischer Überlegenheit zu sein. Eine Lizenznahme hingegen lehnten entsprechende japanische Unternehmen 1974/75 ab und ließen die Bildplatte damit endgültig scheitern. Grundig hatte, wie die Mehrzahl der japanischen Unternehmen, von Beginn an auf den Videorekorder als Zukunftsprodukt der Audiovision gesetzt. Die Entwicklungszusammenarbeit mit Philips brachte verschiedene VCR-Formate und Video2000 hervor. Sie wurde wiederum vom Wettbewerb mit den japanischen Unternehmen angetrieben, denen man letztendlich jedoch unterlag.

Die gescheiterten Innovationen beider Unternehmen trugen wesentlich zur Strukturkrise bei. Telefunken hatte jedoch im Gegensatz zu Grundig bereits seit dem Jahr 1971 keine Gewinne mehr erwirtschaftet. Vom Farbfernsehboom profitierten sie trotz der PAL-Lizenzen deutlich weniger als Grundig. Als Grundigs Krise zum Ende der 1970er Jahre eintrat, verschärften sich die Probleme Telefunkens nochmals. Grundig beschuldigte öffentlich und in den Debatten mit Politikern und Gewerkschaftern die japanischen Unternehmen, der Verursacher der Krise zu sein. Die Reaktion war eine erneute Forcierung der europäischen Kooperation, die das Überleben der europäischen Unterhaltungselektronik- und – noch zukunftsweisender und volkswirtschaftlich relevanter – der Bauelementeindustrie sichern sollte. Mit dem „EURO-Konzept" wollte Max Grundig der „Japanischen Herausforderung" durch eine umfassende europäische Unternehmenskooperation begegnen. Den hierzu ebenfalls eingeforderten, flankierenden protektionistischen Schutz konnte er in dem gewünschten Zeitraum nicht erwirken. Dieser trat erst verzögert im Jahr 1983 in der Form eines Selbstbeschränkungsabkommens ein. Die konfrontative Haltung entfaltete sich auf diesem Weg vollends, indem er die japanischen Unternehmen öffentlich und in der direkten Konfrontation als unfaire Wettbewerber titulierte. Das Projekt scheiterte ebenso wie die Etablierung eines europäischen Konzerns unter der Führung Thomson-Brandts. Durch den Zusammenschluss mit Philips sah Max Grundig die europäische Unternehmenskooperation jedoch letztendlich verwirklicht.

Telefunken hingegen versuchte zunächst mit und durch die japanischen Unternehmen die Strukturkrise zu meistern. Die eigene Leerstelle im vernachlässigten Videorekordersegment füllte man zuerst durch die Zulieferungen von JVC, bevor man mit diesen das Joint Venture J2T vorantrieb. In dieser gemeinsamen Videorekorderproduktion war Telefunken vollkommen abhängig von der japanischen Technologie. Damit hatte sich das Lizenznehmer-Lizenzgeber-Verhältnis endgültig umgekehrt. Darüber hinaus forcierte Telefunken die Zulieferung japanischer Erzeugnisse zum Weiterverkauf unter der eigenen Marke. Telefunken wandelte sich damit – mit Ausnahme des Fernsehsegmentes – endgültig von einem Innovations- zu einer Art „Handelsunternehmen". Unabhängig vom Kooperations- und Konkurrenzkurs versuchten beide Unternehmen intern von den japanischen Automatisierungen der Produktionsprozesse zu lernen. Sowohl bei Grundig als auch bei Telefunken verwundert der Zeitpunkt um 1980. Im Fall Grundig fiel das Lernen von Japan mit einer verschärften kommunikativen Konfrontation zusammen. Bei Telefunken setzt das bewusste Lernen mit einer enormen zeitlichen Verzögerung ein, obwohl bereits seit nahezu zehn Jahren eine enge Kooperation auf dem Papier gepflegt wurde.

Vor der Übernahme durch Philips und Thomson-Brandt durchlebten beide Unternehmen nochmals einen Wandel in ihrer Positionierung zu den japanischen Unternehmen. Da die Strukturmaßnahmen bei Telefunken nicht die gewünschten Erfolge erzielten, strebte der Mutterkonzern AEG-Telefunken eine Veräußerung seines größten Verlustbringers an, um so auch die eigene Konsolidierung voranzutreiben. Der einzige Interessent schien zunächst Grundig zu sein. Damit wechselte Telefunken, auch durch den Druck der AEG-Telefunken, auf die europäische Kooperationslinie Grundigs, was die japanischen Partner durchaus beunruhigte. Die Verhandlungen scheiterten, da Grundig weder das „EURO-Konzept" noch die Übernahme durch Thomson-Brandt verwirklichen konnte und damit sowohl der Anreiz als auch die finanziellen Mittel zur Übernahme fehlten. Letztendlich erwarb Thomson die Mehrheit an Telefunken. Grundig hingegen verließ im Jahr 1983 partiell den Konfrontationskurs. Noch Max Grundig selbst leitete den Wandel in den Beziehungen zu den japanischen Unternehmen ein, indem er die Kooperation mit Matsushita im übernommenen VHS-Format und mit Sony bei der Videokamera initiierte. Beides erfolgte unter der sich anbahnenden Übernahme durch Philips.

Zuletzt wurden damit beide Unternehmen ein Teil der noch verbliebenen europäischen Konzerne der Unterhaltungselektronikindustrie. Telefunken ging nach einem Jahr als eigenständiges Unternehmen unter dem Dach Thomsons in den Konzernstrukturen auf und blieb lediglich als Marke am Markt präsent. Sie folgte damit dem Weg Sabas, Nordmendes und Duals. Grundig hingegen wurde von Philips bewusst als eigenständiges Unternehmen – mit engen Kooperationen – weitergeführt. Philips erhoffte sich, die Fähigkeiten des Unternehmens Grundig im Videorekorder- und Fernsehsegment somit besser zur Entfaltung zu bringen. Damit treten zwei unterschiedliche Strategien der multinationalen Unternehmen im Umgang mit ihren Erwerbungen zutage. Zusammenfassend führte die „Japanische

Herausforderung“ somit zur Europäisierung der deutschen Unterhaltungselektronikindustrie.[1421]

Um die skizzierten Reaktionen der Unternehmen auf die „Japanische Herausforderung“ adäquat rekonstruieren zu können, war eine Berücksichtigung der narrativen Dimension der Wettbewerbskonstellation notwendig. Aus den theoretischen Prämissen der Konzepte „fiktionale Erwartung“ und „narrative economics“ konnten drei Wirkungskonstellation ausgemacht werden. So kann die „Japanische Herausforderung“ als Narrativ selbst eine Erwartung sein, Erwartungen prägen oder mit ihren Topoi in Auseinandersetzungen mit anderen Akteuren argumentativ genutzt werden. Das Potenzial und gleichzeitig auch die Notwendigkeit dieses Ansatzes wird insbesondere in der Analyse der Reaktionen um 1970 deutlich. Zu diesem Zeitpunkt trat die „Japanische Herausforderung“ noch nicht als realökonomisches Phänomen für die Unternehmen auf, sondern war lediglich eine Erwartung. Diese prägte wiederum bereits die entsprechenden Reaktionen, nämlich die Entwicklung des „Japan-Konzepts“, Grundigs ersten politischen Maßnahmen sowie die Technologiekooperation. Die Wirkung auf die Erwartungen zeigte sich auch bei der Entwicklung von Produkten. Die Bildplatte sollte mit den japanischen Unternehmen am Markt etabliert werden, die europäischen Videorekorderformate wiederum gegen die japanischen. Beiden Entwicklungsprozessen lag die Erwartung zugrunde, dass die japanischen Unternehmen zukünftig und partiell auch schon gegenwärtig marktbestimmend wirken würden. Die argumentative Nutzung ist vor allem in den Auseinandersetzungen mit der Gewerkschaft und der Politik deutlich geworden. Gerade die Vertreter Grundigs bemühten den Staats- und Kollektivismustopos in Verbindung mit dem Vorwurf des unfairen Wettbewerbers an verschiedenen Stellen, wobei sie bei den Wirtschaftsministern und dem BMWi wenig überzeugen konnten. Bei Telefunken findet sich – auch aufgrund der Kooperationsbemühungen – der Qualitätstopos vermehrt. Der Neotraditionalismustopos spielte für die Auseinandersetzungen der Unterhaltungselektronikindustrie eine untergeordnete Rolle.

Mit Hilfe der „industry history“ wurden darüber hinaus die Reaktionen der Stakeholder auf die „Japanische Herausforderung“ und den Wandel der deutschen Unterhaltungselektronikindustrie untersucht. Die verschiedenen Erkenntnisse aus den Unternehmensgeschichten werden im Folgenden kurz zusammengefasst.

Ihre protektionistischen Forderungen mussten die Unternehmen und die Verbände in dem politischen Mehrebenensystem der Europäischen Gemeinschaft

1421 Zum Begriff der Europäisierung vgl. Kaelble, Hartmut: Europäisierung, in: Middell, Matthias (Hrsg.): Dimensionen der Kultur- und Gesellschaftsgeschichte. Festschrift für Hannes Siegrist zum 60. Geburtstag, Leipzig 2007. Hierunter wird nicht nur die europäische Integration, sondern auch die transnationale europäische Verflechtung gefasst.

vorbringen. Die Kompetenzen der Handelspolitik waren seit 1970 offiziell auf der Ebene der europäischen Gemeinschaft verortet. Mit der Gründung europäischer Verbände und den zunehmenden Aktivitäten der großen multinationalen Unternehmen der Unterhaltungselektronikindustrie begann eine Verlagerung der Lobbyingaktivitäten zur Europäischen Gemeinschaft im Untersuchungszeitraum. Die Europäische Kommission unter Étienne Davignon wiederum verwendete die Unterhaltungselektronikindustrie als Testfeld. Mit Hilfe des – nicht umgesetzten – „TV-Deals" sollte die Blockade zwischen dem liberal-freihandelsorientierten Ansatz der Bundesrepublik und dem neomerkantilistisch-protektionistischen Ansätzen der übrigen Mitgliedsstaaten im Handel mit Japan aufgelöst werden. Darüber hinaus sollte durch die Etablierung des europäisch-japanischen Round-Tables ein Forum der Kooperation geschaffen werden, das zunächst jedoch vor allem thematisch von der Handelspolitik bestimmt war. Mit diesen Maßnahmen wollte die Kommission ihre Wirkmacht demonstrieren und sich als eigenständiger Akteur der Industrie- und Handelspolitik fester etablieren, was sich dann wiederum in der Umsetzung des Selbstbeschränkungsabkommens zeigte. Für den Fachverband im ZVEI hingegen führte der vermehrte Fokus auf die europäische Ebene, auf der man nur als Teil des europäischen Verbandes wirkte, und das eigenständige Agieren der multinationalen Unternehmen zu einem zunehmenden Einflussverlust.

Die IG Metall sah zwar den japanischen Wettbewerb durchaus kritisch, setzte sich jedoch vor allem mit den konkreten Umstrukturierungsprozessen als Folge auseinander. Dabei wurde sie zunächst von der Wirkung der Mikroelektronik in dieser Branche überrascht, reagierte darauf jedoch mit der Etablierung von Arbeitskreisen, die der Koordinierung und Informationsgewinnung dienten. Aufgrund der strukturellen Probleme mit den entsprechend hohen Entlassungszahlen forderte sie vergeblich ein Branchenkonzept, das ihr selbst einen höheren Mitbestimmungsgrad zusichern sollte. Dieses Konzept forderte ebenfalls eine europäische Unternehmenskooperation. Zuvor sollten sich jedoch Siemens, Bosch und der Staat als nationale Player engagieren. Diese Forderung richtete sich vor allem gegen Thomson-Brandt. Aufgrund der Beschäftigungspolitik war dieser Konzern zum Feindbild avanciert, wie sich in den Auseinandersetzungen um Grundig und Telefunken besonders deutlich zeigte. Dieses Feindbild teilten auch die einzelnen Belegschaften. Die IG Metall und ihre europäischen Partnergewerkschaften reagierten letztendlich auf die Dominanz der multinationalen Unternehmen Philips und Thomson mit der Bildung von Arbeitsgruppen auf der Ebene des Europäischen Metallgewerkschaftsbundes, die ebenfalls zum Informationsaustausch und der

Koordinierung dienen sollten.[1422] Sie wurden in diese Studie nur punktuell einbezogen, da sie die Unternehmen Grundig und Telefunken im engeren Sinne nicht mehr betrafen. Gleichwohl sind sie ein lohnender Untersuchungsgegenstand, um die Reaktionen auf die zunehmende unternehmerische Europäisierung zu analysieren.

Der in dieser Studie mehrfach auftretende Facheinzelhandel für Unterhaltungselektronikprodukte, der von den Unternehmen im Untersuchungszeitraum noch als Hauptabsatzweg genutzt wurde, verwendete japanische Produkte zunächst vor allem als eine Abrundung des eigenen Warenangebots. Eine Form von nationaler Verbundenheit zeigte sich in den Auseinandersetzungen um die Unternehmen Grundig und Telefunken, als vereinzelte „buy-national-Kampagnen“ hervortraten. Das Eigeninteresse darf jedoch nicht vergessen werden. Bei Telefunken trug der Facheinzelhandel das Partnersystem wohl vor allem deshalb mit, weil es mit den festgelegten Handelsspannen auch für ihn Vorteile bot. Die Vielzahl an Zuschriften in der Causa Thomson/Grundig ist zwar primär auf die Sorge vor dem Technologieverlust zurückzuführen. Gleichzeitig herrschten aber auch Bedenken bezüglich der marktbestimmenden Größe Thomsons vor, die die Verhandlungsposition bei der Abnahme von Waren zu ihren Ungunsten verschoben hätte.

Die Reaktionen der Konsumenten auf das Angebot japanischer Produkte in Relation zu dem bestehenden Produktportfolio der deutschen Unternehmen ist nur bedingt rekonstruierbar. Festzuhalten ist zunächst ein enormer Boom des Unterhaltungselektronikerwerbs in den 1970er Jahren trotz der ökonomischen Krisen. Betrachtet man die einzelnen in dieser Studie behandelten Produkte, so kann für die HiFi-Anlagen ein Imagevorteil der japanischen Unternehmen konstatiert werden. Im Videorekordersegment wiederum waren das Softwareangebot und der Preis die entscheidenden Kaufargumente. In beiden Fällen konnte ein europäisches Branding diese nicht nachweislich kompensieren. Im Farbfernseherbereich war die Dominanz der deutschen Hersteller im gesamten Zeitraum gegeben, ohne dass die japanischen Unternehmen im Vergleich nennenswerte Marktanteile erobern konnten. Die Einschriften sowie der öffentliche Aufschrei bei der drohenden Übernahme Grundigs durch Thomson-Brandt, und partiell auch Telefunkens, verdeutlichen jedoch die symbolische Bedeutung der Unternehmen.

Die mit diesem Ansatz gewonnen Erkenntnisse können und sollten durch den Vergleich mit anderen Industrien und Unternehmen ergänzt und vertieft werden. Die Automobilindustrie, die sich zeitgleich der „Japanischen Herausforderung“

1422 Vgl. als Quellenbestände: AdsD, 5/IGMZ120222. Die Arbeitsgruppe zu Philips gründete sich bereits zum Ende der 1970er Jahre.

stellen musste, wäre ein adäquates Untersuchungsobjekt. Im Gegensatz zu einem Großteil der deutschen Unterhaltungselektronikindustrie konnte sie sich in diesem Wettbewerb behaupten, sodass ihre Strategien und Reaktionen einen aufschlussreichen Vergleich ermöglichen würden. Hinsichtlich der Unterhaltungselektronikindustrie wären in diesem Sinne auch die Reaktionen der kleinen Unternehmen, wie Metz, untersuchungswürdig, das sich beispielsweise bis in das Jahr 2014 eigenständig am Markt behaupten konnte. Diese Unternehmen zogen sich in eine Qualitätsnische zurück, für die Grundig und Telefunken jedoch zu groß waren.[1423] Zugleich wäre im Sinne der Reziprozität eine Analyse der japanischen Unternehmen und ihrer Perspektiven auf den Europäisierungsprozess der deutschen Unterhaltungselektronikindustrie höchst aufschlussreich, um Erkenntnisse über die Funktionsmechanismen des Catching up und die Anpassung der Unternehmensstrategien in der Great Convergence zu gewinnen.

Die Europäisierung als Reaktion und Folge der „Japanischen Herausforderung" kann abschließend als gewichtiger Beitrag dieser Studie zur Geschichte der Globalisierung gewertet werden. Mitten in der (vermeintlichen) „Eurosklerose" wurde die europäische Zusammenarbeit ein Mittel zur unternehmerischen Selbstbehauptung in dem sich verschärfenden internationalen Wettbewerb.[1424] Damit wurde eine der vier Antriebskräfte der europäischen Integration erneut wirksam.[1425] Die Europäische Kommission wurde durch den externen Wettbewerb in ihrer Rolle gestärkt. Die Entwicklungen um die Unterhaltungselektronikindustrie beeinflussten dabei langfristig das europäische Integrationsprojekt. Vor dem Hintergrund der „Japanischen Herausforderung" entwickelte Philips nämlich sein „Single Market Project", mit dem die Fragmentierung des europäischen Marktes aufgelöst und damit ein größentechnisch wettbewerbsfähiger Heimatmarkt geschaffen werden sollte.[1426] Auch institutionell bildeten die benannten Round Tables die Vorläufer für den European Round Table of Industrialists (ERT), der wiederum wesentlich zur Durchsetzung des gemeinsamen Binnenmarktes beitrug.[1427] Die europäischen Kooperationsideen der Unterhaltungselektronikindustrie können daher auch als Vorläufer dieser Entwicklungen gesehen werden.

1423 Teupe: Die Schaffung eines Marktes, S. 86–87. Leider blieb die Archivanfrage an Metz unbeantwortet.

1424 Zur ambivalenten Einschätzung der Eurosklerose im neueren Forschungsstand Laursen: Introduction, S. 14–17.

1425 Loth, Wilfried: Europas Einigung. Eine unvollendete Geschichte (2. Aufl.) 2020, S. 9–16.

1426 Vgl. Harryvan, Anjo G.: Japan, Philips and the Making of Europe's Single Market, 1984–1994, in: JEIH Journal of European Integration History 25 (2019), H. 1.

1427 Cowles: The European Round Table of Industrialists and the Single Market Programme, S. 142–145.

Gleichzeitig sollte die Geschichte jedoch nicht nur als europäische Erfolgsgeschichte geschrieben werden. Nationale Vorbehalte gegen einen französischen Staatskonzern, wenngleich man die dahinterstehende sozialistische Regierung bedenken muss, waren sehr präsent. Die Stilisierung europäischer Produkte, wie sie Grundig vorgenommen hat, konnte zudem als „weiches" Kaufargumente gegen die „harten" Faktoren nicht bestehen. Insgesamt muss man auch ein Scheitern der untersuchten Unternehmen konstatieren.

Zuletzt bietet diese Studie einen Einblick in die Mikroprozesse der Great Convergence. Anhand der Reaktionen der Unternehmen Grundig und Telefunken konnte die Diskrepanz zwischen der internen Wettbewerbsanalyse, der externen Kommunikation und schließlich der adäquaten Reaktion auf Japan als „neuem" Wettbewerber aufgezeigt werden. Das Aufbrechen traditioneller Handlungsmuster und der entsprechenden Narrative gestaltete sich langwierig.

Quellen-, Literatur- und Abbildungsverzeichnis

Quellenverzeichnis

Archiv der sozialen Demokratie (AdsD)

AdsD, 5/IGMZ120223: Europäischer Metallgewerkschaftsbund (EMB): Arbeitsgruppen „Philips“ sowie „Fernsehgeräte und Röhren“.

AdsD, 5/IGMZ120222: Europäischer Metallgewerkschaftsbund (EMB): Arbeitsgruppen „Philips“, „Unterhaltungselektronik“ und „Elektronikindustrie“.

AdsD, 5/IGMA151159: Arbeitstagung Unterhaltungselektronik.

AdsD, 5/IGMZ720531: Unterhaltungselektronik.

AdsD, 5/IGMZ120279: Unternehmen GR-GU.

AdsD, 5/IGMA170772: Gesamtbetriebsrat AEG-Telefunken.

AdsD, 5/IGMZ220115: AEG: Unterhaltungselektronik.

AdsD, 5/IGMA170781: AEG-Telefunken: Aufsichtsratssitzungen.

AdsD, 5/IGMA170782: AEG-Telefunken: Aufsichtsratssitzungen.

AdsD, 5/IGMA091110: Aufsichtsrat Telefunken Fernseh und Rundfunk GmbH.

AdsD, 5/IGMA152240: AEG-Telefunken AG.

AdsD, 5/IGMA110018: Grundig-Werke.

AdsD, 5/IGMZ720328: Grundig.

AdsD, 5/IGMZ220116: Unterhaltungselektronik: Grundig / Thomson-Brandt.

AdsD, 5/IGMZ120229: Thomson Grand Public.

AdsD, 5/IGMA090685: Grundig / Thomson-Brandt.

AdsD, 5/IGMZ100042: Grundig AG/ Deutsche Thomson-Brandt GmbH (DTB).

AdsD, 5/IGMZ520012: Deutsche AG für Unterhaltungselectronik OHG (DAGFU) / Deutsche Thomson-Brandt GmbH (DTB).

AdsD, 5/IGMZ520013: Deutsche AG für Unterhaltungselectronik OHG (DAGFU) / Deutsche Thomson-Brandt GmbH (DTB).

AdsD, 5/IGMA170650: Philips GmbH: Wirtschaftsausschußsitzungen.

Bayerisches Hauptstaatsarchiv (BayHSta)

BayHSta, Nachlass Schedl, Otto, 497: Max Grundig Stiftung.

BayHSta, Nachlass Schedl, Otto, 498: Umwandlung der Grundig Werke GmbH in eine Aktiengesellschaft.

BayHSta, Nachlass Schedl, Otto, 499: Beteiligung von Thomson/Brandt an der Grundig AG.

BayHSta, Nachlass Schedl, Otto, 517: Grundig Bank.

Bayerisches Wirtschaftsarchiv (BWA)

BWA, S 10 – 19: „Blickpunkt“ DKP – Zeitung für die Grundig-Belegschaft.

BWA, S 011 – 128: Geschäftsberichte.

Bundesarchiv Koblenz (BArch)

BArch, B102/230661: Erzeugnisse der Unterhaltungselektronikindustrie (Marktstörungen).

BArch, B102/94244: Unternehmergespräche, Bd. 1.

BArch, B102/232205: Unternehmergespräche, Bd. 5.

https://doi.org/10.1515/9783111698960-007

BArch, B102/232206: Unternehmergespräche, Bd. 6.
BArch, B102/232207: Unternehmergespräche, Bd. 7.
BArch, B102/232208: Unternehmergespräche, Bd. 8.
BArch, B102/232210: Unternehmergespräche, Bd. 10.
BArch, B102/258551: Unternehmergespräche, Bd. 11.
BArch, B102/317832: Unternehmergespräche, Bd. 16.
BArch, B102/361244: Unternehmergespräche, Bd. 18.
BArch, B102/361246: Unternehmergespräche, Bd. 20.
BArch, B102/94245: Wirtschaftliche Situation der deutschen Unterhaltungselektronikindustrie, Bd.1.
BArch, B102/94246: Wirtschaftliche Situation der deutschen Unterhaltungselektronikindustrie, Bd. 2.
BArch, B102/94247: Wirtschaftliche Situation der deutschen Unterhaltungselektronikindustrie, Bd. 3.
BArch, B102/94251: Wirtschaftliche Situation der deutschen Unterhaltungselektronikindustrie, Bd. 7.
BArch, B102/196041: Wirtschaftliche Situation der deutschen Unterhaltungselektronikindustrie, Bd. 9.
BArch, B102/232212: Wirtschaftliche Situation der deutschen Unterhaltungselektronikindustrie, Bd. 11.
BArch, B102/232213: Wirtschaftliche Situation der deutschen Unterhaltungselektronikindustrie, Bd. 12.
BArch, B102/232214: Wirtschaftliche Situation der deutschen Unterhaltungselektronikindustrie, Bd. 13.
BArch, B102/232215: Wirtschaftliche Situation der deutschen Unterhaltungselektronikindustrie, Bd. 14.
BArch, B102/232216: Wirtschaftliche Situation der deutschen Unterhaltungselektronikindustrie, Bd. 15.
BArch, B102/232217: Wirtschaftliche Situation der deutschen Unterhaltungselektronikindustrie, Bd. 16.
BArch, B102/232218: Wirtschaftliche Situation der deutschen Unterhaltungselektronikindustrie, Bd. 17.
BArch, B102/232220: Wirtschaftliche Situation der deutschen Unterhaltungselektronikindustrie, Bd. 19.
BArch, B102/23221: Wirtschaftliche Situation der deutschen Unterhaltungselektronikindustrie, Bd. 20.
BArch, B102/232222: Wirtschaftliche Situation der deutschen Unterhaltungselektronikindustrie, Bd. 21.
BArch, B102/258554: Wirtschaftliche Situation der deutschen Unterhaltungselektronikindustrie, Bd. 22.
BArch, B102/258555: Wirtschaftliche Situation der deutschen Unterhaltungselektronikindustrie, Bd. 23.
BArch, B102/285148: Unternehmergespräche, Bd. 14.
BArch, B102/285151: Wirtschaftliche Situation der deutschen Unterhaltungselektronikindustrie, Bd. 24.
BArch, B102/285152: Wirtschaftliche Situation der deutschen Unterhaltungselektronikindustrie, Bd. 25.
BArch, B102/285153: Wirtschaftliche Situation der deutschen Unterhaltungselektronikindustrie, Bd. 26.
BArch, B102/361249: Wirtschaftliche Situation der deutschen Unterhaltungselektronikindustrie, Bd. 27.

Deutsches Technikmuseum Berlin, Historisches Archiv, Firmenarchiv der AEG-Telefunken (DTMB/AEG)

DTMB/AEG, 0845 (Ü2): HD Besuche.
DTMB/AEG, 0860 (Ü2): HD Reisen.
DTMB/AEG, 0872 (Ü2): Kooperation Telefunken / Grundig.
DTMB/AEG, 0873 (Ü2): Unterlagen Grundig.
DTMB/AEG, C-FA AEG-Telefunken 06089: Konkurrenzbesuche.
DTMB/AEG, GS 1142: Rundfunk- und Fernsehen in Zahlen.
DTMB/AEG, GS 1470: Hauptplan 1974.
DTMB/AEG, GS 2538: Allgemeine Patentfragen.
DTMB/AEG, GS 2754: Japan.
DTMB/AEG, GS 3029: Weltreise II.
DTMB/AEG, GS 3319: Außenhandel Elektroindustrie.
DTMB/AEG, GS 3320: Außenhandel Elektroindustrie.
DTMB/AEG, GS 3544: PAL Japan.

DTMB/AEG, GS 4720: Weltreise.
DTMB/AEG, GS 5910: Werbung/Marktforschung: Das Firmenimage von AEG-TFK.
DTMB/AEG, GS 6996: Japan Reiseberichte.
DTMB/AEG, GS 7116: Ted-Bildplatte. Notizen über Gespräche mit japanischen Lizenznehmern.
DTMB/AEG, GS 7158: JVC, Videorekorder.
DTMB/AEG, GS 8315: Auslandsvertretungen.
DTMB/AEG, GS2745: Japan Allgemeines.
DTMB/AEG, GS2751: Fernseh – Rundfunk.
DTMB/AEG, I 2 060 Ü FA AEG GS 3199: Bildplatte – Presseinformationen.
DTMB/AEG, I 2 060 Ü FA AEG GS 3199: Bildplatte – Presseinformationen.
DTMB/AEG, I 2. 060 Ü-FA AEG GS 7121: Bildplatte.
DTMB/AEG, I 2. 060 Ü-FA AEG GS 7121: Bildplatte.
DTMB/AEG, I 2.060 Ü-2-FA 0874: Unternehmensbereich U.
DTMB/AEG, I.2.060 C – 00125: Geschäftsberichte 1945–1949.
DTMB/AEG, I.2.060 C – 02213: Beziehungen 1934–1936.
DTMB/AEG, I.2.060 C – 02227: Erfahrungsaustausch und Lizenzverhandlungen mit Mitsubishi.
DTMB/AEG, I.2.060 C – 07803: Geschäftsberichte 1957/58 und 58/59.
DTMB/AEG, I.2.060 C 00283: Geschäftsbericht 1945/46.
DTMB/AEG, I.2.060 C 00352: Geschäftsbericht 1949/50.
DTMB/AEG, I.2.060 Ü – FA AEG – GS 3171: Geschäftsberichte.
DTMB/AEG, I.2.060 Ü – FA AEG – GS 3713: Geschäftsberichte Telefunken.
DTMB/AEG, I.2.060 Ü – FA AEG – GS 3715: Geschäftsberichte Telefunken.
DTMB/AEG, I.2.060 Ü-2-FA0871: TFR Blaupunkt Videocassetten.
DTMB/AEG, I.2.060 Ü-FA-AEG GS 3535: Bildplatte.
DTMB/AEG, I.2.060. Ü – FA AEG – GS 3532: Bildplatte TED AG 1974.
DTMB/AEG, I.2.060. Ü – FA AEG – GS 3534: Bildplatte H. Rosengarten.
DTMB/AEG, I.2.60 Ü-2 0737: TFR: Hitachi, Besuche, Schriftverkehr.
DTMB/AEG, I.2.60 Ü-2 0868: TFR: JVC, Roxy.
DTMB/AEG, I.2.60 Ü-2 0879: Matsushita.
DTMB/AEG, I.2.60 Ü-2 0880: Hitachi.
DTMB/AEG, I2.060 Ü-2-FA 0139: Produktion von Videorekordern in Berlin.
DTMB/AEG, JB0032: Mitteilungen.
DTMB/AEG, JB0159: JVC/Telefunken Joint Venture.
DTMB/AEG, Nr. 0875: Grundig.
DTMB/AEG, Ü 2 FA AEG 744: Videocolor.
DTMB/AEG, Ü2 FA AEG 4213: Videocolor.
DTMB/AEG, Ü-2-FA 0740: Farbbildröhre.
DTMB/AEG, Ü-FA AEG GS 739: TFR: Thomson Brandt, Videocolor.
DTMB/AEG, V0294: Japankonzept.

Historische Archive der Europäischen Kommission / der EU (HAEU)

HAEU, BAC 104/1993 332: Handelspolitik der EWG gegenüber Japan: Kontakte auf hoher Ebene zwischen der Kommission und Japan.
HAEU, BAC 104/1993 333: UNECE-Handelspolitik gegenüber Japan: Kontakte auf hoher Ebene zwischen der Kommission und Japan.

HAEU, BAC 237/1992 38: Beziehungen zwischen der Gemeinschaft und Japan: Reisen von Vertretern der Kommission und Besuche japanischer Vertreter, Vorbereitung von Konsultationen auf hoher Ebene EU-Japan-Ebene (Tokio, 25.–30. Januar 1982) betreffend die europäische Industrie angesichts des japanischen Wettbewerbs in verschiedenen Bereichen (Fernsehen, Autos, Werkzeugmaschine, Elektronik, Schreiber), eine neue Einfuhrregelung der Gemeinschaft für Drittländer, ein Programm zur Überwachung des Handels zwischen EWG und Japan.

HAEU, BAC 237/1992 60: Runder Tisch, organisiert von der Kommission, an dem Industrielle aus den wichtigsten europäischen Elektronikunternehmen teilnehmen: vorbereitende Dokumente und Zusammenfassende Aufzeichnungen der Sitzungen vom 8. Februar 1980 bis 30. September 1982 über die Strategie für Telekommunikation, Halbleiter und Telekommunikation Mikroelektronik, IT und öffentliches Beschaffungswesen, Handelspolitik für elektronische Bauelemente, Notwendigkeit eines gemeinsamen Programms zur Stärkung Europäische Zusammenarbeit im elektronischen Bereich; Vorbereitung des Runden Tisches Gemeinschaft / Japan „Elektronische Produkte“ (21. Oktober 1982); Schaffung dieses Runden Tisches auf Initiative von Kommissar DAVIGNON, der AEG-Telfunken, CGE, CII-Honeywell Bull, GEC, ICL, Italtel und Nixdorf Computer, Philips, Plessey, Thomson-CSF, Olivetti und Siemens zusammenbringt. Lange Vorlaufzeit für Forschung und Entwicklung in den Informationstechnologien, Untersuchung für die Kommission durch das Battelle-Institut, Consultronique, GTS, Irelco, Tecnetra, 1981.

HAEU, BAC 41/1980 332: Besuch von Herrn Ushiba (Ministerpräsident von Japan) beim Präsidenten der Kommission der Europäischen Gemeinschaften, Roy Jenkins: Bericht über ihr Gespräch über internationale Wirtschaft, Liberalisierung und Zollsenkungen.

HAEU, BAC 41/1980 356: Beziehungen EWG / Japan: u. a. Haltung Japans zur UdSSR, IT-Handel, Konsultationen auf hoher Ebene, Zusammenarbeit Kultur- und Handelsstatistik Japan / EWG, Beziehungen Japan / USA, Besuch der Delegation des Europäischen Parlaments in Japan.

HAEU, BAC 41/1980 365: Beziehungen zwischen der EWG und Japan, unter anderem: elektronische industrielle Zusammenarbeit und schrittweise Aufhebung mengenmäßiger Beschränkungen, Fernsehindustrie, von den Mitgliedstaaten aufrechterhaltene Restbeschränkungen für Einfuhren aus Japan sowie die Sanktionen Japans gegen Iran und Afghanistan und die neue Regierung in Japan.

HAEU, BAC 48/1984 719: Abkommen zwischen der Gemeinschaft und Japan zur Stärkung des gegenseitigen Handels und zur harmonischen Entwicklung des Welthandels: Sondierungsgespräche (SEK (70) 1042 endg.).

HAEU, BAC 48/1984 720: Abkommen zwischen der Gemeinschaft und Japan zur Stärkung des gegenseitigen Handels und zur harmonischen Entwicklung des Welthandels: Verhandlungen; Arbeitsdokumente, Checkliste und schriftliche Frage.

HAEU, BAC 48/1984 721: Abkommen zwischen der Gemeinschaft und Japan zur Stärkung des gegenseitigen Handels und zur harmonischen Entwicklung des Welthandels: Verhandlungen; Arbeitsdokumente, Checkliste; Vorbereitung einer einheitlichen Haltung der Kommission gegenüber der japanischen Exportstrategie (SEK (72) 3256).

HAEU, COM (79)306: Beziehungen der Gemeinschaft zu Japan (Mitteilung der Kommission an den Rat).

HAEU, COM (82)471: Beziehungen EWG-Japan (Mitteilung der Kommission an den Rat).

HAEU, COM (82)827: Beziehungen der Gemeinschaft zu Japan (Mitteilung der Kommission an den Rat).

HAEU, INV 1/2018 1353: Eröffnung von Missionen in Brüssel, Kooperationsabkommen und Allgemeines Präferenzsystem (APS). – Japan, Hochrangige Konsultationen EWG / Japan (Juni 1979 – Februar 1980). Enthält Protokoll der Handelsverhandlungen, Anhang Broschüre „36 Fragen und Antworten zu den Wirtschaftsbeziehungen zwischen der EWG und Japan“, Mission Japans bei der Europäische Gemeinschaften, Oktober 1979.

HAEU, INV 1/2018 1355: Eröffnung von Missionen in Brüssel, Kooperationsabkommen und Allgemeines Präferenzsystem (APS). – Japan, hochrangige Konsultationen (Juli – Oktober) 1980). Enthält Berichte über japanische Ausfuhren im Automobil- und Fernsehsektor sowie über Beschränkungen der Gemeinschaftsimporte nach Japan und Japan Handelsstatistik.

HAEU, INV 1/2018, 1357: Kommerzielle Beziehungen zwischen Japan und der Gemeinschaft.

HAEU, INV 14/2019 582: Japon (février 1- juin 1979) – Ce dossier concerne notamment l'équipements ménagers, électriques et à gaz, la chimie et pharmacie, le textile et la stratégie industrielle et contient entre autres un chapitre du livre „Open Markets and Double-bolted Doors. Europe-Japan Trade Relations, 1866–1979“ d'E. Wilkinson.

HAEU, INV 14/2019 584: Japon (juillet – décembre 1980) – Ce dossier concerne notamment la politique commerciale, les importations / exportations (TV couleur, textile), la stratégie communautaire et la construction navale.

HAEU, INV 14/2019 585: Japon. – Visites et des réunions, N. Amaya (13 octobre 1980) ; TV couleur (8 octobre 1980) ; M. Moriyama (22 septembre 1980) ; Conseil des ministres (25 novembre 1980) ; adjoints des directeurs généraux de l'industrie (31 octobre 1980).

HAEU, INV 15/2019: Arabie ; Espagne ; Brésil ; Chine ; Japon ; Canada ; Israël ; Portugal ; Égypte ; Suède ; Indonésie.

HAEU, RB-49: EEC/Japan Relations (2).

HAEU, SEC(1981)937: Beziehungen EG-Japan (Mitteilungen der Herren Haferkamp und Davignon).

Anmerkung: Insofern deutschsprachige Quellenbeschreibungen vorlagen, wurden diese verwendet.

Philips Company Archives (PCA)

PCA, Nr. 881: Components III.

PCA, Nr. 881: Deutschland Grundig.

PCA, Nr. 881: Duitsland Grundig.

PCA, Nr. 811.332: Videorecorders (Grundig).

PCA, Nr. 881: Components III.

PCA, Nr. 811.332: Videorecorders (Grundig).

Rundfunkmuseum der Stadt Fürth

Rundfunkmuseum der Stadt Fürth, Nr. 35: Der lange Abgang von Max Grundig, 1979–1984.

Rundfunkmuseum der Stadt Fürth, Nr. 43: Video-Camera Sony.

Rundfunkmuseum der Stadt Fürth, Nr. 46: Kamera Sony.

Rundfunkmuseum der Stadt Fürth, Nr. 74: Stellungnahme zu Thomson-Brandt und 1950er.

Rundfunkmuseum der Stadt Fürth, Nr. 87: „wilde Sammlung“.

Rundfunkmuseum der Stadt Fürth, Nr. 170: Grundig 1983–31.3.1984.

Rundfunkmuseum der Stadt Fürth, Nr. 173: Grundig ab 1.4.1984 bis 31.12.1995.

Rundfunkmuseum der Stadt Fürth, Nr. 187: 100 Jahre Max Grundig.

Rundfunkmuseum der Stadt Fürth, Nr. 188: Grundig bis 1981.

Rundfunkmuseum der Stadt Fürth, Nr. 250: Übergabe Philips 84, Rückzug Philips 97.

Rundfunkmuseum der Stadt Fürth, Nr. 251: Grundig – Ära Koning.

Rundfunkmuseum der Stadt Fürth, Nr. 344: Umstrukturierung und Berichte an und von Koning.
Rundfunkmuseum der Stadt Fürth, Nr. 346: Zeitungsausschnittssammlung.
Rundfunkmuseum der Stadt Fürth, Nr. 426: Grundig-Report 1982 – 1985.

Stadtarchiv Nürnberg

Stadtarchiv Nürnberg, E 9 / 19 Nr. 4: RVF Elektronische Fabrik GmbH / Grundig AG.
Stadtarchiv Nürnberg, E 9 / 19 Nr. 5: RVF Elektronische Fabrik GmbH / Grundig AG.

Zeitungen und Zeitschriften

Der Spiegel, Die Zeit, Frankfurter Allgemeine Zeitung (FAZ), Handelsblatt, Managermagazin, New York Times, Stern

Funkfachhändler, Funkschau, Funktechnik, hifi & tv, HiFi & Video Markt, hobby. Das Magazin der Technik, markt intern, Radio-Fernseh-Händler, Video, Test

Gedruckte Quellen

Balkhausen, Dieter: Die dritte industrielle Revolution. Wie die Mikroelektronik unser Leben verändert, Düsseldorf (1. Aufl.) 1978.

Breitenacher, Michael u. a.: Elektrotechnische Industrie, Berlin 1974 (=Struktur und Wachstum Reihe Industrie, Bd. 21).

Bronnenmeyer, Christl: Max Grundig, Berlin 1999.

Brugger, Gustav: Die neuen audio-visuellen Systeme. Begriffsbestimmung und rechtliche Beurteilung insbesondere des sog. „Kassettenfernsehens“ und der „Bildplatte“, Berlin 1970 (=UFITA / Schriftenreihe, Bd. 40).

Brunner-Schwer, Hermann: SABA. Bilanz einer Aufgabe. Vom Aufstieg und Niedergang eines Familienunternehmens, Elster 1990.

Dohnanyi, Klaus von: Japanische Strategien oder Das deutsche Führungsdefizit, München 1969.

Dürr, Heinz: In der ersten Reihe. Aufzeichnungen eines Unerschrockenen, Berlin (1. Aufl.) 2008.

Eli, Max: Japans Elektronische Industrie, Hamburg 1973 (=Studienreihe Japanwirtschaft, Bd. 20).

Fein, Egon: Sieben Tage im Leben des Max Grundig, München 1983.

Gaugler, Eduard/Zander, Ernst/Keller, Reinhard (Hrsg.): Haben uns die Japaner überholt?, Heidelberg 1981.

Guillain, Robert: Der unterschätzte Gigant. Japans Zukunft hat bereits begonnen, Bern, München 1970.

Hedberg, Håkan: Die japanische Herausforderung, Hamburg 1970.

Institut für Demoskopie Allensbach: Japan-Image 1981. Ergebnisse einer repräsentativen Bevölkerungsumfrage in der Bundesrepublik Deutschland – Kommentarband, Allensbach 1981.

Jungnickel, Rolf: Eigenimporte der deutschen Industrie. Rolf Jungnickel, Ulrike Maenner, Hamburg 1984 (=Veröffentlichungen des HWWA-Institut für Wirtschaftsforschung, Hamburg).

Kahn, Herman: Bald werden sie die Ersten sein. Japan im Jahr 2000, München 1970.

Krockow, Christian von: Die japanische Herausforderung. Kritische Analyse und Literaturbericht, in: Gewerkschaftliche Monatshefte 21 (1970), H. 9, S. 513 – 522.

Lanzendorf, Peter: Das Knapp-Video-Buch. Alles Wissenswerte über Geräte, Technik, Cassetten, Videothek, Düsseldorf 1983.

Loderer, Eugen: Japan – Bedrohung unserer Arbeitsplätze?, in: Gaugler, Eduard/Zander, Ernst/Keller, Reinhard (Hrsg.): Haben uns die Japaner überholt?, Heidelberg 1981, S. 111 – 126.

Lucae, Gustav: 40 Jahre Rundfunkwirtschaft in Deutschland 1923 – 1963, Düsseldorf 1963.

Mackintosh International Ltd/Europäische Kommission: The European consumer electronics industry, Luxembourg 1985.
Marktprofil Unterhaltungselektronik. Profile – Medien, Märkte, Konsumenten, Hamburg 1979.
Merklein, Renate: BSP-Raserei als Bestseller. Renate Merklein über Hakan Hedberg und andere Japan-Deuter, in: Der Spiegel (1970), H. 29, S. 110–111.
Ministry of International Trade and Industry: The industrial structure of Japan in the 1980s : future outlook and tasks, Tokyo 1980 (=Background information / Japan / Tsūshō Sangyōshō).
Morita, Akio: Made in Japan. Akio Morita and Sony, New York (2. Aufl.) 1987.
Noelle-Neumann, Elisabeth/Piel, Edgar: Allensbacher Jahrbuch der Demoskopie 1978–1983, München, New York, London, Paris 1983.
Plettner, Bernhard: Abenteuer Elektrotechnik. Siemens und die Entwicklung der Elektrotechnik seit 1945, München, Zürich 1994.
Posth, Martin: Lernen, von den Japanern zu lernen, in: Gaugler, Eduard/Zander, Ernst/Keller, Reinhard (Hrsg.): Haben uns die Japaner überholt?, Heidelberg 1981, S. 99–110.
Rudorf, Reginald: Motor des Wirtschaftswunders. Max Grundig – 80, Eichenberg 1988.
Scharnagl, Wilfried: Japan – die konzertierte Aggression, München 1969.
Statistisches Bundesamt: Statistisches Jahrbuch, Wiesbaden versch. Jahrgänge.
Statistisches Bundesamt: Industrie und Handwerk, Reihe 3, Wiesbaden versch. Jahrgänge.
Statistisches Bundesamt: Produzierendes Gewerbe, Fachserie 4, Wiesbaden versch. Jahrgänge.
Statistisches Bundesamt: Außenhandel, Fachserie 2, Wiesbaden versch. Jahrgänge.
Statistisches Bundesamt: Außenhandel, Fachserie 7, Wiesbaden, versch. Jahrgänge.
Statistisches Bundesamt: Einkommens- und Verbrauchsstichproben, Fachserie 5, Wiesbaden 1973/1978/1983/1988.
Tietz, Bruno: Der Markt für Haushaltselektrik und -elektronik in der Bundesrepublik Deutschland von 1960 bis 1990. Eine Branchenanalyse, Hamburg 1979.
Vahlefeld, Hans Wilhelm: 100 Millionen Außenseiter. Die neue Weltmacht Japan, Düsseldorf 1969.
van Marion, Marcel: International Trade Policy and European Industry. The Case of the Electronics Business, Heidelberg 2014 (=Contributions to Economics).

Internetquellen

Verbraucherpreisindizes des Statistischen Bundesamtes für 4-Personen-Haushalte mittleren Einkommens zum Referenzjahr 1995, in: https://www.destatis.de/DE/Themen/Wirtschaft/Preise/Verbraucherpreisindex/Publikationen/Downloads-Verbraucherpreise/verbraucherpreisindex-lange-reihen-pdf-5611103.pdf?__blob=publicationFile. (zuletzt abgerufen: 24.03.2023)
Zeitzeugenbericht des Entwicklers Ernst F. Schröder, in: https://www.ernstschroeder.de/highcom_d.htm, (zuletzt abgerufen am 24.05.2023).
Zeitzeugeninterview mit Lucie Hupe, Betriebsrätin und Aufsichtsratsmitglied bei der Telefunken Fernseh und Rundfunk GmbH, in: https://www.igmetall-hannover.de/fileadmin/user/Geschichte/Zeitzeugen/Hupe_Lucie.pdf, (zuletzt abgerufen am 01.06.2023)

Literaturverzeichnis

Abe, Takeshi: The „Japan problem“: the trade conflict between the European countries and Japan in the last quarter of the 20th century, in: Entreprises et Histoire n° 80 (2015), H. 3, S. 13–35.

Abelshauser, Werner: Ricardo neu gedacht. Komparative institutionelle Vorteile von Wirtschaftskulturen, in: Abelshauser, Werner/Gilgen, David/Leutzsch, Andreas (Hrsg.): Kulturen der Weltwirtschaft, Göttingen 2012, S. 29–58 (=Geschichte und Gesellschaft: Sonderheft, Bd. 24).

Abelshauser, Werner: Deutsche Wirtschaftspolitik zwischen europäischer Integration und Weltmarktorientierung, in: Abelshauser, Werner (Hrsg.): Das Bundeswirtschaftsministerium in der Ära der Sozialen Marktwirtschaft. Der deutsche Weg der Wirtschaftspolitik, Berlin 2016, S. 482–581 (=Wirtschaftspolitik in Deutschland 1917–1990, Bd. 4).

Abelshauser, Werner/Gilgen, David/Leutzsch, Andreas: Kultur, Wirtschaft, Kulturen der Weltwirtschaft, in: Abelshauser, Werner/Gilgen, David/Leutzsch, Andreas (Hrsg.): Kulturen der Weltwirtschaft, Göttingen 2012, S. 9–28 (=Geschichte und Gesellschaft: Sonderheft, Bd. 24).

Ahrens, Ralf: Unternehmensgeschichte, in: Docupedia-Zeitgeschichte (2019).

Ahrens, Ralf/Eckert, Astrid M.: Industrial Policy in Western Europe since the 1960s. Historical Varieties and Perspectives, in: Jahrbuch für Wirtschaftsgeschichte / Economic History Yearbook 58 (2017), H. 1, S. 23–34.

Ahrens, Ralf/Gehlen, Boris/Reckendrees, Alfred (Hrsg.): Die „Deutschland-AG“. Historische Annäherungen an den bundesdeutschen Kapitalismus, Essen (1. Aufl.) 2013 (=Bochumer Schriften zur Unternehmens- und Industriegeschichte, Bd. 20).

Ahrens, Ralf/Steiner, André: Wirtschaftskrisen, Strukturwandel und internationale Verflechtung, in: Bösch, Frank (Hrsg.): Geteilte Geschichte. Ost- und Westdeutschland 1970–2000, Göttingen 2015, S. 79–116.

Akerlof, George A./Shiller, Robert J.: Animal Spirits. Wie Wirtschaft wirklich funktioniert, Frankfurt am Main (1. Aufl.) 2009.

Ambrosius, Gerold: Die Zollunion von 1968 und das Binnenmarktprojekt von 1993, in: Gehler, Michael/Pudlat, Andrea (Hrsg.): Vom gemeinsamen Markt zur europäischen Unionsbildung. 50 Jahre Römische Verträge; 1957–2007, Wien 2009, S. 419–433 (=Historische Forschungen / Arbeitskreis Europäische Integration, Bd. 5).

Andersen, Arne: Der Traum vom guten Leben. Alltags- und Konsumgeschichte vom Wirtschaftswunder bis heute, Frankfurt 1999.

Andresen, Knud/Bitzegeio, Ursula/Mittag, Jürgen: Arbeitsbeziehungen und Arbeitswelt(en) im Wandel. Problemfelder und Fragestellungen, in: Andresen, Knud/Bitzegeio, Ursula/Mittag, Jürgen (Hrsg.): „Nach dem Strukturbruch“? Kontinuität und Wandel von Arbeitsbeziehungen und Arbeitswelt(en) seit den 1970er-Jahren, Bonn 2011, S. 7–23 (=Politik- und Gesellschaftsgeschichte, Bd. 89).

Arnold, Erik/Freeman, Christopher: Competition and technological change in the television industry. An empirical evaluation of theories of the firm, London, Basingstoke 1985.

Bähr, Johannes: Industrie im geteilten Berlin (1945–1990). Die elektrotechnische Industrie und der Maschinenbau im Ost-West-Vergleich: Branchenentwicklung, Technologien und Handlungsstrukturen, München 2001 (=Einzelveröffentlichungen der Historischen Kommission zu Berlin, Bd. 83).

Bähr, Johannes: Verbandspolitik in Demokratie und Diktatur. Der Spitzenverband der elektrotechnischen Industrie 1918–1950, Frankfurt a. M. 2019.

Bähr, Johannes/Erker, Paul: Bosch. Geschichte eines Weltunternehmens, München 2013.

Bauer, Reinhold: Vom Fordismus zur „Industrie 4.0". Massenproduktion und Konsum im 20. Jahrhundert, in: Kleinschmidt, Christian/Logemann, Jan (Hrsg.): Konsum im 19. und 20. Jahrhundert, München, Wien 2021, S. 433 – 458 (=Handbücher zur Wirtschaftsgeschichte).

Bauer, Reinhold/Burr, Wolfgang: Einführung: Die 1970er Jahre. Analyse und Würdigung einer Epochenschwelle, in: Bauer, Reinhold/Burr, Wolfgang (Hrsg.): Das Ende des „Goldenen Zeitalters"? Der Strukturwandel der 1970er Jahre, seine Rezeption und Folgen aus interdisziplinärer Perspektive, Berlin 2021, S. 7 – 18 (=Kultur und Technik, Bd. 37).

Beck, Hanno: Behavioral Economics. Eine Einführung, Wiesbaden 2014.

Beckert, Jens: Imaginierte Zukunft. Fiktionale Erwartungen und die Dynamik des Kapitalismus, Berlin 2018.

Beckert, Jens: Woher kommen Erwartungen?, in: Jahrbuch für Wirtschaftsgeschichte / Economic History Yearbook 59 (2018), H. 2, S. 507 – 523.

Beckert, Jens/Deutschmann, Christoph: Einleitung. Neue Herausforderungen der Wirtschaftssoziologie, in: Beckert, Jens/Deutschmann, Christoph (Hrsg.): Wirtschaftssoziologie, Wiesbaden 2010, S. 7 – 21 (=Kölner Zeitschrift für Soziologie und Sozialpsychologie, 49/2009).

Beckert, Sven: King Cotton. Eine Globalgeschichte des Kapitalismus, München 2014.

Belderbos, René A.: On the Advance of Japanese Electronics Multinationals in the EC. Companies, Trends and Trade Policy, in: Schütte, Hellmut (Hrsg.): The global competitiveness of the Asian firm, Basingstoke, Hampshire 1994, S. 203 – 231.

Belderbos, René A.: The Role of Investment in Europe in the Globalization Strategy of Japanese Electronics Firm, in: Sachwald, Frédérique (Hrsg.): Japanese Firms in Europe. A Global Perspective, Hoboken 1995, S. 89 – 168 (=Routledge Studies in Global Competition).

Berger, Stefan/Fetzer, Thomas (Hrsg.): Nationalism and the economy. Explorations into a neglected relationship, Budapest, New York 2018.

Berghoff, Hartmut: Gefälligkeitsdiktatur oder Tyrannei des Mangels? Neue Kontroversen zur Konsumgeschichte des Nationalsozialismus, in: Geschichte in Wissenschaft und Unterricht 58 (2007), H. 9, S. 502 – 518.

Berghoff, Hartmut: Moderne Unternehmensgeschichte. Eine themen- und theorieorientierte Einführung, Berlin, Boston 2016.

Bieling, Hans-Jürgen: Internationale Politische Ökonomie. Eine Einführung, Wiesbaden (2., aktualisierte Auflage) 2011.

Bischoff, Sebastian/Sobich, Frank Oliver: Vom Gelehrtenvolk zur Gelben Gefahr. Deutsche Imaginationen über ChinesInnen, in: iz3w. Zeitschrift zwischen Nord und Süd (2008), H. 305, S. 42 – 44.

Bloom, Martin D. H.: The Consumer Electronic Industry, in: Sachwald, Frédérique (Hrsg.): European integration and competiveness. Acquisitions and alliances in industry, Aldershot 1994, S. 195 – 231 (=New horizons in international business).

Boghossian, Paul Artin: Angst vor der Wahrheit. Ein Plädoyer gegen Relativismus und Konstruktivismus, Berlin (Dt. Erstausg., 2. Aufl.) 2013 (=Suhrkamp-Taschenbuch Wissenschaft, Bd. 2059).

Böhm, Enrico: Die Sicherheit des Westens. Entstehung und Funktion der G7-Gipfel (1975 – 1981), München 2014 (=Studien zur Internationalen Geschichte, Band 34).

Borchardt, Knut/Fikentscher, Wolfgang: Wettbewerb, Wettbewerbsbeschränkung, Marktbeherrschung, Stuttgart 1957.

Borscheid, Peter: Der ökonomische Kern der Unternehmensgeschichte, in: Zeitschrift für Unternehmensgeschichte / Journal of Business History 46 (2001), H. 1, S. 5 – 10.

Borsdorf, Götz Hanjo: Die Internationalisierung deutscher Unternehmen nach dem Zweiten Weltkrieg bis 1973, Aachen 2007.

Börzel, Tanja A.: Informelle Politik in Europa. Regieren in oder durch Netzwerke?, in: Gehler, Michael (Hrsg.): Netzwerke im europäischen Mehrebenensystem. Von 1945 bis zur Gegenwart, Wien 2009, S. 27 – 38 (=Historische Forschungen Veröffentlichungen, Bd. 6).

Bosch, Gerhard: Qualifizieren statt entlassen. Beschäftigungspläne in der Praxis, Wiesbaden (2. Auflage) 1990 (=Sozialverträgliche Technikgestaltung, Bd. 9).

Bösch, Frank: Boom zwischen Krise und Globalisierung. Konsum und kultureller Wandel in der Bundesrepublik der 1970er und 1980er Jahre, in: Geschichte und Gesellschaft 42 (2016), S. 354 – 376.

Bourdieu, Pierre: Die feinen Unterschiede. Kritik der gesellschaftlichen Urteilskraft, Frankfurt am Main (28. Auflage) 2021 (=Suhrkamp-Taschenbuch Wissenschaft, Bd. 658).

Bouwens, Bram/Donzé, Pierre-Yves/Kurosawa, Takafumi (Hrsg.): Industries and Global Competition. A History of Business Beyond Borders, Milton (1. Aufl.) 2017 (=Routledge international studies in business history).

Boyer, Christoph: Schwierige Bedingungen für Wachstum und Beschäftigung, in: Raithel, Thomas/ Schlemmer, Thomas (Hrsg.): Die Rückkehr der Arbeitslosigkeit. Die Bundesrepublik Deutschland im europäischen Kontext 1973 bis 1989, München 2009, S. 9 – 22 (=Zeitgeschichte im Gespräch, Bd. 5).

Breger, Rosemary Anne: Myth and Stereotype. Images of Japan in the German Press and in Japanese Self-Representation, Frankfurt a. M. 1990.

Bretting, Jork: Die Telefunken-Röhre, in: Thiele, Erdmann (Hrsg.): Telefunken nach 100 Jahren. Das Erbe einer deutschen Weltmarke, Berlin 2003, S. 130 – 149.

Bronnenmeyer, Christl: Max Grundig, Berlin 1999.

Brückweh, Kerstin/Villinger, Clemens: Sich (nicht) die Butter vom Brot nehmen lassen. Ein Forschungsbericht zur Konsumgeschichte zwischen Alltag, Arbeit, Kapitalismus und Globalisierung, in: Archiv für Sozialgeschichte 57 (2017), S. 463 – 495.

Bühler, Martin/Werron, Tobias: Zur sozialen Konstruktion globaler Märkte, in: Langenohl, Andreas/ Wetzel, Dietmar J. (Hrsg.): Finanzmarktpublika: Moralität, Krisen und Teilhabe in der ökonomischen Moderne, Wiesbaden 2014, S. 271 – 299.

Burhop, Carsten/Becker, Julian/Bank, Max: Deutschland im Weltwährungssystem von Bretton Woods, in: Geschichte und Gesellschaft 39 (2013), H. 2., S. 197 – 239.

Bürkert, Karin/Engel, Alexander/Heimerdinger, Timo (Hrsg.): Auf den Spuren der Konkurrenz. Kultur- und sozialwissenschaftliche Perspektiven, Münster, New York 2019 (=Freiburger Studien zur Kulturanthropologie).

Buschbek, Werner: Erinnerungen zur Telefunken-Geschichte des Rundfunks, in: Technikgeschichte 40 (1973), H. 3, 200 – 225.

Bytheway, Simon James: Investing Japan. Foreign Capital, Monetary Standards, and Economic Development, 1859 – 2011, Cambridge, MA 2014 (=Harvard East Asian monographs, Bd. 370).

Carter, Caitriona et al.: Trade Policy. All pervasive but to what end, in: Smith, Andy/Jullien, Bernard (Hrsg.): The EU's government of industries. Markets, institutions and politics, Abingdon, Oxon, New York, NY 2015, S. 215 – 240 (=Routledge Studies on Government and the European Union, Bd. 2).

Cawson, Alan: Interests, Groups and Public Policy-Making. The Case of the European Consumer Electronics Industry, in: Greenwood, Justin (Hrsg.): Organized interests and the European community, London 1992, S. 99 – 118.

Cawson, Alan: Innovation and Consumer Electronics, in: Dodgson, Mark/Rothwell, Roy (Hrsg.): The handbook of industrial innovation, Cheltenham, Northampton 1995.

Cawson, Alan: Big firms as political actors. Corporate power and the governance of the European consumer electronics industry, in: Wallace, Helen (Hrsg.): Participation and policy making in the European Union. Based on a workshop convened in October 1994 to discuss interest in the linkages between industry and the policy process, Oxford 1997, S. 185 – 205.

Cawson, Alan et. al.: Hostile Brothers. Competition and closure in the European electronics industry, Oxford 1990.

Chandler, Alfred Dupont: Inventing the electronic century. The epic story of the consumer electronics and computer industries, Cambridge, Mass 2005 (=Harvard studies in business history, Bd. 47).

Chew, William L.: What's in a National Stereotype? An Introduction to Imagology at the Threshold of the 21st Century, in: Language and Intercultural Communication 6 (2006), 3 – 4, S. 179 – 187.

Chrisafis, Athanassios: Global strategic competition in the consumer electronics industry., University of Sussex 1992.

Clemens, Gabriele/Reinfeldt, Alexander/Wille, Gerhard: Geschichte der europäischen Integration. Ein Lehrbuch, Paderborn 2008.

Conrad, Sebastian: Arbeit, Max Weber und Konfuzianismus. Die Geburt des Kapitalismus aus dem Geist der japanischen Kultur?, in: Berghoff, Hartmut (Hrsg.): Wirtschaftsgeschichte als Kulturgeschichte. Dimensionen eines Perspektivenwechsels, Frankfurt 2004, S. 219 – 240.

Conrad, Sebastian/Eckert, Andreas: Globalgeschichte, Globalisierung, multiple Modernen. Zur Geschichtsschreibung der modernen Welt, in: Conrad, Sebastian/Eckert, Andreas/Freitag, Ulrike (Hrsg.): Globalgeschichte. Theorien, Ansätze, Themen, Frankfurt 2007, S. 7 – 52 (=Reihe „Globalgeschichte", Bd. 1).

Coppolaro, Lucia: The EC in the GATT Trade Regime. A Power without Leadership, in: Krotz, Ulrich/ Patel, Kiran Klaus/Romero, Federico (Hrsg.): Europe's Cold War Relations. The EC towards a global role, New York 2019, S. 127 – 144.

Cowles, Maria Green: The European Round Table of Industrialists and the Single Market Programme. From Political to Policy Network, in: Gehler, Michael (Hrsg.): Netzwerke im europäischen Mehrebenensystem. Von 1945 bis zur Gegenwart, Wien 2009, S. 139 – 150 (=Historische Forschungen Veröffentlichungen, Bd. 6).

Cusumano, Michael A./Mylonadis, Yiorgos/Rosenbloom, Richard S.: Strategic Maneuvering and Mass-Market Dynamics: The Triumph of VHS over Beta, in: Business History Review 66 (1992), H. 1, S. 51 – 94.

Deuerlein, Martin: Das Zeitalter der Interdependenz. Globales Denken und internationale Politik in den langen 1970er Jahren, Göttingen (1. Auflage) 2020 (=Moderne Zeit. Neue Forschungen zur Gesellschafts- und Kulturgeschichte des 19. und 20. Jahrhunderts, Band XXXI).

Díaz-Morlán, Pablo/Sáez-García, Miguel: The European response to the challenge of the Japanese steel industry (1950 – 1980), in: Business History 58 (2016), H. 2, S. 244 – 263.

Dietz, Bernhard/Neumaier, Christopher: Vom Nutzen der Sozialwissenschaften für die Zeitgeschichte. Werte und Wertewandel als Gegenstand historischer Forschung, in: Vierteljahrshefte für Zeitgeschichte 60 (2012), H. 2, S. 293 – 304.

Distelrath, Günther: Die japanische Produktionsweise. Zur wissenschaftlichen Genese einer stereotypen Sicht der japanischen Wirtschaft, München 1996 (=Monographien aus dem Deutschen Institut für Japanstudien der Philipp-Franz-von-Siebold-Stiftung, Bd. 18).

Doering-Manteuffel, Anselm/Raphael, Lutz: Nach dem Boom. Perspektiven auf die Zeitgeschichte seit 1970, Göttingen 2008.

Doering-Manteuffel, Anselm/Raphael, Lutz/Schlemmer, Thomas (Hrsg.): Vorgeschichte der Gegenwart. Dimensionen des Strukturbruchs nach dem Boom, Göttingen 2016 (=Nach dem Boom).

Donzé, Pierre-Yves: Canon catching up with Germany. The mass production of „Japanese Leica" cameras (1933 until 1970), in: Zeitschrift für Unternehmensgeschichte 59 (2014), H. 1, S. 27–46.

Donzé, Pierre-Yves: National labels and the competitiveness of European industries: the example of the 'Swiss Made' law since 1950, in: European Review of History: Revue europeenne d'histoire 81 (2018), H. 1, S. 1–16.

Donzé, Pierre-Yves/Fujioka, Rika: European luxury big business and emerging Asian markets, 1960–2010, in: Business History 57 (2015), H. 6, S. 822–840.

Dunning, John H.: Japanese participation in British industry, London 1986.

Dussel, Konrad: Die Radio- und Fernsehgeräteproduktion in der BRD und der Außenhandel, in: Vierteljahrschrift für Sozial- und Wirtschaftsgeschichte 96 (2009), S. 195–211.

Eckel, Jan: „Alles hängt mit allem zusammen." Zur Historisierung des Globalisierungsdiskurses der 1990er und 2000er Jahre, in: Historische Zeitschrift 307 (2018), H. 1, S. 42–78.

Eising, Rainer: The political economy of state-business relations in Europe. Interest mediation, capitalism and EU policy-making, London, New York 2009.

Elis, Volker: Von Amerika nach Japan – und zurück. Die historischen Wurzeln und Transformationen des Toyotismus, in: Zeithistorische Forschungen/Studies in Contemporary History 6 (2009), H. 2, S. 255–275.

Engel, Alexander: Konzepte ökonomischer Konkurrenz in der longue durée. Versprechungen und Befürchtungen, in: Bürkert, Karin/Engel, Alexander/Heimerdinger, Timo (Hrsg.): Auf den Spuren der Konkurrenz. Kultur- und sozialwissenschaftliche Perspektiven, Münster, New York 2019, S. 45–86 (=Freiburger Studien zur Kulturanthropologie).

Engelkamp, Paul/Sell, Friedrich L./Sauer, Beate: Einführung in die Volkswirtschaftslehre, Berlin, Heidelberg (8. Aufl. 2020) 2020.

Epple, Angelika/Baierl, Cindy (Hrsg.): Globale Waren, Essen 2007 (=WerkstattGeschichte, Bd. 45).

Erker, Paul: Forschung und Entwicklung in der Transistortechnologie. Entscheidungszwänge und Handlungsspielräume am Beispiel Siemens und Philips, 1947–1960, in: Technikgeschichte 60 (1993), S. 267–284.

Erker, Paul: Vom nationalen zum globalen Wettbewerb. Die deutsche und die amerikanische Reifenindustrie im 19. und 20. Jahrhundert, Paderborn 2005.

Fabian, Sina: Boom in der Krise. Konsum, Tourismus, Autofahren in Westdeutschland und Großbritannien 1970–1990, Göttingen 2016 (=Geschichte der Gegenwart, Bd. 14).

Fäßler, Peter E.: Globalisierung. Ein historisches Kompendium, Köln 2007 (=UTB, 2865 : Geschichte, Politikwissenschaft).

Federico, Giovanni/Foreman-Peck, James S.: Industrial Policies in Europa: Introduction, in: Foreman-Peck, James S./Federico, Giovanni (Hrsg.): European industrial policy. The twentieth-century experience, Oxford, UK 1999, S. 1–17.

Fengler, Silke: Entwickelt und fixiert. Zur Unternehmens- und Technikgeschichte der deutschen Fotoindustrie, dargestellt am Beispiel der Agfa AG Leverkusen und des VEB Filmfabrik Wolfen (1945–1995), Essen (1. Aufl.) 2009 (=Bochumer Schriften zur Unternehmens- und Industriegeschichte, Bd. 18).

Fergusson, Niall u. a. (Hrsg.): The shock of the global. The 1970s in perspective, Cambridge, Mass. 2010.

Fickers, Andreas: Der „Transistor“ als technisches und kulturelles Phänomen. Die Transistorisierung der Radio- und Fernsehempfänger in der deutschen Rundfunkindustrie 1955 bis 1965, Bassum 1998 (=Aachener Beiträge zur Wissenschafts- und Technikgeschichte des 20. Jahrhunderts, Bd. 1).

Fickers, Andreas: Fordistische Leitprodukte und techno-nationalistische Prestigeobjekte. Die Rundfunkindustrie im deutsch-französischen Vergleich (1925–1975), in: Revue d'Allemagne et des pays de langue allemande 39 (2007), H. 2, S. 201–224.

Fickers, Andreas: „Politique de la grandeur“ versus „Made in Germany“. Politische Kulturgeschichte der Technik am Beispiel der PAL-SECAM-Kontroverse, München 2007 (=Pariser historische Studien, Bd. 78).

Fickers, Andreas: From colour TV war to non aggression pact, in: Arapostathis, S./Dutfield, G. (Hrsg.): Knowledge Management and Intellectual Property. Concepts, Actors and Practices from the Past to the Present, Cheltenham 2013, S. 162–182 (=Queen Mary studies in intellectual property).

Fickers, Andreas/Kessler, Frank: Narrative topoi in Erfindermythen und techno-nationalistischer Legendenbildung. Zur Historiographie der Erfindung von Film und Fernsehen, in: Bodenmann, Siegfried (Hrsg.): Mythos – Helden – Symbole. Legitimation, Selbst- und Fremdwahrnehmung in der Geschichte der Naturwissenschaften, der Medizin und der Technik, München 2009, S. 71–86.

Fitzgerald, Robert: The rise of the global company. Multinationals and the making of the modern world, Cambridge 2015 (=New approaches to economic and social history).

Fitzgerald, Robert/Rui, Huaichuan: Whose fall and whose rise? Lessons of Japanese MCNs for Chinese and emerging economy MNCs, in: Fitzgerald, Robert/Rowley, Chris (Hrsg.): The evolution of multinationals from Japan and the Asia Pacific. Comparing international business Japan, Korean, China, India, London, New York 2017, S. 12–44.

Francks, Penelope: Japan and the Great Divergence. A Short Guide, London 2016 (=Palgrave Studies in Economic History).

Franklin, Aimee L.: Stakeholder Engagement, Cham 2020.

Franko, Lawrence G.: Die japanischen Multinationalen Konzerne. Herausforderung und westliche Gegenstrategien, Frankfurt/M. 1984 (=Multinationale Perspektiven).

Frattolillo, Oliviero: Diplomacy in Japan-EU relations. From the Cold War to the post-bipolar era, London 2013 (=Routledge contemporary Japan series, Bd. 48).

Frey, Alfons: Die industrielle Entwicklung Bayerns von 1925 bis 1975. Eine vergleichende Untersuchung über die Rolle städtischer Agglomerationen im Industrialisierungsprozess, Berlin 2003 (=Schriften zur Wirtschafts- und Sozialgeschichte, Bd. 76).

Fridenson, Patrick: Japanese-French Business Encounters since 1952. Two opposite relations, in: Entreprises et Histoire 80 (2015), S. 36–56.

Friedewald, Michael: Telefunken und der deutsche Schiffsfunk 1903–1914, in: Zeitschrift für Unternehmensgeschichte 46 (2001), H. 1.

Fruth, Pia: Record.Play.Stop. – Die Ära der Kompaktkassette, Bielefeld 2018.

Führer, Karl Christian: Wirtschaftsgeschichte des Rundfunks in der Weimarer Republik, Potsdam (1. Aufl.) 1997 (=Veröffentlichungen des Deutschen Rundfunkarchivs, Bd. 6).

Gao, Bai: Globalization and the Origins of Japanese Developmentalism, in: Frey, Marc (Hrsg.): Asian Experiences of Development in the 20th Century, Leipzig 2009, S. 10–24.

Gehlen, Boris: Prolegomena zu einer kritischen Verbandsgeschichte, in: AKKUMULATION (2010), H. 29, S. 6–16.

Gehlen, Boris/Marx, Christian/Reckendrees, Alfred: Ambivalences of nationality—Economic nationalism, nationality of the company, nationalism as strategy: An introduction, in: Journal of Modern European History 18 (2020), H. 1, S. 16 – 27.

Gehler, Michael: Introduction, in: Gehler, Michael/Loth, Wilfried (Hrsg.): Reshaping Europe. Towards a Political, Economic and Monetary Union, 1984 – 1989, Baden-Baden 2020, S. 9 – 16.

Gerwin, Joachim/Höcherl, Ingrid: Video 2000: Strategische Produktpolitik bei internationalem Wettbewerb, in: Brockhoff, Klaus (Hrsg.): Management von Innovationen. Planung und Durchsetzung, Erfolge und Mißerfolge ; Fallstudien mit Lösungen, Wiesbaden 1996, S. 17 – 44.

Giddens, Anthony: The Constitution of Society. Outline of the theory of structuration, Berkeley, Los Angeles 1986.

Gliese, Carina: Ausgefunkt? Innovationsprozesse in der Krise am Beispiel der Telefunken Fernseh und Rundfunk GmbH, in: Bauer, Reinhold/Burr, Wolfgang (Hrsg.): Das Ende des „Goldenen Zeitalters"? Der Strukturwandel der 1970er Jahre, seine Rezeption und Folgen aus interdisziplinärer Perspektive, Berlin 2021, S. 45 – 70 (=Kultur und Technik, Bd. 37).

Gliese, Carina: Innovativität in Krisenzeiten? Der Umgang bundesdeutscher Unterhaltungselektronikhersteller mit dem Strukturwandel der 1970er/80er Jahre, Baden-Baden 2023.

Göbel, Stefan: Die Ölpreiskrisen der 1970er Jahre. Auswirkungen auf die Wirtschaft von Industriestaaten am Beispiel der Bundesrepublik Deutschland, der Vereinigten Staaten, Japans, Großbritanniens und Frankreichs, Berlin 2013.

Gordon, Andrew: A modern history of Japan. From Tokugawa times to the present, New York (2. Aufl.) 2009.

Goydke, Tim: Die Rolle des Staates in der japanischen Wirtschaftsentwicklung nach 1945, in: Vogt, Gabriele/Holdgrün, Phoebe (Hrsg.): Modernisierungsprozesse in Japan, Tokyo 2013, S. 80 – 95 (=Miscellanea, Bd. 18).

Graaf, Jürgen: Senden, in: Thiele, Erdmann (Hrsg.): Telefunken nach 100 Jahren. Das Erbe einer deutschen Weltmarke, Berlin 2003, S. 60 – 92.

Graf, Rüdiger/Priemel, Christian: Zeitgeschichte in der Welt der Sozialwissenschaften. Legitimität und Originalität einer Disziplin, in: Vierteljahrshefte für Zeitgeschichte 59 (2011), H. 4, S. 479 – 508.

Gregory, Gene: Japanese electronics technology. Enterprise and innovation, Chichester (2. Aufl.) 1986.

Haase, Christian/Schmidt, Helmut/Schildt, Axel (Hrsg.): DIE ZEIT und die Bonner Republik. Eine meinungsbildende Wochenzeitung zwischen Wiederbewaffnung und Wiedervereinigung, Göttingen 2008 (=Hamburger Beiträge zur Sozial- und Zeitgeschichte, Bd. 43).

Hachtmann, Rüdiger: Fordismus, in: Docupedia Zeitgeschichte (2011).

Hachtmann, Rüdiger: Gewerkschaften und Rationalisierung. Die 1970er-Jahre – ein Wendepunkt?, in: Andresen, Knud/Bitzegeio, Ursula/Mittag, Jürgen (Hrsg.): „Nach dem Strukturbruch"? Kontinuität und Wandel von Arbeitsbeziehungen und Arbeitswelt(en) seit den 1970er-Jahren, Bonn 2011, S. 181 – 212 (=Politik- und Gesellschaftsgeschichte, Bd. 89).

Hachtmann, Rüdiger: Rationalisierung, Automatisierung, Digitalisierung. Arbeit im Wandel, in: Bösch, Frank (Hrsg.): Geteilte Geschichte. Ost- und Westdeutschland 1970 – 2000, Göttingen 2015, S. 195 – 237.

Hachtmann, Rüdiger/Saldern, Adelheid von: „Gesellschaft am Fließband". Fordistische Produktion und Herrschaftspraxis in Deutschland, in: Zeithistorische Forschungen/Studies in Contemporary History 6 (2009), H. 2, S. 186 – 208.

Hack, Lothar: Wie Globalisierung gemacht wird. Ein Vergleich der Organisationsformen und Konzernstrategien von General Electrics und Thomson/Thales, Berlin 2007.

Hahn, Torsten/Otto, Isabell/Pethes, Nicolas: Emanzipation oder Kontrolle – Der Diskurs über „Kassetten-Fernsehen", Video und Überwachungstechnologie, in: Kümmel-Schnur, Albert u. a. (Hrsg.): Einführung in die Geschichte der Medien, Paderborn 2004, S. 225–254 (=UTB Medien- und Kommunikationswissenschaft, Bd. 2488).

Hall, Derek: Japanese Spirit, Western Economics. The Continuing Salience of Economic Nationalism in Japan, in: Pickel, Andreas/Helleiner, Eric (Hrsg.): Economic nationalism in a globalizing world, Ithaca, N.Y 2005, S. 118–138 (=Cornell studies in political economy).

Hall, Peter A./Soskice, David W. (Hrsg.): Varieties of capitalism. The institutional foundations of comparative advantage, Oxford 2001.

Hardy, Michael: 1970–1982. Growing difficulties and the GATT procedure, in: Keck, Jörn/ Vanoverbeke, Dimitri/Waldenberger, Franz (Hrsg.): EU-Japan Relations, 1970–2012. From Confrontation to Global Partnership, London 2013, S. 27–57.

Harryvan, Anjo G.: Japan, Philips and the Making of Europe's Single Market, 1984–1994, in: JEIH Journal of European Integration History 25 (2019), H. 1, S. 9–22.

Haupts, Tobias: Die Videothek. Zur Geschichte und medialen Praxis einer kulturellen Institution, Bielefeld 2014 (=Locating Media, Bd. 7).

Heerding, Andries: A company of many parts, Cambridge 1988 (=The history of N. V. Philips' gloeilampenfabrieken, Bd. 2).

Heerding, Andries: The history of N. V. Philips' Gloeilampenfabrieken, Cambridge 1988.

Hein, Laura E.: Growth versus Success. Japan's Economic Policy in Historical Perspective, in: Gordon, Andrew (Hrsg.): Postwar Japan as history, Berkeley, Calif. 1993, S. 99–122.

Hesse, Jan-Otmar: Ökonomischer Strukturwandel. Zur Wiederbelebung einer wirtschaftshistorischen Leitsemantik, in: Geschichte und Gesellschaft 39 (2013), H. 1, S. 86–115.

Hesse, Jan-Otmar: The German Textile Puzzle: Selective Protectionism and the Silent Globalization of an Industry, in: Business History Review 93 (2019), H. 02, S. 221–246.

Hesse, Jan-Otmar: Mit Hayek in der Handtasche. Hat der Neoliberalismus die Welt verändert? Das Beispiel der bundesdeutschen Handelspolitik, in: Marx, Christian/Reitmayer, Morten (Hrsg.): Die offene Moderne – Gesellschaften im 20. Jahrhundert. Festschrift für Lutz Raphael zum 65. Geburtstag, Göttingen (1st ed.) 2020, S. 272–294.

Hesse, Jan-Otmar/Kleinschmidt, Christian/Lauschke, Karl: Kulturalismus, Neue Institutionenökonomik oder Theorienvielfalt. Eine Zwischenbilanz der Unternehmensgeschichte, Essen (1. Aufl.) 2002 (=Bochumer Schriften zur Unternehmens- und Industriegeschichte, Bd. 9).

Hölkeskamp, Karl-Joachim: Konkurrenz als sozialer Handlungsmodus – Positionen und Perspektiven der historischen Forschung, in: Jessen, Ralph (Hrsg.): Konkurrenz in der Geschichte. Praktiken – Werte – Institutionalisierungen, Frankfurt 2014, S. 33–58.

Hoppen, Dieter: Internationale Wirtschaft. Theorie und Praxis der internationalen Wirtschaftsbeziehungen, Stuttgart 2014.

Hughes, Christopher W.: Japan in Europe. Asian and European perspectives, in: Hook, Glenn D./ Hasegawa, Harukiyo (Hrsg.): The political economy of Japanese globalization, London 2001, S. 56–70 (=Sheffield Centre for Japanese Studies/Routledge series).

Ingenhoff, Diana/White, Candace/Buhmann, Alexander (Hrsg.): Bridging disciplinary perspectives of country image, reputation, brand, and identity, London 2019.

Inkster, Ian: Japanese Industrialisation. Historical and Cultural Perspectives, Hoboken 2012 (=Routledge Studies in the Modern History of Asia).

Ipsen, Dirk/Pfitzinger, Jens: Krise in der Deutschland AG: Der Fall AEG, in: Streeck, Wolfgang/Höpner, Martin (Hrsg.): Alle Macht dem Markt? Fallstudien zur Abwicklung der Deutschland AG, Frankfurt am Main 2003, S. 60 – 92 (=Schriften des Max-Planck-Instituts für Gesellschaftsforschung Köln, Bd. 47).

Iriye, Akira/Wampler, Robert A. (Hrsg.): Partnership. The United States and Japan, 1951 – 2001, Tokyo 2001.

Irmer, Thomas: „...eine Art Sklavenhandel...“ – Konturen der Zwangsarbeit beim Elektrokonzern AEG/Telefunken in Berlin Wedding, in: Fürstenberg, Doris/Roder, Bernt (Hrsg.): Zwangsarbeit in Berlin 1938 – 1945, Berlin 2003, S. 154 – 166.

Irmscher, Wolfgang R./Einsel, Robert: Empfangen, in: Thiele, Erdmann (Hrsg.): Telefunken nach 100 Jahren. Das Erbe einer deutschen Weltmarke, Berlin 2003, S. 92 – 109.

Irmscher, Wolfgang R./Einsel, Robert: Gestalten. Die „Silberlinge“ erobern den Markt, in: Thiele, Erdmann (Hrsg.): Telefunken nach 100 Jahren. Das Erbe einer deutschen Weltmarke, Berlin 2003, S. 110 – 116.

Jakob, Mark/Nützenadel, Alexander/Streb, Jochen: Erfahrung und Erwartung – eine vernachlässigte wirtschaftshistorische Perspektive?, in: Jahrbuch für Wirtschaftsgeschichte / Economic History Yearbook 59 (2018), H. 2, S. 329 – 341.

James, Harold: Schockmomente. Eine Weltgeschichte von Inflation und Globalisierung 1850 bis heute, München (1. Auflage) 2022.

Jansen, Marius B.: The making of modern Japan, Cambridge, Mass. 2002.

Jarausch, Konrad (Hrsg.): Das Ende der Zuversicht? Die siebziger Jahre als Geschichte, Göttingen 2008.

Jessen, Ralph (Hrsg.): Konkurrenz in der Geschichte. Praktiken – Werte – Institutionalisierungen, Frankfurt 2014.

Jessen, Ralph: Konkurrenz in der Geschichte – Einleitung, in: Jessen, Ralph (Hrsg.): Konkurrenz in der Geschichte. Praktiken – Werte – Institutionalisierungen, Frankfurt 2014, S. 7 – 32.

Johnson, Chalmers A.: MITI and the Japanese miracle. The growth of industrial policy, 1925 – 1975, Stanford 1982.

Jones, Geoffrey: The Great Divergence and the Great Convergence, in: Lopes, Teresa da Silva/ Lubinski, Christina/Tworek, Heidi J.S. (Hrsg.): The Routledge companion to the makers of global business, London 2020, S. 578 – 592 (=Routledge companions in business, management and accounting).

Kaelble, Hartmut: Europäisierung, in: Middell, Matthias (Hrsg.): Dimensionen der Kultur- und Gesellschaftsgeschichte. Festschrift für Hannes Siegrist zum 60. Geburtstag, Leipzig 2007, S. 73 – 89.

Kaelble, Hartmut: Grenzenlos. Der transnationale europäische Konsum 1918 – 2018, in: Kleinschmidt, Christian/Logemann, Jan (Hrsg.): Konsum im 19. und 20. Jahrhundert, München, Wien 2021, 617 – 641 (=Handbücher zur Wirtschaftsgeschichte).

Kahneman, Daniel: Schnelles Denken, langsames Denken, München (25. Auflage) 2019.

Käseberg, Thorsten/van Laer, Arthe: Competition Law and Industrial Policy, in: Patel, Kiran Klaus/ Schweitzer, Heike (Hrsg.): The historical foundations of EU competition law, Oxford (1. ed., 1. impr) 2013, S. 162 – 190.

Kirchhoff, Thomas: Einleitung: Konkurrenz als Epochenparadigma, in: Kirchhoff, Thomas (Hrsg.): Konkurrenz. Historische, strukturelle und normative Perspektiven, Bielefeld 2015, S. 7 – 36 (=Edition Kulturwissenschaft, Band 35).

Kirpal, Alfred/Vogel, Andreas: Eine Branche am Rande der wirtschaftspolitischen Aufmerksamkeit? Die Rundfunkgeräteindustrie in West- und Ostdeutschland zwischen 1945 und der zweiten Hälfte der fünfziger Jahre im Vergleich, in: Baar, Lothar/Petzina, Dietmar (Hrsg.): Deutsch-deutsche Wirtschaft 1945 bis 1990. Strukturveränderungen, Innovationen und regionaler Wandel; ein Vergleich, St. Katharinen 1999, S. 422–465.

Klammer, Kristoffer: Wirtschaftskrisen. Effekt und Faktor politischer Kommunikation: Deutschland 1929–1976, Göttingen (1. Auflage) 2019 (=Historische Semantik, Band 28).

Klein, Benjamin: Coopetitive Dynamics. Zum Entwicklungsverlauf kooperativer Beziehungen zwischen Wettbewerbern, Wiesbaden 2014.

Kleinschmidt, Christian: Der produktive Blick. Wahrnehmung amerikanischer und japanischer Management- und Produktionsmethoden durch deutsche Unternehmer 1950–1985, Berlin 2002 (=Jahrbuch für Wirtschaftsgeschichte: Beiheft, Bd. 1).

Kleinschmidt, Christian: Comparative Consumer Product Testing in Germany, in: Business History Review 84 (2010), H. 1, S. 105–124.

Kleinschmidt, Christian: Internationale Wirtschafts- und Unternehmensbeziehungen nach 1945, in: Jahrbuch für Wirtschaftsgeschichte / Economic History Yearbook 53 (2012), H. 1, S. 9–14.

Kleinschmidt, Christian: Internationalisierung, Verbraucherinformationen und nichttarifäre Handelshemmnisse. Die Automobilindustrie am Ende des „Wirtschaftswunders", in: Gallus, Alexander/Schildt, Axel/Siegfried, Detlef (Hrsg.): Deutsche Zeitgeschichte – transnational, Göttingen 2015, S. 124–137 (=Hamburger Beiträge zur Sozial- und Zeitgeschichte, Bd. 53).

Kleinschmidt, Christian/Logemann, Jan: Einleitung, in: Kleinschmidt, Christian/Logemann, Jan (Hrsg.): Konsum im 19. und 20. Jahrhundert, München, Wien 2021, S. 1–10 (=Handbücher zur Wirtschaftsgeschichte).

Knill, Christoph/Lehmkuhl, Dirk: The globalisation of European interest representation. The case of the consumer electronics industry, Badia Fiesolana, San Domenico 1997.

Kohama, Hirohisa: Industrial development in postwar Japan, London 2007 (=Routledge explorations in economic history, Bd. 37).

Köhler, Ingo: Havarie der „Schönwetterkapitäne"? Die Wirtschaftswunderunternehmen in den 1970er Jahren, in: Köhler, Ingo/Rossfeld, Roman (Hrsg.): Pleitiers und Bankrotteure. Geschichte des ökonomischen Scheiterns vom 18. bis 20. Jahrhundert, Frankfurt 2012, S. 251–286.

Köhler, Ingo: Auto-Identitäten. Marketing, Konsum und Produktbilder des Automobils nach dem Boom, Göttingen 2018 (=Nach dem Boom).

Köhn, Stephan: Fremdbilder – Selbstbilder. Einige Gedanken zur wechselvollen Beziehung zwischen Japan und Deutschland, in: Köhn, Stephan (Hrsg.): Fremdbilder – Selbstbilder. Paradigmen japanisch-deutscher Wahrnehmung; (1861–2011), Wiesbaden 2013, S. 1–24 (=Kulturwissenschaftliche Japanstudien, Bd. 6).

Kollmer-von Oheimb-Loup, Gert/Wischermann, Clemens: Schlüsselkategorie Unternehmernachfolge, in: Kollmer-von Oheimb-Loup, Gert/Wischermann, Clemens (Hrsg.): Unternehmernachfolge in Geschichte und Gegenwart, Ostfildern 2008, S. 1–4 (=Stuttgarter historische Studien zur Landes- und Wirtschaftsgeschichte, Bd. 11).

König, Wolfgang: Das Scheitern einer nationalsozialistischen Konsumgesellschaft, in: Zeitschrift für Unternehmensgeschichte 48 (2003), H. 2, S. 131–163.

König, Wolfgang: Der Volksempfänger und die Radioindustrie. Ein Beitrag zum Verhältnis von Wirtschaft und Politik im Nationalsozialismus, in: Vierteljahrschrift für Sozial- und Wirtschaftsgeschichte 90 (2003), S. 269–289.

König, Wolfgang: Mythen um den Volksempfänger. Revisionistische Untersuchungen zur nationalsozialistischen Rundfunkpolitik, in: TG 70 (2003), H. 2, S. 73 – 102.

König, Wolfgang: Die siebziger Jahre als konsumgeschichtliche Wende in der Bundesrepublik, in: Jarausch, Konrad (Hrsg.): Das Ende der Zuversicht? Die siebziger Jahre als Geschichte, Göttingen 2008, S. 84 – 99.

Kōsai, Yutaka/Goble, Andrew: The postwar Japanese economy, 1945 – 1973, in: Duus, Peter (Hrsg.): The Cambridge History of Japan. The Twenthieth Century, Cambridge 1989, S. 494 – 538.

Köster, Roman: Einführung in die Wirtschaftsgeschichte. Theorien, Methoden, Themen, Paderborn 2020 (=UTB Geschichtswissenschaft).

Kotter, John P.: Matsushita leadership. Lessons from the 20th century's most remarkable entrepreneur, New York, NY 1997.

Kreiner, Josef: Das Deutschland-Bild der Japaner und das Deutsche Japan-Bild, in: Kracht, Klaus/ Lewin, Bruno/Müller, Klaus (Hrsg.): Japan und Deutschland im 20. Jahrhundert, Wiesbaden 1984, S. 84 – 115 (=Veröffentlichungen des Ostasien-Instituts der Ruhr-Universität Bochum, Bd. 32).

Kudō, Akira: Japanese-German business relations. Cooperation and rivalry in the inter-war period, London, New York 1998 (=Nissan Institute / Routledge Japanese studies series).

Kudō, Akira: The Japanese and German Economies in the 20th and 21st Centuries. Business Relations in Historical Perspective, Amsterdam 2018.

Kudō, Akira/Kipping, Matthias/Schröter, Harm G. (Hrsg.): German and Japanese business in the boom years. Transforming American management and technology models, London 2004 (=Routledge international studies in business history, Bd. 10).

Kühschelm, Oliver: Einkaufen als nationale Verpflichtung. Zur Genealogie nationaler Ökonomien in Österreich und der Schweiz, 1920 – 1980, München, Wien 2021 (=Werbung – Konsum – Geschichte, Bd. 3).

Kühschelm, Oliver/Eder, Franz X./Siegrist, Hannes (Hrsg.): Konsum und Nation. Zur Geschichte nationalisierender Inszenierungen in der Produktkommunikation, Bielefeld 2012 (=Histoire, Bd. 31).

Kurosawa, Takafumi: Common European Assets. A Japanese View on the 'European Enterprise', in: Schröter, Harm G. (Hrsg.): The european enterprise. Historical investigation into a future species, Berlin u. a. 2008, S. 51 – 66.

Kurosawa, Takafumi: Introduction. Industry History: Its Conepts and Methods, in: Bouwens, Bram/ Donzé, Pierre-Yves/Kurosawa, Takafumi (Hrsg.): Industries and Global Competition. A History of Business Beyond Borders, Milton (1. Aufl.) 2017, S. 1 – 24 (=Routledge international studies in business history).

Kusserow, Raimund: Max Grundig, vom Heinzelmann zum Giganten, Stuttgart 1997.

Kutzner, Maximilian: Marktwirtschaft schreiben. Das Wirtschaftsressort der Frankfurter Allgemeinen Zeitung 1949 bis 1992, Tübingen 2019 (=Medienakteure der Moderne).

Landwehr, Achim: Historische Diskursanalyse, Frankfurt 2008 (=Historische Einführungen, Bd. 4).

Laursen, Johnny: Introduction. Wilderness Years of European Integration 1973 – 1983, in: Laursen, Johnny N. (Hrsg.): The institutions and dynamics of the European Community, 1973 – 83, Baden-Baden, London 2014, S. 11 – 29 (=Veröffentlichungen der Historiker-Verbindungsgruppe bei der Kommission der EG, Bd. 14).

Lécuyer, Christophe: Confronting the Japanese Challenge: The Revival of Manufacturing at Intel, in: Business History Review 93 (2019), H. 02, S. 349 – 373.

Lehmann, Jean-Pierre: Mutual Images, in: Tsukalēs, Lukas (Hrsg.): Japan and Western Europe. Conflict and cooperation, London 1982, S. 14 – 30 (=Studies in international political economy).

Lindner, Stephan H.: Den Faden verloren. Die westdeutsche und die französische Textilindustrie auf dem Rückzug (1930/45 – 1990), München 2001 (=Schriftenreihe zur Zeitschrift für Unternehmensgeschichte, Bd. 7).

Logemann, Jan: Dynamiken der Massenkonsumgesellschaft im 20. Jahrhundert, 1918 – 2008, in: Kleinschmidt, Christian/Logemann, Jan (Hrsg.): Konsum im 19. und 20. Jahrhundert, München, Wien 2021, S. 297 – 336 (=Handbücher zur Wirtschaftsgeschichte).

Lopes, Teresa da Silva/Lubinski, Christina/Tworek, Heidi J.S.: Introduction to the Makers of Global Business, in: Lopes, Teresa da Silva/Lubinski, Christina/Tworek, Heidi J.S. (Hrsg.): The Routledge companion to the makers of global business, London [etc.] 2020, S. 3 – 16 (=Routledge companions in business, management and accounting).

Loth, Wilfried: Europas Einigung. Eine unvollendete Geschichte (2. Aufl.) 2020.

Lubinski, Christina: Zwischen Familienerbe und globalem Markt. Eigentum und Management von großen westdeutschen Familienunternehmen im Wandel (1960 bis 2008), in: Zeitschrift für Unternehmensgeschichte 55 (2010), H. 2, S. 204 – 229.

Luhmann, Niklas: Die Beobachtung der Beobachter im politischen System. Zur Theorie der Öffentlichen Meinung, in: Wilke, Jürgen/Noelle-Neumann, Elisabeth (Hrsg.): Öffentliche Meinung. Theorie, Methoden, Befunde, Freiburg (Breisgau) (2., unveränd. Aufl.) 1994, S. 77 – 86 (=Alber-Broschur Kommunikation, Bd. 19).

Luhmann, Niklas: Die Kunst der Gesellschaft, Frankfurt am Main (2. Aufl.) 1996.

Luhmann, Niklas: Die Realität der Massenmedien, Wiesbaden (2., erweiterte Auflage) 1996.

Luxbacher, Günther: Massenproduktion im globalen Kartell. Glühlampen, Radioröhren und die Rationalisierung der Elektroindustrie bis 1945, Berlin 2003 (=Aachener Beiträge zur Wissenschafts- und Technikgeschichte des 20. Jahrhunderts, Bd. 4).

Mahr, Ewald: Im Kraftfeld von Zeitgeschehen – Zeitgeist – Erfindergeist, in: Thiele, Erdmann (Hrsg.): Telefunken nach 100 Jahren. Das Erbe einer deutschen Weltmarke, Berlin 2003, S. 14 – 57.

Marukawa, Tomoo: Towards a Strategic Realignment of Production Networks – Japanese Electronics Companies in China, in: Haak, René/Tachiki, Dennis S. (Hrsg.): Regional strategies in a global economy. Multinational corporations in East Asia, München 2004, S. 99 – 117 (=Monographien aus dem Deutschen Institut für Japanstudien, Bd. 38).

Marx, Christian: Die Manager und McKinsey. Der Aufstieg externer Beratung und die Vermarktlichung des Unternehmens am Beispiel Glanzstoff, in: Reitmayer, Morten/Schlemmer, Thomas (Hrsg.): Die Anfänge der Gegenwart. Umbrüche in Westeuropa nach dem Boom, München 2014, S. 65 – 77 (=Zeitgeschichte im Gespräch, Bd. 17).

Marx, Christian: Europa als Rollfeld der Multis? Zum Verhältnis von europäischer Integration und multinationaler Unternehmenskooperation am Beispiel westeuropäischer Chemieunternehmen (1958 – 1995), in: Schulz, Günther/Spoerer, Mark (Hrsg.): Integration und Desintegration Europas. Wirtschafts- und sozialhistorische Beiträge, Stuttgart 2019, S. 153 – 184 (=Vierteljahrschrift für Sozial- und Wirtschaftsgeschichte. Beihefte).

Mason, Mark: Europe and the Japanese Challenge. The Regulation of Multinationals in comparative Perspective, Oxford 1997.

Maurer, Andrea (Hrsg.): Handbuch der Wirtschaftssoziologie, Wiesbaden (2. Aufl.) 2017.

Mayer, Alexander: Grundig und das Wirtschaftswunder, Erfurt 2008.

Mehnert, Ute: Deutschland, Amerika und die „gelbe Gefahr“. Zur Karriere eines Schlagworts in der Großen Politik, 1905 – 1917, Stuttgart 1995 (=Transatlantische historische Studien, Bd. 4).

Meteling, Wencke: Internationale Konkurrenz als nationale Bedrohung – Zur politischen Maxime der Standortsicherung in den neunziger Jahren, in: Jessen, Ralph (Hrsg.): Konkurrenz in der Geschichte. Praktiken – Werte – Institutionalisierungen, Frankfurt 2014, S. 289–316.

Meteling, Wencke: Nationale Standortseminatiken seit den 1970er Jahren, in: Leendertz, Ariane/ Meteling, Wencke (Hrsg.): Die neue Wirklichkeit. Semantische Neuvermessungen und Politik seit den 1970er-Jahren, Frankfurt / New York 2016, S. 207–242 (=Schriften aus dem Max-Planck-Institut für Gesellschaftsforschung Köln).

Milor, Alice: Ownership Matters: French Governments and Automotive Industrialists Facing the Japanese Challenge, 1974–1986, in: Business History Review 96 (2022), H. 4, S. 833–855.

Möhler, Rolf/van Rij, Jan: 1983–1987. Export moderation as a panacea or can Japan change?, in: Keck, Jörn/Vanoverbeke, Dimitri/Waldenberger, Franz (Hrsg.): EU-Japan Relations, 1970–2012. From Confrontation to Global Partnership, London 2013, S. 58–77.

Morasch, Karl/Bartholomae, Florian W.: Handel und Wettbewerb auf globalen Märkten, Wiesbaden (2., aktualisierte und erweiterte Auflage) 2017.

Mordhorst, Mads/Schwarzkopf, Stefan: Theorising narrative in business history, in: Business History 59 (2017), H. 8, S. 1155–1175.

Müller, Christian A.: Werk oder Ware? Wirtschaftlicher Strukturwandel in der Tonträgerindustrie der Bundesrepublik zwischen 1951 und 1983, Frankfurt a. M. 2020.

Müller, Moritz: Von Job-Killern, Roboterkollegen und feuchten Augen. Die Mikroelektronik und die IG Metall als emotional community, in: Heßler, Martina (Hrsg.): Technikemotionen, Paderborn 2020, S. 108–127 (=Geschichte der technischen Kultur).

Müller, Moritz: „Entweder wir werden mit den Technologien fertig oder sie mit uns." Mikroelektronik, Arbeitsorganisation und die DGB-Gewerkschaften in den 1970er und 1980er Jahren, in: Czierpka, Juliane/Bluma, Lars (Hrsg.): Der Steinkohlenbergbau in Boom und Krise nach 1945. Transformationsprozesse in der Schwerindustrie am Beispiel des Ruhrgebiets, Berlin, Boston 2021, S. 95–116 (=Schriften des Montanhistorischen Dokumentationszentrums, Nr. 41).

Münkler, Herfried/Ladwig, Bernd: Dimensionen der Fremdheit, in: Münkler, Herfried (Hrsg.): Furcht und Faszination. Facetten der Fremdheit, Berlin 1997.

Münter, Markus Thomas: Mikroökonomie, Wettbewerb und strategisches Verhalten, Stuttgart (2. überarbeitete und erweiterte Auflage) 2021.

Nakayama, Wataru/Boulton, William/Pecht, Michael: The Japanese electronics industry, Boca Raton 1999 (=The electronics industry research series).

Nalebuff, Barry/Brandenburger, Adam: Coopetition – kooperativ konkurrieren. Mit d. Spieltheorie zum Unternehmenserfolg, Frankfurt/Main New York, N.Y. 1996.

Niemann, Arne: Between communicative action and strategic action: the Article 113 Committee and the negotiations on the WTO Basic Telecommunications Services Agreement, in: Journal of European Public Policy 11 (2004), H. 3, S. 379–407.

Nishida, Satoshi: Der Wiederaufbau der japanischen Wirtschaft nach dem Zweiten Weltkrieg. Die amerikanische Japanpolitik und die ökonomischen Nachkriegsreformen in Japan 1942–1952, Stuttgart 2007 (=Vierteljahrschrift für Sozial- und Wirtschaftsgeschichte Beihefte, Bd. 193).

Nishida, Satoshi: Das japanische Produktionsregime – schon anachronistisch? Überlegungen zum Wirtschaftssystem japanischen Typs am Beispiel des Toyota-Produktionsregimes, in: Gilgen, David/Kopper, Christopher/Leutzsch, Andreas (Hrsg.): Deutschland als Modell? Rheinischer Kapitalismus und Globalisierung seit dem 19. Jahrhundert, Bonn 2010, S. 255–284 (=Reihe: Politik- und Gesellschaftsgeschichte, Bd. 88).

North, Douglass Cecil: Understanding the process of economic change, Princeton 2005.

Obermaier, Robert/Saliger, Edgar: Betriebswirtschaftliche Entscheidungstheorie. Einführung in die Logik individueller und kollektiver Entscheidungen, München (6., grundlegend überarbeitete Auflage) 2013.

O'Driscoll, Mervyn: Ireland, West Germany and the new Europe, 1949–73. Best friend and ally?, Manchester 2018.

Oeberst, Aileen/Imhoff, Roland: Toward Parsimony in Bias Research. A Proposed Common Framework of Belief-Consistent Information Processing for a Set of Biases, in: Perspectives on psychological science (2023), 1464–1487.

Olten, Rainer: Wettbewerbstheorie und Wettbewerbspolitik, Berlin, Boston (2. Aufl.) 1998.

Oshima, Takao: Die Entwicklung der japanischen Industrie seit den siebziger Jahren – unter besonderer Berücksichtigung der Elektronik- und Automobilindustrie, in: Fischer, Wolfram u. a. (Hrsg.): Wirtschaft im Umbruch. Strukturveränderungen und Wirtschaftspolitik im 19. und 20. Jahrhundert, St. Katharinen 1997, S. 146–170.

Osterhammel, Jürgen: Der „Aufstieg Asiens". Ideengeschichtliche Voraussetzungen heutiger Ungewissheit, in: Osterhammel, Jürgen (Hrsg.): Die Flughöhe der Adler. Historische Essays zur globalen Gegenwart, München 2017, S. 115–140.

Osterhammel, Jürgen: Globalisierungen, in: Osterhammel, Jürgen (Hrsg.): Die Flughöhe der Adler. Historische Essays zur globalen Gegenwart, München 2017, S. 12–41.

Osterhammel, Jürgen/Petersson, Niels P.: Geschichte der Globalisierung. Dimensionen, Prozesse, Epochen, München (Orig.-Ausg., 4., durchges. Aufl.) 2007 (=Beck'sche Reihe, 2320: C. H. Beck Wissen).

Paprzycki, Ralph: Interfirm networks in the Japanese electronics industry, London 2005 (=Sheffield Centre for Japanese Studies/RoutlegeCurzon series).

Partner, Simon: Assembled in Japan. Electrical goods and the making of the Japanese consumer, Berkeley, Calif. 1999 (=Study of the East Asian Institute).

Patel, Kiran Klaus: Projekt Europa. Eine kritische Geschichte, München 2018.

Pauer, Erich: Die Rolle des Staates beim Aufstieg Japans in den Kreis der hochindustrialisierten Länder, in: Hermann, Armin/Sang, Hans-Peter (Hrsg.): Technik und Staat, Berlin, Heidelberg 1992, S. 161–191 (=Technik und Kultur, Bd. 9).

Pauer, Erich: Japans Weg von der Agrar- zur Informationsgesellschaft. Wie Japan durch Vorgabe von Zielen, Aufstellen von Regeln und Nutzung von Informationen zu den westlichen Industrieländern aufschloß, in: Fischer, Wolfram (Hrsg.): Lebensstandard und Wirtschaftssysteme. Studien im Auftrage des Wissenschaftsfonds der DG BANK, Frankfurt am Main 1995, S. 594–638 (=Veröffentlichungen der DG-Bank, Bd. 20).

Paul, Reinhold: Mikroelektronik, in: Sautter, Dieter/Weinerth, Hans (Hrsg.): Lexikon Elektronik und Mikroelektronik, Berlin, Heidelberg (Zweite, aktualisierte und erweiterte Auflage) 1993, S. 664–666.

Pierenkemper, Toni: Was kann eine moderne Unternehmensgeschichtsschreibung leisten? Und was sollte sie tunlichst vermeiden, in: Zeitschrift für Unternehmensgeschichte / Journal of Business History 44 (1999), H. 1, S. 15–31.

Pleinen, Jenny/Raphael, Lutz: Zeithistoriker in den Archiven der Sozialwissenschaften, in: Vierteljahrshefte für Zeitgeschichte 62 (2014), H. 2, S. 173–195.

Plumpe, Werner: „Ölkrise" und wirtschaftlicher Strukturwandel. Die bundesdeutsche Wirtschaft im Zeichen von Normalisierung und Globalisierung während der 1970er Jahre, in: Gallus,

Alexander/Schildt, Axel/Siegfried, Detlef (Hrsg.): Deutsche Zeitgeschichte – transnational, Göttingen 2015, S. 101–123 (=Hamburger Beiträge zur Sozial- und Zeitgeschichte, Bd. 53).

Plumpe, Werner: Wie entscheiden Unternehmen?, in: Zeitschrift für Unternehmensgeschichte 61 (2016), H. 2, S. 141–159.

Plumpe, Werner: Das kalte Herz. Geschichte und Zukunft des Kapitalismus, Berlin 2017.

Plumpe, Werner: Unternehmensgeschichte im 19. und 20. Jahrhundert, Berlin/Boston 2018 (=Enzyklopädie deutscher Geschichte, Bd. 94).

Plumpe, Werner/Steiner, André (Hrsg.): Der Mythos von der postindustriellen Welt. Wirtschaftlicher Strukturwandel in Deutschland 1960–1990, Göttingen 2016.

Pomeranz, Kenneth: The great divergence. China, Europe, and the making of the modern world economy, Princeton 2000 (=The Princeton economic history of the Western world).

Porter, Michael E.: Cases in competitive strategy, New York, NY 1983.

Porter, Michael E.: Nationale Wettbewerbsvorteile. Erfolgreich konkurrieren auf dem Weltmarkt, Wien 1993.

Raithel, Thomas: Neue Technologien: Produktionsprozesse und Diskurse, in: Thomas Raithel/Rödder, Andreas/Wirsching, Andreas (Hrsg.): Auf dem Weg in eine neue Moderne? Die Bundesrepublik Deutschland in den siebziger und achtziger Jahren, München 2009, S. 31–44.

Raphael, Lutz: Flexible Anpassungen und prekäre Sicherheiten. Industriearbeit(er) nach dem Boom, in: Reitmayer, Morten/Schlemmer, Thomas (Hrsg.): Die Anfänge der Gegenwart. Umbrüche in Westeuropa nach dem Boom, München 2014, S. 51–64 (=Zeitgeschichte im Gespräch, Bd. 17).

Raphael, Lutz: Die Geschichte der Bundesrepublik schreiben als Globalisierungsgeschichte. Oder die Suche nach deutschen Plätzen in einer zusammenrückenden Welt, in: Bajohr Frank et al. (Hrsg.): Mehr als „eine“ Erzählung. Zeitgeschichtliche Perspektiven auf die Bundesrepublik, Göttingen 2016, S. 203–220.

Raphael, Lutz: Jenseits von Kohle und Stahl. Eine Gesellschaftsgeschichte Westeuropas nach dem Boom, Bonn 2019.

Raphael, Lutz: Deutsche Arbeitswelten zwischen globalen Problemlagen und nationalen Handlungsbezügen. Zeitgeschichtliche Perspektiven, in: Vierteljahrshefte für Zeitgeschichte 69 (2021), H. 1, S. 1–23.

Reckendrees, Alfred: Konsummuster im Wandel. Haushaltsbudgets und privater Verbrauch in der Bundesrepublik Deutschland 1952–98, in: Jahrbuch für Wirtschaftsgeschichte / Economic History Yearbook (2007), H. 2, S. 29–62.

Reckendrees, Alfred/Gehlen, Boris/Marx, Christian: International business, multinational enterprises and nationality of the company: a constructive review of literature, in: Business History 64 (2022), H. 9, S. 1567–1599.

Reindl, Josef: Wachstum und Wettbewerb in den Wirtschaftswunderjahren. Die elektrotechnische Industrie in der Bundesrepublik Deutschland und in Großbritannien 1945–1967, Paderborn 2001 (=Veröffentlichungen des Deutschen Historischen Instituts in London, Bd. 49).

Reitmayer, Morten (Hrsg.): Unternehmen am Ende des „goldenen Zeitalters“. Die 1970er Jahre in unternehmens- und wirtschaftshistorischer Perspektive, Essen (1. Aufl.) 2008 (=Bochumer Schriften zur Unternehmens- und Industriegeschichte, Bd. 16).

Reitmayer, Morten/Schlemmer, Thomas (Hrsg.): Die Anfänge der Gegenwart. Umbrüche in Westeuropa nach dem Boom, München 2014 (=Zeitgeschichte im Gespräch, Bd. 17).

Rick, Kevin: Die Gründung der Stiftung Warentest als „zweitbeste Lösung“? Verbraucherpolitik zwischen Verbraucherverbänden und Staat in den 1960er Jahren, in: Historische Zeitschrift 303 (2016), H. 2, S. 426–458.

Riedel, Heide: 70 Jahre Funkausstellung. Politik, Wirtschaft, Programm, Berlin 1994.
Rischbieter, Julia Laura: Mikro-Ökonomie der Globalisierung. Kaffee, Kaufleute und Konsumenten im Kaiserreich 1870–1914, Köln 2011 (=Industrielle Welt, Bd. 80).
Romanowski, David: Coopetition-Management in intraorganisationalen Produktionsnetzwerken, Wiesbaden 2020.
Ross, Mechthild, Neuhold, Christine: Studying the informal in European integration. A research guide, in: van Heumen, Lennaert/Roos, Mechthild (Hrsg.): The Informal Construction of Europe, Milton 2019, S. 20–39.
Rothacher, Albrecht: Economic diplomacy between the European Community and Japan, 1959–1981, Aldershot 1983.
Rothacher, Albrecht: The EC and Japan. From Mutual Neglect to Trade Conflicts and Beyond, in: Krotz, Ulrich/Patel, Kiran Klaus/Romero, Federico (Hrsg.): Europe's Cold War Relations. The EC towards a global role, New York 2019, S. 111–126.
Röther, Monika: The Sound of Distinction. Phonogeräte in der Bundesrepublik Deutschland (1957–1973). Eine Objektgeschichte, Marburg 2012.
Rübel, Gerhard: Außenwirtschaft. Grundlagen der realen und monetären Theorie, München 2013.
Sattler, Frederike: Europäische Wirtschaftseliten? Unternehmensstrukturen, Sozialprofile und Leitbilder im beschleunigten Wandel seit den 1970er Jahren, in: Archiv für Sozialgeschichte 49 (2009), S. 63–106.
Schildt, Axel: Moderne Zeiten. Freizeit, Massenmedien und „Zeitgeist" in der Bundesrepublik der 50er Jahre, Hamburg 1995 (=Hamburger Beiträge zur Sozial- und Zeitgeschichte, Bd. 31).
Schirm, Stefan A.: Internationale Politische Ökonomie, Baden-Baden (4. Auflage) 2019 (=Studienkurs Politikwissenschaft).
Schmidt, Ingo/Haucap, Justus: Wettbewerbspolitik und Kartellrecht. Eine interdisziplinäre Einführung, München (10., überarbeitete und aktualisierte Auflage) 2013.
Schmidtpott, Katja: Die Wirtschaftsbeziehungen zwischen der Bundesrepublik Deutschland und Japan in der Ära Adenauer, in: Conze, Eckart (Hrsg.): Die Herausforderung des Globalen in der Ära Adenauer, Bonn 2010, S. 35–50 (=Rhöndorfer Gespräche, Bd. 24).
Schrage, Dominik: Die Verfügbarkeit der Dinge. Eine historische Soziologie des Konsums, Frankfurt/Main 2009.
Schramm, Manuel: Nationale Unterschiede im westeuropäischen Konsum. Großbritannien, Frankreich, Deutschland und Italien 1950–1970, in: Schramm, Manuel/Brückner, Leslie (Hrsg.): Vergleich und Transfer in der Konsumgeschichte, Leipzig 2009, S. 69–85 (=Comparativ, Bd. 19).
Schramm, Manuel: Wirtschafts- und Sozialgeschichte Westeuropas seit 1945, Köln, Weimar, Wien 2018.
Schreiber, Dominik: Narrative der Globalisierung. Gerechtigkeit und Konkurrenz in faktualen und fiktionalen Erzählungen, Wiesbaden 2015.
Schröter, Harm G.: Japanese-European business encounters during the second half of the 20th century, in: Entreprises et Histoire 80 (2015), H. 3, S. 5–12.
Seefried, Elke: Zukünfte. Aufstieg und Krise der Zukunftsforschung 1945–1980, Berlin, Boston 2015 (=Quellen und Darstellungen zur Zeitgeschichte, Band 106).
Seitz, Konrad: Die japanisch-amerikanische Herausforderung. Deutschlands Hochtechnologie-Industrien kämpfen ums Überleben, Stuttgart (6. Aufl.) 1994.
Shepherd, Geoffrey: Japanese Exports and Europe's Problem Industries, in: Tsukalēs, Lukas (Hrsg.): Japan and Western Europe. Conflict and cooperation, London 1982, S. 131–153 (=Studies in international political economy).

Shiller, Robert: Narrative Economics. How Ideas Go Viral and Influence Economic Events, Princeton 2019.
Shiller, Robert J.: Narrative Economics, in: American Economic Review 107 (2017), H. 4, S. 967–1004.
Shimotani, Masahiro: The Formation of Distribution Keiretsu. The Case of Matsushita Electric, in: Business History 37 (1995), H. 2, S. 54–69.
Siegfried, Detlef: Time is on my side. Konsum und Politik in der westdeutschen Jugendkultur der 60er Jahre, Göttingen (2. Aufl.) 2008 (=Hamburger Beiträge zur Sozial- und Zeitgeschichte, Bd. 41).
Sobich, Frank Oliver/Bischoff, Sebastian: Feinde werden. Zur nationalen Konstruktion existenzieller Gegnerschaft: drei Fallstudien, Berlin 2015.
Sparsam, Jan: Wirtschaft in der New Economic Sociology. Eine Systematisierung und Kritik, Wiesbaden 2015 (=Wirtschaft und Gesellschaft).
Speidel, Markus: Der Europäer in der Black Box, in: Stuhl, Frauke/Patel, Kiran Klaus/Franke, Julia (Hrsg.): Die Erfindung des Europäers, Berlin 2009, S. 54–61.
Speidel, Markus: Netzwerke, Kooperationen und Management-Buy-Out. Die Geschichte des Unternehmens Loewe zwischen 1962 und 1985, Essen (1. Aufl.) 2012.
Spoerer, Mark/Streb, Jochen: Neue deutsche Wirtschaftsgeschichte des 20. Jahrhunderts, München 2013.
Staffel, Florian: Der Fall Grundig(s). Europäische Krisenreaktionsstrategien auf die „Japanische Herausforderung“ im Strukturwandel, in: Bauer, Reinhold/Burr, Wolfgang (Hrsg.): Das Ende des „Goldenen Zeitalters“? Der Strukturwandel der 1970er Jahre, seine Rezeption und Folgen aus interdisziplinärer Perspektive, Berlin 2021, S. 71–92 (=Kultur und Technik, Bd. 37).
Steiner, André: Die Veränderung der Verbraucherpreise und der private Verbrauch von Konsumgütern in der Bundesrepublik Deutschland 1948–98, in: Jahrbuch für Wirtschaftsgeschichte / Economic History Yearbook 48 (2007), H. 2.
Steiner, André: Abschied von der Industrie? Wirtschaftlicher Strukturwandel in West- und Ostdeutschland seit den 1960er Jahren, in: Plumpe, Werner/Steiner, André (Hrsg.): Der Mythos von der postindustriellen Welt. Wirtschaftlicher Strukturwandel in Deutschland 1960–1990, Göttingen 2016, S. 15–54.
Steiner, André: Das Eigene und die Eigentliche. Kann allein der Kapitalismus Globalisierung, in: Hesse, Jan-Otmar/Kleinschmidt, Christian/Köster, Roman (Hrsg.): Moderner Kapitalismus. Wirtschafts- und Unternehmenshistorische Beiträge, Tübingen 2019, S. 69–87 (=Die Einheit der Gesellschaftswissenschaften im 21. Jahrhundert).
Steiner, Kilian J. L.: Ortsempfänger, Volksfernseher und Optaphone. Die Entwicklung der deutschen Radio- und Fernsehindustrie und das Unternehmen Loewe 1923–1962, Essen 2005.
Stokes, Ray/Banken, Ralf: Constructing an ‘industry’: the case of industrial gases, 1886–2006, in: Business History 57 (2015), H. 5, S. 688–704.
Strange, Roger: Japanese manufacturing investment in Europe. Its impact on the UK economy, London (repr) 1998 (=Routledge series in international business).
Streeck, Wolfgang: Von Nutzen und Nutzung des Korporatismus in einer Gesellschaft im Wandel, in: Bührer, Werner u. a. (Hrsg.): Unternehmerverbände und Staat in Deutschland, Baden-Baden (1. Aufl.) 2000, S. 53–62 (=Staatslehre und politische Verwaltung, Bd. 3).
Strunk, Peter: Die AEG. Aufstieg und Niedergang einer Industrielegende, Berlin 1999.
Sugihara, Kaoru: Varieties of Industrialization. An Asian Regional Perspective, in: Roy, Tirthankar/ Riello, Giorgio (Hrsg.): Global economic history, London 2019, S. 195–215.

Sum, Ngai-Ling: Towards a Cultural Political Economy. Putting Culture in its Place in Political Economy, Cheltenham 2014.

Suzuki, Hitoshi: Negotiating the Japanese-EC Trade Conflict. The Role and Presence of the European Commission, the Council of Ministers, and Business Groups in Europe and Japan, 1970 – 1982, in: Hiepel, Claudia (Hrsg.): Europe in a globalising world. Global challenges and European responses in the „long" 1970s, Baden-Baden 2014, S. 201 – 230 (=Veröffentlichungen der Historiker-Verbindungsgruppe bei der Kommission der Europäischen Gemeinschaften, Bd. 15).

Suzuki, Hitoshi: The Rise of Summitry and EEC-Japan Trade Relations, in: Mourlon-Druol, Emmanuel/ Romero, Federico (Hrsg.): International Summitry and Global Governance. The rise of the G7 and the European Council, 1974 – 1991, Hoboken 2014, S. 152 – 173 (=Cold War History).

Suzuki, Hitoshi/Makihara, Izuru: Japan-EEC/EU Relations, 1970 – 2005: Re-Emergence as Strategic Partners in Trade and Environment, in: JEIH Journal of European Integration History 25 (2019), H. 1, S. 23 – 36.

Takahashi, Yuzo: A Network of Tinkerers: The Advent of the Radio and Television Receiver Industry in Japan, in: Technology and Culture 41 (2000), H. 3, S. 460 – 484.

Tauschek, Markus (Hrsg.): Kulturen des Wettbewerbs. Formationen kompetitiver Logiken, Münster 2013 (=Kieler Studien zur Volkskunde und Kulturgeschichte, Bd. 10).

Tauschek, Markus: Zur Kultur des Wettbewerbs. Eine Einführung, in: Tauschek, Markus (Hrsg.): Kulturen des Wettbewerbs. Formationen kompetitiver Logiken, Münster 2013, S. 7 – 36 (=Kieler Studien zur Volkskunde und Kulturgeschichte, Bd. 10).

Teupe, Sebastian: Kontrolldenken. Vertikale Preisbindung, Hersteller-Händler-Beziehungen und die Transformation des Wettbewerbs im Markt für Fernsehgeräte zwischen den 1950er und 80er Jahren, in: Zeitschrift für Unternehmensgeschichte 59 (2014), H. 1.

Teupe, Sebastian: Die Schaffung eines Marktes. Preispolitik, Wettbewerb und Fernsehgerätehandel in der BRD und den USA 1945 – 1985, Berlin, Bosten 2016 (=Schriftenreihe zur Zeitschrift für Unternehmensgeschichte, Band 29).

Thiele, Erdmann (Hrsg.): Telefunken nach 100 Jahren. Das Erbe einer deutschen Weltmarke, Berlin 2003.

Trentmann, Frank: Unstoppable: The Resilience and Renewal of Consumption after the Boom, in: Doering-Manteuffel, Anselm/Raphael, Lutz/Schlemmer, Thomas (Hrsg.): Vorgeschichte der Gegenwart. Dimensionen des Strukturbruchs nach dem Boom, Göttingen 2016, S. 293 – 307 (=Nach dem Boom).

Triebel, Florian/Seidl, Jürgen: Ein Analyserahmen für das Fach Unternehmensgeschichte, in: Zeitschrift für Unternehmensgeschichte / Journal of Business History 46 (2001), H. 1, S. 11 – 26.

Turner, Louis: Industrial collaboration with Japan, London 1987 (=Routledge library editions Japan, Bd. 20).

Viehöver, Willy: Diskurse als Narrationen, in: Keller, Reiner et al. (Hrsg.): Handbuch Sozialwissenschaftliche Diskursanalyse, Wiesbaden 2001, S. 177 – 206.

Viktorin, Carolin u. a. (Hrsg.): Nation Branding in Modern History, New York, NY 2018 (=Explorations in Culture and International History Ser, v.9).

Waldenberger, Franz: Japan as a model of the past? Kaizen, „lean production" and the German car industry in retrospect, in: Hook, Glenn D./Hasegawa, Harukiyo (Hrsg.): The political economy of Japanese globalization, London 2001, S. 137 – 150 (=Sheffield Centre for Japanese Studies/ Routledge series).

Warlouzet, Laurent: Governing Europe in a Globalizing World. Neoliberalism and its Alternatives following the 1973 Oil Crisis, London (1st ed.) 2018 (=Routledge Studies on Government and the European Union).
Weber, Heike: Das Versprechen mobiler Freiheit. Zur Kultur- und Technikgeschichte von Kofferradio, Walkman und Handy, Bielefeld 2008.
Weber, Wolfgang/Kabst, Rüdiger/Baum, Matthias: Einführung in die Betriebswirtschaftslehre, Wiesbaden (10. Aufl. 2018) 2018.
Welskopp, Thomas: Feine Unterschiede oder scharfe Differenzen. Klassen, Milieus und Konsum im Kapitalismus, in: Kleinschmidt, Christian/Logemann, Jan (Hrsg.): Konsum im 19. und 20. Jahrhundert, München, Wien 2021, S. 59 – 86 (=Handbücher zur Wirtschaftsgeschichte).
Wengeler, Martin: Topos und Diskurs. Begründung einer argumentationsanalytischen Methode und ihre Anwendung auf den Migrationsdiskurs (1960 – 1985), Tübingen 2003 (=Reihe Germanistische Linguistik, Bd. 244).
Wengeler, Martin: Topos und Diskurs – Möglichkeiten und Grenzen der topologischen Analyse gesellschaftlicher Debatten, in: Warnke, Ingo H. (Hrsg.): Diskurslinguistik nach Foucault. Theorie und Gegenstände, Berlin, New York 2007, S. 165 – 186 (=Linguistik – Impulse & Tendenzen, Bd. 25).
Wengeler, Martin/Ziem, Alexander: „Wirtschaftskrisen“ im Wandel der Zeit. Eine diskurslinguistische Pilotstudie zum Wandel von Argumentationsmustern und Metapherngebrauch, in: Landwehr, Achim (Hrsg.): Diskursiver Wandel, Wiesbaden 2010, S. 335 – 354.
Wenzlhuemer, Roland: Globalgeschichte schreiben. Eine Einführung in 6 Episoden, Konstanz, München 2017 (=UTB Geschichte, Bd. 4765).
Werron, Tobias: Wettbewerb als historischer Begriff, in: Jessen, Ralph (Hrsg.): Konkurrenz in der Geschichte. Praktiken – Werte – Institutionalisierungen, Frankfurt 2014, S. 59 – 94.
Werron, Tobias: Form und Typen der Konkurrenz, in: Bürkert, Karin/Engel, Alexander/Heimerdinger, Timo (Hrsg.): Auf den Spuren der Konkurrenz. Kultur- und sozialwissenschaftliche Perspektiven, Münster, New York 2019, S. 17 – 44 (=Freiburger Studien zur Kulturanthropologie).
Werron Tobias: Schlüsselprobleme der Globalisierungs- und Weltgesellschaftstheorie, in: Soziologische Revue 35 (2012), H. 2, S. 99 – 118.
Wetzel, Dietmar J.: Soziologie des Wettbewerbs. Eine kultur- und wirtschaftssoziologische Analyse der Marktgesellschaft, Wiesbaden 2013 (=Wirtschaft und Gesellschaft).
Wiedemann, Gregor/Niekler, Andreas: Analyse qualitativer Daten mit dem „Leipzig Corpus Miner“, in: Lemke, Matthias/Wiedemann, Gregor (Hrsg.): Text Mining in den Sozialwissenschaften. Grundlagen und Anwendungen zwischen qualitativer und quantitativer Diskursanalyse, Wiesbaden 2016, S. 63 – 88.
Wilkins, Mira: The growth of multinationals, Aldershot, England 1991.
Wilkinson, Endymion: Japan ist ganz anders. Geschichte eines großen Missverständnisses, Königstein 1982.
Wilkinson, Endymion: Japan versus the West. Image and reality, London, England, New York, N.Y., USA 1991.
Winter, Helen: Interdependenzen zwischen Industriepolitik und Handelspolitik der Europäischen Gemeinschaft, Baden-Baden (1. Aufl.) 1994 (=Integration Europas und Ordnung der Weltwirtschaft, Bd. 4).
Wirsching, Andreas: „Kaiser ohne Kleider“? Der Nationalstaat und die Globalisierung, in: Vierteljahrshefte für Zeitgeschichte 68 (2020), H. 4, S. 659 – 685.

Wittendorfer, Frank/Mahr, Ewald: Bewahren, in: Thiele, Erdmann (Hrsg.): Telefunken nach 100 Jahren. Das Erbe einer deutschen Weltmarke, Berlin 2003, S. 116 – 127.
Wittke, Volker: Wie entstand industrielle Massenproduktion? Die diskontinuierliche Entwicklung der deutschen Elektroindustrie von den Anfängen der „großen Industrie" bis zur Entfaltung des Fordismus (1880 – 1975), Berlin 1996.
Wolf, Johanna: Assurances of Friendship. Transnationale Wege von Metallgewerkschaftern in der Schiffbauindustrie, 1950 – 1980, Göttingen 2018.
Wölfel, Sylvia: Weiße Ware zwischen Ökologie und Ökonomie.2014 (=Hochschulschriften zur Nachhaltigkeit, Bd. 70).
Wolfram Bangert: Leitwort zur Ausgabe, in: Funk, Fernsehen, HiFi: der Funkfachhändler (1980), H. 4, S. 3.
Woller, Hans: Gesellschaft und Politik in der amerikanischen Besatzungszone. Die Region Ansbach und Fürth, München 1986 (=Quellen und Darstellungen zur Zeitgeschichte, Bd. 25).
Wubs, Ben: A Dutch Multinational's Miracle in Post-war Germany, in: Jahrbuch für Wirtschaftsgeschichte / Economic History Yearbook 53 (2012), H. 1, S. 15 – 41.
Yonekura, Sei/McKinney, Sara: Innovative Multinational Forms: Japan as a Case Study, in: Chandler, Alfred Dupont/Mazlish, Bruce (Hrsg.): Leviathans. Multinational corporations and the new global history, Cambridge 2005, S. 105 – 132.
Zielinski, Siegfried: Zur Geschichte des Videorecorders, Berlin 1986.

Abbildungsverzeichnis

Sach- und Personenregister

https://doi.org/10.1515/9783111698960-008

www.ingramcontent.com/pod-product-compliance
Lightning Source LLC
LaVergne TN
LVHW021118300926
849160LV00010B/768
* 9 7 8 3 1 1 1 6 9 8 3 0 4 *